Jack Cavanaugh

DIE PURITANER

Jack Cavanaugh

DIE PURITANER

Amerika Chronik
Buch 1

ONE WAY VERLAG WUPPERTAL UND WITTENBERG

Die Deutsche Bibliothek – CIP-Einheitsaufnahme
Cavanaugh, Jack:
Amerika Chronik / Jack Cavanaugh.
[Übers. aus dem Amerik. von
The European Translation Centre Ltd.,
Bideford, U.K.]. –
Wuppertal; Wittenberg: One-Way-Verl.
Buch 1. Die Puritaner. – 1996
(Reihe: One Way Roman; 2507)
Einheitssacht.: The puritans <dt.>
ISBN 3-927772-68-2

Titel der Originalausgabe:
The Puritans
© 1994 by Jack Cavanaugh
Published by Victor Books, Wheaton, Illinois
All rights reserved.

© 1996 der deutschsprachigen Ausgabe:
One Way Verlag GmbH, Wuppertal und Wittenberg

Übersetzt aus dem Amerikanischen von
The European Translation Centre, Bideford, U.K.
Coverdesign: Paul Higdon
Coverillustration: Chris Cocozza
Karten: Mardelle Ayres
Gesamtherstellung: Schönbach-Druck GmbH, Erzhausen

Reihe: One Way Roman; 2507

Printed in Germany

ISBN 3-927772-68-2

Dieses Buch wurde auf chlor- und säurefreiem Papier gedruckt.
Das Werk ist in allen seinen Teilen urheberrechtlich geschützt. Jede Verwertung
ist ohne Zustimmung des Verlags unzulässig.
Das gilt insbesondere für Vervielfältigungen, Übersetzungen, Mikroverfilmungen und
die Einspeicherung in und Verarbeitung durch elektronische Systeme.

*Diese Amerika-Chronik über
eine amerikanische Familie ist meiner Familie gewidmet:*

*Meiner Schwester Sandra Cavanaugh
mit ihrem Mann Mike Cvercko und ihren Kindern
Nick und Kelly.
Meiner Frau Marlene Rae geb. Brand
und unseren Kindern Elizabeth, Keri und Sam.
Meinem Bruder David mit seiner
Frau Frances und den Kindern Patrick, Joshua und Jessica.
Vor allem aber unseren Eltern
William J. Cavanaugh und Marjorie Ellen geb. Pepper.*

Dank

Bei einem Werk dieses Umfangs hat man immer vielen Personen zu danken:

Barbara Ring, Carolyn Jensen, Carol Rodgers und John Mueller für die wertvollen Kommentare über das Manuskript. Mir ist eure Freundschaft jetzt noch kostbarer.

Linda Holland – Dein Vertrauen in meine Fähigkeit, diese Buchserie zu schreiben, ist bewundernswert. Ich bedanke mich dafür, daß du mir diese Möglichkeit gegeben hast.

Art Miley – Ich bedanke mich für deine enthusiastische Unterstützung meiner schriftstellerischen Karriere. Du warst begeisterter als alle anderen, als mir der Vertrag angeboten wurde.

David Malme – Deine professionelle Beratung war genauso unbezahlbar wie die humorvollen Vorschläge für die Gestaltung des Einbands.

Greg Clouse und die Mitarbeiter des Verlags – Ich nehme an, daß ihr bei der Arbeit auf Mitarbeiter des Herrn vertraut habt.

In liebevoller Erinnerung an Linda Schiwitz – Die Literaturkritikgruppen in deinem Haus stachelten mich genauso an wie sie mich inspirierten. Ich warte auf den Tag, an dem wir uns erneut begegnen, um deine Kritik über dieses Buch zu hören.

Schlüssel

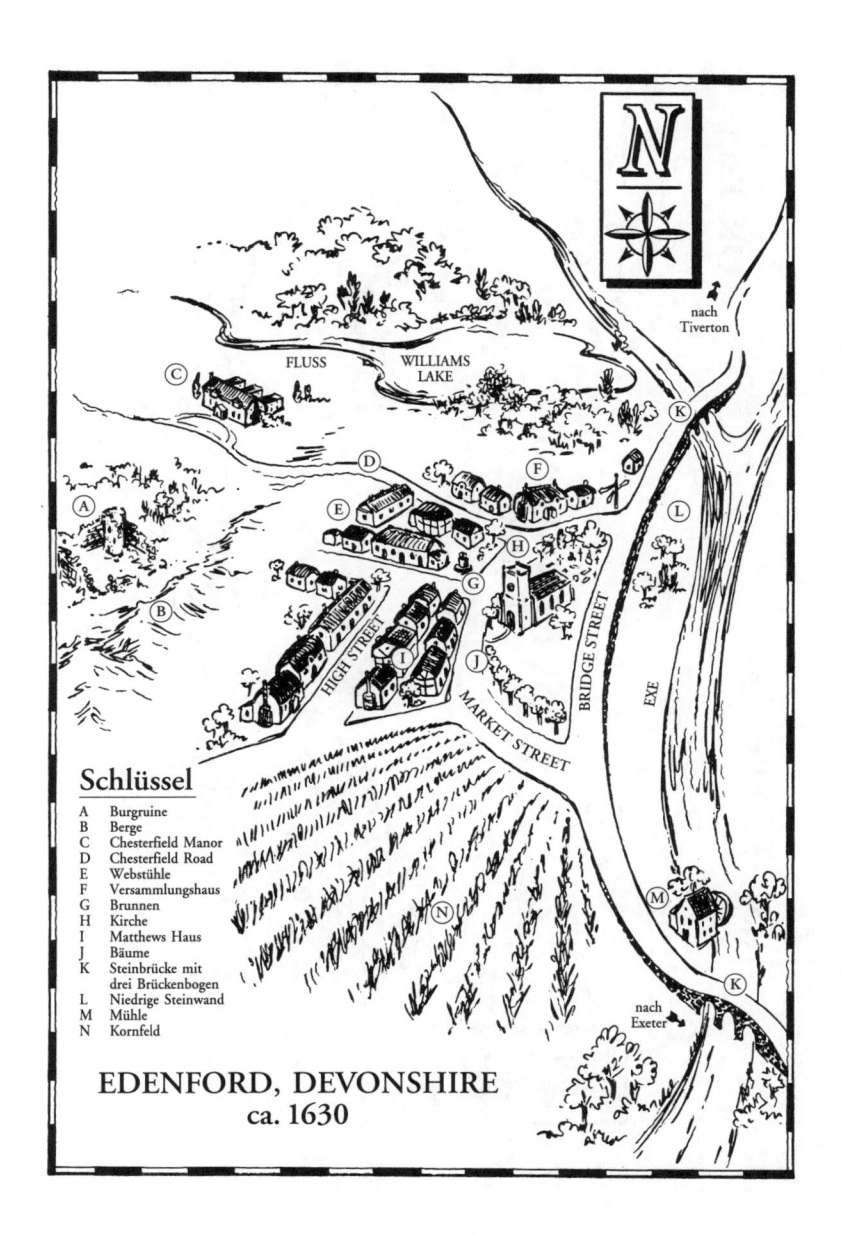

A Burgruine
B Berge
C Chesterfield Manor
D Chesterfield Road
E Webstühle
F Versammlungshaus
G Brunnen
H Kirche
I Matthews Haus
J Bäume
K Steinbrücke mit
   drei Brückenbogen
L Niedrige Steinwand
M Mühle
N Kornfeld

EDENFORD, DEVONSHIRE
ca. 1630

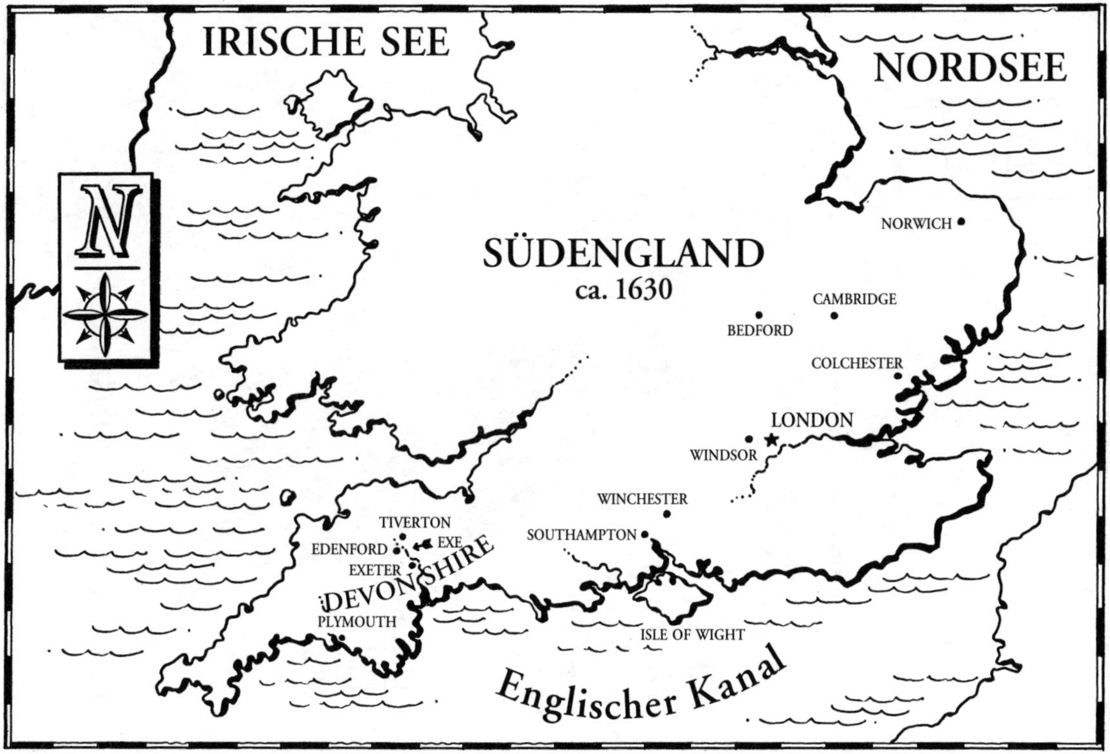
IRISCHE SEE
NORDSEE
N
SÜDENGLAND
ca. 1630
NORWICH
CAMBRIDGE
BEDFORD
COLCHESTER
LONDON
WINDSOR
WINCHESTER
SOUTHAMPTON
TIVERTON
EDENFORD
EXE
EXETER
DEVONSHIRE
PLYMOUTH
ISLE OF WIGHT
Englischer Kanal

Kapitel 1

Das Beste, was Drew Morgan jemals zustieß, war das Ergebnis der schlechtesten Sache, die er in seinem Leben tat. Drew Morgan fand Liebe und Glauben, als er gottesfürchtigen Leuten Schaden zufügte.

Den größten Teil seines Lebens litt er unter dieser Schuld, sogar nachdem ihm die Leute vergaben und er eine von ihnen heiratete. Er wurde erst im letzten Monat seines Lebens von dieser Qual erlöst.

Drew Morgans Schuldgefühle verschwanden an dem Tag, an dem ihm Gottes Offenbarung zuteil wurde. Es war eine einfache Offenbarung, und sie beinhaltete:

GOTT KANN AM MEISTEN TUN,
WENN DER MENSCH NICHTS MEHR
TUN KANN.

In der Form, in der sich Offenbarungen ausdrücken, konnte auch diese nicht mit der verglichen werden, die der Apostel Johannes auf Patmos erhielt. Für Drew Morgan beinhaltete sie aber die Erlösung von einer lebenslangen Last.

Drew Morgans Nachkommen hielten die Offenbarung und sein Vermächtnis nach seinem Tod für Jahrhunderte am Leben. In jeder Generation vollzog die Familie Morgan eine besondere Zeremonie, um einen neuen Hüter des Familienglaubens zu bestimmen. Während der Zeremonie ernannte der vorherige Hüter des Glaubens und der Familienbibel einen Nachfolger, der das geistliche Erbe weiterführen sollte, wie es der Initiator Drew Morgan im Jahre 1654 tat. Der Name des Nachfolgers wurde in der Liste der früheren Glaubenshüter in der Familienbibel vermerkt. Es war dann seine Aufgabe, sicherzustellen, daß der Familienglaube der Morgans eine weitere Generation überlebte.

Der Höhepunkt der Zeremonie war gekommen, wenn die Geschichte über den Glauben der Familie Morgan erzählt wurde. Sie begann immer mit den gleichen traditionellen Worten: „Die Geschichte des Glaubens der Familie Morgan hat ihren Ursprung in Windsor Castle und begann an dem Tag, an dem Drew Morgan Bischof Laud traf. Es war der Tag, an dem sich Drew Morgans Leben negativ entwickelte."

Drew zuckte zusammen, als die wuchtige Holztür knarrte und in ihren eisernen Scharnieren knackte – wie die Knochen eines alten Mannes nach einem langen Schlaf. Er sah sich um. Nichts. Der Wächter mit dem langen Kinn war nirgendwo zu sehen. Er hielt den Atem an, als ob er durch das Anhalten seines Atems das Knarren der Tür zum Stillschweigen bringen könnte. Er lehnte sich gerade weit genug aus dem Eingang, um seinen Kopf hinausstrecken zu können. Ein langer Flur öffnete sich vor ihm. Am Ende des Flurs erstreckte sich stolz ein vom Boden bis zur Decke reichendes Kathedralenfenster an der Stelle, an der der Flur eine scharfe Biegung machte.

Nichts bewegte sich. Drew streckte seinen Kopf vor. Der große Schloßhof, der zwischen ihm und den Schloßwänden lag, war leer. Gut. Alle waren immer noch beim Empfang. Er war sich sicher, daß er sich fortschleichen könnte, ohne bemerkt zu werden.

Unter einem Arm sein Bündel, stieß Drew die Tür mit dem anderen Arm auf, sprang über die Schwelle und schloß die Tür leise aber schnell hinter sich.

Er preßte sein Stoffbündel an die Brust und stand lange mit dem Rücken zum rauhen Holz der Tür. Das Bild, das sich ihm offenbarte, war wundervoll. Genau was er suchte. Drew Morgan befand sich in einer anderen Welt.

Dieses Bild zeigte ehrenhafte Ritterlichkeit, im Gegensatz zum flachen Treiben der Gefolgsleute der Selbstgefälligkeit, der Kreuzritter des Reichtums, des Standes und der Schmeichelei, das gegenwärtig in der St. George's Hall stattfand. Die im Flur dargestellte Welt war die des edlen Englands, der Zeit von Camelot, als Männer an Mut, Tugend und Ehre glaubten und die Frauen schön und keusch waren.

Die weiche, warme Nachmittagssonne strömte durch die imposanten Fenster und tauchte den Flur in ein überirdisches Licht. Drew fühlte sich, als würde er auf heiligem Boden wandeln.

Gegenstände aus der Ära König Arthus' waren an der Längsseite des Flurs ausgestellt, an jedem Ende lediglich von zwei Doppeltüren unterbrochen. An der Wand befestigte Wappenschilder zeugten vom vergangenen Ruhm der erlauchten Familien: Ein schottischer Rauhfußhahn mit ausgebreiteten Flügeln repräsentierte die Familie Halifax; ein Löwe, eine Streitaxt über einem Schloßturm schwingend, vertrat die Familie Gilbert, und der Greif der Familie Swayne erhob triumphierend und siegesgewiß sein Schwert. Das waren Embleme, auf die ein Mann stolz sein konnte, nicht wie das der Familie Morgan – ein Kragenrentier. Welcher böse Ritter würde durch ein Kragenrentier eingeschüchtert werden? Das Problem wurde noch größer durch den Umstand, daß das Kragenrentier ein spöttisches Grinsen auf den Lippen hatte. Wer hatte jemals von einem spöttisch lächelnden Kragenrentier gehört?

Etwas auf dem Wappenschild der Gilberts zog seine Aufmerksamkeit an. Er trat näher heran, um es zu untersuchen. Vier lange Einkerbungen befanden sich an dem unteren rechten Quadrat. Drews Finger erkundeten ehrfürchtig die Einkerbungen. *Die Wunden einer Schlacht. Brachten die Schläge den Krieger zum Sturz? Beendete der nächste Schlag sein Leben?*

Das Knacken eines Riegels erschreckte Drew. Es kam aus der Ecke am Ende des Flurs. Er hörte, wie eine Tür geöffnet wurde, gefolgt von Schritten und Stimmen. Seine Blicke schossen von einer Seite zur anderen. Welchen Weg sollte er wählen? Zurück in den Schloßhof? Nein, dort würde der Wächter mit dem langen Kinn sein. Die Stimmen wurden lauter. Drew rannte zur linken Flurtür. Verschlossen.

Die Stimmen wurden noch lauter. Er rannte über den Flur und versuchte die andere Tür. Der Riegel bewegte sich. Die Tür öffnete sich nach innen. Drew schlüpfte durch die Öffnung und lehnte die Tür hinter sich an. Er wollte nicht durch das Schließen der Tür verraten werden.

„Ich treffe sie heute nacht im kleinen Raum neben der Vorratskammer", sagte eine junge Männerstimme.

„Wirklich?" Die zweite Stimme klang jünger.

„Natürlich! Sie möchte, daß ich sie küsse."

Drew schaute durch den Türspalt. Die beiden Personen kamen gerade vorbei: zwei Diener, jünger als Drew. Beide trugen große Silbertabletts mit silbernen Platten. Die Griffe waren mit Hirschköpfen verziert. Der Duft des Hirschbratens drang durch die Türöffnung.

„Sagte sie, daß sie dich küssen möchte?" fragte der jüngere Diener.

„Natürlich nicht, du Kindskopf!"

„Woher weißt du es dann?"

Die Stimme des älteren Dieners wurde tiefer: „Wenn du in mein Alter kommst, weißt du, wann eine Frau geküßt werden möchte."

Drew beobachtete, wie der jüngere Diener sein Tablett mit zitternden Händen balancierte, während er versuchte, den Riegel der nach außen führenden Tür zu öffnen. Der ältere Diener drängte ihn, sich zu beeilen, half ihm aber nicht. Kurze Zeit später waren sie verschwunden. Nur der Geruch des Hirschbratens blieb zurück.

Drew seufzte. Er drehte sich um. Was er sah, verschlug ihm den Atem.

Die Wappenschilder des Flurs hatten ihn begeistert, aber das, was sich im Raum befand, überwältigte ihn. Aufrecht an den goldenen Wandpaneelen stand, Ellbogen an Ellbogen, eine Armee mittelalterlicher Rüstungen. Drews ehrfurchtsvoller Blick glitt von einer Rüstung zur nächsten. Die unterschiedlichen Rüstungen kamen aus England, Frankreich und Deutschland. Während er die Rüstungen betrachtete, ging Drew wie ein Ballettänzer in langsamen, pirouettenhaften Schritten in die Mitte des Raums.

Drews Bündel fiel mit einem dumpfen Knall zu Boden. Er war überwältigt. Es war, als ob er von Rittern umgeben wurde. *So war es also in der Zeit von König Arthus*, dachte er. Plötzlich wurde er Sir Morgan, Ritter der Tafelrunde.

„Ritter der Tafelrunde", sagte er in einer Stimme, von der er annahm, daß sie die von König Arthus wiedergeben würde, „ich danke euch dafür, daß ihr gekommen seid. Ich erfuhr aus einer sicheren Quelle, wo sich der Heilige Gral befindet. Wie ihr wißt, ist die Suche nach dem Gral kein einfaches Streben. Nur die, deren Herzen rein und aufrecht sind, werden erfolgreich sein."

Sir Morgan untersuchte die Rüstungen, bis er eine französische Rüstung fand. Er ging in den Raum und sagte: „Lancelot, du bist zweifelsohne der fähigste und erfahrenste Ritter von uns allen. Du konntest aber dein Verlangen für Guinevere nicht unter Kontrolle halten. Du bist nicht geeignet, um nach dem Gral zu streben."

„Sir Gawain." Drew suchte im Raum nach Gawain. Als sein Blick auf die deutsche Rüstung fiel, hörte er mitten im Satz auf zu sprechen. Sie war so schön, daß sie den imaginären Ritter wie ein Magnet anzog. Drew konnte sich nicht nur auf der stark polierten Rüstung sehen, sondern auch den Raum hinter sich erkennen. Die Rüstung war makellos, das Erbe eines Meisters, der vor Jahrhunderten starb. Drew führte seine Fingerkuppen vorsichtig über den Brustharnisch und die Haltevorrichtung für die Lanze. Er hob das Visier an und war beinah enttäuscht, nicht das ihn anstarrende Gesicht eines Ritters vorzufinden.

In diesen Helm gehört der Kopf eines Ritters!

Drew hob feierlich den Helm von den Schultern der leeren Rüstung. Er ließ sich erstaunlich einfach abheben. Wie in einer Zeremonie hob er dann den Helm über seinen Kopf und probierte ihn an. Im ersten Moment war es dunkel um ihn, bevor er die Welt aus der Perspektive eines Ritters erkennen konnte. Durch den schmalen Schlitz des Visiers konnte er nur begrenzt sehen, aber für Drew war es ein wundervolles Gefühl.

Sein begeistertes Lachen füllte den Helm. Er sah die anderen, ihn umgebenden Ritter an. Er sah die Rüstung ohne Helm, grinste und dachte: *„Warum nicht?"*

Er legte den Helm auf den Boden, zerlegte die Rüstung, zog sich bis auf die Unterwäsche aus und warf seine Weste, Wams und Kniebundhosen auf einen Haufen. Da er nicht wußte, wie er die Rüstung anlegen sollte, begann er von den Füßen aufwärts. Zuerst legte er den gepanzerten Bärlatsch an, gefolgt von der Beinröhre und dem Diechling. Danach schwang er den Panzerschurz und den Bauchreifen um seine Taille und verschloß sie an der Seite. Dann legte er den Brustharnisch an, gefolgt von den oberen und unteren Armschienen, die er an den Ellbogen mit Armkacheln verband. Er legte die Halsberge wie ein Kollier aus kleinen zusammengeketteten und gebogenen Platten um seinen Hals.

Mit jedem Teil der Ritterrüstung, das er anlegte, fühlte sich Drew mehr verändert. Die Rüstung gab ihm ein Gefühl von Autorität und Mut, das er nie zuvor gekannt hatte. Er besaß keinen Zweifel, daß er einen durch die Tür kommenden Drachen töten könnte. Falls eine Jungfrau in Gefahr war, könnte er sie retten. Im Alleingang könnte er jeden Feind besiegen, der es wagen würde, sein Land und seinen König anzugreifen.

Die Verwandlung war fast vollständig. Alles, was fehlte, war der Helm. Im Raum konnte er das Echo seiner Rüstung hören, als er versuchte, den Helm aufzuheben. Zu seiner Bestürzung konnte er die Knie nicht beugen. Er richtete sich wieder auf, paßte die Rüstung an und versuchte es erneut, konnte den Helm aber auch so nicht aufheben. *Ich bin vielleicht ein Ritter, ich kann mich nicht einmal selbst anziehen!*

Drew kniete sich mit viel Mühe hin, hob den Helm auf und stülpte ihn über seinen Kopf. Sein Blickwinkel wurde durch das Visier verengt. *Siehe da, ich habe es geschafft.* Das Aufstehen erwies sich aber als eine schwierigere Aufgabe als das Hinknien. Er stützte sich auf seine linke Hand und schaffte es, sein rechtes Bein nach vorn zu schwingen.

Mit dem anderen Fuß versuchte er, sich aufzurichten. Es gelang ihm, aber er konnte sein Gleichgewicht nicht halten. Er torkelte durch den Raum wie ein betäubter Krieger nach einem kräftigen Hieb. Nach kurzer Zeit konnte er sein Gleichgewicht wiedergewinnen. Sir Morgan, der Krieger, stand aufrecht und stolz zwischen seinen ritterlichen Kameraden.

Nun fehlte ihm nur noch der Schild und die Waffen. Schließlich ist ein Ritter ohne Waffen wie nackt. Drew ging zu dem an der gegenüberliegenden Wand angebrachten Breitschwert, das sich unter dem Wappenschild der Buckinghams befand.

Die Außentür schlug zu. Es kam jemand! Er hörte wieder Stimmen, diesmal waren es ältere Stimmen als die der jungen Diener. Obwohl die Person, die sprach, ohne Zweifel ein erwachsener Mann war, hatte ihre Stimme einen jammernden Unterton.

Die Stimmen wurden lauter. „Wir wollen hier hineingehen", sagte eine Stimme. „Ich möchte nicht, daß uns jemand belauscht."

Drew ging schnell zur Wand und stellte sich in die Reihe der Ritter. Auf seinem Weg dorthin versuchte er, seine Kleider so gut wie möglich hinter einer Ritterrüstung zu verstecken.

In diesem Moment sprang die Tür auf. Drew hielt den Atem an, um sein rasendes Herz zu beruhigen. Die leichteste Bewegung konnte zum Quietschen der Rüstung führen.

Er konnte hören, was die Männer sagten, konnte sie zuerst aber wegen des Visiers nicht sehen. Die zweite Stimme war höher, barg aber den unmißverständlichen Klang von herablassender Autorität in sich.

„Sind Sie sicher, daß Lord Chesterfield loyal ist?" fragte die hohe Stimme.

Es folgte eine Atempause. Drew nahm an, daß die andere Person nickte, weil die nächste Frage lautete: „Woher wissen Sie das?"

„In der Heiligen Woche belauschte ich seine Unterhaltung mit Lord North", erwiderte die Person mit dem jammernden Unterton.

„Sie sprachen über den Ärger, den diese ... diese Puritaner in Essex verursachen. Ich hörte, wie er, North ..."

„*Lord* North", korrigierte die hohe Stimme.

„... *Lord* North sagte, daß die Puritaner in Devonshire gute Arbeiter seien, und, daß er sie so lange in Ruhe lassen würde, wie sie qualitativ gute Wollserge produzierten."

Die beiden Männer traten in Drews Blickwinkel. Der Mann mit dem jammernden Unterton in der Stimme war ein Bürger. Seine Kleidung war sauber, aber die eines Dieners. Er hatte große schwarze Augenbrauen, die sich beim Sprechen nach oben und unten bewegten. Der andere Mann war ein Geistlicher. Er ging mit gefalteten Händen umher, die auf seinem ziemlich dicken Bauch ruhten.

Da sah der Geistliche das Kleiderbündel. Drew unterdrückte ein Stöhnen. Er hatte sein Bündel vergessen! Der Geistliche bückte sich mit einiger Mühe und hob es auf. Nachdem er es einige Male umgedreht hatte, untersuchte er es, indem er die Kleidungsstücke auseinanderfaltete. In der Mitte fand er ein Buch. Er schlug die Seiten auf, und ein steifes Lächeln erschien in seinem Gesicht.

„Was ist das, Euer Gnaden?" fragte der Bürgerliche.

„Nichts Wichtiges", antwortete der Geistliche. Er begann damit, das Buch wieder einzuwickeln, hielt an und verharrte einen Moment in Gedanken. Für einen Augenblick betrachtete er die Wände des Raums, beginnend mit derjenigen, die Drew gegenüberlag. Seine Augen wanderten über die Wand bis zur Ecke, und dann über die Rückwand. Drew lehnte seinen Kopf so weit im Helm zurück, wie er konnte, ohne die Rüstung zu bewegen. Der Blick des Geistlichen wanderte in seine Richtung. Drew erschauerte. Täuschte er sich, oder stockte der Blick des Geistlichen, als er Drews Rüstung streifte?

Mit einem scharfen Atemzug schlug der Geistliche auf das Buch und erklärte: „Elkins, ich denke, es ist besser, wir gehen zum Empfang zurück, bevor wir vermißt werden. Lord Chesterfields Erklärung reicht nicht aus. Ich benötige den Nachweis seiner Loyalität. Ich erwarte einen weiteren Bericht, wenn ich zur Jagd nach Devonshire komme."

Drew beobachtete die Männer, bis sie aus seinem Blickfeld verschwanden. Er hörte, wie sich die Tür öffnete und schloß. Er bewegte sich aber nicht, bis er hörte, wie sich die äußere Tür öffnete und schloß. Es war wieder ruhig.

Drew war es gelungen, sich an diesem Nachmittag das zweite Mal zu verstecken. Er stieß einen tiefen Seufzer aus und ging in die Mitte des Raums, um mehr Platz zu haben, da er die Rüstung ausziehen und zum Empfang zurückkehren mußte. Er fühlte sich gut, da er sich, mit dem kühlen Mut eines erfahrenen Ritters, zweimal hatte verbergen können. Das war wirklich nicht schlecht für jemand ohne wirkliche Ausbildung ...

„Halt, Herr Ritter!"

Drew wirbelte herum und stand von Angesicht zu Angesicht dem Geistlichen gegenüber, der sein Buch in der Hand hielt. Kurz darauf öffnete sich die Tür und Elkins kam herein. „Sie hatten recht, Euer Gnaden!" rief er und zeigte mit seinem Finger auf Drew.

Die beiden Männer kamen mit unverhohlenem Amüsement auf ihn zu. Drew wich zurück, aber seine Ferse verfing sich an einem der nicht versteckten Kleidungsstücke, und er fiel mit wirbelnden Armen gegen die nächste Ritterrüstung. Ein Krachen folgte. Drew und eine Kaskade von Rüstungen fielen auf den Boden, als eine Rüstung die andere wie einen Dominostein umstürzte. Durch einen einzigen falschen Schritt war Sir Morgan gestürzt worden und hatte viele seiner Kameraden mit sich genommen.

Der auf dem Boden liegende Drew konnte das Muster der Decke durch sein Visier erkennen. Er versuchte vergeblich, aufzustehen. Er war hilflos wie ein Käfer, der auf dem Rücken liegt.

Er hörte das Knistern von Kleidung, bevor sich ein rundes rotes Gesicht vor seinem Visier erkennen ließ. Der Geistliche war auf Händen und Knien und schaute von außen durch den Schlitz des Visiers.

„Nun laßt uns den gestürzten Ritter einmal betrachten", meinte der Geistliche.

Das Visier des Helms wurde nach oben geschoben und Drew sah sich dem Geistlichen gegenüber, dessen Augen leicht hervortraten, aber ansonsten klar und scharf erschienen. Er trug einen breiten, grau melierten Schnurrbart und einen modischen Bart, wie ihn der König trug, der nur das Kinn bedeckte und spitz zugekämmt war.

„Ich würde sagen, er hat ein ziemlich junges Gesicht", stellte der immer noch amüsierte Geistliche fest. „Ob er auch einen Namen besitzt?"

Drew dachte über diese Möglichkeit nach. Er könnte einen falschen Namen angeben und sich auf diese Art und Weise aus dem Dilemma befreien. Er könnte auch umgehend ein Schweigegelöbnis ablegen. Das Problem war, daß er nicht wußte, wie groß seine Schwierigkeiten waren. Gab es ein Gesetz, das verbot, sich als Ritter zu verkleiden? Er könnte natürlich dazu gezwungen werden, die Wahrheit zu sagen.

„Antworte dem Geistlichen!" brüllte Elkins und gab Drew einen Fußtritt. Der Fußtritt tat nicht weh, da die Rüstung ihn auffing, als ob es der Schmied beabsichtigt hätte.

„Ich werde mich mit dieser Angelegenheit befassen!"

schrie der Geistliche Elkins an, während er sich umdrehte. „Und du hörst auf, ihn zu treten. Willst du die Rüstung beschädigen?"

Er wandte sich wieder an Drew und wiederholte, diesmal mit großem Ernst, seine Frage: „Gehört zu diesem Gesicht auch ein Name?"

Drew versuchte zu nicken, aber der auf dem Boden liegende Helm behinderte ihn. Seine Nase bewegte sich daher vor und zurück.

„So, wie ist dein Name? Junge, sag mir deinen Namen."

„Drew."

„Drew", meinte der Geistliche und ließ den Namen auf seiner Zunge zergehen. „Drew, Drew. Kurzform von Andrew?"

Drew versuchte, erneut zu nicken, dachte nach und sagte einfach: „Ja."

„Ist das alles? Einfach Drew?"

Drew hatte gehofft, daß er seinen Vater aus dem Spiel lassen konnte. Es gab kein Zurück mehr, er mußte wie ein Ritter handeln und die Konsequenzen auf sich nehmen. „Morgan. Drew Morgan."

Der Geistliche wich zurück. „Lord Percy Morgans Sohn?"

„Ja."

„Aha", sagte der Geistliche mit offensichtlichem Mißfallen. Stöhnend richtete er seinen schweren Körper wieder auf und stand wie ein Turm über Drew gebeugt. „Wir wollen den Ritter aufheben", meinte er zu Elkins. Dann fragte er Drew: „Sir Morgan, können Sie Ihre Arme anheben?"

Drew streckte beide Arme aus. Der Geistliche nahm den einen und der Bürgerliche den anderen Arm. Während sie ihn aufrichteten, schloß sich das Visier. Das Geräusch klingelte in Drews Ohren.

„Elkins", befahl der Geistliche, „geh' in den Saal und hole Lord Morgan herbei. Bring ihn zu meinem Raum in der Kapelle."

„Was machen wir mit dem Jungen, Euer Gnaden? Was machen wir, wenn er versucht, zu entkommen?"

Der Geistliche schloß seine Augen und sprach in einem Ton, in dem man normalerweise zu Kindern spricht. „Der Junge bleibt hier. In seiner Rüstung kann er kaum laufen. Ich bin sicher, daß ich ihm folgen kann, wenn er versucht, zu entkommen."

Elkins fühlte sich durch den Ton des Geistlichen beleidigt, obwohl er es nicht erkennen lassen wollte. Er entfernte sich diensteifrig, um den Befehl auszuführen.

„Nimm den Helm ab", befahl der Geistliche. „Ich möchte dich besser erkennen können." Drew machte, was ihm befohlen wurde. Nachdem er den Helm abgenommen hatte, traf ihn der kalte Blick des Geistlichen. Drew schlug seine Augen nieder.

„Laß mich dich ansehen!" brüllte der Geistliche.

Drew riß seinen Kopf hoch.

„Schau immer in die Augen eines Mannes! Schlag niemals die Augen nieder, egal, wie demütigend deine Niederlage auch sein mag!"

Drew zwang sich dazu, in die Augen des Mannes zu sehen, der ihn dabei erwischt hatte, Ritter zu spielen. Zunächst war es sehr schwer, da ihn der Blick des Geistlichen wie der Stoß eines Breitschwerts traf, aber nach kurzer Zeit konnte er den Blick erwidern. Und falls er sich nicht irrte, konnte er in den Winkeln der stahlharten Augen ein Lächeln erkennen.

„Gut", meinte der Geistliche. Er steckte Drews Buch unter seinen Arm und ging zur Tür. „Folge mir." Ohne sich umzudrehen, ging er in den Flur.

„Was ist mit meiner Kleidung?" fragte Drew.

„Im Moment hast du die Kleidung an, die du benötigst", erwiderte der Geistliche, ohne sich umzudrehen.

Mit dem Helm unter dem Arm folgte Drew dem Geistlichen in den Flur und in den Schloßhof. Bei jedem Schritt klirrte die Rüstung und verriet seine Anwesenheit.

Als er in den Schloßhof trat, wünschte Drew, daß er umkehren könnte. Der Empfang des Königs hatte sich in den Schloßhof verlagert, und die Hälfte des englischen Adels befand sich dort. Während das erste Klirren seines gepanzerten Fußes ertönte, drehten sich alle Häupter in Drews Richtung.

Ein Schweigen war die Antwort. Drew hoffte, daß sie ihn in Ruhe lassen würden, aber es war nicht der Fall. Es dauerte nur einen Augenblick, bis seine Anwesenheit wahrgenommen wurde. Schließlich hatte seit einigen Jahrhunderten kein Ritter mehr an einem königlichen Empfang teilgenommen.

„Gott beschütze uns! Das ist Sir Lancelot!" rief ein Teilnehmer.

Ein lautes Lachen aller Anwesenden erschallte.

Mehrere Männer stürmten auf ihn zu. Drew ging so schnell, wie es die Rüstung erlaubte. Ein glatzköpfiger Mann mit dickem Bauch, der sich offensichtlich reichlich am Wein des Königs gelabt hatte, benahm sich, als ob er ein Pferd reiten würde. Er forderte Drew zum Zweikampf auf.

„Falls du eine züchtige Jungfrau zur Rettung suchst", rief ein Mann mit einer dunkelhaarigen Dame am Arm, „wirst du sie nicht in diesem Schloß finden." Seine Begleiterin lachte und boxte ihm in die Rippen.

Der Geistliche, der den Weg am Bergfried vorbei in Richtung St. George's Kapelle nahm, schien den Tumult nicht wahrzunehmen. Drew versuchte, mit ihm Schritt zu halten.

Weil sie sahen, daß ihr Spielzeug entfloh, versuchten zwei Männer, seinen Arm zu fassen, um ihn zum Schloßhof zu zerren.

„Lassen Sie den Jungen in Ruhe!" rief die hohe Stimme des Geistlichen.

Zuerst zögerten die Spötter, da sie ihre Belustigung nicht aufgeben wollten, erkannten aber schnell, wer den Befehl aussprach. Als sie sahen, daß der Geistliche die Kapellentür für Drew aufhielt, ließen sie ihn sofort frei.

Drew ging so schnell, wie es seine Rüstung erlaubte, durch die offene Tür. „Euer Gnaden, was hat es mit dem Ritter auf sich?" fragte einer der Männer.

Der Geistliche antwortete ihm, indem er die Tür schloß.

Kapitel 2

„Dieses Buch hat dich verraten." Der Geistliche hielt das Buch aus Drews Kleiderbündel wie ein gerichtliches Beweisstück hoch.

Drew stand in einem engen, spärlich ausgestatteten Raum hinter der St. George's Kapelle. Das Mobiliar bestand aus einem kleinen Holztisch und zwei Stühlen mit aufrechter Lehne, ein Stuhl hinter dem Tisch, der andere neben ihm. Schriftstücke und Wandkarten, von denen einige herunterhingen, lagen auf dem Tisch, beschwert durch Bücher. Die einzige Dekoration des Raums war, neben einigen Kerzenhaltern, das Kruzifix über dem Tisch. Es war kein Raum, in dem man Gäste empfing, sondern ein Zufluchtsort, in dem man ungestört arbeiten konnte.

Der Geistliche zog den Stuhl unter dem Tisch hervor und setzte sich würdevoll. Er bot Drew keinen Stuhl an, was verständlich war, da Drew nicht wußte, wie er sich mit seiner Rüstung hinsetzen sollte. Der Geistliche legte das Buch auf seinen dicken Bauch und faltete seine Hände darüber. Für einige Momente sagte er keinen Ton, sondern betrachtete Drew. Ein väterliches Grinsen erschien langsam auf seinen Lippen – ein Grinsen, wie man es sehen kann, wenn Kinder auf frischer Tat ertappt werden.

Mit seinen Fingerspitzen auf das Buch trommelnd, wiederholte der Geistliche: „Das Buch hat dich verraten. Ich wußte, wo du warst. Das Kleiderbündel bestätigte nur meinen Verdacht." Ein spöttisches Lächeln erschien auf seinem fragenden Gesicht. „Warum hattest du das Buch in deinem Kleiderbündel?"

Drew räusperte sich. „Mein Vater wollte nicht, daß ich es mit nach London nehme."

Eine unbehagliche Stille folgte, der Geistliche wartete auf eine weitere Erklärung.

Drew wurde unruhig. Die Rüstung klirrte. „Mein Vater glaubt, daß ich zu viel Zeit mit Büchern vergeude. Ich versteckte das Buch in meiner Kleidertruhe."

„Und du wolltest das Buch in einer Ritterrüstung lesen?"

„Nein." Drew errötete. „Der Empfang war langweilig, und ich schlich mich davon, um das Buch zu holen. Ich las es für eine Weile und hatte dann die Idee, das Schloß auszukundschaften. Das hier", er deutete auf die Rüstung, „war nur eine spontane Idee."

Der Geistliche hob das Buch hoch und las den Titel vor: „*Die Zeit der Ritter* von Geoffry Berber." Auf seinen Lippen spielte ein jugendliches Grinsen. „Ich glaube, als Junge las ich dieses Buch mindestens fünfzigmal." Er blickte auf, unfähig, ein Lachen zu vermeiden. „Eine Ritterrüstung anzuziehen, wäre genau das gewesen, was ich, falls möglich, als Junge gemacht hätte."

Drew zuckte zusammen, während der Geistliche durch das Buch blätterte, als würde er etwas suchen. Er war durcheinander. Es war nicht so, wie er es sich vorgestellt hatte. Der Geistliche hatte Elkins und den betrunkenen Adeligen mit einem Satz zur Ordnung gerufen. Als Drew den Raum betrat, erwartete er Anschuldigungen. Nun saß ein ausgelassener Geistlicher mit einem dummen Grinsen vor ihm.

Der Geistliche schlug plötzlich das Buch zu und fragte: „Wer ist dein Lieblingsritter?"

„Lieblingsritter?"

„Dein Lieblingsritter, du mußt einen Lieblingsritter haben."

„Ja", Drew stotterte, als die Rüstung klirrte. „Ich nehme an, daß, wenn ich einen Lieblingsritter auswählen müßte, ich Sir Gawain wählen würde."

Die Augenbrauen des Geistlichen zogen sich zusammen. „Gawain? Gawain, nicht Lancelot? Lancelot war der bedeutendste Ritter!"

Drew zuckte erneut zusammen. Offensichtlich hatte er den falschen Ritter gewählt. Im Augenblick hatte er aber ein größeres Problem, als Ritter auszuwählen. Er wollte sich hinsetzen, die Arme falten und alles andere tun, als in seiner klirrenden Rüstung herumzustehen. Er verstand nun, warum Ritter immer aufrecht und groß dargestellt wurden, nicht, weil sie tugendhaft und rechtschaffen waren, sondern, weil sie sich nicht setzen konnten.

„Lancelot war der bedeutendste Ritter", entgegnete er und nahm den Helm unter den anderen Arm. „Er war der Beste im Turnier und Kampf, hatte aber wenig Moral. Er konnte seine Triebe nicht kontrollieren, und diese Schwäche zerstörte die Tafelrunde und tötete König Arthus."

„Ich verstehe." Der Geistliche strich mit einer Mischung aus Belustigung und Nachdenklichkeit über seinen Bart. „Andrew, warst du jemals so sehr in eine Frau verliebt wie Lancelot in Guinevere?"

„Natürlich!" antwortete Drew.

Der Geistliche zog die Augenbrauen hoch.

„Möglicherweise nicht so sehr. Es gibt aber wichtigere Dinge auf dieser Welt als Frauen!"

„Ja? Eine unübliche Erklärung von jemand, der, wie alt ist? Siebzehn, achtzehn?"

„Achtzehn."

„Ach ja. Andrew, kannst du mir, mit der Weisheit deines Alters, die Dinge erklären, die wichtiger als Frauen sind?"

„Gerechtigkeit auf der einen Seite und ... Loyalität! In diesem Punkt scheiterte Lancelot! Er betrog seinen König und seine Ritterkameraden, als er mit der Königin schlief!"

Der Geistliche lachte, aber nicht mißbilligend. „Bist du sicher, daß du Lord Percy Morgans Sohn bist?"

Ärgerliche Stimmen erschallten plötzlich im Gang.

Die Tür flog auf. Lord Morgan stürmte in den Raum, gefolgt von Lady Evelyn und Philip, Drews Mutter und Bruder.

Selbst als sie in den Raum stürmten, spiegelten Drews Eltern unverkennbar englischen Adel wider. Lord Morgan war ein Mann, der auf gute und teure Kleidung Wert legte. Sein dunkelgrüner Samtwams mit geschlitzten Puffärmeln war mit Goldfäden durchzogen sowie edelsteinbesetzt. Über seinem Wams trug er einen stark mit Pelz verbrämten ärmellosen Umhang. Die Goldkette mit dem Kragenrentier auf dem Medaillon hing um seinen Hals. Er war kein großer Mann, ersetzte aber die mangelnde Größe durch eine laute Stimme. Drew hatte seinen Vater oft sagen hören: „Ein kleiner Mann mit einer lauten Stimme ist ein Riese."

Falls es in England jemand gab, der mit der Lautstärke seines Vaters mithalten oder sie sogar übertönen konnte, war es Drews Mutter. Sie stimmte auch mit seinem Modebewußtsein überein und war eine Frau, die darüber glücklich war, nicht in einer Zeit zu leben, in der Zurückhaltung und Diskretion Mode waren. Sie war von Kopf bis Fuß wie eine Frau gekleidet, die ihren Stand zur Schau stellte. Für den königlichen Empfang trug sie eine goldblonde Perücke, die viel vornehmer aussah als ihr glanzloses braunes Haar. Ihr

Friseur hatte die Perücke aus den Haaren eines Bettelkindes entworfen, das sie während eines Besuchs in London traf. Sie lockte das verängstigte Mädchen in ihre Kutsche und bot ihr zwei Pence für ihr Haar. Die Zahlung des Geldes und das Abschneiden der Haare wurden vorgenommen, bevor das Kind die Möglichkeit hatte, es sich noch einmal zu überlegen.

Lady Morgans Perücke wurde im Nacken durch einen Rabato, einen Drahtkragen in der Form von Flügeln, mit spitzenbesetztem Rand gestützt. Auf der Vorderseite ihres weißen Kleides befand sich ein dreieckiges und mit Edelsteinen besetztes Mieder. Es war ein glattes Stück Stoff, das wie ein auf dem Kopf stehendes Dreieck aussah. Zwei Ecken reichten bis zur Schulter und die dritte endete unter den Hüften. Ihr Rock war an den Hüften modisch ausgestellt und gerade lang genug, um ihre edelsteinbesetzten Strümpfe zu zeigen.

Auf Lady Morgans Kleidung waren die meisten am Empfang teilnehmenden Damen neidisch, doch sie selbst war mit den meisten Kleidungsstücken unzufrieden. Sie wäre nicht glücklich, wenn sie nicht von allen Damen beneidet würde und stachelte daher den Neid mit ihrer Perlenkette an.

Dem Empfang war eine intensive und monatelange Planung ihres Schmucks vorangegangen. Sie war erst zufrieden, wenn sie Eifersucht unter den modebewußten Londonern säen konnte, der noch wochenlang nach dem Empfang andauern würde. Ihr Schmuck wurde daher sorgfältig ausgewählt, um dieses Ziel zu erreichen.

Ihre Perlenkette war der schönste Schatz, den Sir Francis Drake von seiner berühmten Reise um die Welt mitgebracht hatte. Drake raubte die Perlenkette, zusammen mit viel Gold, Silber und Edelsteinen, aus spanischen Siedlungen an der kalifornischen Küste, was dazu führte, daß die *Golden Hind* bei der Rückreise tief im Wasser lag. Die einzige englische Dame, die diese Kette bisher in der Öffentlichkeit tragen durfte, war Königin Elisabeth. Nach dem Tod der Königin wurde die Kette, ohne das Aufsehen der Öffentlichkeit zu erregen, der Familie Drake zurückgegeben und dort verschlossen, bis die Morgans sie kauften.

Während dieses Empfangs wurde die Kette zum ersten Mal nach Jahrzehnten wieder der Öffentlichkeit vorgestellt und schmückte Lady Morgans feinen weißen Hals, der durch den augenblicklichen Ärger rot und angeschwollen war.

Lord Percy: „Wir sind zum Gespött des gesamten Königreichs geworden! In der Vergangenheit hast du einige verrückte Streiche angestellt, aber noch nie so etwas ..."

Lady Evelyn: „Monatelange Planung, ein kleines Vermögen, und wofür? Spricht irgend jemand über den Schmuck der Morgans? Nein, sie sprechen über meinen idiotischen Sohn, der in einer Ritterrüstung herumläuft ..."

Lord Percy: „Du hättest dir keinen schlechteren Zeitpunkt auswählen können! Wir warteten stundenlang, um König Charles vorgestellt zu werden, und sobald er uns empfing ..."

Lady Evelyn: „... stürzte dieser unmögliche Mann in den Saal und erzählte jedem, daß mein Sohn dabei erwischt wurde, wie er im Schloß herumschlich, in einer ..."

„Lord Morgan!" rief der Geistliche.

Lady Evelyn: „In meinem ganzen Leben habe ich mich noch nie so geschämt ..."

Lord Morgan: „Du wirst gepeitscht, bis dein Fell ..."

„Lord und Lady Morgan! Würden Sie sich bitte zusammennehmen!"

Die Stimme des Geistlichen wurde schrill, hatte aber genug Lautstärke und Autorität, um die Klagen der beiden Märtyrer zu durchdringen.

Lord Morgan wirbelte herum, um festzustellen, wer es wagte, ihn zu unterbrechen. Als er den nun stehenden Geistlichen vor sich sah, wurde er bleich. Seine Kinnlade fiel herunter.

„Bischof Laud!" stotterte er. „Euer Gnaden, verzeihen Sie mir, ich sah Sie nicht. Der Dummkopf, der uns benachrichtigte, sagte uns nicht, daß mein ungezogener Junge bei Ihnen ist. Sie können sicher sein, daß er streng bestraft wird. Sein Streich war idiotisch, unverzeihlich. Wenn wir nach Hause kommen, wird er die Peitsche spüren bis ..."

Bischof Laud unterbrach den Adeligen mit erhobener Hand. Im Raum herrschte Stille. Der Bischof war für einige Augenblicke still. Drew war sich nicht sicher, ob er nachdachte oder nur die Ruhe genoß. Er verlagerte sein Gewicht auf den anderen Fuß. Die Rüstung quietschte. Seine Mutter verdrehte ihre Augen und stieß einen tiefen Seufzer aus.

Die Morgans traten zur Seite als Bischof Laud auf Drew zuging und in seine Augen sah. Drew ertappte sich dabei, daß er im Begriff war, seine Augen niederzuschlagen, bevor er sich an die Worte des Bischofs erinnerte: *„Schlage nie die Augen nieder! Egal, wie demütigend deine Niederlage auch sein mag. Hab nie Angst, einem anderen Mann in die Augen zu sehen."* Drew blickte Bischof Laud in die Augen. Der Bischof lächelte.

„Er hat nichts Böses getan. Der Junge verdient keine Bestrafung!"

„Wenn Sie es wünschen", stotterte Lord Morgan. „Darf ich aber sagen, daß es nicht das erste Mal war, daß der Junge Dummheiten machte? Wenn Sie mich fragen, der beste Weg, um Verrücktheiten auszutreiben, ist ..."

„Andrew und ich haben vieles gemeinsam", unterbrach

Bischof Laud. „Wir lieben Bücher", er klopfte auf das Buch in seiner Hand. „Wir lieben die Legenden, die Arthus umgeben." Er drehte sich zu Lord Morgan und fuhr fort: „Ich mag ihren Sohn. Er hat Charakter und, glaube ich, viel Mut."

„Wir versuchten, ihm alle Möglichkeiten zu bieten, Euer Gnaden", meinte Lady Evelyn. „Der Junge ist aber faul und undiszipliniert. Obwohl wir ihn nach Cambridge schickten ..."

Der Bischof drehte sich um. „Du warst in Cambridge?"

Drew nickte.

„Ich war der Kanzler von Cambridge. Darüber möchte ich mich mit dir einmal unterhalten."

„Die Sache ist die", sagte Lord Morgan mit erhobener Stimme, „daß der Junge ein Träumer ist."

„Die Sache ist", antwortete Bischof Laud in ähnlicher Intensität, „daß ich ihn bei mir in London haben möchte. Ich habe Arbeit für ihn, die seinem Talent entspricht."

„Sie wollen meinen Sohn zum Priester machen?" fragte Lady Evelyn.

Der Bischof schnaubte. „Nein, meine Dame, nicht zum Priester. Ich benötige einen mutigen jungen Mann für besondere Missionen. Er wird König Charles und mich dabei unterstützen, England vor seinen Feinden zu retten. Drew, bist du daran interessiert?"

„Ja, Euer Gnaden, ich bin daran interessiert", antwortete Drew.

„Gut", rief der Bischof und sagte zu Lord Morgan: „Geben Sie mir Ihren Sohn für einige Jahre. Danach werde ich ihn an Sie zurückgeben, und er wird in der Lage sein, die Morgans zu beispiellosem Reichtum und beispielloser Größe zu führen."

Drew lächelte. Der Bischof wußte genau, wie er von

Lord Morgan bekam, was er haben wollte. Drews Vater war einverstanden.

„Andrew", meinte der Bischof, „zieh die Rüstung aus. Komm zu mir zurück, bevor du nach Hause gehst, um deine Sachen zu holen. Ich habe etwas, das ich dir geben möchte."

Kapitel 3

Der Tag, an dem er von Windsor Castle nach London ritt, sollte eigentlich ein neues und spannendes Kapitel im Leben von Drew Morgan aufschlagen. Es war aber ein Alptraum mit lang anhaltenden Verzögerungen, als ob die Götter der Unterwelt böse Dämonen damit beauftragt hatten, seine Schritte zu hindern, um ihn in jede andere als die von ihm eingeschlagene Richtung zu zerren.

Der Morgen begann verheißungsvoll, und der Ritt von Windsor Castle nach London war wunderbar. Der Wind schlug Drew frisch ins Gesicht. Die Hufe seines prachtvollen Rappens trommelten auf den Boden, als ob sie der Welt kundtun wollten, daß Drew Morgan seinem Schicksal entgegenritt.

Er war noch nie allein nach London gereist, aber heute begann ein neuer Zeitabschnitt. Seine heutige Mission beinhaltete zwei Aufgaben: Er sollte eine Anzahl Kelche abholen, die sein Vater bei einem Londoner Goldschmied in Auftrag gegeben hatte, und – bei weitem wichtiger – er ritt für England, da er seine erste Mission für den Bischof von London ausführte.

Sein Paß für das königliche Abenteuer war ein vom Bischof unterschriebener Brief, den er nah an seinem Herzen aufbewahrte. Er autorisierte die Ausleihe eines Buchs aus der persönlichen Bibliothek des Bischofs. Deshalb wollte ihn Bischof Laud noch einmal sehen, bevor er Windsor verließ.

Der Bischof überreichte Drew den Brief mit den Worten: „Andrew, Englands größter Feind ist nicht mehr Spanien oder eine andere kontinentale Macht. Die größten Feinde Englands sind jetzt die aufrührerischen Tendenzen im eigenen Land. Der Geist vieler Engländer ist erfüllt von Ketzerei, und die Herzen sind in Aufruhr. Du kannst sie nicht an ihrer Kleidung erkennen, da einige reich und andere arm sind. Trotzdem hat sich der Teufel in ihre Herzen geschlichen. Sie laufen ungestört durch die Straßen aller Städte und Dörfer und haben unschuldige Gesichter. Es ist unser Kreuzzug, diese Verräter zu enttarnen und die zum Tode zu verurteilen, die versuchen, England zu zerstören. Es ist keine leichte Aufgabe, da wir Feiglinge suchen, die schwachen Geistern auflauern und sich selbst unter dem Mantel der Anonymität verstecken."

Der Bischof zeigte Drew eine Druckschrift, auf deren Vorderseite ein Hund mit Bischof Lauds Gesicht und dessen Mitra abgebildet war. „Das ist ein Beispiel ihrer Arbeit", sagte er und las einen Absatz vor:

> *Laud, erkenne dich selbst. Du kannst sicher sein, daß dein Leben gefordert wird. Da du die Quelle allen Übels bist, bereue deine enorme Schlechtigkeit, bevor du aus der Welt entfernt wirst. Sei versichert, daß weder Gott noch die Welt einen so widerwärtigen Berater und Schleicher am Leben erhalten will.*

Der Bischof faltete die Druckschrift zusammen. Er klopfte mit dem Finger darauf und erklärte: „Die Kreatur, die das schrieb, wurde gefangen und bestraft. Er wurde durch den Fleiß und die Sorgfalt eines jungen Mannes entdeckt, eines Mannes, ähnlich wie du einer bist. Höre genau zu, was ich sage. Achte sorgfältig auf jede Unterhaltung und sammle die kleinsten Beweise, die dazu führen könnten, die Autoren, Drucker und Verleger dieser aufrührerischen Traktate dingfest zu machen."

Ein schmerzlicher Ausdruck erschien auf dem Gesicht des Bischofs. Er sah aus wie ein Mann, der an einer wiederkehrenden Krankheit litt. „Es gibt einen bestimmten Autor", murmelte er. „Ich möchte ihn haben. Justin ... ist nicht sein richtiger Name. Da bin ich sicher. Wenn du irgend etwas über Justin hörst, die kleinste Neuigkeit, informiere mich umgehend! Verstanden?" Die Kinnmuskeln des Bischofs spannten sich, als er sprach, und die Haut lief blutrot an. Drew war glücklich, daß er nicht in Justins Haut steckte. Allein der Gedanke, dem Ärger des Bischofs ausgesetzt zu sein, rief in ihm ein ungutes Gefühl hervor.

Drew nickte zustimmend.

„Gott sei mein Zeuge", schwor der Bischof, „ich ... werde ... ihn ... erwischen!"

Der emotionale Sturm des Bischofs legte sich schnell. Einige Augenblicke später war er wieder vergnügt, fast albern. „Gib Timmins diesen Brief", sagte er mit jugendlicher Begeisterung. „Der Brief gestattet ihm, eines meiner Lieblingsbücher auszuleihen, ein besseres Buch als Berbers *Die Zeit der Ritter!* Ich bin sicher, es wird dir gefallen." Er legte seine Hand auf Drews Schulter und sagte: „Komm so schnell wie möglich zu mir nach London."

Drews heutige Londoner Mission war zufälliger Natur. Er konnte die vier Silberbecher abholen, die sein Vater bei einem Goldschmied in The Strand in Auftrag gegeben hatte.

Es würde den Morgans nicht nur einen unnötigen Besuch in London ersparen, sondern, unter Berücksichtigung seines Streichs vom Vortag, auch das Risiko weiterer öffentlicher Schmach verringern.

Lord Morgan beabsichtigte, Drew den Weg zum Goldschmied zu beschreiben. Da Drew aber früh aufstand und schleunigst seine Reise antreten wollte, verließ er Windsor, bevor sein Vater aufwachte. Er brauchte keine Anweisungen, er wußte, welchen Goldschmied sein Vater beauftragt hatte.

Drew wußte auch, daß er den größten Teil des Morgens benötigen würde, um London zu erreichen. Er würde das Buch des Bischofs und die Becher seines Vaters abholen und dann seine Familie vor Einbruch der Dunkelheit im King Alfred Inn in Basingstoke treffen. Lord Morgan wollte seinem alten Freund, dem Bürgermeister von Basingstoke, dort die feinen Silberbecher zeigen und sich darüber amüsieren, wie dieser vergeblich versuchen würde, seinen Neid zu unterdrücken.

Das war der Plan, bevor die bösen Dämonen auf ihn losgelassen wurden.

Um nach London zu kommen, mußte er die Knight's Bridge überqueren, was, wie er meinte, angemessen sei, da er seine erste Mission für den Bischof ausführte. An der Wegkreuzung, die nördlich nach Paddington, östlich nach St. Giles und südlich in Richtung Themse führte, lenkte er seinen Rappen Pirate in die rechte Abzweigung.

Pirate fühlte sich an diesem Tag besonders streitlustig, zweifelsohne von Dämonen angespornt. An guten Tagen ließ er sich einfach führen und schien genauso nach Abenteuern Ausschau zu halten wie Drew. An schlechten Tagen, und das war einer der schlechtesten, war er bösartig.

Drew ritt direkt zum London House, der Stadtresidenz des Bischofs. Er klopfte an die Holztür, die wenig später von einem großen rundlichen Mann mit einer weißen Küchenschürze geöffnet wurde.

Den Mann als rundlich zu bezeichnen, war eine Untertreibung. Es sah fast so aus, als hätte Gott ihn aus runden Fleischbällen zusammengesetzt. Sein runder Kopf saß auf einem runden Körper. Er hatte keinen erkennbaren Nacken. Zwei runde Brüste, wie die einer Frau, schauten unter der Schürze hervor und saßen auf einem dicken Bauch.

„Ah! Du bist noch ein Junge", meinte er. Seine Wangen waren wie rote Bälle an die Mundwinkel geklebt und schwabbelten bei jedem Wort. „Und was willst du?" fragte er und trocknete sich seine plumpen Hände an einem Handtuch ab.

Drew nahm, höflich wie er war, seine Kappe ab. Die Geste erfreute den Mann ganz offensichtlich, da seine roten Wangen nach hinten sprangen und sich sein Mund zu einem zahnlosen Grinsen verzog. „Ich möchte ... ich meine ... ich möchte Herrn Timmins sprechen."

„Oh, das ist schade", entgegnete der Mann und grub das Handtuch tief zwischen seine Finger, „du wirst ihn heute nicht antreffen. Komm morgen zurück."

„Morgen?" Drews Stimme ließ Panik erkennen.

„Nun", entgegnete der Mann, und schien Drews Lage zu berücksichtigen, „wenn deine Angelegenheit wichtig ist ..."

Drew nickte, um anzudeuten, daß sie wirklich wichtig war.

„... kannst du ihn in Whitehall treffen."

Whitehall bedeutete Verspätung. Drew würde dorthin reiten, Herrn Timmins finden und dann zurückkommen müssen, um das Buch abzuholen. Das würde zu lange dauern.

„Vielleicht können Sie mir helfen", meinte Drew.

Die Idee schien dem rundlichen Koch zu gefallen.

„Könnten Sie mir ein Buch aus der Bibliothek des Bischofs holen? Ich habe einen Brief des Bischofs ..."

Der Koch trat zurück, sein Mund rund wie der restliche Körper.

„O nein! Ich kann und darf das Büro des Bischofs nicht ohne seine Erlaubnis betreten!"

„Ich habe aber einen Brief ..."

Der rundliche Koch schüttelte seinen Kopf.

„Kann mir sonst jemand helfen?"

„Es tut mir leid, nur Herr Timmins."

Ob er es wollte oder nicht, die Dämonen zogen ihn nach Whitehall.

Zwei Stunden später stand Drew ungeduldig neben der Sonnenuhr im Garten von Whitehall, der Residenz von König Charles I. Der Garten bestand aus sechzehn, von Hecken umgebenen Rasenflächen und Blumenbeeten in vier quadratischen Flächen. Drew wußte, daß es sechzehn Beete waren, da er sie mehrmals gezählt hatte. Er beobachtete auch, wie der Zeiger der Sonnenuhr eineinhalb Stunden vorrückte, während er auf Herrn Timmins wartete.

Ein Mitglied der Palastwache hatte ihn mit ausdruckslosem Blick zu diesem Platz geschickt und ihm befohlen, nicht herumzulaufen. Auf dem Weg dorthin berührte er den Knauf seines Säbels, und Drew entschloß sich, seinen Befehlen zu folgen.

Ein kleiner, fast glatzköpfiger Mann kam schließlich mit präzisen Schritten auf ihn zu. Ein Kranz weißer Haare umgab seinen Hinterkopf von einem Ohr zum andern. Er hatte eine aufrechte Haltung und die Hände zu Fäusten geballt.

„Bist du der junge Mann mit einer Nachricht von Bischof Laud?"

„Sind Sie Mister Timmins?"

„Sei nicht impertinent. Hast du eine Nachricht?"

„Es tut mir leid, wenn Sie mich impertinent finden, aber der Brief ist an Mister Timmins gerichtet."

„Ich bin Timmins!"

Drew gab ihm den Brief, ohne ein weiteres Wort zu verlieren.

Mister Timmins öffnete den Brief, überflog ihn und fluchte. „Ein Buch?" Er zerknüllte den Brief und warf ihn in die Hecke. Dann drehte er sich um und stürmte davon.

Zuerst wußte Drew nicht, was er machen sollte. Er hob den Brief auf und glättete ihn, während er Timmins folgte. Er überholte die Amtsperson und stellte sich ihr in den Weg.

„Es tut mir leid, Ihnen Unannehmlichkeiten zu bereiten, Mister Timmins, aber nach Whitehall zu kommen und Sie zu suchen, war sehr zeitraubend für mich. Ich muß London innerhalb einer Stunde verlassen. Der Bischof befahl mir, das Buch mitzubringen. Führen Sie seinen Befehl aus oder nicht?"

Timmins war so ärgerlich, daß sich Drew vor dem spitzen Säbel der Palastwache wohler gefühlt hätte.

„Sei in *genau* eineinhalb Stunden im London House", befahl Timmins und ging in den Palast.

Eineinhalb Stunden? Drew konnte fast das freudige Lachen der Dämonen vernehmen.

Aus dem Morgen wurde Nachmittag, und Drew war immer noch in London. Es gab aber einen Trost. In der Zwischenzeit konnte er die Kelche seines Vaters abholen. Dafür würde er eine halbe Stunde benötigen. Er hatte also noch eine Stunde zur Verfügung, um in der von ihm geliebten Stadt herumzubummeln.

Für Drew hatte London alles, was er zu Hause nicht finden konnte. Das permanente Gerumpel von Karren und Kutschen war das Herzklopfen einer vibrierenden Stadt. Bis auf die häufigen Schreie seiner Mutter war Morgan Hall still und tot. London veränderte sich stetig, jeder Tag brachte eine neue Herausforderung mit sich. Die einzige Herausforderung in Morgan Hall bestand darin, dem fortwährenden Streit zu entgehen – sein Vater zankte mit seiner Frau über Geld, und diese brüllte jeden an, der in der Nähe war, während sein Bruder heulte und schniefte.

Nachdem sich Drew und Pirate einen Weg durch die Händler, Bauarbeiter und Wasserträger gebahnt hatten, die The Strand umlagerten, mußte Drew lachen. In einigen Tagen würde er hier zu Hause sein. Männer und Frauen standen an den Straßenecken, und man konnte im Hintergrund Hammerschläge vernehmen. Frauen standen mit Kannen an der öffentlichen Wasserpumpe Schlange. Schwitzende Träger liefen mit tiefgebückten Rücken die Straße hinunter. Er liebte diese Stadt.

In The Strand gab es fünfzig Goldschmiede. Drew ritt direkt zu dem Laden, mit dem sein Vater immer Geschäfte machte. Der Eigentümer, ein Mann namens Carados, meinte aber, daß er von Lord Percy Morgan nie einen Auftrag für vier Silberkelche erhalten hätte. Drew bestand darauf, daß die Kelche bestellt waren. Beide fanden gleichzeitig die Antwort. Lord Morgan hatte die Silberkelche bei einem anderen Goldschmied bestellt. Carados war erschüttert.

„Seit zwanzig Jahren muß ich mir das Feilschen anhören! Seit zwanzig Jahren verkaufe ich ihm meine Waren billiger als jedem anderen. Und was macht er? Er fällt mir in den Rücken! Ich wette, er ging zu Bors! Dieser undankbare Beutelabschneider! Raus! Mach, daß du hinauskommst! Und bestell dem Judas, der sich dein Vater nennt, daß ich ihn nicht mehr sehen möchte!"

Fünfzig Goldschmiede gab es in The Strand. Welcher

hatte die Silberkelche seines Vaters? Die Dämonen schüttelten sich vor Lachen.

Bors. Carados sagte, es war wahrscheinlich Bors. Er könnte genauso gut dort anfangen. Aber wo war der Laden von Bors?

Es verging eine halbe Stunde, bis er den kleinen Laden des Goldschmieds Simon Bors entdeckt hatte. Im Laden spielte sich die gleiche Szene ab wie im Laden von Carados. Lord Morgan hatte Bors den Auftrag versprochen, aber nie an ihn vergeben. Bors wußte nun, warum, und war verärgert. Drew wurde zum zweiten Mal an einem Tag aus dem Laden eines Goldschmieds geworfen.

Was war zu tun? Es gab noch achtundvierzig Goldschmiede, und er hatte nicht die leiseste Ahnung, wo er anfangen sollte.

„Psst! Komm her!"

Ein dürrer Mann rief ihn aus einer Gasse. Drew erkannte ihn als einen von Bors Mitarbeitern. Er winkte Drew heran. „Für ein Pfund Sterling sage ich dir, wo dein Vater die Kelche bestellt hat." Die Augen des Mannes standen nie still, seine Blicke flogen nervös von einem Ort zum andern.

„Ein Pfund Sterling!" Drew sah den Mann mißtrauisch an.

„Ich habe deinem Vater ein besseres Geschäft vermittelt", erklärte er und hielt seine Hand auf.

Drew mißtraute ihm, aber hatte er eine andere Möglichkeit?

Er nahm ein Pfund aus seiner Tasche, hielt es aber in der Hand und forderte: „Erst den Namen des Goldschmieds."

„Für was hältst du mich? Für einen Dieb?"

„Erst den Namen."

„In Ordnung", zischte der Mann. „Gareth."

„Und wo finde ich Gareths Laden?"

Der Mann murmelte einen Fluch. „Du bist wie ein Säugling im Wald, stimmt's?"

Drew tat, als wollte er die Münze wieder in die Tasche stecken.

Der Mann fluchte erneut. „Am *anderen* Ende von The Strand, gegenüber der Steinzisterne."

Drew gab ihm die Münze.

„Sag deinem Vater, er soll das nächste Mal jemand schicken, der trocken hinter den Ohren ist", fauchte der Mann.

Am *anderen* Ende von The Strand. Wo sollte es sonst sein als am *anderen* Ende! Der Verkehr hatte zugenommen. Die Dämonen hatten sich nun zusammengerottet und stellten jede Person, jedes Tier und jeden Wagen in seinen Weg. Die vielen Menschen und Tiere verbreiteten einen unausstehlichen Gestank. Die Leute waren nervös und die Zungen scharf. Er brauchte doppelt so lange wie üblich und wurde The Strand förmlich heruntergestoßen. Pirate hatte nun genug von der Stadt. Er sträubte sich gegen Drews Befehle und versuchte sogar, einen Fußgänger zu beißen, erwischte aber nur seinen Hut.

Der erschöpfte Drew erreichte schließlich Gareths Laden. Der Goldschmied wollte ihm seine Arbeit zeigen, aber Drew war in Eile. Er würde niemals rechtzeitig im London House eintreffen. Es war eigentlich schade, weil Gareth eines der wenigen freundlichen Gesichter dieses Tages besaß.

Drew legte die in Samt eingewickelten Silberkelche in seinen Ranzen, stieg auf Pirate und ritt nochmals The Strand hinunter.

„Ich sagte *genau* in eineinhalb Stunden!" schimpfte Timmins, als die Tür zum London House aufflog. Der rundliche Koch stand händeringend im Hintergrund. „Denkst du, ich habe nichts anderes zu tun, als für einen dummen Jungen Gouvernante zu spielen?" Timmins gab Drew ein übergroßes Buch und warf die Tür zu.

Das große Buch brachte Drew zum Stolpern; es war viel größer als er erwartet hatte. Er dachte schon, daß er es den ganzen Weg nach Morgan Hall auf seinem Schoß tragen mußte, konnte es aber mit viel Mühe in seinen Ranzen stecken. Die Kelche lagen auf dem Boden und das Buch schaute daher zu einem Drittel heraus. Die Verschlußklappe war zwar nicht lang genug, um den Ranzen zu schließen, aber das machte nichts. Das Buch hatte sich so stark verklemmt, daß nichts herausfallen konnte.

Die Sonne stand bereits tief, als Drew schließlich seine Rückreise antreten konnte. Die ihn ärgernden Dämonen wollten ihn aber nicht ohne ein Abschiedsgeschenk ziehen lassen.

Als Drew Pirates Zügel ergreifen wollte, biß ihn das Pferd in die Hand, quetschte seinen Finger und riß eine lange dunkelrote Wunde in seine Handfläche.

Drew nahm die Fähre über die Themse; der Fluß schwappte faul gegen ihre Holzseiten. Im Gegensatz zu Drew hatte sie es nicht eilig. Drew wurde unruhig; er mußte die verlorene Zeit wieder aufholen. Es war bereits später Nachmittag, und Basingstoke war einen halben Tagesritt entfernt. Er würde nicht vor Einbruch der Dunkelheit ankommen, und sein Vater würde verärgert sein.

Die Fähre erreichte Lambeth, und Drew zwang Pirate zum Galopp. Er hoffte, daß er den Dämonen entkommen konnte, die ihn den ganzen Tag geplagt hatten. Drew befand sich eine Reitstunde südlich von London, als er sie an der Straßenseite im tiefen Gras neben einer bewaldeten Fläche liegen sah. Ein Esel weidete nur wenige Meter von ihr entfernt. Als er näher heranritt, konnte er ihre Klagelaute hören. Ihr Haar war zerwühlt. Sie schützte ihr Gesicht mit dem Unterarm.

Drew sprang vom Pferd und lief zu ihr hin. Die junge Frau war offensichtlich arm. Ihre Kleidung war geflickt und der Unterarm von Schmutz bedeckt. Die Flecken waren alt und nicht das Ergebnis des jüngsten Unfalls.

Als Drew ihren Arm berührte, zuckte sie zurück.

„Ich werde Ihnen nicht weh tun", erklärte er. Er nahm ihren Arm vorsichtig vom Gesicht. Drew schätzte ihr Alter auf vierzehn oder fünfzehn Jahre. Sie war bemerkenswert hübsch. Ihre Augenlider flatterten und offenbarten strahlend blaue Augen. Sie sah ihn an und versuchte, sich aufzurichten. Sie schwankte, und Drew ergriff ihre Schultern.

„Vielen Dank, daß Sie angehalten haben, Sir", schmeichelte sie mit unschuldiger, süßer Stimme.

Drew war von ihrer Schönheit entzückt; er hatte noch nie eine so schöne Jungfrau gesehen. Die meisten jungen Frauen, die Drew kannte, beschäftigten sich stundenlang erfolglos damit, die natürliche Schönheit dieser Frau zu erreichen. Ihre hoch angesetzten Wangenknochen waren leicht gerötet, die Augen von Wimpern wie Sonnenstrahlen umgeben und ihre Lippen waren so voll und lieblich, daß es eine Freude war, zuzusehen, wenn sie sprach.

„Sind ... sind Sie verletzt?" stotterte Drew.

„Ich weiß nicht", antwortete die schöne Jungfrau, streckte ihren Rücken und drehte ihren Kopf, um festzustellen, ob sie Schmerzen hatte. „Es war sehr nett von Ihnen, anzuhalten, um mir zu helfen", schnurrte sie.

Drew schlug seine Augen bescheiden nieder. „Ich konnte nicht einfach vorbeireiten und Sie hier liegen lassen. Jeder hätte das getan."

„Nein", protestierte die junge Frau, „nicht jeder ..."

Drew schaute sie erneut an.

Das Gesicht der jungen Frau war verzogen, entstellt durch ein niederträchtiges Lachen. „Nicht jeder", schnaubte sie, „nur ein Dummkopf!"

Bums! Etwas Dickes, Kräftiges schlug auf Drews Hinterkopf. Er fiel in die Arme der schönen Jungfrau. Sie stieß ihn von sich. Das letzte, an das er sich erinnern konnte, waren Baumwipfel, die sich gegen den spätnachmittäglichen Himmel abhoben.

Ärgerliche Stimmen brachten ihn wieder zu sich. Wo war er? Zu Hause? Es würde nicht des erste Mal sein, daß er durch ein Wortgefecht geweckt worden wäre.

„Töte ihn!" schrie eine Stimme. Es war nicht die Stimme seiner Mutter.

Drews Augen öffneten sich, aber er konnte nur Gras sehen.

„Töte ihn!"

Er konnte sich jetzt erinnern. Das Mädchen ... die Schmerzen. Er lag mit dem Gesicht nach unten im Gras.

„Ich werde ihn festhalten, und du tötest ihn!"

Drew versuchte, aufzuspringen. Sein Versuch wurde durch einen stechenden Schmerz im Hinterkopf vereitelt.

„Ich halte ihn, und du tötest ihn!" schrie die Stimme erneut.

Drew erkannte die Stimme. Es war die junge Frau, der er geholfen hatte.

Er kämpfte seine Schmerzen nieder und versuchte, sich im hohen Gras aufzurichten. Die Schmerzen waren so stark, daß sie seinen Blick vernebelten und seinen Gleichgewichtssinn störten. Er benötigte mehrere Versuche, um sich aufzurichten. Er streckte seine Hände aus und hoffte, daß er damit seine Angreifer abwehren konnte.

„Töte ihn! Töte ihn!" schrie sie.

Er wurde nicht geschlagen oder angegriffen. Drews ausgestreckte Arme fühlten nichts. Nachdem sein Kopf langsam klar wurde, stellte er fest, daß die Stimmen bereits in einiger Entfernung verklangen. Er drehte seinen Kopf in ihre Richtung und blinzelte einige Male mit den Augen. Jedes Blinzeln gab ihm ein besseres Sehvermögen.

In der Straßenmitte sah er seine schöne Jungfrau und daneben einen kleinen schmutzigen Mann. Sie versuchten, Pirate einzufangen. Das Mädchen hielt die Zügel, aber das Pferd bäumte sich auf und trat aus. Der Mann fluchte und versuchte den Ranzen zu erreichen. Sowie er den Ranzen berührte, drehte Pirate seinen Kopf und biß zu. Sein blutunterlaufener Arm zeugte von mehreren mißglückten Versuchen und geglückten Bissen.

„Halt ihn still! Halte seinen Kopf nach vorn", rief der Mann.

„Ich kann nicht", antwortete das Mädchen. „Töte ihn!"

„Halt!" rief Drew. Im gleichen Moment wünschte er sich, es nicht gesagt zu haben. Mit jedem Wort explodierte der Schmerz in seinem Hinterkopf. Sein Blick verschwamm erneut, klärte sich aber schnell.

Der alte Mann zog einen Dolch aus seinem Gürtel. Pirate wieherte und versuchte, sich loszureißen, aber das Mädchen zog seinen Kopf herunter. Drew lief auf die Diebe zu und hielt seinen Hinterkopf mit beiden Händen, um die Schmerzen zu lindern, die ihn mit jedem Schritt peinigten.

„Papa!" rief das Mädchen und deutete mit ihrem Kopf auf Drew.

Der Mann drehte sich um und streckte Drew seinen Dolch entgegen. „Komm her, Junge", zischte er durch die weiten Lücken seiner schwarzen Zähne. „Auf dem Boden des Ranzens sind Kelche und ich wette, daß sie aus Gold oder Silber sind. Ich will sie haben, und du wirst sie mir holen."

„Kelche?" Drew sah ihn erstaunt an.

„Glaub nicht, daß ich ein Dummkopf bin", schrie der alte Mann und fuhr sich mit der Hand durch sein graumeliertes Haar. „Ich konnte sie durch den Sack fühlen."

„Ach, die Zinnkelche", antwortete Drew. „Sie sind nicht aus Gold und bestimmt nicht ihren Aufwand wert."

„Und was macht ein so gut gekleideter Junge wie du mit Zinnkelchen?"

„Wer weiß, wann man drei Freunde mit einem Faß trifft?" antwortete Drew.

„Ahhhh!" der Mann fluchte und versuchte, Drew mit dem Messer zu erwischen. Drew sprang zurück, um nicht verletzt zu werden. Das Pferd bäumte sich wieder auf, und das Mädchen konnte es fast nicht mehr halten.

Der Mann lachte höhnisch. „Ich schlage dir ein Geschäft vor. Du gibst mir die Kelche aus dem Ranzen, und ich laß dich laufen. Die Kelche für dein Leben. Ist das ein Geschäft?"

Drew sah den alten Mann, das Mädchen und den Dolch an. Er hatte noch nie mit einem Mann gekämpft, der mit einem Dolch bewaffnet war. In Wirklichkeit hatte er noch nie mit einem anderen als mit seinem Bruder gekämpft, wenn dieser ihn ärgerte. Er müßte eine Waffe haben, aber welche?

„Ich gebe dir die Kelche, und du läßt mich und mein Pferd laufen?"

„Papa, vertraue ihm nicht!" schrie das Mädchen.

„Ich trau niemand!" fauchte er sie an.

Er drehte sich zu Drew. „Junge, du gibst mir die Kelche, und dann verhandeln wir." Seiner Tochter rief er zu: „Prissy! Halt die Zügel, hast du verstanden? Paß auf, daß er sie nicht greifen kann!"

Der Mann mit dem Dolch trat von dem Pferd zurück, blieb aber nah genug, um eingreifen zu können. Drew ging auf Pirate zu und sprach mit ihm in beruhigendem Ton. Er klopfte ihm den Hals und sah das Mädchen an. Mit nervösem Blick hielt es die Zügel straff.

Drew benötigte einige Minuten, um das Buch herauszunehmen. Als er das Buch zu zwei Dritteln aus dem Ranzen gezogen hatte, gab der Ranzen nach.

Kaum war das Buch aus dem Sack gezogen, sprang der Mann herbei und stieß Drew zur Seite. Das Gewicht des Buches und die Wucht des Stoßes ließen Drew taumeln, aber er konnte sein Gleichgewicht halten.

Mit dem Dolch zwischen den Zähnen steckte der Mann seine Hände in den Ranzen, zog zwei Silberkelche heraus und grinste siegesgewiß.

Drew erkannte seine Chance. Wie ein Breitschwert schwang er das riesige Buch und schlug es dem Mann ins Gesicht. Der Mann fiel zu Boden. Er schützte sein Gesicht und schrie auf, als ihn sein eigener Dolch verletzte. Die Kelche flogen durch die Luft. Blut spritzte aus seiner Nase und seine linke Wange zeigte einen tiefen Schnitt, der seine verrotteten schwarzen Zähne erkennen ließ.

Drew, der immer noch das Buch hielt, sah ihn verblüfft an. Der Mann versuchte aufzustehen, hielt sich mit einer Hand seine verbogene gebrochene Nase und mit der anderen Hand die aufgeschlitzte Wange. Aus den Augenwinkeln nahm Drew eine schnelle Bewegung wahr. Das Mädchen hatte den Dolch genommen und griff ihn mit hoch über ihren Kopf erhobener Klinge an. Sie sprang auf ihn zu, und er mußte das Buch als Schild benutzen. Der Dolch schlitzte den Buchdeckel auf und blieb so tief stecken, daß das Mädchen ihn auch beim zweiten Versuch nicht wieder herausziehen konnte. Drew stieß sie mit dem Buch von sich. Das

Mädchen stolperte und fiel gegen ihren Vater. Drew riß den Dolch aus dem Buch.

Das Mädchen schaute ihn angstvoll an, und ihr Vater winselte zu ihren Füßen. Drew stand über ihnen, in einer Hand den Dolch und in der anderen das Buch.

„Nimm deinen Vater und verschwinde", stieß er hervor.

Das Mädchen starrte ihn an; ihr Gesichtsausdruck wechselte zwischen Angst und Verwirrung.

„Los, verschwindet!" schrie Drew.

Das Mädchen bewegte sich langsam und half ihrem Vater auf die Füße. Sie drehte sich mehrmals um, bevor sie mit ihrem Vater im Wald verschwand.

Drew starrte ihnen lange hinterher. Eine Blutspur markierte ihren Weg. Er konnte nicht verhindern, daß seine Arme und Beine zitterten. Ihm wurde schlecht, und sein Kopf schmerzte. Wer weiß, wie lange er dort gestanden hätte, wenn sich nicht ein neuer ängstlicher Gedanke in sein Gehirn eingeschlichen hätte. *Was geschieht, wenn das Mädchen Hilfe holt?*

Mit zitternden Händen und weichen Knien hob er die Kelche auf, wickelte sie wieder in ihre Samttücher und verstaute sie in seinem Rucksack. So schnell er konnte, packte er das beschädigte Buch ein, bestieg Pirate und ritt in Richtung Basingstoke. Er brauchte fast eine Stunde, bevor er aufhörte zu zittern und sich die Szene vor Augen halten konnte, um zu erkennen, wieviel Glück er gehabt hatte. Er hätte erstochen werden und die Diebe die Kelche seines Vaters stehlen können.

Je mehr er darüber nachdachte und je weiter er die Stelle des Überfalls hinter sich ließ, desto stolzer wurde er auf sich selbst. Er hatte sich gut und mutig verhalten. Es war edel, daß er anhielt, um dem Mädchen zu helfen. Er hatte mutig gekämpft, als er hätte weglaufen können. Es war sein erster Kampf gegen das Böse, und er hatte ihn siegreich bestanden.

Die späte Stunde und die Prüfungen des Tages hatten ihn aller Energie beraubt, doch er ritt aufrecht und stolz, wie ein Ritter, der aus der Schlacht zurückkehrt.

Kapitel 4

Das King Alfred Inn war eine mittelalterliche Herberge für die Reichen und Adeligen. Seit über einhundertfünfzig Jahren begrüßte das über der Tür an einem Holzbalken hängende Holzschild Könige und Königinnen, Herzöge und Herzoginnen, Lords und Ladys. Legenden berichteten, daß es das bevorzugte Ziel von Heinrich VIII. war, wenn er auf Brautschau ging und das war, bekanntlich, nicht gerade selten. Er soll die Herberge mit vier oder sechs weiblichen Wesen aufgesucht haben, die dann schließlich einmal seine Ehefrauen wurden. Das Ansehen der Herberge wuchs, und ihr Gästebuch wurde das „Who's who" der englischen Politiker und Adeligen, einschließlich solcher, die nur einen Schlafplatz nach einer anstrengenden Reise suchten oder ein luxuriöses Versteck, um geheime Liebhaber zu treffen.

Das Gebäude stand stolz am Straßenrand. Die Gäste benötigten nur einen Schritt, um von ihren Kutschen in den großen Speisesaal zu gelangen, in dem sie königlich empfangen wurden.

Die Herberge war benannt nach Alfred, König von Wessex, im Volksmund auch als Alfred der Große bekannt. Alfreds Mut und Barmherzigkeit war ein Teil des englischen Volkstums, und Geschichtenerzähler konnten sich einer

Zuhörerschaft sicher sein, wenn sie darüber berichteten, wie die westsächsischen Könige ihre Waffen vor den übermächtigen dänischen Truppen niederlegten, alle, ausgenommen Alfred. Der alleingelassene Freiheitskämpfer baute heimlich eine Armee auf und griff im Jahre 878 die Dänen sechs Wochen nach Ostern in der Schlacht von Edington an. Nicht nur, daß die Dänen besiegt wurden, sondern ihr König, Guthrun, ließ sich auch noch taufen und trat, unterstützt durch König Alfred, zum Christentum über.

Alfred der Große war ein angemessener Schutzpatron für englische Reisende, da er selbst viel reiste, was zwei Reisen nach Rom in den Jahren 853 und 855 beinhaltete. Seine Vorliebe für Bücher spiegelte sich in der Einrichtung, der nach ihm benannten Herberge wider. Alfred glaubte, daß es der beste Weg sei, die Jugend auszubilden, um England zu einer führenden Nation zu machen. Er umgab sich daher mit Büchern und half sogar dabei, einige zeitgenössische Werke in die englische Sprache zu übersetzen. Das King Alfred Inn besaß daher eine eindrucksvolle Büchersammlung, in der Drew Morgan gern herumblätterte, wenn sich seine Familie auf der Hin- oder Rückreise von London befand.

Lord Percy, Lady Evelyn und Philip erreichten Basingstoke in der üblichen Art und Weise. Einige Diener ritten voraus und gaben dem Gastwirt eine Liste mit Dingen, die von den Morgans während ihres Aufenthalts benötigt wurden. Besondere Aufmerksamkeit wurde dem Speiseplan gewidmet und wer eingeladen werden sollte und wer nicht.

Kurz vor dem Eintreffen der Kutsche kündigten Pagen mit Glocken die Ankunft der Morgans an. Der Bürgermeister begrüßte sie offiziell an der Stadtgrenze, und eine Parade aus Musikern und Staatsdienern geleitete sie zur Herberge.

Als Gegenleistung für den pompösen Empfang zeigten sich die Morgans dann großzügig, in Lobeshymnen und auch finanziell. Lord Morgan überreichte der Stadt einen größeren Geldbetrag für die Armen und Notleidenden.

Jeder spielte seine Rolle vollkommen, um die gesellschaftliche Ordnung zu erhalten. Würde die Stadt die Morgans nicht in dieser Form empfangen haben, hätten sich diese nicht wie Adelige gefühlt, und ohne Adelige würden die Bürger die finanzielle Stabilität ihres Landes in Frage stellen. Falls die Morgans die Leute ihrerseits nicht mit Geld überschütteten, verrieten sie den Stand des Landadels.

Mehr noch, würden sich die Morgans nicht so großzügig zeigen, könnten die Leute annehmen, daß sie gar nicht so reich waren, was tatsächlich auch der Fall war. Lord und Lady Morgan lebten weit über ihre Verhältnisse, und Lord Morgan schmerzte es, auch nur einen Viertelpenny zu spenden. Um den Schein zu wahren, schluckte er seinen Geiz herunter und öffnete seine Geldbörse in Basingstoke.

Auf diese Art und Weise erschienen die Morgans nobel und vornehm, die Bürger waren dankbar und die englische Gesellschaftsstruktur blieb erhalten.

Wie aus dem Nichts erschien ein Stallbursche mit einer an seiner Seite schaukelnden Laterne, bevor Drew von seinem Pferd steigen konnte.

„Master Morgan?"

Drew seufzte zustimmend, als er abstieg.

„Wir erwarteten Sie seit Stunden." Der sechs- bis siebenjährige Junge hatte seine besorgten Augen weit aufgerissen. Es war der Blick eines Jungen, der Schwierigkeiten erkannte, aber glücklich darüber war, daß sie nicht ihn betrafen.

„Ist mein Vater wütend?"

Der Stallbursche nickte, und riß seine Augen noch weiter auf.

Drew bückte sich, um den um Pirates Körper geschnallten Gurt des Ranzens zu öffnen. Das Pferd wehrte sich nicht. Der starke Londoner Verkehr, der Kampf mit den Dieben und der lange Ritt hatten seine Energie verbraucht.

„Ich werde das für Sie machen, Sir. Am besten gehen Sie direkt hinein."

Drew zog am Gurt des Ranzens. „Nein, ich mache das ..." Der Gurt wollte sich nicht öffnen lassen. Er zog erneut, diesmal so stark, daß Pirate warnend schnaubte. Der Gurt wollte immer noch nicht aufgehen.

„Halt' das Licht hierher, damit ich die Schnalle sehen kann."

Der Stallbursche hielt die Laterne tiefer und beleuchtete Pirates schmutzigen Unterleib.

„Also deshalb ließ sich der Gurt nicht öffnen!" rief Drew. „Der Gurt hat sich in der Schnalle verklemmt."

Drew richtete sich auf und begann, an dem Buch des Bischofs zu ziehen. „Ich nehme die Sachen selbst mit hinein", meinte er zu dem Stallburschen. „Sag dem Schmied, daß er sich die Schnalle ansehen soll. Vielleicht kann er sie öffnen."

„Ja, Sir", antwortete der Junge und beobachtete Drew, wie dieser das Buch hin und her bewegte, um es aus dem Ranzen zu bekommen.

Dem Stallburschen schien es, daß dieser Reisende, mit einem ärgerlichen Vater im Haus, einem Gurt, der sich nicht öffnen ließ und einem Buch, das sich verkantet hatte, besonders viele Probleme besaß.

Drew versuchte weiter, das Buch aus dem Ranzen zu zerren und formulierte in Gedanken eine Erklärung für seine Verspätung. Seine Argumentation war einfach: Während sich der Rest der Familie an einer angenehmen Fahrt von Windsor zur luxuriösen Unterkunft in Basingstoke erfreute, hatte er mit Dämonen kämpfen müssen, die an seiner Verspätung schuld waren, und einen beinah tödlichen Kampf mit Wegelagerern überstanden. Er war davon überzeugt, daß er nicht getadelt, sondern für seinen Triumph gelobt werden sollte. Das Buch des Bischofs, die Beule am Hinterkopf und der Dolch des Diebes bewiesen seine Geschichte. Die krönenden Beweisstücke würden die Silberkelche sein. Allen Schwierigkeiten zum Trotz würde er sie sicher in die Hände seines Vaters legen.

Als Drew den ersten der vier Kelche aus dem Ranzen nahm, fiel das schützende Samttuch herunter. Das Licht der Laterne spiegelte sich wie ein Stern im Silber wider. Durch das Licht kam Drew eine wundervolle Idee. *Dieser Kelch ist mein Heiliger Gral!* Es ist mein Siegessymbol, eine Erinnerung an den Tag, an dem ich die bösen Mächte besiegte! Wie der Ritter, der den Heiligen Gral seinem König überreichte, werde ich diese vier Grale meinem Vater übergeben.

Drew bereitete die Kelche schnell für die Übergabe vor. Er wickelte jeden aus und legte die Tücher wie Tischdecken auf das Buch des Bischofs. Danach stellte er die Kelche auf das Buch und legte den Dolch in die Mitte.

Er betrachtete bewundernd sein Werk. Es spiegelte Kampf und Sieg wider.

Der Stallbursche tat, als ob sich Drew wie alle anderen Gäste verhalten würde. Er hatte nicht das Recht, sich darüber zu amüsieren, was seine Herren machten, ungeachtet wie eigenartig es auch war. Als Drew sein königliches Tablett vorsichtig mit beiden Händen davontrug, öffnete der Stallbursche die Eingangstür zur Herberge. Drew stand aufrecht und doch demütig da, atmete tief durch und trat ein, um das Lob der Familie zu empfangen.

„Wo warst du?" schimpfte Lord Percy Morgan.

Seine Stimme erscholl vom Ende des Raums. Obwohl es

den Anschein hatte, als würde sich die Feier dem Ende nähern, zeugten die Knochenhaufen und leeren Flaschen auf Tisch und Boden davon, daß es eine gute Feier gewesen war. Beide Eltern standen am anderen Ende des Tisches; Philip an einer Seite. Über ein Dutzend Gäste waren im Raum, aber der Bürgermeister war nicht mehr unter ihnen.

Bevor Drew einen weiteren Schritt machen konnte, begann seine Mutter zu kreischen und deutete auf die Kelche. Lord und Lady Morgan liefen zu Drew und rissen die Kelche vom Buch. Mit ihrem Rücken den Gästen zugewandt, versuchten sie, die Kelche in den Falten ihrer Kleider zu verstecken.

„Percy! Warum versteckst du die Silberkelche?" rief einer der Gäste. Drew hatte den Mann noch nie gesehen. Er war sehr betrunken und lehnte sich auf seinem Stuhl zurück. „Bringt sie her. Laßt uns aus ihnen trinken."

Weder Lord noch Lady Morgan bewegten sich. „Gib sie mir", flüsterte Lady Morgan. „Ich werde sie in unser Zimmer bringen."

Lord Morgen sah über seine Schulter. Alle Anwesenden, Gäste und Diener, starrten sie an. Plötzlich fluchte er und schlug Drew mit dem Handrücken ins Gesicht.

Drew hatte den Schlag nicht kommen sehen und flog mit seinem verletzten Kopf gegen den Türpfosten. Er sah Sterne. Die Schmerzen explodierten in seinem Hinterkopf, und er fiel zu Boden. Er konnte nichts sehen, hörte aber, wie das Buch und der Dolch neben ihm auf den Boden fielen.

Der Schlag war so kräftig, daß Lord Percy die beiden Kelche fallen ließ, die er eigentlich verstecken wollte. Sie fielen mit einem Klirren zu Boden. Lady Morgan kniete sich sofort nieder, um sie in den Falten ihres Rockes zu verstecken. Lord Morgan hielt sie diesmal davon ab.

„Meine Damen und Herren", rief er, unterbrach seine Rede aber lang genug, um die beiden Silberkelche vom Boden aufzuheben. „Darf ich der erste, nein, der zweite sein", er sah Drew, der sich gerade vom Boden aufrichtete, sarkastisch an, „der die neuesten Stücke der Morgan-Silbersammlung der Öffentlichkeit vorstellt. Die heutige unvorhergesehene Ausstellung wird auf Empfehlung meines idiotischen Sohnes, Andrew Morgan, eröffnet!"

Lord Morgan knallte die vier Silberkelche auf den nächsten Tisch und forderte seine Gäste spöttisch zu einem Applaus für Drew auf. Durch seine tränenden Augen sah Drew, wie alle klatschten und ihn auslachten, einschließlich einiger Diener.

„Warum hast du mich geschlagen?" fragte er seinen Vater.

„Schau an", rief Lord Morgan in spöttischem Ton. „Der Idiot kann sprechen! Er ist nicht stumm ... nur dumm!"

Alle Anwesenden lachten.

„Warum hast du mich geschlagen?" fragte Drew erneut.

„Halt den Mund und geh auf dein Zimmer!" schrie Lady Morgan. Sie hielt sich ihren Bauch und krümmte sich wie ein Kind, das Bauchweh hat.

„Nein!" schimpfte Drew. „Ich möchte wissen, was eine solche Behandlung rechtfertigt!" Drew griff selten seine Eltern an, normalerweise war das Philips Stil.

Vielleicht hatte er noch genug Kampfgeist von den Erfolgen des Tages im Blut. Er beschloß, daß er noch genug Kraft für eine weitere Schlacht besaß.

„Der Junge möchte wissen, was er falsch gemacht hat", rief Lord Morgan mit ungläubigem Ton. „Gibt es, außer diesem *Dummkopf, irgend jemand* in diesem Raum, der nicht weiß, was er falsch gemacht hat?"

Das Gejohle und Gelächter nahm zu. Die Gäste erfreuten sich ganz offensichtlich an dem Spektakel, das viel unterhaltender war als das Duett der Mandolinenspieler während des Essens.

„In Ordnung", meinte Lord Percy und stemmte die Hände in die Hüften. Er hatte offensichtlich Spaß an der Herausforderung seines Sohnes und tat, als ob er beim Obersten Gerichtshof eine Petition einreichen würde. „Eure Lordschaft, Herr Vorsitzender", er verbeugte sich vor seinem dicken, betrunkenen Freund, „Mitglieder des königlichen Rats und Obersten Gerichts von England", er wies auf den Rest der Gäste, „ich werde nachweisen, daß diese Niete", er deutete auf Drew, „aus Dummheit ein schweres Verbrechen beging."

Drew verschränkte empört seine Arme.

„Er behauptet, nichts davon zu wissen, Euer Ehren", erklärte Lord Percy. „Wir sollten es ihm glauben. Er weiß nichts. Er ist ein dummer, hirnloser Wirrkopf!"

Der Raum explodierte vor Lachen und Gejohle. „Schuldig! Schuldig! Schuldig!" Einige Gäste schlugen mit ihren Bechern auf die Tischplatte.

„Komm zum Punkt", rief Drew.

Lord Morgan erhob seine Hand, um die Ruhe wiederherzustellen. „Ja, der Punkt. Ich komme zum Punkt und möchte dem Angeklagten eine Frage stellen. Bist du jemals mit deiner Familie verreist?"

„Natürlich!"

„Oh, wirklich!" antwortete Lord Percy spöttisch. „Wenn du mit deiner Familie unterwegs warst, wer entlud dann das Gepäck?"

„Philip und ich", antwortete Drew zögernd. Er verstand langsam, was sein Vater meinte.

„Diesmal mußte ich alles allein machen, da mein dummer Bruder in London Ritter spielen wollte!" jammerte Philip.

Seine Zunge war schwer. Er hatte offensichtlich am Wein genippt, wenn seine Eltern nicht hinsahen. Er würde keine Möglichkeit auslassen, um seinen Bruder in der Öffentlichkeit zu verspotten.

Lord Morgan erhob erneut seine Hand. „Nur ein dummer Junge spricht, nicht beide gleichzeitig!" Er wandte sich an Drew und fragte: „Kannst du mir sagen, *warum* ich dich und deinen Bruder das Gepäck entladen lasse, wenn so viele kräftige Diener vorhanden sind?"

Drew wußte, daß sein Vater ihn jetzt gefangen hatte. Es war allgemein bekannt, daß einige Diener das Gepäck nach Gewicht und Form beurteilten oder es schüttelten, um festzustellen, ob Geld darin klimperte. Falls sie Geld oder Wertsachen vermuteten, gaben sie diese Information an ihre Freunde weiter, die die Gäste dann am nächsten Tag auf deren Weiterreise überfielen. Um solche Überfälle zu verhindern, ließ Lord Morgan seine Söhne das Gepäck entladen.

„Ich verstehe", antwortete Drew unterwürfig. „Ich dachte nicht ..."

„Er dachte nicht nach!" Lord Morgan ließ nicht locker. „Das war die erste intelligente Äußerung, die dieser Junge seit Jahren von sich gab!"

„Ich habe einen Fehler gemacht!" rief Drew.

„Ihm tut es leid!" Lord Morgan wandte sein schmollendes Gesicht dem Gericht zu. „Die Hälfte aller englischen Diebe warten zwischen hier und Winchester, um mich auszuplündern, und ihm tut es leid!"

Drew wollte den Raum verlassen. Lord Morgan ergriff seinen Arm und hielt ihn zurück. „Wir sind noch nicht fertig", erklärte er. „Ich möchte wissen, woher du die Kelche hast, da ich dir nicht sagte, welchen Goldschmied in London ich beauftragt hatte."

„Zuerst ging ich in den Laden von Carados."

„Er hatte sie aber nicht, oder?"
„Nein."
„Und wie war seine Reaktion, als du ihn nach den Kelchen fragtest, die er nicht angefertigt hatte?"
„Er war verärgert."
„Verärgert?"
„Sehr stark verärgert. Er sagte, daß er mit dir nie wieder ein Geschäft machen würde."
Lord Morgan strich nachdenklich über sein Kinn. „Ich verstehe", erklärte er. „Woher wußtest du, bei wem ich die Kelche in Auftrag gab?"
„Herr Carados dachte, daß du Simon Bors damit beauftragt hättest."
Lord Morgan verzog schmerzlich sein Gesicht. „Simon Bors! Der hatte die Kelche aber auch nicht, oder?"
„Nein", entgegnete Drew kleinlaut. „Einer der Mitarbeiter von Bors sagte mir, daß du Gareth damit beauftragt hättest."
„Also, Damen und Herren des Gerichts", rief Lord Morgan, „nicht nur die Hälfte aller englischen Diebe wartet darauf, mich auszurauben, die Hälfte aller Goldschmiede in The Strand wird mich auch nicht mehr bedienen! Was habe ich nur verbrochen, daß ich solch einen Sohn habe?"
Lautes Lachen erschallte.
Drew hatte genug. Es war ein Fehler, die Silberkelche hereinzubringen, und es war auch ein Fehler, nach London zu reiten, ohne die Anweisungen seines Vaters einzuholen, aber er wollte diesen Personen erklären, was er durchgemacht hatte, um die Kelche sicher nach Basingstoke zu bringen.
„Möchtest du wissen, warum ich mich verspätete?" rief Drew, „oder warum meine Kleidung zerrissen und schmutzig ist? Oder warum ich eine riesige Beule am Hinterkopf habe?"

„Es gibt weitere Neuigkeiten! Ein weiteres Abenteuer!" rief Lord Morgan. Er setzte sich auf eine Tischecke und verschränkte seine Arme. „Bitte, begeistere uns mit deinen Abenteuern."

„Ja", begann Drew, „nachdem ich London verließ, wurde ich überfallen."

„Überfallen? Warum sollte jemand einen Dummkopf überfallen, der London verläßt und vier Silberkelche auf einem Buch balanciert?"

Lautes Gelächter.

„Die Leute in London sehen das jeden Tag!" stellte Lord Morgan fest.

Der dickbäuchige Mann lachte so sehr, daß er vom Stuhl fiel.

„Die Kelche waren in meinem Ranzen!" Drew mußte brüllen, um gehört zu werden. „Zwei Wegelagerer griffen mich an. Einer schlug mir einen Knüppel über den Kopf. Sie versuchten, die Kelche zu stehlen, aber ich vertrieb sie."

Das Lachen verstummte.

„Ich nehme an, daß die Wegelagerer zwei Meter groß waren", antwortete Lord Morgan.

„Nein, sie waren nicht zwei Meter groß." Drew mußte sich selbst eingestehen, daß er für eine verlorene Sache kämpfte.

„Erzähle uns mehr über die gefährlichen Wegelagerer", befahl Lord Morgan. „Beide waren ausgewachsene Männer, oder?"

„Einer war ein Mann."

„Und der andere? Ein Affe?"

„Ein alter Mann und ein Mädchen!"

„Das ist mein Sohn, der zum Ritter geschlagen werden möchte!" rief Lord Morgan. „Er besiegte allein eine übermächtige Streitmacht. Ein Mädchen und einen alten Mann!"

„Sie hatten einen Dolch!" protestierte Drew. Er hob den Dolch auf und zeigte ihn allen Anwesenden.

„Und sage mir", forderte sein Vater, „wie hast du dieses hinterhältige Pärchen entwaffnet?"

Drew erklärte, wie er sich mit dem Buch des Bischofs verteidigte. Er hielt das Buch hoch und schob den Dolch in die Öffnung, damit jeder sehen konnte, wie tief er in das Buch eindrang.

Lord Morgan schritt feierlich auf seinen Sohn zu und nahm ihm das Buch ab. Er untersuchte es genau. „Ist das das Buch des Bischofs?"

Drew nickte.

Lord Morgan hielt das Buch hoch. „Meine Damen und Herren, wertes Gericht, das Buch des Bischofs von London! Mein Sohn hat das Buch des Bischofs von London getötet!"

Wohin Drew auch blickte, alle Leute lachten ihn aus. Einige hielten sich die Seiten, während sich die anderen Gäste die Tränen aus den Augen wischten. Ihre Gesichter waren durch die Anstrengung rot angelaufen und ein Mann bekam einen schweren Hustenanfall.

„An einem einzigen Tag hetzt mein ältester Sohn, die Hoffnung der nächsten Generation, die Diebe und Wegelagerer Englands auf mich, ruiniert mich in Londons Geschäftsviertel und ich werde zweifelsohne exkommuniziert, da er Bischof Lauds Buch tötete!"

Drew drehte sich um und stürmte aus dem Raum. Diesmal hinderte ihn keiner daran.

Am nächsten Morgen, bevor die Familie Basingstoke verließ, fand eine kurze öffentliche Zeremonie statt, in der Lord Percy Morgan seinem Freund, dem Bürgermeister, die vier Silberkelche mit der Anweisung überreichte, sie zu verkaufen und den Erlös den Armen und Notleidenden der Stadt zu geben. Hinter dem Rücken der Öffentlichkeit vereinbarte er aber mit dem Bürgermeister, daß dessen Diener sie ihm an einer Stelle mehrere Meilen von der Stadt entfernt wieder zurückgeben würden. Diese Vereinbarung mußte er natürlich teuer bezahlen, aber es war unter den gegebenen Umständen die einzige Möglichkeit, Wegelagerer von einem Überfall abzuhalten.

Drew hatte eine weitere, diesmal private Auseinandersetzung mit seinem Vater. Er erklärte ihm, daß er umgehend nach London zurückkehren und ihn nicht nach Morgan Hall begleiten würde. Angesichts der Vorfälle vom Vortag lehnte Lord Morgan Drews Wunsch ab und entgegnete, daß er sich überlege, seinen Sohn überhaupt nach London zu schicken. Drew drohte, davonzulaufen, und Lord Percy erklärte, daß er ihn dann enterben und die Rechte des erstgeborenen Sohnes an Philip übertragen würde. Wenn es nur um das Geld gegangen wäre, hätte sich Drew nicht darum gekümmert. Er durfte aber Morgan Hall nicht verlieren. Das Anwesen war zu geschichtsträchtig. Er durfte nicht zulassen, daß Morgan Hall in die Hände seines Bruders fiel. Drew erklärte sich schweren Herzens bereit, nach Morgan Hall zurückzukehren.

Auf der Reise von Basingstoke nach Morgan Hall ritt Drew auf Pirate voraus, um mögliche Anzeichen von Gefahr zu erkennen. Es war besser für Drew, als mit seinen Eltern und Philip in der Kutsche zu reisen.

Der Rest der Reise war quälend langsam und langweilig. Ein Unwetter hatte den Boden aufgeweicht, die Kutsche kam nur im Schrittempo voran und blieb zweimal im Schlamm stecken. Drew mußte den Dienern helfen, sie aus dem Schlamm zu ziehen.

Sie erreichten schließlich Winchester, das fünf Meilen von Morgan Hall entfernt lag. Die Morgans fuhren die

Hauptstraße in östlicher Richtung hinauf und kamen an Great Hall vorbei, in der die Tafel von König Arthus' Tafelrunde aufbewahrt wurde. Normalerweise hätte sich Drew dort einige Zeit aufgehalten, um später seiner Familie zu folgen. Heute ritt er an Great Hall vorbei, ohne sie eines Blickes zu würdigen.

Die Morgans verließen die Stadt durch das Kingsgate, eines der fünf alten, im dreizehnten Jahrhundert erbauten Stadttore. Als sie die Brücke überquerten, konnten sie in der Ferne Morgan Hall erkennen. Das zweistöckige Landhaus war eines der schönsten Anwesen Englands, nur Theobalds und Longleat waren imposanter. Für Drew aber war es das schlimmste Gefängnis von ganz England.

Kapitel 5

Ihr liebkosender Fingernagel fuhr über Marshall Ramsdens Handrücken und schreckte ihn auf. Er schloß seine Augen, verdrehte sie entzückt nach oben und bekämpfte den Wunsch, auf ihre spielerische Geste einzugehen.

„Wir haben keine Zeit", flüsterte er. „Wir müssen die Drucke bis zum Morgengrauen fertig haben."

„Ich weiß", schmollte sie und umkreiste mit ihrem Fingernagel die Tintenflecke auf seiner Hand. „Ich wünschte aber, daß wir letzte Nacht früher fertig geworden wären und Zeit für uns gehabt hätten."

Marshall rastete die Druckerpresse in ihre Halterungen ein, um sicherzustellen, daß sie sich unter den Druckplatten befand. Er ging zu einer Seite der Presse und ergriff mit beiden Händen die Eisenstange, mit der er die Druckplatten auf das Papier senken konnte. Mary duckte sich lachend unter die Eisenstange und war zwischen seinen Armen.

„Du bist verrückt", grinste Marshall.

„Verrückt", antwortete sie ihm mit einem spielerischen Küßchen, „wann wirst du ein wenig verrückter?"

Marshall ließ die Eisenstange los und zog Mary Sedgewick an sich. Sein Widerstand von eben war wie weggeblasen, als er seine Geliebte, die Tochter seines Professors und seine Komplizin, leidenschaftlich in die Arme nahm.

Marshall Ramsden studierte an der Universität von Cambridge im dritten Semester Theologie und war der Sohn eines bekannten Londoner Druckers. Sein Vater war ein hart arbeitendes Mitglied der Druckergilde und hatte lange zu kämpfen, bevor er der Drucker des Königs wurde. Im Jahre 1611 wurde er von König James aus einer Gruppe von Druckern ausgewählt, um die autorisierte englische Bibel zu drucken, die in der Konferenz in Hampton Court verabschiedet wurde. Für Marshalls Vater erfüllte dieser Auftrag einen Lebenstraum. Er war ein frommer Mann, der die Bibel liebte, und sehr stolz darauf, daß Generationen englischer Familien durch eine Bibel geleitet würden, die aus seiner Druckerpresse stammte.

Marshall war sein einziges Kind und sollte die Druckerei übernehmen. Als junger Mann zeigte er aber mehr Interesse am Lesen der gedruckten Texte als an deren Herstellung. Da sein Vater viele religiöse Texte druckte, wurde Marshall früh mit geistlichen Texten vertraut gemacht.

Er hatte viele Jahre den geheimen Wunsch, Theologie zu studieren, wollte aber seinen Vater nicht fragen, da er dachte, daß er es nicht verstehen oder beleidigt darüber sein würde, daß sein Sohn einen anderen Berufsweg einschlagen wollte. An einem Frühlingssonntag ritt die Familie von der St. Pauls Church nach Hause und Gott gab Marshall die Gelegenheit, auf die er gewartet hatte.

Als die Kutsche die London Bridge überquerte, diskutierte Marshall mit seinem Vater den in der Kirche verlesenen Bibeltext. Es war das erste Kapitel von der Berufung Jeremias. Er lautete: „Ich kannte dich, ehe ich dich im Mutterleib bereitete, und sonderte dich aus, ehe du von der Mutter geboren wurdest, und bestellte dich zum Propheten für die Völker." Marshalls Vater war von Gottes Kenntnis und weiser Voraussicht begeistert, einen Propheten auszuwählen, bevor dieser überhaupt geboren war. Marshall war besonders von einem Vers angetan, der im späteren Teil des Kapitels auftauchte und lautete: „Siehe, ich lege meine Worte in deinen Mund."

An diesem Tag erklärte Marshall seinem Vater, daß er sich von Gott berufen fühle, Theologie zu lehren und daß Gott seine Worte in Marshalls Mund lege und nicht die Druckerschwärze unter seine Fingernägel.

Marshall hätte von der Reaktion seines Vaters nicht überraschter sein können.

„Ich habe mein ganzes Leben lang gedruckt, was andere Menschen schrieben", sagte sein Vater, „und hoffte, daß ich einen Anteil daran haben würde, Gottes Wort in England zu verbreiten." Er ergriff die Schultern seines Sohnes. „Und du sagst mir nun, daß Gott dich rief, damit du seine Botschaft durch dein Wort und deine Feder verbreitest!" Sein Vater unterbrach die Rede, um seine Gefühle unter Kontrolle zu bringen. „Ich bin vor Freude überwältigt!" rief er. „Ich bete nur, daß ich alt genug werde, um deine Worte auf meiner Druckerpresse drucken zu dürfen."

Was auch immer der Grund gewesen sein mag, Gott erfüllte nicht den Wunsch des Druckers. In Marshalls zweitem Studienjahr in Cambridge verstarb sein Vater, gab aber vor seinem Tod seine Liebe für die Bibel an seinen Sohn weiter.

Diese Liebe zur Bibel motivierte Marshall dazu, Justins illegale Traktate in der Universitätsdruckerei von Cambridge zu drucken. Durch seinen Theologieprofessor, William Sedgewick, lernte er die Lehre der Puritaner kennen, und durch Mary, der Tochter des Theologieprofessors, die Faszination der Liebe und die Gefahren des illegalen Druckens.

Die englischen Puritaner glaubten fest daran, daß die Bibel Gottes Richtschnur für das menschliche Leben sei. Sie hatten die zunehmende Befürchtung, daß hohe kirchliche Amtsträger, besonders Bischof Laud, die Engländer wieder in die Arme des römischen Katholizismus treiben würden. Der Bischof arbeitete seinen Plan geschickt aus. Unverzüglich nach der Berufung zum Bischof von England legte er König Charles eine Liste mit englischen Geistlichen vor. Hinter jedem Namen vermerkte er ein „O" oder „P". Die orthodoxen Geistlichen wurden bei jeder Gelegenheit befördert. Die enttäuschten puritanischen Geistlichen wurden nicht nur nicht befördert, sondern auch bei jeder sich ergebenden Möglichkeit aus ihren Pfarreien verbannt.

Die von Bischof Laud verfolgten Dissenter reagierten grundsätzlich auf zwei verschiedene Art und Weisen. Einige hielten die Situation für aussichtslos. Sie verließen das Land und gingen zuerst nach Holland und später in die Neue Welt. Da sie sich von der englischen Kirche abspalteten, wurden sie Separatisten genannt.

Die zweite Gruppe beinhaltete Geistliche, die sich nicht so einfach aus ihren Kirchen vertreiben ließen. Sie versuchten, die Kirche von päpstlichen Einflüssen zu reinigen und wurden daher nach dem englischen „purify" = reinigen Puritaner genannt.

Die Puritaner waren entschlossen und ausdauernd. Sie glaubten fest daran, daß Gott sie auserwählt hatte, um die Kirche von England zu retten. Der Gedanke, das Land wie die Separatisten zu verlassen, zeugte in ihren Augen von mangelndem Glauben. Selbst wenn es Generationen dauern würde, sie waren entschlossen, ihre Kirchen zurückzubekommen. Sie zielten darauf ab, ihr Leben, ihre Kirchen und ihr Heimatland auf den Lehren der Bibel aufzubauen und nicht auf Ritualen und Traditionen.

Die Waffen der Puritaner waren ihre Predigten, Druckschriften und Flugblätter, die von Bischof Laud bekämpft wurden. Die Predigten der Puritaner bekämpfte er durch mehrere Reformen, die vorschrieben, daß Gottesdienste nur in Übereinstimmung mit dem Allgemeinen Gebetbuch durchgeführt werden durften. Da Predigten eine öffentliche Form der Verkündigung darstellten, konnten sie leicht überwacht werden. Die Druckschriften auszumerzen, war aber eine ganz andere Angelegenheit.

Das englische Gesetz schrieb vor, daß nur wenige Londoner Druckereien sowie die beiden Universitätsdruckereien von Oxford und Cambridge drucken durften. Alle Drucker benötigten für jede Veröffentlichung eine besondere Erlaubnis.

Diese Gesetze zwangen die Puritaner dazu, ihre Druckschriften im Untergrund zu drucken. Die Strafen für Verstöße gegen das Gesetz waren hart. Falls ein puritanischer Autor erwischt wurde, mußte er sich vor dem Obersten Gericht verantworten. Die Bestrafung beinhaltete oft das Abschneiden eines oder beider Ohren. In die Wangen wurden dann die Buchstaben „S" und „L" für „seditious libeler" = Aufrührerischer Landesverräter gebrannt. Die Puritaner gaben den Buchstaben aber andere Namen: *Stigmata Laudis* – die Zeichen Lauds.

Das waren die Strafen, die Marshall Ramsden und Mary Sedgewick zu erwarten hatten, falls sie erwischt würden. Obwohl sie Justin noch nie getroffen hatten, das Pseudonym wurde zu Ehren des frühchristlichen Märtyrers gewählt, glaubten sie an seine Botschaft. Im Gegensatz zu anderen Traktatschreibern war Justins Stil weder antagonistisch noch griff er Laud persönlich an. Seine Argumente waren kraftvoll, angemessen und biblischer Natur. Justins realistischer Ansatz stachelte die Gefühle von Gläubigen wie Marshall und Mary so stark an, daß sie ein öffentliches Verfahren und das Brandeisen für ihren Eifer riskierten, um seine Worte in England bekannt zu machen.

Mary war eines der ersten Mitglieder im Widerstand von Cambridge. Sie führte Marshall ein, der mehr als willkommen war, da er wußte, wie man eine Druckerpresse benutzt. Mary war dafür verantwortlich, daß die Druckschriften und Flugblätter zu den Verteilstationen nahe des Universitätsgeländes gebracht wurden. Was als eine gemeinsame Vorliebe für Justins Veröffentlichungen begann, entwickelte sich zu einer persönlichen Beziehung zwischen Marshall Ramsden und Mary Sedgewick.

Wenn sich ein Mann und eine Frau so umarmen wie Marshall und Mary in diesen frühen Stunden in der Druckerei, wird das Universum auf eine einfache Gleichung reduziert: Ein Mann plus eine Frau gleich das gesamte Universum. Könige, Staaten, Universitäten und die Politik hören auf, zu existieren. Familien, Verwandte und Freunde verschwinden, als ob sie nie geboren worden wären. Sogar die Zeit steht still. Für die beiden Liebenden war nichts anderes von Bedeutung als ihr gemeinsames Universum.

Die Tür flog auf und schloß sich kurz darauf wieder. Das Geräusch erschreckte Mary so sehr, daß sie sich ihren Kopf an der Stange der Druckerpresse stieß. An der Innenseite der Tür lehnte ein Student namens Essex Marvell, einer der eigenartigsten, aber treusten Freunde Marshalls. „Nenn mich „S", meinte er, als sie sich kennenlernten, „jeder macht das."

„S" war außer Atem, seine Kleidung von Schweiß durchtränkt und seine Augen weit aufgerissen, wie bei einer Person, die unter äußerster Anspannung steht.

„Sie kommen!" stieß er hervor.

Er erklärte nicht, wer mit „sie" gemeint war. Es spielte auch keine Rolle. Jeder, der mit Justins Schriften angetroffen wurde, konnte gleich seine Ohren abliefern und seine Wangen dem Brandeisen darbieten.

Marshall nahm die Situation in die Hand.

„Mary, du darfst nicht gesehen werden. Wir werden die Druckplatten und Schriften verschwinden lassen."

Mary zögerte einen Augenblick und schaute ihn ängstlich an. Wenn sie nur Zeit hätten, könnte sie ihm sagen, daß sie ihn liebte. Marshall lächelte sie an. Er verstand.

„S", Marshall deutete auf die im Trockenständer befindlichen Blätter, „pack sie in eine Tasche. Ich werde die Druckplatten aus der Presse nehmen."

„Soll ich die Tür verbarrikadieren?" fragte „S" verzweifelt.

„Nein", antwortete Marshall. „Versteck nur die Druckschriften."

„S" rannte zu den Trockengestellen und warf die Schriften in einen großen Leinensack, den sie benutzten, um sie vom Universitätsgelände zu schaffen. Marshall ergriff die Stange der alten Druckerpresse, zog sie an, bis sie arretierte, und entfernte sie aus dem Loch. Er steckte sie in eine andere Öffnung und zog erneut an ihr. Die neuen Pressen nahmen die Druckplatten in einem Zug vom Papier. Unglücklicherweise haben Universitäten selten neue Maschinen. Falls Marshall nicht schneller vorankam, würde die Sparsamkeit der Universität zu seiner Festnahme und Einkerkerung führen.

Es war nicht genug Zeit, um die Druckplatten zu zerlegen und die Buchstaben in die dafür vorgesehenen Holzkisten zu legen. Er mußte die Platten von der Presse herunternehmen und verstecken. Er drehte sich um. Mary war nirgendwo zu sehen. „S" warf die Druckschriften so schnell er konnte in den Sack.

Marshall drehte an der Wurmschraube und hoffte, daß sie sich schnell genug öffnete. Zwei weitere Drehungen sollten ausreichen. In der Mitte einer Drehung verklemmte sich die Schraube. Er hörte vor der Tür eine Bewegung und entfernte schnell die Ligaturen von den Seiten der Druckplatten.

Die Tür flog zum zweiten Mal an diesem Morgen auf. „S" warf gerade den Leinensack unten in einen Schrank. Die Eingangstür schlug diesmal aber nicht zu; sie blieb offen wie ein offenes Maul. Aus dem Maul sprangen zwei Soldaten, gefolgt von einem gutgekleideten Herrn. Die Soldaten richteten ihre Waffen auf die beiden Studenten.

Marshall erkannte den gutgekleideten Herrn. Es war George Macaulay, ein Staatsdiener, der die Lizenzen für alle Druckereien und Veröffentlichungen in Cambridge vergab. Marshall hatte von ihm bereits eine Drucklizenz erworben. Macaulay war ungewöhnlich groß und beinah kränklich dünn, sein Mund permanent zu einem umgekehrten U verzogen, was ihn wie eine Puppe aussehen ließ.

„Guten Morgen, meine Herren", grüßte sie der Puppenmund. Sein langer Stock strahlte Selbstsicherheit aus. Er war sicher, daß ihm die Ereignisse dieses Morgens eine wohlverdiente Belobigung einbringen würden.

„Einen wunderschönen guten Morgen, Sir!" antwortete Marshall strahlend.

Macaulay machte eine Pause und starrte ihn an. Er hatte nicht erwartet, daß diese Kriminellen Humor besaßen. Essex hatte nicht Marshalls Nerven. Der jüngere Student lehnte sich gegen die Schranktür, hinter der er den Sack mit den Schriften verborgen hatte. Er hatte seine Beine übereinandergeschlagen und die Arme vor seiner Brust verschränkt. Seine Finger klopften nervös gegen seine Achselhöhlen.

„Es ist ein wenig früh, um legale Arbeit auszuführen", meinte Macaulay und schritt auf Marshall und die Druckerpresse zu. „Haben Sie eine Erlaubnis für diese Arbeit?"

„Sir, um ehrlich zu sein, nein. Ich habe Sie nicht damit belästigt, weil ich wußte, daß Sie mir die Erlaubnis verweigern würden."

Macaulay war verärgert, weil der Angeklagte keine Angst zeigte. „Dann wollen wir uns mal die Druckplatten ansehen", schnaubte er.

„Ich würde ihren Befehl gern ausführen", erklärte Marshall und zog eine Grimasse, „sie haben sich aber in der Presse verklemmt. Ich kann sie nicht öffnen."

Macaulay winkte den Soldaten, der Marshall mit seiner Waffe bedrohte, heran. „Hilf ihm, die Platten herauszunehmen."

Der Soldat lehnte seine Waffe an die Seite der Druckerpresse.

„Du nimmst diese Seite und ich die andere", befahl ihm Marshall. „Sie sind wirklich verklemmt, aber ich denke, daß man sie mit einem kräftigen Ruck herausnehmen kann. Fertig? Ich zähle bis drei. Eins. Zwei. Drei!"

Die beiden Männer zerrten mit aller Kraft. Die Platten flogen aus der Druckerpresse und die Drucktypen segelten durch die Luft. Macaulay schützte sein Gesicht mit beiden Händen, um das auf ihn zufliegende Alphabet abzuwehren. Einige Drucktypen bedruckten seine Kleidung und Haut mit klar umrandeten Ds, Ks und Ws.

„Sie waren wohl doch nicht so stark verklemmt!" grinste Marshall. Der Soldat, der ihm unwissentlich geholfen hatte, war nicht amüsiert. Er hielt den leeren Rahmen in seiner Hand und schlug damit den lachenden Drucker zu Boden. Mit seinem Fuß auf Marshalls Brust stand er über ihm.

„Wir werden sehen, wer lacht, wenn du vor dem Obersten Gerichtshof stehst", schimpfte Macaulay und tupfte sich mit seinem Taschentuch die Kleidung ab. „Sieh im Schrank nach!" befahl er dem zweiten Soldaten, der Essex bewachte. „Dein Freund war nicht schnell genug", schnaubte Macaulay.

Der Soldat schob den dünnen Essex zur Seite und kniete sich nieder, um den Leinensack aus dem Unterschrank zu nehmen.

Essex stand daneben und wartete, bis sich der Soldat wieder aufrichten wollte. In diesem Moment entriß er ihm den Sack, stieß den Soldaten zu Boden und rannte zur Hintertür. Marshall verdrehte dem über ihm stehenden Soldaten das Bein, als er versuchte, Essex den Weg abzuschneiden.

Die Hintertür flog auf, und Essex war fort. Es dauerte nur einen Augenblick, und der Student flog in den Raum zurück. Ein riesiger Soldat stand im Türrahmen.

„Denkt ihr, ich bin so dumm und lasse die Hintertür unbewacht?" jubelte Macaulay.

„Wenn Sie so fragen, ja, ich denke Sie sind dumm genug", antwortete Marshall. Der von ihm zu Fall gebrachte Soldat trat Marshall in die Rippen.

Macaulay befahl dem Soldaten im Türrahmen: „Nimm eine Schrift aus dem Sack und lies sie vor. Wir wollen einmal sehen, ob sie genauso lustig ist wie der auf dem Boden liegende Drucker."

„Ich kann nicht gut lesen, Master Macaulay", protestierte der Soldat.

„Um so besser", antwortete Macaulay. „Du wirst die Gefängnisstrafe dieser Jungen verlesen. Ich bin sicher, die lustigen Drucker werden dir beim Vorlesen helfen."

Der Soldat zuckte die Schultern. Er war sich nicht sicher, dachte aber, daß es Macaulays Befehl war, die Druckschrift vorzulesen. Er steckte seine große Pranke in den Sack und zog eine Schrift heraus. Mit seinen ungeschickten Fingern entfaltete er sie und starrte auf die Worte. Ein Grinsen erschien auf seinem Gesicht. Er blickte auf und sagte: „Das ist wirklich gut."

„Lies es laut vor!" brüllte Macaulay.

Der Soldat begann vorzulesen:

DELILAH UND DES DEKANS UNTERGANG

Als sie hörte, daß Dekan Winter
ein ordinärer Mann sei,
beschloß sie, es selbst herauszufinden.
Als sie die Klassentür öffnete, war sie ...

„Ahhhhh!" rief Macaulay und riß dem Soldaten die Schrift aus der Hand.
Er blätterte durch die Seiten.
Der immer noch auf dem Boden liegende Marshall grinste. „Es ist nicht so gut wie Shakespeare, aber ich mag es."
„Ich auch", pflichtete der Soldat bei.
„Dummkopf!" rief Macaulay und wandte sich an den Soldaten am Schrank. „Du hast den falschen Sack herausgenommen!"
„Da war nur ein Sack drin", protestierte dieser.
„Schau noch einmal nach!"
Macaulay stand über ihm, stützte seine Hände in die Hüften und überwachte die Untersuchung. Der Soldat kniete erneut nieder, kroch in den Schrank und rief, während sein Hinterteil aus dem Schrank herausragte: „Wie ich schon sagte", seine Stimme echote aus dem Schrank, „es ist nichts drin!"
Marshall richtete sich unter dem wachsamen Blick des Soldaten auf.
„Ich weiß nicht, was Sie hier erwarteten, aber die Jungs sind ganz wild auf die Delilah-Serie. Sie können nicht genug davon bekommen. Sie zahlen, ohne mit der Wimper zu zucken, eine halbe Krone dafür!"

„Jetzt reicht es aber!" schimpfte Macaulay. „Sucht den Rest der Druckerei ab." Die Soldaten durchforschten alle Schubladen und Schränke. Jedes Blatt Papier wurde genau untersucht. Sie fanden ein halbfertiges Textbuch, Regiebücher und Anzeigenrechnungen, aber keine puritanischen Propagandaschriften.

„Bringt sie raus!" stöhnte Macaulay, nachdem sie die letzte Schublade untersucht hatten.

Marshall und Essex verließen den Raum. Macaulay verließ als letzter die Druckerei. Er drehte sich noch einmal um, fluchte und schloß die Tür. In der Hand hielt er den Sack mit der schlüpfrigen Literatur, zumindest war nicht alles umsonst.

Die ersten Sonnenstrahlen schienen durch die Fenster der Druckerei und erleuchteten die Dachbalken. Der Raum sah aus, als hätten sich hier die Studenten ausgetobt. Drucktypen und Blei waren über den Fußboden verstreut. Der Druckrahmen wurde durch die Wurmschraube halb aufrecht gehalten, und die Presse war mit Druckerschwärze verschmiert. Die Schubladen und Schranktüren standen halb offen und Papierschnipsel lagen über den Boden verstreut. Alles war still und ruhig.

Als die Sonnenstrahlen die obere Wandhälfte erreichten und ihre tägliche Reise nach unten antraten, konnte man ein leises Knarren hören. Es war, als ob Holz gegen Holz gerieben wurde, wie bei einem Holzfaß, das mit Gewalt geöffnet wird. Aus der Innenseite des Schranks, aus dem vorher das Hinterteil des Soldaten hervorgeschaut hatte, kam eine schmale weibliche Hand und öffnete die Tür. Mary Sedgewick kroch aus ihrem engen Versteck hinter der Rückseite des Schranks und zog einen Sack hinter sich her, der dem ähnelte, den Macaulay mitgenommen hatte. Dieser Sack beinhaltete aber die puritanischen Druckschriften, die der berühmte Justin schrieb, und ihr geliebter Marshall druckte.

Mary verlor keine Zeit und verließ die Druckerei durch die Hintertür. Um sich vor der morgendlichen Kälte zu schützen, warf sie sich einen Umhang über die Schultern, unter dem sie auch den Leinensack verstecken konnte. Sie ging schnell, wie eine junge Frau auf einem Morgenspaziergang.

Sie begab sich zur Bridge Street und folgte ihr in nördlicher Richtung. Wenige Minuten später überquerte sie den Cambridge, der der Universitätsstadt ihren Namen gab. Nachdem sie am Magdalenen-College zwischen St. Peters und St. Giles und der alten mittelalterlichen Burg vorbeigegangen war, führte sie ihr Weg auf das offene Land, bis sie zur Platt-Farm kam.

Während ihres Spaziergangs gratulierte sie sich selbst zu ihrem Mut, aber ihr Selbstbewußtsein war kurzlebig. Ihre zitternden Hände und wackligen Beine verrieten sie.

„Herr Platt!" rief sie und konnte sich kaum beherrschen.

Ein netter älterer Mann kam aus der Scheune. Er war wie ein Mann gekleidet, der einen weiteren Tag mit dem Boden, den Tieren und den Elementen zu kämpfen hatte.

Nachdem er Marys Stimme vernommen und ihre zerzauste Erscheinung wahrgenommen hatte, breitete er seine Arme aus und fing sie auf. Zwischen den Schluchzern erzählte sie ihm die Ereignisse in der Druckerei.

„Sie haben Marshall wegen der Herstellung von obszönen Schriften verhaftet?" fragte Platt.

Sie nickte.

„Gut", entgegnete er. „Der Schaden ist minimal. Wir mögen einen Drucker verloren haben, aber nicht die Druckerpresse."

„Aber Marshall und Essex werden von der Universität ausgeschlossen!" jammerte sie.

„Ja", stimmte er zu, „sie werden aber dem Obersten Gerichtshof entkommen."

Mary wischte sich ihre Nase. „Ich bin glücklich, daß Marshalls Vater das nicht mehr erleben muß. Er würde so enttäuscht sein, daß sein Sohn nicht in Cambridge graduiert."

„Denke nie falsch über einen unserer Brüder. Marshall erzählte mir, daß sein Vater ein Mann Gottes war. Er wäre stolz gewesen, daß sein Sohn so mutig war, für seinen Glauben einzutreten."

„Es macht mich trotzdem wütend", erwiderte Mary und streckte sich. „Warum müssen sie überhaupt bestraft werden? Warum konnten wir beim Austausch nicht einige harmlose Schriften oder leeres Papier in den Sack stecken?"

Farmer Platt atmete tief ein. Er hatte an den Treffen des puritanischen Widerstandskomitees teilgenommen, als dieser Plan diskutiert wurde. Mehrere Ideen waren geäußert worden, einschließlich der, die Mary gerade genannt hatte, aber der dann ausgearbeitete Plan hatte an diesem Morgen einwandfrei geklappt.

„Du mußt die menschliche Natur verstehen", erklärte der Farmer. „Macaulay wußte, daß irgend etwas Illegales gedruckt wurde. Er wäre nicht zur Ruhe gekommen, bevor er es gefunden hätte, selbst wenn er die Wände niederreißen müßte. Wir gaben ihm also etwas Illegales. Zugegeben, es war nicht, was er suchte, aber es war verboten. Sein Diensteifer war gestillt, und er gab nach einer oberflächlichen Durchsuchung auf."

Mary lehnte ihren Kopf gegen Platts Brust. Die Erklärung hatte Hand und Fuß, aber ihr Herz schmerzte trotzdem.

„Sind die Schriften wirklich die Gefahr wert?" fragte sie.

Platt beantwortete die Frage, indem er in den Sack faßte und eine Schrift herausnahm. Er begann vorzulesen:

Im Leben jedes Menschen kommt die Zeit, in der er eine Entscheidung treffen muß. Ich meine nicht eine Entscheidung, die seinen Tag, sein Jahr oder sogar sein Leben betrifft. Ich meine eine Entscheidung, die weit über seinen persönlichen Bereich, weit über sein eigenes Leben hinausgeht – eine Entscheidung, die das Schicksal der Welt für Generationen verändern kann.
Die Zeit ist für uns gekommen, eine solche Entscheidung zu treffen.
Die Frage, die sich uns stellt, ist unkompliziert und kann in einfache Worte gefaßt werden: Wollen wir Gottes Gesetze beachten oder den Wünschen der Menschen nachgeben? Sollen wir nach der Bibel leben oder uns den Diktaten eines Londoner Bischofs unterwerfen?
Die Fragestellung ist einfach, und unsere Antwort muß daher auch einfach sein. Mit Petrus' Worten ausgedrückt sollte unsere Antwort sein: „Und nun, Herr, höre ihre Drohungen! Hilf allen, die an dich glauben, deine Botschaft weiterzusagen" (Apg 5:29). Wie können wir uns als gläubige Christen anders entscheiden, ohne unseren Glauben zu verraten?
Nur die Bibel ist Gottes Erklärung, wie wir uns verhalten sollten. Der Vater entwarf für uns einen vollkommenen Plan, der durchführbar ist und von ihm gelebt wurde.
Es ist daher selbstverständlich, daß Gott die Gesetze für seine Menschen genau niederlegte, da nur gute Gesetze so wenig wie möglich unklar lassen.
Die Genauigkeit von Gottes Moral und seiner rechtlichen Gesetzgebung ist ein klarer Hinweis auf Gottes Geist. Seine Gesetze sind immerwährend. Sie

> können nicht durch einen irdischen König, irdischen Rat oder irdischen Bischof aufgehoben werden.
> Die Bibel ist Gottes Wort oder ist es nicht.
> Wir unterwerfen uns ihm oder wir tun es nicht. Unsere Wahl ist daher einfach und die Entscheidung leicht, aber in Übereinstimmung mit unserer Entscheidung zu leben, benötigt viel Mut und Glauben.
> Wir leben in einer gefährlichen Zeit. Wer weiß, welchen Preis wir bezahlen müssen? Die Entscheidung, die wir treffen, machen wir aber nicht nur für uns, sondern auch für unsere Kinder und Enkel. Wie hoch der Preis auch sein mag, es ist wert, ihn zu zahlen.
> Es sind keine Zeiten für Leute mit wankelmütigem Herzen, noch Zeiten, um die andere Wange hinzuhalten, da wir nicht beleidigt wurden. Wir wurden verraten. Es ist an der Zeit, daß die gottesfürchtigen Männer und Frauen Englands ihre Zukunft entscheiden.
> Ich wählte Gott. Ich würde lieber mein Leben lassen als ungehorsam gegen Gott zu sein.

Platt legte die Schrift auf seinen Schoß. „Marshall wird stolz darauf sein, daß er dabei helfen konnte, die Nachricht unter die Leute zu bringen", erklärte er.

Mary wischte sich die Augen und nickte.

„Mädchen, du gehst besser nach Hause", erklärte Platt. „Ich kümmere mich um die Schriften."

Im Verlauf des Tages verließen die Druckschriften im falschen Boden des Milchkarrens die Platt-Farm. Der Milchmann brachte sie zu anderen Kontaktpersonen, die sie dann östlich nach Newmarket, Thetford und Norwich brachten, wo eine von ihnen in die Hände von Reverend Thomas Calmers fiel, dem Gemeindepfarrer von Spixworth.

Reverend Calmers schloß die Tür seines Arbeitszimmers, um Justins Herausforderung zu lesen.

Auf seinem Tisch lag ein Rundschreiben von Bischof Laud an die Kirchen von Norwich, in dem er die Priester anwies, bei Predigten immer ordentliche Chorgewänder zu tragen. Weitere Anweisungen beinhalteten, daß der Altar immer am Ostende der Kirche stehen und von einer Balustrade umgeben sein mußte, um ihn von der Gemeinde abzugrenzen. Bei Nichtausführung dieser Anweisungen würden disziplinarische Maßnahmen folgen, einschließlich, aber nicht nur, der Suspension des Priesters.

Reverend Calmers Tränen tropften auf das Papier, als er Justins Botschaft las. In seinen zweiunddreißig Dienstjahren hatte er nie gedacht, daß es so weit kommen würde. Er konnte die beiden gegensätzlichen Kräfte in ihm einfach nicht ignorieren. Wie ein unglückliches Ehepaar waren sein Glaube und seine Kirchenzugehörigkeit der Grund für unversöhnliche Gegensätze. Sie waren einst unzertrennlich, haßten sich aber nun. Wie konnte er sich zwischen beiden entscheiden?

Calmers weinte und betete für den größten Teil des Nachmittags, während das Rundschreiben und die Druckschrift vor ihm auf dem Tisch lagen. Als die Sonne unterging und der Raum dunkler wurde, stand Reverend Calmers langsam auf, als würde er eine schwere Last aufheben müssen. Er nahm die beiden Schriftstücke von seinem Tisch, steckte die Schrift Justins in die Tasche und warf die Anweisung Bischof Lauds ins Feuer.

Ein Landedelmann aus Corby brachte Justins neuste Schrift nach Norden, nach Peterborough, Leicester und Nottingham. In Derby, westlich von Nottingham gelegen, las ein Vater seinen neun Kindern die Schrift am Mittagstisch vor. Er betete, daß Gott den festen Glauben seiner Kinder erhalten möge und sprach dann ein Dankgebet für Justins Eltern und den Einfluß, den sie zweifelsohne auf die geistliche Erziehung des Autors genommen hatten.

Im Süden wurden die Schriften nach London und Canterbury gebracht. Von dort südwestlich nach Bristol, Exeter und Plymouth. In Edenford, einem kleinen Dorf an der Exe, las der örtliche Schreiber, Ambroise Dudley, jedes einzelne Wort. Er unterstrich mehrere Sätze der Druckschrift, die für den Stil des Autors unverwechselbar waren und legte sie dann in den hinteren Umschlag seiner Bibel.

Ein reisender Engländer hätte Justins Schriften überall in England gefunden. Bei Seeleuten in Plymouth, Kerzenmachern in Swindon, Anwälten in Ipswich oder Lehrern in Coventry.

Einer von Lauds jugendlichen Spionen fand Justins neue Schrift in Northampton und brachte sie, wie angeordnet, umgehend zu Bischof Laud ins London House.

Es gehörte Mut dazu, die Schrift abzuliefern. Er hatte Geschichten über andere Jungen gehört, die sich bei der Ablieferung derart aufrührerischer Schriften Lauds Wutausbrüchen ausgesetzt sahen. Was er gehört hatte, stand aber in keinem Vergleich zu dem, was er an diesem Tag erlebte.

Der Bischof nahm die Druckschrift und belohnte den Jungen für seine gewissenhafte Arbeit mit einem Shilling. Danach entließ er ihn, um die Schrift in Ruhe zu lesen. Da er den wütenden Bischof sehen wollte, schlich der Junge zurück in den Flur und öffnete die Tür einen Spalt, gerade weit genug, um hindurchsehen zu können. Der Bischof saß in seinem Stuhl vor dem Kamin und las intensiv in der Druckschrift. Er schimpfte nicht, warf keine Gegenstände an die Wand und stampfte auch nicht mit seinen Füßen auf den Boden. Nichts. Nur das rhythmische Heben seiner Brust, während er las.

Der enttäuschte Junge wollte gerade gehen, als der Bischof eine halbe Seite aus der Druckschrift riß, sie in den Mund steckte und sich dazu zwang, sie zu zerkauen und herunterzuschlucken. Danach riß er eine andere Seite heraus, zerkaute sie und schluckte sie herunter, bis er die gesamte Druckschrift aufgegessen hatte. Beim Kauen rötete sich sein Gesicht immer mehr, und Schweißperlen rannen von seiner Stirn.

Die einzigen wahrnehmbaren Geräusche waren das Herausreißen der Seiten und das schaurige Kauen, wenn ein Mann sich dazu zwingt, etwas herunterzuschlucken. Einige Minuten später war er fertig. Die Schrift war verschwunden. Der Bischof starrte ins Feuer, sein Gesicht immer noch gerötet und schweißgebadet. Ein tiefes Grollen kam aus seiner Brust und formte sich zu Worten. „Ich werde sie anfallen wie eine Bärin, der die Jungen genommen sind, und will ihr verstocktes Herz zerreißen und will sie dort wie ein Löwe fressen; die wilden Tiere sollen sie zerreißen. Hosea, Kapitel 13, Vers 8."

Kapitel 6

Zwei Generationen formten Morgan Hall, den herrschaftlichen Landsitz der Familie Morgan. Das Haus wurde in den glorreichen Tagen Königin Elisabeths erbaut und mit dem erbeuteten Gold von spanischen Schiffen finanziert. Diese Praxis wurde von der Königin unterstützt, und Morgan Hall sollte daher die Persönlichkeit eines seefahrenden Untertans unterstreichen. In den letzten Jahren wurde das Anwesen aber systematisch renoviert und dem Geschmack der neuen Generation der Morgans angepaßt, die mehr an Reichtum und Stand interessiert war als an den Wünschen des ursprünglichen Erbauers.

Im Jahre 1590 erbaute Admiral Amos Bronson Morgan, einer der bedeutendsten Seefahrer Englands, den Landsitz. Amos, der aus Plymouth stammende Sohn eines Schiffsbauers, war nie zur Schule gegangen und las sich sein Wissen in ausgiebiger Lektüre an. Er war ein Experte im modernen Schiffsbau und der klassischen griechischen Literatur.

Amos Morgans großes Wissen konnte auf seinen Vater zurückgeführt werden. Dieser gab nur wenig davon an seinen Sohn weiter und verbot ihm, anderes zu lernen, was dazu führte, daß er es tat.

Edward Morgan, ein Geschäftsmann, war der Auffassung, daß Lernen durch Bücher Zeitvergeudung wäre. Er lehnte es ab, Amos auf eine Privatschule zu schicken und übernahm selbst die praktische Ausbildung. Durch die Addition von Preis-, Lieferanten- und Gehaltslisten lernte Amos Mathematik. Höhere Mathematik erlernte er durch die Verteilungsberechnung bei der Schwimmfähigkeit von Schiffen. Seine Unterrichtsstunden in Logistik beinhalteten die Beschaffungs- und Personalprobleme an den Anlegestellen. Am Anfang mußte Amos überwiegend Produktionspläne, Holzbeschreibungen der Lieferanten und Lieferantenrechnungen lesen, doch im Alter von fünfzehn Jahren kannte Amos alle Aspekte des väterlichen Schiffsbaugeschäfts.

Trotz des beschränkten Lehrplans seines Vaters entwickelte Amos eine Vorliebe für Bücher. In seiner Jugend beschäftigte er sich so stark mit Büchern, wie seine Altersgenossen es mit jungen Mädchen taten. Er träumte davon, sich an der Universität von Oxford mit ihren ausgezeichneten Bibliotheken und in Roben gekleideten Professoren zu immatrikulieren, aber Edward Morgan wollte davon nichts wissen. Der Junge erhielt die Unterrichtsstunden, die er für die Leitung des väterlichen Geschäfts benötigte, und damit war die Angelegenheit beendet.

Edward Morgan vernachlässigte seine väterlichen Pflichten und verbot seinem Sohn alles, sogar das Studium, das er so gerne aufgenommen hätte. Das waren die Jugendjahre von Amos Morgan.

Dieser verwandte fast sein gesamtes Einkommen, um in den Buchhandlungen in Plymouth Bücher zu kaufen. In der Nacht oder wenn er sich von den Docks davonstehlen konnte, las er in seinen verbotenen Schätzen. Er entwickelte schnell eine Vorliebe für griechische Literatur und bevorzugte Homer und besonders die Reisen des Odysseus. Amos las die Odyssee so oft, daß er lange Passagen wortwörtlich aufsagen konnte. Homer überzeugte ihn schließlich davon, daß seine Zukunft in der Seefahrt lag und nicht im Schiffsbau.

Auf den Geschmack an nautischen Abenteuern kam Amos Morgan zum ersten Mal an Bord der *Minion*. John Hawkins, der Kapitän des Schiffs, war der Sohn englischer Eltern und machte sein Geld im afrikanischen Sklavenhandel.

An einem Frühlingsnachmittag verhandelte sein Vater mit dem alten Kapitän Hawkins über den Bau eines neuen Schiffes und Amos mit dem jungen Hawkins über seine Zukunft. Da John Hawkins von der Entschlossenheit des Jungen beeindruckt war, heuerte er ihn an. Als Edward Morgan von dem Geschäft zwischen den beiden jungen Männern hörte, war er so wütend, daß er beinah den Vertrag für den Bau des neuen Schiffes zerriß. Amos war aber alt genug, und sein Vater konnte ihm nicht verbieten, Seefahrer zu werden, es sei denn, daß er ihn zusammenschlug. Amos zahlte einen hohen Preis für seine neue Karriere: Sein Vater sprach nie wieder mit ihm.

Obwohl John Hawkins sechsundzwanzig Jahre alt war, wurden sein Vater, er und Amos enge Freunde. Ihre Freundschaft gründete sich auf gemeinsam ausgestandene Gefahren, beispielsweise in der Zeit, als sie wegen Reparaturarbeiten in San Juan de Ulua anlegen mußten.

Zehn englische Schiffe lagen dort vor Anker. Sie waren seit Monaten auf einer Sklavenexpedition in der Karibik und tauschten Afrikaner gegen karibischen Zucker, Gold und Häute, obwohl es gegen die spanischen Handelsbeschränkungen verstieß. Die Spanier glaubten, daß ihnen die Neue Welt gehörte, doch die Engländer hatten nur wenig Achtung vor den spanischen Bestimmungen und Behauptungen. Falls einem englischen Seemann etwas mehr Spaß machte, als spanische Gebiete auszurauben, dann war es das Unterlaufen der spanischen Bestimmungen.

Einen Tag nachdem John Hawkins' Schiff in San Juan de Ulua Anker geworfen hatte, liefen spanische Schiffe ein. Der spanische Kapitän sandte eine Nachricht an Hawkins, daß er neue Vorräte benötige und bat ihn daher, am Dock Platz zu machen. Da die spanische Flotte den Hafeneingang blockierte, sah Hawkins keine andere Möglichkeit, als der Bitte zu entsprechen und manövrierte seine Schiffe eng zusammen, um Raum zu schaffen. Nachdem das spanische Segelschiff Anker geworfen hatte, enterten bewaffnete Spanier seine Schiffe und versuchten, die Engländer zu überwältigen.

Es war Amos Morgans erster Kampf und der erste Tag, an dem er einen Mann tötete. Am Abend dieses Tages war er darin recht erfahren.

Es war kein guter Tag für die englischen Seeleute. Nur zwei Schiffe entkamen, die *Minion* und Drakes *Judith*.

Der böse Vorfall von San Juan de Ulua lag Amos Morgan monatelang im Magen, wie eine faulende Kartoffel. Er hatte an diesem Tag mehrere gute Freunde verloren, entwickelte einen tiefen Haß gegen die spanische Arroganz und überlegte, wie er sich rächen könnte. Doch konnte er nur wenig unternehmen – bis John Hawkins zum Schatzmeister der englischen Marine ernannt wurde. Als der neue Schatzmeister Amos Morgans Erfahrung im Schiffsbau benötigte, um sich an den Spaniern zu rächen, willigte dieser freudig ein.

John Hawkins und Amos Morgan entwickelten eine neue Klasse englischer Schiffe. Der Entwurf beinhaltete einige Risiken. Zum einen waren sie kleiner als die spanischen Galeonen. Alle Kanonen wurden an der Mittellinie der Breitseite stationiert, um den Schiffen eine bessere Stabilität zu verleihen. Die Seiten der Schiffe wurden nach innen abgeschrägt; vom untersten Kanonendeck bis zum oberen

Wetterdeck. Das führte dazu, daß die Schiffe niedriger, schneller und seetüchtiger als alle anderen Meeresschiffe waren.

Die Verringerung der Schiffsgröße beinhaltete aber auch die Verringerung der Kanonen. Hawkins und Morgan installierten auf den Schiffen Geschütze vom Typ Feldschlange als Neun- bis Zweiunddreißig-Pfünder mit relativ langem Rohr. Sie waren viel kleiner als die spanischen Fünfzig-Pfünder, aber genauer und besaßen eine größere Reichweite.

Die neu konstruierten Schiffe setzten eine neue Strategie voraus. Die standardisierte Taktik für Seeschlachten sah vor, daß der Gegner mit feuernden Kanonen angegriffen, dann gerammt und anschließend geentert wurde. Die neuen Schiffe waren aber mehr auf Distanz-Gefechte ausgerichtet und würden nach der alten Taktik für die spanischen Schiffe keine ernst zu nehmenden Gegner sein. Um den neuen Schlachtplan zu entwerfen, wurde Sir Francis Drake konsultiert, der daraufhin die Strategie für die englische Flotte entwickelte. Nach Ausarbeitung der neuen Strategie benötigten sie nur noch eine Gelegenheit, um ihre Ideen auf die Probe zu stellen. Diese kam im Juli des Jahres 1588.

Die große spanische Flotte wurde zuerst vor der Küste Cornwalls gesichtet und segelte in Richtung England. Mit dem päpstlichen Segen hatte Philip II. von Spanien seine scheinbar unbesiegbare Armada entsandt, um England zu besiegen und das Land in den gütigen Schoß des römischen Katholizismus zurückzuführen. Weder Philip noch den Papst interessierte es, daß England nicht in den Schoß zurückkehren wollte. Sie hatten entschieden, daß sie lediglich Gottes Willen ausführten.

Als Alarm gegeben wurde, war Amos Morgan der Kapitän seines eigenen Schiffes, der *Dutton*, und versammelte sich mit den Kapitänen der anderen Schiffe. Charles Howard, der Kommandant der englischen Seestreitkräfte, befahl allen Kapitänen, ihre Schiffe nach Portsmouth zu bringen. Das war fast ein tödlicher Fehler, denn die herannahenden spanischen Schiffe schafften es beinah, die englische Flotte im Hafen einzuschließen. Wäre das geglückt, hätten die Engländer einen nahezu aussichtslosen Nahkampf führen müssen. An diesem Tag retteten die neuen Schiffe die englische Flotte.

Ihre leichteren und schnelleren Schiffe flohen direkt vor der spanischen Flotte aus dem Hafen in Richtung Westen. Die Spanier waren nicht schnell genug, um sie abzufangen. Als die englische Flotte die offene See erreichte, nutzte sie den Windvorteil und konnte Sir Francis Drakes neue Strategie ausprobieren.

In drei Angriffswellen tanzten die schnelleren und kleineren englischen Schiffe aus der Reichweite der schweren spanischen Geschütze. Ihre neuen Kanonen mit größerer Reichweite beschossen die eng aneinanderliegende spanische Armada, besaßen zwar nicht genug Durchschlagskraft, um die spanische Flotte zu zerstören, stachen aber die Spanier wie ein Bienenschwarm. Da die Spanier dem Angriff nichts entgegensetzen konnten, zogen sie sich nach Calais zurück.

Sie warteten dort mehrere Tage in der Hoffnung, die Engländer in den Hafen zu locken, um dann eine traditionelle Seeschlacht auszukämpfen. Die Schlacht war ein Patt, zumindest bis Sir Francis Drake einen anderen Plan unterbreitete.

Kurz nach Mitternacht wurden sechs englische Schiffe angezündet und in den Hafen von Calais gesegelt. Die spanischen Kapitäne waren gezwungen, ihre Anker zu lichten und den Hafen zu verlassen. Sie segelten direkt in das Feuer der englischen Kanonen. Die Armada erlitt eine verheerende Niederlage und erreichte nie wieder ihre alte Kampfkraft.

Sogar der Wind verbündete sich gegen die spanische Flotte. Drake nannte ihn „den Wind Gottes", als würde Gott für die englische Seite kämpfen. Die spanische Flotte war zersplittert, und viele Schiffe gingen unter. Von 130 Schiffen, die nach England gesegelt waren, kehrten nur 76 nach Spanien zurück. Für die Engländer war es ein großer Sieg. Sie hatten weniger als einhundert Tote zu beklagen und die einstmals unbesiegbare spanische Armada versenkte nicht ein einziges englisches Schiff.

Nachdem die spanische Bedrohung beseitigt war, wollte das Volk und die Königin den mutigen Engländern ihre Dankbarkeit zeigen. John Hawkins, Francis Drake und Amos Morgan wurden Nationalhelden. Neben anderen Belohnungen wurde Amos zum Admiral ernannt und schnell zu einem festen Bestandteil des Königshofs; er wurde verehrt und häufte Reichtümer an – mehr Reichtümer, als er jemals ausgeben konnte, besonders wenn man berücksichtigt, daß er zurückgezogen auf seinem Schiff mit einer sich stetig vergrößernden Bibliothek lebte.

Königin Elisabeth persönlich empfahl ihm, seinen zunehmenden Reichtum zu investieren. Sie riet ihm, etwas Land zu kaufen und ein Haus zu bauen. Er zeigte geringes Interesse an einem Haus, in dem er selten leben würde, aber die Königin prophezeite ihm, daß sich die Umstände mit zunehmendem Alter ändern und er ein Haus bevorzugen würde, in dem er am Kamin sitzen und seine Bücher lesen konnte. Mehr aus Höflichkeit als aus dem Wunsch, ein eigenes Haus zu besitzen, suchte sich Amos ein Landhaus. Sein Interesse wuchs während der Suche.

Es war die Idee einer Privatbibliothek, die ihn am meisten faszinierte, der Wunsch, einen Lagerraum für seine zunehmende Sammlung zu besitzen und einen Ort zu schaffen, in dem er sich aufhalten konnte, wenn er nicht auf See war. Amos Morgan kaufte daher ein großes, hügeliges Grundstück östlich von Winchester, unweit von Portsmouth, wo sein Schiff vor Anker lag.

Möglicherweise waren es seine Erfahrungen als Schiffsbauer oder die Weisheit der königlichen Worte, die Amos Morgan dazu brachten, sein eigenes Bauprojekt durchzuführen. Er kümmerte sich um jede Einzelheit des Hauses, plante und gestaltete die Einrichtung. Nachdem Morgan Hall fertiggestellt war, gehörte Amos Morgans stolze Schöpfung zu den schönsten Landhäusern Englands.

Das im Jahre 1580 im italienischen Renaissancestil erbaute Longleat, das für seine einmaligen Tapisserien, Gemälde, Porzellan und Möbel bekannt war sowie für seine große Halle mit massiven Holzbalken und großen irischen Elchgeweihen an den Wänden, war eines der Landhäuser, die mit Morgan Hall konkurrierten.

Ein anderer Landsitz war der von Wäldern umschlossene Theobalds, König James' bevorzugtes Refugium. Im Haus gab es künstliche Bäume und Sträucher, deren Zweige so natürlich aussahen, daß Vögel durch die offenen Türen flogen, um in ihnen zu nisten. Theobalds hatte aber auch pompöse Seiten, besonders den Raum mit den Sternen des Universums an der Decke, einschließlich einer Uhr, die die Sonne und Planeten im Jahreslauf bewegte.

Morgan Hall war eine gute Vervollständigung der englischen Herrenhäuser. Wie die anderen beiden Landhäuser spiegelte es das Interesse des Erbauers wider. Es war eine Mischung aus Amos Morgans drei großen Liebschaften: klassisches Griechenland, Ozeane und das gedruckte Wort.

Ein Besucher hätte Morgan Hall über acht halbkreisförmige Marmorstufen betreten, die zum vier Meter großen, zwischen sechs korinthischen Säulen eingebetteten gewölbten Eingangsportal führten.

Im Innern des Hauses befand sich eine kuppelförmige Eingangshalle, von der ähnlich gewölbte Türbögen abgingen, die zu den unterschiedlichen Teilen des Hauses führten. In den Gewölben standen antike Doppelsäulen aus Marmor, die im Flußbett des Tibers in Rom entdeckt und ausgegraben wurden.

Wenn ein Besucher an den Geländern der zweiten Etage vorbei nach oben blickte, konnte er in der Kuppel das Gemälde von „Gott im Himmel" sehen. Gottvater war von den obligatorischen Cherubinen und halbbekleideten Frauen umgeben, die für die klassische Kunst typisch sind.

Der nördliche Bogengang führte zum Salon, dem sich das in Zedernholz getäfelte Speisezimmer anschloß.

Der östliche Bogengang führte zu zwei an den Seiten befindlichen Treppen mit jeweils einem Treppenabsatz in den Ecken. Die linke Treppe war für die Frauen und die rechte für Männer gedacht. Sie unterschieden sich durch die Paneele an den Geländern. Die Paneele der Männertreppe waren reich mit Schnitzereien verziert. Die Frauentreppe hatte nur am Relief das gleiche Muster, um die Knöchel der Frauen vor den unangenehmen Blicken der Männer zu schützen. Der Admiral war offensichtlich ein größerer Gentleman als die meisten Seeleute unter seinem Kommando.

Das südliche, von der Eingangshalle abgehende Portal wurde meistens von Gästen benutzt. Es führte zur Haupthalle, in der Feiern, Bälle und Bankette stattfanden. Die lange breite Halle besaß einen Holzfußboden, der so stark poliert war, daß sich die Wände darin widerspiegelten. An ihnen hingen riesige Panoramen in Form von Wand- und Bildteppichen und Gobelins sowie Gemälde mit Schiffen auf hoher See. Die Decke wies mehrere Flachreliefs mit ovalen Gemälden auf, die in ihrer Mitte freundlich anzusehende Wolken darstellten. Wenn man in dieser Halle stand, hatte man immer das Gefühl, schönes Wetter und gute Seefahrtbedingungen zu haben.

In der Mitte der östlichen Wand dieser Haupthalle befanden sich zwei große Eichentüren, die in den Raum führten, den der Admiral mehr liebte als alles andere, seine Privatbibliothek. Er bewahrte dort seine besonders gut behüteten Schätze auf – seine Bücher, Andenken, die ihm von der Königin überreicht worden waren und eine Vielzahl von Waffen, einschließlich seines ersten Entermessers, das ihm in San Juan de Ulua und viele Male später das Leben rettete. Seine Büchersammlung beinhaltete Werke von Cicero, Livius, Suetonius und Diodorus Siculus. Er besaß auch Geralds *Herbal*, Elyots *The Governor* und die Gedichtbände von Sidney.

Drei der vier Wände waren vom Boden bis zur Decke mit Bücherregalen bedeckt. An der östlichen Wand befanden sich mehrere Doppelglastüren, durch die ein überdachter Weg in die Gärten führte. Diese Türen standen, ausgenommen bei schlechtem Wetter, immer offen und gaben dem Raum Helligkeit und frische Luft. Wenn das Wetter schlecht war, konnte der Admiral sich immer noch an dem durch die Glastüren eindringenden Tageslicht erfreuen. Morgan Hall war eines der ersten englischen Herrenhäuser, das Glas für Fenster und Türen benutzte. Das Glas war mit hohen Kosten vom Kontinent importiert worden. Durch die dicken, rechteckigen, trüben und in Bleihalterungen eingebetteten Scheiben konnte man nur schattenhafte Umrisse erkennen, sie waren aber durchsichtig genug, um Licht hereinzulassen, und das war es, worauf es dem Admiral ankam.

Die sich in der Mitte der ersten Etage befindlichen Privaträume besaßen nach außen keine Fenster oder Türen, doch der an beiden Seiten des Hauses entlangführende Flur hatte in regelmäßigen Abständen Glastüren, die auf kleine Balkone führten. Der Admiral schritt oft mit einem Fernglas um das Haus und überprüfte das Anwesen – genauso wie er es auf seinem Schiff tat, bevor er sich zur Ruhe begab.

Morgan Hall war das Refugium des Admirals, in dem er manchmal Feste gab, wie es von einem Mann in seiner Position erwartet wurde. Jeder war überrascht, besonders der Admiral, daß Morgan Hall auch ein Liebesnest für Frischverheiratete wurde.

Der Admiral suchte keine Frau. Er hatte immer die Ansicht vertreten, daß es ungerecht für eine Frau wäre, mit einem Seemann verheiratet zu sein, da dieser Monate oder sogar Jahre auf See verbringen mußte. Seine Einstellung gegenüber dem schwächeren Geschlecht war rücksichtsvoll und von rationaler Natur sowie typisch für einen eingefleischten Junggesellen. Sein großer Fehler war, daß er den Faktor Liebe außer acht ließ.

Georgiana Reynolds war ein glücklicher Zufall oder, wie der Admiral es ausdrückte, der Traum eines Seemanns – ein tropisches Paradies, das sich unerwartet am Horizont seines Lebens auftat.

Ihr Zusammentreffen war kein Zufall; die mächtige Königin Elisabeth brachte sie zusammen. Die Königin mochte den scheuen, freundlichen und uneigennützigen Admiral, der am englischen Königshof dieser Zeit eine Ausnahme darstellte. Ihre königliche Ansicht war, daß solch ein Mann eine gute Frau braucht, und sie nahm es daher auf sich, eine Frau für ihn zu suchen. Nachdem sie Georgiana Reynolds gefunden hatte, ordnete sie per Erlaß die Heirat an, was unnötig war, da sich beide beim ersten Treffen ineinander verliebt hatten.

Georgiana war wie ein schöner sonniger Tag. Die junge bescheidene Tochter eines englischen Adeligen wurde das Licht und Leben in Amos Morgans Dasein. Zwei Monate, nachdem sich Georgiana und Amos getroffen hatten, heirateten sie. Das Leben in Morgan Hall war noch nie so wundervoll. Das Ehepaar teilte die Liebe für Bücher und frische Luft. Morgan Hall war immer offen für Sonne und Wind, und das glückliche Paar wanderte jeden Abend über das Anwesen.

Amos Morgans Frau erweiterte den Horizont ihres Mannes, da sie ihm die Wunder ihrer heimatlichen Insel zeigte. Amos entdeckte, daß mit Georgiana in einer Kutsche zu reisen, schöner war als die besten Tage auf See. Weil sie die Vorliebe ihres Mannes für geschichtliche Bauwerke kannte, arbeitete sie eine Route aus, die sie zu mehreren bedeutenden historischen Sehenswürdigkeiten führte. Im Norden besuchten sie die am Hadrianswall gelegene römische Festung in Housestead und im Süden die Reste von Fosse Ways. Darüber hinaus gelangten sie nach Stonehenge, Scarfell Pike und Land's End. Das glückliche Ehepaar reiste fünf Monate, bis die Reise plötzlich unterbrochen werden mußte. Georgiana war schwanger.

Der Admiral hatte sich nie Gedanken darüber gemacht, wie er sich als Vater fühlen würde. Je mehr er darüber nachdachte, desto weniger mochte er diesen Gedanken. Ein Baby würde ein Eindringling sein, ein unerwünschter Rivale für Georgianas Aufmerksamkeit und Zuneigung. Er wußte, daß er sich egoistisch verhielt, aber das machte ihm nichts aus. Die von ihm geliebte Frau war das Zentrum seines Lebens. Das würde sich ändern, wenn ein Baby im Haus war.

Georgiana andererseits konnte nicht glücklicher sein. Sie war stolz, das Kind des Admirals zu bekommen und erduldete die Schmerzen der Schwangerschaft, ohne ein Wort darüber zu verlieren. Sie kannte die Befürchtungen des Admirals, war sich aber sicher, daß sich seine Anschauung ändern würde, nachdem das Kind geboren war.

Einige Frauen sind nicht dafür gebaut, Kinder zu gebären, und Georgiana gehörte dazu. Ihre Schwangerschaft gestaltete sich schwierig. Im Laufe der Monate verschwand ihr strahlender Gesichtsausdruck, und als die Geburt näherrückte, war sie schwach und krank.

Die Wehen dauerten achtzehn Stunden, bis sie endlich das Kind gebar. In dieser Zeit wand sie sich vor Schmerzen, schrie, hielt die Hand der Hebamme und knirschte mit den Zähnen. Das Baby wollte einfach nicht kommen. Die Laken ihres Bettes mußten zweimal gewechselt werden. Sie war so erschöpft, daß ein Anwesender es mit den drastischen Worten beschrieb: „Sie war ausgelaugter als ein Stück Seife nach einer langen Wäsche." Georgiana wollte aber nicht aufgeben. Nichts würde sie davon abhalten, das Kind zur Welt zu bringen.

Die Hebamme beschrieb die Geburt später als einen Austausch von Leben. Während der Tortur wurde klar, daß es nur einen Überlebenden geben würde – entweder Mutter oder Kind. Als der Augenblick der Geburt kam, um die Geschichte der Hebamme wiederzugeben, war es Georgiana, die sich bereit erklärte, ihr Leben für das des Kindes zu opfern. Als ihr Sohn geboren wurde, verstarb Georgiana.

Wenn Amos Morgan kein größeres Glück verspürte als zum Zeitpunkt, da er Georgiana traf, verspürte er keine größere Trauer, als sie verstarb. Sein Leben war zerstört.

Um seine Trauer zu vergessen, zog er sich zu seiner ersten Liebe zurück, zur See. Er beauftragte Kindermädchen und Lehrer mit der Erziehung seines Sohnes. Ab dem Alter von zwei Monaten bis zur Volljährigkeit sahen sich Percy und sein Vater nur bei gelegentlichem Urlaub und an einigen wenigen, besonderen Tagen im Jahr.

Als Ergebnis verstanden sich beide nicht gut. Das wurde noch deutlicher, als sich Percy eine Frau auswählte und sie nach Morgan Hall brachte.

Percy Morgan heiratete Evelyn North – eine *von den* Norths. Er heiratete sie nicht aus Liebe, in Wirklichkeit liebten sich beide nicht. Ihre Ehe war eine genau ausgehandelte Allianz, aus der beide Seiten ihre Vorteile ziehen sollten. Es war aber eine Ehe, die der romantische Admiral nie verstand oder billigte. Die Braut und der Bräutigam waren beide ambitionierte Opportunisten, und jeder von ihnen besaß etwas, das die andere Seite haben wollte. Obwohl die Northens verhältnismäßig reich waren, litt ihr Imperium unter einem Mangel an Bargeld. Das war der Punkt, an dem die Morgans benötigt wurden. Der Admiral verfügte über ausreichend Bargeld. Auf der anderen Seite, und das bewunderte Percy, waren die Northens von höherem Adel. Königin Elisabeth war tot und ihr Nachfolger kannte Amos Morgan nicht. Der Admiral wurde zwar immer noch am Hof respektiert, aber mehr aus einer höflichen Distanz. Er konnte sich zwischen den Höflingen bewegen, gehörte aber nicht zu ihnen. In den Eheverhandlungen bot Percy Morgan das Bargeld seines Vaters für den Adelstitel der Familie North.

Von dem Zeitpunkt an, da Evelyn die Dame des Hauses wurde, wollte sie alles verändern. Der Admiral spürte sein Alter und war nicht mehr in der Lage, zur See zu fahren. Also verkroch er sich in seiner Bibliothek. Er konnte seine neue Schwiegertochter nicht leiden, versuchte sie aber zu tolerieren. Wenn sie ihm Veränderungen in Morgan Hall vorschlug, lehnte er sie freundlich, aber bestimmt ab, was für den Admiral die Angelegenheit beendete. Er unterschätzte aber die Entschlossenheit und Hinterlist seiner Schwiegertochter.

Wenn Evelyn etwas haben wollte, benahm sie sich wie ein Bluthund. Sie ließ nie locker, bevor sie hatte, was sie wollte, und als es ihr neues Haus betraf, war sie nicht bereit, vor einem alten Seemann aufzugeben. Bei jeder Gelegenheit, und Lady Morgan kreierte viele davon, beschwerte sie sich über die Farben der Wände, die Gemälde und die Einrichtung.

Wenn sie Gäste nach Morgan Hall einlud, schimpfte sie über die Beschwerlichkeit des *du jour*. Sie beschwerte sich jede Nacht im Bett bei ihrem Ehemann, bis Percy sich in einem anderen Raum zur Ruhe legte. Während des Tages beklagte sie sich bei der Dienerschaft über alles, was ihr in Morgan Hall falsch erschien. Kurz gesagt, wer Ohren hatte, erfuhr, wie sehr Lady Morgan das von Amos Morgan erbaute Haus verabscheute.

Ihr beliebtestes Angriffsziel waren die dunklen Paneele des Salons. „Dieser Raum macht mich *furchtbar* depressiv!" beschwerte sie sich. Evelyns Ansichten wurden immer von dem Wort furchtbar oder fürchterlich begleitet; sie kannte in ihren Geschmacksrichtungen keine Grauzonen. „Es ist hier *furchtbar* dunkel, wie in einem Kerker. Ich schwöre, daß ich in diesem Raum keinen weiteren Tag leben kann!" Wenn Gäste erschienen, führte sie diese immer zuerst in den Salon, um das Thema des Abends klarzumachen. „Ist dieser Raum nicht *fürchterlich*?" fragte sie. „Glauben Sie nicht, daß dieser Raum besser in heller Eiche oder Esche aussehen würde?" Wenn ihre Gäste höflich genug waren, zuzustimmen, unterbreitete sie es dem Admiral in der Gegenwart der Gäste. „Mein Guter", meinte sie und berührte seinen Arm, wie es ein Erwachsener mit einem Kind macht, „Margaret stimmt mir zu. Dieses dunkle Holz macht den Raum *fürchterlich* depressiv. Irgend etwas *muß* gemacht werden."

Evelyn Morgan höhlte den Widerstand des Admirals aus, wie es der berühmte Tropfen mit dem Stein macht.

Im späten Frühling des Jahres 1625 gewann Evelyn Morgan die Schlacht um den Salon. Neue Eichenpaneele wurden angebracht. Der Admiral hatte einen taktischen Fehler begangen. Er dachte, daß seine Einwilligung ihm Ruhe und Frieden verschaffen würde, aber das genaue Gegenteil trat ein. Der Bluthund hatte die Spur aufgenommen und verfolgte ihn nur noch intensiver. Ihr nächstes Ziel waren die Seefahrergemälde in der großen Halle.

„Diese Gemälde mit den vielen Wellen und komischen Schiffen rufen in mir eine *fürchterliche* Übelkeit hervor", erklärte sie und hielt sich mit ihrer zierlichen weißen Hand den Bauch. „Warum werde ich immer grün im Gesicht, wenn ich sie betrachte? Geht es dir nicht genauso? Irgend etwas *muß* hier gemacht werden!"

Sie tauschte die Seefahrermotive gegen typische zeitgenössische Gemälde mit plumpen, rosafarbenen, nackten Frauen aus, die auf Diwanen lagen oder von Satyrn entführt wurden, während erschrockene Cherubim am Himmel schwebten.

„Es sieht hier aus wie in einem Bordell", schimpfte der empörte Admiral.

Evelyn Morgan stahl Morgan Hall Bild für Bild, Paneele für Paneele, Raum für Raum von Amos, bis er nur noch seine Bibliothek übrig hatte. In ihr trat er zum letzten Gefecht an.

Drew war vierzehn Jahre alt, als sein Großvater das Entermesser nahm, das das Blut der Spanier in San Juan de Ulua geschmeckt hatte und Lady Morgan androhte, daß sie es auch zu spüren bekäme, wenn sie noch einmal ohne seine Erlaubnis die Bibliothek betreten würde. Von Siegesgewißheit gerötet stürmte Lady Evelyn eines Abends uneingeladen und unangemeldet in die Bibliothek. Amos war wütend. Für einige Augenblicke glaubte Drew, daß der Admiral sie mit seinem Entermesser durchbohren würde, da dieses nur wenige Zentimeter neben ihr niedersauste. An diesem Abend warf der Admiral Lady Evelyn genauso aus der Bibliothek, wie er seine Feinde vom Deck seines Schiffes vertrieb. Solange er lebte, betrat sie nie wieder die Bibliothek.

Der Admiral verbrachte die letzten Tage seines Lebens in seinem Refugium. Seine Gesundheit war zu schwach, um Schlachten oder die langen Kämpfe mit seiner Schwiegertochter durchzustehen. Er vergrub sich in die Welt seiner Bücher.

Drew verbrachte oft ganze Tage in der Bibliothek seines Großvaters, manchmal, um der schlechten Laune seiner Mutter zu entgehen, in anderen Zeiten, um seines Großvaters Seeabenteuer zu hören. Zwischen dem Großvater und seinem Enkel entwickelte sich eine besondere Beziehung. Sie gaben sich gegenseitig Kraft und Ausgeglichenheit. Mit seinen Seeabenteuern brachte Admiral Morgan Spannung in Drews ansonsten langweiliges Leben, und Drew gab dem Admiral die Hoffnung, daß die nächste Generation Morgan Hall wieder die Werte und Prioritäten zurückgeben würde, die er als wichtig erachtete. Ihr besonderes Verhältnis zueinander machte ihr Leben erträglich.

Drew grübelte immer noch, als die Kutsche mit dem Gefolge Morgan Hall erreichte. Philip stieg als erster aus, gefolgt von Lady Morgan. Lord Morgan wollte seinen teuren Teich mit tropischen Fischen überprüfen und ging in den Garten.

Drew stieg von Pirate. Das Pferd war von Basingstoke nach Morgan Hall getrottet und spiegelte Drews depressive Stimmung wider. Er lud sein Gepäck selbst aus der Kutsche. Das beschädigte Buch des Bischofs, den Dolch der Wegelagerer und natürlich Berbers *Die Zeit der Ritter*. Er konnte schon wieder das Streiten seiner Mutter und seines Bruders aus dem Haus hören. Irgend etwas über Fenster, Diener und einen Betrunkenen, oder war es eine Truhe? *Wie konnte ich jemals daran denken, mein glückliches Elternhaus zu verlassen?* murmelte Drew.

Als er die massive Eichentür mit seiner Hüfte aufstieß, blieb er wie angewurzelt stehen. Er steckte seinen Kopf durch die Öffnung und sah eine alte, die Tür versperrende Seemannstruhe. *Was macht die Truhe hier?* Drew versuchte, die Tür weiter aufzustoßen. *Sie muß leer sein,* dachte er und drückte sich daran vorbei.

Rechts in der Halle stand seine schimpfende Mutter und hämmerte an die Türen, die zur Bibliothek des Admirals führten. „Du hast das verdammte Schwert schon wieder geschwungen, nicht wahr, du alter Hund?" Sie hämmerte mit ihren Fäusten gegen die Tür. „Dank dir ist es eiskalt im Haus!"

„Laß Großvater in Ruhe!" rief Drew. „Es ist sein Haus!"

„Sprich nicht in diesem Ton mit mir!" Lady Morgan drehte sich mit rotem, wütendem Gesicht zu Drew um. „Du bekommst noch mehr Ärger als er. Geh auf dein Zimmer!" Sie drehte sich wieder zur Tür und rief: „Wenn du glaubst, du kannst die Tür mit deiner blöden Truhe verbarrikadieren, hast du dich schwer getäuscht! Es hat nicht geklappt, alter Mann!"

Lady Morgan unterbrach ihr Geschrei und wartete auf eine Antwort. Aber nichts dergleichen geschah. Der Admiral hatte sich sonst noch nie davon abhalten lassen, zu fluchen, wenn Lady Morgan ihn anbrüllte. Drew legte sein Ohr an die Tür, um ein Geräusch zu hören. Nichts.

„Vielleicht ist er krank", meinte Drew.

„Vielleicht ist er tot", erwiderte Lady Morgan. Ihre Worte gefielen ihr. Ein Grinsen erschien auf ihrem Gesicht, erlosch aber schnell. „Unmöglich, so ein Glück kann ich nicht haben."

„Großvater?" rief Drew.

Keine Antwort.

Er versuchte die anderen Türen zu öffnen, aber sie waren ebenfalls verschlossen.

„*Großvater!*" Drew sah seine Mutter mit wachsender Besorgnis an. Ihr Gesichtsausdruck machte ihn krank. Das Grinsen lag wieder auf ihrem stark geschminkten Gesicht, ein triumphales Grinsen.

Drew ließ die Sachen in seinem Arm fallen und warf sich mit beiden Händen gegen die Tür. Sie wollte sich nicht öffnen lassen.

Er lief aus der Halle, durchquerte, an beiden Treppen vorbei, die Eingangshalle bis zur Hintertür und umrundete das Haus, bis er zu den Glastüren der Bibliothek kam. Am Fischteich konnte er seinen knienden Vater erkennen, dessen Gesicht nur wenige Zentimeter von der Wasseroberfläche entfernt war. Drew lief zu den offenstehenden Glastüren, sein Schwung schleuderte ihn durch die Türöffnung. Der Türrahmen fing ihn auf, als er versuchte, in den Raum zu treten.

„Großvater!" schrie er.

Er überprüfte den Raum. Über der Rückenlehne seines Lieblingsstuhls konnte er den Kopf seines Großvaters erkennen. Einzelne graue Haare standen vom sonst haarlosen Kopf ab, wie Gras, das in Spalten von Granitfelsen wächst – und sein Großvater war bewegungslos wie ein Granitfelsen. Die einzigen Bewegungen, die Drew erkennen konnte, kamen von den Flammen im Kamin.

Drew trat an seinen bewegungslosen Großvater heran.

„Großvater?"

Keine Antwort.

Er zögerte. Falls sein Großvater tot war, wollte er es nicht wissen. Was war aber, wenn er Hilfe benötigte? Drew stieß vorsichtig Admiral Morgans Arm an. Admiral Morgans Augen waren geschlossen, ein breites Grinsen erschien auf seinem Gesicht.

„Hattest du eine gute Reise, mein Junge?" fragte Admiral Morgan.

Die Nachricht, daß der Admiral immer noch lebte, ruinierte Lady Morgans Tag. Drew blieb bei seinem Großvater in der Bibliothek, dem einzigen Ort, an dem er vor den Sticheleien seiner Mutter sicher war.

„Empörend!"

Der Admiral richtete sich mit Hilfe seines Entermessers auf, stand in der offenen Glastür und beobachtete seinen Sohn, Lord Morgan, wie dieser in den Fischteich starrte. Drew flegelte sich in den Sessel, legte ein Bein über die Armlehne und blätterte durch die Seiten eines Buches.

„Küßt er die Fische?"

Drew blickte auf. „Er spricht mit ihnen."

Der Admiral schüttelte seinen Kopf. „Er küßt sie!"

Drew stand mit einem faulen Stöhnen auf und ging zu seinem Großvater. Lord Morgan war immer noch auf seinen Händen und Knien und sein Gesicht war immer noch nur wenige Zentimeter von der Wasseroberfläche entfernt; seine Lippen bewegten sich. Unterhalb der Wasseroberfläche befand sich ein greller, wellenförmiger, orangefarbener Fleck.

„Er küßt sie", stimmte Drew zu.

Die Gärten wurden von Lord Percy Morgan angelegt und waren sein Beitrag zu Morgan Hall. Er beaufsichtigte persönlich die Gärtner, die auf seine Anordnung hin die Wiesen in ein Labyrinth aus Hecken, Pfaden und Wasserfällen verwandelten.

Lord Morgan teilte seine wundervollen Gärten in Abschnitte auf, die er als „Länder" bezeichnete. Es gab ein Land der Früchte, in dem Orangen, Äpfel und ein halbes Dutzend unterschiedliche Beeren wuchsen. Ein weiteres Land beinhaltete einen kleinen Park, der nach dem Vorbild des sagenumwobenen Sherwood Forest angelegt wurde. Ein Grastal beherbergte einen Tisch mit Bänken und wurde die Frühlingswiese genannt. Diese Länder waren auch nach den

Gesichtspunkten eines Adeligen eindrucksvoll, aber Lord Morgans ambitioniertestes und eindrucksvollstes Projekt war sein Land der tropischen Fische.

In diesem ganzen Land befanden sich miteinander verbundene Seewasserteiche. Lord Morgan und seine Gärtner benötigten über drei Jahre, um ein System zu entwerfen, das tropische Seewasserfische am Leben erhielt. Das Seewasser des Systems mußte zweimal im Monat erneuert werden und wurde mit einer Kutsche vom Meer herbeigeschafft. Lord Morgan gab den Kapitänen mehrerer Schiffe den Auftrag, tropische Fische aus der Karibik mitzubringen, um seine Teiche zu bestücken. Das war ein profitables Geschäft für die Schiffseigentümer, da sie Frachtgut transportierten, nachdem sie die afrikanischen Sklaven in der Karibik abgeladen hatten. Der fischliebende Lord von Morgan Hall war dafür bekannt, daß er soviel für tropische Fische bezahlte, wie ein Sklavenhändler für einen kräftigen jungen Afrikaner erhielt.

„Das ist der Unterschied zwischen uns", stellte der Admiral an Drew gewandt fest und wies mit dem Entermesser auf seinen am Fischteich stehenden Sohn. „In meinen Tagen kämpfte ein Engländer gegen die Spanier. Heute kämpft ein Engländer mit Pilzen in seinem Fischteich."

Der Admiral humpelte mit lautem Schnauben zu seinem Sessel am Kamin, wobei er das Entermesser als Gehstock benutzte. Drew beobachtete ihn mit besorgter Miene. *Machte er sich zuviel Sorgen oder ging sein Großvater langsamer als üblich?* Nachdem er seinen Sessel erreicht hatte, versuchte sich der Admiral vorsichtig zu setzen, wie ein Schiff, das sich dem Dock nähert. Sein Hinterteil schwebte einen Moment über dem Sessel und mit einem „Bums" ließ er sich fallen. Mit seinen einundsiebzig Jahren gealtert, aufgrund der Anforderungen der Welt, saß er dort mit geschlossenen Augen und rang nach Luft.

„Du siehst die Ruinen der Zeit vor dir", erklärte er mit müder, rauher Stimme. „Mein Junge, meine Tage sind nun gezählt. Ich bin froh darüber. Ich möchte nicht länger in so einer erbärmlichen Zeit leben."

Drew erwiderte nichts. Es war nicht das erste Mal, daß sein Großvater dieses Thema anschnitt. Daß er über sein Ende sprach, störte Drew nicht. Der Admiral war manchmal recht munter, wenn er darüber sprach. Drew antwortete deshalb nicht und hoffte, daß sein Großvater in der Vergangenheit graben und ihm eines seiner Abenteuer erzählen würde.

Der Admiral fuhr fort: „Drake ist tot. Hawkins ist tot. Die Tage des englischen Imperiums sind tot und begraben." Er seufzte und holte tief Luft. „Sterben ist gut. Es ist ein Fluch, wenn man zu lange lebt. Drake und Hawkins mußten wenigstens nicht mit ansehen, wie ihr geliebtes England vor ihren Augen verrottete."

Es ist ein Anfang, dachte Drew. *Wenigstens spricht er über John Hawkins und Sir Francis Drake. Vielleicht braucht er nur ein wenig Unterstützung.*

„Großvater, warum gab es einige Leute, die Sir Francis Drake nicht leiden konnten?"

Der Admiral öffnete seine Augen und sah ihn argwöhnisch an. Er erkannte, was Drew beabsichtigte. Trotzdem grinste er, schloß seine Augen und lehnte seinen Kopf gegen die Rücklehne.

Geschafft! Es war die von seinem Großvater bevorzugte Stellung, wenn er von seiner Vergangenheit erzählte. Drew wartete, bis sein Großvater in seinen Erinnerungen versunken war. Er würde alles dafür geben, wenn er sehen könnte, was sich hinter den runzligen Augenlidern seines Großvaters abspielte.

„Die meisten Leute haßten Drake", sagte der Admiral.

„Sie nannten ihn einen Parvenu." Er betonte das Wort mit übertriebenem französischen Akzent.

„Parvenu?"

„Emporkömmling. Lump. Drake war nie für seine gesellschaftlichen Umgangsformen bekannt. Er hatte immer den Akzent Cornwalls." Der Admiral lächelte. „Falls der große Drake nicht ein Freund Hawkins' gewesen wäre, hätte er keinen Pence gehabt." Amos lachte so laut, daß er husten mußte und wischte sich den Mund mit einem Taschentuch ab, bevor er weitererzählte. „Er war aber nicht nur unverschämt! Der Parvenu löste für uns mehr Probleme, als ein Mann mit gesundem Menschenverstand sich nur ausdenken kann."

Ein weiterer Hustenanfall folgte. Diesmal schlimmer. Als er vorbei war, lehnte sich der Admiral schwach und schwitzend in seinem Sessel zurück.

„Drake ist aber nun tot", murmelte er atemlos. „Hawkins auch." Er holte Luft. „Also, warum bin ich noch hier?"

„Vielleicht", antwortete Drew zögernd, „weil ich dich brauche."

Amos lächelte. Er streckte seine Hand aus und tätschelte die Hand seines Enkels. „Wir brauchen uns gegenseitig, nicht wahr?" meinte er. „Deine Zeit ist aber nun gekommen. Du mußt in die Welt gehen und deine eigenen Abenteuer erleben."

Drew erinnerte sich an sein eigenes Erlebnis mit den Wegelagerern auf seinem Rückritt von London. „Ich habe es fast vergessen! Ich hatte ein Abenteuer!"

Drew sprang auf und holte das Buch des Bischofs sowie den Dolch von der anderen Seite der Doppeltür. Er erzählte seinem aufmerksam zuhörenden Großvater die Geschichte und zeigte ihm stolz die Gegenstände. Der Admiral hielt den

Dolch vor seine schwachen Augen und untersuchte das Buch genau, stellte Fragen und lobte Drews Klugheit, das Buch als Waffe zu benutzen. Drew berichtete seinem Großvater auch über die Einladung des Bischofs, ihn in London zu besuchen.

„Der Bischof von London?" Der Admiral verzog sein Gesicht. „Ich hielt nie viel von diesen religiösen Typen. Was sollst du für ihn tun?"

„Der Bischof sagte, daß ich England gegen seine inneren Feinde verteidigen soll. Ich soll ihm Nachrichten zukommen lassen, die er dann König Charles unterbreitet."

„Innere Feinde?" Der Admiral blätterte durch die Seiten des zerfetzten Buches und prüfte, wie tief der Dolch eingedrungen war. „Ein gutes Buch", meinte er. „Ich mag Layfield. Er berichtete viele Tatsachen, ohne seine Geschichten langweilig zu gestalten."

Er gab Drew das Buch zurück und setzte die Unterhaltung fort. „Innere Feinde ... sind am schwersten zu finden. In meinen Tagen war es einfacher. Du kanntest deine Feinde. Es waren die ekelhaften Kerle, die dein Schiff entern wollten, die Spanier, die versuchten, dich mit einem Schwert zu durchbohren."

„Meinst du, ich sollte nicht nach London gehen?" fragte Drew.

Der Admiral überlegte einen Augenblick und begann zu antworten, wurde aber durch einen Hustenanfall unterbrochen. Als das Husten schließlich aufhörte, rang er nach Luft. Er erklärte schließlich: „Nein, das habe ich nicht gesagt. Ich denke sogar, du solltest gehen. Heute nacht?"

„Heute nacht?"

„Warum nicht?"

„Ich kann jetzt nicht gehen. Falls ich es tue, enterbt mich mein Vater und Morgan Hall fällt an Philip. Ich möchte

Morgan Hall nicht verlieren, schon gar nicht an Philip. Ich möchte es für dich haben, Großvater, und die Seefahrerbilder restaurieren, es wieder so gestalten, wie du es mochtest."

Der Admiral lehnte sich in seinem Sessel zurück und rang weiter nach Luft. „Keiner weiß besser als ich, was es heißt, Morgan Hall zu verlassen", keuchte er. „Es gibt aber mehr im Leben als Morgan Hall. Wenn du manchmal darüber nachdenkst, was du geliebt hast, wirst du etwas finden, das du mehr geliebt hast als Morgan Hall. Meine Georgiana zum Beispiel." Als der Admiral den Namen seiner Frau aussprach, traten Tränen in seine Augen. „Weißt du, Georgiana und ich hatten ein System, wenn wir Morgan Hall verließen. Ich holte die Truhe hervor und Georgiana packte sie, bevor wir verreisten. Wenn ich mit ihr zusammen war, vergaß ich alle Schiffe und Abenteuer. Ich vergaß sogar Morgan Hall." Er wandte sich Drew zu. Eine Träne lief seine faltige Wange herunter. „Nichts auf der Welt bedeutet mir mehr als Morgan Hall, ausgenommen du. Drew, bleib nicht hier, nur weil ich da bin. Geh weg. Heute nacht. Erlebe deine eigenen Abenteuer. Bau dein eigenes Morgan Hall. Geh in die Welt, und finde deine Georgiana."

„Nein, Großvater. Ich kann später gehen ..."

Der alte Mann erhob seine Hand und unterbrach Drew. „Jeder Kapitän, der etwas auf sich hält, würde sein Leben für sein Schiff opfern. Es gibt aber Zeiten, wenn das Schiff nicht gerettet werden kann, und ein kluger Kapitän erkennt den Augenblick und gibt das Kommando ‚Alle Mann von Bord!' Mein Junge, Drew, die Schlacht ist verloren. ‚Alle Mann von Bord!'"

Drew war erschüttert. Er wollte nach London gehen, nicht aber seinen Großvater im Stich lassen. Darüber hinaus war der Gedanke unerträglich, daß Philip Morgan Hall erben würde.

„Ich möchte, daß du das hast." Der Admiral gab ihm sein Entermesser.

„Großvater! Dein Entermesser? Ich kann es nicht annehmen!"

„Unsinn! Du wirst es benötigen, wenn du England gegen seine inneren Feinde verteidigst. Ich möchte dir auch meine Bücher geben." Seine Augen wanderten liebevoll über die Buchreihen. „Es sind aber zu viele Bücher. Du kannst dieses Buch mitnehmen. Es wird dich immer an mich erinnern."

Drew nahm ehrerbietig das Entermesser seines Großvaters entgegen. „Ich werde versuchen, mich so zu verhalten, daß du stolz auf mich sein kannst", erklärte er. Dann fügte er hinzu: „Ich habe aber noch nicht gesagt, daß ich gehen werde."

In dieser Nacht wurde Drew durch Hustengeräusche geweckt, die aus dem Gang vor seiner Tür kamen. Es war der Admiral. Drew hörte, wie er langsam an seiner Tür vorbeiging. Er wollte aufstehen, überlegte es sich aber anders. Möglicherweise machte sein Großvater nur seine nächtliche Inspektionsrunde. Falls das der Fall war, wollte er nicht gestört werden. Drew hörte, wie das Husten und das Schlurfen der Füße am Ende des Gangs verhallten. Sein Großvater war um die Ecke gegangen, in Richtung der gegenüberliegenden Seite des Hauses. Er konnte schließlich die schlurfenden Füße nicht mehr hören, aber das Husten war immer noch klar und deutlich. Sein Großvater hatte offensichtlich das Ende des Hauses erreicht und war auf dem Rückweg, da das Husten lauter wurde.

Nun konnte er auch Stimmen vernehmen. Flüche. Lord und Lady Morgan schrien gleichzeitig. Lord Morgan brüllte, daß sein Vater verrückt sei, in der Nacht herumzuwandern und Lady Morgan beschimpfte ihn, weil er die Türen und

Fenster geöffnet hatte. Das Gekeife setzte sich fort, als der Admiral in seinen Raum zurückging. Drew hörte wie die Tür zufiel. Dann war Ruhe.

Am nächsten Morgen stand Drew spät auf. Er begab sich in die Küche, um einen Diener anzuweisen, ihm das Frühstück zu machen. Niemand war zu finden. Er ging durch die Halle in die Gesinderäume. Auch sie waren leer. Im Salon und im Speisezimmer war ebenfalls keine Menschenseele anzutreffen. Als er die große Halle betrat, sah er, daß irgend etwas nicht stimmte. Die Doppeltüren zur Bibliothek standen weit offen. Sein Großvater schloß sie normalerweise. Als Drew auf die Bibliothek zuging, erkannte er, daß sie dunkler als sonst war, da die Gartentüren geschlossen waren. Er ging näher heran und fand das erste Lebenszeichen dieses Morgens. Alicia, die Magd, wischte den Staub von den Bücherregalen. Alle anderen Diener liefen umher, stellten die Möbel um und reinigten die Bibliothek. In der Mitte des Raums stand seine Mutter mit den Händen in den Hüften und beaufsichtigte die Diener.

„Was machst du in Großvaters Bibliothek?" rief Drew. „Er befahl dir, sie nicht zu betreten!"

„Es ist nun meine Bibliothek", erwiderte sie kühl.

„Es wird nie deine Bibliothek sein! Nicht, solange Großvater am ..." Drew konnte den Satz nicht vollenden. Das Lächeln auf den Lippen seiner Mutter glich dem vom Vortag, als sie geglaubt hatte, daß der Admiral tot sei.

„Er kann nicht tot sein!" rief Drew. „Ich hörte ihn letzte Nacht auf dem Gang!"

„Du hörtest, wie ein alter Mann starb", lautete die schnippische Antwort. Dann befahl sie zwei Dienern, den Sessel des Großvaters vom Kamin zu entfernen, um ihn ins Lager zu bringen.

Drew konnte die Entweihung der Bibliothek seines Großvaters nicht länger mit ansehen. Er drehte sich um und rannte aus dem Raum. Er lief die Treppe hinauf und öffnete die Tür zum Schlafzimmer seines Großvaters. Als Drew das Zimmer betrat, lag der Admiral in seinem Nachthemd auf dem Bett. Er war nicht zugedeckt. Keiner hatte sich um ihn gekümmert. Keiner trauerte um ihn. Sein Sohn war möglicherweise im Garten und fütterte die Fische. Keiner wußte, wo Philip war, und seine Schwiegertochter war eifrig dabei, die letzten Erinnerungen an den Admiral aus Morgan Hall zu entfernen.

Drew fand eine Decke, um seinen Großvater zuzudecken. Er hatte nie viel von Religion gehalten, hätte nun aber gern ein Gebet gesprochen. In Gedanken versuchte er, angemessene Worte zu finden, aber seine Gedanken waren weit von einem Gebet entfernt. Es waren Gedanken aufkommender Wut. Drew Morgan betrachtete seinen zugedeckten Großvater ein letztes Mal und wußte, was er zu tun hatte.

In rasender Wut rannte er in sein Zimmer, ergriff das Entermesser und stürmte in die Bibliothek wie eine angreifende Ein-Mann-Armee.

„Raus. Alle Mann raus!" schrie er und attackierte mit seinem Entermesser die Diener, die die Bücher fallen ließen und schreiend aus der Bibliothek stürmten.

„Drew Morgan! Was denkst du, wer du bist?" schimpfte seine Mutter.

Drew wirbelte zu ihr herum. Der jahrelang aufgestaute Haß kam in ihm hoch. Als er später über den Vorfall nachdachte, mußte er zugeben, daß er im Herzen Mordgedanken hatte. Das einzige, was ihn davon abhielt, seine Mutter zu töten, war die ihn führende Hand Gottes.

„Du!" Er richtete das Entermesser auf seine Mutter.

„Verschwinde aus diesem Raum, mach daß du fortkommst! Es ist nicht dein Zimmer! Es wird nie dein Zimmer sein! Raus!"

„Was bildest du dir eigentlich ein?" entgegnete sie. Sie blieb nicht nur im Raum, sondern ging sogar noch einen Schritt auf ihn zu.

Drew schlug mit dem Entermesser um sich und fegte damit alle Sachen vom Tisch. Eine Vase, mehrere Bücher und eine leere Tasse flogen durch den Raum. „Falls du nicht den Raum verlassen hast, wenn ich bis fünf gezählt habe", drohte er, „wirst du bei sechs neben Großvater liegen! Eins!"

„Zwei!"

Alle Diener hatten nun die Bibliothek verlassen.

„Drei!"

Drew ging einen Schritt auf seine Mutter zu. Sie wich langsam in Richtung auf die Doppeltüren zurück, die zur großen Halle führten.

„Vier!"

Sie blieb im Türrahmen stehen, um einen letzten Versuch zu unternehmen.

„Fünf!"

Drew griff sie mit erhobenem Entermesser an. Lady Morgan flüchtete, schwor sich aber, mit Drews Vater zurückzukommen.

Drew warf die Doppeltüren hinter ihr zu und verschloß sie. Danach schloß er die Gartentüren, stellte sich in die Mitte des Raums und harrte der zu erwartenden Belagerung.

Drohungen und Flüche ließen sich hinter der Tür vernehmen. Lord und Lady Morgan schrien und schimpften stundenlang an den Doppeltüren zur Bibliothek. Philip gab gelegentlich seinen dummen Kommentar ab, war der Sache aber bald überdrüssig, und die Schlacht wurde zwischen Drew und seinen Eltern ausgetragen. In den späten Nachtstunden wurden sie langsam heiser und zogen sich schließlich zurück.

In der Stille der Bibliothek konnte Drew schließlich um seinen Großvater trauern. Er schritt ehrfürchtig an den Büchern und Regalen vorbei und flüsterte die Buchtitel. Er erinnerte sich daran, wie sein Großvater die Fähigkeiten einiger Autoren würdigte und anderen Autoren die Fähigkeiten absprach. Er saß auf einem Stuhl und erinnerte sich an die Geschichten, die er in diesem Raum gehört hatte. Er erwartete den Erzähler zu sehen – mit seinem Kopf an die Rückseite des Sessels gelehnt, seine übliche Haltung, wenn er von Geschichten und Abenteuern erzählte. Später saß er auf dem Boden, hatte seine Arme um die Beine geschlungen und weinte.

Kurz vor Morgengrauen, die Dunkelheit auf der anderen Seite der Glastüren wechselte zum Morgen, dachte Drew über seine Situation nach. Er hatte keine Nahrung, absolut nichts. Wie lange könnte er aushalten? Und was dann? Die Bibliothek zu besetzen, schien das Richtige zu sein, aber sie besetzt zu halten, war eine ganz andere Sache. Nachdem er wieder klar denken konnte, kam ihm die Besetzung der Bibliothek unsinnig vor, unklug ... *„Ein kluger Kapitän wird den Zeitpunkt erkennen, wenn er den Befehl geben muß ‚Alle Mann von Bord!'"* War es nicht das, was ihm sein Großvater sagte? Die Schlacht ist verloren. Alle Mann von Bord! Alle Mann von Bord!

Als die ersten Sonnenstrahlen über dem östlichen Horizont erschienen, ging Drew in sein Zimmer, packte seine Sachen und nahm auch das Buch des Bischofs und den Dolch mit. Mit dem Entermesser seines Großvaters schlich er durch den Dienstboteneingang zu den Ställen. Da er die Stallburschen nicht aufwecken wollte, sattelte er Pirate sehr vorsichtig und verließ Morgan Hall.

Als er sich noch einmal umdrehte, sah er die Seemannstruhe seines Großvaters zwischen den korinthischen Säulen stehen. In der Aufregung des gestrigen Tages hatten die Diener noch keine Zeit gefunden, sie fortzuräumen.

„Georgiana und ich hatten ein System, wenn wir Morgan Hall verließen. Ich holte die Truhe hervor, und Georgiana packte sie, bevor wir verreisten. Wenn ich mit ihr zusammen war, vergaß ich alle Schiffe und Abenteuer. Ich vergaß sogar Morgan Hall."

Der Admiral hatte Morgan Hall zum letzten Mal verlassen. Er war wieder mit seiner geliebten Georgiana vereint. Zweifelsohne würde er es genießen.

Kapitel 7

„Hast du schon einmal etwas getötet?"
„Was meinst du?"
„Käfer. Fliegen. Hast du so etwas schon einmal getötet?"
„Sicher. Warum?"
„Irgend etwas Größeres?"
Drew gefiel es nicht, in welche Richtung sich die Unterhaltung mit Eliot entwickelte. „Laß uns über etwas anderes reden", antwortete er.
Eliot Venner gab einen schnaubenden Laut von sich. „Nein. Nicht, bevor du meine Frage beantwortet hast. Hast du schon einmal etwas Größeres als einen Käfer getötet?"
Drew schaute seinen sonntäglichen Begleiter an, mit dem er die staubige, aus London herausführende Straße entlangging. Er kannte Eliot erst seit einigen Monaten, wußte aber genug über den eigenartigen Rotschopf, um zu wissen, daß diese Art von Unterhaltung nichts Ungewöhnliches für ihn war. „Im Garten meines Vaters war einmal eine Schlange", antwortete Drew vorsichtig. „Mein Bruder und ich haben sie mit einer Schaufel in der Mitte durchtrennt."
„Habt ihr euch dabei wohlgefühlt?" fragte Eliot mit blitzenden Augen.
„Was meinst du mit ‚Habt ihr euch dabei wohlgefühlt?'"

„Hast du dich wohlgefühlt, nachdem du sie getötet hast?"

„Venner, du bist krank."

„Ich weiß." Eliot grinste. „Wenn ich einen Käfer töte, bekomme ich ein kribbelndes Gefühl." Es dauerte etwas, bevor Drew antwortete. Dann fragte Eliot: „Hast du dir schon einmal überlegt, wie es wäre, wenn man einen Mann tötet?"

„Halt den Mund, Eliot."

Eliot zuckte mit den Schultern. Er war ein wüst aussehender junger Mann, der ein aufregendes Leben geführt hatte. Seine wilde Erscheinung hatte zwei Ursachen: die beiden angsteinflößenden Augen und das leuchtend rote Haar. Seine Pupillen waren von einem ungewöhnlich großen weißen Augapfel umgeben und man hatte daher den Eindruck, als stände er ständig unter Schock. Drew hatte schon oft beobachtet, wie Eliot seine eigenartigen Augen zu seinem Vorteil benutzte, indem er ein ausgesprochen bösartiges Grinsen aufsetzte. Sein Gesichtsausdruck war dann furchterregend und einschüchternd. Wenn man den Blick von seinen Augen losriß, sah man sein zerzaustes rotes Haar. Es war schwer zu bändigen und schien auf seinem Kopf zu explodieren.

Der kleinere Eliot war in Wirklichkeit einige Jahre älter als Drew. Sein Gesicht war durch Pockennarben entstellt, und er hatte einen leichten Gehfehler. Beide Gebrechen waren eine Erinnerung an seine harte Jugend in den Straßen Londons. Eliot Venner war zäh und einschüchternd, aber Drew mochte ihn. Er hatte etwas von einem kleinen Jungen an sich, und es machte Spaß, mit ihm zusammenzusein, ausgenommen, wenn er sich so eigenartig verhielt wie heute.

„Müssen wir noch weit gehen?" fragte Drew.

Die beiden Jungen gingen die Straße in nördlicher Richtung entlang. Es war ein sonniger Nachmittag, und der Verkehr war dichter als an anderen Sonntagen. Alle gingen in die gleiche Richtung. Drew hoffte, daß der Verkehr nicht zuviel Aufmerksamkeit erregen würde. Was er wirklich nicht wollte, war, am Vortag seiner ersten Mission auf einer illegalen Veranstaltung verhaftet zu werden.

„Noch eine Meile", antwortete Eliot. „Es wird dir gefallen, vertrau mir."

„Ich weiß nicht. Eine Bärenhatz scheint mir keine großartige Unterhaltung zu sein."

„Du wirst es mögen!" rief Eliot. „Ich hatte auch mit Rosemary recht, oder nicht?"

Eliot war seit drei Monaten Drews Lehrmeister für die grundlegende Ausbildung von Bespitzelung und führte ihn gleichzeitig in das Nachtleben von London ein. Wenn es darum ging, Puritaner aufzuspüren, war Eliot Bischof Lauds erfolgreichster Spitzel, obwohl seine Motive in keinster Form religiöser Natur waren. Für einen Londoner Straßenjungen war es aber die richtige Aufgabe. Er konnte lügen, stehlen, sich herumdrücken und wurde auch noch dafür bezahlt.

Der Bischof hatte die beiden jungen Männer zusammengestellt, weil er wollte, daß Drew etwas von Eliot lernte. Trotzdem war Bischof Laud enttäuscht, daß sich Drew dazu bereit erklärte, an Eliots nächtlichen Eskapaden teilzunehmen. Der Bischof wußte von Eliots Zechgelagen, hieß sie nicht gut, unterband sie aber auch nicht, da er wußte, wie schwer es für Eliot war, sich für Wochen und Monate wie ein guter Christ zu verhalten, um sich in das Vertrauen seiner Opfer einzuschleichen. Der junge Mann mußte seine jugendlichen Gefühle abreagieren. Zwischen seinen Missionen war die beste Zeit dafür. Bischof Laud erwartete von Eliot keinen moralisch einwandfreien Lebenswandel. Er würde ihn nur bei der Ausführung seiner Arbeit stören.

Für Drew hatte der Bischof aber bessere Pläne. Da er die

starken Gefühle junger Männer kannte, entschied er sich dafür, daß es ein Fehler wäre, Drew zu verbieten, Eliot zu begleiten. Bischof Laud duldete es daher. Es würde die Zeit kommen, in der Drews Ausbildung abgeschlossen war und er die beiden jungen Männer voneinander trennen konnte.

In der Zwischenzeit führte Eliot Venner Drew in die unterschiedlichen Londoner Tavernen ein. Drew bevorzugte Zurückgezogenheit anstelle von Tavernen und hatte sich nie mit Wein oder Bier anfreunden können. Sogar als Student in Cambridge hatte er es vorgezogen, in seinem Zimmer zu bleiben und zu lesen, statt mit seinen Studienkollegen auszugehen. Eliot brachte ihm aber das Trinken bei, und Drew wurde sein williger Lehrling. Für den Lehrmeister und den Lehrling war es nicht ungewöhnlich, auf einem Haufen kalter Steine in einer Londoner Straße aufzuwachen.

Sich zu betrinken war nicht die einzige schlechte Angewohnheit, die Eliot Drew beibrachte. Er führte seinen Lehrling auch in die Lebensweise der arbeitenden Frauen ein. In einer Taverne in der Mile End Road machte er Drew mit Rosemary bekannt und sagte, daß sie Drews Belohnung für die erfolgreich bestandene erste Lehrwoche sei. Als Eliot ihm das Mädchen vorstellte, hatte Drew bereits die Schwelle zur Trunkenheit überschritten. Er dachte, daß Eliot versuchte, ihm ein Rendezvous zu verschaffen, und lehnte höflich ab. Eliot war über die Dummheit seines Lehrlings erschüttert und befahl Rosemary, Drew zu zeigen, welche Art von Rendezvous sie meinte. Von den Pfiffen und Anfeuerungen der Anwesenden begleitet, öffnete Rosemary ihre Bluse und zeigte dem erschrockenen Drew ihr Angebot. Es war die erste Nacht, die Drew mit einer Frau verbrachte.

Drew ging nie wieder in die Taverne in der Mile End Road. Am nächsten Morgen wachte er mit einem Kater auf und fühlte sich miserabel – körperlich, durch zuviel Alkohol, und schweren Herzens, weil er seiner Begierde nachgegeben hatte. Die Begegnung entsprach in keinster Weise dem, was er sich vorstellte. In seinen Gedanken sollte die erste Begegnung mit einer Frau romantischer Natur sein; er dachte an die hellhäutige, schöne Guinevere, für die er bereitwillig sein Leben opfern würde. Statt dessen schlief er mit einer Schlampe aus einer Taverne, die nach Schweiß und abgestandenem Bier roch und genauso romantisch war wie ein Arbeiter, der seinen Lohn verdienen muß.

Drew wusch sich ausgiebig und schwor, daß er nie wieder mit Eliot umherziehen würde. Einige Wochen später hatte sich die Erinnerung aber vernebelt, und Drew feierte mit seinem Lehrmeister einen anderen Meilenstein seiner Ausbildung in einer Taverne.

Eliot und Drew näherten sich Fleet Ditch, dem Ort, an dem die Bärenhatz stattfinden sollte. Hunderte von Zuschauern waren dort, eine Ansammlung Londoner Bürger der unteren Klasse. Als sich die Eröffnung der Vorstellung näherte, erklangen die üblichen erwartungsvollen Geräusche – wüstes Lachen, ausgelassenes Gegröle und ordinäre Witze. Die Illegalität der Vorstellung erhöhte nur die Spannung der Zuschauer. Eliot führte Drew durch die Menschenmenge in der er sich offensichtlich zu Hause fühlte. Drew hatte sich noch nie unter so vielen ungewaschenen Leuten aufgehalten.

Der Mittelpunkt der Aufmerksamkeit war ein in einem Käfig eingesperrter Braunbär. Er schien krank zu sein und war durch den Lärm verängstigt. Eines seiner Augen war milchig und halb geschlossen, und auf seiner linken Schulter befanden sich große Narben, auf denen das Fell fehlte. Die Zuschauer murrten. Das Tier war zu alt und zu schwach, und man vertrat die Ansicht, daß die Organisatoren der Vorstellung die Zuschauer betrügen wollten. Als die

Organisatoren davon erfuhren, nahm einer von ihnen eine lange Stange und schlug den Bären. Der Bär brüllte so laut, daß sogar erfahrene Zuschauer zurücksprangen. Die Menge lachte, als sich die nahe dem Käfig befindlichen Zuschauer gegenseitig anrempelten und stießen. Die Nörgler und die Organisatoren der Vorstellung waren beruhigt.

„Ich sagte dir, daß es gut sein würde", rief Eliot und stieß Drew in die Seite.

Drew antwortete nicht.

Die Vorstellung begann, nachdem die Zuschauer in ein natürliches Amphitheater längs der Seite eines Grabens, von dem das Buschwerk entfernt worden war, eingelassen wurden. Ein hoher Mast stand in der Mitte des Platzes.

Von der rechten Seite stürmte plötzlich ein auskeilender und von vier Hunden gejagter Esel in das Amphitheater. Der verängstigte und schreiende Esel wurde von einem Affen geritten. Die Masse brüllte vor Lachen, als sie dieses eigenartige Gespann sah. Eliot war einer von denen, die am lautesten lachten. Sein Lachen war genauso eigenartig wie der Rest von ihm – eine Reihe von hohen Tönen. Es erinnerte Drew an eine aufgeregte Hyäne. Am anderen Ende des Platzes scheuchten einige Arbeiter den Esel in die andere Richtung, um sicherzustellen, daß die Zuschauer das Schauspiel erneut sehen konnten. Die Hunde bissen in die Flanken des schreienden Tiers.

Es benötigte mehrere ausgewachsene Männer, um den Bären aus seinem Käfig zu holen und ihn an den Mast zu ketten. Anschließend zündete einer der Männer einen Knallkörper an und warf ihn dem Tier vor die Füße, das bei dem Knall brüllte und tanzte. Die Zuschauer waren begeistert. Die Organisatoren trieben ausgeruhte Hunde in das Amphitheater, die den Bären sofort angriffen.

Die Zuschauer wurden aufgeregter und riefen dem

Bären Obszönitäten zu. Sie trieben die Hunde dazu an, den Bären in die riesigen Pranken zu beißen. Drew warf einen Blick auf Eliot und sah in dessen Augen eine barbarische Freude, während er sich auf die Unterlippe biß. Ein Blutstropfen rann sein Kinn herunter. Drew beobachtete die Zuschauer. Er war von Eliots umgeben, von wilden Tieren, die nach Gewalt dürsteten und Blut und Tod sehen wollten. Es machte ihn krank.

Der Bär verteidigte sich gegen die Hunde.

„Sie lassen zuerst die alten Hunde heraus", erklärte Eliot und wischte sich mit dem Handrücken das Blut vom Kinn. „Sie wollen nicht, daß der Bär zu schnell stirbt."

Die Hunde kläfften und sprangen den Bären an. Manchmal rissen sie ihm ein wenig Fell heraus. Der mehr verängstigte als verletzte Bär hielt sich die Hunde mit wilden Prankenschlägen vom Leib. Diese wichen aber meistens den Pranken aus. Ein Hund wurde zu mutig, verbiß sich in den Bären und wurde von dessen riesiger Pranke zu Boden geworfen. Der Hund jaulte, machte einige schüttelnde Bewegungen und lag regungslos am Boden. Die Bärenpranke hatte ihm die gesamte Seite aufgerissen.

Die Zuschauer fluchten, beschimpften den Bären und forderten mehr Hunde. Drei weitere Hunde wurden in das Amphitheater getrieben. Es waren Mastiffs, Hunde, die speziell darauf trainiert wurden, in solchen Vorstellungen Bären und Stiere zu töten. Sie griffen den Bären wie besessen an. Ihre Augen waren weit aufgerissen und sie bissen alles, was ihnen in den Weg kam, die älteren Hunde, den Bären und sogar ihre eigenen Artgenossen.

Der alte Braunbär wurde langsam müde. Er hatte zu viele Gegner. Wenn er einen Hund abwehrte, bissen drei andere in seine Beine. Da die Hunde seine Müdigkeit erkannten, sprangen sie ihn an, verbissen sich in seinen Kopf und seine Schultern und versuchten, ihn zu Boden zu ziehen. Der Bär schleuderte einen der Mastiffs aus der Arena. Der durch Blutdurst verrückt gemachte Hund fiel zu Boden, überschlug sich einige Male, war aber wieder schnell auf seinen Füßen und griff erneut an, ohne auf seine Wunden zu achten.

Die neben Drew stehenden Zuschauer forderten das Leben des Bären. Ihre Gesichter und Hälse waren rot angelaufen, die Adern traten hervor, und die Augen waren blutunterlaufen und wild. Es waren einfache Leute, die jeden Tag in unterschiedlichen Berufen in London arbeiteten. An diesem strahlenden Nachmittag waren sie Fanatiker, die Blut und Verderben sehen wollten. Nur der Tod des Bären konnte sie befriedigen.

Der Bär schleuderte plötzlich zwei Mastiffs von sich, die sich in seine Brust verbissen hatten. Er richtete sich majestätisch zu seiner vollen Größe auf, als ob er seine Umgebung nicht wahrnähme. Groß und stark schaute er in den Himmel über dem Amphitheater und stieß ein lautes Brüllen aus. Es war kein ängstliches Brüllen, es war ein stolzes Brüllen, laut und klar, ein edles Brüllen, das an einem schönen Frühlingstag seine Jungen zur Ordnung gerufen haben könnte.

Die Hunde waren davon nicht beeindruckt. Sie zerrten unnachgiebig an ihm. Die Zuschauer sprangen auf, als die Hunde ihn zu Boden rissen. Die Hundeschnauzen waren rot vom Blut des Bären, was sie dazu brachte, noch aggressiver anzugreifen. Die Zuschauer klatschten, sprangen vor Freude herum und jubelten.

„Habe ich dir nicht gesagt, daß es wundervoll sein würde?" fragte Eliot, als sie zur Stadt zurückgingen.

Drew konnte und wollte nicht antworten.

„Es war nicht die beste Bärenhatz, die ich gesehen habe", stellte Eliot fest und verglich sie in Gedanken mit früheren Vorstellungen. „Aber sie war gut. Stiere kämpfen manchmal besser als Bären. Im letzten Sommer sah ich, wie ein Stier einen Hund auf die Hörner nahm und ihn ..."

Drew beschleunigte seine Schritte und ging voraus.

Eliot wartete einen Augenblick und starrte hinter ihm her. „Eine Bärenhatz scheint nicht für jeden das Richtige zu sein." Er holte Drew ein und sagte: „Ich hatte aber mit Rosemary recht, stimmt's?"

Als am Montag die Sonne aufging, erwachte Drew mit einem emotionalen Tief. Auf der einen Seite war er auf seine erste Mission für den Bischof gespannt, aber auf der anderen Seite hatte er einen Alptraum über die Bärenhatz erlebt. Der Tod des Bären ging ihm immer noch im Kopf herum. In seinem Traum schaute ihn der Bär an, als ob Drew in der Lage gewesen wäre, etwas gegen seinen Tod zu unternehmen. Er schämte sich, sein schlechtes Gewissen nicht abschütteln zu können, hatte aber immer noch das Gesicht des Bären vor Augen.

Bischof Laud war bereits im Garten. Er kniete und jätete zwischen den Rosen das Unkraut. „Guten Morgen, Andrew!" begrüßte ihn der Bischof überschwenglich. „Es ist ein schöner Morgen, nicht wahr?"

Drew nickte.

„Hast du ein Tief?"

Drew schüttelte seinen Kopf.

„Es geht mich wohl nichts an?" Der Bischof richtete sich auf und wischte den Schmutz von seinen Knien. Er war offensichtlich enttäuscht. „Wir wollen jetzt nicht darüber sprechen. Du weißt, wie ich darüber denke. Etwas anderes, ich erhielt einen Brief von deinem Vater."

Das erweckte Drews Aufmerksamkeit. Seit seiner Abreise hatte er nichts mehr von seiner Familie gehört.

„Er antwortete auf meinen Brief. Der Brief, den ich ihm sandte, als wir Pirate zurückschickten."

Als Drew nach dem Tod seines Großvaters Morgan Hall verließ, ritt er direkt zum London House. Nach seiner Ankunft erklärte er Bischof Laud die Umstände, die zu seiner Rückkehr nach London führten. Der Bischof empfahl ihm, Pirate am nächsten Tag Lord Morgan zurückzugeben. Auf diese Weise konnte Drew nicht als Pferdedieb angezeigt werden. Andererseits freute sich der Bischof darüber, Drew sogar unter weniger günstigen Umständen in seinem Haus empfangen zu dürfen. Er hörte gespannt zu, als ihm Drew erzählte, wie das Buch sein Leben rettete. Bischof Laud war nicht verärgert über den Schaden. Ganz im Gegenteil, er war darüber erfreut, daß das Buch Drews Leben gerettet hatte.

In den darauf folgenden Tagen behielt ihn der Bischof immer an seiner Seite. Er ließ sogar Drews Bett in sein Schlafzimmer stellen. Drew fand die Umsorgung des Bischofs eigenartig und dachte, daß der Bischof ihn mit zuviel Aufmerksamkeit belegte, besonders wenn er sich an- oder auszog. Der Bischof berührte ihn auch zu oft. Trotzdem gefiel es ihm, weil er in seinem Leben noch nie so viel Beachtung und Fürsorge erfahren hatte wie von Bischof Laud.

Spät am Abend unterhielten sie sich im Schlafzimmer über die Zeit von König Arthus sowie dessen Kreuzzüge und das Leben in Cambridge. Zu seiner großen Freude erzählte ihm der Bischof die kleinen schmutzigen Geheimnisse der ehrenhaften und steifen Cambridge-Professoren, die sich eine Freude daraus gemacht hatten, ihn einzuschüchtern.

Nachdem Drew damit begonnen hatte, mit Eliot das

Nachtleben von London auszukundschaften, erhielt er sein eigenes Schlafzimmer. Der Bischof spielte für einige Tage die Rolle des verletzten Liebhabers, aber das andere Bett wurde nicht aus dem Schlafzimmer des Bischofs entfernt, und Drew schlief manchmal dort, wenn sie sich bis spät in die Nacht über die Ritterzeit unterhielten.

Im großen und ganzen hatte Drew noch nie eine glücklichere Zeit verlebt. Der Gedanke an den Tod seines Großvaters und daß er Morgan Hall an Philip verlieren könnte, schmerzte zwar immer noch, sein neues Leben und sein neues Heim gefielen ihm aber gut. Der große dicke Koch, der ihn bei seinem ersten Besuch empfangen hatte, lachte und freute sich immer noch, wenn er ihn sah. Drew fand ihn eigenartig, mochte aber seine Kochkunst. Timmins legte normalerweise eine stoische Ruhe an den Tag und sprach nur mit Drew, wenn es unbedingt sein mußte. Drew war damit einverstanden und so wurde, kurz gesagt, das London House zu Drews Heimat, und er dachte nicht an Morgan Hall und seine Familie, bis der Bischof den Brief seines Vaters erwähnte.

„Möchtest du wissen, was in dem Brief steht?" fragte ihn der Bischof.

„Nicht unbedingt."

„Er schrieb nicht viel", fuhr der Bischof fort und ignorierte Drews Bemerkung. „Zum Begräbnis deines Großvaters kamen viele Trauergäste."

„Ich schätze, daß es für meine Mutter ein wirkliches Fest war."

„Er dankt uns auch dafür, daß du das Pferd zurückgegeben hast."

„Uns?"

„In Wirklichkeit wohl mir."

„Er schrieb kein Wort über mich, nicht wahr?"

Der Bischof zögerte.

„Ich dachte es mir", meinte Drew. „Es macht nichts. Ich habe nun ein neues Leben und bin gespannt, wie meine erste Mission aussieht."

Der Bischof starrte Drew an. Es sah so aus, als ob er etwas entgegnen wollte, änderte dann aber seine Meinung. „Du hast recht", antwortete er. „Laß uns anfangen. In meinem Arbeitszimmer habe ich etwas für dich."

Bischof Lauds Arbeitszimmer war beeindruckend und ähnelte Admiral Morgans Bibliothek, nur daß es sich um theologische Bücher handelte.

Bischof Laud gab ihm eine Bibel. „Ich möchte, daß du sie behältst", erklärte er. „Es ist ein Geschenk."

Drew blätterte durch die Seiten der Bibel.

„Hast du schon einmal die Bibel gelesen?"

„Nein, es ist das erste Mal, daß ich eine Bibel in der Hand halte."

Der Bischof war erstaunt, ließ es sich aber nicht anmerken. „Es würde nicht schaden, wenn du sie liest. Das ist aber nicht der Grund, warum ich sie dir gebe. Lies die erste Seite."

Drew schlug die Bibel auf.

„Das ist die Ausgabe, die König James drucken ließ ...", der Bischof hielt inne, um nachzudenken, „... vor beinah zwanzig Jahren. Ich möchte dir diese Bibel aus zwei Gründen geben: Erstens wird es die Puritaner ärgern. Sie werden glauben, daß du ein Ketzer bist, weil du diese Bibel benutzt und werden versuchen, dich zur Genfer Bibel zu konvertieren. Es sind unvernünftige und sture Leute, wenn es um diese neue Übersetzung geht. Wenn du dir den Anschein gibst, daß du dich überzeugen läßt, wirst du ihre Sympathie gewinnen. Nutze sie zu deinem Vorteil. Der zweite Grund, warum ich dir diese Bibel gebe, besteht darin, daß ich sie dazu benutzen werde, um dir geheime Botschaften zukommen zu lassen."

Drew schaute den Bischof verwirrt an.

Bischof Laud erklärte: „Ich habe einen einfachen Code entwickelt, um Nachrichten zu schicken. Der Code basiert auf dieser Bibelausgabe. Ich kann deine Nachrichten damit entschlüsseln. Für alle anderen macht die Nachricht keinen Sinn."

Der Bischof erklärte Drew die von ihm erarbeitete Verschlüsselungsmethode, die sich auf Zahlen gründete, die bestimmten Bereichen der Bibel zugeordnet waren. Zunächst einmal waren die Bücher der Bibel durchnumeriert. Das erste Buch Mose entsprach der Zahl eins und die Offenbarung Nummer sechsundsechzig. Die Kapitel und Verse hatten bereits Zahlen, und man konnte, falls nötig, jede einzelne Zeile durchnumerieren. Auf diese Art und Weise konnte man der Bibel bestimmte Worte entnehmen und sie auf ein separates Blatt Papier schreiben.

„Es wäre ideal, wenn du ganze Verse benutzt", erklärte der Bischof. „Nehmen wir zum Beispiel an, du möchtest mir mitteilen, daß du jemand gefunden hast, den wir suchen. Deine Nachricht würde dann lauten ..." Der Bischof gab Drew ein Blatt Papier, auf dem einige Zahlen standen: (43/1/45/8-11).

„Nun erinnere dich", befahl der Bischof. „Buch, Kapitel, Vers, Wort."

Drew öffnete das Inhaltsverzeichnis der Bibel und suchte das dreiundvierzigste Buch. „Das Evangelium des Johannes", sagte er.

„Genau."

Drew schlug die im Inhaltsverzeichnis angegebene Seite auf. „Erstes Kapitel, Vers 45", sagte er laut. Er zählte die ersten sieben Worte.

„Die Nachricht lautet: ‚*Wir haben ihn gefunden.*'"

„Ausgezeichnet!" rief der Bischof. „Je besser du die Bibel kennst, desto schneller kannst du Nachrichten zusammenstellen. Versuche diese hier zu entschlüsseln. Sie ist von mir an dich gerichtet." Der Bischof gab ihm ein weiteres Stück Papier, auf dem folgende verschlüsselte Botschaft stand: (6/1/17/20-23) (40/5/14/13) (5/1/7/5-6) (22/5/4/1-2).

Drew zog die Augenbrauen hoch. Das sechste Buch der Bibel war Josua, Kapitel 1, Vers 17, Worte 20-23: *„Gott sei mit dir."* Er schrieb es auf das Stück Papier und schlug das Matthäusevangelium auf, bis er zu dem Wort *„auf"* kam. Er schrieb auch dieses Wort nieder. Die nächsten Worte fand er im fünften Buch Mose: *„deiner Reise."* Er vervollständigte die Nachricht durch zwei Worte aus dem Hohelied Salomos.

„Lies es laut", befahl der Bischof.

„Gott sei mit dir auf deiner Reise, mein Geliebter." Drew gefiel die Nachricht, bis auf die letzten Worte. Er fühlte sich von der ihm zuteil gewordenen Aufmerksamkeit beschämt. Ohne aufzublicken, sagte er: „Das ist großartig! Warum hat Eliot mir das nicht erklärt?"

„Eliot kennt den Code nicht", erklärte der Bischof und legte seine Hand auf Drews Schulter. „Es ist ein persönlicher Code. Du und ich sind die einzigen Menschen, die ihn kennen."

Drew wurde nervös. Der Bischof merkte es und wechselte das Thema. „Dein erster Auftrag führt dich nach Norwich. Versuche, alles über einen Mann namens Peter Laslett herauszubekommen. Er ist der Kurat von Norwich, und ich verdächtige ihn, ein Sympathisant der Puritaner zu sein."

Der Kurat von Norwich war ein humorloser Mann in den Fünfzigern, der seinen Glauben sehr ernst nahm, genau genommen nahm er alles sehr ernst. Er vertrat die Meinung, daß zu viel Spaß am Leben keine gute Sache sei und schuf das Gegengewicht dafür in seinen Gottesdiensten. Die Lieder wurden sehr langsam gesungen und schienen dafür gedacht zu sein, den Herzschlag der Sänger zu verlangsamen. Verglichen mit Lasletts Predigten waren sie aber noch schnell.

Wenn der Kurat von Norwich predigte, machte er hinter jedem Satz eine Pause und verdrehte die Augen, als müßte er in den dunklen Kammern seines Gehirns nach den nächsten Worten suchen. Nachdem Drew eine von Lasletts Predigten überstanden hatte, kam er zu der Überzeugung, daß er für eine erfolgreiche Überführung und Absetzung des Kuraten von der Gemeinde in Norwich gelobt und gepriesen werden müßte.

Nach dem ersten Gottesdienst sprach Drew mit dem Kuraten und bat um dessen Hilfe. Drew hatte sich entschieden, für seine erste Mission eine von Eliots erfolgreichsten Methoden anzuwenden. In Norwich kam er hungrig, schmutzig und in zerrissener Kleidung an. Vor seinem Eintreffen hatte er sich gründlich vorbereitet. Er hatte eine Woche lang die gleiche Kleidung getragen und seit zwei Tagen nichts mehr gegessen.

„Nichts beeindruckt sie mehr als ein knurrender Magen", hatte Eliot ihm erklärt. *„Es ist etwas, das du nicht beeinflussen kannst."*

Drew erzählte dem Kuraten, daß seine Eltern verstorben seien, als er ein kleiner Junge war und daß er in den Straßen von London nur das Betteln gelernt hätte. Da die Zeiten aber hart seien, könnten Bettler nicht mehr von Almosen leben und müßten stehlen, um sich zu ernähren. Einige hartgesottene Kriminelle hätten ihn in ihrem Gebiet erwischt, ihn verprügelt und dazu gezwungen, für sie zu stehlen. Da er der Diebereien und Lügen müde geworden sei, hätte er London verlassen. Alles was er nun wolle, sei ein

Platz, an dem er ein ordentliches und ehrliches Leben führen könne.

Laslett glaubte ihm.

„Je schlechter du in ihren Augen aussiehst, desto besser gefällt es ihnen", hatte ihm Eliot erklärt. „Auf diese Art und Weise ergibt es auch eine bessere Geschichte, wenn du Rede und Antwort stehen mußt."

Laslett war Witwer und lud Drew ein, in seinem Haus zu wohnen. In Norwich benutzte Drew nicht seinen richtigen Namen. Laslett kannte ihn als Gilbert Fuller. Nachdem die Damen der Gemeinde erfuhren, daß ein zweiter Junggeselle im Pfarrhaus wohnte, wurden sie von vielen einsamen Frauen und Müttern mit heiratsfähigen Töchtern eingeladen. Eine dieser Einladungen kam von einer alten Jungfer namens Adams.

Während des sonntäglichen Mittagessens in Fräulein Adams Haus machte Drew einige Fehler. Ihr Bruder, Orville, ein Londoner Leichenbestatter, besuchte sie und wurde mißtrauisch, als Drew gewisse Londoner Seitenstraßen nicht kannte. Drew behauptete, daß er aufgrund der schlechten Ernährung viel vergessen hätte, oder sogar an einer lebensgefährlichen Krankheit leiden würde, die er sich während des letzten Winters zugezogen haben könnte. Alle Anwesenden schienen mit dieser Erklärung zufrieden zu sein, und Drew vergaß den Vorfall. Im Laufe der Zeit hatte Drew aber Schwierigkeiten, sich an seine Lügen zu erinnern.

Als sich Drew einige Wochen später für den Kirchgang umzog, war der Kurat nicht zu Hause. Das war eigenartig, und Drew fühlte, daß etwas Wichtiges vorgefallen war. Er war sicher, daß er in der Kirche den Grund für die Abwesenheit des Kuraten erfahren würde. Als Drew die Kirche betrat, sah er, daß nun mehrere Verstöße gegen die Anweisungen des Bischofs, die er in seinem ersten Bericht an Bischof Laud bemängelt hatte, korrigiert worden waren. Die bemerkenswerteste Veränderung war die des Altarraums. Man hatte den Altar zum Ostende der Kirche geschafft und mit einer schnell errichteten Balustrade umgeben. Als der Gottesdienst begann, erschien Peter Laslett in einem Chorgewand. Er trug es zum ersten Mal seit Drews Ankunft. Drew war darüber erstaunt, aber noch nicht beunruhigt.

Wie es in Norwich an Sonntagen üblich war, wurde erst einmal gesungen. Drew setzte sich und bereitete sich auf den gottesdienstlichen Marathon vor, als Reverend Laslett einen Text aus Jeremia 9 verlas. Während der Lesung warf er Drew kurze Blicke zu.

„Ein jeder hüte sich vor seinem Freunde", las der Kurat, „und traue seinem Bruder nicht; denn ein Bruder überlistet den andern, und ein Freund verleumdet den andern."

Laslett rieb seine Augenbrauen und las weiter.

„Und ein Freund wird den anderen verraten und nicht die Wahrheit sagen, da er sich daran gewöhnt hat, die Unwahrheit zu sagen und große Anstrengungen unternimmt, dies hinterrücks zu tun. Es ist nichts als Trug unter diesen Menschen, und aus lauter Trug können sie mich nicht kennen, spricht der Herr. Der Herr der Herrscharen sagte daher: Sehet, ich werde sie erweichen und prüfen, was kann ich sonst für die Tochter meines Volkes tun? Ihre Zungen sind wie abgeschossene Pfeile und reden Verrat: Sie sprechen freundlich zu ihren Nachbarn, aber in ihren Herzen lauern sie ihm auf."

Der Kurat blickte auf. Er brauche einen Moment, bevor er sprechen konnte, aber als er zu sprechen begann, war seine Stimme gemessen und energisch. „Brüder und Schwestern, ihr habt den Bibeltext gehört, der sich mit der Verleumdung durch den Nächsten beschäftigt. Ich glaube, wir haben heute einen solchen Nächsten unter uns. Einen Verräter. Einen, der darauf wartet, uns eine Falle zu stellen."

Laslett sprach in seinem üblichen Schneckentempo, hatte jetzt aber die Aufmerksamkeit der gesamten Gemeinde.

„Dieser falsche Nächste kam zu uns und bat um Hilfe, und wir gewährten sie ihm. Er genoß unsere Gastfreundschaft und aß von unseren Tischen, aber er ist keiner von uns."

Peter Laslett sah Drew an und wurde mutiger, als er weitersprach. „Er behauptete, ein Kind aus den Straßen Londons zu sein und kennt nicht einmal die Straßennamen. Er sagte, daß er keine Ausbildung hätte und benutzt trotzdem das Vokabular eines belesenen Menschen. Er behauptete, keine Familie zu haben, und auf der Straße zu leben, zeigte aber bemerkenswerte Tischmanieren. Brüder und Schwestern in Jesus Christus, ich fürchte, wir haben in unserer Mitte einen Nächsten, der mit dem Teufel im Bund ist, einen meisterhaften Verräter."

Der Prediger schloß die Augen und beugte das Haupt. Alle Gemeindemitglieder hielten den Atem an und warteten auf die nächsten Worte. Keine von Peter Lasletts Predigten der letzten dreißig Jahre war so spannend gewesen.

„Master Gilbert Fuller, ist das Ihr richtiger Name? Stehen Sie bitte auf, und geben Sie uns Ihr Zeugnis zur Ehre Gottes!"

Alle Augen richteten sich auf Drew. Einige blickten erstaunt auf, andere schauten ihn wie die angreifenden Hunde bei der Bärenhatz an. Drew sprang auf und entkam durch das Seitenfenster. Er hielt die Bibel des Bischofs fest unter seinem Arm und hörte nicht auf zu laufen, bis er einige Meilen außerhalb der Stadt war.

Eliot hatte ihm diese Möglichkeit angedeutet. Er hatte ihm geraten, langsam und nicht auf direktem Weg nach London zurückzukehren. Für die Sicherheit des Bischofs war ausschlaggebend, daß ihn keiner bis zum London House verfolgte.

Drew reiste nördlich an der Nordseeküste entlang, bis er nach Sheringham kam. Dort entwarf er eine verschlüsselte Nachricht an den Bischof.

Bischof Laud wollte sich gerade zum Essen niedersetzen, als er Drews Nachricht erhielt. Obwohl sein dicker Koch protestierte, entschuldigte er sich und ging in sein Arbeitszimmer. Er nahm seine Bibel, die der von Drew ähnelte. Die Nachricht war kurz und bestand nur aus fünf Worten: (23/6/5/4-10). Übersetzt bedeutete sie: *„Wehe mir!* Ich wurde entdeckt."

Auf seiner zweiten Mission erging es ihm besser. Der Bischof hatte ihn nach Bedford gesandt. Die Stadt am Ufer der Great Ouse lag nördlich von London und westlich von Cambridge. Entschlossen, aus seinen Fehlern zu lernen, benutzte Drew eine Geschichte, die er besser behalten konnte, und hielt sich auch mehr im Hintergrund. Nach seiner Ankunft nahm er am Gottesdienst teil und sprach danach mit dem Pfarrer. Nach Peter Lasletts Predigten war Robert Sewells Gottesdienst eine angenehme Überraschung. Drew war besonders von Robert Sewells Ausdrucksweise angetan. Möglicherweise hatte er einige Kurse in Oxford oder Cambridge belegt.

Unmittelbar nachdem Drew die Kirche betreten hatte, wußte er, daß er hier möglicherweise Erfolg haben könnte. Der Altar befand sich nicht an der Ostseite, und der Pfarrer trug auch kein Chorgewand. Das waren Verstöße, aber was Drews Aufmerksamkeit besonders auf sich zog, war die Tatsache, daß das vorgeschriebene Gebetbuch nicht benutzt wurde. Alle Pfarrer hatten die Auflage erhalten, das Allgemeine Gebetbuch während ihrer Gottesdienste zu benutzen. Es sollte sie davon abhalten, ihre eigenen Predigten zu verkünden. Der Bischof bestand darauf. Eigene Predigten führten zur Wiedergabe eigener Ansichten, was nicht geduldet werden konnte. Der Bischof hatte befohlen, daß in jeder englischen Kirche in der gleichen Form gepredigt werden mußte. Es war die Gleichheit des Gottesdienstes, die der Kirche von England ihren Halt gab. Der Bischof verbot auch Gebete, die nicht im Gebetbuch standen. Falls einer Person erlaubt würde, zu beten, was sie wollte, wer wüßte dann, was sie sagt? Es war besser, das vorgeschriebene Gebetbuch zu verwenden.

Nach Drews Meinung gab es keinen Zweifel darüber, daß Robert Sewell ein Puritaner war. Er betete, was er dachte, und predigte in seinen eigenen Worten. Drew hörte zu, machte sich Notizen und nahm ihn ins Visier.

Es gab nur ein Problem. Ihr Name war Abigail, und sie war die Tochter des Pfarrers. Während seines dreimonatigen Aufenthalts in Bedford kamen sich Abigail und Drew sehr nahe. Sie war süß, scheu und hatte die tiefsten Grübchen, die Drew jemals gesehen hatte. Die beiden wanderten abends durch den großen Park hinter dem Pfarrhaus und sprachen zusammen, nichts Wichtiges, sie teilten nur ihre Hoffnungen und Träume miteinander, die Dinge, die sie liebten oder ablehnten. Es war das erste Mal, daß sich Drew bei einem Mädchen wohlfühlte.

Gut, daß er nicht länger in Bedford blieb, als unbedingt nötig, da er sich langsam in Abigail verliebte.

Bedford war Drews erster Erfolg. Als man Sewell seine Vergehen vorhielt, gab er sie offen und ohne Schuldgefühle zu. Schließlich wurde er für seine Handlungen gemaßregelt und gezwungen, sein Leben als Gemeindepfarrer aufzugeben. Für Drew war alles gut ausgegangen. Er hatte seine Informationen eingeholt, ohne entdeckt zu werden, und sie in verschlüsselter Form an den Bischof weitergeleitet. Es war das erste Mal, daß Drew seine Nachricht unterschrieben hatte. Als er während eines Gottesdienstes durch den ersten Teil des Neuen Testaments blätterte, hatte er eine Entdeckung gemacht. Er hatte seine verschlüsselte und unterschriebene Nachricht an den Bischof wie folgt abgesandt: (41/3/18/2). Die 2 bedeutete: *„Andrew"*.

Bedford war insgesamt gesehen ein Erfolg, aber ein Erfolg mit einem kleinen Haken – Drews Gefühle für Abigail. Das Ergebnis des Verfahrens hätte ihn mehr interessiert, wenn er Abigail nach der Anklageerhebung gegen ihren Vater noch einmal getroffen hätte. Drew fand nie heraus, ob es Zufall war, oder die Absicht ihres Vaters. Es war aber für ihn einfacher, ihr nicht ins Gesicht sehen zu müssen.

Wenn Drews zweite Mission schon ein Erfolg war, so war seine dritte Mission ein Coup. Der Bischof schickte ihn diesmal nach Colchester, um dort den Reverend Preston Oliver zu überführen. Obwohl Oliver des puritanischen Aufruhrs für schuldig befunden wurde, machte Drew eine weitaus größere Entdeckung.

In Colchester tarnte er sich als puritanischer Student, der aus der Universität von Cambridge verbannt worden war. Reverend Oliver war nicht nur von dieser Geschichte angetan, sondern machte ihn sogar mit einer jungen Frau bekannt, deren Freund ein ähnliches Schicksal erlitten hatte. Der Name der jungen Frau war Mary Sedgewick, und der ihres Freundes Marshall Ramsden. Auch er war aus Cambridge verbannt worden. Die offizielle Erklärung lautete, daß man ihn beim Drucken von pornographischer Literatur erwischt hätte. Oliver erklärte aber, daß an der Geschichte mehr dran war, als gesagt wurde, und daß Marshall ein gottesfürchtiger junger Mann mit den höchsten Idealen sei, dessen Verbannung von Cambridge mit seinen unbeliebten theologischen Ansichten zusammenhing.

Drew mochte Mary von dem Moment ihrer ersten Begegnung. Sie war offen, fröhlich und so freundlich, daß es schon beinah zuviel war. Als sie Drews Geschichte hörte, nahm sie ihn an die Hand und führte ihn durch die Straßen Colchesters, bis sie zu einem Hufschmied kamen, bei dem Marshall eine Lehrstelle gefunden hatte.

Anfangs fühlte sich Drew von Marshalls gutem Aussehen und lockerem Umgang bedroht, und, obwohl er Mary gerade kennengelernt hatte, war er eifersüchtig auf die Art und Weise, wie Marshall sie ansah. Diese Gefühle vergingen aber schnell, und schon bald waren die drei unzertrennlich. Sie lachten bis spät in die Nacht über die Geschichten, die sie in Cambridge erlebt hatten, teilten sich sonntags ihre Mahlzeiten und diskutierten ihre beliebtesten Bücher.

Es dauerte nicht lange, bis Mary Drew einlud, an der Verteilung der Druckschriften teilzunehmen, nur als Begleitschutz, wie sie meinte. Falls sie gefährlichen Männern begegnete, die ihr Schaden zufügen wollten, könnte Drew sie beschützen. Marshall ließ keine Anzeichen von Eifersucht erkennen, er vertraute Mary und offensichtlich auch Drew.

Schon bald arbeitete Drew mit Marshall an der Druckerpresse, die die Druckschriften des berüchtigten Justin herstellte. Die beiden Männer mochten sich. Marshall zeigte Drew die Fluchtwege und das geheime Versteck in der Wand. Mary brachte ihnen oft spät in der Nacht eine Mahlzeit. An manchen Tagen waren ihr Lachen und ihre Ausgelassenheit so laut, daß sie sich wunderten, daß ihre Arbeit unentdeckt blieb.

Für Drew war es daher eine der schwierigsten Aufgaben, Marshall Ramsden und Mary Sedgewick an den Bischof zu verraten. Er hatte nie zuvor eine engere Beziehung zu jemand gehabt und konnte sich nicht vorstellen, daß Marshall und Mary eine Gefahr für England darstellten. Es gab keinen

Zweifel, daß sie gegen das Recht verstießen, aber Drew mochte sie. Er hielt seinen Bericht an Bischof Laud zwei Wochen lang zurück und quälte sich mit seiner Entscheidung.

Marshall und Drew waren gerade beim Drucken, als eine Razzia in der Druckerei stattfand. Sie wurden wie früher gewarnt. Mary versteckte sich, die Drucktypen wurden auseinandergenommen, und die Säcke ausgetauscht. Der einzige Unterschied war, daß Drew Morgan, der Spion des Bischofs, anwesend war.

Aufgrund von Drews Aussage wurden Marshall Ramsden und Mary Sedgewick festgenommen und verurteilt.

Der Fall Ramsden/Sedgewick war Drews erster Fall, der in der Star Chamber verhandelt wurde. Der Gerichtshof wurde so genannt, weil seine Decke mit Sternen übersät war. Drew machte einen gequälten Eindruck, als seine Aussage verlesen wurde, gefolgt von den konfiszierten Beweisstücken. Es gab keine Geschworenen. Nach der Beweisführung gab jedes Mitglied des Gerichts seinen Urteilsspruch bekannt, beginnend mit dem unbedeutendsten Mitglied. Das Ergebnis wurde darauf von dem Obersten Richter und Vorsitzenden verlesen. Die Anklage lautete auf aufrührerischen Landesverrat gegen den König und die Krone, das Urteil: Schuldig.

Als das Urteil ausgesprochen und vollstreckt wurde, zeigten weder Marshall noch Mary irgendeine Form von Schuldbewußtsein. Sie wurden ausgepeitscht, und ihre Wangen mit S und L gebrandmarkt. Da Marshalls Verbrechen höher bewertet wurde, schnitt man ihm das linke Ohr ab.

Kapitel 8

„Hast du Probleme?"

„Was?" Drew blickte von seinem Buch auf. Er hatte es sich im Sessel des Bischofs in der Bibliothek gemütlich gemacht. Der hinter seinem mit Papieren überladenen Schreibtisch sitzende Bischof legte seine Schreibfeder zur Seite und schaute den Jungen an.

„Du starrst die gleiche Seite schon seit längerer Zeit an."

Drew räusperte sich und setzte sich aufrecht. „Ich habe nachgedacht."

Der Bischof unterbrach seine Arbeit und wartete auf eine Erklärung.

„Ich dachte über meine letzte Mission nach."

„Eine ausgezeichnete Arbeit, Andrew", rief der Bischof aus. „Ich hätte nicht zufriedener sein können. Also wirklich, ich dachte ..." Er stand auf, streckte sich und trat vor den Schreibtisch. Er setzte sich auf die Tischkante und zerknüllte dabei einige Seiten Papier.

„Ich reise in den Westen Englands. Ein Jagdausflug, obwohl ich diesen Sport *hasse*. Der König hat aber meine Anwesenheit befohlen, und ich habe bereits zu viele dieser Einladungen ausgeschlagen. Ich möchte, daß du mich begleitest. Du kannst dich erholen, das ist genau, was du brauchst. Darüber hinaus würde ich mich über deine Begleitung freuen." Er zögerte einen Moment. Ein verschlagenes Grinsen erschien auf seinem Gesicht. „Du wirst auch einen alten Bekannten treffen."

„Wie?"

„Elkins."

Drew runzelte die Augenbrauen. Er konnte sich nicht mehr an den Namen erinnern.

„Erinnere dich. Du trafst ihn in Windsor Castle." Das Grinsen des Bischofs wurde breiter. „Wenn ich mich recht erinnere, trugst du damals eine Ritterrüstung."

Lord Chesterfields Herrenhaus war von einem jungen, vielversprechenden Architekten namens Inigo Jones erbaut worden, und zwar ziemlich groß. Das traditionell konstruierte Haus wies nach außen streng formalistische und symmetrische Formen auf. Aus der Vogelperspektive sah es aus wie ein großes E. Im Innern konnte man den vielversprechenden Genius des Architekten erkennen, der gewölbte Zimmerdecken und ruhige Landschaftsbilder erschuf.

Das Herrenhaus lag am Rand einer leicht abfallenden Grasebene, die bis zum Wald reichte und in der die königliche Jagd stattfinden sollte. Drew lehnte sich mit verschränkten Armen an die Hauswand und beobachtete mit zusammengekniffenen Augen die Jagdleute. Die Sonne war kaum aufgegangen und beschien die durcheinanderlaufenden Jäger. Die Luft war frisch, und Drew konnte den Atem der Leute sehen. Der Rasen war naß vom Tau und man sah darauf die Fußspuren der Jäger.

Drew hatte es nicht eilig, sich unter sie zu mischen. Er wollte sich lieber ans Haus lehnen und die Wärme der Sonne aufnehmen, darum schloß er die Augen und zog sich in seine Gedankenwelt zurück. Er hatte nicht mit nach Devonshire kommen wollen, aber der Bischof bestand darauf.

Er meinte, daß es Drew gut tun würde. Die vier Tage dauernde Reise in den Westen Englands erwies sich als interessant, aber teilweise auch langweilig. Während der Fahrt geschah nichts Aufregendes, aber er war noch nie in diesem Teil des Landes gewesen, und in Erwartung neuer Abenteuer barg jede Kurve etwas Spannendes in sich. Der Bischof hatte recht gehabt, diese Reise wirkte auch wie ein erholsamer Urlaub. Je weiter er sich von London entfernte, desto weniger fühlte er sich durch die entstellten Gesichter von Mary Sedgewick und Marshall Ramsden verfolgt. An diesem Morgen sah er nur Gras und Bäume und hatte das Gefühl, einen unkomplizierten Tag vor sich zu haben.

„Ist das nicht Sir Drew?"

Drew roch ihn, bevor er ihn sah. Elkins. Der Atem des Aufsehers stank nach abgestandenem Bier, und er selbst sah aus, als hätte er sich seit einer Woche nicht mehr gewaschen. Sein grinsendes Gesicht entblößte gelbe Zähne und war nur wenige Zentimeter von Drews Gesicht entfernt.

Drew schloß seine Augen, ohne eine Antwort zu geben. In Wirklichkeit wußte er nicht, was er sagen sollte. Wie konnte man sein Recht verteidigen, eine Ritterrüstung zu tragen? Er wünschte sich nur, daß der Geruch verschwinden und Elkins mit sich nehmen würde.

„Nun Junge, behandelt man so einen alten Freund, der wichtige Nachrichten überbringt?"

„Nachrichten?" Drew öffnete seine Augen.

„Von Lady Guinevere natürlich", lachte Elkins. „Sie wartet in deinem Zimmer auf dich, wenn du weißt, was ich meine." Der Aufseher machte entsprechend anzügliche Bewegungen.

„Du bist ekelhaft. Laß mich in Ruhe." Drew schloß erneut die Augen.

„Was bist du denn für ein Ritter? Alle Ritter, die ich kenne, sind allzeit bereit."

Drew holte verärgert tief Luft, aber bereute es sofort. Der warme beißende Gestank des ungewaschenen Aufsehers nahm ihm fast die Sinne. „Entschuldige", stieß Drew hervor und drückte sich an Elkins vorbei. „Ich glaube, der Bischof braucht mich."

„Ich werde dich begleiten", meinte Elkins und ging neben ihm her. „Der Bischof und ich haben sich zu einem Treffen verabredet."

Drew suchte die abfallende Grasfläche nach der vertrauten runden Figur des Bischofs ab. Wohin er auch schaute, konnte er die Damen und Herren des Jagdausflugs in ihrer besten Jagdkleidung erkennen. Die sich ihm bietende Szene ähnelte mehr einem Kostümball mit dem Anstrich eines Jagdausflugs, als einer wirklichen Jagd. Männer mit Federbüschen an ihren Hüten flirteten mit Frauen in langen Kleidern, die wenig Schmuck, aber viele Rüschen trugen. Die Gäste standen im Umkreis vor langen Tischen, die sich unter den Ästen majestätischer Bäume erstreckten. Ein kristallklarer Bach murmelte am Ende des Abhangs und sprang über die glatten Steine.

Die Tische waren mit kaltem Kalbfleisch, Kapaun, Rind- und Gänsefleisch, Taubenpasteten und Hammelfleisch reichlich gedeckt. Obwohl es noch früh am Morgen war, standen Wagen mit Weinfässern bereit, nicht mit schlechtem Wein, sondern edel genug, um das Herz eines Mannes höher schlagen zu lassen.

Wo immer er hinsah, alle Anwesenden machten die größten Anstrengungen, ihre Ausgelassenheit und ihre noble Herkunft zur Schau zu stellen. Zu viel von dem einen, und sie könnten als ordinäre Bürger bezeichnet werden, zu viel von dem anderen, und sie würden den ganzen Spaß verpassen.

Eine Handbewegung zog Drews Aufmerksamkeit auf

sich. Es war Bischof Laud, der Drew zu sich winkte. Drew mußte seine Augen vor der Sonne beschirmen, um sicher zu sein, daß es wirklich Bischof Laud war. Zwei andere Personen begleiteten den Bischof. Er konnte nicht ausmachen, wer es war. Er hätte den Bischof nicht erkannt, wenn dieser nicht die vertraute Handbewegung gemacht hätte. Der Bischof ging nicht oft aus. Seine täglichen Übungen bestanden darin, ein Buch in beide Hände zu nehmen und die Arme über seinen Kopf zu schwingen. Diese Bewegung fiel Drew auf, die Übung ohne Bücher.

Als Drew nur noch wenige Meter von der kleinen Gruppe entfernt war, erkannte er ein weiteres Mitglied – Charles, König von England.

„Eure Majestät", sagte der Bischof, „erlauben Sie mir, Ihnen Andrew Morgan vorzustellen."

Drew verbeugte sich tief. „Eure Majestät."

„So, das ist der junge Mann, von dem Sie mir erzählt haben", meinte der König und musterte Drew mit amüsierten Blicken. „Der Bischof ist von dir überzeugt, junger Mann", fuhr er fort, „und er ist nicht einfach zu beeindrucken."

„Ich danke Ihnen, Eure Hoheit." Drew verbeugte sich erneut.

Der dreiunddreißigjährige König war erstaunlich sympathisch, eine Eigenschaft, die er nicht von seinem steifen und humorlosen Vater, James, geerbt hatte. Bis jetzt hatte Drew den König nur aus der Entfernung gesehen. Aus der Nähe betrachtet, fiel er durch seine besonders ruhigen, fast schläfrigen Augen auf, die von langen dunklen Haaren umrahmt wurden. Sein freundliches Lächeln wurde durch den Schnurrbart und Spitzbart betont, der bei den englischen Adeligen in Mode war. Seine langen edlen Finger hielten einen reich verzierten Kelch.

Ein kurzer Blick über den König hinaus zeigte, daß alle – Lords, Ladys, Magistrate und andere Mitglieder des Königshofs – die königliche Unterredung belauschten. Sie führten zwar ihre eigenen Gespräche weiter, beobachteten und belauschten dabei aber den König.

„Und das", der Bischof wies auf die dritte Person der Gruppe, „ist Lord Chesterfield, unser edler Gastgeber."

Chesterfield nickte Drew zu. Seine Ausstrahlung war so kalt und steif wie die von ihm getragene Halskrause. Drew hatte an einem Mann noch nie so viele Rüschen und Spitzen gesehen. Da seine Mutter feine Spitzen bevorzugte, verstand er etwas davon. Lord Chesterfields Spitze war die edelste, die er je gesehen hatte.

Drew erwiderte Lord Chesterfields Nicken.

„Ich bin wirklich überrascht, daß Sie gekommen sind", meinte der König zu Bischof Laud.

„Sie haben mich eingeladen, Eure Majestät."

„Ich weiß, ich weiß", winkte der König die Bemerkung mit seinem Kelch ab und verschüttete den Wein. „Ich war aber sicher, daß Sie irgendeine wichtige Aufgabe fänden, die Sie in London zurückhalten würde. Sie finden immer etwas."

Des Bischofs Gesicht lief rot an. „Mein einziger Wunsch war, Ihnen zu dienen", antwortete er schwach.

„Seien Sie nicht so überempfindlich, mein lieber Bischof", entgegnete der König in übertriebenem Tonfall. „Es war nicht böse gemeint." Er wandte sich Lord Chesterfield zu und flüsterte: „Der Bischof ist eigentlich kein Mann, der sich unter freiem Himmel wohlfühlt. Er würde aber lieber an der Jagd teilnehmen, wenn Sie Puritaner anstelle von Hirschen im Wald hätten."

Lord Chesterfield lachte höflich über den königlichen Humor. Das Lachen verstummte, als ein etwa achtjähriger

Junge mit schmutzigem schwarzen Haar zwischen dem König und Lord Chesterfield hindurchschoß. Chesterfield versuchte, nach dem Jungen zu treten, verfehlte ihn aber. Er winkte darauf Elkins zu, der sich in angemessener Entfernung von ihnen aufhielt.

Elkins murmelte einen kurzen Fluch und lief hinter dem Jungen her.

„Entschuldigen Sie meinen Sohn, Eure Hoheit", war alles, was Chesterfield hervorbrachte, obwohl er vor Wut kochte.

Drew konnte nur schwer ein Grinsen unterdrücken. Er kannte die väterliche Wut in Lord Chesterfields Gesicht. Es war nicht lange her, daß er der kleine Junge war, der auf königlichen Empfängen umherlief. Heute stand er mit dem König von England, Bischof Laud – zweifelsohne dem zweitmächtigsten Mann Englands – und einem bekannten Edelmann zusammen. In wenigen Monaten würde er eine berühmte Persönlichkeit sein. Es machte ihn aber besonders stolz, daß seine Taten für England anerkannt wurden und nicht sein Reichtum. Sein Großvater, Admiral Amos Bronson Morgan, hatte am Hof der Königin von England verkehrt. Admiral Morgans Enkel führte heute die erlauchte Tradition fort. Es war ein Tag, den Drew nie vergessen sollte.

Auf Lord Chesterfields Zeichen hin erklangen die Jagdhörner, und die Jagd begann. Pferde, Hunde und Jäger versammelten sich auf der Grasebene. Edle Pferde schienen wie ein Abbild des adeligen Standes ihrer Eigentümer, indem sie sich von Stallburschen streicheln ließen. Die Hunde bellten und zogen an den Leinen, während die Hundehalter Essig auf ihre Nasen tupften, um den Geruchssinn der Hunde zu erhöhen. Mit großem Pomp führte Lord Chesterfield seine wundervollen Windhunde vor. Er besaß einen ganzen Zwinger voller Bluthunde, aber da es sich hier um eine Treibjagd handelte, hatte er Windhunde ausgesucht. Darüber hinaus würden seine Windhunde den Bluthunden der Gäste davonlaufen. Die Jäger kontrollierten ihre Flaschen, um sicherzustellen, daß sie genug Wein bei sich hatten, überprüften ihre Waffen, gaben ihren Damen einen letzten Kuß, und machten eine amüsante Bemerkung.

Es wäre übertrieben, zu sagen, daß es sich bei dem Ereignis um eine wirkliche Jagd handelte. Obwohl viele Teilnehmer erfahrene Jäger und Falkner waren, handelte es sich um ein gesellschaftliches Ereignis, und die eigentliche Jagd war nur gestellt. Nachdem die Jagdhörner die Jagd eröffnet hatten, würden die Jäger in den Wald stürmen, in den über vierhundert Hirsche getrieben worden waren, und alles verfolgen und töten, was wie ein Tier aussah. Das ging so lange, bis ein anderes Signal sie zu einem Palisadengehege rufen würde. Die Diener trieben dann die übrigen Tiere aus dem Wald in das Gehege, wo die verängstigten Hirsche im Gehege von den Edelleuten erlegt wurden. Auf diese Weise stellte der vornehme Gastgeber sicher, daß jeder Jagdteilnehmer seine Jagdbeute bekam.

„Drew, ich möchte, daß du mit mir kommst." Der Bischof zog Drew am Arm. Bischof Laud trug eine Armbrust und einige Pfeile. Drew lächelte in sich hinein. Der Kirchenmann sah mit seiner Jagdwaffe irgendwie eigenartig aus.

„Weißt du, wie das Ding hier funktioniert?" fragte der Bischof.

„Die Armbrust?"

Der Bischof untersuchte die Waffe, als wüßte er nicht, welche Seite er von sich fernhalten sollte. Anstelle einer Antwort nahm Drew die Armbrust und lud sie. Die Jagdhörner erschallten. Die Bluthunde wurden losgelassen, und Lord Chesterfield setzte seine Windhunde in Bewegung. Die

Hufe der Pferde donnerten über den Boden, als die Jagdgesellschaft im Wald verschwand. Drew gab dem Bischof vorsichtig die geladene Waffe.

„Haben Sie schon einmal mit einer Armbrust geschossen?" fragte Drew.

„Als ich jünger war ... viel jünger." Die Erinnerungen an frühere Tage, hervorgerufen durch die Armbrust, schienen den Bischof mit jugendlichem Eifer zu erfüllen. Er atmete tief ein und meinte: „Weißt du, ich fühle mich hier wohl. Ich möchte heute sogar einen dieser Hirsche schießen. Wäre es nicht etwas Besonderes, wenn wir einen in der Wildnis erlegen könnten? Ich könnte sein Geweih in der Bibliothek aufhängen, über dem kleinen Tisch neben dem Kamin. Das wäre ein guter Platz dafür, was meinst du?"

Seitdem er in das London House gezogen war, hatte Drew den Bischof in unterschiedlichen Stimmungen erlebt, von Depressionen durch Überanstrengung bis hin zur gegenwärtigen Unbeschwertheit und Leichtigkeit. Drew mochte den Bischof besonders, wenn er vergnügt war.

„Laß uns einen Hirsch erlegen!" rief der Bischof und ging in erregter Stimmung den Hang in Richtung Wald hinunter. „Wo ist Elkins? Er sollte uns helfen."

„Ich bin sicher, wir werden den Hirsch auch ohne seine Hilfe erlegen, Euer Gnaden", bot sich Drew an.

Der Bischof drehte sich mit erstauntem Blick um. „Euer Gnaden? Warum so förmlich, Andrew?" Er zog die Augenbrauen hoch. „Ah, es ist Elkins, nicht wahr? Du möchtest nicht, daß er uns begleitet." Der Bischof legte seinen Arm um Drew und seine Stimme wurde sanft. „Ich teile deine Gefühle. Er ist eine schmutzige, verabscheuungswürdige Kreatur, aber im Moment ist er uns nützlich."

Der Bischof suchte die Umgebung ab und entdeckte seinen Devonshire-Informanten nahe der Waldgrenze. Offensichtlich hatte der Aufseher Lord Chesterfields Sohn erwischt, und der Verfolger wurde zum Verfolgten. Der Junge umkreiste den Aufseher wie eine stechende Biene, sprang auf ihn zu und versuchte, zuerst seinen Arm, und dann sein Bein zu ergreifen. Elkins versuchte ihn fortzuscheuchen.

„Elkins! Komm her, ich brauche dich!" rief der Bischof.

Der Aufseher drehte sich um und nickte, drohte dem Jungen mit erhobenem Zeigefinger und ging auf den Bischof zu. Der Junge zeigte sich davon wenig beeindruckt. Er hängte sich an Elkins' Bein wie eine Klette.

„Verschwinde!" Der Bischof machte mit seiner Hand eine abwehrende Geste. „Hau ab, wir haben zu tun. Geh weg, sage ich."

Der Junge ließ den Aufseher frei. Er hatte die Arme in die Hüften gestemmt und blickte den Bischof an, als würde er überlegen, ob er der Stimme gehorchen sollte. Der Junge beschloß, dem Bischof nicht zu widersprechen, oder hatte vielleicht einfach etwas Besseres zu tun, denn er rannte davon und verschwand im Wald.

Der Bischof hielt sich zunächst zur Jagdgesellschaft in Lord Chesterfields Wald, wählte aber die gegenüberliegende Seite, um nicht zusammen mit den anderen Jägern zu jagen. Das hatte zwei Gründe: Erstens wollte der Bischof sich mit Elkins unterhalten und nicht belauscht werden, und zweitens behauptete Elkins, zu wissen, wo die Hirsche äsen würden. Diese Behauptung stachelte den Ehrgeiz des Bischofs an, einen Hirsch in freier Wildbahn zu erlegen.

Drew ging ein Stück hinter den beiden Männern her. Er bezweifelte, daß sie einen Hirsch sehen oder sogar schießen würden. Elkins' Körpergeruch würde sie vertreiben.

Während sie durch den Wald pirschten, erstattete der Aufseher Bischof Laud flüsternd seinen Bericht. In Devonshire gäbe es eine starke puritanische Bewegung, erklärte

Elkins. Die Haltungen und Einstellungen seien außerordentlich ausgeprägt, aber er hätte bisher noch keine Verstöße bemerkt, die bestraft werden könnten. Er berichtete aber auch, daß Lord Chesterfield zwar kein Freund der Puritaner sei, sie aber nicht bestrafen wolle, da sie ausgezeichnete Arbeiter und gute Bauern seien. Vor allem die Klöppelspitze wäre von bester Qualität und würde daher gute Gewinne erzielen. Chesterfield würde nichts unternehmen, was sein Einkommen gefährden könnte.

An diesem Morgen, fuhr Elkins fort, hatte der örtliche Kurat von Edenford, ein Mann namens Christopher Matthews, den Jahresbericht über die Wollproduktion bei Lord Chesterfield abgeliefert. Beim Namen des Kuraten hob der Bischof die Hand und unterbrach Elkins. Er dachte einen Moment nach und forderte den Aufseher dann auf, fortzufahren. Elkins erklärte, daß er das Gespräch zwischen seinem Herrn und dem Kuraten belauscht hatte. Er zitierte Lord Chesterfield: „Solange Sie arbeiten und Ihre Miete zahlen, sollten Sie Ihren Glauben für sich behalten, und ich lasse Sie in Ruhe."

Die letzte Bemerkung ließ den Bischof so laut schlucken, daß ein Kaninchen in die Büsche flüchtete. Das Tier lief vor ihnen her, rannte den Weg hinunter und verkroch sich unter einem großen Busch.

„O nein!" rief Elkins. Seine Augen waren weit aufgerissen, und sein Mund verzog sich seltsam.

Drew konnte die Furcht des Mannes nicht verstehen. *Welcher Grundstücksaufseher hat Angst vor einem Hasen?*

„Ein Hase. Ein böses Omen!" rief Elkins.

„Unsinn!" erwiderte der Bischof und ging weiter.

„Falls man am Wegesrand", zitierte Elkins aus einer unbekannten Quelle, „einen Hasen, ein Rebhuhn oder ein anderes verängstigtes Tier treffen sollte, das sich von Weidegras ernährt, ist es ein böses Omen oder ein Vorzeichen, daß man an diesem Tage Pech haben wird!"

„Ich sagte dir doch schon, daß das abergläubischer Unsinn ist!"

Gefolgt von Drew ging der Bischof weiter den Weg hinunter. Der verängstigte Aufseher folgte ihnen in einigem Abstand.

Nachdem der Bischof seine Angelegenheiten mit Elkins geklärt hatte, fiel er wieder in seine ursprüngliche fröhliche Stimmung zurück. Er schlich mit der Armbrust durch den Wald und lockte die Hirsche mit leiser singender Stimme an.

In Lord Chesterfields Wald bot sich an diesem Morgen ein seltsamer Anblick: die kleine Jagdgesellschaft schlich in einer Reihe auf den Futterplatz zu, ein recht korpulenter, die einzige Waffe haltender Bischof führte sie an, gefolgt von einem dürren Abenteurer und einem verschmutzten Aufseher. Es würde wirklich an ein Wunder grenzen, wenn diese Jagdgesellschaft jemals einen Hirsch zu Gesicht bekäme.

„Ich wußte nicht, daß eine Jagd so belebend sein kann", flüsterte der Bischof.

Der Aufseher legte den schmutzigen Finger auf seine Lippen, um anzudeuten, daß alle still sein sollten. Er stieß dann den gleichen Finger in die Luft und zeigte auf einen Platz hinter einer Reihe großer Büsche: der Futterplatz der Hirsche. So leise, wie sein ungeübter Körper es erlaubte, schob sich der Bischof mit der Armbrust im Anschlag durchs Unterholz.

Seine Enttäuschung war offensichtlich.

Als Drew die kleine Lichtung erreichte, sah er einen schmalen Bach, aber keinen Hirsch. Um sich selbst zu rechtfertigen, zeigte Elkins auf jeden Beweis, den das Wild hinterlassen hatte. Er zeigte ihnen die Bäume, an denen sich die Hirsche ihre Geweihe schärften. Von der Höhe der Abschabungen berechnete er die Geweihspitzen und sagte, daß es mindestens ein Dreiender gewesen sei. Aus den Spuren las er, daß es ein erwachsener Hirschbulle war. Die Hufspuren waren groß und breit.

Den Bischof interessierte das aber nicht, er war enttäuscht, daß er nichts gefunden hatte, was er erschießen konnte.

Plötzlich kam aus den Büschen rechts von ihnen ein Geräusch. Die drei Jäger erstarrten. Ein weiteres Geräusch folgte.

Drews Herz schlug schneller, als er mit aufgerissenen Augen zusah, wie der Bischof seine Armbrust erhob. Die Büsche bewegten sich erneut, als ob das Tier an den Beeren fressen würde. Der Bischof zielte. Es war auf jeden Fall ein größeres Tier, kein Kaninchen. Der Bischof stellte sich breitbeinig in Positur.

Elkins flüsterte ihm zu: „Halten Sie die Luft an, bevor Sie schießen."

Der Geistliche holte tief Luft. Die Büsche raschelten erneut. Drew lächelte. Der Bischof würde in den nächsten Jahren allen Leuten erzählen, wie er einen Hirsch erlegt hatte.

Es gab ein Klicken und pfeifendes Geräusch, als der Bischof schoß. Der Pfeil schnellte durch die Luft und traf den Busch mit einem schmatzenden Geräusch. Ein zweites, schweres Geräusch zeigte, daß der Bischof sein Ziel getroffen hatte. Es gab einen Laut, als wenn Füße hilflos auf den Boden stampfen, und dann war alles still.

„Sie haben ihn getroffen!" rief Drew.

„Sie haben ihn erlegt, Euer Gnaden!" schrie Elkins.

Der kleine rundliche Bischof streckte sich zu seiner vollen Größe. In Gedanken sah Drew schon, wie der Bischof König Charles und den anderen Gästen stolz seine Jagderlebnisse schilderte. Eine erfolgreiche Jagd würde sein Ansehen am Hof erhöhen.

Mit triumphierender Geste überreichte der Bischof Drew die Armbrust und ging in die Büsche, um seine Beute zu inspizieren. Er schob die Büsche zur Seite und erstarrte.

Irgend etwas stimmte nicht. Ganz und gar nicht. Die Schultern des Bischofs sackten zusammen, und er gab einen schmerzerfüllten Laut von sich.

„Bischof?"

Keine Antwort. Der Bischof stand wie erstarrt auf der Stelle.

Die Büsche waren so dicht, daß Drew sich auf die Zehenspitzen stellen mußte, um an dem Bischof vorbeisehen zu können. Entsetzen kroch seinen Nacken herauf.

Lord Chesterfields Sohn!

Der Pfeil des Bischofs hatte die Wange des Jungen durchdrungen und war am Hinterkopf wieder ausgetreten. Seine rechte Hand umklammerte ihn immer noch. Er hatte versucht, ihn herauszuziehen, bevor er starb.

„Mein Gott, vergib mir!" stöhnte der Bischof, sank auf seine Knie und begann zu weinen.

Kapitel 9

Drei Tage nachdem sie aus Devonshire zurückgekehrt waren, fand Drew eine Botschaft auf seinem Kopfkissen. Es war eine verschlüsselte Nachricht: (18/3/3-8).

Noch bevor er die Nachricht entschlüsselt hatte, wurde Drew unruhig. Die Handschrift war wirr und unsicher, ungewöhnlich für den Bischof, der sonst große breite Buchstaben und Zahlen schrieb. Das war aber nicht das einzige, was Drew beunruhigte. Der Bischof hatte ihm noch nie innerhalb des London House eine verschlüsselte Nachricht gesandt. Es gab keinen Grund dafür. Was war also der Anlaß dieser geheimen Nachricht? Warum konnte der Bischof es ihm nicht selbst sagen?

Seit dem Jagdunfall war Bischof Laud, der Felsen der Kirche von England, unsicher geworden. Während der dreitägigen Rückfahrt nach London wirkte er still und zurückgezogen. Er aß nichts mehr, und Drew sah ihn nie schlafen. Während der ganzen Fahrt hatte sich der Bischof in eine Ecke der Kutsche gedrängt und aus dem Fenster gestarrt. Er sah wie eine Stoffpuppe aus, die durch die Bewegungen der Kutsche vor- und zurückgeworfen wurde. Als sie das London House erreichten, ging der Bischof wie ein zum Tode verurteilter Gefangener auf sein Zimmer. Er schloß sich ein und ließ den Rest der Welt hinter sich.

Es wurden verschiedene Versuche unternommen, um den Bischof dahin zu bringen, seine Tür zu öffnen. Er antwortete weder auf die Bitten des rundlichen Kochs noch antwortete er Timmins, der zuerst leise, diplomatische Töne anklingen ließ, und dann mit lauter autoritärer Stimme verlangte, daß die Tür geöffnet würde. Drew versuchte es mit einem besorgten Tonfall, aber das alles führte zu nichts. London hatte zwei Tage lang keinen Bischof. Es war, als wäre er tot. Dann fand Drew die Nachricht auf seinem Kopfkissen.

Soweit er wußte, war es die erste Nachricht seit dem Unfall. Er öffnete die Bibel und entschlüsselte sie. Sie war dem Buch Hiob entnommen. Drew schrieb die Übersetzung auf ein Stück Papier:

„*Ausgelöscht sei der Tag, an dem ich geboren bin, und die Nacht, da man sprach: Ein Knabe kam zur Welt! Finsternis und Dunkel sollen ihn überwältigen und düstere Wolken über ihm bleiben, und Verfinsterung den Tag für ihn schrecklich machen!*"

Er las die Botschaft mehrere Male und wußte nicht, was er tun sollte.

Am nächsten Morgen hatte sich nichts geändert. Nach dem Frühstück ging Drew mit der Nachricht des Bischofs in die Bibliothek. Er wollte mit jemand darüber reden, mit jemand, der wußte, was zu tun war.

„Hast du nichts Besseres zu tun, als herumzusitzen und an deinem Daumen zu lutschen?"

Drew sah auf. Eliot stand in der Tür. Mit unbeschwerter Fröhlichkeit warf sich Drews wildbehaarter Freund in den gegenüberliegenden Sessel.

„Wie war die Jagd in Devonshire? Hast du etwas erlegt?"

„Nicht direkt."

„Nicht direkt? Was meinst du damit? Entweder du hast einen Hirsch erlegt oder nicht!"

„Ich habe keinen Hirsch erlegt."

„Das überrascht mich nicht. Ich wette, du hast es nicht einmal versucht, oder?"

Drew schüttelte den Kopf.

„Also nein. Das habe ich auch nicht erwartet. Du bist nicht der Mensch, der etwas tötet." Eliot kratzte sich ausgiebig am Kopf, woraufhin seine Haare noch unordentlicher aussahen. „Wo ist der Bischof?"

„In seinem Zimmer. Ich glaube nicht, daß er heute zu sprechen ist."

„Ist er krank?"

„Nicht direkt. Nur nicht zu sprechen."

„Nicht zu sprechen, was soll das heißen? Ich habe mich heute mit ihm verabredet, ich komme gerade aus Scarborough zurück." Eliot wedelte mit der Hand. „Vergiß, was ich gesagt habe. Keiner soll davon erfahren. Ich bin aber sicher, daß es dem Bischof nichts ausmachen würde, wenn du es weißt." Er drehte sich um, um sicherzugehen, daß sie allein waren. Eliot Venners Augen öffneten sich zu einem niederträchtigen Grinsen. „Es gibt dort einen Prediger, der bald zwei Buchstaben auf seinen Wangen haben wird. Das wird Laud gefallen. Er versucht, ihn seit Jahren zu überführen!"

Drew starrte seinen pockennarbigen Freund an. Er mußte sich einfach mit jemand über den Bischof unterhalten. Konnte er mit Eliot darüber reden? Er war nicht gerade ein sympathischer Mensch, aber seine Loyalität zum Bischof stand außer Frage. Darüber hinaus war er auch von der Gemütslage des Bischofs abhängig. Drew zögerte, wußte aber nicht, warum. Das verunsicherte ihn.

Drew starrte Eliot so lange an, bis dieser unruhig wurde. „Warum schaust du mich so eigenartig an?"

Drew versuchte, einen Anfang zu finden. „Der Bischof vertraut uns, oder nicht?"

Den ernsten Tonfall Drews aufgreifend, fragte Eliot: „Ja, und was meinst du damit?"

Drew zögerte. Etwas in seinem Innern sagte ihm, daß er etwas falsch machte.

„Nun sag mir schon, was los ist!" forderte Eliot. „Irgend etwas stimmt mit dem Bischof nicht, oder?" Eliot sprang auf die Füße. „Ist er verletzt?"

„Ich weiß es nicht", antwortete Drew.

„Schon wieder eine ausweichende Antwort!" Eliot wurde langsam wütend. „Erzähl mir jetzt, was los ist!"

Drew erzählte Eliot die Geschichte des Unfalls und die darauf folgende Vertuschung. Der Bischof weinte über dem Leichnam des Jungen und hatte es abgelehnt, getröstet zu werden. Drew konnte ihn nicht von dem toten Kind fortbewegen. Der aus dem Kopf herausragende Pfeil hatte ihn offensichtlich besonders schockiert. Er versuchte ihn einige Male zu berühren, wich dann aber wieder zurück. Daher nahm Drew den Pfeil und zog ihn aus dem Kopf des Jungen. Es war schwerer und scheußlicher, als er es sich vorgestellt hatte. Er wollte den Pfeil zur Seite werfen, als der Bischof ihn an sich nahm. Zuerst dachte Drew, daß der Bischof sich selbst etwas antun wollte, er schien sich aber zu beruhigen und hielt den Gegenstand, der den Tod des Jungen verursacht hatte, vor seine Brust und schaukelte vor und zurück.

Elkins war in keiner besseren Verfassung als Bischof Laud. Er starrte mit weit aufgerissenem Mund auf den Jungen.

Das Jagdhorn erklang und rief die Jäger zum Gehege.

Drew zog den Bischof auf die Füße und bot ihm an, den Vorfall Lord Chesterfield mitzuteilen. Als er den Namen des

Gastgebers aussprach, geriet der Bischof außer sich. Er ergriff Drews Arm und drückte ihn heftig. In seinen Augen stand blankes Entsetzen.

„Nein, nein, er darf es nicht wissen!" rief der Bischof. „Niemand darf es jemals erfahren!"

„Es war doch ein Unfall!"

„Nein!" Das Gesicht des Bischofs war rot und feucht. Er fiel auf die Knie. Mit der einen Hand ergriff er den Pfeil und schaufelte mit der anderen Hand den toten Jungen zu.

Drew versuchte die Sache in die Hand zu nehmen. Nach mehreren Versuchen konnte er Elkins dazu bringen, ihm zu helfen. Zusammen zogen sie den Bischof vom Leichnam fort und lehnten ihn gegen einen nahegelegenen Baum.

Ein großer Busch stand zwischen dem Bach und zwei großen Eichen. Die Zweige des Busches ließen sich leicht zur Seite schieben. Drew beschloß, daß es der beste Platz sei, um den Jungen zu begraben, da der Busch die frisch aufgeworfene Erde verbergen würde.

Nachdem sie mit Ästen ein flaches Grab ausgehoben hatten, begrub Drew den Jungen und die Armbrust. Er schaufelte das Grab zu und fragte den Bischof, ob er ein Gebet sprechen wolle. Der Bischof drehte sich um und sagte kein Wort.

Drew erklärte Eliot, wie er den Bischof zum Haus der Chesterfields zurückgebracht hatte. Es war der Augenblick, in dem der König seinen Hirsch erlegte und von der Jagdgesellschaft beglückwünscht wurde. Der Hirsch lag auf dem Rücken, als der König mit seinem Jagdmesser auf ihn zuging. Der Oberjäger hielt den Kopf des Hirsches mit seinem Knie zurück. Der Bischof wimmerte an Drews Brust, als der König das Bruststück des Hirsches herausschnitt. Es war ein dickes und gutes Stück Fleisch.

Drew schloß seine Erzählung mit den Worten: „Wir verließen das Haus, als ein Suchtrupp zusammengestellt wurde, um Lord Chesterfields Sohn zu suchen, und kamen vor drei Tagen zurück. Soviel ich weiß, hat er seitdem mit niemand gesprochen." Drew spielte mit der Nachricht des Bischofs. Sollte er sie Eliot zeigen?

„Hast du in seinem Raum irgendwelche Geräusche gehört?" Drew schüttelte seinen Kopf.

„Vielleicht hat er sich das Leben genommen!" Eliot ging auf die Treppe zu.

„Eliot, warte! Ich erhielt diese Nachricht", rief Drew und hielt die Nachricht des Bischofs hoch.

Eliot begann sie zu lesen. „Das ist nicht die Handschrift des Bischofs", meinte er.

„Nein, es ist meine Handschrift."

„Du sagtest, daß es eine Nachricht vom Bischof ist."

„Das stimmt auch. Ich kann es dir nicht erklären."

„Was bedeuten diese Zahlen?"

„Das kann ich dir nicht sagen."

Eliot sah verärgert auf.

„Ich kann dir nicht mehr sagen, als daß ich weiß, daß die Nachricht vom Bischof kommt." Drew wartete, bis Eliot die Nachricht gelesen hatte, und fragte: „Was meinst du? Glaubst du, daß er uns seinen Selbstmord mitteilt?"

Eliot schüttelte den Kopf. „Ich weiß nicht", antwortete er. „Sie hört sich zu gut an, um einen Selbstmord anzukündigen. Warum sollte er uns mit so schönen Worten über seinen Selbstmord informieren? Wo hast du sie gefunden?"

„In meinem Zimmer. Er muß sie dort gelassen haben, als ich schlief."

Eliot setzte sich wieder in den Sessel. „Falls es die Ankündigung seines Selbstmords war, warum hätte er sie dir geben sollen? Er hätte sie einfach in seinem Zimmer neben seiner Leiche liegen lassen können!"

Das sah Drew ein.

Eliot zerknüllte das Stück Papier, warf es zu Boden und sprang wieder auf.

„Wo gehst du hin?"

Eliot antwortete nicht. Er lief die Treppe hinauf und nahm dabei zwei oder drei Stufen auf einmal. Kurz darauf konnte Drew hören, wie Eliot an die Schlafzimmertür des Bischofs hämmerte und laut etwas rief. Das machte er einige Minuten lang und kam dann zurück.

„Hattest du mehr Glück als die anderen?"

Eliot schüttelte den Kopf und setzte sich wieder in den Sessel. Er stützte den Kopf in die Hände und rieb seine wilden Augen. „Er lebt. Das weiß ich zumindest."

„Woher weißt du das? Hat er mit dir gesprochen?"

„Nein. Ich habe Geräusche gehört. Als ob ein Stuhl oder etwas Ähnliches bewegt wurde."

Für einige Minuten saßen die Jungen da und sprachen kein Wort.

„Habe ich dir jemals erzählt, wie der Bischof mich kennengelernt hat?" Eliot lehnte sich nach vorn und stützte das Kinn auf seine Hände. „Er erwischte mich dabei, wie ich Timmins Geldbörse stahl."

„Nein!" Drew lachte.

„Es ist die reine Wahrheit!" kicherte Eliot. „Ich muß damals sieben oder acht Jahre alt gewesen sein."

„Was geschah dann?"

„Anstatt mich der Polizei zu übergeben, nahm er mich mit nach Hause. Er hat mir nie erklärt, warum er das machte, aber wenn er es nicht getan hätte, wäre ich heute tot. Es war das Jahr der Pest. Jeden Tag läuteten die Kirchenglocken für die Opfer. Ganze Familien wurden ausgerottet, und in meiner Gasse starben dreißig Kinder. Als mich der Bischof hierher brachte, war ich krank. Er war der erste

Mensch, der je gut zu mir war, obwohl er keinen Grund dafür hatte."

Drew lächelte. Er wußte, was Eliot meinte.

„Wo hast du ihn zum ersten Mal getroffen?" fragte Eliot.

Drew lachte und schüttelte den Kopf.

Eliot lehnte sich erwartungsvoll nach vorn. „Das muß eine gute Geschichte sein. Erzähl sie mir. Wo trafst du ihn?"

„In Windsor Castle."

Eliot schüttelte die Hand, als würde er ein Saiteninstrument spielen.

„Dideldum. Nun erzähl schon, Drew! Und?"

„Es war beim Empfang des Königs."

„UND?"

„Er ertappte mich dabei, wie ich mich in einer Ritterrüstung versteckte."

Eliot brüllte laut los. Er lachte so laut, daß er aus seinem Sessel fiel. Er wälzte sich auf dem Boden. Sein hyänenähnliches Lachen alarmierte den Koch, der in den Raum gelaufen kam. Als er sah, was geschehen war, verschwand er wieder, seine Hände am Handtuch abtrocknend und den Kopf schüttelnd.

Den größten Teil des Nachmittags erzählten sich die Jungen Geschichten, die sich um Bischof Laud drehten. Eliot berichtete, wie der Bischof ihm seine erste Kleidung kaufte. Davor hatte Eliot sie immer gestohlen. Drew erzählte, wie der Bischof die Lücke ausfüllte, die der Tod seines Großvaters hinterlassen hatte. Sie erzählten ernste und lustige Geschichten. Ein zufällig vorbeikommender Zuhörer hätte geglaubt, daß es eine Lobeshymne auf den Bischof sei.

Als die Schatten im Raum länger wurden, fragte Eliot: „Kann man Elkins trauen?"

„Wie meinst du das?"

„Wird er den Mund über den Unfall halten?"

Darüber hatte Drew auch schon nachgedacht. „Ich hoffe es!"

Beide jungen Männer schwiegen.

Eliot stand auf. „Falls der Bischof nach mir fragt, sage ihm, daß ich für einige Zeit verreist bin."

„Nur verreist? Nichts anderes? Was ist mit deinem Bericht über Scarborough?"

„Ich kann ihm die Einzelheiten erzählen, wenn ich zurückkomme."

Als Drew wieder allein war, blieb er am Schreibtisch des Bischofs sitzen und öffnete dessen King-James-Bibel. Da er immer noch unsicher im Umgang mit der Bibel war, benötigte er fast den ganzen Abend, um die richtigen Worte zu finden. Es wäre einfacher gewesen, wenn er seine eigenen Worte benutzt hätte, aber da Bischof Laud ihm eine verschlüsselte Botschaft geschrieben hatte, wollte er in der gleichen Form antworten.

Mit sicherer Hand schrieb er: (23/41/10/1-11) (20/17/17) (20/18/24/10-20) (41/3/18/2). Entschlüsselt hieß es: *„Fürchte dich nicht, denn ich bin bei dir. Sei nicht bestürzt. Ein Freund liebt dich zu jeder Zeit, und ein Bruder ist da, der dir in Zeiten der Not beisteht, und es gibt einen Freund, der mehr zu dir hält, als ein Bruder. Andrew."*

Während des Abendessens behielt Drew die Nachricht bei sich und las sie mehrere Male. Als er sich am Abend in sein Zimmer begab, ging er am Schlafzimmer des Bischofs vorbei und steckte die Nachricht unter der Tür durch.

Der Sonnenschein des späten Sommermorgens schien in Drews Gesicht und weckte ihn. Die Vögel zwitscherten, und er konnte den Duft der Blumen aus dem Garten des Bischofs riechen. Drew erhob sich von seinem Bett und streckte sich. Als er das Blatt Papier auf dem Boden sah, konnte er des Bischofs akkurate Handschrift mit der Zahlenkombination erkennen: (9/2/1/6-8) (22/5/4/1-2) (20/6/27/12-13) (66/22/5/29-32).

Ohne sich anzuziehen, nahm Drew seine Bibel und einen Stift. Die Seiten flogen vor und zurück, während er die Nachricht entschlüsselte. Dabei stellte er fest, daß es viel einfacher war, eine Nachricht zu entschlüsseln, als sie zu verschlüsseln. Als er den Stift aus der Hand gelegt hatte, las er die Übersetzung:

„Mein Herz jubelt vor Freude, mein Geliebter. Dein Freund für immer und ewig."

Dann hörte er das leise Singen des Bischofs und das Klipp, Klipp, Klipp seiner Gartenschere. Der Bischof war im Garten. Drew lächelt. *Der Bischof war wieder zurück!*

„Christopher Matthews ist eine Schlange."

Der Bischof von London wies mit seinem Messer auf Drew und sprach zwischen den Bissen eines Hammelragouts. „Er ist ein gefährlicher Mann. Falls er und seine Freunde nicht gestoppt werden, wird die gesamte Kirche zerfallen. Er muß zum Schweigen gebracht werden."

Drew schob den Teller von sich fort und konzentrierte sich auf die Anweisungen seines Beschützers. Ihm wurde eine neue Mission erklärt. Es war nicht ungewöhnlich, daß der Bischof fünfzehn oder zwanzig Minuten länger aß, als alle anderen Leute am Tisch. Heute war einer dieser Tage.

„Ich verstehe nicht, was ihn so gefährlich macht", meinte Drew. „Er ist nur der Kurat eines kleinen Dorfes."

Der Bischof schluckte schnell seinen Bissen herunter. „Das ist *genau das,* was ihn so gefährlich macht", sagte er und zeigte erneut mit seinem Messer auf Drew. „Ein Dekan in Oxford würde es nicht wagen, puritanische Propaganda zu verbreiten, weil er weiß, daß wir ihn am gleichen Tag einsperren. Die Prediger der kleinen Dörfer und Städte sind gefährlich. Sie beeinflussen die ungebildeten Kirchgänger." Das Messer bewegte sich wild von einer Seite zur anderen. „Nein, *beeinflussen* ist nicht das richtige Wort. Sie *verhexen* die Leute. Wenn wir einen Ketzer entlarven, ist es deshalb nicht ungewöhnlich, daß die verhexten Leute rebellieren und ihren Ketzer verteidigen!"

„Ich verstehe trotzdem nicht, warum ein kleines Dorf so eine Gefahr darstellt. Welchen Unterschied macht es, wenn es kleine Orte am Rand des Königreichs gibt, die ketzerische Ansichten vertreten? Wenn sie die Zentren der Wissenschaft kontrollieren, kontrollieren sie das Land, oder nicht?"

Der Bischof strahlte. „Du bist nicht wie andere Jungen in deinem Alter. Du stellst intelligente Fragen. Es ist wirklich erfrischend." Er kaute auf einer Kartoffel, während er versuchte, eine Erklärung zu formulieren. „Drew, es ist eine Frage der Einheit, ‚ein Leib und ein Geist, wie ihr auch berufen seid zu einer Hoffnung eurer Berufung; ein Herr, ein Glaube, eine Taufe; ein Gott und Vater aller, der da ist über allen und durch alle und in allen', Epheser, Kapitel 4. Die Andersdenkenden unterminieren die Einheit unseres Glaubens. Um die Einheit zu erhalten, bestehen wir darauf, daß in allen Kirchen die gleiche Botschaft verkündet wird. Jedes Mitglied der Kirche von England muß in jede Kirche gehen und den Gottesdienst verstehen können – deshalb haben wir ein Allgemeines Gebetbuch. Das gleiche Kirchenmitglied muß sicher sein, daß der Geistliche mit der Kirche von England übereinstimmt, das Chorgewand ist daher das Symbol eines anerkannten Geistlichen. Das gleiche Kirchenmitglied hat das Recht, zu erwarten, daß die Dinge Gottes als heilig angesehen werden. Deshalb müssen die Altäre alle an den gleichen Platz geschafft werden und von einer Balustrade umgeben sein. Das stellt sicher, daß die Leute ihn nicht als einen Tisch benutzen, um ihre allgemeinen Geschäfte abzuwickeln, ihre Waren darauflegen oder ihn mit frivolen Sprüchen beschmieren."

Bischof Laud nahm sich die letzten Kartoffeln, während er in seiner Erklärung fortfuhr.

„Die Puritaner versuchen, die Einheit der Gläubigen zu untergraben. Sie bestehen darauf, ihre eigenen Botschaften zu verbreiten. Viele dieser geistlosen Leute sind Analphabeten und bestehen doch darauf, das Wort Gottes zu predigen! Sogar, wenn sie Gebete aufsagen, die von den gedruckten Gebeten abweichen, benutzen sie ihre Unwissenheit, um zu behaupten, daß sie ihre Leute vor den Thron Gottes führen! Um den Glauben und die Einheit der Kirche zu erhalten, müssen diese Narren zum Schweigen gebracht werden! Ich werde keine Mühe und Anstrengung scheuen, bis sich England vom letzten dieser Ketzer befreit hat!" Er schwieg, sah Drew an und lachte. „Die Predigt ist vorbei!"

Drew lächelte. Es war gut, den Bischof wieder froh und munter zu sehen. „Wann soll ich gehen?" fragte er.

Die Frage schien den Bischof zu betrüben. Er hörte auf zu kauen, legte das Messer nieder und schob den Teller von sich. Drew hatte noch nie gesehen, daß der Bischof etwas auf seinem Teller ließ.

„Morgen früh", war alles, was er sagte. Tränen standen ihm in den Augen.

Drew schluckte und schlug die Augen nieder.

„Ich wollte eigentlich Eliot auf diese Mission schicken", erklärte der Bischof. „Aber nur Gott weiß, wo er ist."

„Er wird bestimmt zurückkommen", antwortete Drew.

„Natürlich, da bin ich mir ganz sicher. Ich vertraue Eliot. Es ist nur ... ich war mir nicht sicher, ob du schon erfahren genug bist, diese Mission auszuführen. Ich wollte dich deshalb bei mir haben. Aber ich habe mich getäuscht. Du bist schon so weit. Du bist genauso weit wie Eliot, möglicherweise sogar weiter, weil du klüger bist. Die Wahrheit ist, daß diese Mission mehrere Monate in Anspruch nehmen könnte, und ich möchte dich nicht fortlassen."

Drew errötete und spielte mit seinem Teelöffel. „Denken Sie, daß die Mission so lange dauern könnte?"

„Edenford ist eine eng zusammengewachsene Gemeinschaft. Du wirst dich nicht einfach in das Vertrauen der Leute einschleichen können. Es braucht Zeit", sagte der Bischof und schlug mit seiner dicken Hand auf den Tisch. „Ich darf nicht aus persönlichen Motiven Gottes Arbeit aufhalten. Ich hoffe, daß Gott dir eine gute Reise nach Edenford ermöglicht und dich schnell zu mir zurückbringt."

Die Straße in Richtung Westen erinnerte Drew an böse Ereignisse. Es war nur wenige Wochen her, daß er den vom Schicksal geschlagenen Bischof auf dieser Straße auf der Rückreise nach London begleitet hatte. Er versuchte, nicht darüber nachzudenken, aber einige Stellen erinnerten ihn daran und weckten ungute Gefühle in ihm.

Er beschloß, daß es das Beste sei, sich mit seiner Mission zu beschäftigen. Das würde seine unerwünschten Erinnerungen verdrängen. Er überdachte seinen Plan. Zunächst würde er bis nach Bridgewater reiten, dort sein Pferd stehen lassen und den Rest des Weges bis nach Edenford laufen. Es waren etwa dreißig Meilen, die ihn über Wellington, Halberton und Tiverton führen würden. Er wählte absichtlich einen langen Fußmarsch, da er verschwitzt und übermüdet in Edenford ankommen wollte. Aus London hatte er altes Brot mitgenommen, das verschimmelt sein müßte, wenn er im Dorf ankam. Der Bischof hatte diesen Trick vorgeschlagen und behauptete, daß er ihn in der Bibel gefunden hätte. Drew fragte sich, ob er aus der Bibel weitere Tricks für seine Spitzeltätigkeit entnehmen konnte. Er entschloß sich, das Buch zu lesen. Außer einigen Kleidungsstücken hatte Drew nur die Bibel bei sich, die er zum Ent- und Verschlüsseln von Nachrichten benötigte, sowie das Entermesser seines Großvaters, um sich gegen Wegelagerer verteidigen zu können.

Drew erreichte Devonshire am vierten Reisetag. Die Straße führte über eine hohe Hügelkette und eröffnete ihm einen wunderbaren Panoramablick über die darunterliegenden, steil abfallenden Hügel. In Tiverton ging er an der Exe entlang, einem sauberen und klaren Fluß, der im Exmoor entsprang und unterhalb Exeters, der Hauptstadt Devonshires, in den Englischen Kanal mündete. Der Fluß begleitete Drew für den Rest seiner Reise, da die Straße dem Flußlauf folgte. Der rote Boden beider Flußufer war mit Schiefer vermischt, und die angenehme Mischung aus Feldern und Wäldern machte ihn zu einer schönen Landschaft. Als die Straße über eine dreibogige Brücke führte, hatte er Edenford erreicht.

„Bleib genau dort stehen, wo du bist, junger Mann!"

Drew hatte kaum die Brücke verlassen, als ihn ein dicker, alter, weißhaariger Mann mit einem Steinschloßgewehr ansprach. Da Drew vor dem Gewehr Respekt hatte, blieb er stehen.

„Was willst du hier?" schnaufte der alte Mann. Er sprach in einem langsamen, trägen Tonfall. Seine Augen und Lippen waren im Versuch, gefährlich auszusehen, zusammengezogen.

„Ich will nichts hier. Ich bin nur ein Reisender", antwortete Drew.

„Wo bist du zu Hause?" Das Gewehr des alten Mannes unterstrich seine Frage.

„Man könnte sagen, daß ich gegenwärtig nicht genau weiß, wo ich hingehöre."

„Meinst du, daß du zwei Häuser hast?" Das Gewehr senkte sich und der gefährliche Blick verschwand aus dem Gesicht. Der alte Mann dachte über die unglaubliche Vorstellung nach, daß jemand zwei Häuser besitzen könnte.

„Nein, ich wollte damit sagen, daß ich gegenwärtig heimatlos bin."

Das Gesicht des alten Mannes bekam wieder ein bedrohliches Aussehen. Er ergriff sein Gewehr und legte auf Drew an. „Hände hoch, du bist verhaftet!"

„Nun warte mal einen Augenblick!"

Der Wachmann wollte aber nicht warten. „Und leg dein Schwert auf den Boden!" Er schloß das linke Auge und beobachtete Drew mit dem rechten Auge über Kimme und Korn.

Drew legte vorsichtig das Entermesser seines Großvaters auf den Boden und erhob seine Hände. „Warum werde ich verhaftet?"

„Weil ich es sage, du verfluchter Parvenu! Ich bin der Wachmann dieses Ortes."

Parvenu? Wo hatte er das Wort schon einmal gehört? Richtig, einige Leute hatten Sir Francis Drake so genannt. Emporkömmling. Ja, er stammte aus dieser rückständigen Gegend Englands.

Man mag Dinge übertrieben sehen, wenn man in einen Gewehrlauf schaut, aber Drew gefiel es nicht, daß die Hände des Wachmanns zitterten, besonders das Zittern des Fingers am Abzug irritierte ihn. In ruhigem, übertrieben höflichem Ton sagte Drew: „Mein Herr, wie lautet die Anklage gegen mich?"

„Es ist meine Aufgabe, alle Landstreicher, Bettler und unliebsamen Elemente aus dem Ort zu vertreiben."

„Und zu welcher Gruppe gehöre ich?"

Der zitternde Wachmann schien es nicht genau zu wissen. „Ich bin mir nicht sicher", meinte er schließlich, „aber du mußt zu ihnen gehören. Wir werden dem Schreiber die Entscheidung überlassen." Da der Wachmann offensichtlich etwas zurückgeblieben war, dafür aber einen starken Willen besaß, begrüßte Drew die Gelegenheit, sein Schicksal in die Hände des unbekannten Schreibers zu legen.

Der Schreiber von Edenford sah wie eine Vogelscheuche aus, hieß Ambrose Dudley, und wohnte in einem weißgestrichenen Ziegelsteinhaus nahe der Brücke. Der hinter seinem Schreibtisch sitzende Schreiber hielt eine Schreibfeder in seiner Hand, sah über seine Brille und erinnerte Drew an einen Lehrer.

„Was willst du, Cyrus?" fragte der Schreiber, als Drew vor seinen Tisch gestoßen wurde.

„Ich glaube, er ist ein Landstreicher, Ambrose", erklärte der Wachmann in seiner langsamen Art.

„Ein Landstreicher?" Der Schreiber begann damit, etwas in sein Buch zu schreiben.

„Ich bin kein Landstreicher", protestierte Drew.

Der Schreiber stöhnte, unterbrach seine Arbeit und sah auf. Er war offensichtlich verärgert darüber, bei der Arbeit gestört zu werden.

„Zumindest glaube ich, daß ich kein Landstreicher bin", fuhr Drew fort. „Wie ist die rechtliche Definition?"

Ambrose schnaubte und wandte sich seinem Buch zu. Nachdem er gefunden hatte, was er suchte, las er tonlos vor: „Ein Landstreicher ist ein Mensch, dem zur Strafe für ein Vergehen ein Mal auf die Schulter gebrannt wurde." Er drehte sich um und schrieb weiter.

„Warten Sie!" rief Drew. „Das beweist, daß ich kein Landstreicher bin!"

„Ach ja?" Der Schreiber sah verärgert auf.

„Natürlich, Sie brauchen mich nur zu untersuchen. Sie werden feststellen, daß mir nichts auf die Schulter gebrannt wurde!"

Der Schreiber sah den Wachmann an, der nur mit den Schultern zuckte.

„Dann bist du eben ein Bettler", meinte der Schreiber und wandte sich wieder seiner Arbeit zu.

„Nein, warten Sie! Ich bin auch kein Bettler!"

„Junger Mann! Falls du nicht aufhörst, mich zu unterbrechen, werde ich dich verhaften, weil du mich von der Arbeit abhältst!"

„Sir, ich möchte nicht impertinent sein, aber können Sie mir jemand zeigen, den ich anbettelte oder um Hilfe bat?"

Der Schreiber sah wieder den achselzuckenden Wachmann an. Die Vogelscheuche legte langsam die Schreibfeder nieder, nahm ihre Brille ab und faltete die Hände auf dem Buchhaltungsjournal. „Dann kannst du uns vielleicht darüber aufklären, wer oder was du bist?"

„Sir, in Wahrheit bin ich ein ehrlicher Mann", entgegnete Drew mit Nachdruck. „Ich möchte Sie in jeder von Ihnen gewünschten Form unterstützen."

Der Schreiber nickte. „Dann erzählen Sie mir einmal, Master..."

„Morgan, Drew Morgan." Drew hatte sich bereits vor Beginn der Mission überlegt, daß es aus mehreren Gründen besser wäre, seinen richtigen Namen zu benutzen. Erstens, da es sich um eine längere Mission handelte, war es besser, eine einfache Geschichte zu erfinden. Zweitens, in dieser abgelegenen Region im Westen war er ziemlich sicher. Es war unwahrscheinlich, daß in Edenford schon jemand etwas von den Morgans gehört oder mit ihnen Geschäfte gemacht hatte.

„Master Morgan, wo leben Sie?"

„Mein Haus befindet sich östlich von Winchester."

„Gehört Ihnen das Haus oder haben Sie es gemietet?"

„Es gehört mir nicht. Es ist das Haus meiner Eltern."

„Aha. Sie leben bei Ihren Eltern."

„Nein", antwortete Drew. „Nicht mehr."

„Aha. Sie reisen also zu Ihrem neuen Haus?"

„Ich reise nur umher, ich weiß nicht genau, wohin. Ich dachte, daß ich vielleicht nach Plymouth gehen und auf einem Schiff anheuern sollte, es sei denn, ich fände etwas anderes."

„Wie lange waren Sie Seemann?"

„Ich bin eigentlich kein Seemann. Ich meine, ich glaube, daß ich gern Seemann werden würde, aber ich war bisher noch nie auf hoher See."

Der Schreiber sah den Wachmann an.

„Landstreicher", sagten beide im gleichen Atemzug. Der Schreiber setzte seine Brille auf und fuhr mit seiner Arbeit fort.

„Nein! Warten Sie."

Bevor Drew weiter protestieren konnte, drehte sich der Schreiber zu einem Gesetzbuch um und zitierte daraus: „Ein Landstreicher ist eine Person, die kein eigenes Haus hat, noch einen Ort, an dem sie wohnt."

Drew war still. Er wußte nicht mehr, was er sagen sollte. Die Beschreibung traf auf ihn zu.

Der Schreiber setzte seine Arbeit fort und erklärte: „Du wirst so lange in Arrest bleiben, bis wir eine Antwort von dem Befehlshaber erhalten. Du kannst dich dann gegen deine Anklage verteidigen."

„Wie lange wird das dauern?" fragte Drew.

„Eine Woche, vielleicht länger."

„Sie wollen mich für eine Woche ins Gefängnis stecken?"

„Wir haben kein Gefängnis", meinte der Wachmann. „Du wirst am Tag mit mir durch den Ort laufen. In der Nacht kümmert sich der Nachtwächter um dich."

Drew stellte sich in Gedanken vor, wie ihn der dicke Wachmann eine Woche lang vor den Einwohnern zur Schau stellte. Jeder würde ihn sehen. Die Leute würden den Eindruck gewinnen, daß er ein Verbrecher sei. Wer würde ihm später noch Vertrauen schenken? War seine Mission bereits gescheitert? Könnte er sich so schnell wieder in London blicken lassen? Eliot würde ihn erbarmungslos verspotten, und der Bischof wäre mit Sicherheit enttäuscht. Er erinnerte sich an die Abschiedsworte des Bischofs: *„Für diese Mission bist du genauso geeignet wie Eliot, vielleicht sogar mehr, weil du klüger bist."* Er mußte etwas tun, um die Mission zu retten.

„Es muß jemand in Edenford geben, dem ich meinen Fall vortragen kann", rief Drew.

„Er redet nicht wie ein Landstreicher", stellte der Wachmann fest.

„Das Gesetz berücksichtigt nicht das Vokabular eines Menschen", entgegnete der Schreiber abweisend.

„Aber Sir, meine Ehre als Gentleman ist in Frage gestellt. Ich muß das Recht haben, meinen guten Namen zu verteidigen, bevor er für immer in den Schmutz gezogen wird!"

Der Schreiber dachte über Drews Argument nach. Dann meinte er: „Das Gesetz ist in dieser Angelegenheit ziemlich eindeutig. Heute abend findet im Rathaus ein Treffen statt. Wir werden fragen, wie wir uns verhalten sollen, bis wir von dem Befehlshaber hören."

Edenfords Rathaus war nichts weiter, als eine große schmutzige Scheune in der Marktstraße mit ihren Verkaufsständen. Als Teppich wurde schmutziges Stroh benutzt. Die Ratsherren versammelten sich kurz nach Sonnenuntergang und waren über Drews Anwesenheit verärgert. Als sie erschienen, schauten ihn einige mit griesgrämigen Blicken an. Andere fragten, wo er sich in jüngster Zeit aufgehalten hätte, und Drew versuchte, höflich zu antworten. Viele von ihnen zeigten mit ihren Fingern auf ihn, und Drew kam der Gedanke, daß eine Verhandlung vor diesen Leuten vielleicht doch keine so gute Idee gewesen war.

Drew war der erste Punkt auf der Tagesordnung. Sie erörterten nicht seine Schuld oder Unschuld. Es reichte für sie aus, daß er nach dem Buchstaben des Gesetzes ein Landstreicher war. Ihre Diskussion behandelte nur die Frage, was man mit ihm machen sollte, bis der Befehlshaber kam. Ein Mann, der Gastwirt, wie Drew später erfuhr, empfahl, ihn im Gasthof unterzubringen. Andere erwiderten, daß der Gemeinde damit nur unnötige Kosten aufgelegt würden. Sie beschlossen schließlich, daß er mit dem Wachmann durch den Ort laufen müsse, falls sich keiner dazu bereit erklärte, ihm Obdach zu gewähren.

„Der junge Mann kann bei mir wohnen."

Alle drehten sich zu dem Sprecher um. Es war ein freundlich aussehender, mittelgroßer Mann mit dunklen Augen und schwarzem Haar. Ein großer Mann saß neben dem Redner und sagte: „Das geht zu weit. Was ist mit deinen Töchtern? Woher weißt du, daß er nicht die fragliche Person ist?"

Der Sprecher sah Drew freundlich an und klopfte seinem großen Freund auf den behaarten Arm.

„Ich habe es angeboten und stehe dazu", erklärte er laut genug, damit es jeder im Raum hören konnte.

Da niemand eine bessere Idee hatte, wurde beschlossen, daß Drew bei dem ihm unbekannten Mann bleiben sollte.

Der Schreiber stellte anschließend die Frage, wo Drew während des Treffens bleiben solle. Die Ernsthaftigkeit des Treffens überraschte Drew. Er konnte sich nicht vorstellen, was in einem kleinen Ort so intensiv diskutiert werden könnte. Es wurde schließlich beschlossen, daß Drew nicht im Raum bleiben dürfe, und der Wachmann Cyrus Furman auf ihn aufzupassen hatte. Das schien, abgesehen von Cyrus, allen zu gefallen.

Der Wachmann führte Drew hinaus. Da ergriff ein Mann mit schmutzigen Zähnen Drews Arm und drohte ihm: „Falls du die Mädchen anfaßt, bekommst du es mit mir zu tun!"

Cyrus Furman erledigte seine Aufgabe sehr korrekt, war aber nicht wirklich bei der Sache. Er brachte Drew aus dem Rathaus, blieb aber an der Tür stehen, damit er hören konnte, was gesprochen wurde. Die lauten erregten Stimmen schallten durch die kühle Abendluft, und auch Drew hatte keine Schwierigkeiten, zu verstehen, was gesprochen wurde.

Der Aufregung in dem Ort lag ein Mord zugrunde. Ein Mann war am Ufer gefunden worden, nahe der Nordbrücke. Der brutale Mord hatte erst kürzlich stattgefunden, der Tote war mehrmals in Brust und Rücken gestochen worden. Darüber hinaus wurde ihm ein Auge ausgestochen.

„Ist der Leichnam identifiziert worden?"

Drew erkannte die Stimme des Schreibers Ambrose Dudley.

„Er wurde identifiziert", antwortete eine Stimme, die Drew nicht kannte. „Es ist Lord Chesterfields Aufseher, Shubal Elkins."

Kapitel 10

Edenford war ein Ort mit einem Geheimnis. Fast alle Einwohner wußten, daß es ein Geheimnis gab, aber nicht alle wußten, was es war. Es gab einige Einwohner, die glaubten, daß Geheimnis zu kennen, aber sie täuschten sich. Diejenigen, die es kannten, waren sich darin einig, die anderen unwissend zu lassen.

Der an einem Abhang gelegene Ort lag am Fluß und war in ganz England für seine Wollserge und auf dem Kontinent für seine Klöppelspitze bekannt. Der Ort war aufgrund seiner Wolle von den Chesterfields gegründet worden.

Lord Chesterfields Urgroßvater, William Chesterfield, war der eigentliche Gründer von Edenford und der erste bekannte Einwohner des Ortes. In Wirklichkeit lebte in Edenford vor ihm ein längst vergessener Sachsenkönig, der am Hang eine Burg hinterließ. Niemand konnte sich an den Namen des Königs erinnern oder wann er gelebt hatte. Aus praktischen Gründen wurde daher William Chesterfield als der Gründer des Ortes betrachtet.

Das erste Haus Edenfords war nichts weiter als eine vom Gründer errichtete Hütte. Nachdem er einige Schafe geerbt hatte, begann Chesterfield, ein Vermögen anzuhäufen und hatte recht viel Erfolg damit. Die nachfolgenden Generationen vergrößerten das Vermögen, bis ihr Grundstück so groß war, daß es sich fast bis nach Tiverton erstreckte.

William Chesterfield begründete den Edenforder Geschäftsbetrieb mit Wolle, indem er seine Schafherde vergrößerte und Häuser für seine Arbeiter baute. Sein Sohn vergrößerte das Familienunternehmen, indem er Webstühle und riesige Färbereianlagen bauen ließ und weitere Arbeiter beschäftigte; dessen Sohn, der Vater des jetzigen Lord Chesterfield, baute das Herrenhaus und vergrößerte das Familienunternehmen weiter, was dazu führte, daß noch mehr Arbeiter eingestellt werden mußten. Lord Chesterfield erhielt die Miete für die Häuser, behielt die beste Spitze für seinen eigenen Bedarf und lebte hervorragend von der Arbeit seiner Vorfahren.

Fast einhundert Jahre stand der Name Edenford für Wollserge. Das änderte sich, als Matthews' Familie nach Edenford zog und den guten Ruf des Ortes für Spitze aufbaute.

Die Frau des Kuraten von Edenford, Jane Matthews, arbeitete am Webstuhl. Sie war eine erfahrene Arbeiterin und ihre Hände waren schnell. Die Monotonie der Arbeit machte ihr aber zu schaffen, und sie träumte von einer anspruchsvolleren Tätigkeit. Sie wollte mehr künstlerisch tätig sein und Spitze klöppeln.

Als ihre Mutter starb, erbte Jane das geringe Eigentum ihrer Mutter. Unter ihrem Nachlaß befand sich feine Antwerpener Klöppelspitze. Jane hatte schon immer die komplizierten Muster bewundert, für sie waren es sommerliche Muster, wie Tagträume und Phantasiegebilde. Sie wollte unbedingt eigene Spitzenphantasien kreieren.

Sie untersuchte jahrelang genau die Antwerpener Spitze ihrer Mutter und verfolgte jeden Faden in seinem Verlauf. Als sie zum ersten Mal schwanger wurde, begann sie damit,

Spitze zu klöppeln. Zwei Jahre später, nach der Geburt ihres zweiten Kindes, zeigte sie ihre Arbeit den Menschen in Edenford, die davon überaus beeindruckt waren. Als ihre Töchter zehn und zwölf Jahre alt waren, erfuhr Lord Chesterfield von ihrer Arbeit und bestellte sie ins Herrenhaus, um die Spitze zu begutachten. Er war nicht nur von der Qualität sehr angetan, sondern auch von der Möglichkeit, damit Gewinne zu erzielen. Jane Matthews wurde vom Webstuhl befreit und damit beauftragt, nur noch Spitze zu klöppeln.

Die Nachfrage nach ihrer Spitze überstieg ihre Fähigkeit der Herstellung bei weitem, so daß Lord Chesterfield sie beauftragte, anderen Frauen ihr Handwerk beizubringen. Obwohl viele ihrer Schülerinnen begabt waren, konnte niemand es in ihrer Arbeit mit der eleganten Spitze von Jane aufnehmen, das heißt, bis sich ihre beiden Töchter dafür zu interessieren begannen. Zu dem Zeitpunkt, als Jane starb, machte die Spitze der älteren Tochter ihrer Mutter bereits Konkurrenz.

Im Winter des Jahres 1627 starb Jane an Schwindsucht. Es war für alle Einwohner Edenfords ein schlimmer Winter. Vierzehn Einwohner starben, unter ihnen neun Kinder. Lord Chesterfield drückte öffentlich sein Beileid aus und war sehr betroffen, besonders über den Tod von Jane Matthews. Insgeheim war er aber froh, Jane damit beauftragt zu haben, andere Frauen anzulernen. Das Klöppeln von Spitze würde auch nach Janes Tod weitergehen, ihre Töchter würden einfach ihren Platz einnehmen.

Jane Matthews war annähernd drei Jahre tot, als ihr Mann, Christopher, Bischof Lauds Spitzel einlud, in seinem Haus zu wohnen.

„Eine ekelhafte Angelegenheit."

Drews Gastgeber führte ihn an der Dorfkirche vorbei, die in einer von Bäumen umgebenen Gartenanlage stand.

„Es ist schwer zu verstehen, was einen Menschen dazu bewegen kann, seinen Mitmenschen zu töten, und noch schwerer, was ihn dazu bringen könnte, den Leichnam zu verstümmeln."

Es war die gleiche Straße, die Drew nach Edenford gebracht hatte. An jedem Ende der Straße befand sich eine Brücke mit drei Bogen, die über die Exe führte. Für einen Reisenden war diese nordsüdliche Straße eine Abkürzung, um nach Exeter oder Tiverton zu gelangen, das heißt, falls er nicht von Cyrus Furman verhaftet wurde.

„Ich sah Cyrus an der Tür lauschen", fuhr Drews Gastgeber fort. „Ich kann es ihm nicht verübeln. Dieser Mord macht uns alle nervös. Ich nehme an, daß du alles mitgehört hast, obwohl beschlossen wurde, daß du das Rathaus verlassen mußt."

Drew sah seinen Gastgeber an. An diesem Mann war nichts Hinterlistiges. Er war etwas zu klein, aber stämmig und kräftig gebaut. Seine buschigen Augenbrauen gaben seinem Gesicht das Aussehen permanenter Besorgnis.

„Ich konnte nicht umhin, die Unterhaltung mitzuhören", antwortete Drew.

Sein Gastgeber lachte. Es war ein herzliches, offenes Lachen. „Man kann den Einwohnern Edenfords viele Dinge nachsagen", stellte er fest, „aber bestimmt nicht, daß sie still und ängstlich sind!"

„Entschuldigen Sie bitte", meinte Drew, als er mit seinem Begleiter um eine weitere Ecke und hügelaufwärts ging, „ich weiß nicht, wer Sie sind, oder wohin Sie mich bringen."

Sein Gastgeber drehte sich zu ihm um und grinste verlegen. „Nein, du mußt mir vergeben", antwortete er mit rotem Gesicht. Er reichte Drew die Hand. „Ich bin der Kurat von Edenford. Mein Name ist Matthews, Christopher Matthews."

Ein schalkhaftes Lächeln erschien auf Drews Gesicht, als er die Hand des Kuraten drückte.

Der Mond beschien den Weg, als Christopher Matthews seinen Gast die steile Straße hinaufführte. Sie gingen rechts die High Street hinauf und dann eine Parallelstraße entlang. Diese Straße war bei weitem nicht so breit wie die Marktstraße. Es war eine kopfsteingepflasterte Gasse mit vielen kleinen Wohnhäusern, die sich duckten, als müßten sie sich vor einem gemeinsamen Feind verstecken. Abendessensgerüche von gekochtem Fisch und gebratenem Fleisch füllten die Gasse. Durch die Spalten der Fensterläden drang Kerzenlicht, und man konnte deutlich die Stimmen der Bewohner vernehmen. Es war im wahrsten Sinne des Wortes eine verschworene Gemeinschaft.

Matthews ging schnell auf ein Haus zu, das unscheinbar an der Ecke der Straße vor einem Kornfeld stand. Der Kurat ergriff die Türklinke des zweistöckigen Hauses. Das Erdgeschoß stand auf Granitfelsen. Die schmalen Fenster, rechts und links neben der Eingangstür, waren mit Fensterläden versehen und füllten die Vorderseite des Hauses aus. Die darüber befindlichen Holzbalken stützten das erste Stockwerk. Die vier weiteren Fenster über den Stützbalken wurden von weißen Fensterläden eingerahmt und erlaubten einen Blick über die Gasse. Wenn sich jemand aus dem Fenster lehnte, konnte er mühelos dem gegenüberliegenden Nachbarn die Hand reichen. Das gesamte Haus lehnte sich nach links. Drew hätte Bedenken gehabt, aber es gab mehr als ein Dutzend Häuser, die dieses Haus stützten.

„Das wird deine Gefängniszelle für heute nacht sein", erklärte Matthews mit trockenem Lachen. Als Drew nicht zurücklachte, sagte er: „Entschuldige, mein Freund. Es war ein schlechter Scherz. Cyrus und Ambrose taten nur ihr Bestes. Sie machen nur ihre Arbeit und beschützen den Ort. An deiner Stelle würde ich mir wegen der Anklage keine grauen Haare wachsen lassen. Wenn der Befehlshaber am Markttag kommt, werden wir die Angelegenheit schon klären. Du scheinst mir kein gefährlicher Kerl zu sein. Falls ich das angenommen hätte, wärst du nicht hier."

Ich bin viel gefährlicher für dich, als du denkst, dachte Drew. Er versuchte, den Kuraten nicht zu mögen, aber es wollte ihm nicht gelingen.

Matthews öffnete die Tür. Auf den ersten Blick machte das am Eßtisch sitzende Mädchen keinen großen Eindruck auf Drew. Das Geräusch der aufgehenden Tür ließ sie aufblicken und ihr dunkelbraunes Haar nach hinten werfen. Drew sah strahlendbraune Augen und ein entspanntes Lächeln. Er konnte aber schnell feststellen, daß das Lächeln ihrem Vater galt. Als sie Drew sah, verdunkelten sich ihre Augen und ein besorgter Ausdruck erschien auf ihrem Gesicht.

„Gute Nachrichten, Mädchen!" rief Matthews in fröhlichem Ton. „Wir haben einen gutaussehenden Gast!"

Das Lächeln verschwand aus dem Gesicht des Mädchens. Sie verschränkte ihre Arme. In einer Hand hielt sie das Besteck und sah wie der Greifvogel auf dem Schild eines Ritters aus.

Von der Treppe auf der linken Seite ertönte eine fröhlichere Begrüßung.

„Papa!"

Ein schlanker Körper sprang die Treppe herunter und warf sich in Matthews offene Arme. Von der Figur her war deutlich, daß es sich nicht um ein Kind handelte, sie war aber klein genug, um in den Armen ihres Vaters zu versinken. Mit strahlendblauen Augen schaute sie den Fremden über die Schulter ihres Vaters an. Ihr langes glattes Haar und ihr schönes lächelndes Gesicht beeindruckten Drew. In ihr war etwas, das ihn mehr gefangennahm als alle anderen Frauen, die er jemals kennengelernt hatte. Ein Gefühl wallte in Drew auf, das so stark war, daß es ihn beinah ängstigte. Zum ersten Mal in seinem Leben verstand er, was Lancelot gefühlt haben mußte, als er Guinevere zum ersten Mal sah.

„Master Morgan, erlauben Sie mir, Ihnen meine beiden größten irdischen Schätze vorzustellen. Das ist meine Tochter Nell", stellte Matthews vor und wies auf das Mädchen am Tisch.

Drew verbeugte sich leicht. Nell nickte kurz zurück. „Master Morgan."

„Und dieses lachende Bündel", er drückte das jüngere Mädchen, „ist meine Tochter Jenny. Wir haben gerade ihren sechzehnten Geburtstag gefeiert."

„Master Morgan", begrüßte sie ihn in gespielter Schüchternheit.

Drew antwortete mit ritterlichem Ton: „Ich freue mich immer, wenn ich schöne Damen begrüßen darf."

Ein tiefer Seufzer ertönte vom Ende des Raums. „Darf ich meinen Vater bitte allein in der Küche sprechen?" Nell wartete nicht auf eine Antwort. Sie legte das Besteck auf den Tisch und ging durch die Tür.

Falls Matthews darüber verlegen war, daß er in die Küche befohlen wurde, so zeigte er es nicht. „Sie können Ihre Sachen dort hinlegen", sagte er und deutete auf einen Platz am Kamin. „Entschuldigen Sie mich bitte für einen Augenblick."

Jenny lief hinter ihrem Vater her. Ihre Haare wippten von einer Seite zur anderen. Sie drehte sich kurz mit einem Lächeln um, bevor sie in der Küche verschwand.

Drew stand allein im bescheidenen Haus des Kuraten. Bescheiden war eine Untertreibung. Vor ihm lag ein langer schmaler Raum mit einem drei Meter langen Kamin auf der rechten Seite. Auf der linken Seite führte eine schmale Treppe zum ersten Stock. Auf dem Kamin, der die Hauptlichtquelle des Raums darstellte, nachdem die Sonne untergegangen war, kochte gerade das Abendessen. Auf dem Eßtisch standen zwei Kerzen, ein warmes Licht kam von einer unbekannten Quelle oben an der Treppe. Der gesamte Raum war halb so groß wie Drews Schlafzimmer in Morgan Hall.

Die Einrichtung bestand aus sechs Stühlen und zwei Tischen. Vier Holzstühle mit aufrechten Lehnen standen am größeren Eßtisch, der noch nicht für das Abendessen gedeckt war. Ein fünfter Stuhl war unter den kleineren Tisch geschoben, unmittelbar links von Drew beim Doppelfenster, von dem man die ganze Straße überblicken konnte. Darauf lagen Spitze, Bleigewichte, Scheren und Wollknäuel. Ein hochlehniger Schaukelstuhl stand bewegungslos auf einem Wollteppich vor dem Kamin. Der Teppich war der einzige Belag auf dem Holzboden.

Drew nahm seine Tasche von der Schulter und legte sie neben den Kamin. Er erinnerte sich an sein konfisziertes Entermesser. Er mußte den Kuraten danach fragen.

Aus der Küche hörte er Geflüster, konnte aber nicht verstehen, was gesagt wurde. Er dachte daran, zur Küchentür zu gehen, entschied sich aber anders. *„Das Geheimnis, die Geheimnisse von Menschen zu erfahren, besteht darin, sich uninteressiert zu stellen"*, hatte Eliot ihm beigebracht. *„Laß dir Zeit, um Informationen zu erhalten. Sei geduldig, freundlich und versuche, ihr Vertrauen zu gewinnen. Es ist der beste Weg, um zu erfahren, was du wissen möchtest."*

Darüber hinaus war es nicht das Risiko wert, ertappt zu werden. Es gab wenig Zweifel über die Unterhaltung in der Küche. Ungeachtet vom Ergebnis, würde er auf jeden Fall bleiben, bis er ein Abendessen erhalten hatte.

Drew erinnerte sich an Eliots Worte: „*Das erste Essen mit deinem Opfer ist das wichtigste – und das gefährlichste.*" Das Wort *Opfer* hatte ihm nie gefallen. Für Drew klang es als würde seine Arbeit auf tierische Instinkte reduziert. Er betrachtete sich als ein Spion, der Verräter auskundschaften sollte.

In diesem Augenblick kam Jenny mit Zinntellern aus der Küche. Sie schaute Drew nicht direkt an, aber ein verschmitztes Lächeln zeugte davon, daß sie sich seiner Anwesenheit bewußt war. Ihre schlanken Hände stellten die Teller auf den Tisch. Eins, zwei, drei, vier Teller! Sie warf Drew einen kurzen Blick zu und errötete. Als sie sah, daß er sie beobachtete, ging sie schnell in die Küche zurück.

Drew erinnerte sich an Eliots hohe ironische Stimme. *„Ich mag es, wenn mich mein Opfer zum Essen einlädt. Wie ein Schaf, das einen Wolf zur Mahlzeit bittet. Und ich sage dir, religiöse Leute essen gern. Und wenn sie essen, sprechen sie auch. Wenn du einen Teller vor einen Puritaner stellst, wird er dir die Geheimnisse seines Lebens erzählen! Ich stell mir dann immer vor, wie ihre Wangen aussehen, nachdem sie mit dem Brandeisen in Berührung gekommen sind!"*

„Und was hoffst du zu finden?"

Christopher Matthews steckte ein weiteres Stück Hammel in den Mund und kaute nachdenklich, während er Drew fragend ansah. Das einfache Abendessen aus kaltem Hammelfleisch, gekochtem Mais und Weizenbrot stand zwischen dem Kuraten, seinen Töchtern und Drew. Drew hatte gerade die Geschichte erzählt, die er sich für seine Mission ausgedacht hatte. Viel von dieser Geschichte war wahr, er hatte aber einiges erfunden, um ihre Sympathie zu gewinnen.

Er erzählte ihnen, daß er der Sohn eines reichen englischen Landedelmanns sei, der in einem schlechten Elternhaus aufwuchs. Das entsprach der Wahrheit. Er fügte aber hinzu, daß sein Vater ein Alkoholiker war, der seine Kinder verprügelte, obwohl Lord Morgan keinen Alkohol trank. Zwei Gläser Wein hätten ihn betrunken gemacht. Drew log auch hinsichtlich seines Großvaters und sagte, daß er ein sehr religiöser Mann gewesen sei. Der Kurat freute sich, daß ein so berühmter Mann wie der Admiral Amos Morgan ein gottesfürchtiger Mann war. Drew erzählte auch eine Lüge über den Kampf, der ihn dazu brachte, Morgan Hall zu verlassen. Er behauptete, daß ihn sein Vater mit einem Schwert in der Hand aus seinem Elternhaus vertrieben hätte, als er feststellte, daß sich Drew mit Religion beschäftigte. Zum Schluß seiner Erzählung behauptete er, daß er seit einem Jahr von einem Ort zum andern gewandert sei, bevor ihn Edenfords Wachmann verhaftete.

„Was hoffst du zu finden?" Drew dachte über die Frage seines Gastgebers nach. „Ich verstehe Sie nicht."

„In Plymouth. Warum willst du nach Plymouth gehen und Seemann werden?"

Drew zuckte die Schultern und rückte den Maiskolben auf seinem Teller zurecht. *„Benimm dich, als ob du verwirrt oder verletzt bist",* hatte ihm Eliot beigebracht. *„Sie lieben das. Nach ihrer Meinung bist du dann dafür geeignet, gerettet zu werden."*

Der Kurat lächelte. „Ich bin mir einer Sache sicher. Gott brachte dich aus einem besonderen Grund hierher."

Matthews saß am Tischende, rechts von Drew. Die Mädchen saßen Drew gegenüber und hörten zu, was die Männer miteinander sprachen. Nell saß steif und gerade und wirkte reserviert und distanziert. Jenny sah Drew ins Gesicht, zumindest, bis er sie ansah, aber da senkte sie ihre Augen.

„Wie sich die Dinge auch immer für mich entwickeln mögen", meinte Drew, „ich möchte Sie wissen lassen, daß ich für Ihre Gastfreundschaft dankbar bin." Als er das sagte, konnte er nicht umhin, Nell anzuschauen, aber ihr Gesichtsausdruck blieb unverändert.

„Vergiß nicht, Fremde zu bewirten, denn einige haben, ohne es zu wissen, Engel bewirtet", zitierte der Kurat aus der Bibel.

Nell war aufgebracht. „Vater! Du möchtest doch wohl nicht andeuten, daß Master Morgan ein Engel ist!"

Matthews gab ein schallendes Lachen von sich. Augenzwinkernd antwortete er: „Man weiß es nie!"

„Ich könnte es glauben", hauchte Jenny mit weicher Stimme und wünschte sofort, sie hätte es nicht gesagt. Alle schauten sie an. Sie errötete und lief mit ihrem leeren Teller in die Küche.

„Master Morgan", Nell schob den Teller von sich und legte ihre gefalteten Hände auf den Tisch, „Sie sagten, daß ihr Großvater ein religiöser Mann war. In welcher Form?"

„Drew. Nennen Sie mich bitte Drew."

Nell nickte und wartete auf eine Antwort.

„Er ging oft in die Kirche", antwortete Drew.

Nell nickte zustimmend mit dem Kopf und wartete auf eine weitere Erklärung.

„Und ... er betete viel."

„Betete viel?"

„Ja! Großvater betete für alles, für die Königin, Morgan Hall, die Schiffe, daß Spanien besiegt werden möge ..."

Nell lächelte. Irgend etwas amüsierte sie, und er fühlte sich unwohl.

„Großvater las auch oft in der Bibel. Er las immer in der Bibel." Da er wußte, wie sehr die Puritaner die Bibel schätzten, fand er es angebracht, auf dieser Basis Informationen zu entlocken. „Großvater kannte die Bibel. Er gab mir eine Bibel, bevor er starb. Ich habe sie immer bei mir, egal wohin ich gehe. Das war etwas, was meinen Vater besonders ärgerte – wenn ich anfing, die Bibel zu lesen. Ich sagte ihm aber, daß die Bibel Gottes Wort ist und keiner mir verbieten dürfe, sie zu lesen. Das führte dazu, daß er mich aus dem Haus jagte."

Der Schachzug mit der Bibel hatte offensichtlich Früchte getragen. Nell war ernst geworden und amüsierte sich nicht mehr über ihn. „Haben Sie die Bibel bei sich?"

Drew nickte und deutete auf seine Tasche am Kamin.

„Welche Ausgabe ist es?"

Der Bischof hatte gesagt, daß er seine Bibelausgabe zu seinem Vorteil nutzen könnte. Jetzt hatte er die Möglichkeit dazu.

„Ausgabe?" Drew gab vor, nicht zu wissen, wovon sie sprach. „Eine englische Ausgabe natürlich", antwortete er.

Auf Nells Lippen erschien ein selbstgefälliges Lächeln. Der Blick schüchterte ihn ein.

„Es gibt mehr als eine englische Ausgabe", sagte der Kurat. Sein Ton war warm und väterlich. Es war offensichtlich, daß er die Selbstgefälligkeit seiner Tochter nicht billigte. „Darf ich deine Bibel einmal sehen?" fragte er.

Drew holte die Bibel aus seiner Tasche und gab sie dem Kuraten. Dieser schlug die Bibel auf und las die Titelseite. Er sah auf und stellte fest: „Eine King James Bibel."

„Das macht Sinn", antwortete Nell sarkastisch. „Ich glaube, es ist besser, wenn ich Jenny beim Abwaschen helfe." Sie stand auf, nahm einige Teller vom Tisch und verschwand in der Küche.

„Ist irgend etwas mit meiner Bibel nicht in Ordnung?" fragte Drew erstaunt.

„Du bist unser Gast", antwortete der Kurat und gab Drew die Bibel zurück. „Es tut mir leid, wenn du dich angegriffen fühlst."

„Entschuldigen Sie bitte, aber ich möchte wissen, was ich falsch gemacht habe. Sie mögen meine Bibel nicht, und ich weiß nicht warum. Ist sie anders als Ihre Bibel?"

Matthews forschte in Drews Gesicht, um festzustellen, ob er nur höflich war oder es ernst meinte. „Laß uns zum Kamin gehen", schlug er vor.

Während Drew seinen Stuhl vor den Kamin stellte, ging Matthews in die erste Etage und kam mit seiner Bibel zurück. Er setzte sich in den Schaukelstuhl. „Das ist meine Bibel." Er gab sie Drew. „Es war die Bibel meines Vaters. Er arbeitete in Exeter als Schuster und war, wie dein Großvater, ein sehr frommer Mann."

Drew blätterte durch die Bibel.

„Warum ist Ihre Bibel anders als meine?"

„Diese Bibel wird die Genfer Bibel genannt. Sie wurde während der großen Verfolgung übersetzt, in der Zeit von Mary Tudor. In dieser Zeit flohen viele gottesfürchtige Leute auf den Kontinent, besonders nach Genf. Diese Version wurde von den Gläubigen im Exil übersetzt, denen es darum ging, den Bedürfnissen der Gläubigen gerecht zu werden, die sich weigerten, von irdischen Königen eingeschüchtert zu werden."

„Und meine Bibel ist keine Genfer Bibel?"

Matthews öffnete die Titelseite von Drews Bibel. Er zeigte mit dem Finger auf die Worte, und Drew las laut vor:

DIE HEILIGE SCHRIFT

Das Alte und Neue Testament:
Neu übersetzt aus dem ursprünglichen Text:
sorgfältig verglichen mit früheren Übersetzungen und
überarbeitet aufgrund des ausdrücklichen
Befehls Seiner Majestät.

Zur Verlesung in Kirchen bestimmt.

GEDRUCKT in London von Robert Barker,
Hofdrucker Seiner
höchst ehrwürdigen Exzellenz des Königs
Anno Dom. 1611
Cum Privilegio.

„Deine Bibel wurde auf der Konferenz in Hampton Court verabschiedet", erklärte Matthews. „Hast du davon gehört?"
„Ich habe den Namen gehört."
„Im Jahre 1603, als Königin Elisabeth starb und James von Schottland zum König gekrönt wurde, erhielt er eine Bittschrift über die Klagen der Puritaner. Sie wurde die Millenary Petition, die Bittschrift der Eintausend, genannt, da sie eintausend Unterschriften enthielt. Mein Vater gehörte zu den Unterzeichnern. Ich war damals gerade dreizehn Jahre alt und kann mich noch gut an die Begeisterung der Leute erinnern, die in das Geschäft meines Vaters kamen. Jetzt haben wir einen König, der mit unserer Lehre übereinstimmt, sagten sie. Die meisten Leute glaubten, daß uns der neue König dabei helfen würde, die Reste des Katholizismus zu beseitigen, um eine neue, auf die Bibel gegründete Kirche aufzubauen. Es sah so aus, als hätte Gott unsere Gebete erhört."

Die letzten Teller klapperten, als Jenny sie vom Tisch nahm. Nell ging schnell an den beiden Männern vorbei und stieg die Treppe hinauf.

„Der König befahl, im nächsten Jahr eine Konferenz in Hampton Court abzuhalten. Erwartungsvoll entsandten wir unsere besten puritanischen Kirchenführer. Die Konferenz entpuppte sich für uns als eine Katastrophe. Als unsere Vertreter die Frage anschnitten, die Predigten in den Kirchen zu ändern, war der König verärgert. Er erklärte, wenn es den Geistlichen gestattet würde, vom Allgemeinen Gebetbuch abzuweichen, könnte jeder Hinz und Kunz die Bibel auslegen, wie er wolle, um den König und den Hof nach Belieben zu rügen und zu kritisieren. Er wandte sich dem Bischof der Kirche von England zu und behauptete, daß, wenn die Puritaner jemals die Oberhand gewinnen würden, der Herrschaftsanspruch des Königs in Gefahr wäre. Er drohte unseren Vertretern, uns dazu zu bringen, seinen Befehlen zu gehorchen oder uns zu bestrafen und aus dem Land zu jagen!"

Matthews beugte sich vor und klopfte auf Drews Bibel. „Diese Bibel war das Ergebnis jener Konferenz." Der Kurat setzte sich aufrecht, nahm Drews Bibel und schlug eine Seite auf. „Der König befahl, im Vorwort einige Warnungen über uns niederzulegen", sagte er und überflog den Text. Nachdem er die Stelle gefunden hatte, fuhr er fort: „Die Übersetzer erwarteten, von ‚eingebildeten Brüdern verleumdet zu werden, die ihre eigenen Wege gehen und nichts anderes anerkennen, als die Ideen, die sie auf ihrem eigenen Amboß hämmerten'. Wir sind diese ‚eingebildeten Brüder', auf die sich der Text bezieht. Und hier: ‚Wir haben die Worte der skrupellosen Puritaner ausgemerzt, die die altkirchlichen Worte verdrehten und „Taufe" durch „Waschung" und „Kirche" durch „Gemeinde" ersetzten. Wir wünschen aber, daß die Heilige Schrift für sich selbst spricht, in der Sprache von Kanaan, um sicherzustellen, daß sie von jedem verstanden wird, sogar von den einfachsten Menschen.'"

Matthews schlug die Bibel zu. „Sie hatten in einem Punkt recht. Wir freuten uns nicht über die neue Übersetzung, die durch die gehaßte Konferenz eingeführt wurde, weil unsere bereits vorliegende Übersetzung von gottesfürchtigen Menschen angefertigt wurde, die nichts anderes wollten, als Gott in Frieden zu dienen."

„Papa! Du langweilst Master Morgan!" Jenny stand in der Küchentür und trocknete sich ihre Hände an einem Handtuch ab.

„Nein", widersprach Drew, „ich habe viel gelernt."

„Seid ihr beide mit dem Abwasch fertig?" fragte Matthews.

„Ja, Papa."

„Dann wird es Zeit, daß du dich mit deinem Tagebuch beschäftigst."

„Nell ist bereits oben", antwortete Jenny.

Matthews nickte verständnisvoll. „Es ist das Beste, wenn du ihr hilfst. Sag unserem Gast gute Nacht."

Jenny lächelt scheu. „Gute Nacht, Master Morgan."

„Drew, nenn mich Drew."

„Gute Nacht, Drew", kicherte sie und rannte die Treppe hinauf.

„Kann ich dir noch etwas anbieten, bevor ich zu Bett gehe?" fragte Matthews.

„Falls Sie nichts dagegen haben, hätte ich noch eine Frage. Wollten Sie mit den Ausführungen zum Ausdruck bringen, daß meine Bibel die schlechtere Version ist?"

Matthews zuckte die Schultern. „Ich weiß es nicht. Ich habe sie nie gelesen. Ich hatte vorher noch nie eine King James Bibel in der Hand. Alles, was ich weiß, habe ich von anderen Leuten erfahren." Er lehnte sich vor, kreuzte seine Hände und stützte die Arme auf die Knie. „Ich kann mich nicht dazu überwinden, eine Übersetzung zu lesen, die den Namen eines Mannes trägt, den ich nicht respektiere."

Drew mußte seine Reaktion verbergen. Matthews offener Antagonismus gegen König Charles' Vater war töricht. Wenn man in dieser Form über einen englischen König sprach, sogar über einen verstorbenen König, konnte man mit ernsthaften Schwierigkeiten rechnen, falls es die falsche

Person hörte. Für Christopher Matthews war Drew mit Sicherheit die falsche Person. Drew versuchte, ihm mehr zu entlocken. „Wie meinen Sie das?" fragte er.

Matthews zögerte. Hatte er Drews Überraschung bemerkt?

„König James mag sich in Religions- und Staatsfragen ausgekannt haben, war aber unmoralisch, und danach wird er beurteilt."

„Unmoralisch?"

„Du hast sicher von seinen Indiskretionen gehört. Es ist allgemein bekannt, daß Zuhälter und Kupplerinnen von den Unsittlichkeiten seines Hofes lebten. Dazu gehörten Wäscherinnen, die sich für wenige Pence in einer dunklen Ecke lieben ließen, genauso wie hochbezahlte Kurtisanen. Ich hörte, daß der König junge Männer den Frauen vorzog. Gegen seine eigene Familie verhielt sich der König abscheulich. Als Prinz Henry an Fieber und Durchfall litt, ließ ihn der König allein und flüchtete zu den Theobalds. Der Prinz starb daraufhin einsam und allein. Ich kann nicht eine Bibel lesen, die den Namen eines solchen Mannes trägt."

In Wahrheit war dies nichts Neues für Drew. In der Tat war Matthews Beschreibung des Hofstaats von König James harmlos verglichen mit den Geschichten, die Drew von seinem Vater gehört hatte. Trotzdem fand Drew einen Fehler in der Schilderung des Kuraten und versuchte, daraus einen Vorteil zu erlangen.

„Mir scheint", sagte er, „daß Sie die Bibel bewerten, als ob sie König James selbst geschrieben hätte. Es ist wahr, er gab sie in Auftrag, aber sie ist doch immer noch eine Übersetzung des Wortes Gottes, oder nicht?"

Der überraschte Blick des Kuraten wich einem Lächeln. Er ergänzte Drews Beobachtung mit den Worten: „Und hat Gott nicht immer unvollkommene Menschen dazu benutzt, um seine vollkommenen Worte zu übersetzen? Ein interessanter Gedanke, Master Morgan."

Drew lag vor dem verlöschenden Kamin. Da sich in der ersten Etage nur zwei Schlafzimmer befanden, schlief er auf dem Teppich vor dem Kamin. Er konnte noch lange Licht im ersten Stockwerk erkennen. Jemand arbeitete bis spät in die Nacht. Drew konnte manchmal das Umblättern von Seiten hören oder das Rücken eines Stuhls. Als das Licht schließlich ausgelöscht wurde, gerade bevor er einschlief, versuchte Drew, die erste Nachricht an Bischof Laud aus seiner Bibel zu entnehmen. Er schrieb sie auf ein Blatt Papier, das er in seiner Jackentasche versteckte. Sie lautete: (9/24/4/20-40) (41/3/18/2). *„Ich werde den Feind in deine Hände spielen, damit du mit ihm tun kannst, was du für richtig hältst."*

Drew drehte sich um und schlief ruhig ein.

Kapitel 11

In drei Tagen sollte Drews Gerichtsverhandlung stattfinden. Er hatte genug Zeit, um ausreichendes Beweismaterial zu sammeln und Edenford zu verlassen, bevor er sich dem Gericht stellen mußte.

Während ihrer ersten Begegnung hatte Christopher Matthews eine fatale Schwachstelle gezeigt. Er besaß eine Offenheit, die ihn ins Gefängnis bringen würde. Der Kurat würde eine Quelle der Selbstbeschuldigungen sein, aber Drew hielt sich dazu an, Geduld zu üben. Dieser Fall war für den Bischof von besonderer Bedeutung. Obwohl Drew nur drei Tage bis zu seiner Gerichtsverhandlung zur Verfügung standen, war er sicher, genug Beweismaterial sammeln zu können, bevor der Markttag anbrach.

Kleine Orte wie Edenford verhandelten keine rechtlichen Angelegenheiten. Sie verließen sich auf örtliche Wachmänner wie Cyrus Furman und zivile Bedienstete wie Ambrose Dudley, um Rechtsbrecher festzunehmen, bis schließlich eine entsprechend autorisierte offizielle Person sich die Klage anhören konnte und eine Entscheidung traf. In den meisten Orten führte dies einmal im Monat der Befehlshaber oder Befehlshaber einer Hundertschaft, wie er manchmal genannt wurde, durch. Er war normalerweise ein Ehrenmann von guter Erziehung und Bildung, doch konnten Diener, Gehilfen und Dienstmänner zu untergeordneten Befehlshabern ernannt werden, wenn kein geeigneter oder interessierter Gentleman im Distrikt vorhanden war. Edenford wurde aber regelmäßig von einem Befehlshaber, einem Gentleman namens David Hoffman aus Exeter, besucht.

Der ernst und vernünftig wirkende Hoffman war annähernd so breit, wie er hoch war. Seit seinem elften Lebensjahr wuchs nur noch sein Umfang. Der kleine Mann scheute keine Kosten, wenn es ums Essen ging, vernachlässigte aber seine Kleidung. Er sah daher wie ein überfüllter Getreidesack aus. Seine Arme und Beine steckten weit aus den Ärmeln und Hosenbeinen und sein Hemd öffnete sich zwischen den Knöpfen und Bändern.

Als einziges Kind seiner Eltern hatte David Hoffman nie geheiratet, und seine große Liebe war das Essen. Die Familie Matthews hatte die Versessenheit des Befehlshabers aufs Essen vor elf Jahren kennengelernt, als Christopher zum Kuraten von Edenford ernannt wurde. Die Matthews hatten Hoffman eingeladen, um Christophers Ernennung zu feiern. Nell war damals gerade sieben Jahre alt und was sie an diesem Tage sah, wurde für sie zu einem traumatischen Erlebnis.

Von dem Augenblick, da der Befehlshaber das Haus betrat, bis zu dem Zeitpunkt, an dem er herauswatschelte, hatte er nichts anderes getan, als zu essen und zu trinken. Zum Erstaunen aller Anwesenden war er ein beidhändiger Esser; beide Hände steckten die Speisen gleichzeitig in den Mund. Nell konnte sich daran erinnern, daß er manchmal eine Pause machen mußte, um Atem zu schöpfen. Er lehnte dann seinen Kopf zurück und schnappte wie ein Fisch nach Luft. Je länger er aß, desto mehr rötete sich sein Gesicht, und der Schweiß lief ihm an den Schläfen und am Kinn herunter und tropfte auf seinen dicken Bauch.

Nell hatte noch wochenlang danach Alpträume. Sie

träumte, der Befehlshaber wäre geplatzt und seine Eingeweide hätten sich auf dem Teppich im Wohnzimmer verteilt.

Die außergewöhnlichen Eßgewohnheiten des Befehlshabers wurden lediglich von der Art und Weise übertroffen, in der er Recht sprach. David Hoffman kannte die wesentlichsten und die meisten unwesentlicheren Gesetze, und daher wurde auch meistens Recht gesprochen. Er liebte deshalb seine Arbeit. Obwohl sie manchmal mühsam war, konnte der Befehlshaber Aufrührer, Verbrecher oder Landstreicher verhaften und Tavernen und Gasthäuser überprüfen. Darüber hinaus mußte er die Verhafteten dem Richter vorführen, und während der Erntezeit wurde er manchmal damit beauftragt, Erntearbeiter zu finden.

Hoffman versuchte aus mehreren Gründen, all seinen Aufgaben gerecht zu werden. Er liebte den ihm entgegengebrachten Respekt sowie die häufigen Einladungen zum Essen, was seiner großen und einzigen Liebe entgegenkam.

Im Spätsommer des Jahres 1629 bereitete sich der fettleibige Befehlshaber auf seine regelmäßige Dienstreise nach Norden vor. Er war beunruhigt. Aus London hatte er erfahren, daß sich in Edenford unangenehme Dinge abgespielt hatten. Er hoffte, daß es ein Sturm im Wasserglas war, der sich schnell verflüchtigen würde. Er wollte keinen Ärger, da seine Wiederwahl in sechs Monaten stattfinden sollte.

Drew hatte noch nie eine Familie wie die Matthews kennengelernt. Während seiner Spitzeltätigkeit hatte er zwar schon mit anderen puritanischen Familien zusammengelebt und viele andere beobachtet, aber keine entsprach dieser Familie. Sie waren irgendwie anders, besonders der Kurat.

Eine Zeitlang konnte Drew die Andersartigkeit nicht in Worte fassen. Dann fiel ihm eine Analogie ein, die seine

Eindrücke in ein Bild faßte. Die meisten von ihm beobachteten Menschen hatten ihre Religion wie Schuljungen ausgeübt, die ihre Aufgaben ausführten, oder wie Lehrlinge, die versuchten, die Arbeit ihrer Lehrherren zu kopieren. Sie versuchten, etwas zu werden, was sie nicht waren. Christopher Matthews *praktizierte* seinen Glauben nicht. Er und sein Glaube waren eine Einheit. Der Gedanke, daß er seinen Glauben praktizieren könnte, war, als ob ein Vogel fliegen lernen muß. Vögel fliegen, weil sie Vögel sind. Christopher Matthews lebte seinen Glauben genauso einfach, da er ein Teil von ihm war.

Am Frühstückstisch sagte er jeden Morgen: „Was können wir heute für Gott tun?" Was Drew am meisten überraschte, war nicht, daß er es jeden Morgen sagte, sondern, daß er meinte, was er sagte. Wenn er das Haus verließ, suchte er etwas, das er für Gott tun konnte, als sei es das Natürlichste auf der Welt.

Der Kurat folgte einer täglichen Routine. Er wäre genausowenig von seiner täglichen Routine abgewichen, wie eine Gans sich überlegen würde, ob sie am winterlichen Vogelzug teilnehmen sollte. Matthews stand morgens zwischen drei und vier Uhr auf und betete ein oder zwei Stunden lang. Danach weckte er seine Familie zum Morgengebet und zum Singen der Kirchenlieder. Anschließend las er ihnen ein Kapitel aus der Bibel vor und betete nochmals, um Gott die Gebetsanliegen seiner Töchter zu unterbreiten. Am Abend las er wieder aus der Bibel vor und unterrichtete seine Töchter. Alle Familienmitglieder zogen sich dann zurück, um über den Bibelabschnitt nachzudenken und ihr Leben im Licht dieses Abschnitts zu betrachten. Ihre Gedanken trugen sie in ein Tagebuch ein.

Wenn die beiden jungen Frauen nicht anwesend gewesen wären, hätte sich Drew wie in einem Kloster gefühlt.

Drew begleitete Christopher Matthews zwei Tage bei seiner Arbeit. Dabei stellte er fest, daß der Kurat mehr oder weniger der Bürgermeister von Edenford war. Der größte Teil des Landes gehörte immer noch als ein Überbleibsel aus mittelalterlichen Tagen, als der Gutsherr, umgeben von seinen Leibeigenen, auf dem Schloß oder Gutshof wohnte, den Chesterfields. Das alte politische System war abgeschafft worden, aber die Wirtschaft besaß immer noch überwiegend die alte Struktur, was auch auf Edenford zutraf. Die Familie Chesterfield und Edenford gehörten wirtschaftlich zusammen wie ein Ehepaar nach der Hochzeit.

In dieser Verbindung steuerten die Chesterfields ihr Land, den wirtschaftlichen Einfluß und den Familiennamen bei, der Ort produzierte im Gegenzug die Waren und erwirtschaftete das Einkommen der Familie. Normalerweise verstanden sich beide Parteien gut. Es war keine perfekte Ehe, aber man konnte mit ihr leben.

Christopher Matthews war der Verbindungsmann zwischen den beiden Parteien. Als er mit seiner jungen Frau nach Edenford zog, kam er als ein einfacher Schuhmacher. Das Handwerk hatte er von seinem Vater gelernt. Er hatte keinerlei pastorale oder politische Ambitionen. Der Ort benötigte einen Schuster, und er zog ein kleines Dorf vor, in dem er Kinder großziehen und in Ruhe leben konnte.

In dieser Zeit wurde Edenford von dem Pfarrer aus Tiverton versorgt, der in mehreren umliegenden Gemeinden seinen Gottesdienst hielt. Das war nichts Ungewöhnliches. Ein Pfarrer betreute damals mehrere Gemeinden, falls eine Gemeinde allein nicht in der Lage war, sein Einkommen sicherzustellen. Meistens konnte er nicht alle Gemeinden ausreichend betreuen, es war aber für einen Ort wie Edenford besser, einen solchen Pfarrer zu haben, als überhaupt keinen.

Es war ein Streit zwischen den Chesterfields und dem

Pfarrer, der zu einer Veränderung der pastoralen Leitung in Edenford führte. Der Pfarrer hatte Lord Chesterfields Tochter gegen dessen Willen getraut. Er tat es, weil der Vater des Bräutigams, Lord Weatherly, dem Pfarrer ein Einkommen in Taunton sicherte. Die Ehe hielt nicht lange, und der Pfarrer erhielt kein Einkommen mehr aus Edenford.

Um sicherzustellen, daß sich ein solcher Vorfall nicht wiederholen konnte, beschloß Lord Chesterfield, einen eigenen Pfarrer einzustellen, jemand, der ihm gegenüber Rechenschaft ablegen würde. Als er nach einem geeigneten Pfarrer suchte, bestimmte er, daß er keinen ausgebildeten Geistlichen benötigte. Ausgebildete Geistliche neigten dazu, die Religion zu ernst zu nehmen und mischten sich zu oft in Dinge ein, die sie nichts angingen. Er wollte einen Mann, der mit beiden Beinen auf der Erde stand, keinen Heiligen. Er sah darin mehrere Vorteile: zum einen würde der Unterhalt geringer sein, da ein Laienprediger einen eigenen Beruf haben muß; zum anderen würde der Beruf den Laienprediger so beschäftigen, daß ihm keine Zeit blieb, sich um den geistlichen Zustand der Chesterfields zu kümmern. Er suchte eigentlich einen Mann, der die Leute mit sonntäglichen Predigten bei Laune halten, ihn, falls gewünscht in religiösen Fragen beraten und ansonsten seiner Wege gehen sollte.

Er fand den geeigneten Mann im eigenen Dorf. Matthews war der religiöseste Mann Edenfords, und so bot er dem Schuster die Position an. Zunächst lehnte Matthews ab, da er sich nicht zum geistlichen Leiter berufen fühlte, aber seine Frau Jane überredete ihn, die Stelle anzunehmen. Sie erklärte ihm, daß es eine gute Möglichkeit wäre, in Edenford einen Bibelkreis einzuführen. Da er seiner jungen Frau, die ihr Vertrauen in seine Person setzte, nachgab, nahm der Schuster die Position an und wurde der Kurat von Edenford.

Innerhalb weniger Monate verringerte sich die Verbrechensrate, und die Produktivität stieg. Als Lord Chesterfield nachforschte, stellte er fest, daß die Veränderung in Christopher Matthews ruhiger Führung und starkem Charakter begründet war. Der Kurat hatte jedes Haus des Ortes besucht und die Leute von einem gottgefälligen Lebenswandel überzeugt. Er bot ihnen an, Gottes Weg sechs Monate lang auszuprobieren. Falls sie sich nach dieser Zeit nicht wohl fühlen sollten, würde er sie in Ruhe lassen, und jeder konnte wieder tun, was er wollte. Nach zwei Monaten war der Ort wie umgewandelt, und Christopher Matthews wurde Edenfords Mose, Prophet und Führer.

Zuerst fühlte sich Lord Chesterfield durch Christopher Matthews neuen Einfluß bedroht. Das Dilemma war, daß er die erhöhte Produktion und die verringerte Kriminalität zu schätzen wußte. Seine Probleme wurden durch einen Geniestreich gelöst. Statt ihn nur zum Kuraten von Edenford zu ernennen, übertrug er ihm zusätzliche Aufgaben. Das war die Lösung, er übertrug dem Kuraten die Verantwortung für alle Geschäftsfragen in Edenford.

Anfänglich lehnte Matthews das Angebot ab. Er wollte keine zusätzlichen Aufgaben und Verantwortungsbereiche übernehmen und lediglich der geistliche Leiter Edenfords sein. Seine Frau überredete ihn abermals. Sie sah es als eine Aufgabe, die beiden Seiten Vorteile bringen konnte. Er würde nicht nur die Chesterfields vor den Leuten, sondern auch die Leute vor den Chesterfields vertreten, was dazu führen konnte, daß sie bessere Lebensbedingungen erhielten.

Unter Matthews Führung wuchs das Wollgewerbe stärker als jemals zuvor, von der Schafzucht über das Scheren bis zum Spinnen, Weben, Waschen und Kämmen, Färben und Trocknen der Serge. Der größte Erfolg des Edenforder Geschäftslebens aber war die feine, von den weiblichen Mitgliedern der Matthews-Familie geklöppelte Spitze.

Die Schatten wurden länger, als Drew, Christopher Matthews und David Cooper zum Dorfanger gingen. Drew war dem Kuraten den ganzen Morgen von einem Geschäft zum andern gefolgt und über den freundlichen Empfang erstaunt. Als Junge hatte er die Geschäfte seines Vaters beobachtet und war zu der Überzeugung gekommen, daß Geschäfte durch Schreien, Drohungen und Konfrontationen abgewickelt wurden. In Edenford war alles anders. Die Geschäftseigentümer begrüßten Matthews mit freundlicher Herzlichkeit. Die Geschäfte wurden im freundlichen Ton und mit einem Handschlag abgewickelt. Gegen Mittag fragte Drew laut, ob der Kurat irgendwelche Feinde besaß.

„Das ist eine eigenartige Frage", antwortete Matthews. Er sah den nachdenklichen Cooper an. „Warum möchtest du wissen, ob ich Feinde habe?"

Es war ein Fehler, ein Fehltritt, der Drew verdächtig erscheinen ließ. „Entschuldigen Sie, wenn ich Sie verletzt habe", stammelte er. „Wo ich herkomme, ist die Abwicklung eines Geschäfts normalerweise eine unangenehme Sache. Hier sind alle Leute so freundlich."

„Das kommt davon, daß wir mehr als nur Nachbarn sind. Wir sind eine Familie."

Familie ... nicht wie meine Familie! Wir waren nie so freundlich zueinander.

Bei jedem Hausbesuch behandelte der Kurat jede Person, mir der er sprach, in einer Art und Weise, als wäre sie der bedeutendste Einwohner von Edenford. Drew erkannte, daß er keine Gefahr lief, von den Leuten Edenfords als Verbrecher gebrandmarkt zu werden.

Er mußte sich sogar daran erinnern, daß er unter der rechtlich eingesetzten Aufsicht des Kuraten stand. Wohin sie auch gingen, Matthews stellte ihn immer vor, als wäre er ein gern gesehener Gast aus London.

Drew hatte auch Frau Weathersfield getroffen, eine Witwe, die mitteilte, daß sie jeden Tag dafür bete, daß Matthews Töchter passende Ehemänner bekommen würden. Es war kein Geheimnis, daß sie auch dafür betete, einen eigenen Ehemann zu finden, nach Möglichkeit den Kuraten. Matthews gab ihr einige Shillinge, damit sie sich Lebensmittel kaufen konnte. Als Nell später erfuhr, daß das Geld nicht aus der Kirchenkasse kam, sondern aus der Geldbörse von Christopher Matthews, war sie verärgert. Es war nicht das erste Mal, daß ihr Vater zu viel Geld gespendet hatte und sie nicht genug besaßen, um selbst Lebensmittel zu kaufen. Darüber hinaus mußte ihr Gast, Drew Morgan, auch noch verköstigt werden.

Drew hatte auch David Cooper, den Dorfschuster und Jugendfreund des Kuraten aus Exeter, getroffen. Die beiden Freunde hatte die Berufe ihrer Väter erlernt und wuchsen zusammen auf. Cooper saß an dem Tag neben Matthews, als Drew verhaftet wurde. Er war ein großer, behaarter Mann mit einem ebenso großen Lächeln. Seine dicken schwarzen Haare, sein Bart und seine kräftigen Arme erinnerten Drew mehr an einen Schmied als an einen Schuster. Nachdem Matthews von Lord Chesterfield zu dessen Stellvertreter und zum Kuraten ernannt worden war, hatte er seinen Jugendfreund nach Edenford geholt, da der Ort nun keinen Schuster mehr besaß.

Im Schusterladen untersuchte Matthews die Schuhe und tat so, als würde er die schlampige Arbeit bemängeln, was schwirig war, da die Schuhe ausgezeichnet gearbeitet waren. Die beiden Freunde entschlossen sich dann, den Rest des Tages frei zu machen und nahmen Drew mit.

Die drei Männer verbrachten den Rest des Nachmittags auf der Bowlingwiese. Die beiden Freunde waren ebenbürtige Spieler und weitaus besser als Drew, der nur einmal in seinem Leben eine Bowlingkugel in der Hand gehabt hatte. Bowling wurde als ein Sport des gemeinen Volkes betrachtet und lag unter der Würde eines Adeligen.

Nachdem der Kurat die ersten beiden Spiele gewonnen hatte, legte sich Drew auf den Rasen und schaute zu. Er amüsierte sich über ihren Wettkampf. Als Matthews das dritte Mal gewonnen hatte, wurde der Schuster ärgerlich und warf die Kugeln so kräftig, daß sie Löcher im Rasen hinterließen. Der Kurat meinte, daß die Kugeln ein Erdbeben in der Hölle verursachen würden, was den Schuster zum Lachen brachte. Sein Ärger verflog so schnell, wie er aufgeflammt war.

„Ist das die Art und Weise, wie Sie auf einen Gefangenen aufpassen?" fragte eine ärgerliche Stimme hinter Drews Rücken. Es war Ambrose Dudley. Sein Gesicht war gerötet, und er zischte die Worte durch seine gelben Zähne. Der alte Wachmann, Cyrus Furman, folgte ihm und zog die alte Muskete der Stadt hinter sich her.

„Master Morgan geht nirgendwo hin, nicht wahr, Drew?" Matthews betonte Drews Namen, im Gegensatz zu Dudleys Anrede: „Gefangener."

Drew blieb auf dem Rasen liegen, lächelte und schüttelte den Kopf.

„Das ist unverantwortlich. Absolut unverantwortlich!" schimpfte der Schreiber. „Der Junge könnte der Mörder von Shubal Elkins sein!"

Der Kurat fragte Drew: „Du bist aber nicht der Mörder von Elkins, oder?"

„Nein", erwiderte Drew und zupfte einen Grashalm aus.

Der Kurat war in einer spielfreudigen Gemütsverfassung, aber Ambrose Dudley war es nicht. Er biß die Zähne zusammen, ging auf und ab und beobachtete die drei Männer.

Matthews ging auf ihn zu und erklärte: „Ambrose, der Junge läuft nicht weg. Er wird am Markttag hier sein."

Dudley wollte sich nicht beruhigen. „Wenn er nicht hier ist, wirst du dafür verantwortlich gemacht! Komm, Cyrus." Der verärgerte Schreiber drehte sich um und stelzte davon. Sein älterer Begleiter zuckte die Schultern und folgte ihm.

Matthews schaute Cooper an. „Meinst du, wir hätten ihn zum Bowling einladen sollen?"

Die drei überquerten die Straße, die die Bowlingwiese vom Fluß und dem abfallenden Ufer trennte. Als sie sich auf den Rücken gelegt und ihre Hände hinter den Köpfen verschränkt hatten, erzählte Cooper, daß er am Markttag eine Wagenladung Schuhe nach London schicken werde. Der Kurat fragte Drew, ob er schon einmal in London gewesen sei. Drew hatte beiläufig erwähnt, daß er mit seiner Familie nach Windsor Castle gefahren war, unterließ es aber, die Geschichte über die Ritterrüstung und Bischof Laud zu erzählen.

„Bist du schon einmal in der St. Michael's Church gewesen?"

„Ich habe sie einmal besichtigt", antwortete Drew, „habe aber an keinem Gottesdienst teilgenommen."

„Als ich das letzte Mal in London war, habe ich sie besichtigt", meinte der Kurat. „Ich weiß nicht, ob ich dort beten könnte."

„Warum nicht?" Die Frage kam von Cooper.

„Einige Dinge störten mich. Der Altar sieht zu prachtvoll aus und würde mich ablenken. Ich würde ihn wahrscheinlich betrachten, anstatt Gott anzubeten. Auf den Stufen der Kirche sitzen die Armen, Heimatlosen und Hungrigen. Sie wohnen dort. Zweimal am Tag versucht der Kirchenaufseher, sie davonzujagen. In mancher Hinsicht kann ich ihn verstehen, da sie viel Schmutz hinterlassen. Sie urinieren gegen die Säulen und lassen ihren Abfall auf den Stufen. Was mich aber am meisten stört, ist der Umstand, daß sie vor einer Kirche sitzen und daher in Gottes Nähe sind."

Das Gespräch führte von Kirchengebäuden über die Kontroverse zwischen den Bischöfen und den Puritanern bis zur Verfolgung der Puritaner, seit William Laud zum Bischof von London ernannt wurde. Das neue Thema machte Drew unruhig, aber es gab keinen Hinweis darauf, daß dies ein Mittel war, um seine Ansichten zu erfahren.

„Wenn ich über Laud nachdenke, muß ich an eine Geschichte denken, die ich kürzlich über ihn hörte", sagte Matthews und setzte sich aufrecht.

„Dich erinnert alles an eine Geschichte", unterbrach ihn Cooper.

„Das stimmt. Ich glaube aber, daß ihm einige seiner Taten Alpträume bereiten müssen."

„So, dann erzähl uns die Geschichte."

Matthews stand mit einem Seufzer auf. „Wir haben jetzt keine Zeit für Geschichten. Wir müssen nach Hause gehen."

„O nein, nicht jetzt!" schimpfte Cooper. Er zog Matthews zu Boden und setzte sich auf ihn. „Nicht, bevor ich die Geschichte gehört habe!"

Drew beobachtete amüsiert die beiden Männer. Er hatte noch nie erwachsene Männer gesehen, die sich so verhielten. Die Männer, die er kannte, machten nie Späße miteinander. Es hätte die Schranken zu stark abgebaut. Jemand könnte die Schwächen erkennen und ausnutzen.

„In Ordnung! Ich erzähl dir die Geschichte. Laß mich los, du Ochse!" rief Matthews. „Ich bekomme keine Luft mehr!"

Cooper setzte sich neben ihn, war aber bereit, ihn festzuhalten, falls Matthews versuchen sollte, erneut zu entkommen. Matthews machte aber keine derartige Bewegung, wischte sich den Staub von der Kleidung und begann damit, seine Geschichte zu erzählen.

„Es gab einmal einen armen Mann, der keine andere Überlebensmöglichkeit sah, als Wegelagerer zu werden. Er erklärte seiner Frau, daß es einfacher und gewinnträchtiger sei, als jeden Tag zu arbeiten. Am nächsten Tag ging er mit einem Stock in der Hand zur Straße, die von London nach Grantham führt. Ein Reiter kam auf ihn zu. Der arme Mann wartete, bis der Reiter nah genug war und ergriff die Zügel des Pferdes.

‚Halt an und gib mir deine Wertsachen!' rief er und erhob seinen Stock.

Der Reiter begann zu lachen! ‚Würde ein Dieb einen Dieb bestehlen?' fragte er. ‚Ich gehöre zu deinem Gewerbe, du Dummkopf! Du bist entweder dumm oder hast gerade erst mit diesem Geschäft angefangen. Du machst alles falsch!'

‚Ich habe noch nie jemand überfallen.'

‚Ich dachte es mir', antwortete der Reiter. ‚Beachte daher meinen Rat und paß auf, was ich dir sage. Wenn du jemand überfallen möchtest, solltest du nie seine Zügel ergreifen und ihn auffordern, abzusteigen. Du solltest ihn sofort niederschlagen. Falls er immer noch zu dir spricht, schlage noch einmal zu und sage: „Hör auf zu winseln", dann hast du ihn, wo du ihn haben willst.'

Sie gingen eine Zeitlang miteinander, und der Reiter erklärte dem armen Mann seine Kunst. Als sie durch eine bestimmte Stadt gingen, kamen sie in eine Gasse mit einem schlechten Ruf. Der arme Mann sagte zu seinem Lehrherrn: ‚Ich kenne diese Gegend vielleicht besser als Sie. Diese Gasse hat einen schlechten Ruf, da alle Reisenden Gefahr laufen, beraubt zu werden. Falls Sie aber durch dieses Tor und am Feldrand entlang reiten, umgehen Sie die Gasse.'

Der Reiter nahm den Rat des alten Mannes an und folgte ihm durch das Tor. Auf der anderen Seite des Tors schlug ihn der arme Mann mit seinem Stock nieder.

Der Reiter schrie: ‚Ist das der Lohn für meinen Rat?'

‚Hör auf zu winseln!' rief der arme Mann und gab ihm einen Schlag auf den Kopf. Er hatte ihn, wo er ihn haben wollte, und stahl das Pferd und seine Geldbörse mit fast fünfzig Pfund. Der arme Mann ritt so schnell er konnte zu seiner Frau zurück.

Als er zu Hause ankam, sagte er zu seiner Frau: ‚Ich finde diese Art von Arbeit sehr schwierig. Ich möchte nichts mehr damit zu tun haben und bin zufrieden mit dem, was ich habe. Ich habe einem Reiter sein Pferd und seine fünfzig Pfund abgenommen. Da er auch ein Dieb war, kann ich dafür nicht bestraft werden und in Ruhe leben.'"

David Cooper wischte sich über seinen Schnurrbart und lachte. „Ich mag die Geschichte."

Drew nickte zustimmend.

„Ich habe aber eine Frage", erklärte Cooper. „Was hat die Geschichte mit Laud zu tun?"

Christopher Matthews stand auf und streckte sich. „Es ist schon spät", entgegnete er, „ich erkläre es dir auf dem Rückweg."

Die beiden Männer begleiteten ihn. Inzwischen warfen sie schon lange Schatten.

„Wie ich es sehe", erklärte er, „ist England der arme Mann in der Geschichte – hungrig, verzweifelt, und auf der Suche nach einer Möglichkeit zum Überleben. Bischof Laud ist der Reiter. Er erzählt, daß er um Englands Zukunft besorgt ist, und daß die Puritaner an der gegenwärtigen Situation schuld sind. Er sagt den Leuten, daß sie die Puritaner hassen und töten sollen. Was er aber nicht berücksichtigt, ist, daß sich der von ihm ausgestreute Haß einmal gegen ihn selbst richten wird. Ich glaube, daß England überleben wird, nachdem alles gesagt und getan wurde, aber Laud wird nicht überleben."

Die drei gingen schweigend über den Dorfanger.

Der Kurat brach das Schweigen und meinte: „Ich bete dafür, daß ihm Gott die Augen öffnet, bevor es zu spät ist."

Am Tag vor dem Markttag, dem dritten Tag nach Drews Gefangennahme, ließ Matthews Drew mit seinen Töchtern Nell und Jenny zu Hause. Als sie nach den Morgengebeten vom Dorfbrunnen Wasser holten, erklärte er, daß er vertrauliche und wichtige Geschäfte ausführen müsse. Drew bot er eine Alternative an: er könne mit seinen Töchtern zu Hause bleiben oder mit dem Wachmann die Straßen entlanglaufen.

Drew überdachte die Möglichkeiten; er konnte mit zwei attraktiven Mädchen im Haus bleiben oder mit dem dummen alten Wachmann durch die Straßen Edenfords marschieren. Er brauchte nicht lange, um seine Entscheidung zu treffen und freute sich darauf, mit Jenny zu flirten. Was ihn überraschte, war seine Bereitschaft, den Tag ebenfalls mit Nell zu verbringen. Ihre Klugheit und Selbstsicherheit schüchterten ihn ein, er konnte sich aber nicht erklären, warum er sich zu ihr hingezogen fühlte.

Als die beiden Männer das Wasser aus dem Brunnen zogen, lief David Cooper auf sie zu und nahm Matthews zur Seite. Sie flüsterten einige Zeit miteinander. Drew zog weiter Wasser aus dem Brunnen und tat so, als ob er nicht lauschen würde. In Wahrheit hörte er genau zu. Er verstand nicht viel, nur die Worte „Ladung", „Lieferung" und „Schwierigkeiten".

„Ich fürchte, ich muß dich jetzt verlassen", sagte der Kurat zu Drew. „Sag Nell und Jenny, daß ich möglicherweise erst spät am Abend zurückkehre. Sie werden es verstehen." Mit einem verlegenen Grinsen fügte er hinzu: „In meinem Beruf passiert das oft!"

Drew beobachtete die beiden Freunde, die auf den Schusterladen zugingen. Auf dem Weg dorthin trafen sie Ambrose Dudley. Eine heiße Diskussion entbrannte, und Drew sah, wie der verärgerte Schreiber mehrmals mit dem Finger auf ihn zeigte, aber Matthews und Cooper setzten ihren Weg fort. Dudley stemmte seine Hände in die Hüften und starrte Drew an.

Drew tat so, als würde er ihn nicht sehen, und nahm die Wassereimer auf. Anstatt zur High Street und zu Matthews' Haus zu gehen, ging er die Market Street hinunter. Es war die Straße, die über die südliche Brücke und aus dem Ort hinausführte. Als er um die Ecke ging, sah er aus den Augenwinkeln, daß ihm Dudley folgte. Drew ging schneller und nahm die Straße, die parallel zur High Street verlief. Am Ende der Straße hatte er den Schreiber weit hinter sich gelassen. Er lief schnell die Straße zwischen dem Kornfeld und den Häusern hoch und öffnete, ohne anzuklopfen, die Haustür. Nell und Jenny klöppelten Spitze und waren überrascht.

„Pssst!" Er stellte die Wassereimer auf den Boden, zog einen Stuhl heran und sah aus dem offenen Fenster.

„Master Morgan! Was um Himmels willen ..."

„Pssst!" Drew zeigte auf die Straße.

Die Mädchen waren verblüfft, schauten aber trotzdem aus dem Fenster. Einige Augenblicke geschah nichts. Drew fragte sich, ob überhaupt etwas geschehen würde. Vielleicht hatte Dudley aufgegeben.

In diesem Augenblick erschien eine lange Nase am Fensterrahmen, gefolgt vom hageren Gesicht des Schreibers. Drei Leute starrten ihn an.

„Guten Morgen, Master Dudley", sagte Jenny in freundlichem Ton.

Drew schaukelte auf seinem Stuhl hin und her.

Der überraschte Schreiber erwiderte kein Wort. Er streckte sich mit lautem Schnauben in die Höhe und stolzierte die Straße hinunter.

Die drei jungen Leute lachten, Jenny kicherte mit kindlicher Stimme, Nell lachte in einem leichten, aber vollen Ton. Drew war wieder über seine Gefühle erstaunt. Nells Lachen nahm ihn gefangen. Ihre braunen Augen strahlten, und ihre weißen Zähne unterstrichen das vollkommene Lächeln. Er liebte es, sie so zu sehen und freute sich, daß er der Anlaß der Fröhlichkeit war.

„Um was handelt es sich eigentlich?" fragte Nell.

Drew hob die Wassereimer auf, um sie in die Küche zu bringen. „Ich nehme an, daß er glaubte, ich würde davonlaufen. Euer Vater ließ mich am Brunnen allein zurück. Er hatte mit Master Cooper wichtige Geschäfte zu erledigen und sagte, daß er erst spät nach Hause kommen würde."

Die Nachricht ernüchterte Nell sofort, und ihr Gesicht brachte ernsthafte Sorge zum Ausdruck. Drew registrierte Nells Besorgnis mit Erstaunen, da sie weit über das Alter hinaus war, in dem ein Mädchen verärgert ist, wenn ihr Vater spät nach Hause kommt. Hinter der Abwesenheit des Kuraten steckte mehr, als man Drew erzählen wollte.

Nell nahm ihre Arbeit mit starrem Gesichtsausdruck wieder auf. „Vielen Dank für die Nachricht", war alles, was sie sagte.

„Und vielen Dank, daß du nicht weggelaufen bist!" strahlte Jenny.

Nell stieß einen Seufzer aus.

Während des größten Teils des Vormittags schaute Drew zu, wie die Mädchen Spitze klöppelten. Er beobachtete meistens die Mädchen, weniger die Arbeit. Nell arbeitete ernsthaft, ihr dunkelbraunes Haar wippte, wenn sie sich nach vorn beugte. Ihr breiter Nasenrücken stand zwischen den beiden eindrucksvollen Augen und unterstrich ihre dicken vollen Augenbrauen sowie ihre vollen Lippen. Ein leichtes Lächeln spielte in ihren Augen- und Mundwinkeln. Drew hatte es vorher nie bemerkt.

Jenny war ein wenig größer als ihre Schwester. Ihre Haut war weißer und paßte gut zu ihren glatten, bis an die Hüften reichenden Haare. Drew mochte es, wenn sie die Haare zurückwarf.

Die Mädchen waren ähnlich gekleidet: Musselinblusen und Röcke in gedämpften Farben. Die erwähnenswerteste Ähnlichkeit zwischen den Mädchen waren die geschmeidigen langen Finger, mit denen sie die Fäden zogen oder nachließen oder sie in ein feines, künstlerisches Muster legten.

Drew hatte noch nie gesehen, wie eine solch grazile Arbeit ausgeführt wird. Da er aus einer wohlhabenden Familie stammte, hatte er in Wirklichkeit noch nie gesehen, wie gearbeitet wurde.

„Es wird *punto a groppo* genannt", erklärte Nell.

„Klöppelspitze", übersetzte Jenny.

Zuerst wurde ein geometrisches Muster auf ein Stück Pergamentpapier gezeichnet, in das Löcher gestanzt wurden, die anzeigten, wo die Nadeln hindurchgeführt werden mußten. Die Nadeln hielten die Fäden während der Herstellung der Spitze zusammen. Das Stück Pergamentpapier wurde dann auf ein Kissen geheftet und die Nadeln mit Fäden versehen. An den anderen Enden der Fäden wurden Bleigewichte befestigt. Früher hatte man Klöppel benutzt, die der Spitze ihren ursprünglichen Namen „Klöppelspitze" gaben. Die Fäden wurden schließlich in Schlingen gelegt, miteinander verbunden, geflochten und um die Nadeln gewickelt. Sie bildeten dann eine Reihe tiefer winkliger Punkte, die durch schmale Bänder miteinander verbunden wurden. Das fertige Produkt war ein offenes, feines Gewebe, das von allen modebewußten Leuten verehrt wurde.

Wie eindrucksvoll die Spitze auch aussah, sie war nichts im Vergleich zu den schlanken Händen, die sie herstellten. Nells schlanke Finger tanzten erfahren um die Nadeln. Ihre Hände bewegten sich in einem schnellen und ruhigen Rhythmus wie bei einem Tanz, in dem der Herr seine Dame führt. Jede Bewegung war gezielt und vollkommen ausgeführt.

„Master Drew, es ist unhöflich, jemand anzustarren", sagte Nell mit amüsiertem Blick.

„Vergebt mir", stotterte Drew. „Eure Arbeit fasziniert mich."

„Hast du noch nie jemand bei der Arbeit beobachtet?"

Drew nahm die trockene Anspielung zur Kenntnis.

„Nell! Master Morgan ist unser Gast", verteidigte ihn Jenny. „Du solltest nicht in dieser Art und Weise mit ihm sprechen!"

„Möglicherweise nicht", entgegnete Nell in einem wenig überzeugenden Tonfall. „Vielleicht bin ich nur nicht daran gewöhnt, daß gesunde Männer den ganzen Tag im Haus herumsitzen und nichts tun."

„Nell!" Jenny drehte sich um zu Drew und erklärte: „Ich freue mich über deine Gesellschaft, auch wenn es bei meiner Schwester anders ist."

Drew lehnte sich auf seinem Stuhl zurück und verschränkte die Arme. „Ich tue gern, was ich kann, solange es legal ist."

Der Witz kam nicht richtig an.

„Falls das Angebot ernst gemeint ist, können Sie etwas tun, das die Zeit leichter vergehen läßt, Master Drew."

„Sagt mir, was es ist, und ich werde es ausführen!"

„Haben Sie eine gute Stimme zum Vorlesen, Master Drew?" fragte Nell.

Drew zuckte die Schultern. „Ich nehme es an."

„Es würde die Zeit schneller vergehen lassen, wenn Sie uns vorlesen würden, während wir arbeiten."

„Das kann ich machen. Was möchtet Ihr hören?"

„Mir wäre die Bibel am liebsten", antwortete Nell.

Drew gefiel die Vorstellung, Nell auch einmal eine bittere Pille schlucken zu lassen. „Eine ausgezeichnete Wahl!" rief Drew. „Ich bin sicher, daß es Euch nichts ausmacht, wenn ich aus meiner Bibel vorlese, der Bibel, die von König James in Auftrag gegeben wurde."

Jenny stöhnte. „Ich glaube, Papa würde das nicht mögen."

Falls Nell über die Ansicht ihrer Schwester schockiert war, zeigte sie es nicht. Sie legte einen Faden in eine Schlaufe und meinte: „Mir würde es gefallen."

„Nell!" rief Jenny, legte ihre Arbeit nieder und starrte ihre Schwester an.

„Falls es Ihnen nichts ausmacht", fuhr Nell fort, „und da Sie vorschlugen, aus Ihrer Bibel vorzulesen, finde ich es nur gerecht, wenn ich den Bibeltext aussuche."

Drew holte seine Bibel aus der Tasche am Kamin hervor. „In Ordnung", sagte er.

Nell wählte den Text erst aus, nachdem sich Drew wieder hingesetzt hatte. Jenny saß an ihrem Platz und staunte nur, daß ihre Schwester dazu bereit war, Texte aus einer fremden Bibel zu hören.

„Was soll ich vorlesen?" fragte Drew, als er sich auf den Stuhl fallen ließ.

„Das Hohe Lied Salomos, viertes Kapitel."

Drew schlug das Inhaltsverzeichnis seiner Bibel auf, begann mit dem ersten Buch Mose und fuhr mit seinem Finger das Inhaltsverzeichnis entlang. „Das Hohe Lied Salomos ... das Hohe Lied Salomos ..." Er bemerkte Jennys gerötete Wangen nicht.

Nell beobachtete ihn amüsiert. „Lesen Sie oft in der Bibel, Master Morgan?"

„Ständig", antwortete Drew, ohne aufzusehen.

„Es ist in der Mitte der ..."

„Ich hab's gefunden!" Drew blätterte durch die Seiten und sagte: „Viertes Kapitel ... erster Vers. Hier ist es!" Er setzte sich aufrecht und begann zu lesen. „Siehe, meine Freundin, du bist schön ..." Er machte eine Pause. Ein verlegenes Grinsen erschien auf seinem Gesicht. Jenny kicherte unkontrolliert, aber Nell behielt ihr ernstes Gesicht.

„Lesen Sie weiter", sagte sie, „Sie machen das gut."

Drew erkannte, daß er hereingefallen war, wollte aber nicht klein beigeben. Es war ein Kampf der Persönlichkeiten, und er hatte die Absicht, ihn zu gewinnen. Er fuhr mit klarer Stimme fort. „Deine Augen sind wie Taubenaugen ..."

„Master Morgan?"

Drew sah auf, um herauszufinden, warum er unterbrochen wurde.

„Könnten Sie von vorn anfangen? Entschuldigen Sie das Gekicher meiner Schwester."

Jenny nahm sich zusammen.

Drew räusperte sich und begann erneut, diesmal sogar noch lauter. „Siehe, meine Freundin, du bist schön! Deine Augen sind wie Taubenaugen hinter deinem Schleier. Dein Haar ist wie eine Herde Ziegen, die herabsteigen vom Gebirge Gilead. Deine Zähne sind wie eine Herde geschorener Schafe, die aus der Schwemme kommen; alle haben sie Zwillinge, und keines unter ihnen ist unfruchtbar. Deine Lippen ..."

Drews Stimme ließ nach. Jenny begann wieder, unkontrolliert zu kichern und sogar Nell hatte Schwierigkeiten, eine ernste Miene zu behalten.

„... sind wie eine scharlachfarbene Schnur und dein Mund ist lieblich. Deine Schläfen sind hinter deinem Schleier wie eine Scheibe vom Granatapfel. Dein Hals ist wie der Turm Davids, mit Brustabwehr gebaut, an der tausend Schilder hängen, lauter Schilder der Stärke. Deine beiden ..."

Drew errötete. Er hatte einige Worte der Bibel verschlüsselt, die Bibel aber nie gelesen. Er hatte auch nie einen Pfarrer in der Kirche in Winchester gehört, der diese Passage vorlas.

„Lesen Sie weiter", rief Nell, „Sie machen es sehr gut."

Drew knirschte mit den Zähnen. „Deine beiden Brüste sind wie junge Zwillinge von Gazellen, die unter den Lilien weiden."

Zwei schockierte Frauen kamen mit aufgerissenen Augen am offenen Fenster vorbei. Jenny versteckte ihr Gesicht im Kissen und ihre Schultern zuckten unkontrolliert, als sie versuchte, das Lachen zu stoppen. Auch Nell konnte nicht länger ein ernstes Gesicht machen. Tränen liefen ihr die Wangen hinunter, als sie versuchte, sich das Lachen zu verkneifen.

Drew schloß die Bibel. „Ich glaube, ich habe genug aus der Bibel vorgelesen. Ich werde spazierengehen." Als er die Tür schloß, konnte er das laute Lachen der Mädchen hinter sich vernehmen.

Kapitel 12

Am Markttag war es kalt und dunkel. Die schweren grauen Wolken kündigten Regen an, öffneten sich aber nicht. An jedem anderen Tag hätte sich die Stimmung der Einwohner dem Grau des Tages angepaßt, aber nicht heute. Es war Markttag, und die hart arbeitenden Edenforder würden sich nicht vom Grau dieses Tages den Spaß verderben lassen, dem Alltag zu entkommen. Darüber hinaus war dieser Markttag mit Spannung erwartet worden, da es der Tag war, an dem Drew Morgan vor Gericht gestellt werden sollte.

Das Gerichtsverfahren war für den späten Vormittag angesetzt, da der Befehlshaber ungern früh aufstand. Danach mußte er natürlich sein Frühstück einnehmen, das manchmal bis zum Mittagessen dauerte. Die Einwohner kannten Hoffmans Zeitplan. Es war keine Eile geboten. Falls der Angeklagte bis jetzt noch nicht davongelaufen war, konnte man mit Sicherheit annehmen, daß er noch da sein würde, wenn der Befehlshaber Hoffman sein Frühstück beendet hatte.

In der Zwischenzeit amüsierten sich die Bewohner von Edenford. Die Frauen gingen in kleinen Gruppen schwatzend und lachend von einem Stand zum andern, während sie Käse, Gemüse und Früchte kauften. Die Männer versammelten sich normalerweise vor der Kirche oder vor David Coopers Schusterladen. In den Gesprächen ging es um die Probleme der Wollgeschäfte, der Politik und Religion, da man in jener Zeit nicht eins vom anderen trennen konnte, sowie die in dieser Woche erzielten Bowlingpunkte und anderen Klatsch. Die jüngeren Männer waren meistens auf der Wiese neben der Kirche, wo sie Ringkämpfe austrugen, um die Wette liefen oder mit dem Ball spielten, wobei der Ball nur mit dem Fuß getreten werden durfte.

Das Wichtigste am Markttag waren aber die Gerüche. Der muffige Wollgeruch wurde durch die süßen Düfte von frischem Brot und Brötchen sowie durch den Duft der Blumen und den Geruch der Käse- und Gemüsesorten vertrieben.

Drew begleitete die Familie Matthews den Hügel hinunter zur Market Street. Jeder trug ein Bündel oder einen Korb. Die Mädchen hatten Lebensmittel, die Bibeln und andere Dinge eingepackt, die sie tagsüber benötigen würden. Ein scharfer Windstoß blies Drew den Filzhut vom Kopf und die Straße hinunter in Richtung Südbrücke. Die Matthews warteten auf ihn, als er hinterherlief. Er war auf dem halbem Weg zur Brücke, ehe er ihn fangen konnte.

Vielleicht sollte ich einfach weiterlaufen, dachte er. Trotz Christopher Matthews' Versicherung, daß alles in Ordnung gehen würde, hatte ihn das Gerichtsverfahren beschäftigt. Möglicherweise war der Hut ein Omen, das ihm zeigen wollte, davonzulaufen, solange er noch dazu in der Lage war. Im Grunde genommen hätte er nicht einmal hier sein sollen. Er dachte daran, daß er eigentlich schon den Ort verlassen haben müßte, aber in den letzten Tagen erfuhr er nichts Neues. Außerdem wollte er das Geheimnis des Ortes herausbekommen. Konnte er überhaupt gehen, bevor ihm das gelungen war? Drew zog seinen Hut fest über den Kopf und ging gegen den Wind auf die Matthews und sein Gerichtsverfahren zu.

Hinter den Matthews ertönten Rufe, die vom Dorfanger kamen. Nell und Jenny hatten sich bereits umgedreht, um festzustellen, was das zu bedeuten habe. Zwei Männer hatten ihre Hemden ausgezogen und begannen einen Ringkampf. Einer von ihnen war ein rothaariger Riese, der andere mittelgroß und dunkelhaarig. Jenny drehte sich zu Nell und flüsterte ihr etwas ins Ohr. Nell schob sie von sich weg.

Der rothaarige Riese spielte mit seinem kleineren Gegner. Der dunkelhaarige Mann, den Drew noch nie vorher gesehen hatte, schrie auf vor Wut. Gleichgültig, was er versuchte, er konnte den größeren und schnelleren Mann nicht greifen. Je mehr der dunkelhaarige Mann es versuchte, desto wütender wurde er. Er beugte den Kopf und griff seinen Gegner an. Drew dachte bei sich, daß er wie eine Bowlingkugel aussah, die auf das Ziel zuschoß. Kurz vor dem Zusammenstoß trat der Riese zur Seite, ergriff den vorbeilaufenden Körper und warf ihn durch die Luft. Der Dunkelhaarige ruderte mit Armen und Beinen und landete vor den Füßen der Zuschauer.

In Erwiderung der Beifallsrufe verbeugte sich der rothaarige Mann und hob den Arm zum Siegeszeichen. Als er Nell anschaute, wurde sein Grinsen noch breiter. Er schien besonders davon angetan zu sein, daß sie seinen Sieg gesehen hatte.

Der dunkelhaarige Ringer war aber nicht bereit, aufzugeben; die Arroganz des roten Riesen stachelte ihn an. Er stand auf, ballte seine Fäuste, griff den Riesen von hinten an und boxte ihm in die Nieren.

Der Schmerz dieses Schlages spiegelte sich auf dem Gesicht des Riesen wider. Mit erstaunlicher Schnelligkeit wirbelte er herum, schlug den dunkelhaarigen Mann zu Boden und prügelte weiter auf ihn ein.

Vier starke Männer, einer von ihnen Christopher Matthews, zogen die beiden Kampfhähne auseinander. Der kleinere Mann blutete aus der Nase. Als der Riese den Kuraten ansah, konnte man in seinem Gesicht Verlegenheit und Beschämung erkennen. Er sah Nell an, die ihm einen verächtlichen Blick zuwarf. Sie schüttelte den Kopf, drehte sich um und ging auf die Marktstände zu.

„Nell, warte!" rief der rote Riese.

Nell antwortete nicht und ging weiter die Straße hinunter.

„Nell, er hat mich zuerst angegriffen!" rief er.

Drew beugte sich zu Jenny und fragte: „Haben die beiden etwas miteinander?"

Jenny lächelte und freute sich über Drews Nähe. Sie lehnte sich gegen Drew, um ihm noch näher zu sein. „Er hätte es gern", flüsterte sie, „ich glaube aber, daß er seine Zeit verschwendet."

„Warum sagt ihm Nell nicht, daß sie nicht an ihm interessiert ist?"

„Es ist nicht leicht für sie. Wir sind mit den Coopers schon länger befreundet als sie lebt. Sie gehören sozusagen zur Familie."

„Coopers? Er ist einer von den Coopers?"

Jenny nickte und schaute auf Drews Lippen. „Sein Vater ist David Cooper, der Schuster."

Nachdem er das Verwandtschaftsverhältnis erfahren hatte, konnte er die Ähnlichkeit erkennen – die kräftigen Arme und der mächtige Brustkasten, die breite Stirn über den tiefliegenden Augen. Er war größer als sein Vater, aber genauso behaart. Nur die roten Haare gaben ihm ein gänzlich anderes Aussehen.

„Nell und James sind fast gleich alt, nur zwei Monate trennen sie voneinander", fuhr Jenny fort, „und unsere Familien gingen davon aus, daß sie einmal heiraten werden. Besonders James."

„Erwartet dein Vater, daß Nell James heiratet?"

„Ich habe nie gehört, daß er es gesagt hat, aber er und Master Cooper sind gute Freunde. Es würde ihn freuen, wenn Nell James heiraten würde."

Weil er davon überzeugt war, daß Nell nicht mit ihm sprechen würde, ging der rote Riese mit hängenden Schultern zu seinen Freunden zurück. Als er aufblickte, sah er Drew neben Jenny stehen. Während er sich aufrichtete, faßte er Drew mit hartem Blick ins Auge.

Es schien unausweichlich. Drew wußte, daß sich ihre Wege kreuzen würden, es sei denn, er konnte sein Geschäft in Edenford schnell erledigen. Es gefiel ihm nicht, was da möglicherweise auf ihn zukam.

Um zehn Uhr dreißig hatte der Befehlshaber ausgeschlafen und sein Frühstück beendet. Es war daher genug Zeit, zu Gericht zu sitzen, bevor die Mittagszeit heranrückte. An schönen Tagen wurde die Anhörung auf dem Dorfanger neben der Kirche vorgenommen, aber am Tag der Gerichtsverhandlung von Drew Morgan fand sie in der Kirche statt, da das Wetter zu unsicher war. Drew betrat das Gebäude in Begleitung von Christopher Matthews. Die Holzbänke waren bereits vollständig besetzt. Nell und Jenny fanden einen Platz in der Mitte. James Cooper und einige andere junge Männer saßen direkt hinter ihnen. Matthews und Drew gingen zum Platz in der Mitte. Nell nickte ihm zu, als sie vorbeigingen. Betete sie, oder versuchte sie nur, den roten Riesen zu ignorieren? Jenny lächelte zuversichtlich und winkte mit ihren schlanken Händen.

Da die Fensterläden geschlossen waren, um den Wind abzuhalten, war die Kirche dunkel und gespenstig. Der Wind heulte manchmal schrill durch die Spalten der Fensterläden.

Obwohl alle Plätze besetzt waren, strömten weitere Menschen in die Kirche. Sie standen in zwei oder drei Reihen an den Wänden. Drew schien es, als wären alle in kämpferischer Stimmung.

Drew und Matthews setzten sich auf die erste Bank, die für den Angeklagten und die Zeugen reserviert war. Er mußte lächeln, als er sah, daß der Altar, entgegen Bischof Lauds Anordnung, nicht an der Ostseite stand und auch nicht durch eine Balustrade abgetrennt war. Der Bischof wäre aufgebracht gewesen, wenn er gesehen hätte, daß der dicke Befehlshaber hinter dem Altar saß und ihn als Richtertisch benutzte.

Zwei andere Fälle wurden vor Drews Fall verhandelt. Ein Fall betraf eine finanzielle Auseinandersetzung zwischen zwei Männern, die zusammen ein kleines Haus bauten, der andere Fall den Verlust eines Schweins. Ein offensichtlich betrunkener Mann hatte das Schwein mit einem Dämon verwechselt und es erstochen.

Nachdem der Befehlshaber Hoffman die finanzielle Angelegenheit zwischen den beiden Bauherren geregelt hatte und demjenigen, der das Schwein tötete, aufgetragen hatte, einen Ausgleich zu zahlen, rief er Drew auf, vor den Richtertisch zu treten. Ambrose Dudley, in seiner Eigenschaft als Schreiber, verlas die Anklageschrift gegen Drew. Vom Podium aus konnte Drew Nell und Jenny deutlich erkennen. Nells Gesicht war ausdruckslos, aber ihre besorgten Hände spielten mit den Fransen ihres Schals. Jenny biß sich auf ihre Unterlippe.

Dudleys hohe Stimme übertönte das Gemurmel in der Kirche. „Master Morgen wird hiermit angeklagt, ein Landstreicher zu sein."

Der Schreiber wurde aufgefordert, den Fall vorzutragen. „In Ausführung seiner Pflichten hat Cyrus Furman, der örtliche Wachmann, Master Morgan vor drei Tagen verhaftet.

Master Morgan versuchte, Edenford über die Nordbrücke zu betreten, und war hiermit bewaffnet."

Dudley hob mit beiden Händen das Entermesser von Drews Großvater hoch, damit es jeder sehen konnte. Das Murmeln in der Kirche nahm zu.

„Da Cyrus annahm, daß Master Morgan ein Landstreicher oder etwas Schlimmeres ist, brachte er ihn zu mir. Ich befragte ihn ausgiebig und erfuhr, daß er gegenwärtig ohne festen Wohnsitz ist. Deshalb stufte ich ihn als Landstreicher ein."

Der Befehlshaber lehnte sich über sein Buch und schrieb etwas hinein. Alle warteten. Das Kratzen seiner Feder und der heulende Wind waren die einzigen vernehmbaren Geräusche. Er hob seinen Kopf. „Sonst noch etwas?"

Der dürre Schreiber zog seinen Wams herunter und räusperte sich. Als er erneut sprach, war seine Stimme etwas tiefer, was ihm einen gewissen Grad an Autorität verlieh. „Ja, es gibt noch einen anderen Punkt. Ich verdächtige Drew Morgan, Shubal Elkins ermordet zu haben!"

Das Gemurmel im Raum explodierte zu lautem Getöse. Mehrere Männer sprangen auf, lehnten sich über die Rückseite der Bank vor ihnen und drohten Drew mit den Fäusten. Wie eine Welle kamen sie fluchend, schimpfend und mit wütenden Gesichtern auf den Altar zu. James Cooper überragte sie. Der rote Riese hatte ein gemeines Grinsen auf den Lippen, als er sich seinen Weg zum Richtertisch bahnte.

Der alte Wachmann Cyrus Furman warf sich zwischen den Gefangenen und die wütende Meute. Er hatte nichts anderes als seine Hände, um den Gefangenen zu verteidigen, da Feuerwaffen in der Kirche verboten waren. Der Befehlshaber war aufgestanden, hämmerte wild auf den Altar und rief zur Ordnung. Christopher Matthews unterstützte den Wachmann und rief laut zur Ruhe auf, aber die erbosten Edenforder waren zu laut.

Der Kurat schob Drew gegen die Wand und schützte ihn mit seinem Körper. Die wütende Menschenmenge kam auf sie zu und hielt erst an, als sie einen Schritt von dem Kuraten entfernt war. Keiner wagte es, ihn anzugreifen. Sie schrien und schimpften, aber der Kurat weigerte sich, zur Seite zu treten.

Matthews nutzte die Situation und rief: „Dieser Mann hat Shubal Elkins nicht ermordet!"

„Der Schreiber behauptete, daß er es getan hat!" Ein Mann mit breiter Stirn und fleckigem Bart machte sich stark und vertrat den Mob. Die Menge bewegte sich ein wenig nach vorn, während sie ihre Zustimmung hinausbrüllte. Christopher Matthews begann, zu verstehen. Der Schreiber hatte die Leute aufgehetzt.

„Welche Beweise liegen vor?" fragte der Kurat.

„Er hat ihn mit seinem Entermesser getötet!" rief der Mann mit dem schwarzen Bart.

„Ist es das, was euch der Schreiber gesagt hat? Daß der Mord mit einem Entermesser ausgeführt wurde?"

Seine Frage wurde mit zustimmendem Nicken und Rufen beantwortet.

„Das ist interessant. Ambrose Dudley hat die Leiche überhaupt nicht untersucht. Aber ich. Cyrus und David Cooper waren meine Zeugen." Er suchte die Kirche nach dem Wachmann ab und fand ihn an der Seite, zwischen zwei Männern mit Gewalt festgehalten. „Cyrus, hätten die Wunden in Shubal Elkins' Leiche durch ein Entermesser verursacht werden können?"

„Sehr unwahrscheinlich", antwortete Cyrus. „Die Einstiche waren zu klein. Es muß ein kleiner Dolch gewesen sein."

„Cooper?" rief der Kurat über die Köpfe des Mobs hinweg. Der Schuster stand im hinteren Teil der Kirche.

„Es muß ein Dolch gewesen sein", rief Cooper zurück,

„es ist unmöglich, daß er es mit einem Entermesser getan hat."

„Morgan könnte ihn mit einem Dolch erstochen haben!" Es war Ambrose Dudleys Stimme. Er stand in sicherem Abstand auf der anderen Seite der Kirche, hinter dem Abendmahlstisch und hinter dem Befehlshaber.

Jetzt griff der Befehlshaber ein. „Hatte der Junge einen Dolch bei sich?"

„Er könnte ihn in die Büsche oder in den Fluß geworfen haben. Vielleicht hat er ihn auch vergraben." Die Stimme des Schreibers war sehr hoch und klang unsicher.

Der Befehlshaber wiederholte seine Frage: „Haben Sie einen Dolch gefunden, als der Junge verhaftet wurde?"

„Nein, wir fanden keinen Dolch", antwortete der verärgerte Schreiber.

Der Befehlshaber stellte eine weitere Frage: „Haben Sie andere Beweise dafür, daß der Junge den Mord begangen hat?"

„Er war während der Mordzeit in der Gegend!" antwortete Dudley. „Der Leichnam wurde letzten Sonntag gefunden. Drew Morgan kam am Montag aus der gleichen Richtung. Eure Lordschaft, ich glaube immer noch, daß er es war. Ich habe ein schlechtes Gefühl, wenn ich Drew Morgan betrachte. Ich weiß immer, wenn Leute mir etwas verheimlichen wollen, und er verheimlicht etwas!"

Der dickbäuchige Befehlshaber nahm ein Taschentuch heraus und wischte sich den Schweiß von den Schläfen. „Herr Dudley, wie Sie wissen, sind Ihre Gefühle keine zulässigen Beweise. Hinzu kommt, daß ein Mann nicht schuldig ist, nur weil er in der Gegend des Tatorts aufgetaucht ist. Falls Sie keine handfesten Beweise vorlegen können, kann ich die Anklage gegen Master Morgan nicht annehmen."

„Es besteht immer noch die Anklage wegen Landstreicherei!" rief Dudley. „Darüber besteht wohl kein Zweifel!"

„Diese Frage werden wir hier beantworten." Der Befehlshaber sprach mit ernster und verärgerter Stimme. „Ich möchte aber ausdrücklich betonen, daß Ihre Verhaltensweise als örtlicher öffentlicher Schreiber verurteilt werden muß! Sie haben sich von Ihren Gefühlen und nicht von den Tatsachen leiten lassen. Mit Ihren wilden Anschuldigungen haben Sie die Stimmung im Ort angeheizt. Nach dieser Gerichtsverhandlung werde ich die Ratsherren dieses Ortes aufsuchen, um über Ihre Bestrafung zu beraten."

Eine nicht eingeplante Pause folgte, als alle wieder Platz nahmen. Drew bedankte sich bei seinem Beschützer, bevor er zum Podest zurückkehrte. Die ihm gegenüberliegenden Gesichter spiegelten unterschiedliche Ausdrücke wider. Nell und Jenny waren schreckensbleich. Andere schauten ihn fragend an, während wieder andere offensichtlich enttäuscht darüber waren, daß er nicht gehängt wurde.

Als in der Kirche wieder Ruhe herrschte, fragte der Befehlshaber an Drew gewandt: „Wie stellen Sie sich zur Anklage der Landstreicherei?"

„Ich bin ein Reisender und nichts weiter", antwortete Drew. „Ich bin keine Gefahr für diesen Ort."

„Ihre Antwort beantwortet die Frage nicht!" rief Dudley.

Ein verärgerter Ausdruck erschien auf dem Gesicht des Befehlshabers. „Falls Sie nichts dagegen haben, Master Dudley, weiß ich, was ich zu tun habe, wenn Sie mich meine Arbeit machen lassen."

Dudley verschränkte seine Arme und seufzte.

„Er hat recht, Master Morgan", fuhr der Befehlshaber fort, „Ihre Antwort beantwortet nicht die Frage. Haben Sie einen festen Wohnsitz?"

Eine lange Pause folgte, in der Drew überlegte, wie er diese ärgerliche kleine Anklage abweisen konnte.

„Ist die Frage zu schwierig für Sie, Master Morgan?"

Christopher Matthews stand auf. „Master Morgan kann, falls er möchte, in meinem Haus wohnen."

Jenny klatschte still in die Hände. Nell saß einen Moment mit offenem Mund da, bevor sich ihr Mund zu einem Schmollmund verschloß.

„Eine edle Geste, Kurat", antwortete Hoffman, „sie hat aber nichts mit der Anklage zu tun. Ihr Angebot kommt, nachdem die Tat ausgeführt wurde. Lassen Sie mich meine Frage neu formulieren. Master Morgan, als Sie vor vier Tagen Edenford betraten, hatten Sie da einen festen Wohnsitz?"

„Nein, Sir", antwortete Drew. „Ich bin aber trotzdem keine Gefahr für den Ort. Ich war auf meinem Weg nach Plymouth."

„Plymouth? Was wollten Sie dort?"

„Ich wollte auf einem Schiff anheuern!"

„Aha."

Der Befehlshaber spielte mit den fleischigen Falten unter seinem Kinn. „Erwartete Sie ein Kapitän?"

„Nein."

„Haben Sie jemals auf einem Schiff gearbeitet?"

Drew dachte kurz daran, zu lügen, erinnerte sich aber an die Probleme, die er damit während seines ersten Auftrags in Norwich hatte, wo zu viele Lügen sich als sein Verderben erwiesen. Es schien ihm besser, bei seiner Geschichte zu bleiben und einen anderen Ausweg zu suchen.

„Nein, Sir."

Ein Gemurmel ging durch die Kirche, während der Befehlshaber etwas in seinem Buch notierte. Als er damit fertig war, wandte er sich an Dudley: „Ich weiß, wie banal die nächste Frage ist, aber angesichts des jüngsten Aufruhrs, und um dem Verfahren Genüge zu tun, muß ich sie stellen. Trug Master Morgan bei seiner Verhaftung eine Waffe?"

„Ja", antwortete Dudley schnell und offensichtlich erfreut. Der Schreiber legte das Entermesser vor dem Befehlshaber auf den Altar. Dieser zog das Entermesser aus der Scheide, hielt es hoch und untersuchte die Klinge.

„Gehört Ihnen dieses Entermesser?" fragte er Drew.

„Ja, Sir, es gehört mir."

„Warum trugen Sie es bei sich?"

„Um mich zu beschützen."

„Sie zu beschützen? Vor wem oder was?"

„Vor Wegelagerern. Die Straßen Englands sind nicht sicher für Reisende."

Der Befehlshaber gab einen zustimmenden Laut von sich und untersuchte das Entermesser. „Vor einigen Wochen war ich in Collumpton", sagte er in einem Ton, als ob er laut nachdenken würde. „Es heißt, daß an der Straße zwischen Collumpton und Bradninch ein Wegelagerer sein Unwesen treibt. Sind Sie dieser Wegelagerer?"

„Nein, Sir!"

„Falls ich mich nicht täusche, ist das das Entermesser eines Seemanns", stellte der Befehlshaber fest. „Sie sagten aber, daß Sie nie auf hoher See waren."

„Es gehörte meinem Großvater." Drew überlegte, ob er den Namen seines Großvaters nennen sollte. „Mein Großvater war Admiral Amos Morgan."

Ein weiteres Murmeln ging durch die Kirche, diesmal lauter und von Geflüster begleitet.

„Eindrucksvoll!" meinte er. „Lebt der Admiral noch?"

„Nein, Sir, er starb in diesem Jahr."

„Hmm."

Der Befehlshaber nahm das Entermesser vom Tisch. „Ich glaube, daß ein so ehrenwerter Mann wie der Admiral es als Schande betrachtete, wenn sein Enkel als gewöhnlicher Landstreicher verurteilt würde. Haben Sie noch etwas anderes zu Ihrer Verteidigung vorzubringen?"

Drew überlegte fieberhaft. Er war nicht in Panik, nur erstaunt. Er konnte machen, was er wollte, er fand keinen Ausweg, ohne seine Mission in Edenford zu gefährden. Konnte sein Auftrag gerettet werden, wenn er verurteilt wurde? Was war die Strafe für Landstreicherei? Er wußte es nicht.

„Darf ich etwas sagen?"

Alle Augen richteten sich auf den Sprecher. Es war Christopher Matthews.

Der Befehlshaber nickte zustimmend.

„Falls es mir gestattet wird, möchte ich für den Angeklagten sprechen."

Der Befehlshaber nickte erneut.

„Wie der Schreiber es sieht, gibt es wohl keinen Zweifel daran, daß der Angeklagte ein Landstreicher ist."

„Vater!" Jenny konnte sich nicht zurückhalten. Sogar Nells unbewegtes Gesicht spiegelte Entrüstung wider.

Matthews fuhr fort: „Er mag ein Landstreicher sein, ist aber kein böser Mensch, und bestimmt keine Gefahr für den Ort. Obwohl ich ihn erst seit drei Tagen kenne, habe ich mehr Zeit mit ihm verbracht, als alle anderen Einwohner hier im Ort."

„Das ist keine relevante Aussage!" rief Ambrose Dudley, sprang auf und erklärte an den Befehlshaber gewandt: „Christopher Matthews wurde von den Einwohnern Edenfords mit der Beaufsichtigung des Angeklagten bis zur Verhandlung beauftragt. Ich fürchte, eine Aufgabe, die er nicht sehr gut wahrnahm. Ich traf sie, als sie zusammen Bowling spielten! Der Kurat sollte auf ihn aufpassen, nicht mit ihm spielen!"

Gelächter erschallte im Raum.

„Ein anderes Mal traf ich den Angeklagten unbeaufsichtigt auf der Straße. Der Junge hätte weglaufen können!"

„Das ist genau, was ich meine!" entgegnete Matthews. „Drew hatte alle Möglichkeiten, davonzulaufen, aber er blieb hier!"

„Er lief nicht davon, weil er wußte, daß ich ihm folgte!" rief der Schreiber.

„Das war eine einmalige Angelegenheit", erwiderte Matthews. „Ich vertrete immer noch die Auffassung, daß Drew hätte weglaufen können, wenn er es gewollt hätte. Falls er uns Schaden zufügen wollte, hätte er es tun können. Falls er ein Verbrecher ist, wäre er nicht mehr hier." Mit diesen Worten nahm Matthews seinen Platz ein.

Der Befehlshaber seufzte. Die Verhandlung dauerte länger, als er geplant hatte. Er wurde hungrig und sah den Schreiber an, der zweifellos darauf antworten wollte.

„Es ist eine Tatsache, daß Drew Morgan zum Zeitpunkt seiner Festnahme keinen festen Wohnsitz hatte. Nach englischem Recht war er ein Landstreicher und muß daher verurteilt werden", erklärte Dudley und setzte sich siegesgewiß hin.

Widerwillig fragte der Befehlshaber: „Hat noch jemand etwas zu sagen?"

Drew sah die Leute im Raum an. Nell und Jenny saßen mit gebeugten Köpfen da. Der hinter ihnen sitzende rote Riese hatte das Interesse verloren und starrte die Decke an. David Cooper lehnte sich mit verschränkten Armen gegen die Rückwand der Kirche.

„Darf ich noch einmal etwas sagen?" fragte Christopher Matthews, stand auf und nahm die Bibel seines Vaters in die Hand.

Ambrose Dudley verdrehte die Augen.

In diesem Augenblick ging die Kirchentür auf, und ein kalter Windstoß pfiff durch die Kirche. Die Beschwerden der Zuschauer verstummten, als sie den Neuankömmling erkannten. Der Befehlshaber richtete sich im Stuhl auf. Als Drew sah, wer es war, wurde er bleich. Glücklicherweise schaute jeder zur Tür, denn Drew mußte sich erst einmal fassen.

Lord Chesterfield schloß die Tür hinter sich. Er war tief in Gedanken versunken und schritt in den Raum, als wäre er leer. Er legte seinen Übermantel ab, glättete die Falten und fuhr über den spitzenbesetzten Kragen. Wie die meisten Adeligen war er daran gewöhnt, angestarrt zu werden. Er erwartete es und freute sich darüber. Nachdem er seine Kleidung in Ordnung gebracht hatte, sah er den Befehlshaber an.

„Fahren Sie fort, was auch immer Sie verhandeln mögen", sagte er und wedelte lässig mit der Hand.

„Es ist eine Ehre für uns, Sie unter uns zu haben", erwiderte der Befehlshaber. „Es wäre eine Ehre für mich, wenn Sie neben mir Platz nehmen würden!"

Eine ablehnende Handbewegung beendete die Diskussion. „Fahren Sie mit der Verhandlung fort. Wenn Sie damit fertig sind, möchte ich den Einwohnern von Edenford etwas mitteilen."

Vier Männer in der letzten Bank boten Lord Chesterfield ihren Platz an. Er akzeptierte alle vier Plätze und breitete seinen Mantel aus. Der Befehlshaber erklärte noch einmal den Fall und deutete auf den Angeklagten. Drew Morgan wartete auf Lord Chesterfields Reaktion. Er konnte ein schwaches Erkennen, gefolgt von einem Stirnrunzeln in Lord Chesterfields Gesicht wahrnehmen. Kurz darauf hatte er wieder den Gesichtsausdruck eines gelangweilten Edelmanns, der sich die trivialen Geschichten seiner Untergebenen anhören mußte.

Der Befehlshaber erteilte dem Kuraten erneut das Wort. Hätte er gewußt, was Christopher Matthews vortragen wollte, würde er Drew für schuldig befunden haben, und die Sache wäre erledigt gewesen.

Matthews räusperte sich und erklärte: „Wie ich bereits sagte, gibt es wenig Zweifel darüber, daß Master Morgan nach englischem Recht als Landstreicher verurteilt werden müßte. Es geht hier aber um eine wichtigere Sache."

Ambrose Dudley seufzte ablehnend.

„Hören Sie mir genau zu, lieber Schreiber. Wir wissen, daß Sie ein gottesfürchtiger Mann sind." Ambrose Dudley fühlte sich unwohl, als ihn der Kurat direkt ansprach. „Master Dudley, wie lange leben Sie in Edenford?"

Dudley richtete sich in seinem Stuhl auf. „Seit drei Jahren", antwortete er. „Seit einem Jahr und zwei Monaten bin ich der Schreiber von Edenford."

„Seit drei Jahren und zwei Monaten kennen wir diesen Mann", stellte Matthews fest. „Mit wenigen Ausnahmen hat er seine Aufgabe gut erfüllt. Er ist ein regelmäßiger Kirchgänger. Selbst im Fall von Drew Morgan können wir nur zu dem Schluß kommen, daß er seine Pflicht tat und das Beste für Edenford im Sinn hatte."

In der Kirche konnte man erstaunte Gesichter sehen, besonders das des Befehlshabers. Es gab in Edenford keinen Zweifel über Ambrose Dudleys Wahrhaftigkeit. Was sie nicht verstanden, war, was der Kurat damit sagen wollte.

Um sie von ihrer Überraschung zu erlösen, erklärte der Kurat: „Ich sage das, um klarzustellen, daß der gegenwärtige Fall kein Ergebnis der Amtshandlung des Schreibers ist. Er hat seinen Dienst immer korrekt und im Einklang mit den englischen Gesetzen ausgeführt. Die Frage ist auch nicht, ob Drew Morgan ein Landstreicher nach englischem Gesetz ist. Die Frage ist, ob das englische Gesetz über Landstreicher Gottes Gebote verletzt."

Er ignorierte die Zurufe der Zuhörer und sprach weiter, ehe ihn der Befehlshaber unterbrechen konnte.

„Nach englischem Recht ist es verboten, die Straßen Englands entlangzulaufen, sofern man keinen Wohnsitz oder ein festes Ziel hat. Falls Abraham, der von Gott auserwählte Vater Israels, heute leben und englischem Recht unterliegen würde, müßte er nun neben Master Morgan stehen!" Der Kurat schlug die Bibel auf und las vor: „Der gläubige Abraham gehorchte Gott, als er gerufen wurde, und ging zu einem Ort, den er später sein Eigen nennen sollte, aber er wußte nicht, wohin ihn seine Schritte lenken würden.' Nach gegenwärtigem englischem Recht hätte die ganze Nation Israel verhaftet werden müssen!" Der Kurat zitierte weiter: „Und der Herr ließ sie für vierzig Jahre durch die Wüste ziehen.' Abraham und die gesamte Nation Israel müßten nach englischem Recht der Landstreicherei angeklagt werden. Ich frage mich, wen wir noch verhaften sollten?"

Der Kurat hatte seine Frage rhetorisch gestellt, aber eine zarte Stimme antwortete: „Wir müßten Jesus verhaften! Unser Herr erklärte selbst, daß er ein Landstreicher ist."

Es war Nell, die aus dem Gedächtnis zitierte: „‚Jesus sagte zu ihm: Die Füchse haben Gruben, und die Vögel unter dem Himmel haben Nester; aber der Menschensohn hat nichts, wo er sein Haupt hinlege', das Evangelium nach Matthäus, Kapitel 8, Vers 20."

Eine heisere männliche Stimme rief aus dem Hintergrund: „Wir sollten alle verhaftet werden." Es war David Cooper. „Steht nicht im Brief an die Hebräer, daß wir alle Fremde und Pilger auf dieser Erde sind?"

Der Befehlshaber schlug mehrere Male mit der Hand auf den Altar. „Nur der Kurat hat die Erlaubnis zu sprechen", rief er und fuhr fort: „Ich gebe zu, daß es andere Wanderer gab. Sie lebten aber in einer anderen Zeit und an anderen

Orten. Wir sind nun in England und es ist das Jahr des Herrn 1629. Es ist gegen das Gesetz, ein Landstreicher zu sein."

Matthews nickte und antwortete: „Das ist genau der Punkt, den ich meine. Was sollen wir als Christen tun, wenn das englische Recht nicht mit Gottes Geboten übereinstimmt? Welchem Gesetz sollen wir uns unterwerfen?"

Der Befehlshaber war ungehalten. Es war eindeutig eine Frage, die er nicht beurteilen wollte. Er sah Lord Chesterfield fragend an. Lord Chesterfield starrte ausdruckslos zurück.

Der Befehlshaber saß mehrere Minuten regungslos auf seinem Stuhl, wobei er seinen Kopf auf seinen Arm stützte, der auf dem Altar ruhte. „Sie müssen immer noch beweisen, daß Gottes Gebote etwas über Landstreicherei aussagen, das im Gegensatz zum englischen Recht steht", erklärte er schließlich. „Sie zitieren lediglich Texte über biblisches Recht, das von der heutigen Gesetzgebung abweicht. Sie haben mich nicht davon überzeugt, daß Gott genaue Anweisungen dafür gab, wie wir Landstreicher zu behandeln haben." Er lehnte sich in seinem Stuhl zurück und war offensichtlich mit sich zufrieden.

Seine Siegesgewißheit war aber von kurzer Dauer. Der Kurat öffnete seine Bibel an einer Stelle, die er mit einem Papierstreifen gekennzeichnet hatte. In diesem Augenblick erkannte Drew, daß er sich ausgezeichnet vorbereitet hatte. Es war keine spontane Verteidigung. „Aus Gottes Geboten im dritten Buch Mose, Kapitel 19, Vers 34: ‚Er soll bei euch wohnen wie ein Einheimischer unter euch, und du sollst ihn lieben wie dich selbst; denn ihr seid auch Fremdlinge gewesen in Ägyptenland. Ich bin der Herr, euer Gott.' Das ist Gottes Gebot über Wanderer, wie Abraham oder Drew Morgan."

Der Befehlshaber kratzte sich am Kopf. Er sah Drew an und versuchte zu verstehen, warum der ganze Aufwand über ihn betrieben wurde.

Er sah in das Kirchenschiff und sagte: „Lord Chesterfield, es ist ihr Ort. Ich übergebe Ihnen den Fall. Der Junge scheint harmlos zu sein. Was würden Sie mit ihm machen?"

Lord Chesterfield schniefte; er war offensichtlich nicht an dem Fall interessiert. „Es ist gleichgültig, was Sie mit dem Jungen machen", antwortete er.

Als er hörte, daß Lord Chesterfield die Angelegenheit nicht interessierte, gab der Befehlshaber sein Urteil bekannt: „Im Fall von Drew Morgan ergeht folgendes Urteil: Er soll in Edenford als Fremder und in Übereinstimmung mit Gottes Heiligem Wort aufgenommen werden."

Die kurze Feier, die folgte, war eher mager. Nur die Familie Matthews feierte, und Cooper lächelte. Viele Edenforder waren enttäuscht, weil das Urteil zur Folge hatte, daß der Markttag nicht durch eine Bestrafung gekrönt wurde.

In den folgenden Jahren sollte Drews Gefangennahme und Verhandlung von der weitaus erinnerungswürdigeren Ansprache Lord Chesterfields in die Annalen Edenfords eingehen.

Nach der Gerichtsverhandlung trat Lord Chesterfield vor die versammelte Gemeinde. Die Edenforder waren sehr unruhig.

Der Kurat kondolierte für die Edenforder Bürgerschaft, da Lord Chesterfields Sohn immer noch verschwunden war.

Lord Chesterfield bedankte sich mit einem kurzen Nicken und räusperte sich. Er informierte die Edenforder über zwei Punkte, die sie direkt betrafen. König Charles hatte befohlen, daß die englische Schiffsflotte stärker unterstützt werden müsse, was zu einer Steuererhöhung von gegenwärtig 50 Pfund auf 75 Pfund führen sollte.

Darüber hinaus unterrichtete er die Leute, daß John de la Barre, ein bekannter Textilhändler aus Exeter, der große Mengen der englischen Serge kaufte, dem Schutz des Königs unterstellt wurde. Mit anderen Worten, der Ort würde nicht nur die 850 Pfund verlieren, die der Textilhändler schuldete, man konnte ihn nicht einmal verklagen.

Der doppelte Verlust war katastrophal für das Edenforder Geschäftsleben. Mehr als eine Jahresproduktion war mit einem Handstreich vernichtet worden, und die Leute konnten nichts dagegen unternehmen.

Edenford war nicht der einzige Ort, der auf diese Art und Weise geschädigt wurde. Der Beschluß des Königs konnte nicht rückgängig gemacht werden. Sein Erlaß gegen Edenford paßte in das Muster. Wie in vielen anderen Orten hatte der König gegen den Ort entschieden, da Puritaner in ihm wohnten.

Kapitel 13

Die Beute hatte den Jäger verteidigt. Drew erkannte die Ironie des Gerichtsverfahrens. Hätte Christopher Matthews geschwiegen und den dicken Befehlshaber sowie den spindeldürren Schreiber ihre Arbeit machen lassen, wäre er Bischof Lauds langem Arm entkommen. Der Kurat wußte aber nicht, daß er seinen Feind verteidigte.

Nach dem Verfahren folgte eine ruhige Woche. Drew lag auf seiner Schlafstatt vor dem Kamin im Wohnzimmer des Kuraten. Als er über die Ereignisse in Edenford nachdachte, kam er zu dem Schluß, daß ihm Christopher Matthews die Arbeit erleichterte.

Er überdachte die Beweise, die er gegen den Kuraten in der Hand hatte: Der Mann hatte König James beleidigt, indem er den Vater des Königs als unmoralisch bezeichnete. Außerdem stand der Altar am falschen Platz und war nicht durch eine Balustrade von der Gemeinde getrennt. Das waren eindeutige Verstöße. Die gesamte Gemeinde hatte seine Anklage während der Gerichtsverhandlung gehört. Selbst wenn kein Einwohner Edenfords gegen den Kuraten aussagen würde, könnte immer noch Lord Chesterfield in den Zeugenstand gerufen werden. Er hatte alles gehört und gesehen.

Als Drew an den in Spitze gekleideten Adeligen dachte,

fragte er sich, ob ihn Lord Chesterfield bei der Verhandlung erkannt hatte. Für einen Augenblick hatte es so ausgesehen. Er war sich aber nicht sicher. Das führte zu einem anderen Gedanken, der weitaus beunruhigender war. Würde Lord Chesterfield gegen einen Mann aussagen, der sein gewinnträchtiges Wollgeschäft leitete?

Ein Geräusch aus dem ersten Stockwerk lenkte Drew ab. Ein schweres Buch wurde zugeklappt und ein Stuhl schrammte über den Holzfußboden. Es war über eine Stunde her, daß Nell, Jenny und der Kurat ihm eine gute Nacht gewünscht hatten. Im Arbeitszimmer des Kuraten schien aber immer noch Licht. Er arbeitete wahrscheinlich an der Sonntagspredigt. Drew seufzte. Er hoffte, daß der Kurat bald ins Bett gehen würde. Er konnte die Botschaft des Bischofs nicht entschlüsseln, bevor nicht alle schliefen.

Ihm war die Nachricht heute morgen zugestellt worden – von wem anders als von Christopher Matthews. Der Kurat teilte mit, daß dem Kurier gesagt worden war, daß man Drew in Exeter, Plymouth oder Tiverton finden könnte. Er sah es als ein Zeichen Gottes an, daß der Kurier durch Edenford geritten war. Drew wußte natürlich, daß es nichts mit göttlichem Willen zu tun hatte. Dem Kurier war genau gesagt worden, wo er zu finden war.

Er sah wieder die Treppe hinauf. Das Licht brannte immer noch. Wollte der Kurat die ganze Nacht aufbleiben? Drew faltete die Botschaft des Bischofs auseinander. Er wägte die Gefahr ab, so spät gestört zu werden, und beschloß, das Risiko einzugehen.

Die ihm bekannten runden Zahlen führten dazu, daß er sich nach London sehnte; er vermißte die Bibliothek des London House, die Mahlzeiten des dicken Kochs sowie die nächtlichen Unterhaltungen mit dem Bischof über Ritter und Abenteuer. Alles das stand in krassem Gegensatz zu seiner schäbigen Umgebung.

Nachdem er seine Bibel aufgeschlagen hatte, legte er sich auf den Bauch in Richtung Kamin und versuchte, die Nachricht zu entschlüsseln. Die Zahlen waren: (50/1/3) (53/2/3/1-8) (20/11/5/11-18) (53/2/5) (60/4/17/1-9) (50/4/1/4-21). Die Nachricht lautete: *„Ich danke Gott für jede Erinnerung an dich. Laß dich nicht von jemandem verleiten. Böse Menschen sollen durch ihre eigene Schlechtigkeit vernichtet werden. Erinnerst du dich daran, wie ich dir diese Dinge erklärte, als du bei mir warst? Die Zeit des Urteils ist gekommen. Mein Geliebter und sehnsüchtig Erwarteter, die Freude meiner Krone, hab Vertrauen in den Herrn, mein Geliebter."*

Drew runzelte die Stirn. Die Nachricht beunruhigte ihn. Er setzte sich aufrecht und las sie noch einmal. Warum war der Bischof so schnell über die Mission beunruhigt? Die Nachricht war in freundliche Worte eingebettet, aber der Bischof hatte offensichtlich Zweifel. *„Laß dich nicht von jemandem verleiten."* Warum dachte der Bischof, daß er verleitet werden könnte? *„Erinnerst du dich daran, wie ich dir diese Dinge erklärte, als du bei mir warst?"* Drew überlegte, welche Unterhaltung der Bischof meinte. Bezog er sich auf die Unterhaltung nach der Verhandlung gegen Marshall Ramsden? Es konnte nur diese Diskussion sein. Vielleicht befürchtete der Bischof, daß er sich gefühlsmäßig an Christopher Matthews binden könnte, oder hatte er falsche Nachrichten erhalten?

Weiterhin beunruhigte ihn der Satz über die Zeit: *„Die Zeit des Urteils ist gekommen."* Wollte der Bischof ihm mitteilen, daß seine Zeit in Edenford abgelaufen war? Wieviel Zeit hatte er noch zur Verfügung? Warum?

Obwohl die Nachricht mit dem üblich sentimentalen Satz endete, beunruhigte ihn der Gedanke, daß Bischof

Laud an seinen Fähigkeiten zweifelte. Natürlich würde er die Mission ausführen.

Als die letzten Flammen im Kamin erloschen und nur die Glut hinterließen, lag Drew auf dem Rücken und starrte die Deckenbalken an. Er mochte den Bischof, den Mann, der ihn aus den schlechten Verhältnissen in Morgan Hall herausgerufen hatte, einer von zwei Männern, die für seine Freiheit verantwortlich waren – der andere Mann war sein Großvater. Der eine Mann rief ihn, und der andere schickte ihn fort. *„Alle Mann von Bord! Alle Mann von Bord!"* Er lächelte, als er an die Worte seines Großvaters dachte. Es war nun mehrere Monate her, daß er Morgan Hall verließ, und er verstand nicht mehr, warum das Haus ihn so angezogen hatte. Philip konnte es haben. Wenn seine Zeit gekommen war, könnte er etwas Größeres bauen, etwas, das nur ihm gehörte, etwas, das man ihm nicht fortnehmen konnte.

Die größte Anziehungskraft von Morgan Hall besaß natürlich der Admiral. Drew wußte nicht genau, ob er nach dem Tod des Admirals in Morgan Hall geblieben wäre.

„Ich hatte nie viel für diese religiösen Leute übrig." War das nicht die Ansicht des Admirals über Bischof Laud? Drew kicherte vor sich hin. Wären beide Männer Freunde geworden, wenn sie sich getroffen hätten?

Sie ähneln sich sehr, dachte Drew. *Beide waren passionierte Idealisten, die alles für die Ehre Englands tun würden. Der Bischof kämpfte für die Ehre Englands in der Kirche, und der Admiral tat es auf dem Meer.*

Eine weitere gemeinsame Eigenschaft bestand darin, daß beide einsam waren. Keiner von ihnen besaß jemals enge Freunde. Der Admiral hatte John Hawkins und natürlich Georgiana, aber das war vor Drews Zeit. Der Bischof hatte Timmins, keinen engen Freund, aber einen vertrauenswürdigen Berater. Soweit Drew wußte, stand er beiden näher als irgendeine andere lebende Person, und beide waren gut zu ihm.

Beide Männer kamen aus einfachsten Verhältnissen und stiegen zur Spitze ihrer jeweiligen Berufe auf. Der Admiral war der Sohn eines Schiffsbauers, und Laud stammte aus der Familie eines Textilhändlers. Das war es, was Drew an beiden bewunderte: sie waren starke Männer, die sich weigerten, ihre Träume aufzugeben. Es waren leidenschaftliche Männer, die wußten, an was sie glaubten und die bereit waren, um jeden Preis dafür zu kämpfen.

In diesem Augenblick gelangte Drew zu einer nüchternen Erkenntnis, einer Art von Erkenntnis, die das Feuer grandioser Ideen löscht. Bevor er genug Zeit hatte, die erste Erkenntnis zu verdauen, gelangte er zu einer zweiten genauso ernüchternden Einsicht. Drews Augen durchflogen den Raum, als er über beide Erkenntnisse nachdachte.

Die erste beunruhigende Erkenntnis war, daß er, im Gegensatz zum Admiral und zum Bischof, keinen starken Glauben besaß, für den es sich zu kämpfen lohnte. Wer hatte schon einmal etwas von einem Ritter gehört, der keinen Grund zum Kämpfen hatte? Der Bischof kämpfte, um die Kirche von England zu schützen, ein Ziel, für das er gerne sterben würde. Der Admiral kämpfte, um England vor den Angriffen der Spanier zu schützen, ein ehrenhaftes Ziel, für das er beinah starb. *Für was kämpfe ich? Für England? Den König? Wen bekämpfe ich? Wer sind meine Feinde? Großvater haßte die Spanier, und Laud haßt die Puritaner. Wen hasse ich?*

Er dachte an Marshall Ramsden und Mary Sedgewick und konnte sie nicht hassen. *Wie steht es mit Christopher Matthews? Jenny? Nell? Sind sie meine Feinde?* Drew konnte sich nur schwer vorstellen, daß sie die englische Krone bedrohten, und er konnte sie auch nicht hassen. Was und woran sie glaubten, war vielleicht verrückt und illegal, aber die Puritaner waren nicht die aufrührerischen Rebellen, die er erwartet hatte. Es störte ihn, daß er seine Feinde nicht hassen konnte.

Die zweite beunruhigende Erkenntnis lag in der Tatsache, daß er vollkommen allein war. Er hatte nicht nur keinen Grund zum Kämpfen, er hatte auch keinen gleichaltrigen Freund, zu dem er Vertrauen haben konnte.

Wenn er sich stark fühlte, sagte sich Drew, daß er keinen Freund benötigte. In ihm war aber etwas, das sich nach Nähe zu anderen sehnte, zu einer Frau natürlich, aber auch zu männlichen Freunden. Er hatte keine.

Er beneidete Christopher Matthews, einen Mann, der von Freunden und Liebe umgeben war. Er liebte seine Töchter, und diese liebten ihn. Er besaß enge Freunde wie zum Beispiel David Cooper, aber der gesamte Ort schien ihn zu lieben. Es sah so aus, als würde sogar Gott ihn lieben! Drew hatte noch nie einen Menschen gesehen, der Gott so offen verehrte und sicher wußte, daß Gott ihn liebte.

Wer liebt mich? Der Bischof. Es war aber eine Liebe, die Drew verabscheute. *Wer sonst? Niemand. Wen liebe ich?*

Er konnte seine eigenen Fragen nicht beantworten und fühlte sich noch einsamer und verlorener. Die beiden Erkenntnisse verfolgten ihn die ganze Nacht, wie zwei Gespenster. Er hatte keinen Grund zum Kämpfen und wußte nicht, was Liebe war.

Drew wälzte sich hin und her, bis ihn schließlich der Schlaf übermannte. Sein letzter Gedanke galt Nell Matthews.

Der alte Holzstuhl knarrte, als sich Nell zurücklehnte und das Tagebuch auf dem Schreibtisch hin und her schob. Sie rieb sich ärgerlich ihre übermüdeten Augen und verschränkte schließlich die Arme. Das Tagebuch, die Schreibfeder und das Tintenfaß lagen vor ihr, bereit, ihre geistlichen Reflexionen des Tages zu empfangen. Die leeren Seiten regten sie auf. Sie hatte genug Gedanken, ihr Kopf war voll davon. Es waren nur keine geistlichen Gedanken. Sie dachte an Drew Morgan.

„Was können wir heute für Gott tun?"

Christopher Matthews' Hände waren auf der Bibel gefaltet, nachdem er das Morgengebet gesprochen und wie jeden Tag aus der Bibel vorgelesen hatte. Er schaute jede Person am Tisch an und erwartete eine Antwort.

Drew dachte immer noch über den Bibeltext nach, in dem Jesus einen Mann geheilt hatte, der von Geburt an blind war. Die Heilung hatte großen Widerstand hervorgerufen, Drew wußte aber nicht, warum. Er wollte den Kuraten nach einer Erklärung fragen, aber Nell würde ihn vielleicht für einen dummen Jungen halten, und daher fragte er nicht. Was ihm an der Geschichte gefiel, war, daß Jesus seinen Feinden ins Auge sah. Ein Wort von Jesus beeindruckte ihn besonders, und er bat den Kuraten, es zu wiederholen, damit er es aufschreiben konnte. Es war ihm jetzt gleichgültig, was Nell über ihn dachte. „Ich muß die Werke dessen tun, der mich gesandt hat, solange es Tag ist. Denn es kommt die Nacht, da niemand wirken kann." Jesus war ein Mann mit einer Mission. Wie sein Großvater oder der Bischof hatte Jesus eine Mission zu erfüllen, und niemand konnte ihn davon abhalten.

Wieder die gleiche Geschichte – eine Mission. Jeder schien eine Mission zu haben, ausgenommen Drew Morgan.

Auf einmal, wie durch ein Wunder, waren die Wolken in seinen Gedanken wie weggeblasen, und er erkannte seine Mission. Er sah sie klar und deutlich vor sich. *Was wollte ich immer haben? Abenteuer und Ruhm. Ich wollte das Leben eines Ritters führen! Ich wollte, daß man sich Geschichten über mich erzählt, daß mir junge Männer nacheifern, daß mein Name im Zusammenhang mit Arthus, Lancelot und Gawain genannt wird.*

Meine Mission bin ich selbst! Ich werde mir einen Ruf aufbauen, der Ehre, Reichtum und Ruhm beinhaltet. Wie kann ich diese Mission erfüllen? Indem ich mir vom König und Hof die Dankbarkeit für meine Dienste erwerbe. Der König verleiht Ehre, Ruhm und Reichtum. Wenn der König im Gegenzug dafür Puritaner haben möchte, werde ich ihm Puritaner geben.

Drew platzte beinah vor Begeisterung. Er war ein Mann mit einer Mission und nichts würde ihn aufhalten. „Ich muß die Werke dessen tun, der mich gesandt hat." Ihm gefielen diese Worte. Er fragte den Kuraten nach der Textstelle. Das würde eine gute Zeile bei der nächsten Nachricht an den Bischof geben.

Nell antwortete als erste auf die Frage ihres Vaters. „Jenny und ich müssen Lord Chesterfields Spitze fertigstellen. Wir werden den ganzen Tag dafür benötigen. Wie ich Lord Chesterfield kenne, wird er heute mehrfach einen Diener schicken, um zu fragen, ob sie fertig ist. Ich bete zum Herrn, daß er uns ein doppeltes Maß an Geduld schenkt, ein Maß für uns und ein anderes für Lord Chesterfield."

Matthews schaute seine jüngere Tochter an. Sie sah auf den vor ihr stehenden Tisch und meinte: „Nell hat bereits gesagt, was wir heute zu tun haben. Da das Gerichtsverfahren nun vorbei ist, hoffe ich, daß wir Master Morgan dazu überreden können, in Edenford zu bleiben." Sie errötete und schlug ihre Augen nieder.

„Ich könnte hierbleiben und dir und Nell aus der Bibel vorlesen", bot Drew an.

Jetzt erröteten beide Mädchen, und Jenny begann zu kichern. Nell begann ebenfalls zu lachen. Der verwunderte Kurat schaute zuerst sie, dann Drew und dann wieder seine Tochter an. „Habe ich irgend etwas nicht mitbekommen?" fragte er.

Das Kichern verwandelte sich in lautes Lachen.

Matthews grinste und wandte sich an Drew. „Ich nehme an, daß du dafür verantwortlich bist."

Drew lachte mit den Mädchen, zuckte mit den Schultern und spielte den Unschuldigen.

Matthews grinste noch immer, stand auf und gab Drew ein Zeichen, ihn zu begleiten. Nachdem sie das Haus verlassen hatten, sagte er: „Drew, ich möchte, daß du weißt, daß du bei uns willkommen bist. Du kannst solange bleiben, wie du möchtest. Es ist das Geringste, das wir tun können, nachdem dich der Ort so schlecht behandelt hat."

„Danke", antwortete Drew, „ich habe Ihre Gastfreundschaft aber schon zu lange in Anspruch genommen."

„Hast du dir Gedanken gemacht, was du tun möchtest?"

„*Gerade erst*", sagte Drew zu sich selbst. Zu Matthews sagte er: „Ich weiß nicht so recht. Ich sollte vielleicht doch nach Plymouth gehen. Ich weiß nicht, was richtig ist. Ich bin mir nicht mehr sicher, ob ich ein Seemann werden möchte."

„Es wundert mich nicht, daß du Edenford so schnell wie möglich verlassen willst. Wir haben dir wirklich keinen großen Empfang bereitet."

Drew kicherte. „Es mag sich verrückt anhören, aber so schlecht war er gar nicht. Ich mag diesen Ort. Mit wenigen Ausnahmen sind die Leute sehr freundlich. Alle scheinen glücklich zu sein. Es ist wie eine große Familie. Ich hoffe, daß ich eines Tages Bewohner in einem Ort wie diesem hier sein kann."

„Warum ein Ort *wie* dieser? Warum wirst du nicht ein Teil der Edenforder Familie?"

Drew zögerte absichtlich, bevor er antwortete. „Ich mag den Ort ... Es ist nur, daß sich jeder mit Wolle beschäftigt, und ich habe keinen Platz, an dem ich leben kann."

„Falls du dir Gedanken machst, wo du wohnen kannst, bleib bei uns."

Das war genau, was Drew beabsichtigt hatte – und es war so einfach.

„Ich weiß nicht", sagte er, „ich möchte Euch nicht zur Last fallen, und ich habe keine Arbeit."

„Ich habe auch darüber nachgedacht. Ich möchte dir einen Vorschlag machen", antwortete Matthews.

Als sie das Ende der High Street erreicht hatten, gingen sie zur Südbrücke. Sie sahen sich nicht an, während sie miteinander sprachen, schauten auf den Boden und gingen die Straße entlang.

„Drew, in der kurzen Zeit, in der ich dich kenne, habe ich dich schätzen gelernt. Ich beobachtete dich genau während des Gerichtsverfahrens. Du hast in einer schwierigen Situation Haltung bewahrt. Das ist ein Geschenk des Himmels. Ich kann mich daran erinnern, wie ich dachte: ‚Gott hat große Dinge mit diesem jungen Mann vor.' Ich bin nun stärker davon überzeugt als jemals zuvor." Der Kurat schwieg einen Moment, um den Gedanken wirken zu lassen. „Ich möchte dir dabei helfen, Gottes Willen für dein Leben zu entdecken."

Es ist einfach zu leicht, dachte Drew.

„Ich möchte dich zu meinem Lehrling machen."

„Als Kurat?" Drew blieb stehen und starrte Matthews ungläubig an.

Der Kurat lachte. „Ja, in gewisser Hinsicht. Die Stellung würde die Lehre der geistlichen Dinge beinhalten. Ob du jemals ein Kurat wirst, hängt von Gott ab. Ich dachte mehr an die Edenforder Wollindustrie."

Drew ging weiter. Dieser Gedanke ließ ihn kalt. „Ich fühle mich geehrt", entgegnete er.

Nun blieb Matthews stehen. Er schaute Drew ins Gesicht. „Es wäre für mich eine Antwort auf meine Gebete. Ich will es dir erklären. In der Bibel hatte der Apostel Paulus einen Sohn im Herrn, einen angenommenen geistlichen Sohn namens Timotheus. Ich habe Gott jahrelang darum gebeten, mir einen geistlichen Sohn zu schenken." Der Kurat schwieg und schlug die Augen nieder. Mit zitternder Stimme fuhr er dann fort: „Drew, ich glaube, der Herr hat meine Gebete erhört."

Drew mußte sich nicht verstellen. Der Gefühlsausbruch des Kuraten hatte ihn bewegt. Er wußte nicht, was er sagen sollte.

„Alles, worum ich dich bitte, ist, daß du darüber nachdenkst und betest. Wir können dir nicht viel bieten, nur die Schlafstelle vor dem Kamin. Du kannst sie aber haben, solange du möchtest, oder bis du einen Platz für dich gefunden hast. Falls du dich woanders wohler fühlst, könnten wir mit Charles Manly reden, unserem Gastwirt."

Bis auf den Gefühlsausbruch hätte sich Drew nicht mehr wünschen können. Christopher Matthews vereinfachte ihm die Mission. Er bot Drew das Vertrauen des Ortes an. Wenn er das Vertrauen der Leute erworben hatte, würde er auch das Geheimnis kennenlernen. Mit leiser Stimme antwortete Drew: „Ich werde darüber nachdenken."

Es gab natürlich nichts, worüber er nachzudenken hatte. Er hatte seinen Köder wie ein Angler ausgeworfen, und die Fische sprangen danach. Er mußte sie nur einsammeln, bevor sie fortschwammen.

Lord Chesterfields Neuigkeiten standen einige Wochen wie eine dunkle Wolke über den Einwohnern von Edenford. Die düsteren wirtschaftlichen Aussichten färbten alle Aspekte des Dorflebens in ein einheitliches Grau.

Der Sonntag begann klar und schön. Es war einer von diesen Tagen, an dem Atheisten sich wünschten, an Gott zu glauben, nur um ihm danken zu können. Die wilden Blumen am Ufer erhoben ihre Kelche zur Herrlichkeit Gottes gen Himmel. Die kühle Luft, der warme Sonnenschein und der blaue Himmel formten ein dreifaches Lob, während die Felder, Bäume und Gewässer unter ihnen tanzten.

Die Bewohner von Edenford würdigten es mit keinem Blick. Die Schiffssteuer des Königs und sein Schutz für den Textilhändler de la Barre bedeckten ihre Augen wie eine dunkle Brille.

David Cooper beachtete ebenfalls nicht den strahlend blauen Baldachin, als er aus dem Schusterladen trat, um in die Kirche zu gehen. Der Stapel unbezahlter Rechnungen beschäftigte ihn. Er würde die Leute ansprechen müssen, deren Namen auf den Rechnungen standen, und die Schuhe betrachten, die er angefertigt hatte, für die er aber nie bezahlt worden war. Wie hätten sie bezahlen können? Der König hatte ihnen ihre Lebensgrundlage entzogen. Cooper verstand ihre Situation, aber ob sie auch seine Situation verstanden? Er hatte zwei Möglichkeiten. Er konnte Leder kaufen, um neue Schuhe zu machen, oder er konnte das Geld dazu verwenden, um seine Familie zu ernähren. Er konnte nicht beides.

Cyrus Furman, der Wachmann, schlurfte wie immer mit seiner kranken Frau am Arm zur Kirche. Im letzten Winter hatte sich seine Rose eine Krankheit zugezogen, die beinah tödlich verlaufen war. Sie erlitt zweimal einen Atemstillstand, überlebte dann aber doch. Dennoch war sie von der

Krankheit gezeichnet. Sie verlor ihre Kraft, wurde immer dünner und sah nur noch wie Haut und Knochen aus. Seit ihrer Krankheit benötigte Cyrus Furman doppelt so lange, um den kurzen Weg bis zur Kirche zurückzulegen. Cyrus drückte geduldig ihre Hand gegen seinen Arm, als sie einen Hustenanfall bekam.

Er bemerkte nicht die Gänseblümchen vor ihm am Straßenrand, sondern dachte darüber nach, was aus Rose werden würde. Als Wachmann hing sein Einkommen vom Verkauf der Wollserge ab. Wie sollte der Ort sein Gehalt bezahlen, wenn de la Barres Schulden erlassen wurden? Wie sollte er sich dann um Rose kümmern?

Charles Manly und Ambrose Dudley waren Junggesellen und gingen immer gemeinsam zur Kirche. Sie ignorierten die Wärme der Sonnenstrahlen. Die einzige Hitze rührte von ihrer Unterhaltung.

„Wir sollten uns weigern, die Schiffssteuer zu zahlen!" schimpfte Manly.

„In Barnstaple haben sie es versucht", antwortete Dudley.

„Und was geschah?"

„Die Rebellen wurden ausgepeitscht und an Pfähle gebunden."

Manly dachte über die Strafe nach.

„Was mich ärgert", sagte Dudley, „ist der Umstand, daß die Steuer unnötig ist."

„Woher weißt du das?"

„Als ich das letzte Mal in London war, traf ich Lord Northumberland. Er erzählte mir, daß er im letzten Winter an der Küste entlangpatrouilliert wäre. Er stieß weder auf feindliche Streitkräfte noch auf ausländische Schiffe! Schließlich kehrte er verärgert in den Hafen zurück. Es liegt kein Notstand vor und es gibt keine Gefahren, die es rechtfertigen würden, die Flotte auszubauen."

„Warum dann die Steuererhöhung?"

„Es ist ganz einfach. Der König möchte mehr Geld haben, täuscht daher eine Krise vor und erhebt eine neue Steuer."

Die beiden Junggesellen waren gewöhnlich die ersten Gemeindemitglieder, die sonntags die Kirche betraten. Nur der Kurat und seine Töchter waren normalerweise vor ihnen da. Dieser Sonntag stellte keine Ausnahme dar. Die beiden Männer fanden es eigenartig, daß die Kirchentür geschlossen war, als sie ankamen. Hatte der Kurat verschlafen? Ihre Verwunderung erhöhte sich noch, als sie die Klinke niederdrückten und feststellen mußten, daß die Kirchentür fest verschlossen war.

„Herr Dudley, Herr Manly, kommen Sie hierher!"

Die Männer drehten sich nach der weichen Stimme um. Es war Jenny Matthews. „Wir feiern den Gottesdienst heute hier." Sie führte sie zu einigen Bäumen an der Südseite der Kirche. Der Dorfanger breitete sich vor ihnen aus, und die beiden Männer fanden dort den Kuraten mit seinen beiden Töchtern und Drew Morgan.

„Gott sei mit Ihnen, meine Herren", begrüßte sie der Kurat.

Die beiden Männer runzelten die Stirn, als sie ihm die Hand schüttelten, da sie offensichtlich nicht damit einverstanden waren, daß der Gottesdienst unter freiem Himmel stattfand.

Der Kurat erklärte, warum der Gottesdienst unter den Bäumen stattfinden sollte: „Es wäre eine Schande, wenn wir uns bei so schönem Wetter in der Kirche versammeln würden."

Ihr Gesichtsausdruck spiegelte ihren Unwillen wider, und sie waren nicht die einzigen Gemeindemitglieder, die diese Auffassung vertraten.

Den Kindern gefiel es. Sie spielten Fangen und tollten sich auf der Wiese. Die Erwachsenen saßen in kleinen Gruppen zusammen, und Drew dachte, daß sie wie kleine Bienenkörbe aussahen. Eine Gruppe beauftragte einen Kirchendiener damit, dem Kuraten zu erklären, daß sie damit nicht einverstanden waren. Christopher Matthews hörte geduldig zu und setzte seinen Gottesdienst fort.

„Wo sollen wir sitzen?" rief jemand.

Matthews breitetet seine Arme aus und wies auf den Dorfanger.

Lautes Murmeln folgte. Einige Bemerkungen grenzten an Aufruhr.

Darauf hatte der Kurat gewartet. „Die Speisung der Fünftausend", rief er. „Ich zitiere: ‚Und er ließ das Volk auf dem Gras lagern', Matthäus, Kapitel 14, Vers 19." Er blieb an seinem Platz stehen und sah die Gemeinde an. „Falls der Herr der Meinung wäre, daß Gras der falsche Ort ist, um sich hinzusetzen, hätte er es nicht gesagt."

An diesem Tag lernte Drew etwas Bestimmtes über die Puritaner. Sie würden alles tun, sofern die Bibel es erlaubte. Zu seiner Überraschung setzten sich alle auf den Rasen, die beiden Junggesellen, die Kirchendiener, die Coopers, sogar der alte Cyrus Furman und seine Rose.

Der Gottesdienst begann. Obwohl die Umgebung ungewöhnlich war, entsprach der Gottesdienst genau dem Gottesdienst, der in der Londoner St. Michael's Church und in anderen Kirchen Englands abgehalten wurde. Im von Schwierigkeiten geplagten Edenford diente der Gottesdienst genau seinem Ziel. Die allgemein bekannte Liturgie, die an bestimmten Stellen von den Antworten der Versammelten unterbrochen wurde, die traditionellen Lieder, das alles brachte wieder eine Spur von Ordnung und Frieden in das Leben der Menschen, wie der Anker eines Schiffs im Sommersturm.

Dieser Teil des Gottesdienstes hätte den Bischof von London erfreut, da er Satz für Satz, Wort für Wort der vorgeschriebenen Liturgie entsprach. Was dann folgte, hätte ihn aber erbost. Es war die Predigt, besonders die freie Predigt eines ungelernten und nicht ordinierten Predigers.

Die alten Predigten des Jahres 1563 wurden für schlecht ausgebildete Prediger erstellt und sollten der Gemeinde laut vorgelesen werden. Die Puritaner wollten aber nichts damit zu tun haben. Sie zogen prophetische Predigten vor, Botschaften aus der Bibel, die von ihren Predigern ausgelegt wurden. Sie wollten wissen, was die Bibel über das Leben, die Ehe, ihre Kinder, die Arbeit, Steuern und einen unberechenbaren Monarchen zu sagen hatte. Sie wünschten sich mehr als den Anker der Tradition, sie wollten die frische Brise vom Kapitän ihres Schiffes.

Prophetische Predigten wurden so beliebt, daß viele Puritaner zwei sonntägliche Gottesdienste forderten. Bischof Laud verbot den zweiten Gottesdienst und befahl, daß statt dessen ein Katechismus am Nachmittag verlesen werden sollte. Die Menschen waren so stark an Predigten interessiert, daß viele Puritaner in Nachbarorte gingen, um sich eine zweite Predigt anzuhören, falls in ihrer Kirche nur eine verkündigt wurde.

Der Kurat von Edenford predigte am Sonntag zweimal. Zwischendurch wurde der Katechismus verlesen. Die Familien planten ihren Sonntag, um beide Predigten zu hören. Sie brachten Vorratskörbe mit und aßen das Mitgebrachte zwischen den Predigten auf dem Dorfanger.

Mit dem Geist und der Dringlichkeit eines alttestamentlichen Propheten verkündete Matthews den Einwohnern von Edenford die Folgen der jüngsten Katastrophe.

„‚Was sollen wir tun?' Diese Frage habe ich seit dem Markttag sehr oft gehört. ‚Was sollen wir tun?' Mir wurde die Frage oft von Frauen gestellt, die am Brunnen Wasser holten, von Arbeitern an den Farbbottichen und von Geschäftsinhabern, sie wurde von Ehepaaren zu Hause diskutiert, und meine eigenen Töchter stellten die Frage während des Mittagessens. ‚Was sollen wir tun?'"

Matthews unterbrach seine Predigt. Die unbeantwortete Frage lag auf der Gemeinde wie das Schwert eines Scharfrichters.

„Wir stellen die falsche Frage", fuhr er fort. „‚Was sollen wir tun?' ist die Frage von hoffnungslosen und hilflosen Menschen. Die Frage sollte von jedem einzelnen beantwortet werden. Menschen, die sich nur um sich selbst kümmern, um die Probleme des Lebens zu lösen, schöpfen Wasser aus einem seichten Brunnen.

Welche Frage sollten wir stellen? Ich werde es euch sagen. Wir sollten uns selbst fragen ‚Was will Gott, das wir tun sollen?'

Sind wir zu stolz oder glauben wir, daß etwas Ungewöhnliches mit uns geschieht? Daß wir die einzigen Leute sind, die in Problemen stecken? Daß Gott zu kurzsichtig war und versäumte, uns in seinem Wort mit einer ausreichenden Richtlinie zu versorgen?"

Der Kurat schlug die Bibel auf.

„Ein Vorfall, der dem unseren gleicht, begab sich in den Tagen, als Gottes Sohn auf der Welt war. In diesen Tagen erhöhte der römische Kaiser die Steuern. Die Juden liebten Steuern genausowenig, wie wir die Steuer des Königs mögen. Einige waren dafür, die Steuer nicht zu zahlen, aber Jesus hatte eine Antwort für sie."

Der Kurat öffnete die Bibel und las laut vor: „Und sie sandten ihre Jünger samt den Herodianern zu ihm und sprachen: Meister, wir wissen, daß du warhaftig bist und den Weg Gottes in Wahrheit lehrst und auf niemand Rücksicht nimmst; denn du siehst die Person der Menschen nicht an. Darum, sage uns, was dünkt dich: Ist es erlaubt, dem Kaiser die Steuer zu geben, oder nicht? Als aber Jesus ihre Bosheit merkte, sprach er: Ihr Heuchler, was versucht ihr mich? Zeiget mir die Steuermünze! Da reichten sie ihm einen Denar. Und er spricht zu ihnen: Wessen ist das Bild und die Aufschrift? Sie sprachen zu ihm: Des Kaisers. Da spricht er zu ihnen: So gebet dem Kaiser, was des Kaisers ist, und Gott, was Gottes ist!"

Der Kurat nahm eine Münze aus seiner Tasche und untersuchte sie auf beiden Seiten. Drew war zu weit entfernt, um erkennen zu können, was für eine Münze es war. Es konnte ein Shilling oder eine halbe Krone sein.

„Das ist eine englische Münze. Sie trägt das Haupt des Monarchen, und wir sind seine Untertanen. Wenn wir Jesus heute hier die Münze gäben und ihm die Frage stellten: ‚Was will Gott, das wir tun sollen?' würde er uns zweifelsohne antworten: ‚Gebt dem Kaiser, was des Kaisers ist, und Gott, was Gottes ist.'"

Der Kurat steckte die Münze in seine Tasche.

„Was will Gott, das wir tun sollen? Zahlt dem König die Schiffssteuer!"

Es gab keinen Aufruhr. Diese Versammlung war keine Sitzung im Rathaus, sondern ein Gottesdienst, und der örtliche Prophet gab seine Ansichten bekannt. Einige rutschten aber unbehaglich hin und her.

„Ich weiß, was die meisten von euch denken", sagte der Kurat in verständnisvollem Ton. „Ihr fragt euch: ‚Wovon sollen wir die zusätzlichen Steuern zahlen?'"

Mehrere Gemeindemitglieder nickten.

Der Kurat schlug die abgenutzte Bibel wieder auf. Bevor er daraus vorlas, erklärte er die Situation. „Ich nehme an, daß es ein ähnlicher Tag wie dieser war, an dem Jesus diese Worte sprach. Die Sonne schien, und der Himmel war wolkenlos. Die Nachfolger Jesu saßen auf dem Hügel und warteten auf Gottes Wort. Es waren arme Leute, Arbeiter, keine gebildeten Leute. Hätte Jesus zu gebildeten Leuten sprechen wollen, dann würde er zum Sandhedrin gesprochen haben. Es waren keine reichen Menschen oder Adeligen, denn falls er es vorgezogen hätte, zu den Reichen und Adeligen zu sprechen, wäre er in den Palast gegangen. Statt dessen sprach er auf einem Hügel zu Menschen, die arm und unsicher waren. Und das ist es, was er zu ihnen sagte: ‚Darum sage ich euch: Sorget nicht um euer Leben, was ihr essen und trinken sollt, noch um euren Leib, was ihr anziehen sollt. Ist nicht das Leben mehr als die Speise und der Leib mehr als die Kleidung? Sehet die Vögel des Himmels an! Sie säen nicht und ernten nicht, sie sammeln auch nicht in die Scheunen; und euer himmlischer Vater nährt sie doch. Seid ihr nicht viel mehr wert als sie? Wer aber von euch kann durch sein Sorgen zu seiner Länge eine einzige Elle hinzusetzen? Und warum sorgt ihr euch um die Kleidung? Betrachtet die Lilien des Feldes, wie sie wachsen. Sie arbeiten nicht und spinnen nicht; ich sage euch aber, daß auch Salomo in aller seiner Herrlichkeit nicht gekleidet gewesen ist wie deren eine. Wenn nun Gott das Gras des Feldes, das heute steht und morgen in den Ofen geworfen wird, also kleidet, wird er das nicht viel mehr euch tun, ihr Kleingläubigen? Darum sollt ihr nicht sorgen und sagen: „Was werden wir essen, oder was werden wir trinken, oder womit werden wir uns kleiden?" Denn nach allen diesen Dingen trachten die Heiden; aber euer himmlischer Vater weiß, daß ihr das alles bedürft. Trachtet aber zuerst nach dem Reiche Gottes und nach seiner Gerechtigkeit, so wird euch solches alles hinzugelegt werden.'"

Der Kurat schloß ehrfurchtsvoll die Bibel und schaute die Gemeinde an. Rose Furman lag an der Brust ihres Mannes. Ihre Augen waren geschlossen, und sie sonnte ihr faltiges Gesicht.

Die weiche Stimme des Kuraten wiederholte den Bibeltext: „Darum sollt ihr nicht sorgen ... aber euer himmlischer Vater weiß, daß ihr das alles bedürft.' Was würde Gott wollen, das wir tun sollen? Er würde wollen, die Schiffssteuer des Königs zu zahlen! Wovon sollen wir sie zahlen? Gott weiß, was wir bedürfen. Er wird uns einen Weg zeigen. In der Zwischenzeit müssen wir im Glauben an Gottes Wort leben. Der Glaube trägt kein langes Gesicht. Der Glaube hat kein sorgenvolles Gesicht. Wer glaubt, wird keinen so schönen Tag wie heute benutzen, um sich über den morgigen Tag Sorgen zu machen. ‚Es ist ein Tag, den der Herr gemacht hat: lasset uns freuen und fröhlich sein!'"

Die Reaktion der Edenforder auf die Predigt des Kuraten verblüffte Drew. Obwohl sich die Umstände nicht geändert hatten, war alles anders. Die Leute unterhielten sich und lachten, die Kinder spielten und es herrschte eine Stimmung, als hätte der König die Steuern gesenkt und John de la Barre sich bereit erklärt, seine Schulden zu zahlen.

Die Familien versammelten sich auf dem Dorfanger. Einige saßen im Schatten der Bäume, andere sonnten sich. Nell und Jenny hatten einen Imbiß aus Käse, Früchten und Brot vorbereitet. Drew aß mit den Matthews', als mehrere Leute bei ihnen erschienen, um mit dem Kuraten zu sprechen. David Cooper erhob als erster seine Stimme.

„Ich danke dir, daß du mich daran erinnerst, daß Gott alles in der Hand hat", sagte er und gab seinem Freund einen Rippenstoß. James stand dabei, kniete sich neben Nell und flüsterte ihr etwas ins Ohr. Drew konnte es nicht verstehen, aber Nells Reaktion war ein kühles Schulterzucken.

Nachdem die Coopers sie verlassen hatten, erschienen

Cyrus und Rose Furman. Der Kurat erkundigte sich nach Roses Gesundheit und versicherte dem alten Ehepaar, daß er sich um die Bezahlung des Wächters kümmern würde.

Nach den Furmans kamen die beiden Junggesellen, Manly und Dudley, gefolgt von den Pierces. So ging es den ganzen Tag weiter, alle Leute des Ortes erschienen bei dem Kuraten. Jede Gruppe sprach mehr oder weniger die gleichen Worte.

„So ist es immer", flüsterte Jenny, als Drew den Kuraten dabei beobachtete, wie er zum vierten Mal vergeblich versuchte, in sein Brot zu beißen. „Das typische Familienleben eines Kuraten", fügte Nell hinzu.

Am Sonntagnachmittag wurde der Katechismus verlesen. Der Kurat wurde von seinen Töchtern beim Unterricht der Kinder unterstützt, die beiden wechselten sich jeden Sonntag ab. An diesem Sonntag war es Jennys Aufgabe. Drew freute sich darüber, daß er mit Nell allein sein konnte.

Sie packten die Reste der Mahlzeit in den Korb. Später lehnte sich Nell gegen einen Baum und schlug den Rock über ihre gekreuzten Beine. Während sie die spielenden Einwohner Edenfords beobachtete, rieb sie sich die Hände. Sie begann am Handballen und strich bis zu den Fingerspitzen. Es sah so aus, als würde sie versuchen, ihre Finger zu entknoten. Anschließend lehnte sie sich zurück, verschränkte ihre Arme und schloß die Augen.

Drew lehnte sich neben sie an den Baum, stützte seinen Kopf auf die Hände und schaute einigen Männern beim Bowling zu. Manchmal warf er einen verstohlenen Blick auf Nell. Wenn sie die Augen geschlossen hatte, konnte er sie besser betrachten. Ihre weiche Haut spannte sich über die Wangen, und er konnte am Kinn ein Grübchen erkennen. Die Nase war leicht gebogen und zeigte nach oben, bevor sie den vollen Lippen Platz machte.

„Starrst du mich an?" fragte sie mit geschlossenen Augen.

„Mach dich nicht wichtiger, als du bist!"

„Es ist nicht das erste Mal, daß du mich anstarrst."

Drew sah in eine andere Richtung. In der Mitte des Dorfangers versammelte sich ein Gruppe junger Männer und stellte sich im Kreis auf. James Cooper stand in der Mitte und begann einen Ringkampf mit einem anderen jungen Mann. Die anfeuernden Rufe der Zuschauer führten dazu, daß Nell ihre Augen aufschlug. Sie lehnte ihren Kopf gegen den Baum und stieß einen ärgerlichen Seufzer aus.

„Was ist los?"

„Das!" rief sie und zeigte auf die Ringkämpfer.

„Ich verstehe nicht."

Ihre Stimme triefte vor Sarkasmus, als sie antwortete: „Mich überrascht es nicht. Aber James wird mit Sicherheit überrascht sein, wenn sein Vater herausfindet, daß sein Sohn schon wieder einen Ringkampf am Sonntag veranstaltet hat."

Drew spielte den Unschuldigen und fragte: „Darf er sonntags nicht ringen?"

„Natürlich nicht!"

Drew wußte genau, daß sonntägliche Ringkämpfe und andere Veranstaltungen von König James erlaubt wurden. Die Puritaner waren aber dagegen.

Sonntägliche Sportveranstaltungen wurden seit über zwölf Jahren in England diskutiert. Es begann im Jahre 1616, als eine Delegation von Arbeitern und Dienern König James nach seiner Rückkehr aus Schottland in Lancashire aufsuchte. Sie beschwerten sich bei ihm, daß ihnen die Kirchenführer alle sonntäglichen Veranstaltungen untersagt hätten. Das führte zu König James' Veröffentlichung *Buch des Sports,* das den Leuten gestattete, am Sonntag gewisse

Sportarten auszuüben. Der Erlaß des Königs verärgerte die Puritaner, und sie scheuten sich nicht, ihre Meinung zu sagen. Ihre Argumente stießen aber auf taube Ohren.

Um seine Autorität über die Puritaner zu verdeutlichen, befahl der König, das *Buch des Sports* von allen Kanzeln zu verlesen. Die Geistlichen waren darüber verärgert, führten aber den Befehl aus. Einige von ihnen verlasen den Erlaß, um dem Buchstaben des Gesetzes zu folgen, gaben aber ihre eigenen Kommentare dazu ab. Ein Kirchendiener las beispielsweise das *Buch des Sports* vor, während der Pfarrer in der ersten Bank saß und sich beide Ohren zuhielt. Ein anderer Pfarrer las das *Buch des Sports* vor, gefolgt von den Zehn Geboten. Er fragte dann, welchen Geboten seine Gemeinde folgen wollte. In einigen Fällen weigerten sich mutige Pfarrer, den Erlaß des Königs vorzulesen. Falls sie erwischt wurden, erhielten sie eine Strafe.

„Glaubst du wirklich, daß es falsch ist, am Sonntag einen Ringkampf zu veranstalten?"

„Es ist der Tag des Herrn", war die Antwort. „Außerdem ist es für James Cooper wichtiger, daß es sein Vater nicht mag."

„Wirst du es seinem Vater erzählen?"

In Nells Gesicht zeigte sich ein verärgerter Zug, als sie die auf dem Boden kämpfenden Männer beobachtete. „Wenn ich nicht hier bin, kann ich es nicht sehen und es daher auch nicht seinem Vater erzählen", antwortete sie und stand auf. Sie klopfte sich das Gras aus dem Kleid, ging auf die Straße, drehte sich zu Drew um, der immer noch auf dem Rasen lag, und fragte: „Du wirst doch ein hilfloses Mädchen nicht allein umherwandern lassen, oder?"

Es war gut, daß Drew bei ihr geblieben war. Nell hätte ihn sonst nicht einladen können. Er sprang auf und begleitete sie.

„Wohin gehen wir?"

Sie reichte ihm ihren Arm. „Das ist mein Geheimnis. Du mußt mir vertrauen."

Nell Matthews führte Drew Morgan die Chesterfield Road hinunter in Richtung Chesterfield Manor. Die Straße führte den steilen Hang hinauf. Sie gingen an dem Ende von zwei Häuserreihen vorbei, die so eng beieinander standen wie es bei dem Haus der Fall war, in dem die Matthews wohnten. Edenfords Webstühle standen in einem langen Gebäude hinter dieser Häuserreihe. „Hier arbeitete meine Mutter, bevor sie damit begann, Spitze zu klöppeln", sagte Nell. Hinter den Webstühlen lag eine Wiese, aus der sich ein Berg erhob.

Drew betrachtete nur flüchtig die Gebäude und die Umgebung. Er war sich Nells Nähe bewußt. Das Gefühl, daß sie sich bei ihm eingehakt hatte, und er nah bei ihr war, nur wenige Zentimeter von ihrem Gesicht entfernt, verzauberte ihn. Als Nell ihm die anderen Fabrikgebäude zeigte, sah er sie an. Ihre Wangen waren durch den Spaziergang gerötet, eine widerspenstige Locke ließ sich auf ihrer Stirn nieder, und er erkannte in ihren braunen Augen graue Punkte.

„Laß uns eine kleine Pause machen." Sie hatten die Bäume am Fuß des Berges erreicht. Nell blieb stehen, entzog ihm ihren Arm und ging in Richtung Dorf zurück. Drew folgte ihr widerwillig. Da sie ihren Arm zurückgezogen hatte, folgte er ihr in einem diskreten Abstand.

Von dieser Erhebung konnte man Edenford überblicken, die Dächer der Häuser, die Kirche und den Dorfanger, auf dem immer noch der Ringkampf stattfand. Die Aussicht wurde von der Exe beherrscht, über die zwei gleiche Brücken mit drei Bogen führten.

Drew sah in der Ferne einen schillernden Punkt. „Was ist dort drüben?"

Nell folgte Drews Blick. „Das ist der Williams Lake. Der Wald daneben gehört Lord Chesterfield. Er hält dort Wild und lädt seine reichen Gäste zur Jagd ein."

Der Wald, in dem Bischof Laud den Sohn von Lord Chesterfield tötete, und wo Shubal Elkins Leiche entdeckt wurde, dachte Drew.

„Es ist ein interessanter See", fuhr Nell fort. „Er friert nie zu, nicht einmal im tiefsten Winter. Möglicherweise gibt es dort unterirdische Thermalquellen. Ich werde ihn dir im Winter zeigen. Du kannst es dann selbst sehen. Das heißt, wenn du dann noch hier bist."

Wenn du dann noch hier bist. Das war als beiläufige Bemerkung gemeint, war aber für Drew wie eine Prophezeiung. Wenn alles glatt lief, würde er nicht mehr hier sein. Aber dann würde auch Christopher Matthews nicht mehr hier sein. Der Gedanke erzeugte unerwünschte Gefühle. Er wollte seine Mission erfüllen und zwang sich dazu, nicht darüber nachzusinnen, wie Nell dann über ihn denken würde.

„Komm", rief Nell und ergriff seine Hand. „Ich will dir etwas zeigen." Sie zog ihn von der Straße fort, einen grasbewachsenen Hügel hinauf.

Als sie die Hügelkuppe überquerten, sahen sie die vor ihnen aufragenden Mauern der alten Burg. Die zusammengefallenen Mauern wurden an drei Seiten durch Bäume verdeckt, da der Wald sich ausbreitete, um sich zurückzuholen, was ihm die Bauherren gestohlen hatten.

Nell ging in die Mitte der ehemaligen Halle. Unkraut bedeckte den Boden wie ein Teppich. „Magst du es?"

„Es ist wundervoll!" Drews Blicke strichen über die bröckelnden Mauern, die sich in den Wald erstreckten. Keine Mauer war mehr als einen Meter hoch, aber der Umriß der Burg war noch deutlich erkennbar, die Türumrandungen, Hallen, Räume und Lager. Es war wunderschön.

„Denk nur einmal über die Leute nach, die hier lebten", forderte Nell ihn auf. „Sie standen, wo ich stehe, und dachten besorgt über ihre am Fluß spielenden Kinder nach, fragten sich, wann ihre Männer aus dem Krieg zurückkommen würden, oder ob sie genug Lebensmittel für den Winter hätten."

„Wer lebte hier?" fragte Drew.

„Keiner im Ort weiß es", antwortete sie. „Alles, was man weiß, ist, daß hier ein Sachsenkönig lebte."

„Es ist irgendwie traurig!"

„Was ist traurig?"

„Daß eine Person oder sogar eine ganze Familie hier lebte, und keiner sich an sie erinnern kann. Was ich meine, ist, daß diese Menschen Hoffnungen, Träume und Pläne besaßen, aber keiner kann sich daran erinnern. Es ist, als hätte es sie nie gegeben."

Die beiden jungen Leute schwiegen und dachten über die unbekannte Familie nach.

Nell und Drew gingen von einem Raum zum andern, untersuchten die alten Steine und erklärten sich gegenseitig, wie sie sich die damalige Burg vorstellten. Sie überlegten, wozu die Räume benutzt worden waren und dachten darüber nach, wie das Leben in der Burg abgelaufen sein mußte.

Nach einer Weile setzte sich Nell auf einen Baumstamm an einer niedrigen Wand. Drew ließ sich auf einem ihr gegenüberliegenden Stein nieder. Der große Stein gehörte irgendwie nicht hierher. Er war aber von der gleichen Art, wie sie zum Bau der Mauer benutzt worden waren. Es war geheimnisvoll, genauso wie es ein Geheimnis war, wer in dieser Burg gelebt hatte, oder das Geheimnis des kleinen Dorfs zu seinen Füßen.

„Mein Vater mag dich." Nells Aussage brachte ihn wieder in die Gegenwart zurück.

„Wie kommst du darauf?"

„Ich weiß es." Nell zog einen Zweig heran und spielte mit den Blättern, während sie sprach. Sie säuberte sie und formte sie wie einen Fächer. „Papa mag alle Leute, ist aber sehr wählerisch mit solchen, die er respektiert. Dich respektiert er. Sonst hätte er uns nicht vor einigen Tagen allein zu Hause gelassen."

„Ich freue mich, daß er es tat."

„Ich weiß nur nicht, was er an dir findet", meinte Nell naserümpfend.

Drew runzelte die Stirn. „Warum sagst du das?"

Nell ließ die Blätter fallen und sprang auf, legte ihre Arme auf die Mauer und schaute hinüber. „Du hast keinen Beruf, keine Zukunft und kein Vertrauen in dich selbst. Du glaubst nicht einmal an Gott."

„Ich glaube an Gott", protestierte Drew.

„So? Was glaubst du denn? Erzähl mir von deinem Gott."

„Nun", Drew dachte nach. Er war noch nie dazu aufgefordert worden, seinen Glauben in Worte zu fassen. Er war davon überzeugt, daß er an Gott glaubte, aber ihn zu beschreiben, war eine andere Sache.

„Ich warte." In Nells Stimme klang eine Genugtuung, die Drew aufregte.

„Er ist da oben!" antwortete Drew und zeigte zum Himmel.

Nell schaute nach oben. „In den Bäumen?"

Sie spielte mit ihm. „Natürlich nicht! Er ist im Himmel!"

„Ach ja", antwortete Nell, „und was macht er den ganzen Tag im Himmel?"

Drew hatte sich noch nie Gedanken darüber gemacht. Die einzige Vorstellung, die er hatte, stammte aus der griechischen Mythologie und stellte die Götter wie einen buntgemischten und boshaften Haufen dar, der nichts anderes tat, als das Leben der Menschen komplizierт zu machen. „Er beantwortet die Gebete der Menschen und macht andere göttliche Dinge!" stotterte Drew.

„Göttliche Dinge?" kicherte Nell.

„Sicher, göttliche Dinge. Woher soll ich wissen, was göttliche Dinge sind. Ich war noch nie im Himmel!" Drew sprang von seinem Stein auf und ließ die amüsierte Tochter des Kuraten hinter sich. Nachdem er einige Meter gegangen war, fragte er: „Hast du mich hierher gebracht, um mich zu verspotten?"

Nell hörte auf zu kichern und nahm ihren Zweig wieder in die Hand. „Nein, es tut mir leid. Das war gemein von mir. Ich frage mich nur, warum jemand eine Bibel auf seine Reisen mitnimmt und sie so wenig kennt." Sie zupfte an den Blättern.

„Vielleicht möchte ich ein wenig mehr darüber erfahren."

Nun war Nell verlegen. Sie starrte die Blätter an und zupfte eines nach dem andern vom Zweig. „Falls du wirklich lernen möchtest, was in der Bibel steht, mußt du meinen Vater fragen, er ist der richtige Mann dafür."

„Ich weiß." Drew war froh, daß sie das Thema wechselte. Alles war ihm recht, was die Aufmerksamkeit von ihm ablenkte. Er ging langsam auf Nell zu und setzte sich neben sie auf die Mauer, achtete aber darauf, daß er ihr nicht zu nahe kam. „Heute morgen hat er mich wirklich überrascht. Er ist ein weitaus besserer Prediger, als ich von ihm erwartet hätte."

„Die meisten Leute sind überrascht", lächelte Nell mit unverhohlenem Stolz.

„Hat dein Vater studiert?"

Nell schüttelte ihren Kopf. „Nein, alles, was er lernte, brachte ihm sein Vater in der Schuhmacherei bei."

„Er kennt die Bibel aber so gut und legt sie so ausgezeichnet in seinen Predigten aus!" Drew kam ein Gedanke. Hier war eine Möglichkeit, Informationen über den Kuraten zu erhalten. „Ich wette, er ist ein ebenso guter Schreiber."

Nell lachte. „Nein, mein Vater ist ein guter Redner. Gott hat ihn mit dieser Gabe gesegnet, aber wenn es zum Schreiben kommt, ist das anders. Ich glaube, er geht mit zuviel Ernst an die Sache heran und versucht, alles zu genau zu machen."

Sie biß nicht auf Drews Köder an. Da der Kurat ein guter Redner war, dachte Drew, daß er möglicherweise einer der berüchtigten Autoren sein könnte, vielleicht sogar Justin. Nells Antwort zerstörte diese Theorie. Ausgenommen natürlich, daß sie die Frage als Falle erkannte und ihren Vater schützen wollte.

Die Unterhaltung endete zunächst. Keiner von beiden schien es eilig zu haben, nach Hause zu gehen. Sie wußten aber auch nicht, über was sie sich unterhalten sollten. Nell unterbrach die Stille.

„Drew, was erwartest du vom Leben?"

Mit dieser Frau kann man keine ungezwungene Unterhaltung führen, dachte Drew. *Erst fragt sie mich über Gott aus, und nun will sie wissen, wie ich mein Leben gestalten möchte. Das ist wirklich keine typische Unterhaltung für ein junges Pärchen.* Nells beißender Witz hatte ihn bereits getroffen, so daß er vorsichtig geworden war. „Ich weiß nicht", sagte er.

„Wovon träumst du?"

Er schaute sie eingehend an. In ihrem Gesicht konnte er keine Ironie erkennen. Ihre Augen waren weich und einladend.

„Ich weiß nicht, ob ich es dir erzählen will", antwortete er.

Nells Augen und Gesicht wirkten enttäuscht. Sie sprang von der Mauer. „Vielleicht sollten wir nun zurückgehen."

„Nell! Es ist nur, daß ich von Dingen träume, die möglicherweise nie verwirklicht werden können."

„Warum nicht?"

Drew zögerte. Er wollte offen zu ihr sein, wußte aber, daß er dadurch verwundbar wurde. *Was ist, wenn sie mich auslacht?* „Sie können nicht verwirklicht werden, weil ...", er stockte und schaute sie wieder an. Sie war ernst und konzentriert. „Sie können nicht verwirklicht werden, weil sie ein Teil der Vergangenheit sind. Ich träume von der Vergangenheit."

Nell lächelte. Es war nicht das Lächeln eines Raubtiers, das gleich sein Opfer anspringt. Ihr Lächeln war warm und verständnisvoll, ein Lächeln, das ausdrücken wollte: „Danke, daß du mir deine Gefühle mitteilst." Drew verspürte eine nie zuvor gekannte Wärme. „Träumst du von einer bestimmten Zeit?"

Er hatte sich so weit offenbart, nun konnte er auch den Rest erzählen. „Von dieser Zeit", entgegnete er und zeigte auf die zusammengefallenen Mauern. „Das Zeitalter von Camelot und König Arthus. Die Zeit des Rittertums und der Macht für die richtigen Leute. Ich glaube, ich mag die Zeit, weil damals alles leichter war. Man wußte, wer gut und schlecht war. Die Männer kämpften, um die Welt zu verbessern und nicht nur, um ein größeres Haus zu besitzen als die Nachbarn, oder um ihren Frauen schönere Kleider oder Juwelen zu kaufen."

„Du bist ein Idealist!" rief Nell in überraschtem Ton. „Es ist heute nicht einfach, ein Idealist zu sein."

„Keine sehr realistische Sache, das stimmt."

Nell schaute ihn mit einem Gesichtsausdruck an, den er noch nie vorher bei ihr gesehen hatte. Es war der Ausdruck von Bewunderung.

„Also", sagte Drew. „Nun bist du an der Reihe. Wovon träumst du?"

Nell drehte sich um. „Es ist wirklich Zeit, daß wir zurückgehen."

Drew stellte sich ihr in den Weg. „O nein, nicht jetzt. Das ist ungerecht. Wovon träumst du?"

Nell versuchte, an ihm vorbeizugehen. Drew hielt sie an den Schultern fest. Ihre Augen blitzten so wütend auf, als wolle sie ein Schwert aus der Scheide ziehen. Hatte er einen schwerwiegenden Fehler gemacht? Ihre Wut war aber nur vorübergehend. Sie schaute ihm fragend in die Augen. Es war nun ihre Aufgabe, zu entscheiden, ob sie sich verwundbar machen wollte. Sie lächelte und drehte sich um. Sie wollte ihm nicht ins Gesicht sehen, als sie mit weicher Stimme sagte: „Wir haben etwas gemeinsam. Ich bin auch ein Idealist. Der Unterschied ist nur, daß du von der Vergangenheit, und ich von der Zukunft träume. Ich träume von einem Ort, an dem die Leute frei sprechen können, ohne Angst haben zu müssen, getötet zu werden. Ich träume von einem Land, in dem Ehrlichkeit das nationale Erbe ist, von einem Land, in dem die Leute versuchen, Freunde zu gewinnen statt Reichtum anzusammeln." Sie blickte kurz über ihre Schultern, um seine Reaktion abzuschätzen. Bevor sie weitersprach, nahm sie ein Blatt von dem Zweig, den sie vorher in der Hand hielt, und faltete es. Ihre Stimme war noch weicher, als sie fortfuhr: „Ich träume von einem Land, in dem Gott König ist, und in dem alle Menschen Gott und sich gegenseitig lieben. In solch einem Land benötigt man keinen Wachmann, kein Gefängnis und kein Gericht. Man benötigt sie nicht, weil sich jeder genauso sehr um seinen Nächsten kümmert wie um sich selbst, und alle leben in Freiheit ... frei von Haß, frei von Angst, frei, um zu lieben und geliebt zu werden." Nell ließ das Blatt fallen. „Ziemlich idealistisch, oder?"

Drew antwortete im gleichen weichen Tonfall: „Wenn du

dieses Land findest, laß es mich wissen. Ich möchte auch dort sein."

Als Drew Morgan und Nell Matthews die Burgruine verließen, wurden die Schatten länger und streckten sich den Hügel hinunter in Richtung Edenford. Sie sahen wie lange Arme aus, die zur Heimat und zur Wirklichkeit zeigten. Sie gingen stillschweigend nebeneinander. Manchmal berührten sich ihre Hände oder Arme. Drew wollte ihre Hand ergreifen, tat es aber dann doch nicht.

„Danke, daß du mir die Burgruine gezeigt hast", sagte er.

Nell antwortete mit einem Lächeln. Für Drew war diese Antwort mehr wert als alle Worte. Noch nie hatte ein Lächeln so tiefe Gefühle in ihm verursacht.

Als sie auf Edenford zugingen, sah Drew, wie Christopher Matthews aus der Kirchentür kam. Realität. Warum mußte alles so schwierig sein? Um die von ihm ersehnte Ehre und den Ruhm zu bekommen, mußte er die illegalen Aktivitäten des Kuraten verraten. Er hatte aber nicht damit gerechnet, daß er sich in die Tochter des Kuraten verlieben würde.

Kapitel 14

Der Montagmorgen würde zeigen, ob die gute Stimmung, die der Kurat bewirkt hatte, von Dauer war.
Im Haushalt der Matthews begann der Montag wie alle anderen Tage. Christopher Matthews war als erster aufgestanden, betete und las in seiner Bibel. Danach begab er sich an die frische Luft und betete erneut, während er durch das Kornfeld am Ende der High Street ging.
Nell und Jenny standen danach auf und schlichen auf Zehenspitzen um den noch schlafenden Drew, der auf dem Fußboden des Wohnzimmers schlief. Er erwachte durch die Küchengeräusche, stand schnell auf und zog sich an. Das Unangenehme an seinem Aufenthalt im Haus der Matthews war, daß es keine Privatsphäre gab. Er steckte gerade sein Hemd in die Hose, als Jenny mit einer Schüssel voll Äpfel aus der Küche kam.
„Oh!" stieß sie hervor und ging schnell in die Küche zurück.
„Du kannst hereinkommen, ich bin angezogen", rief Drew ihr nach.
Was auch der Grund sein mochte, sie kam nicht zurück.
Drew legte die Decken zusammen, die ihm als Bett gedient hatten, als die Haustür knarrte und der Hausherr heimkam.

„Master Morgan!" strahlte der Kurat. „Der Herr hat uns einen schönen Morgen geschenkt." Für die meisten Leute war der Morgengruß ein Ritual. Er konnte gedankenlos oder bedeutungslos geäußert worden sein und hatte absolut nichts damit zu tun, wie der Morgen war. Der Kurat von Edenford war in dieser Hinsicht ganz anders. Wenn er sagte: „Es ist ein schöner Morgen", dann meinte er es auch so. Der Ton seiner Stimme, die strahlenden Augen und sein freundliches Lächeln unterstrichen seine Worte.

„Junger Mann, ich habe viel für dich gebetet." Der Kurat klopfte Drew auf die Schulter. Bevor Drew antworten konnte, erkannte Matthews jemand aus den Augenwinkeln. „Das ist ein schöner Anblick", strahlte er.

Jenny kam aus der Küche und trug die Schüssel mit den Äpfeln. „Papa!" rief sie und errötete.

Er ging zu seiner jüngsten Tochter und legte einen Arm um sie. „Und wo ist die andere Schönheit?" fragte er.

Nell kam aus der Küche. Möglicherweise war es das Licht im Haus, oder die Bäume und die alten Mauern fehlten, aber die magische Ausstrahlung, die sie in den Hügeln gehabt hatte, war nicht mehr vorhanden. *Vielleicht erwarte ich zuviel,* dachte Drew. *Sie bereitet das Frühstück vor und kommt nicht in einen Ballsaal.*

Der Kurat legte den anderen Arm um seine ältere Tochter. „Master Morgan, wie lange wollen Sie uns noch auf die Folter spannen? Werden Sie bei uns bleiben oder nicht?"

Drew sah die vor ihm stehende Familie an. Es war eigenartig, aber das Gesicht des Kuraten spiegelte die größte Hoffnung wider. Ein bittender Blick stand im Gesicht von Jenny, aber Nell schaute ihn nicht einmal an. Sie beobachtete ihren Vater.

„Ja ... wenn Sie wollen ... ich würde gerne bleiben."

„Gott sei gelobt!" rief der Kurat und umarmte seine

Töchter noch mehr. Danach kam er auf Drew zu und gratulierte ihm zu seinem Entschluß.

Drew streckte ihm seine Hand entgegen, aber der Kurat schob sie zur Seite, umarmte ihn und klopfte ihm so stark auf den Rücken, daß er kaum atmen konnte. Er wirbelte herum und fragte seine Töchter: „Sind das nicht wundervolle Neuigkeiten?"

„Ja, Papa! Wundervolle Neuigkeiten!" rief Jenny mit strahlendem Gesicht.

„Wirklich wundervoll", bestätigte Nell und legte die Bestecke auf den Tisch. Sie sagte es, aber ihre Stimme war emotionslos.

„Ich muß etwas beichten", sagte der Kurat. Alle drehten sich zu ihm um. „Ich wußte, daß er bleiben würde."

Drew war skeptisch.

„Ich wußte es, weil Gott es mir sagte", bestätigte der Kurat. Es war eine einfache Erklärung seines Glaubens. Er sagte es, als würde er eine Botschaft von seinen Nachbarn mitteilen. „Ich erfuhr es heute morgen, als ich durch das Kornfeld ging. Gott sagte mir, daß du bleiben würdest." Der Kurat ergriff Drews Schultern und schaute ihm ins Gesicht. „Mein Sohn, Gott hat dich erwählt, damit du in Edenford eine wichtige Mission erfüllst."

Drew überlegte, ob er dem Kuraten glauben sollte oder nicht. Geistliche äußerten immer solche Dinge. Sie sagten immer, daß es Gottes Wille sei, ein bestimmtes Opfer zu erheben, oder daß es Gottes Wille sei, daß ihr Lebensunterhalt zunahm, oder anderen Unsinn. Es war normalerweise der Versuch, den Willen Gottes dafür zu benutzen, daß sie bekamen, was sie haben wollten. Drews Erfahrung mit Christopher Matthews zeigte aber, daß dieser sich von den anderen ihm bekannten Geistlichen unterschied. An diesem Mann war nichts Schlechtes. Er war in allen Äußerungen ehrlich und direkt. Wenn der Kurat erklärte, daß Gott zu ihm gesprochen hatte, gab es wenig Zweifel daran, daß es sich nicht so verhielt.

Die Woche hätte für Drew nicht besser sein können. Alles verlief nach Plan, nein, alles ging besser als geplant. Am Ende der Woche hatte er nicht nur das Vertrauen der Menschen gewonnen, sondern war auch der Held des Ortes.

Der Montag war der Tag, an dem Politik gemacht werden sollte. Drew folgte Christopher Matthews von einem Geschäft zum andern, von einem Haus ins nächste. Der Kurat versuchte, die Edenforder von seinem Wirtschaftsplan zu überzeugen. Am Nachmittag fand eine Ratsversammlung statt, um über den Plan des Kuraten zu beraten. Die Versammlung fand im Rathaus statt, dem Ort, an dem Drew den Männern von Edenford vorgestellt worden war. Nell schlug vor, daß sich die Frauen in der Kirche versammeln sollten. Während die Männer sich berieten, beteten die Frauen.

In der Versammlung erntete der Kurat die Früchte seiner morgendlichen Arbeit, was dazu führte, daß Edenford einen Arbeitsplan annahm, um die Wirtschaftskrise zu meistern.

Um es einfach auszudrücken, Edenford wurde vorübergehend ein in sich geschlossenes Wirtschaftssystem. Eine örtliche Korn- und Lebensmittelverteilstelle wurde eingerichtet, um allen Einwohnern Edenfords kostenlos Nahrungsmittel zur Verfügung stellen zu können. Die Bauern erhielten im Gegenzug bestimmte Dienstleistungen oder andere Artikel von den Kaufleuten. Der Ort wechselte in allen Bereichen vom Geldsystem zum Tauschsystem. David Cooper wurde zum Vermittler ernannt, um alle Streitigkeiten zu schlichten. Schließlich wurde mit dem Bargeld der Einwohner eine Bank eröffnet, die die Artikel kaufen sollte, die nicht im Ort produziert wurden. Sie sollte auch die Schiffssteuer in einer Gesamtsumme zahlen, um dem Befehlshaber den Weg von einem Haus zum andern zu ersparen. Die Bank würde ein wahrhaftiger Gradmesser für die Solidarität des Ortes sein. Es war eine Sache, einer Gemeinschaftsaktion zuzustimmen, aber eine andere, das Bargeld der Gemeinschaftskasse anzuvertrauen. Das war aber genau das, was sie taten.

Die Kooperationsbereitschaft der Edenforder war beeindruckend und den Bemühungen des Kuraten zu verdanken. Während der Ratsversammlung dachte Drew darüber nach, daß so eine Zusammenarbeit nie in London oder Winchester stattfinden würde. Er erinnerte sich an die Geschäftspartner seines Vaters, die sich in finanziellen Angelegenheiten wie grinsende Haifische verhielten und ihre Opfer solange umkreisten, bis sie eine verwundbare Stelle gefunden hatten. Manchmal mußten sie nur die Angst ihres Opfers verspüren, um im Rudel anzugreifen und ihm alles fortzunehmen, was es besaß, bevor es zur Seite geworfen wurde wie ein nasser Sack.

Die Ratsversammlung lief nicht immer ruhig ab. Als Edward Hopkins seine Einwände gegen die Schiffssteuer äußerte, waren alle sehr erregt. Hopkins war der dunkelhaarige zornige Mann, der James Cooper während des Ringkampfs in die Nieren boxte. Er hatte gehört, daß Witheridge, Halberton und Crediton auch mit der Steuer des Königs belegt worden waren, was die Einwohner sehr erboste. Es wurde über Widerstand und, falls nötig, bewaffneten Widerstand gesprochen. Hopkins berichtete aber auch, daß sie gegen die Armee des Königs keine Chancen besäßen. Wenn sie sich aber zusammenschlössen und eine Miliz aufbauten, könnten sie den König dazu zwingen, die Steuer abzuschaffen.

Viele Männer Edenfords, einschließlich James Cooper, unterstützten den Gedanken eines bewaffneten Aufruhrs und wollten der Miliz beitreten. Ein Mann schlug sogar vor, den Befehlshaber zu entführen, wenn er kommen würde, um die Steuer einzutreiben, und ihn als Geisel festzuhalten. Der Ärger verflog erst, als ein Spaßvogel meinte, daß die Entführung des dicken Befehlshabers sie mehr kosten als ihnen einbringen würde. Er behauptete, daß die Steuer weitaus geringer sei, als die Verköstigung dieses Mannes.

Das Lachen hielt aber nur kurze Zeit an, und der Gedanke des bewaffneten Widerstands fand immer mehr Unterstützung. David Cooper stand auf und sprach sich gegen eine Miliz aus. Das war der Augenblick, in dem Drew erkannte, daß die Haifische zu kreisen begannen. Sie mißverstanden Coopers Vernunftgründe als Angst und griffen an. Sie beleidigten den Schuster und nannten ihn einen Feigling. Hopkins beschuldigte Cooper, ein Royalist zu sein, ein Lakai des Königs, der gesandt worden war, um die schreienden Untertanen zu beruhigen. James Cooper sprang von seinem Stuhl auf und bevor ihn jemand aufhalten konnte, griff er den dunkelhaarigen Hopkins an. Wie ein Funke im Pulverfaß explodierte der Kampf. Ein Bauer ergriff David Coopers Hemd und ballte die Faust. Der Schuster war aber zu schnell für den Bauern, stieß ihn mit seinem Kopf zu Boden und fiel dann über ihn. Sie rollten wie eine Bowlingkugel über den Fußboden und rissen mehrere andere Kämpfer zu Boden.

Bumm!

Ein Schuß hallte durch den Raum. Alle erstarrten und ließen ihren Gegner los. Der Geruch von Schwarzpulver zog durch das Rathaus, während die Anwesenden versuchten, den Schützen auszumachen. Vor dem Kuraten von Edenford stieg eine Rauchwolke auf.

Es war das einzige Mal, daß Drew Christopher Matthews mit einer Waffe sah. Sie paßte nicht zu ihm; er sah genauso eigenartig aus wie Bischof Laud mit seiner Armbrust. Der Kurat hielt eine Pistole hoch über seinen Kopf. Drew wußte nicht, woher er die Pistole hatte, oder wem sie gehörte.

Matthews bewegte die Pistole hin und her und rief: „Wird das eure Probleme lösen? Glaubt ihr wirklich, daß sich die Welt verbessert, wenn ihr euch gegenseitig umbringt?"

Er hatte ihre Aufmerksamkeit, aber keiner wollte klein beigeben. Sie waren erstarrt, wie Personen auf einem Ölgemälde und hielten die Kleidung ihrer Gegner fest. Einige von ihnen besaßen gerötete, in Schweiß gebadete Gesichter. Der Mittelpunkt des Geschehens war der hochgewachsene Christopher Matthews, der mit der rauchenden Pistole vor ihnen stand.

Die Gruppen lösten sich langsam auf. Die Männer ließen ihre Gegner mit einer Entschuldigung los, aber der Kurat ließ die Pistole erst fallen, nachdem alle wieder Platz genommen hatten. Die Pistole fiel mit einem Knall zu Boden. „Wir haben stärkere Waffen als Pistolen. Wir haben die Waffenrüstung Gottes, Gebet und Glauben!"

„Gebet wird den König nicht davon abhalten, Steuern zu erheben!" schrie Hopkins.

„Wer ist mächtiger, Gott oder der König von England?" rief Matthews mit lauter Stimme. „Mose besiegte mit den Waffen Gottes den mächtigen Pharao von Ägypten! Josua brachte mit der Waffenrüstung Gottes die Mauern Jerichos zum Einsturz und ging in das Gelobte Land! Durch die Waffenrüstung Gottes kam die Sonne zum Stillstand, fiel Feuer vom Himmel und Menschen entstiegen ihren Gräbern! Welche Waffen hat der König von England, um diese Waffen zu besiegen?"

Niemand antwortete ihm.

Matthews fuhr fort: „‚Nicht durch Heer oder Kraft, sondern durch meinen Geist, spricht der Herr der Heerscharen.‘ Ich werde mit den Waffen Gottes kämpfen. Wer will mit mir kämpfen?"

Der Kurat stellte sich in die Mitte des Raums, kniete nieder und betete. Ohne ein weiteres Wort zu verlieren, kniete sich ein Mann nach dem andern neben den Kuraten zum Gebet. Zuerst David Cooper, dann der alte Cyrus Furman, gefolgt von den beiden Junggesellen Manly und Dudley, dann James Cooper. Sogar Edward Hopkins gesellte sich zu ihnen. Die gesamte männliche Bevölkerung Edenfords kniete demütig nieder, um Gottes Hilfe zu erflehen.

Nur Drew blieb stehen. Er war unsicher und lehnte sich gegen die Außenwand. Zuerst wollte er sich auch niederknien, entschied sich dann aber für das Gegenteil. Es war noch zu früh.

Er starrte den Kuraten ehrfürchtig an. *Wer ist dieser Mann?* Drew hatte noch nie einen Mann kennengelernt, der so viel Macht über andere Menschen besaß. *Wie macht er das? Sind es die Worte, die er benutzt?* Im Augenblick waren die Worte klar. Er zitierte einen biblischen Text. *Wirkten die biblischen Worte wie ein Zauberspruch? Hatten sie eine magische Kraft?*

Während die Männer beteten, wurde Drew der Unterschied zwischen Bischof Laud und Christopher Matthews bewußt. Die Ähnlichkeiten der beiden Männer waren immer offensichtlich gewesen: Sie beteten beide den gleichen Gott an. Sie lasen beide die Bibel. Beide glaubten fest daran, daß sie Gottes Willen ausführten, obwohl sie geistliche Gegner waren. Dieses Geschehen im Rathaus machte den Unterschied deutlich: Der Bischof schwang seine politische Macht wie ein Schwert, um Gottes Willen, die Position der

Kirche und sich selbst zu verteidigen. Der Kurat dagegen glaubte, daß Gott sich selbst verteidigen kann. Statt Gott zu beschützen, begab er sich unter den Schutz Gottes.

Nachdem das letzte Amen verhallt war, wurde eine weitere Aktion vereinbart. An Donnerstagen würden in Zukunft alle gesunden Männer und Frauen Edenfords einen Fastentag einlegen. Dieser Gedanke stammte ebenfalls von dem Kuraten. „An Donnerstagen wird unser Fleisch und Brot aus Gebeten und Flehen zu Gott bestehen. Der Herr wird uns Kraft verleihen", sagte er, fügte aber mit einem Grinsen hinzu: „Wir sollten es aber nicht übertreiben. Wir sollten geistlich nicht zu fett werden!"

Dienstag war ein Rückfall.

Der Tag begann gut. Die neue Vereinbarung wurde von David Cooper durchgesetzt, indem er zwischen den Kaufleuten und Bauern einen gerechten Tausch aushandelte. Ambrose Dudley wurde zum örtlichen Bankier ernannt. Ein Fünferrat wurde gewählt und damit beauftragt, die benötigten Dinge zu kaufen und die Kosten zu ermitteln.

Die Gemüter waren glücklich und zufrieden, als sich die Situation verschlechterte. Einige Familien konnten unter dieser Vereinbarung ein- oder zweimal wöchentlich Fleisch essen, andere nie. Viele würden sich mit einer wässerigen Gemüsesuppe und einer Scheibe Brot zufriedengeben müssen, die so dünn war, daß sie wie Pergamentpapier aussah. Die Mütter machten sich auf Veränderungen gefaßt, die auch ihre Kinder betrafen. Die Wangen der Kinder würden einfallen, sie bekämen gelbe Augen, und ihre Haut nähme eine gräuliche Färbung an. Drew erinnerte sich an dieses Aussehen. Er hatte es in den Gesichtern der Kinder von London gesehen, in den Gassen und Hinterhöfen. Er hatte sich nie besonders darum gekümmert, weil er sie nur kurz sah, wenn er auf seinem Pferd vorbeiritt oder mit der Kutsche vorbeifuhr. Nun mußte er unter ihnen leben. Er erinnerte sich daran, daß er nur für eine kurze Zeit hierbleiben und bald wieder ins London House zurückkehren würde, um am runden Tisch des Kochs zu sitzen.

Weil es nur wenig Holz gab, konnten die Häuser und Dächer nicht repariert werden. Eine von Christopher Matthews geleitete Delegation ging die kurze Entfernung zum Herrenhaus von Lord Chesterfield und fragte, ob sie einige Bäume fällen dürften, um die nötigsten Reparaturarbeiten auszuführen. Lord Chesterfield empfing sie höflich, lehnte aber ihre Bitte mit der Begründung ab, daß bei seiner Zustimmung, die Bäume zu fällen, sein Wild eingehen würde.

Am Dienstag verspürte Drew die ersten Hungergefühle. Nicht den Hunger, den man spürt, wenn man nicht rechtzeitig ißt, sondern den Hunger, der eine Person körperlich und geistig entkräftet. Drew machte sich selbst Mut, indem er es als eine Prüfung für seine Männlichkeit betrachtete. *Die Ritter der Tafelrunde kannten Hunger und Not*, sagte er sich selbst. *Wenn sie Hunger und Not aushalten konnten, kann ich es auch. Außerdem ist es gut für meinen Plan, einer der Hungrigen in einem Ort voll hungriger Einwohner zu sein.*

Der große Rückschlag dieses Dienstags geschah, als entdeckt wurde, daß Rose Furman gestorben war. Drew begleitete den Kuraten auf seiner Besuchsrunde, als sie in Furmans Haus traten und den alten Cyrus in seinem Schaukelstuhl fanden. Er schaukelte vor und zurück und hielt seine tote Rose in den Armen.

Drew hatte gehört, daß sich ältere Leute manchmal kindisch verhalten und dachte, daß Cyrus seine Frau nur in den Schlaf wiegen wollte. Als er näher herantrat, bemerkte er, daß eines ihrer Augen halboffen und ihre Glieder steif waren. Sie mußte schon seit einiger Zeit tot sein.

„Ich hätte es jemand sagen sollen", weinte Cyrus. „Ich wußte aber, daß sie sie fortgebracht hätten, wenn ich es jemand gesagt hätte." Er strich ein dünnes graues Haar aus ihrem Gesicht und steckte es hinter ihr Ohr. „Fünfundvierzig Jahre. Wir haben fünfundvierzig Jahre zusammengelebt. Wenn ich sie fortlasse, ist es vorbei. Ich wollte nur, daß es noch ein wenig länger dauert."

Christopher Matthews legte seine Hand auf Cyrus' Schulter und tröstete ihn: „Halte sie fest, solange du möchtest."

Es machte keinen Unterschied mehr. Der Bann war gebrochen. Drew und Matthews hatten den letzten intimen Augenblick zwischen einem Mann und einer Frau gestört. Es war vorbei. Für immer.

Die Nachricht von Rose Furmans Tod lag wie eine dunkle Wolke über der Gemeinde. Es war nicht der Tod selbst, der die Einwohner erschütterte, denn der Tod war für die Einwohner Edenfords ein unwillkommener, aber häufiger Gast. Es war der Tod von Rose Furman. Vielleicht lag es daran, daß die Furmans nie Kinder gehabt hatten. Sie hatten nur einander. Sie waren ein eigenartiges und amüsantes Ehepaar. Rose besaß einen starken Willen, und Cyrus war genau das Gegenteil, langsam und unbeholfen. Sie schrie und beschwerte sich, er grinste und zuckte mit den Schultern. Sie liebten sich aber sehr. Sie hatten sich fünfundvierzig Jahre lang geliebt, und die Einwohner Edenfords konnten sich nicht vorstellen, wie einer ohne den anderen hätte leben können.

Hätte der Mittwoch kein Wunder gebracht, würden die Einwohner von Edenford noch für Monate um Rose getrauert haben.

Mittwoch war Drews zweiter voller Lehrtag. Wie am Vortag weckte ihn der Kurat um vier Uhr zum Bibelunterricht und Gebet. Seit Drews Ankunft hatte der Kurat zwei wichtige Dinge über Drew herausgefunden. Zum einen war Drew kein wirklicher Christ, und zum anderen liebte er Abenteuer, besonders solche, die er in Büchern fand. Um das erste mit dem zweiten zu verbinden, wählte der Kurat das Leben von Paulus als Gegenstand ihrer gemeinsamen Bibelstudien. Am ersten Tag ließ der Kurat Drew aus der Apostelgeschichte 27 vorlesen. Es war die Geschichte, als Paulus im Mittelmeer Schiffbruch erlitt. Drew war von den Einzelheiten, die die Seefahrt betrafen, begeistert, besonders davon, daß Paulus zwischen Kreta und Zypern hindurchsegelte, weil er ungünstige Windverhältnisse hatte. Weiterhin begeisterte er sich für das schlecht ausgegangene Abenteuer, Phönix zu erreichen, einen Hafen, der nach Südwesten und Nordwesten offen war, und in dem Schiffe überwintern konnten. Ihm gefiel auch die Geschichte, in der Paulus den Rumpf des Schiffes mit Stricken zusammenbinden mußte, um zu verhindern, daß es sich während eines Sturms auflöste. Weiterhin gefiel ihm der Abenteuergeist von Paulus. Dieser Apostel hatte nichts mit englischen Geistlichen zu tun, die sich hinter Kirchenmauern versteckten, lange Gewänder trugen und Ratssitzungen besuchten, in denen sie sich darüber beschwerten, daß sich keiner mehr für Religion interessierte. Der Apostel Paulus schien ganz anders zu sein. Der Gedanke an einen abenteuerlustigen Geistlichen erschien Drew eigenartig und befremdend.

Die Bibellese am Mittwochmorgen stammte aus dem zweiten Korintherbrief, Kapitel 11, Verse 22–33: „Sind sie Hebräer? Das bin ich auch! Sie sind Israeliten und gehören zu dem von Gott auserwählten Volk? Dazu gehöre ich auch! Sie sind Nachkommen Abrahams? Ich etwa nicht? Sie sind

Diener Christi? Ich sage, ich habe Christus weit mehr gedient, und – das sage ich wirklich nur als Narr –: Ich habe viel mehr auf mich genommen als sie. Ich bin öfter im Gefängnis gewesen und häufiger ausgepeitscht worden. Unzählige Male hatte ich den Tod vor Augen. Fünfmal habe ich von den Juden die neununddreißig Schläge erhalten. Dreimal wurde ich von den Römern ausgepeitscht, und einmal hat man mich gesteinigt. Dreimal habe ich Schiffbruch erlitten; einmal trieb ich sogar einen Tag und eine ganze Nacht hilflos auf dem Meer. Auf meinen vielen Reisen bin ich immer wieder in Gefahr geraten, durch Flüsse, die über die Ufer getreten waren, und durch Räuber, die mich ausrauben wollten. Gefahr drohte mir von meinem eigenen Volk ebenso wie von den Nichtjuden. In den Städten verfolgten sie mich. In der Wüste und auf dem Meer bangte ich um mein Leben. Und wie oft wollten mich falsche Brüder verraten! Mein Leben bestand aus Mühe und Plage, aus durchwachten Nächten, aus Hunger und Durst. Ich habe oft gefastet und war schutzlos der Kälte ausgesetzt. Aber das ist noch längst nicht alles. Tag für Tag bedrängt man mich und erwartet meinen Rat als Seelsorger. Dazu kommt die Sorge um alle Gemeinden. Wo gibt es jemanden, dessen Sünde nicht auch mich belastet? Wer wird zum Bösen verführt, ohne daß ich brennenden Zorn verspüre? Wenn ich mich also schon selbst loben muß, dann will ich mit meinen Leiden prahlen, die ich für Christus auf mich genommen habe. Gott weiß, daß dies alles wahr ist. Ihm, dem Vater unseres Herrn Jesus Christus, sei Lob und Ehre in Ewigkeit. Einmal, es war in Damaskus, ließ der Gouverneur des Königs Aretas die Stadttore bewachen, um mich festnehmen zu lassen. Dort hat man mich in einem Korb durch eine Luke in der Stadtmauer hinuntergelassen, und nur so konnte ich entkommen."

Der Kurat und sein Lehrling diskutierten den Bibeltext, als sie auf der Straße neben dem Kornfeld entlanggingen. Es war spät im Jahr, und die Ähren waren reif und hingen herunter. Die Morgenluft war kühl, und beim Sprechen bildete sich Dunst vor ihrem Mund.

„Es ist schwer, zu glauben, daß er das alles aushielt. Was hielt ihn am Leben? Was suchte er?" fragte Drew.

„Paulus überlebte nicht, weil er etwas *suchte,* sondern weil er etwas *gefunden hatte.*"

„Das verstehe ich nicht."

„Ich weiß. Du verstehst es nicht, weil du noch nach dem suchst, was Paulus gefunden hat."

„Was hat er gefunden?"

Der Kurat lächelte. „Etwas, für das es sich zu leben lohnt, etwas, für das es sich zu sterben lohnt."

„Sein Glaube an Jesus, nicht wahr?"

Der Kurat blieb stehen und sah seinen Lehrling an. Drews Bemerkung war akademischer Natur, nicht eine Frage, die sein Leben hätte ändern können. Er ging weiter. „Paulus' Glaube an Jesus veränderte ihn so dramatisch, daß er den Rest seines Lebens durch die damals bekannte Welt reiste und alle Plagen und Nöte auf sich nahm, um anderen Menschen von seiner Entdeckung zu erzählen."

„Das macht für mich keinen Sinn. Die Leute wollten ihm nicht zuhören. Sie haßten seine Botschaft. Was hatte er davon?"

„Bevor du nicht das erlebt hast, was Paulus erlebte, wirst du es nicht verstehen. Glaub mir, es gibt eine ausreichende Motivation. Eines Tages, Drew, wirst du ihn verstehen."

Nach dem Frühstück und dem Morgengebet mit Nell und Jenny half Drew dem Kuraten dabei, die Informationen für den Monatsbericht an Lord Chesterfield zu sammeln. Um ihren Bericht schreiben zu können, mußten sie jeden Bereich der Edenforder Wollindustrie besuchen, von der Schafzucht bis zur Lagerung der fertigen Wollserge.

Die Schäfer nannten ihnen die Anzahl der lebenden Schafe sowie der Schafe, die durch Raubtiere gerissen worden waren mit einer Erklärung, wie das geschehen konnte, da Schafhirten eigentlich ihre Tiere beschützen sollten. Darüber hinaus gaben sie die Zahl der Geburten an. Schafe, von denen angenommen wurde, daß sie eine Krankheit besaßen, wurden untersucht. Drew schrieb alles genau nach den Angaben von Christopher Matthews auf.

Die Spinnräder befanden sich in den Wohnhäusern. Jedes Haus mußte besucht werden, um die Produktionsleistung jedes Arbeiters festzustellen. Die Webstühle wurden danach besichtigt. Sie standen alle unter einem Dach. Die Produktion und die Webstühle wurden überprüft. Dem Bericht wurde dann eine Liste der benötigten Reparaturen beigefügt.

Die beiden Männer durchquerten den Ort und gingen zur Textilmühle am Fluß, nahe der Südbrücke. Drew hatte nie gewußt, wieviel Arbeit mit der Herstellung von Wollstoff verbunden ist. Die Morgans hatten immer einen Diener in die Stadt geschickt, um die benötigten Stoffe zu kaufen. Die Dienstboten nähten dann ihre eigenen Kleider. Die Kleidung der Morgans wurde natürlich von guten Londoner Schneidern angefertigt.

In der Textilmühle erkannte Drew die Gefahren der Stoffherstellung. Das Material wurde dort verdickt, in Wasser getränkt und ausgewrungen. Danach wurde die Wollserge eingeweicht, indem sie durch Gestelle gezogen wurde, die wie große Zähne aussahen. Die Mühle zog die Wollserge mit einer derartigen Geschwindigkeit durch die Zähne, daß ein Arbeiter sich vorsehen mußte, nicht erfaßt und zermalmt zu werden. Auf den ersten Blick sah es so aus, als ob der Arbeitsvorgang die Wollserge zerdrückte, aber das fertige Produkt bewies das Gegenteil.

Die Serge wurde dann auf Gestelle gehängt, die das Ufer des Flusses säumten. Jedes Gestell war etwa fünfundzwanzig Meter lang. Die langen weißen Wollstreifen wehten im Wind, bis sie trocken waren. Danach kam der größte Teil der Serge in eine heiße Presse, wurde gefaltet, nochmals kalt gepreßt, und dann nach Exeter geschickt. Die restlichen Streifen wurden eingefärbt, bevor sie gepreßt wurden.

Die Färbereibottiche befanden sich an der Westseite des Ortes in einem langen Holzhaus, neben den Weiden, die langsam in Richtung der Hügel anstiegen. Auf den Feldern befanden sich Gestelle mit der trocknenden Serge. Es sah aus wie eine Decke aus blauen, gelben, schwarzen und roten Flecken.

Es gab nur vier Farbbottiche, einen für jede Primärfarbe und einen für Schwarz. Die grünen Farbtöne wurden durch zweimaliges Eintauchen hergestellt, erst in Gelb und dann in Blau. Die Holzbottiche mit der gelben, blauen und schwarzen Farbe befanden sich in einem großen Raum. Der Bottich mit der roten Farbe war in einem Extraraum untergebracht, da sich die Farbe leicht veränderte und genauer kontrolliert werden mußte.

Während der Färbung wurde die Serge zwischen Stangen gespannt, die von zwei Männern gehalten und von einer Seite abgerollt wurden. Die Serge wurde dann durch den Bottich gezogen, indem der andere Mann seine Stange aufrollte. Wenn das Ende der Serge erreicht war, wurde der Vorgang umgekehrt wiederholt. Auf diese Art und Weise wurde die Serge mehrmals eingetaucht, bis sie die gewünschte Farbe besaß. Ein Kohlefeuer unter den Bottichen hielt die Farbe nahe dem Siedepunkt.

Als Drew und Christopher Matthews den Raum mit den

drei Farbbottichen betraten, erkannte Drew sofort den Mann am blauen Farbbottich an seinen roten Haaren. Der leicht aufbrausende James Cooper stand auf einer Plattform und drehte eine der Stangen. Neben ihm saß ein kleiner Junge. Drew nahm an, daß es James' kleiner Bruder war, da er ihn am Sonntag mit den Coopers auf dem Dorfanger gesehen hatte. Die anderen Arbeiter hatte Drew noch nie gesehen.

„Guten Morgen, James, William", grüßte der Kurat und war überrascht, den kleinen Jungen zu Füßen seines Bruders zu sehen. „Und der kleine Thomas!"

„Hallo, Master Matthews!" winkte Thomas freundlich.

„Kurat", begrüßte ihn der rothaarige Mann respektvoll. Er sah ihn nicht an. Seine Augen waren auf den Mann auf der anderen Seite des Bottichs gerichtet. Es war ein feindseliger Blick, was Drew wenig verwunderte. Jedesmal wenn er James Cooper sah, hatte der rothaarige Riese mit irgend jemand eine Auseinandersetzung.

„Guten Morgen, Kurat", antwortete William und rollte die Serge gleichmäßig von seiner Stange. Die Serge mußte gleichmäßig auf- und abgerollt werden, um die einheitliche Färbung zu gewährleisten.

„Was macht Thomas hier?" fragte der Kurat.

James wickelte die Serge auf und antwortete: „Mama bereitet Frau Furman für die Beerdigung vor, und Papa verhandelt zwischen den Bauern und Schneidern. Deshalb muß ich auf ihn aufpassen." Die dunkelblaue Serge kam leicht und gleichmäßig aus den Farbbottichen. Die Farbflecken auf der Holzplattform wiesen darauf hin, daß das nicht immer der Fall war.

„Denkst du, daß es gut ist, daß er bei dir auf der Plattform sitzt?"

„Es ist die einzige Möglichkeit, ihn im Auge zu behalten!"

Der Kurat schaute sich um. „Ich nehme an, daß du recht hast. Sei bitte vorsichtig. Wieviel Serge habt ihr heute gefärbt?"

James zischte wütend, als er antwortete: „Zwei Rollen." William senkte den Kopf und rollte weiter die Serge von seiner Stange.

„Ist das alles?"

„Das ist alles", antwortete James durch die zusammengepreßten Zähne.

Der Kurat bückte sich und schaute unter den Bottich. „Hier ist das Problem. Das Feuer brennt nicht mehr. Die Glut ist fast aus." Er richtete sich wieder auf und fragte: „Warum ist das Feuer fast aus?"

Beide Arbeiter begannen gleichzeitig loszubrüllen und beschuldigten sich gegenseitig, für das ausgehende Feuer verantwortlich zu sein.

Der Kurat hob seine Hand, um den Redefluß zu stoppen. „Mir ist es egal, wer dafür verantwortlich ist. Macht es friedlich zwischen euch aus, verstanden?" Er betonte dabei das Wort *friedlich*.

„Jawohl, Sir", antwortete William. James nickte und starrte seinen Arbeitskollegen an.

Matthews betrachtete die beiden Färber kurz und beschloß, das Thema damit als abgeschlossen zu betrachten. Er wies Drew an, die Produktion des blauen Farbbottichs zu notieren und wandte sich dem gelben Farbbottich zu, um die Produktionsleistung zu ermitteln.

Drew schrieb die Produktionszahlen auf. Als er die Färber am blauen Farbbottich betrachtete, erreichten sie gerade das Ende der Serge.

„Noch einmal", sagte William.

James schüttelte den Kopf. „Nein, sie ist fertig."

„Noch einmal!"

„Nein!"

William begann damit, die Serge von seiner Stange abzuwickeln, aber James hielt seine Stange in gleicher Stellung. Die Serge fiel in den Bottich. Um seiner Forderung Nachdruck zu verleihen, stieß William seine Stange nach vorn. Blaue Farbe spritzte aus dem Bottich und tropfte auf den Boden.

Das brachte James auf eine Idee. Er ließ seine Stange herunter, und der Stoff sank in die Farbe. Er wollte, daß William glaubte, er würde sich zu einem weiteren Durchgang bereit erklären. Als der Stoff in der Farbe war, zog der rothaarige Riese seine Stange an. Er hatte vor, den Stoff so stark und schnell zu spannen, daß William mit Farbe übergossen wurde. Der Plan klappte aber nicht. Der Stoff spannte sich, die Farbe spritzte aus dem Bottich und landete auf James und seinem kleinen Bruder.

William lachte beinah hysterisch über den mißlungenen Versuch seines Arbeitskollegen. Drew mußte auch lachen. James und Thomas sahen aus, als ob sie sich mit Blaubeeren bekleckert hätten.

Thomas weinte, teilweise vor Schreck, aber auch, weil er sich an der heißen Farbe verbrannt hatte. Er versuchte, die Farbe von seinen Armen zu wischen, verschmierte sie aber über den ganzen Körper.

William lachte darüber, und James ärgerte sich über das Geschrei seines kleinen Bruders, was dazu führte, daß letzterer mit aller Kraft an der blauen Serge zog. Williams Stange schaukelte und riß ihn zu Boden. Er fiel auf die Plattform und beinahe in den Farbbottich. Beide Arbeiter waren nun aufgebracht. William richtete sich wieder auf und ergriff seine Seite der Serge. Ein Tauziehen folgte.

William war kein angemessener Gegner für den rothaarigen Riesen, und Drew befürchtete, daß er in den Bottich gezogen wurde. Da er sich seiner großen Kraft bewußt war, zog James so lange, bis William von seiner Stange eingeklemmt wurde. Er konnte nur die Serge loslassen oder in den Bottich fallen. William wußte, daß er nichts gegen die Kraft des roten Riesen ausrichten konnte, wollte aber nicht aufgeben.

„James! William! Hört sofort damit auf!" rief der Kurat. Alle Arbeiter beobachteten den Zwischenfall am blauen Farbbottich. „Laßt sofort beide los!"

William sah in der Ablenkung eine passende Gelegenheit und zog kräftig am Stoff. Der rote Riese verlor kurz sein Gleichgewicht, konnte es aber wiedergewinnen und zog erneut an der Serge.

Sein rechter Fuß rutschte plötzlich auf der nassen Plattform aus, und er fiel hin. Er ließ den Stoff los und versuchte, sich an der Stange festzuhalten, aber sein Arm stieß gegen die nasse Serge auf seiner Stange. Er wollte sie mit der rechten Hand fassen, aber sie war zu glatt. Seine linke Hand rutschte auch ab, konnte aber den unteren Teil der Stange ergreifen. Die Wucht des Falls ließ ihn zur Seite und gegen Thomas taumeln, der daraufhin in den Bottich mit blauer Farbe fiel.

Der kleine Junge hatte keine Zeit zum Schreien. Sein Kopf verschwand sofort unter der Oberfläche.

„Thomas!"

James ließ die Stange los und sprang zum Farbbottich. Er beugte sich darüber und versuchte, seinen Bruder herauszuziehen.

Mit einem schrillen Schmerzensschrei zog er seine Hand aus der heißen Farbe. Der ganze Arm war blau bis zum Ellbogen.

Als Drew sah, daß Thomas in den Farbbottich fiel, ließ er die Papiere fallen und lief zum Farbbottich. Während James seinen Arm hineinsteckte, hielt er ihn am Hemd fest, um zu verhindern, daß auch er hineinfiel.

James' Augen waren weit aufgerissen, als er seinen Arm untersuchte.

„Du mußt ihn herausziehen!" schrie Drew.

„Es ist zu heiß!"

„Wenn du es nicht tust, wird er sterben!"

James stöhnte. „Ich kann es nicht. Er muß bereits tot sein!"

Drew schaute in den Farbbottich und konnte kein Zeichen von Thomas entdecken. „Geh mir aus dem Weg!" rief er.

„Was willst du machen?"

„Geh mir endlich aus dem Weg!" rief Drew und versuchte, den Riesen aus dem Weg zu stoßen, aber der stand wie versteinert an seinem Platz.

„James!" Es war der Kurat. „Geh zur Seite!"

Es dauerte einige Sekunden, bevor er die Worte verstand. Als James zur Seite gesprungen war, steckte Drew seinen gesamten Arm in die heiße Farbe. Alle Nerven explodierten vor Schmerz, sein Gesicht verzerrte sich, aber er ließ den Arm in der Farbe und suchte nach Thomas. Jede Bewegung erhöhte den Schmerz. Seine Finger verloren jedes Gefühl. Selbst wenn er den Jungen finden würde, war nicht sicher, daß er ihn auch greifen konnte. Da! Für einen Augenblick dachte er, daß er ihn gefunden hätte.

Nichts.

Der Kurat war ihm zu Hilfe geeilt und stand auf Williams Plattform. Alle anderen Arbeiter umringten den Farbbottich, standen aber weit genug entfernt, um nicht verbrüht zu werden.

„Da!" rief der Kurat und zeigte auf die Mitte des Bottichs. Man konnte die Rückseite einer kleinen Hand in der Mitte des Bottichs erkennen, sie war aber zu weit entfernt.

„Gebt mir eine lange Stange", schrie Drew.

„Dort", rief ein Arbeiter und deutete in eine Ecke.

In diesem Augenblick versank die Hand unter der Oberfläche.

Drew fluchte, zeigte auf William und schrie: „Zieh die Serge straff!" William ergriff die Stange. Der Kurat stellte sich neben William, um ihm zu helfen. Er wandte sich an James und rief: „Zieh die Serge straff und halte sie fest!"

James saß nur da und stützte den Kopf auf seine farbverschmierte Hand.

Drew stieß die Hand zur Seite und rief: „James, hilf mir, deinen Bruder zu retten!"

Der Riese schaute ihn ungläubig an. Auf seiner Stirn befand sich ein großer blauer Fleck. „Er ist tot! Ich habe meinen Bruder getötet!" weinte James.

„Er ist nicht tot!" rief Drew erneut, ergriff das Hemd des Riesen und versuchte, ihn hochzuziehen.

Der Riese war zu schwer.

„Er ist nicht tot!" rief Drew erneut. „Hilf mir, deinen Bruder zu retten!"

„Nicht tot?"

„Nicht, wenn du mir hilfst!"

Drews Anfeuerung brachte den Riesen auf die Füße.

„Zieh die Serge so straff, wie du kannst!" schrie Drew.

James zog zuerst langsam und dann mit aller Kraft. Die Serge kam aus dem Bottich und spannte sich. Drew kroch unter der Stange hindurch und balancierte auf der Kante des Bottichs, als wollte er in einen See springen. Er hatte nur eine Chance. Er durfte nicht ausrutschen.

Er trat auf die Serge. Das plötzliche Gewicht ließ William und den Kuraten aufstöhnen, als sie versuchten, den Stoff straff zu halten. Die Serge war glitschig und schaukelte hin und her.

Drew klammerte sich mit Armen und Beinen daran fest, um nicht herunterzufallen. Die Hitze des Farbbottichs stieg herauf, und er fühlte sich wie ein Spanferkel.

„In Ordnung. Laßt mich zur Oberfläche herunter!" schrie Drew. Die Serge senkte sich langsam und Drew suchte die Mitte der Oberfläche nach Thomas ab.

„Halt!" schrie er. „Das ist genug!" Drew war nur wenige Zentimeter von der heißen blauen Flüssigkeit entfernt. Um sich selbst auszubalancieren, streckte Drew die Beine aus und lehnte sich auf die rechte Seite, behielt aber die Hüften in der Mitte des Stoffs. Er verlor kurz das Gleichgewicht, fing sich wieder, aber ein Fuß rutschte in die heiße Farbe. Er verzog das Gesicht und lehnte seinen Kopf gegen die Serge.

„Drew, wir ziehen dich jetzt heraus", rief der Kurat mit sanfter Stimme. „Es ist möglicherweise schon zu spät. Wir wollen dich nicht auch noch verlieren."

Drew schüttelte den Kopf und rief: „ Haltet die Serge straff!"

Der Kurat nickte. „Gott behüte dich."

Drew steckte zum zweiten Mal seinen Arm in die heiße Farbe. Der Schmerz schien ihn zu übermannen. Tränen schossen ihm in die Augen, als er versuchte, die Schmerzen nicht zu beachten, um sich auf den kleinen Thomas zu konzentrieren.

Da! Seine Hand berührte etwas. Es war außerhalb seiner Reichweite. Er streckte sich weiter hinein, stieß daran und stieß es weiter fort.

„Nein!" schrie er. Der Schmerz war stärker als sein Wille. Ihm wurde schwarz vor Augen. *Falls du bewußtlos wirst, bist du tot,* dachte er.

Er mußte sich weiter ausstrecken, aber es gab nur eine Möglichkeit für ihn. Er wollte es nicht. Er wußte nicht, ob er es konnte. *Der Junge ist tot. Rette dich selbst.*

Er atmete tief ein und steckte seinen Kopf und Oberkörper in die heiße Farbe. Der Schmerz war überwältigend.

Die heiße Farbe lief in seine Ohren, füllte die Augenhöhlen und drang durch seine Wimpern in die Augen. Er hörte verschwommen, wie die Zuschauer aufschrien.

Die ihn umgebende Dunkelheit war mehr als die Abwesenheit von Licht. Es war eine heiße, brennende Dunkelheit. Eine weitere Dunkelheit kam auf ihn zu, die Dunkelheit einer Ohnmacht. Er kämpfte dagegen an, sie kam aber stärker zurück als zuvor. Eine dritte Dunkelheit machte sich in seinem Kopf breit, die Dunkelheit des Todes. Es war ein eigenartiges Gefühl. Sie war kalt. Inmitten der heißen Flüssigkeit verspürte er die Kälte des Todes.

Seine Hand stieß an etwas. Ein Arm, und dann ein Körper. Drew vertrieb den Schmerz, griff in der Dunkelheit nach dem Körper und ergriff das Hemd des Jungen. Mit aller Kraft zog Drew den kleinen Thomas und sich selbst an die Oberfläche.

Das letzte, woran er sich erinnern konnte, war, daß ihn hundert Hände aus dem Bottich zogen.

Kapitel 15

Das erste, an das Drew sich nach dem Vorfall am Farbbottich erinnern konnte, war ein raschelndes Geräusch. Es erinnerte ihn an seine Kindheit, als er nachts im Bett lag und vorgab zu schlafen. Julia, sein Kindermädchen, ging dann leise durch den Raum, um ihn nicht aufzuwecken. Er hielt seine Augen fest geschlossen und versuchte sich vorzustellen, was sie gerade machte. Durch das Rascheln ihrer Bluse konnte er erkennen, wo sie war. Das Knacken des Schaukelstuhls wies darauf hin, daß sie entweder las oder strickte. Wenn Papier raschelte, blätterte sie eine Seite um, und wenn sie seufzte, strickte sie. Julia seufzte immer alle zwei bis drei Minuten, wenn sie strickte. Das beste Geräusch von allen war, wenn er das sich entfernende Rascheln ihrer Kleidung und das Klicken der Türklinke hörte. Es bedeutete, daß er sie überlistet hatte. Er konnte damit aufhören, ihr etwas vorzumachen und aus dem Bett steigen, solange er sich ruhig verhielt.

Er war aber nicht in Morgan Hall, und das Rascheln kam nicht von Julia, denn es wurde von einem leisen Gesang begleitet. Julia sang nie.

Drew versuchte, seine Augen zu öffnen. Der Versuch verursachte an beiden Augenlidern Schmerzen. Er stöhnte, was zu weiteren Schmerzen auf den Wangen und Lippen führte. Er versuchte, sich mit der Hand über das Gesicht zu streichen, und verspürte einen stechenden Schmerz im Arm. Mit einem Seufzer unterließ er alle Bewegungen. Seine Augen, Wangen und Arme schmerzten, und die Augen waren immer noch geschlossen!

Das Rascheln eines Rocks kam auf ihn zu und ging dann schnell die Treppe hinunter. Er konnte eine verhaltene Stimme hören.

„Papa! Papa! Er ist wach!"

Drew hörte einen Chor, der „Amen" sagte, gefolgt von Schritten, die die Treppe hinaufliefen. Einigen schweren Schritten folgten leichtere.

„Drew! Gott sei Dank!" rief Christopher Matthews.

„Wie geht es dir?" fragte Jenny.

Drew versuchte zu grinsen. Es tat weh, aber er fand es leichter, als seine Augen zu öffnen. Er brauchte einige Zeit, bevor er antworten konnte. Matthews und Jenny warteten geduldig. „Also ...", er hatte Schwierigkeiten zu sprechen und war außerordentlich durstig. Sein Mund war vollkommen ausgetrocknet, und seine Zunge, Lippen und das Zahnfleisch fühlten sich klebrig an. „... wie ihr sicher verstehen könnt, fühle ich mich ein wenig blau."

Nach einer kurzen Pause folgte ein lautes Lachen. Es war ein angenehmes Lachen, ein Lachen, das Drew immer mit dem Kuraten von Edenford in Verbindung bringen würde. Jenny lachte und weinte gleichzeitig.

„Das halbe Dorf ist im Wohnzimmer und betet für dich", sagte Jenny. „Sie haben die ganze Nacht gebetet."

„Die ganze Nacht? Wie spät ist es?"

„Fast zehn Uhr morgens", antwortete Jenny. „Donnerstag morgen. Als die Leute erfuhren, was du getan hast, hörten sie alle auf zu arbeiten und beteten für dich und Thomas."

„Einige waren die ganze Nacht hier", ergänzte Matthews. „Die anderen sind im Haus der Coopers."

Nachdem Matthews den Namen Cooper genannt hatte, fiel Drew eine andere Frage ein, die er stellen mußte. Er wußte aber nicht, ob er schon mit der Antwort fertig werden konnte.

„Wie geht es Thomas?" Er mußte es in jedem Fall wissen.

„Bisher ist er noch nicht aufgewacht", antwortete der Kurat mit ernster Stimme. „Er lebt, hat aber schwere Verbrennungen erlitten."

„Wird er sterben?"

„Nur Gott kann diese Frage beantworten."

Blitze der Erinnerung an den Schmerz fuhren durch Drews Gedanken, als ihm einzelne Teile des Vorfalls wieder bewußt wurden.

Das Bett bewegte sich unerwartet zur rechten Seite. Jemand stützte sich darauf.

„Kannst du deine Augen öffnen?" fragte der über ihm stehende Matthews.

„Ich habe es versucht, es tut aber sehr weh."

„Wir haben jemand losgeschickt, um einen Arzt zu holen. Er lebt in Exeter und wird wohl erst am Freitag hier sein. Wenn dir die Augen zu sehr schmerzen, halte sie geschlossen. Warte, bis der Arzt da ist."

Der Stimme des Kuraten wanderte von einer Seite über ihm zur anderen. Wahrscheinlich untersuchte er erst das eine und dann das andere Auge.

„Ich werde es noch einmal versuchen. Ein letztes Mal." Drew nahm an, daß der Kurat damit einverstanden war, denn das Gewicht verschwand vom Bett und er lag wieder gerade.

Es war eigentlich eine leichte Sache, die Augen zu öffnen. Drew hatte es jeden Tag seines Lebens getan, ohne darüber nachzudenken. An diesem Tag war aber alles anders. Er versuchte mit großen Schwierigkeiten, seine Augen zu öffnen. Sein Versuch war schmerzhaft. Die Verbrennungen brannten. Das Licht, das durch einen kleinen Spalt drang, tat weh, genauso wie die Falten der Augenlider, als rohes Fleisch gegen rohes Fleisch stieß. Er benötigte mehr als eine Minute, konnte die Augen aber halb öffnen. Die Tränen schossen ihm aus den Augen und liefen seine Wangen hinunter.

Zuerst sah er Jenny. Sie hatte die Hände gefaltet und hielt sie vor den Mund. Der Zipfel eines Taschentuchs schaute hervor. Danach sah er den Kuraten. Er hatte seine rechte Hand in die Hüfte gestemmt. Mit der linken Hand wischte er sich die Tränen aus den Augen.

„Ich hoffe, ich sehe nicht so schlecht aus wie ihr beide", sagte Drew.

Niemand antwortete. Der Kurat drehte sich schweigend um und ging die Treppe hinunter, um den Edenfordern Drews Besserung zu berichten. Drew wollte fragen, warum Nell nicht mit dem Kuraten und Jenny zu ihm gekommen war, unterließ es dann aber. Er wollte sich einerseits nicht anmerken lassen, daß er besonders an Nells Anwesenheit interessiert war und andererseits wurde er von einer schönen jungen Frau umsorgt. Es schien nicht angebracht, sie nach ihrer Schwester zu fragen.

„Du siehst wirklich schrecklich aus", meinte Jenny halb lachend und halb weinend.

„Bin ich wirklich so blau?"

Jenny nickte und kicherte. „Rühr dich nicht vom Fleck!" rief sie und rannte aus dem Zimmer.

Rühr dich nicht vom Fleck? Was glaubt sie, wo ich hingehen kann?

Sie kam kurze Zeit später mit einem Spiegel zurück und hielt ihn vor sein Gesicht. Er mußte über sich selbst lachen und wünschte sofort, daß er es nicht getan hätte. Die Schmerzen waren zu stark.

Jenny zog den Spiegel zurück. „Es tut mir leid", weinte sie.

„Es muß dir nicht leid tun. Es ist nicht deine Schuld", antwortete Drew und atmete tief ein. „Ich würde gern den Rest von mir sehen."

„Bist du sicher?"

Drew nickte vorsichtig und schob Jennys Hand mit dem Spiegel in eine andere Stellung. „Halt den Spiegel bitte höher. Dreh ihn ein wenig, nein, das war zuviel. Ein wenig höher. Ja, so." Drew konnte seinen Arm sehen. Am Ende seiner Hand befanden sich eigenartige blaue Würste. Seine Finger. Sie waren angeschwollen, hatten große rote Blasen und waren natürlich blau.

„Möchtest du auch deinen Fuß sehen?"

Da ihm so viele Teile seines Körpers wehtaten, hatte er seinen linken Fuß vergessen. Er überlegte, was geschehen war. Die Haut fühlte sich gespannt an und schmerzte, wenn er den Fuß bewegte. Ansonsten schien es nicht so schlimm zu sein. „Ich nehme an, daß er auch blau ist?"

Jenny nickte freundlich und setzte sich auf die Bettkante. Drew schauderte. Sie saß furchtbar nah an seinem verbrannten Arm. Sein Gefühl sagte ihm, daß er seinen Arm wegnehmen oder sie bitten sollte, sich woanders hinzusetzen. Aber als er Jenny betrachtete, sah er ihren warmen, verschwommenen Blick. Es war mehr als ein Blick, ihre Augen waren voll Freundlichkeit und Romantik. Drew ignorierte die Warnsignale. *Was war ein wenig Schmerz, verglichen mit der Chance, eine so schöne junge Frau neben sich zu haben?*

Sie strich sich vorsichtig einige Haarsträhnen aus der Stirn. „Du bist bemerkenswert", flüsterte sie. „Ein Gentleman. Edelmütig. Tapfer."

Sie lehnte sich über ihn und ihr Gesicht war direkt über dem seinen. Ihr langes braunes Haar fiel rechts und links neben sein Gesicht. Jetzt gab es nur die beiden; ihr Haar schloß die restliche Welt aus. Für Drew war es eine Tortur, als ihr Haar auf seinem verbrannten Gesicht kitzelte, und sie ihn mit ihren wundervollen blauen Augen ansah. Ihre zierliche Nase und die weichen Lippen bewegten sich über seinem Gesicht. Als sie sich weiter hinunter beugte, verflog der Schmerz durch ihre weiche Haut und die Wärme ihres Atems. Sie schloß die Augen und drückte ihre Lippen vorsichtig auf seinen Mund. Sie drückte nicht zu stark – sie wollte ihm nicht weh tun. Der Kuß wurde dadurch irgendwie noch schöner.

Als Jenny sich erhob, glitt ihr Haar über sein Gesicht. An der Tür drehte sie sich um und lächelte ihn verschmitzt an, bevor sie die Treppe hinunterging.

Drew stellte fest, daß er im Haus des Kuraten und dort in dessen Schlafzimmer untergebracht war. Er hatte es sich schon gedacht, da Jenny sich gezielt durch den Raum bewegt hatte, und genau wußte, wo der Spiegel zu finden war.

Das Schlafzimmer des Kuraten war dunkel und spartanisch eingerichtet. Da es sich zwischen den Schlafzimmern der Mädchen befand, besaß es keine Fenster. Das einzige Tageslicht kam durch die offene Tür. Die rohen Balken schmückten die Decke, sonst gab es keine Dekoration. Auf einem kleinen Ständer in der Ecke ruhte ein Waschbecken und neben der Tür eine Kommode. Es war ein Raum, in dem man nur schlief und sich anzog.

Nachdem Drew eingewilligt hatte, brachte Christopher

Matthews die Edenforder an dessen Bett. Zuerst erschienen David und Shannon Cooper. Der große behaarte Schuster und seine kleine Frau dankten ihm mit Tränen in den Augen. Sie wurden von ihrer Tochter Margaret begleitet. Drew schätzte sie auf zehn oder elf Jahre. Sie stand ohne ein Wort zu sagen hinter ihren Eltern und wußte nicht recht, was sie von dem blauen Fremden und der bewegenden Situation halten sollte. Der hitzköpfige James war nicht gekommen.

Der alte Cyrus Furman stieg die Treppe hinauf, um ihn zu besuchen. Wegen des Vorfalls in der Färberei wurde das Begräbnis von Rose auf Freitag verschoben. Alle Leute in Edenford beteten, daß es kein Doppelbegräbnis wurde.

„Ich glaube, wir haben dir Unrecht getan", sagte Cyrus, lehnte sich über Drew und tätschelte ihm die Brust, „Gott segne dich, mein Sohn."

Daß Ambrose Dudley kam, überraschte Drew. Im Gegensatz zu den anderen Besuchern stand der Schreiber kerzengerade, die Hände hinter dem Rücken verschränkt, vor Drews Bett. In seiner Hand hielt er einen Brief. Die strengen Augen und die scharfen Falten seines hageren Gesichts verunsicherten Drew. „Ich glaube, wir sind dir etwas schuldig", stellte er sachlich fest.

Drew nickte kurz.

„Das kam für dich an", sagte der Schreiber und warf den Brief auf Drews Bauch. „Er wurde von einem ungewaschenen, undisziplinierten jungen Mann mit einer wilden Mähne abgegeben. Ein Freund von dir, wie ich meine."

Nachdem der Schreiber ihn verlassen hatte, hob Drew den Brief mit seiner gesunden Hand auf und schob ihn unter die Bettdecke. Er wollte vermeiden, daß jemand hereinkam und sich anbot, ihn vorzulesen.

Wie ironisch. Wenn Ambrose Dudley wüßte, daß er mir einen Brief von Bischof Laud ausgehändigt hat!

Daß Eliot den Brief überbracht hatte, beunruhigte Drew. Der Umstand, daß der Bischof Eliot schickte, um ihm die Botschaft zu überbringen, deutete auf deren Wichtigkeit hin. Er würde sie so schnell wie möglich entschlüsseln, mußte aber jemand bitten, ihm seine Bibel zu bringen.

Drew empfing die restlichen Edenforder so freundlich wie es ging. Alle sagten dasselbe: „Du hast dich mutig verhalten. Wir wußten nicht, daß du so ein guter Mensch bist. Vielen Dank. Gott segne dich."

Die letzte Person hatte schließlich den Raum verlassen, aber Nell war immer noch nicht aufgetaucht.

„Ich glaube, daß du müde sein mußt", meinte der Kurat. Er stand in der Tür und hatte seine Hand auf die Außenklinke gelegt. „Ich werde die Tür schließen, damit du besser schlafen kannst."

„Warten Sie! Können Sie mir meine Bibel bringen, bevor Sie gehen?"

Das Gesicht des Kuraten strahlte, als er die Bitte vernahm. Er holte Drews Bibel und fragte: „Soll ich dir daraus vorlesen?"

„Äh, nein danke. Ich glaube, ich bin lieber allein."

Der Kurat nickte, stellte die Waschschüssel auf den Boden und den Ständer neben das Bett. Als er die Kerze anzündete, sagte er: „Auf diese Art und Weise kannst du die Kerze ausblasen, bevor du einschläfst."

„Danke. Äh, wo ist Nell? Ich habe sie nicht gesehen."

Der Kurat schlug sich leicht vor die Stirn. „Ich hätte es dir früher sagen sollen. Sie ging zu den Coopers. James fühlt sich für den Unfall verantwortlich. Wie du vielleicht bemerkt hast, ist er ein emotionaler Mensch. Er begann, verrückte Dinge über Selbstmord zu erzählen und wollte keine Ratschläge annehmen. Du kannst es nicht wissen, aber Nell und James sind seit ihrer frühesten Kindheit miteinander befreundet. Sie konnte ihm schon immer am besten ins Gewissen reden. Sie ging daher zu ihm, um ihn von einer Dummheit abzuhalten."

Drew behielt seine Gedanken für sich und nickte.

„Ach", der Kurat blieb im Türeingang noch einmal stehen, „nur ein Vorschlag. Ich weiß, daß du gegenwärtig starke Schmerzen hast, aber lies doch Galater sechs, sieben bis neun. Ich möchte nur, daß du weißt: deine Tat wird belohnt. Gott wird sich darum kümmern. Wenn du etwas benötigst, brauchst du nur zu rufen." Der Kurat schloß die Tür hinter sich und ließ Drew allein.

Der Gedanke, daß Nell James tröstete, zerrte an Drews Nerven. Er fluchte leise und schlug seine Bibel auf. Dann zog er den Brief unter seiner Bettdecke hervor, öffnete ihn mit seiner gesunden Hand und hoffte, daß es eine kurze Nachricht war. Er fühlte sich im Moment nicht in der Stimmung, um einen langen Brief zu entschlüsseln, würde aber keine Ruhe finden, bevor er wußte, was so wichtig war, daß der Bischof Eliot schicken mußte.

Der Brief zerriß in zwei Teile, als er ihn öffnete. Er fluchte erneut. Die Nachricht über Nells Abwesenheit beunruhigte ihn mehr, als er gedacht hatte. Er faltete die eine Hälfte des Briefes auseinander. Er war unverschlüsselt. Er entfaltete die andere Hälfte und hielt ihn vor die Kerze. Der Brief war fast unleserlich, und Drew brauchte einige Zeit, bevor er das Gekritzel lesen konnte: *„Eilich! Treff mich am Ufr bei der Brüke. Samst. 10 Ur, Eliot."*

Drew lag mit geschlossenen Augen auf seinem Bett und dachte nach. *Vielleicht machte er sich unnötig Sorgen. Im Brief stand „Eilig", aber Eliot wartete zwei Tage mit dem Treffen. Warum wollte Eliot ihn persönlich sprechen? War irgend etwas mit dem Bischof geschehen? War seine Mission in Edenford in Gefahr?*

Drew faltete die beiden Hälften der Botschaft zusammen und suchte nach einem Versteck. Falls diese Nachricht gefunden würde, war sie gefährlicher als alle anderen. Drew steckte sie in seine Bibel.

Als er die Kerze löschen wollte, fiel ihm die Bibelstelle ein, die ihm der Kurat empfohlen hatte. Welcher Text war es? Ja, richtig, Galater 6:7-9. Er schaute im Inhaltsverzeichnis nach und fand die zum Galaterbrief gehörige Seitenzahl. Im Licht der flackernden Kerze las er: „Glaubt nur nicht, ihr könnt Gott irgend etwas vormachen! Ihr werdet genau das ernten, was ihr gesät habt. Wer nicht Gott, sondern sich selbst vertraut, den erwartet das ewige Verderben. Wer sich aber von Gott führen läßt, dem wird Gott das ewige Leben schenken. Laßt also nicht nach in eurem Bemühen, Gutes zu tun. Es kommt eine Zeit, in der ihr eine reiche Ernte einbringen werdet. Gebt nicht vorher auf!"

Drew wachte kurz vor dem Abendessen auf. Er konnte frischgebackenes Brot riechen, und – waren es Bohnen? Er konnte nicht genau erkennen, was für ein Geruch es war, aber er brachte seinen Magen zum Knurren.

„Gut, daß du wach bist!" Jenny öffnete die Tür und trug ein Tablett mit dem Abendessen herein. Sie schob den Kerzenständer zur Seite und stellte das Tablett auf den Nachttisch.

Die Bibel war verschwunden! Drew erinnerte sich daran, daß er sie neben den Kerzenständer gelegt hatte, bevor er einschlief. Er versuchte, über die Bettkante zu schauen, um festzustellen, ob sie auf dem Boden lag.

„Was suchst du?" fragte Jenny.

„Hast du meine Bibel weggenommen?" fragte Drew.

„Nein."

„Liegt sie auf dem Fußboden?"

Jenny schaute auf dem Fußboden nach. „Nein, ich kann sie nicht sehen."

Drew versuchte, seine Aufregung zu verbergen. „Das ist eigenartig", meinte er. „Ich hatte sie neben den Ständer gelegt, bevor ich einschlief."

Jenny war unbesorgt. „Vielleicht hat Papa sie sich ausgeliehen", mutmaßte sie und schob den Nachttisch näher an das Bett. „Ich habe dir dein Abendessen gebracht", erklärte sie fröhlich.

„Vielleicht hat Papa sie sich ausgeliehen . . ." Was geschieht, wenn er Eliots Nachricht findet?

„Mach deinen Mund auf!"

Jenny versuchte, ihm einen Löffel mit Haferbrei in den Mund zu stecken.

„Ich kann selbst essen." In ihrer munteren Stimmung merkte Jenny nichts von Drews Beunruhigung.

Der Löffel verfehlte sein Ziel, und der Haferbrei tropfte auf die Bettdecke. Sie machte einen Schmollmund und sagte: „Ich dachte, daß du ihn magst."

Ihr Schmollen hatte Erfolg.

Ich kann im Augenblick nichts machen, überlegte sich Drew. *Falls Matthews die Nachricht liest, muß ich mir eine gute Geschichte einfallen lassen.*

„Du hast recht, ich mag ihn", antwortete Drew.

Ein koketter Blick ersetzte den Schmollmund, als sie versuchte, Drew zu füttern. Die Tatsache, daß er Hunger hatte und daß Jenny ihn fütterte, machte die Mahlzeit zum besten Essen seit Monaten.

Das Abendessen war typisch für Edenford, wenn man die wirtschaftlichen Probleme betrachtete – Haferbrei, Bohnen und grobes Brot. Da Wasser umsonst war, konnte man soviel davon trinken, wie man wollte, und Drew trank in letzter Zeit viel davon.

Der beste Teil der Mahlzeit war der Kuß nach dem Essen. Drews Kopf wurde wieder von Jennys Haaren umfangen. Diesmal war der Kuß kräftiger und dauerte länger. Sie seufzte leicht, als sich ihre Lippen voneinander trennten.

Nell kam erst spät am Abend. Sie stellte sich in die Tür und sah abgespannt und müde aus. Trotzdem hatte sie ein freundliches Lächeln auf ihren Lippen und in den Augen, aber die Unterhaltung verlief formell und zurückhaltend. Sie sprachen über den Unfall. Der kleine Thomas war noch immer nicht aufgewacht. James fühlte sich besser und hatte keine selbstmörderischen Gedanken mehr.

Drew wurde unruhig, als sie über James sprach. Er versuchte, ruhig zu bleiben, aber es gelang ihm nicht. Er hatte keinen Grund, eifersüchtig zu sein, besonders nicht angesichts der Dinge, die sich heute zwischen ihm und Jenny abgespielt hatten. Trotzdem beunruhigte ihn der Gedanke, daß Nell den rothaarigen Ochsen umsorgte. Hielt sie seine Hand? Nahm sie ihn in ihre Arme? Wie tröstete sie ihn?

Da er wußte, daß Nell seine Eifersucht nicht gutheißen würde, versuchte er, diese zu unterdrücken. „Ich freue mich, daß es James besser geht", sagte er in angemessenem Ton.

Falls Nell in seinen Worten Bitterkeit entdeckte, zeigte sie es nicht. Ihre Augen waren halb geschlossen, und sie wischte sich mit ihrem Handrücken über die Stirn. „Falls du nichts dagegen hast", sagte sie müde, „werde ich dich jetzt verlassen. Ich habe noch einige Dinge zu erledigen, bevor ich ins Bett gehen kann. Ich wünschte, daß ich länger bei dir bleiben könnte, fürchte aber, daß ich keine gute Gesellschaft mehr bin. Vielleicht morgen."

„Ich verstehe", antwortete Drew traurig.

„Möchtest du, daß ich die Tür schließe?"

„Falls es dir keine Mühe macht."

Nell wollte die Tür schließen, steckte aber noch einmal den Kopf herein und sagte: „Bevor ich es vergesse, du siehst gut aus in der blauen Farbe." Sie lächelte und schloß die Tür.

Drew lag noch für viele Stunden wach und überdachte die Ereignisse des vergangenen Tages – die Dankbarkeit der Edenforder, den Stolz, den Christopher Matthews über Drew an den Tag legte, seine Unterhaltung mit Nell und natürlich Jennys Küsse. Außerdem gab es das Problem mit seiner Bibel. Wer hatte sie und, viel wichtiger, hatte diese Person Eliots Nachricht gelesen?

Seine Gedanken verschwammen, als er langsam einschlief. Er konnte sich noch daran erinnern, daß er hörte, wie ein Stuhl über den Boden gezogen wurde. Das Geräusch kam aus dem Büro des Kuraten. Er arbeitete wieder bis in die Nacht.

Am Samstag fühlte Drew sich stark genug, um wieder aufzustehen. Als er aufwachte, sah er an der Tür eine Bewegung. Jenny lächelte ihn liebevoll an.

„Wie geht es dir?"

Drew antwortete nicht gleich. Er war nicht ganz wach. Er hatte gewisse Schwierigkeiten, da seine Träume und die Realität zwei unterschiedliche Sprachen zu sprechen schienen. Die eine Sprache gründete sich auf Emotionen und die andere auf rationale Worte. Drew ging es wie einem Ausländer, der versucht, die englische Sprache zu entziffern.

Jenny kicherte, als Drew um die Antwort kämpfte. „Ist die Frage zu schwer für dich?"

„Ich glaube, daß es mir besser geht." Er konnte seine Gedanken wieder zum Ausdruck bringen.

„Möchtest du etwas zum Frühstück essen?"

Eine andere Frage! Drew dachte konzentriert nach und antwortete: „Ja, ich glaube schon."

Jenny hatte den Raum jetzt ganz betreten. „Deine Augen sind wieder völlig geöffnet."

Sie hatte recht. Drew strich sich mit seiner linken Hand über die Augen. „Au!" Er hatte vergessen, daß er selbstverständliche kleine Dinge, über die man normalerweise gar nicht nachdenkt, nicht ausführen konnte, wie zum Beispiel, sich die Augen zu reiben.

„Bist du in Ordnung?" Jenny stand nun neben seinem Bett und schaute ihm direkt ins Gesicht. Ihr langes braunes Haar kitzelte seine Wangen.

„Ich muß mich nur vorsehen, daß ich nichts Falsches mache." Drew sah sie an. *Was für ein angenehmer Anblick, nachdem man aufgewacht ist,* dachte er.

„Ich werde dir dein Frühstück holen", meinte sie, drehte sich um und ging.

Drew war enttäuscht. Er hatte einen weiteren Kuß erwartet.

„Willst du den ganzen Tag verschlafen?" Nell stand lächelnd und mit verschränkten Armen in der Tür.

„Ich dachte, daß ich den Damen heute im Wohnzimmer Gesellschaft leisten könnte."

„Möchtest du uns aus der Bibel vorlesen?"

„Nur, wenn ich mir den Text selbst aussuchen darf."

Nell kicherte. Ihr Grinsen wurde breiter und ihre Augen lachten. Als Drew sie so vor sich sah, fühlte er sich sofort besser. *Was zieht mich bei dieser Frau so an? Bis auf den Sonntagnachmittag war sie immer sehr reserviert. Sie ist auch nicht so schön wie ihre Schwester, warum also zieht sie mich so an? Warum fühle ich mich so wohl, wenn sie lächelt?*

Jenny brachte das Frühstück und stellte es, wie am Vortag, auf den Nachttisch.

„Komm, Jenny, wir müssen mit der Arbeit beginnen",

drängte Nell, drehte sich um und wollte die Treppe hinuntergehen.

„Ich will Drew beim Frühstück Gesellschaft leisten."

„Er ist ein erwachsener Mann und kann sein Frühstück allein essen. Komm jetzt. Wir haben bereits einige Tage verloren."

Jenny streckte die Unterlippe vor und wartete auf Drews Unterstützung.

Dieser lächelte entschuldigend. „Ich danke dir für dein Angebot", sagte er und sah, daß Jenny ihre Stirn runzelte.

Drew wurde fast ohnmächtig, als er versuchte die Treppe hinunterzugehen. Er hätte durch die Schwierigkeiten vorgewarnt sein sollen, die er beim Versuch, sich anzuziehen, erlebte. Er hatte nur einen Schuh an, da der geschwollene und bandagierte Fuß in keinen Schuh paßte. In seinem rechten Arm, seinem Gesicht und seinem Fuß spürte er einen pochenden Schmerz, aber ansonsten fühlte er sich wohl. Er wollte aufstehen und umherlaufen. Abgesehen davon mußte er in guter körperlicher Verfassung sein, um Eliot am Samstag zu treffen.

Er hatte Glück, daß die Treppe ein Geländer besaß. Nachdem er die Treppe halb bewältigt hatte, wurde ihm übel, und kalter Schweiß stand ihm auf der Stirn. Er hielt sich am Geländer fest und versuchte zu warten, bis sein Kopf wieder klar war. Die Übelkeit nahm zu und schien einer Ohnmacht zu weichen.

Das Nächste, was er fühlte, war, daß Nell und Jenny ihn stützten. Sie halfen ihm die Treppe hinunter und setzten ihn auf einen Stuhl. Nach kurzer Zeit fühlte er sich besser. Jenny tupfte vorsichtig den Schweiß von seiner Stirn, den Schläfen und der Oberlippe.

„Warum hast du uns nicht gerufen?" schimpfte Nell.

Drew zuckte die Schultern. „Ich dachte, daß ich die Treppe allein hinuntergehen kann."

Nell schüttelte den Kopf und ging zu ihrem Arbeitsplatz am Fenster. Von hier hatte sie einen Ausblick auf die Straße.

Als Drew sich besser fühlte, bot er an, aus der Bibel vorzulesen. Es war eine gute Gelegenheit, um festzustellen, wo sich seine Bibel befand. Jenny erklärte, daß sie die Bibel nicht gesehen hätte. Nell meinte, die Bibel auf dem Schreibtisch des Kuraten gesehen zu haben, so daß Jenny in den ersten Stock ging, um sie zu holen. Nach wenigen Augenblicken kam sie mit Drews Bibel zurück. Unter dem Vorwand, einen geeigneten Text zu finden, suchte Drew nach Eliots Brief. Er war noch an der gleichen Stelle, an die er ihn gelegt hatte. Zumindest glaubte er das, war sich aber nicht ganz sicher. Es gab keine Möglichkeit, herauszufinden, ob der Kurat ihn gelesen und dann wieder zurückgelegt hatte. Ein anderer Gedanke beschäftigte ihn. Hatte Nell die Bibel verwendet? Sie wußte, wo sie zu finden war. Hatte sie den Brief gelesen? Falls ja, wie sollte er seinen Inhalt erklären?

Der Bibeltext, den Drew las, wurde gemeinsam ausgewählt. In Wirklichkeit überließ Nell Drew die Entscheidung. Er wollte mehr über den abenteuerlustigen Paulus lesen, *über* ihn, nicht *von* ihm, betonte er, wußte aber nicht, wo er die Texte finden konnte. „Warum beginnst du nicht mit dem Anfang des Abenteuers?" schlug Nell vor und empfahl ihm, mit Apostelgeschichte, Kapitel neun, anzufangen. Er überflog den Bibeltext, um festzustellen, ob er weitere peinliche Passagen enthielt, bevor er vorzulesen begann.

„Was ist los? Vertraust du mir nicht?" fragte Nell in spöttischem Ton.

Während Nell und Jenny ihre Spitze klöppelten, las Drew den größten Teil des neunten Kapitels vor. Auf Nells

Anweisung ließ er die letzten elf Verse sowie die Kapitel zehn, elf und zwölf aus, da sie sich mit Petrus beschäftigten. Dann las er mit Kapitel dreizehn und vierzehn weiter.

Wilde Gedanken beschäftigten Drew, als er den Bericht über die Reise von Paulus und Barnabas nach Ikonium vorlas. Die Einwohner der Stadt wollten die beiden steinigen. Die beiden Apostel erfuhren aber davon und flohen. Drew fragte sich, ob die Einwohner von Edenford möglicherweise das gleiche dachten, wenn sie den Grund seiner Anwesenheit kennen würden.

Nach dem Mittagessen und einem kurzen Mittagsschlaf fühlte sich Drew kräftig genug, um einen kurzen Spaziergang zu machen. Nell bestand darauf, daß ihn jemand begleiten sollte. Christopher Matthews fragte ihn daher, ob er mitgehen könne. Nachdem sich Drew damit einverstanden erklärt hatte, gab ihm der Kurat einen Gehstock, der ein Geschenk von Cyrus Furman war.

Es war wohltuend, das Haus verlassen zu können. Die leichte Brise war angenehm auf der verbrannten Haut und obwohl die Sonne in seinen Augen brannte, erfreute sich Drew an ihr wie an einem seit langer Zeit vermißten Freund. Als er durch die Straßen Edenfords ging, fühlte er sich wie ein zurückkehrender Kriegsheld. Jeder hatte freundliche Worte für ihn und bedankte sich, daß er Thomas Cooper gerettet hatte. Bei jeder Begrüßung strahlte Christopher Matthews wie ein stolzer Vater.

Der Kurat führte Drew zum Haus der Coopers. Im Erdgeschoß befand sich die Schusterwerkstatt und die darübergelegenen Wohnräume waren sehr warm, da sie keine Fenster besaßen. Auf dem Bett lag der angeschwollene und von Blasen übersäte Thomas. Seine Mutter saß neben ihm und kühlte seinen verbrannten Körper mit einem feuchten Tuch.

Drew fragte sich, ob es eine gute Idee gewesen war, hierherzukommen. Ihm wurde flau, als er den Jungen sah.

„Wird er wieder gesund werden?" fragte Drew.

„Es liegt in Gottes Hand", antwortete der Schuster.

„Was sagt der Arzt?"

Der Kurat antwortete anstelle des Schusters: „Der Arzt ist nicht in Edenford erschienen." Drew erhielt keine weitere Erklärung, warum der Arzt nicht gekommen war, und der grollende Blick auf dem Gesicht des Kuraten und in den Gesichtern der Familie Cooper hielt ihn davon ab, nach dem Grund zu fragen.

„Er fängt an, uns zu antworten", erklärte der Schuster.

Drew ging zum Bett. Durch die Schwellungen war Thomas' Gesicht entstellt.

„Thomas, ich bin es, Drew", sprach er ihn an.

Keine Antwort.

„Ich hoffe, daß es dir bald besser geht. Ich könnte es nicht ertragen, wenn ich die einzige blaue Person in Edenford wäre."

Es dauerte einige Zeit, bis sich ein Mundwinkel des Jungen nach oben zog und eine Träne seine Wangen herunterlief.

Als sie die Treppe hinuntergingen, überhäufte die Familie Cooper Drew mit „Vielen Dank" und „Gott segne dich". So viele Leute dankten ihm, daß er es schließlich aufgab, darauf zu antworten; er lächelte nur noch und nickte. Es gab einen spannungsgeladenen Moment, als er die Treppe hinunterkam. James saß auf einem Stuhl und nagelte einen Absatz an einen Schuh. Seit dem Unfall war er nicht mehr in die Färberei zurückgekehrt und arbeitete in der Werkstatt seines Vaters. Seine Hand, mit der er den Hammer hielt, sah aus, als würde er einen blauen Handschuh tragen, und ein blauen Fleck zierte seine Stirn. Als James Drew sah, stand er auf und verließ das Haus durch die Hintertür. Das Lächeln verschwand auf den Gesichtern der Anwesenden, als die beiden Besucher das Haus verließen.

„Es hat nichts mit dir zu tun", meinte der Kurat. „Er ist über sich selbst verärgert, daß er den Unfall verursacht hat und nicht in der Lage war, seinen Bruder zu retten. Du erinnerst ihn an sein Versagen, wie der Fleck auf seiner Stirn und seine blaue Hand. Er hat es schwer. Jedesmal, wenn er in den Spiegel schaut, sieht er sein Kainsmal."

„Sein Kainsmal?"

„Im ersten Buch Mose steht, daß Kain seinen Bruder Abel tötete, und Gott markierte Kains Stirn mit einem Zeichen, um andere Menschen zu warnen. Es war Kains Strafe, mit der Schuld seiner Tat zu leben. So fühlt sich James jetzt auch."

Als sie in die High Street einbogen, sagte Drew: „Ich habe über etwas nachgedacht, das Sie einmal zu mir gesagt haben."

„Ja? Was meinst du?"

„Sie sagten, daß mich Gott aus einem bestimmten Grund nach Edenford schickte. Vielleicht sollte ich Thomas retten."

Der Kurat dachte kurz darüber nach. „Es könnte sein, aber ich glaube, daß mehr dahintersteckt."

Am Samstag wurde das Geheimnis um Drews Bibel gelüftet. Der Kurat hatte sie sich ausgeliehen. Als er seine Predigt vorbereitete, wollte er wissen, wie die Übersetzer der King James Bibel einen bestimmten Text übertragen hatten. Drew schlief und der Kurat war sicher, daß Drew nichts dagegen hätte, wenn er sich die Bibel ausleihen würde. Drew hatte natürlich nichts dagegen, wollte aber wissen, ob Matthews Eliots Brief gelesen hatte. *Hatte er ihn gelesen oder nicht?*

Um fünfzehn Uhr wurde in Edenford alle Arbeit eingestellt, um sich und den Ort auf den Sonntag vorzubereiten. Das Abendessen bestand aus Gemüsesuppe. Es gab weder Brot noch Fleisch. Während des Essens wurde wenig gesprochen. Kurz nach 21 Uhr 30 wollten alle zu Bett gehen, aber Drew erklärte, daß er in letzter Zeit zu viel geschlafen hätte und daher nicht müde sei. Er fühlte sich gut genug, um allein spazierengehen zu können. Als niemand widersprach, nahm er seinen Stock und verließ das Haus.

Es war ein kühler Abend und Drew überlegte sich auf der High Street, ob er zurückgehen solle, um eine Jacke zu holen, entschied sich aber dagegen. Da es so einfach war, das Haus zu verlassen, wollte er die Angelegenheit nicht schwerer machen. Er fror an seinem unbeschuhten Fuß, aber was konnte er dagegen unternehmen? Er mußte eben damit fertig werden.

Die dunklen Spalten zwischen den Fensterläden der Häuser wiesen darauf hin, daß die meisten Edenforder bereits im Bett waren.

Als er die Market Street hinunterging, fiel ihm ein, daß Eliot ihn nahe der Brücke treffen wollte, aber versäumt hatte, ihm mitzuteilen, welche Brücke er meinte. Wollte er ihn an der Nordbrücke oder an der Südbrücke bei der Mühle treffen?

Er mußte sich auf der Market Street entscheiden, welchen Weg er gehen wollte. Links oder rechts? Er schaute die von Bäumen eingesäumte und von einigen Laternen beleuchtete Straße hinunter. Die runden Schatten der Bäume verdunkelten die Straße. Hinter den Bäumen konnte er den vom Mond erleuchteten Dorfanger mit der Kirche erkennen.

Zwei Personen erschienen plötzlich aus dem Schatten der Bäume. Drew trat in den Schatten eines Hauses. Durch den Mondschein wurde er nicht vollständig verdeckt. Er trat in einen Hauseingang. Die beiden Personen flüsterten und kicherten und gingen händchenhaltend die Chesterfield Road hinunter in die andere Richtung.

Drew beschloß, zur Nordbrücke zu gehen, weil er diese Brücke benutzt hatte, als er nach Edenford kam. Er nahm an, daß Eliot auf der gleichen Straße kommen würde. Er wechselte auf die rechte Seite der Market Street und ging im Schutz der Bäume auf die Durchgangsstraße zu. Nachdem er die Kirche passiert hatte, schritt er auf die Nordbrücke zu, die mit Steingeländern versehen war. Es hielt nach Eliot Ausschau, konnte aber keine Menschenseele erkennen. Doch das beunruhigte ihn nicht, weil er zu früh da war.

Drew setzte sich auf das Geländer und wartete. Nach wenigen Minuten begann er zu frieren, und das Rauschen des Flusses tat sein übriges. Besonders seine Zehen fühlten sich eiskalt an. Er versuchte, seine Arme zu verschränken, um sich warm zu halten, aber er konnte seinen rechten Arm nicht vollständig beugen. Um seine Zehen warmzuhalten, steckte er sie in seine rechte Kniebeuge. Er fragte sich, ob er sich auf der richtigen Brücke befand. Es war zu dunkel, um die andere Brücke erkennen zu können, nicht einmal die Mühle war richtig zu sehen. Als er zum Ort zurückblickte, konnte er in den höhergelegenen Straßen Lichter erkennen. Was war mit der Burg auf dem Hügel? Nein, es war zu dunkel. Er konnte nicht einmal ...

„Drew!"

Er wirbelte herum.

„Eliot?"

„Hier unten!" Die Stimme ertönte vom Ufer unter der Brücke. Drew schaute hinunter. Es war Eliot, dessen Haar stachelig emporstand.

Drew bog um das Ende der Brücke und ging zum Ufer. Eliot riß vor Überraschung die Augen auf. „Was ... was ist mit dir? Bist du blau?" Er brach in Gelächter aus, in sein Hyänengelächter.

„Pst! Es könnte dich jemand hören!" Als das nichts nutzte, erklärte Drew: „Ich hatte einen Unfall."

„Du willst mich auf den Arm nehmen. Du hast dich absichtlich blau angemalt!" Eliot wälzte sich auf dem mit Blättern bedeckten Boden und hielt sich lachend die Seiten. Wenn er sein Lachen unterbrach, schaute er Drew an und begann von neuem zu lachen.

Bis zu diesem Zeitpunkt war Drew so besorgt darüber gewesen, daß Eliots Lachen Leute herbeirufen könnte, daß er sein Gegenüber noch nicht genau betrachtet hatte. Drew sah von beiden weniger eigenartig aus. Eliot war wie ein Höhlenmensch gekleidet. Er hatte nichts anderes an, als ein Tierfell und einen Lendenschurz. Darüber hinaus war er schmutzig, und das Wälzen auf dem Ufer machte es auch nicht gerade besser. Seine Arme, Beine, die Brust und der Rücken waren verschrammt. Waren es Schrammen oder Blut?

„Eliot, halt jetzt den Mund! Du wirst noch den ganzen Ort aufwecken!"

Es dauerte noch einen Augenblick, bevor sein Lachen verstummte. Er setzte sich Drew gegenüber und versuchte, sich das Lachen zu verkneifen.

„In deinem Brief teiltest du mir mit, daß du mich dringend sprechen müßtest. Ist mit dem Bischof alles in Ordnung?"

„Mein blauer Freund, ich muß dir wichtige Neuigkeiten mitteilen", kicherte Eliot.

„Ist mit dem Bischof alles in Ordnung?"

„Sicher. Warum sollte er nicht in Ordnung sein?"

„Ich weiß nicht. Seine letzte Nachricht war so eigenartig. Als ob er mit meiner Mission unzufrieden wäre."

Eliot grinste. „Du bist wirklich dumm. Der Mann liebt dich. Ihm gefällt alles, was du machst." Eliot steckte seinen Finger ins Ohr und bewegte ihn heftig, während er sprach.

„Also, warum bist du hier?"

„Warte einen Augenblick." Eliot verschwand hinter den Büschen und zog einen Beutel hervor. Er entnahm ihm einen Brief und ein Blatt Papier und übergab Drew zuerst den mit schmutzigen Fingerspuren übersäten Brief. „Vom Bischof", erklärte er.

Drew nahm den Brief und stellte fest, daß das Siegel aufgebrochen war. „Er wurde geöffnet."

„Ich wollte nur sehen, ob es ein Liebesbrief ist. Was bedeuten die ganzen Zahlen? Es ist ein Code, stimmt's? Warum schreibt er dir in einem Code?"

„Du hättest meinen Brief nicht öffnen sollen", antwortete Drew in verärgertem Ton.

Auf Eliots Gesicht erschien ein wilder Blick. Er trat einen Schritt zurück und erhob seine schmutzige Faust. Das Blatt Papier fiel auf den Boden und landete am Flußrand. „Möchtest du dich mit mir schlagen? Komm, versuch es. Ich wette, daß du mich nicht einmal triffst." Als Drew nicht antwortete, ging Eliot auf ihn zu, boxte ihn gegen die Schulter und schlug ihm ins Gesicht.

Drew stöhnte. Die Hiebe hatten ihm nicht sehr weh getan, aber die verbrannte Haut schmerzte.

„Komm, versuch mich zu treffen. Benutze deinen Stock, wenn du willst!" rief Eliot.

Drew schüttelte den Kopf. „Eliot, hör jetzt mit dem Unsinn auf! Was willst du?"

Als Eliot feststellte, daß Drew nicht kämpfen wollte, nahm er die Fäuste herunter. Er schaute Drew kurz an und ging zum Fluß, um das Blatt Papier aufzuheben. Eine Ecke war naß. „In Peterborough wurde eine Druckerei ausgehoben. Sie druckten gerade Justins Schriften. Wir fanden einige von ihnen. Sie sind mit der Hand geschrieben. Der Bischof möchte, daß du die Handschrift mit der des Kuraten vergleichst."

„Christopher Matthews?"

„Das ist der Mann, von dem ich spreche. Der Bischof denkt, daß er Justin sein könnte. Vielleicht auch nicht. Ich brachte die Schrift auch zu anderen Leuten, die die Handschrift vergleichen sollen."

Drew nahm die Schrift und entgegnete: „Richte dem Bischof aus, daß ich sie vergleichen werde."

„Schreib es ihm selbst in einem dieser verschlüsselten Liebesbriefe!" stieß Eliot hervor.

Drew steckte den handschriftlichen Entwurf der Druckschrift in sein Hemd. Er wollte Eliot so schnell wie möglich verlassen. Eliot war schon immer ein eigenartiger Mensch, aber noch nie so eigenartig wie heute.

„Ich muß jetzt zurückgehen", sagte Drew.

„Was ist mit dir los? Möchtest du nicht mit mir gesehen werden?"

Drew steckte seinen Stock ins Ufer und wollte hinaufgehen.

„Bin ich für dich nicht gut genug? Du schläfst mit dem Bischof, aber nicht mit mir?" fragte Eliot und ergriff Drews verbrannten Arm.

Drew versuchte, einen Schrei zu unterdrücken und stieß Eliot von sich.

„Hey! Tut blaue Farbe weh?" fragte Eliot, tanzte um Drew herum und boxte auf alle blauen Punkte, die er sah. Jeder Boxhieb schmerzte.

Drew versuchte, die Boxhiebe abzuwehren, konnte sich aber nur mit einem Arm wehren. Mit seinem erhobenen Stock sah er wild aus, konnte Eliot aber nicht treffen. Er konnte in dessen Gesicht erkennen, daß er sich über Drews Schmerzen freute.

Drew versuchte erneut, Eliot zu treffen, verpaßte ihn aber wieder.

„Du bist zu langsam, mein blauer Freund", rief Eliot und schlug einige Male auf ihn ein.

Drew wurde nun wirklich böse und versuchte erneut, das Ufer zu erklimmen, aber Eliot sprang ihm in den Weg. Drew wollte ihn umgehen, aber Eliot versperrte ihm wiederum den Weg.

„Eliot, ich habe jetzt genug von deinem Spiel. Laß mich vorbei!"

„Versuch doch, vorbeizugehen!" hänselte ihn Eliot und stellte sich mit verschränkten Armen vor ihn.

Drew drehte sich um. Der Fluß war zu breit, um durch ihn hindurchzuwaten, und ein Brückenpfeiler versperrte ihm den Weg. Die einzige Möglichkeit, das Ufer zu verlassen, bestand darin, hinaufzuklettern, aber dort stand Eliot Venner.

Drew ging direkt auf Eliot zu, wurde aber von ihm zurückgestoßen. Ein zweiter Versuch führte zum gleichen Ergebnis. Beim dritten Versuch täuschte Drew vor, Eliot mit der Schulter zu rammen, lief aber auf der anderen Seite an ihm vorbei. Die List funktionierte, aber Drew rutschte mit seinem verletzten Fuß auf den nassen Blättern aus und schlug hin. Eliot stellte seinen Fuß auf Drews Rücken und stieß einen tierischen Siegesschrei aus.

Eliots anderer Fuß stand neben Drews gesundem Arm. Drew sah seine Chance. Er ließ seinen Stock los und riß mit aller Kraft an Eliots Bein. Der halbnackte junge Mann flog zu Boden, und Drew versuchte aufzustehen, aber seine Beine gaben nach und er rutschte das Ufer hinunter.

Eliot war wieder auf den Beinen. Seine schmutzigen

Wangen blähten sich auf, als er wütend nach Atem rang. Er stieß einen Wutschrei aus und stürzte sich auf Drew, der immer noch aufzustehen versuchte.

Mit Händen, die wie Krallen aussahen, griff Eliot ihn an. Drew tat das einzige, was er entgegensetzen konnte. Er blieb gebückt stehen, um seinen Angreifer abzuwehren. Eliot stürmte auf ihn zu. Drew ließ sich im letzten Moment fallen und stieß Eliot mit seiner gesunden Schulter gegen die Beine. Dieser flog über ihn hinweg und landete im Fluß.

Bevor Eliot aus dem Fluß herauskommen konnte, stand Drew mit einem großen runden Stein über ihm. Sein Arm brannte, und er fühlte sich schwach. Er versuchte erst gar nicht, den Stein ruhig zu halten.

„Eliot, das reicht jetzt!" rief Drew.

Eliot spuckte Wasser aus und schüttelte den Kopf. „Ich wollte nur ein wenig Spaß haben!"

„Laß mich jetzt in Ruhe, und hab deinen Spaß woanders!"

„Ich dachte, daß du eine Art Ritter bist", antwortete Eliot und schüttelte erneut den Kopf. „Ritter mögen den Kampf. Du bist vielleicht ein Ritter!"

Drew hielt immer noch den Stein über seinen Kopf, als Eliot aus dem Fluß stieg, seine Tasche ergriff und flußabwärts ging.

Drew sah ihm nach. Er würde den Stein nicht fortwerfen oder Eliot den Rücken zukehren, bevor er nicht sicher war, daß Eliot sich auch wirklich entfernt hatte. Da fiel ihm noch etwas ein.

„Eliot", rief er in verhaltenem Ton. „Eliot!" Er mußte mehrmals rufen, bevor sich Eliot umdrehte.

„Shubal Elkins, Lord Chesterfields Aufseher, hast du ihn umgebracht?" fragte Drew.

Eliot drehte sich wieder um und ging weiter flußabwärts.

„Hast du ihn umgebracht?" rief Drew hinter ihm her.
Eliot Venner ließ seine Tasche fallen, erhob beide Arme und tanzte in wilden Bewegungen im Kreis herum. Er drehte sich und heulte dabei wie ein Wolf.

Der verletzte und erschöpfte Drew humpelte über die Brücke nach Edenford. Er konnte nicht darüber hinwegkommen, wie stark sich Eliot verändert hatte. Er war schon immer verrückt gewesen, aber dieser Eliot war unausgeglichen und gefährlich. Drew mußte dem Bischof mitteilen, daß er sich mit Eliot geschlagen hatte. Jetzt mußte er sich aber der vorliegenden Aufgabe widmen, nämlich dem handschriftlichen Manuskript Justins. Er hatte immer an die Möglichkeit gedacht, daß Christopher Matthews Justin war, aber Nell hatte ihm gesagt, daß ihr Vater kein guter Schreiber sei. Er mußte es aber trotzdem überprüfen und würde einen Weg finden, um sich in das Arbeitszimmer des Kuraten zu schleichen. Er hoffte nur, daß Matthews nicht Justin war.

„Master Morgan?"

Drew wurde durch den unerwarteten Anruf aufgeschreckt. Eine dünne Figur trat aus dem Schatten der Bäume vor der Kirche. Die Vogelscheuche. Ambrose Dudley.

„Ein wenig zu spät für einen Spaziergang, finden Sie nicht auch?" fragte die Vogelscheuche.

Kapitel 16

Drew zitterte. Die bizarren Ereignisse des Abends hatten ihn verwirrt. Seine Zehen waren schlammverkrustet und fast erfroren. Der Fuß tat weh und sein Kopf schmerzte. Sein bandagierter rechter Arm war steif, und er konnte kaum seine Finger bewegen. Ihm tat der ganze Körper weh, und er wollte nichts anderes, als auf sein Lager vor dem Kamin zu kriechen.

Er wollte nicht über den Kampf mit Eliot nachdenken. Es verwirrte ihn, daß sich sein Lehrmeister derart verändert hatte. Warum erfreute sich Eliot an seinen Schmerzen?

Als er über eigenartige Menschen nachdachte, fiel ihm Ambrose Dudley ein. Drew war nicht davon überzeugt, daß der Schreiber seine Erklärung für den nächtlichen Spaziergang akzeptierte. Er hatte ihm erklärt, daß er das Ufer hinuntergerutscht war. Aber warum sollte ihm Dudley nicht glauben? Er war selbst spazierengegangen!

Da kam Drew ein Gedanke, der ihn zittern ließ. Dudley hatte ihm die unverschlüsselte Nachricht von Eliot gebracht! Hatte er sie gelesen? Das würde seine Gegenwart erklären. Er dachte darüber nach, ob der Brief Anzeichen enthielt, daß er vor seiner Ablieferung geöffnet worden war. Er konnte sich an keine Anzeichen dafür erinnern. Aber das bedeutete nichts. Tatsache war, daß Dudley bei der Brücke erschienen war. Hatte er die Unterhaltung mit Eliot belauscht? Er mußte etwas gehört haben, zumindest das Geheule.

Drew schaute sich nervös um. Die Straße war leer. Die Schatten waren lang genug, um die Vogelscheuche zu verbergen. Drew versuchte, unbefangen zu gehen, so unbefangen, wie ein blauer Mann mit fast erfrorenen Zehen gehen kann. Er atmete tief ein, um sich zu beruhigen.

Gut. Selbst, wenn er annahm, daß der Schreiber die Unterhaltung mit Eliot belauscht hatte, was würde es ändern? Nichts. Der Plan war immer noch gut. Um sicher zu gehen, mußte er nur schnell arbeiten und Edenford so schnell wie möglich verlassen.

Er öffnete die Haustür so leise wie möglich und trat in den dunklen Raum. Vom Fußboden hörte er ein Schnarchen. Er war erstaunt und wartete einige Momente, bis sich seine Augen an die Dunkelheit gewöhnt hatten. Nachdem er mehrmals mit den Augen geblinzelt hatte, konnte er die Umrisse der Einrichtung erkennen. Der Kurat schlief auf dem Boden. Drew hatte angenommen, daß er in sein Zimmer gezogen sei, um ihm wieder den Platz vor dem Kamin zu überlassen.

Er ging an dem schnarchenden Mann vorbei, um die Treppe hinaufzusteigen. Ein Licht im ersten Stock beleuchtete die Stufen. Das Licht kam aus dem Arbeitszimmer des Kuraten. Nell saß im Stuhl ihres Vaters und beugte sich über den Schreibtisch. Drew konnte ihr Gesicht nicht sehen und auch nicht erkennen, was sie machte. Da er sein verschmutztes Aussehen nicht noch einmal erklären wollte, beschloß er, in sein Schlafzimmer zu schleichen.

Mit dem nächsten Schritt trat er auf eine knarrende Diele.

„Oh!" Nell legte erschreckt ihre Hand gegen die Brust. „Drew Morgan! Du hast mich wirklich erschreckt!"

Es war mehr als nur ein Gesichtsausdruck. Die Angst in ihrem Gesicht war echt. Wen oder was sie auch immer erwartet hatte, etwas ängstigte sie.

„Es tut mir leid, ich wollte dich nicht erschrecken. Du warst so sehr in deine Arbeit vertieft, und ich wollte dich nicht stören", meinte er verlegen.

Nell drehte einige Seiten Papier auf ihrem Schreibtisch um. „Hattest du ...", sie schloß ein Heft oder Tagebuch, bevor sie aufsah, „... einen schönen ... Drew Morgan! Was um Himmels willen ist mit dir passiert? Du siehst aus, als ob du dich im Schlamm gewälzt hättest! Hast du dich mit jemand geschlagen?"

Der verlegene Gesichtsausdruck hatte eben Wunder gewirkt, und er behielt ihn daher auf seinem Gesicht. „Ja und nein. Ich habe nicht gekämpft, bin aber in den Schlamm gefallen. Ich scheine von Natur aus unbeholfen zu sein. Ich ging am Fluß entlang und rutschte das Ufer hinunter."

„Du siehst wirklich schlimm aus. Nicht gerade sehr geschickt, Master Morgan. Du hättest in den Fluß fallen und ertrinken können!"

Drew zuckte mit den Schultern. „Du könntest recht haben. Ich mag es, nachts am Fluß entlangzugehen. Wenn sich der Mond darin widerspiegelt, ist es so friedlich, und ich brauche einen Ort, an dem ich nachdenken kann." Er schaute auf die Unterlagen, die sie auf dem Schreibtisch verdeckt hielt. „Du bist auch lange auf, oder nicht?"

„Ja", entgegnete sie und folgte seinem Blick. Beruhigt darüber, daß alle Dokumente zugeschlagen waren, schaute sie auf. „Nachts kann ich am besten nachdenken und schreiben." Sie klopfte auf das geschlossene Buch.

Ein unbehagliches Schweigen stand zwischen ihnen. Nell spielte mit einer Hand an einem Blatt Papier und strich sich mit der anderen Hand ihr weißes Leinennachthemd glatt.

Drew bewegte seine verbundenen und schmutzverkrusteten blauen Zehen.

„Ich glaube, ich gehe jetzt schlafen", meinte er.

„Ich auch."

Drew ging in sein Zimmer, zündete die Kerze an und schloß die Tür. Er hielt Bischof Lauds Botschaft hoch und überflog im Kerzenschein die Zahlenreihen: (41/3/18/2) (40/15/17/1-2) (10/2/21/6-16) (23/13/6/3-11) (18/6/8) (10/12/23/25-27) (42/1/23/8).

Das erste Wort war einfach. Es war sein Name. Er setzte sich an die Kerze und versuchte mit seiner Bibel, den Rest der Botschaft zu entschlüsseln. *„Weise nicht ab, die rechts und links von dir stehen. Der Tag des Herrn ist nahe. Ich hoffe, daß er meine Gebete erhört und mir gibt, was ich ersehne. Komm schnell zu mir zurück."*

Drew legte sich auf das Bett, stützte seinen Kopf mit der gesunden Hand und versuchte, die Botschaft zu analysieren. Sie beinhaltete keine Neuigkeiten, lediglich – bleibe standhaft, die Zeit ist kurz, komm schnell heim. Und natürlich die üblichen liebevollen Bemerkungen, die ihn daran erinnerten, was Eliot gesagt hatte ... der Liebhaber des Bischofs. Das glaubte Eliot aber nicht wirklich, oder doch? Drew schüttelte sich bei dem Gedanken und verwarf ihn.

Er setzte sich aufrecht und nahm Justins handschriftliches Manuskript in die Hand. Es war zerknüllt. Die linke untere Ecke war abgerissen. Drew war sicher, daß es in einem besseren Zustand war, als es Eliot übergeben wurde. Er glättete es, bevor er es las. Die Schrift war sorglos und flüchtig, als ob der Schreiber nicht genug Zeit hatte, seine Gedanken niederzuschreiben. Die Buchstaben waren ebenfalls eigenartig geschrieben. Das große T begann mit einem großen Bogen über dem Aufwärtsstrich. Der untere Bogen des kleinen Gs und des Ypsilons war so eng, daß man ihn kaum erkennen konnte. Drew hatte bisher keine Gelegenheit gehabt, die Handschrift des Kuraten zu sehen und konnte daher nicht sagen, ob dieser Text aus seiner Feder stammte. Er mußte die Handschrift mit seinen Texten vergleichen. Im Arbeitszimmer konnte er vielleicht eine seiner Predigten finden.

Drew mußte lachen, als er das Manuskript betrachtete. Zum ersten Mal las er den Text. Er hatte so intensiv die Handschrift studiert, daß er den Text als solchen nicht zur Kenntnis genommen hatte. Die Gedanken hinter den Worten sollten England in Aufruhr versetzen. Er glättete das Manuskript erneut und begann zu lesen:

> *... folgt unsere Regierung dem Herrn? Sollen wir, wie unsere Führer, Gott verlassen? Der Himmel mag uns davor bewahren!*
> *Und wie sollen wir uns im Namen des Herrn verhalten, wenn sie uns mit den Gesetzen Englands verfolgen?*
> *Sollten wir Haß mit Haß beantworten?*
> *Sollten wir Böses mit Bösem vergelten?*
> *Der Prophet Micha gibt uns auf diese Fragen eine Antwort.*
> *„Es ist dir gesagt, Mensch, was gut ist und was der Herr von dir fordert, nämlich Gottes Wort halten und Liebe üben und demütig sein vor deinem Gott" (Micha, Kapitel 6, Vers 8).*
> *Es spielt keine Rolle, was uns böse Menschen antun, Gottes Gebote sind unwandelbar.*
> *Sollen wir die Gerechtigkeit aufgeben, weil wir ungerecht behandelt wurden?*
> *Sollen wir keine Gnade walten lassen, nur weil wir gnadenlos verfolgt werden?*

Sollen wir uns weigern, uns vor Gott zu demütigen und ihm zu dienen und bösen Menschen folgen? Menschen, die uns ins Verderben führen?
„Wehe!" rufen die Engländer. „Wenn wir nicht die bösen Mächte unter uns zerstören, werden sie mit Sicherheit uns zerstören!"
Meine Antwort lautet: „Sie werden es nicht!"
Die Bibel sagt etwas klar und deutlich, nämlich, daß böse Menschen schließlich scheitern und gottesfürchtige Menschen siegen werden.
Könnt ihr die Wahrheit darin erkennen?
Falls sie euch undeutlich scheint, betrachtet sie durch die Augen eures Glaubens, und Gott wird es euch erklären. Unsere Vorfahren verstanden diese Wahrheit. Obwohl sie von bösen Menschen umgeben waren, wählten sie ein Leben des Glaubens.
Durch seinen Glauben brachte Abel Gott ein besseres Opfer dar als Kain.
Henoch ehrte Gott durch seinen Glauben.
Durch seinen Glauben verurteilte Noah die Welt und wurde der Erbe der Gerechtigkeit.
Durch seinen Glauben war Abraham Gott gehorsam, obwohl er nicht wußte, wohin ihn seine Schritte lenken würden.
Diese Menschen sahen nicht die Verheißungen ...

Von hier ab fehlten Worte, da die Ecke der Seite abgerissen war. Drew konnte nur noch den folgenden Text entziffern:

aus der Ferne. Und sie gestanden, daß sie
   Enden
      auf der Erde.

> *uns nicht weniger, wenn wir so treu wie*
> *s nicht von unseren Feinden vorschreiben*
> *lassen,*
> *an den allmächtigen Gott, der uns ...*

Drew legte das Manuskript auf den Nachttisch und blies die Kerze aus. Er zweifelte daran, daß Christopher Matthews der berüchtigte Autor Justin war. Er wußte aber eines über den Kuraten und den unbekannten Schreiber – beide Männer waren sich ähnlich.

Ein Schrei weckte ihn auf. Drew schreckte hoch, und versuchte sich an Einzelheiten zu erinnern. Eine Frau hatte geschrien. Jetzt hörte er einen anderen Ton. Gelächter? Nein, kein Lachen. Schluchzen. Jemand weinte.
Drew sprang aus dem Bett. In der Dunkelheit versuchte er, zur Tür zu gelangen. Sein Arm stieß gegen irgend etwas. Krach! Der Kerzenhalter. Er konnte hören, wie er auf dem Boden hin und her rollte. Er stolperte zur Tür, stieß den Kerzenhalter zur Seite, erreichte die Tür und fand die Klinke.
Jetzt war er wach und begab sich in den Flur, um zu hören, woher die Laute kamen. Das Schluchzen kam aus Nells und Jennys Zimmer. Er ging zur Tür und hörte beruhigende Worte. Die Stimme war sanft. „Nur ein Traum", sagte die Stimme. „Es ist alles in Ordnung. Es war nur ein Traum."
Die Stimme gehörte Jenny.

Am Sonntagmorgen konnte Drew seine blauen Zehen in den Schuh zwängen. Es tat weh und er humpelte, aber es war ein Fortschritt. Er konnte die Schmerzen für einen Tag ertragen.
Nell und Jenny waren ungewöhnlich ernst, als Drew mit

ihnen zur Kirche ging. Drew nahm an, daß sie sich noch immer mit Nells Alptraum beschäftigten. Der Kurat war wie immer vorausgegangen, um die Kirche aufzuschließen. Die drei jungen Leute trafen die Coopers am Dorfbrunnen. Der kleine Thomas war immer noch von Kopf bis Fuß blau und wurde von seinem dankbaren Vater zur Kirche getragen. Der Junge war steif und konnte seine Augen kaum öffnen. Auf dem Weg zur Kirche begann er zu jammern, hörte aber auf, nachdem sie die Kirche betreten hatten.

Seit dem Vorfall in Norwich, als Pfarrer Laslett ihn vor der Gemeinde entlarvt hatte, war Drew vorsichtig, wenn er eine Kirche betrat. Er überprüfte immer, ob etwas umgestellt worden war. Hatten sich die Dinge geändert, war er in Gefahr. Der Altar befand sich nicht an der vorgeschriebenen Stelle und war auch nicht von einer Balustrade umgeben. Gut. Der Kurat stand vor dem Altar und trug kein Chorgewand. Gut. Die Liturgie begann in der vorgeschriebenen Form. Die Leute hörten zu, wenn sie zuhören sollten, erhoben sich, wenn sie sich erheben sollten, und knieten nieder und beteten, wenn sie beten sollten: Alles geschah nach Vorschrift der Kirche von England. Es gab keinen Grund, alarmiert zu sein. Matthews stand auf, um zu predigen. Würde er den vorgeschriebenen Bibeltext verlesen oder seine eigene Predigt halten? Der Kurat schlug die Bibel auf. Es war seine eigene Bibel. Gut. Als er sprach, zitierte er aus seinen eigenen Notizen. Er hielt seine eigene Predigt, nicht eine vorgegebene. Gut. Drew lehnte sich zurück. Es gab keinen Hinweis darauf, daß sie seine Mission entdeckt hatten.

Matthews hatte für diesen Sonntag eine Bibelstelle aus dem fünften Buch Mose gewählt, in der Mose die letzten Anweisungen erhielt, wie sich die Israeliten verhalten sollten, wenn sie das Gelobte Land betraten. Mose würde dann nicht mehr unter ihnen sein. Obwohl Drew nicht wußte warum, wollte Gott es so.

Der Kurat leitete aus diesem Bibeltext drei Ermahnungen für die Einwohner Edenfords ab:

„Erstens: Vertraut auf Gottes Wort", sagte er ihnen. „Gottes Wort ist die Wahrheit und ein verläßlicher Wegweiser für euer Leben. Zweitens: Erzieht eure Kinder in den Wegen Gottes. Eine Nation ist nie mehr als eine Generation vom Abfallen entfernt", warnte er. „Drittens: Gottes Gebote zu beachten, ist keine unnütze Sache; es ist euer Leben." Er erklärte dann, daß seine dritte Ermahnung die Grundlage des Glaubens sei. Der Gehorsam gegen Gott, wie in der Bibel niedergelegt, sei die Grundlage allen Lebens.

Der zwischen Nell und Jenny sitzende Drew dachte über die Worte des Kuraten von Edenford nach. Als der Prediger die Gottlosigkeit der gegenwärtigen Zeit beschrieb, vergrub Drew seinen Kopf in den Händen und zuckte mit den Schultern. Jenny fragte, ob er sich unwohl fühle, aber Drew antwortete nicht. Der Kurat ging auf seinen dritten Punkt ein. Drew fiel nach vorn und hatte seine Hände und seinen Kopf auf den Knien.

„Die Zukunft der gottesfürchtigen Menschen Englands sieht düster aus", erklärte der Kurat. „Schwarze und gefährliche Mächte versammeln sich am Horizont, um uns zu zerstören. Wir aber sind das Volk Gottes. Wir sind nicht ohne Hoffnung. In seiner Gnade hat Gott mir die Vision eines gelobten Landes für sein englisches Volk gegeben."

Der Kurat hatte nun die Aufmerksamkeit der gesamten Gemeinde. Selbst wer vorher gedöst hatte, hörte ihm nun aufmerksam zu. Der Kurat bot ihnen einen Einblick in die Zukunft. Niemand wollte ihn verpassen.

„Gott hat mir den Weg gezeigt, auf dem seine gläubigen Anhänger überleben werden. Mehr als überleben! Gott hat mir gezeigt, daß sein Volk – sowohl Bürger als auch politische Führer – in einem Land leben werden, in dem sie ihr Herz auf die Dinge Gottes richten werden. Sie werden nicht nach Macht, Reichtum oder den Dingen dieser Welt streben. In diesem Land wird den Kindern beigebracht, Gott anzubeten und ihm zu dienen alle Tage ihres Lebens. Männer und Frauen werden in diesem Land keine Angst vor Verfolgung haben müssen, da die Richter, Adelige und Bürger, vom Obersten bis zum Geringsten, gottesfürchtige und demütige Menschen sind. Gott versicherte mir, daß es nicht vergeblich ist, von solch einem Land zu träumen. Der Gott, der die Israeliten aus der Sklaverei in das Gelobte Land führte, wird auch uns aus dem Land, in dem wir verfolgt werden, in ein Land führen, wo Milch und Honig fließt. Wir werden dann nicht mehr die Sklaven der Bösen sein, sondern in einem freien Land leben."

Nachdem er seine Predigt beendet hatte, leitete der Kurat seine Gemeinde zum Gebet.

Als sich Nell zum Gebet niederkniete, fiel ihr Blick auf die aufgeschlagene Bibel in ihrem Schoß. „Und der Herr sprach zu Mose: ‚Du sollst das Land vor allen anderen sehen, es aber nicht betreten, das Land, das ich den Kindern Israels geben werde.'"

Nell dachte an die Prophezeiung und an ihren Vater und weinte.

„Darf ich etwas sagen?"

Nachdem der Gottesdienst vorbei war, stand Drew auf und sprach laut zu den Anwesenden. Einige Kinder hatten es eilig, die Kirche zu verlassen und befanden sich bereits auf dem Mittelgang. Die Erwachsenen suchten ihre Sachen zusammen. Der Kurat stand neben der Kanzel. Drews Worte ließen alle erstarren.

„Möchtest du zur Gemeinde sprechen?" fragte der Kurat.

„Ja, darf ich nach vorn kommen?"

Der Kurat nickte.

Während Drew an Nell vorbeiging und sich nach vorn begab, hielten die Erwachsenen unruhige Kinder fest auf ihren Plätzen.

Als er das Podium erreicht hatte, schlug Drew seine Augen nieder und faltete die Hände. Er stand dort lange Zeit und suchte nach Worten. Je länger er wartete, desto mehr Aufmerksamkeit wurde ihm zuteil. Er sagte nichts, bis es in der Kirche ruhig war.

„Ich wurde hierher gesandt, um euch auszuspionieren."

Ein lautes Stöhnen der Versammlung erfüllte die Luft. Drew sah auf. Als erstes sah er in Jennys schockiertes Gesicht. Die neben ihr sitzende Nell schrie auf. Im Hintergrund standen David und James Cooper mit verschränkten haarigen Armen. Ambrose Dudleys Gesicht hatte um die Nase viele Falten, was ihm das Aussehen eines Wiesels verlieh. Es gab ein Gesicht, das er glücklicherweise nicht sehen konnte. Er konnte im Augenblick nicht in das Gesicht des Kuraten von Edenford blicken.

„Es ist die Wahrheit", fuhr er fort. „Mächtige Männer, die die Puritaner hassen, brachten mir bei, daß ihr böse seid und eine Gefahr für England darstellt. Ich belog euch, als ich sagte, daß ich auf dem Weg nach Plymouth wäre. Edenford war mein Ziel. Es war mein Auftrag, den Kuraten, Christopher Matthews, zu bespitzeln und alle Verstöße gegen die Bestimmungen der Kirche von England weiterzuleiten."

Die Gemeinde geriet in Aufruhr. Drew beeilte sich, fortzufahren und verstärkte die Intensität und Lautstärke seiner Stimme.

„Ich habe mehrere Verstöße entdeckt, für die ihr bestraft werden könntet. Der Altar befindet sich nicht an der Ostseite, und ist auch nicht durch eine Balustrade abgetrennt. Euer Kurat trägt während des Gottesdienstes kein Chorgewand, und ihr verbeugt euch auch nicht, wenn der Name Jesus ausgesprochen wird. Darüber hinaus haltet ihr Abendgottesdienste. Alle diese Dinge verstoßen gegen das englische Recht."

Die Gemeinde geriet noch mehr in Aufruhr und wurde lauter. Drew erhob seine Stimme noch mehr.

„Männer wurden für diese Vergehen angeklagt, verurteilt, ausgepeitscht und gebrandmarkt! Ich habe es selbst gesehen!"

Die Gemeinde wurde jetzt grenzenlos laut. Drew mußte brüllen, um gehört zu werden.

„Hört mich bitte an! Ich habe eine weitere wichtige Tatsache entdeckt!" Er wartete, bis es wieder etwas ruhiger war. „Ich habe festgestellt, daß die Männer, die euch hassen, Unrecht haben!"

Stille. Das hatten sie nicht erwartet. Einige dachten, daß sie falsch verstanden hätten und fragten ihren Nachbarn, ob sie richtig gehört hatten.

„Sie haben Unrecht. Ihr habt es mir bewiesen. Ihr seid nicht böse. Ihr seid nicht gefährlich. Ich hätte euch nicht ausspionieren dürfen. Der Mann, den ich bespitzeln sollte, nahm mich in sein Haus auf. Ihr habt mich angenommen und wie einen von euch aufgenommen. Ich habe nie gewußt, daß es eine solche Liebe gibt."

Erleichtertes Lächeln machte sich auf den Gesichtern der Leute breit.

„Durch eure Handlungsweise habt ihr mir die wahre Liebe von Jesus Christus offenbart. Ich bin euer nicht wert. Meine einzige Bitte ist, daß ihr mir vergebt. Ich werde umgehend Edenford verlassen und euch nie wieder belästigen."

Drew senkte seinen Kopf, verließ das Podium und humpelte auf die Kirchentür zu.

„Drew! Warte!" rief der Kurat.

Drew blieb im Mittelgang stehen.

„Laß ihn gehen!" rief jemand. Mehrere andere Gemeindemitglieder stimmten zu.

Christopher Matthews ging auf Drew zu und legte einen Arm um seine Schultern. „Ihr habt sein Geständnis gehört und seid Zeugen seiner Buße. Ist das nicht die Grundlage und der Kern von allem, was wir glauben? Christus ist zur Vergebung unserer Sünde gestorben! Wer von uns kam zu Christus, es sei denn, daß ihm die Sünde vergeben wurde? Wer von uns hat nicht etwas getan, für das er sich schämen müßte?"

Der Kurat wartete auf eine gegenteilige Meinung, von der er wußte, daß sie nicht kommen würde.

Christopher Matthews drehte sich um zu Drew. „Ist es das, was du möchtest? Daß Jesus Christus dir deine Sünde vergibt? Möchtest du einer seiner Jünger werden?"

Drew sah in die bittenden Augen des Kuraten. Der Arm des Mannes war warm und kräftig. Er sah Jenny an, deren Augen, wie die ihres Vaters, einen bittenden Blick besaßen. Er konnte Nells Gesichtsausdruck nicht erkennen, da sie ihren Kopf gesenkt hielt und ihr Gesicht von braunen Haaren verdeckt wurde.

„Wenn er mich haben will", antwortete Drew leise.

An diesem Nachmittag wurde Drew in der Exe getauft.

Zur Freude der Kinder fiel aufgrund der Feier der nachmittägliche Katechismusunterricht aus. Die Edenforder aßen, sangen und sprachen miteinander bis in die Abendstunden. Alle Einwohner schüttelten Drew die Hand, aber die Akzeptanz des jüngsten Edenforder Gemeindemitglieds war gemischt.

Jenny umarmte Drew etwas länger, als es allen anderen umstehenden Frauen angemessen erschien.

„Wir haben alle unsere Geheimnisse, nicht wahr?" meinte Nell und umarmte ihn kurz.

Ambrose Dudley reichte ihm seine knochige, trockene und kalte Hand. „Willkommen, Master Morgan", sagte er und flüsterte ihm danach ins Ohr: „An ihren Früchten sollt ihr sie erkennen; Matthäus, Kapitel sieben, Vers zwanzig."

In dieser Nacht lag Drew auf seinem Lager im Wohnzimmer des Kuraten. Er sah die Deckenbalken an und lächelte.

Eliot, du bist ein Genie! Du bist ein eigenartiger Mensch, aber ein Genie! dachte er.

Die Ereignisse des Tages hatten sich genauso abgespielt, wie es Eliot vorausgesagt hatte. Der Schachzug trug ausgezeichnete Früchte. *„Erzähle ihnen die Wahrheit, sage ihnen, daß du ein Spitzel bist."*

Drew erinnerte sich daran, daß er zuerst gelacht hatte, als Eliot seine Taktik mitteilte. „Es ist kein Spaß", beharrte Eliot. *„Es klappt! Sage ihnen, daß du ein Spitzel, und nicht in der Lage bist, deine Mission auszuführen, weil sie dich von ihrem Glauben überzeugt haben. Sage ihnen, daß du das Licht gesehen – sie mögen diese Ausdrucksweise – und deine Fehler erkannt hast. Je schlechter du dich machst, desto williger sind sie, dir zu vergeben. Und dann, das ist der beste Teil davon, sage ihnen, daß du sie nun verlassen wirst, da du es nicht wert bist, bei ihnen zu bleiben. Sie werden dich bitten, zu bleiben. Wirklich! Es ist kein schlechter Scherz! Sie werden dich bitten, zu bleiben, und dir alle Geheimnisse der Kirche verraten! Sie sind so leicht mit diesem Bekehrungstrick zu fangen. Du mußt nur ein ernstes Gesicht machen, und sie werden es dir glauben!"*

Ambrose Dudley war Drew ein Rätsel. Alles wies darauf

hin, daß er Drew verdächtigte, etwas im Schilde zu führen. Bestimmt hatte er Eliot am Fluß toben hören, wenn nicht die gesamte Unterhaltung. Warum hatte er nichts gesagt? Auf was wartete er? Vielleicht redete sich Drew auch nur etwas ein. Nach den Reaktionen der Edenforder zu urteilen, mußte er ernst genug ausgesehen haben, denn sein Plan hatte perfekt funktioniert.

Nach den Geschäften des Morgens gab ihm Christopher Matthews die Möglichkeit, in sein Arbeitszimmer zu schleichen.

„Du siehst müde aus", sagte er. „Es ist auch kein Wunder. Gestern hattest du einen aufregenden Tag, und heute hast du viel getan. Warum legst du dich nicht hin und schläfst ein wenig?"

Drew tat sein Bestes, um müde auszusehen. „Ich bin müde", gab er zu. „Aber ich muß noch so viel lernen, und Sie brauchen meine Unterstützung. Ich werde bald wieder in Ordnung sein."

Wie es Drew geplant hatte, bestand der Kurat darauf, daß sich Drew ausruhen sollte. Da er sich nicht im Wohnzimmer hinlegen konnte, in dem Nell und Jenny arbeiteten, mußte er sich in den ersten Stock begeben. Der Kurat würde bald wieder das Haus verlassen, und Nell und Jenny klöppelten Spitze. Es war eine ideale Gelegenheit, um ins Arbeitszimmer zu gelangen.

Nach dem einfachen Mittagessen aus Brühe las Drew den arbeitenden Mädchen aus der Bibel vor. Kurze Zeit später gähnte er und ging die Treppe hinauf. Er zog die Schlafzimmertür laut genug von außen zu, um sicherzustellen, daß es die Mädchen hörten, ging aber nicht sofort in das Arbeitszimmer, sondern wartete, bis sich die Unterhaltung im Wohnzimmer fortsetzte.

„Du magst ihn, nicht wahr?" hörte er Jenny fragen.

„Drew? Ich weiß nicht, wovon du redest", antwortete Nell.

„Und wie erklärst du es James?"

Nell gab lange keine Antwort. Drew lauschte angestrengt.

„Nun?" fragte Jenny.

„Es gibt nichts, was ich ihm erklären müßte", antwortete Nell in scharfem Tonfall.

Als sich die Unterhaltung wieder der Herstellung von Spitze zuwandte, hielt es Drew für sicher genug, das Arbeitszimmer zu betreten. Er erinnerte sich an die knarrende Diele, die Nell vor einigen Tagen erschreckt hatte, und ging mit einem langen Schritt hinein. Er sah sich nach einigen losen Schriftstücken um.

Der Schreibtisch war aufgeräumt und zwei Bücherstapel befanden sich in einer Ecke, aber keine beschriebenen Seiten. Eine Schreibfeder und ein Tintenfaß standen in der Mitte des Tisches. Er sah die Bibel des Kuraten und nahm sie aus dem Bücherregal. Er blätterte darin, bis er gefunden hatte, was er suchte. Es war die Sonntagspredigt aus dem fünften Buch Mose, die Israeliten und das Gelobte Land.

Drew zog Justins Manuskript aus der Tasche und legte es neben die Predigt des Kuraten. Er verglich die großen Ts und kleine Buchstaben wie y, g, p. Er fand genug, um einen Vergleich anstellen zu können, biß sich auf die Unterlippe, seufzte und steckte Justins Manuskript wieder in seine Tasche und die Predigt in die Bibel. Danach stellte er die Bibel wieder in das Regal zurück.

Bevor er den Raum verließ, überprüfte er, ob er alles so hinterlassen hatte, wie er es vorfand. Er war übervorsichtig. *Besser übervorsichtig sein, als durch eine Dummheit gefaßt werden,* sagte er sich. Er kontrollierte die Bücher im Regal.

Einige von ihnen waren weiter zurückgeschoben als andere. Sie waren nicht geordnet. Keiner würde eine Veränderung feststellen. Die Schreibfeder und das Tintenfaß hatte er nicht berührt. Stapel mit Büchern lagen noch da, wie beim Betreten des Raums ...

Er bemerkte einen Band, der ihm bekannt vorkam. Er lag im unteren Regal unter dem rechten Buchstapel. Es war der Band, den Nell zuschlug, als er von seinem Treffen mit Eliot zurückkam. Er konnte der Versuchung nicht widerstehen, hineinzuschauen.

Drew sah zur Eingangstür. Er erwartete aber nicht, dort jemand zu entdecken, er hätte die Schritte auf der Treppe gehört. Langsam und vorsichtig schob er die Bücher zur Seite, bis er den Band herausziehen konnte, öffnete ihn, fand aber weder einen Namen noch eine Eintragung. Aber er fand eine feine Spitzenarbeit in Form eines Kreuzes. Ein Lesezeichen? Er hob die Spitze an und betrachtete sie genauer. Die Fäden waren dünn und ausgezeichnet geklöppelt. Soweit er es beurteilen konnte, waren sie fehlerlos. Der Stoff hatte einen süßen milden Geruch, der ihn an Nell erinnerte. Es war der gleiche Geruch, den er an dem Tag verspürte, als er mit Nell Arm in Arm zur Burgruine ging. Er hielt sich die Spitze an die Nase und genoß den Geruch und die Erinnerung an die Wanderung.

Nachdem er das Stück Spitze in das Buch zurückgelegt hatte, blätterte er es kurz durch. Es war Nells Tagebuch. Er fand eine Eintragung. Lord Chesterfields Verhalten war unmöglich. Er verlangte eine Anzahl von Spitze, die man in einer so kurzen Zeit nicht herstellen konnte. Der Grund? Eine Feier bei Theobalds. Nell konnte sein Verhalten nicht billigen. Eine andere Eintragung beschrieb eine Auseinandersetzung zwischen Nell und Jenny. Nell beschrieb keine Einzelheiten, war aber böse darüber, daß Jenny so naiv und vertrauensselig war. Nell befürchtete, daß Jenny eines Tages verletzt werden könnte. In einer weiteren Eintragung kämpfte Nell mit ihrem Stolz. Sie bat Gott um Vergebung. In einer anderen Eintragung beschrieb sie James' Annäherungsversuche. Sie bat Gott darum, James bei seinem Reifeprozeß zu helfen.

Die letzte Eintragung regte Drew auf. Allein der Gedanke, daß James' behaarte Hand Nell berühren könnte, ärgerte ihn. Dann kam ihm ein Gedanke. Hat sie etwas über mich geschrieben? Er blätterte durch die letzten Seiten und suchte seinen Namen. Da. Drew Morgan ...

Die Eingangstür unten öffnete und schloß sich.

„Papa!" rief Jenny in kindlicher Freude. „Warum bist du schon hier?"

Drew schloß schnell das Buch und legte es wieder ins Regal. Ohne nachzudenken, nahm er das Kreuz aus Spitze und steckte es in seine Tasche. Er horchte, ob jemand die Treppe hinaufkam, als er die Bücher wieder auf Nells Tagebuch stapelte. Er hörte immer noch keine Fußtritte. Der Kurat erklärte Nell und Jenny, daß Cyrus Furman unter Einsamkeit litt. Da Cyrus Furman keine eigene Bibel besaß, wollte der Kurat seine Bibel holen, um Cyrus daraus vorzulesen.

Drew stieg schnell über die knarrende Diele hinweg, drückte vorsichtig die Klinke hinunter und verschwand in seinem Zimmer. Er legte sich mit klopfendem Herzen aufs Bett und konnte die kräftigen Tritte des Kuraten auf der Treppe hören. Die knarrende Diele wies darauf hin, daß er den Treppenabsatz erreicht hatte. Wenige Augenblicke später hörte er wieder die Diele knarren, gefolgt von den Schritten des hinuntergehenden Kuraten.

Drew lag zwei Stunden schlaflos auf dem Bett. In der Dunkelheit des Raums zog er das Spitzenkreuz aus seiner

Tasche und streichelte es liebevoll. Er legte es auf sein Gesicht, atmete Nells Geruch ein und rieb es an seiner Wange.

Seine Gefühle verunsicherten ihn. Er hatte noch nie solch starke Gefühle für eine Frau gehabt. Er hatte manchmal mit Frauen schlafen wollen, wie mit Rosemary im Gasthof an der Mile End Road, aber nachdem er es getan hatte, verabscheute er Rosemary. Es stimmte, er wollte Nell unbedingt haben, aber es war mehr als körperliche Begierde. Er wollte sie immer um sich haben. Er wollte sie glücklich machen. Er wollte, daß sie ihn respektvoll ansah, mit dem gleichen Respekt, den sie ihrem Vater entgegenbrachte. Er wünschte sich, daß er den Rest seines Lebens mit ihr verbringen könnte. Aber wie konnte er das tun? Sie würde Edenford und ihre Familie nie verlassen, und seine Zukunft lag in London, wo Ehre und Ruhm auf ihn warteten.

Alles, was er sich in seinem Leben gewünscht hatte, lag in greifbarer Nähe. Berühmtheit, Ehre und möglicherweise sogar die Erhebung in den Adelsstand. Er würde alles erreichen, wenn er der Welt verraten würde, daß Christopher Matthews der berüchtigte Autor Justin war.

Kapitel 17

Wie sich später herausstellte, war es unnötig, daß sich Drew in das Arbeitszimmer des Kuraten schlich, um herauszufinden, ob er der berüchtigte Justin war. Wenige Tage später wurde es ihm während eines Treffens erzählt.

Nur wenige Leute wußten von diesen geheimen Treffen im Hinterzimmer der Schuhmacherei. Als Drew mit Matthews das Hinterzimmer der Schuhmacherei betrat, fand er sieben Männer vor, die zwischen Schuhen, Lederstreifen und Holzabsätzen auf sie warteten. Drew kannte die meisten: den Schuster, David Cooper, Charles Manly, den Gastwirt, Cyrus Furman und Ambrose Dudley. Zwei andere Männer hatte er in der Kirche kennengelernt, konnte sich aber nicht mehr an ihre Namen erinnern. Den siebten Mann hatte er noch nie vorher gesehen. Drew setzte sich auf einen freien Stuhl neben den fremden Mann, der ihn höflich betrachtete. Drew fühlte sich zunehmend gekränkt, bis ihm einfiel, daß er immer noch ganz blau war. Die Farbe ließ langsam nach, und alle Edenforder hatten sich bereits daran gewöhnt. Für einen Fremden war es natürlich ein neuer, ungewöhnlicher Anblick.

Der Kurat bedankte sich bei den Männern für ihr Erscheinen und bat Gott in einem gemeinsamen Gebet um

Unterstützung und Beistand bei der Lösung der zu diskutierenden Probleme.

Nach dem Gebet schaute sich der Kurat lächelnd im überfüllten Raum um. „Normalerweise sind wir sechs Personen, heute sind wir neun. Unsere beiden neuesten Mitglieder brauche ich wohl nicht vorzustellen. Das ist Ambrose Dudleys erstes Treffen in diesem Kreis. Wir kennen ihn seit Jahren. Er hat sich als Schreiber des Ortes hervorgetan. Wir begrüßen dich in unserer Mitte, Ambrose."

Dudley nickte und bedankte sich für die Begrüßungsansprache des Kuraten.

„Ihr kennt auch alle Drew Morgan, den Ortshelden und das neuste Mitglied unserer Gemeinde."

Drew lächelte, als ihn alle ansahen.

„Der dritte Gentleman in unserer Runde ist ein besonderer Gast. Ich habe ihn darum gebeten, heute zu uns zu sprechen, weil das heutige Treffen besonders wichtig ist. Sein Name ist John Winthrop, ein angesehener Leiter der Puritaner und ein wahrer Mann Gottes."

Drew schaute seinen Nachbarn an. Er saß aufrecht und selbstsicher auf seinem Stuhl und gab sich sehr vornehm. Sein dunkles schulterlanges Haar war etwas länger als das der meisten Puritaner. Das hagere Gesicht mit einer langen, auf den Schnurrbart weisenden Nase schien dadurch noch länger zu sein. Sein Bart war sorgfältig gestutzt.

Der Kurat fuhr fort: „Ich habe Master Winthrop gebeten, zu uns über ein Thema zu sprechen, das ich in Kürze verkünden werde. Zuerst möchte ich aber ein anderes Thema ansprechen." Nachdenklich schaute er Ambrose Dudley und Drew an. Der schwarze Rauch der Kerzen stieg zur Decke empor und verlieh dem Raum etwas Geheimnisvolles. „Ihr beiden wurdet nach vielen Gebeten ausgesucht und zu diesem Treffen eingeladen, obwohl ihr nichts über unsere Arbeit und den Grund unseres geheimen Treffens wißt. Wir vertrauten auf Gott, als wir euch einluden, um an unserem Geheimnis teilzuhaben."

„Erlauben Sie bitte?" fragte Ambrose Dudley und erhob seinen Arm.

„Ja", gestattete der Kurat.

„Bevor eine geheime Information preisgegeben wird, möchte ich mich gegen die Anwesenheit von Master Drew Morgan aussprechen."

Alle Blicke richteten sich zum zweiten Mal an diesem Abend auf Drew.

„Ich weiß, daß ich bei meiner ersten Teilnahme an diesem Treffen kein Recht habe, in dieser Art und Weise zu sprechen, möchte aber darauf hinweisen, daß ich mit der Anwesenheit von Drew Morgan nicht einverstanden bin. Ihr kennt mich seit drei Jahren. Seit zwei Jahren diene ich dem Ort als Schreiber, ohne daß jemand einen Grund gehabt hätte, sich über mich zu beschweren. Nicht eine einzige Beschwerde! Trotzdem brauchtet ihr eine lange Zeit, um mich ins Vertrauen zu ziehen. Master Morgan dagegen ist erst seit wenigen Wochen in Edenford. Er kam als Landstreicher und gab zu, ein Spion zu sein. Ich muß zugeben, daß es mich schmerzt, daß ihr so lange brauchtet, bevor ihr mir euer Vertrauen schenktet, wenn ihr einen Landstreicher und Spitzel schon nach wenigen Tagen aufnehmt. Falls ihr mich fragt, halte ich es für einen Fehler, ihm unsere Geheimnisse anzuvertrauen."

Ambrose Dudley nahm wieder seinen Platz ein.

„Vielleicht hat er recht", warf Charles Manly ein.

„Meine Herren. Ich habe diesen jungen Mann schon einmal verteidigt und werde es erneut tun. Ich glaube, daß es in Edenford keinen besseren Mann als ihn gibt. Ich empfahl, ihn in unseren Kreis aufzunehmen und werde meine Empfehlung nicht widerrufen", entgegnete der Kurat.

„Das genügt mir", sagte David Cooper.
„Mir auch", bestätigte Cyrus Furman.
Alle stimmten dem Kuraten zu.
Ambrose Dudley nickte ebenfalls zustimmend und gab sich geschlagen.
Christopher Matthews erklärte den Neulingen kurz die geheime Tätigkeit. Da John Winthrop keine Reaktion zeigte, nahm Drew an, daß er darüber Bescheid wußte. Der Kurat gab zu, unter dem Pseudonym Justin Propaganda für die Puritaner zu schreiben. Die Manuskripte wurden zwischen den verschiedenen Lagen von Schuhsohlen versteckt zu mehreren befreundeten Druckern befördert. Ein großes freiwilliges Verteilernetz brachte die Druckschriften in alle Orte Englands. Die neuen Mitglieder sollten von Zeit zu Zeit die Verteilung der präparierten Schuhe unterstützen.
Drew war über die ruhige Atmosphäre des Treffens erstaunt. Sie diskutierten die illegalen Transaktionen mit einer geschäftsmäßigen Kühle. Er erwartete aus irgendeinem Grund, daß alle bei der Planung der aufrührerischen Aktion verschmitzt grinsen würden, oder daß die Luft vor Spannung knisterte, weil jeder Teilnehmer bei der Durchführung seiner Aufgabe verhaftet werden konnte. Keine dieser konspirativen Eigenschaften war anzutreffen. Die Atmosphäre glich mehr der Planung einer Beerdigung als der einer geheimen Mission.
Eine Sache fiel Drew aber auf. Diese Männer waren fester miteinander verschworen als Brüder. Er konnte es daran erkennen, wie sie sich gegenseitig ansahen, am gelegentlichen Schulterklopfen sowie an den kleinen Sticheleien, die den freundlichen Diskussionen folgten. Sie waren nicht nur auf ihr Ziel eingeschworen, sondern auch aufeinander. Drew beneidete sie um diese enge Zusammengehörigkeit. Er beobachtete sie aus einer gefühlsmäßigen Distanz und weigerte sich, emotional darin verwickelt zu werden.

Das neue Justin-Manuskript wurde fertiggestellt und in Schuhen versteckt, die an einen Mann namens Whitely in Reigate gesandt werden sollten. Er würde dann das Manuskript an eine illegale Londoner Druckerei weiterleiten. Man beschloß, daß die beiden Junggesellen, Charles Manly und Ambrose Dudley, die Schuhe abliefern sollten. Manly freute sich offensichtlich darüber, daß sein bester Freund in die geheime Gesellschaft aufgenommen wurde.

„Gott war so freundlich, mich Anfang dieses Jahres mit John Winthrop bekannt zu machen", sagte der Kurat und stellte seinen Gast vor. „Wir beide haben etwas gemeinsam. Er macht legal, was ich illegal mache – Druckschriften veröffentlichen. Ich fand und las seine Schrift ‚Argumente für die Pflanzung von Neu-England' und war von seiner logischen und geistlichen Tiefe beeindruckt. Daraufhin suchte ich ihn auf und führte viele angenehme Diskussionen mit ihm. Da ich nicht nur Informationen weiterleiten möchte, dachte ich, daß es besser wäre, ihn einzuladen, damit er euch direkt berichten kann. Er könnte den Schlüssel für die Zukunft unseres Ortes in der Hand halten."

Matthews überließ dem Gast das Feld. Als Winthrop sich erhob, erschien er größer, als Drew erwartet hatte.

Winthrop glättete seine Kleidung und nahm die Haltung eines geübten Redners ein, die seine Bildung und seine adelige Herkunft erkennen ließ. „Wie ihr sicherlich wißt, hat der König am 10. März 1629 das Parlament aufgelöst. Seit diesem Tag regiert er England wie ein Diktator und führt unnötige Steuern ein, beispielsweise die berüchtigte Steuer zum Ausbau der Flotte, um ohne parlamentarische Zustimmung mehr Geld einnehmen zu können. Ihr müßt selbst die Steuern des Königs erdulden, während ihr vom Bischof verfolgt werdet.

Aus diesen Gründen erklärte ich mich im letzten September bereit, mit elf anderen gottesfürchtigen Männern das Abkommen von Cambridge zu unterschreiben. Wir glauben, daß unsere Zukunft in einem anderen Land liegt. Wir fordern die Erlaubnis, nach Amerika auswandern zu dürfen.

Wie können wir England verlassen? Ich weiß, daß diese Frage euch bewegt. Ich sehe es euren Gesichtern an. Ich bin davon überzeugt, daß Gott dieses Land bald in große Bedrängnis bringen wird. Wenn der Herr denkt, daß es uns zum Vorteil gereichen könnte, wird er uns Schutz vor unseren Feinden gewähren. Es kommen schlimme Zeiten auf uns zu, wenn die Kirche in die Wüste flüchten muß.

Denkt über die Möglichkeiten nach! Es ist eure Gelegenheit, die zu schützen, die Gott vor der Vernichtung in diesem Land retten möchte. Die Maßlosigkeit Englands zerstört unsere Gesellschaft. Ich fürchte um die Zukunft meiner Kinder! Die Quellen des Lernens und der Religion sind derart verdorben, daß sogar die Besten von uns keine Hoffnung mehr haben und von den vielen schlimmen Beispielen in unserem Land entmutigt werden. In Amerika können wir unseren Kindern beibringen, Gott zu fürchten und seine Gebote zu ehren.

Gibt es eine bessere, ehrenhaftere und wertvollere Aufgabe, als eine eigene Kirche in ihren Anfängen zu unterstützen, und der Gemeinschaft gottesfürchtiger Menschen beizutreten? Das Abenteuer der Neuen Welt birgt in sich die Möglichkeit, die gleichgesinnten Puritaner in dem Plan zu unterstützen, eine reine Kirche in einem neuen Land aufzubauen.

England ist übervölkert, und die Armen tragen eine schwere Last. Da die ganze Welt Gottes Garten ist, warum sollten wir hier auf einigen wenigen Morgen Land leben, wenn wir Hunderte Morgen von besserem Land in Neu-England haben könnten?"

„Aber ist das Land fruchtbar?" fragte David Cooper.

John Winthrop hatte auf diese Frage gewartet. Er zog eine Druckschrift aus seiner Tasche. „Diese Druckschrift wurde von Reverend Francis Higginson geschrieben, der sich Anfang des Jahres in Neu-England niederließ. Hört, was er zu sagen hat:

> ‚Es ist ein vielseitiges Land an der Massachusetts Bay, und der Charles River ist schwarz wie die fette Erde, die überall vorgefunden werden kann. An anderen Orten findet man Tonerde, Kies oder Sand. All dies kann man in unserer Anpflanzung um Salem, wie unser Ort nun benannt wurde, finden. Die Landschaft ist weder zu flach noch zu hügelig, beinhaltet aber beide Geländearten und kann als Weideland, Ackerland oder in jeder anderen landwirtschaftlichen Form genutzt werden. Obwohl das meiste Land noch dicht bewaldet ist, wurden einige Gegenden bereits von den Indianern gerodet, besonders im Gebiet unserer Ansiedlung. Mir wurde berichtet, daß ein Mann drei Meilen entfernt auf einem Hügel stehen kann und viele tausend Morgen Land überblickt, auf denen kein Baum zu finden ist.'"

Winthrop legte die Druckschrift zusammen und fuhr fort: „Higginson sagt weiterhin, daß das Korn besser wächst als in England – dreißig-, vierzig-, hundertmal besser als hier."

Die Anwesenden starrten Winthrop mit weit aufgerissenen Augen an.

„Er schreibt auch, daß es viele Gewässer gibt mit einer Vielzahl von Fischen. Darüber hinaus gibt es besseres Holz als irgendwo sonst auf der Welt, überwiegend Eichen,

Eschen, Ulmen, Birken, Wacholder, Zypressen, Zedern, Pinien und Tannen. Der Wildbestand beinhaltet Bären, Rotwild, Wölfe, Füchse, Biber, Otter und Großkatzen."

„Was ist mit den Indianern? Sind sie nicht gefährlich?" fragte Charles Manly.

„Es gibt Indianer", gab Winthrop zu. „Ihr habt alle von den Gefahren des Projekts in Jamestown gehört. Ich möchte sie aber unter dem Gesichtspunkt der Missionsarbeit sehen. Sie müssen das Wort Gottes kennenlernen. Meine Aufgabe ist es, euch von der Neuen Welt zu berichten. Wir werden im Frühling lossegeln, und ihr seid alle eingeladen, mitzukommen."

„Auch die Frauen und Kinder? Setzen wir sie nicht einer zu großen Gefahr aus?" fragte Cooper.

„Es stimmt, Gefahren warten auf uns. Wir mögen verhungern oder durch das Schwert sterben, und unsere Familien können Not leiden, aber sind wir hier sicher? Wenn wir auf richtigem Kurs bleiben, wird Gott uns vor dem Bösen bewahren, oder uns stark genug machen, es zu ertragen."

„Das ist nichts für mich. Ich bin Engländer, und ich werde immer Engländer bleiben", rief Ambrose Dudley.

Winthrop lächelte. „Ich selbst habe so viel von den Eitelkeiten dieser Welt gesehen, daß ich die Vielfalt der Länder schätzen gelernt habe, wie so viele Gasthäuser, in denen der Reisende, der im besten oder einfachsten Gasthaus logiert hat, keinen Unterschied findet, wenn er ans Ende seiner Reise gelangt. Ich werde das Land meine Heimat nennen, in dem ich Gott am meisten ehren und die Gegenwart meiner engsten Freunde am besten genießen kann."

„Was hältst du von Winthrops Vorschlag?"

Drew und Matthews gingen die nächtlichen Straßen Edenfords entlang, nachdem sie den Schuhmacher verlassen hatten. Das Treffen war kurz nach Winthrops Rede beendet. Eine Entscheidung wurde weder erwartet noch gefällt, aber die Einladung nochmals unterstrichen. Alle würden nun darüber nachdenken und das Angebot mit ihren Familien besprechen. Der Kurat wollte Drews Ansicht hören.

„Es hört sich gut an."

Der Kurat lächelte wissend. „ Ich dachte mir, daß du dich dafür interessieren würdest. Ein entfernt gelegenes Land, das darauf wartet, von Männern mit Abenteuergeist gezähmt zu werden – *junge* Männer mit Abenteuergeist."

„Glauben Sie, daß ganz Edenford mit Master Winthrop gehen wird?"

Der Kurat schüttelte den Kopf. „Nein, ihre Wurzeln sind zu tief mit Edenford verwachsen. Es müßte etwas Schlimmeres als die neue Steuer kommen, bevor sie auswandern würden."

„Warum haben Sie dann Master Winthrop eingeladen, um uns seinen Vortrag zu halten?" fragte Drew.

„Gott hat es mir aufgetragen."

Drew zögerte die Nachricht an Bischof Laud hinaus, doch nicht, weil er zu wenig Informationen besaß. In Wirklichkeit war seine Mission in Edenford erfüllt. Er hatte eine ganze Liste von Verstößen, derer sich der Kurat schuldig gemacht hatte, genug, um ihn ins Gefängnis zu bringen. Darüber hinaus, und das war weit wichtiger, hatte er das Geheimnis Edenfords gelüftet. Ein Vergleich mit Christopher Matthews Handschrift hatte eindeutig bewiesen, daß er der berüchtigte Justin war. Außerdem hatte er es selbst zugegeben, und Drew wußte, wie alles vonstatten ging. Warum zögerte er also die Benachrichtigung des Bischofs hinaus?

Drew wollte Edenford nicht verlassen. Er hatte den größten Fehler eines Spitzels begangen – er hatte Gefühle für die Menschen gezeigt, die er ausspionieren sollte. Er wurde in diesem Ort akzeptiert. Mehr als das, er wurde respektiert und geliebt. Was hatte der Kurat geäußert, als Drews Anwesenheit während des geheimen Treffens von Dudley bemängelt wurde? „Ich glaube, es gibt keinen besseren Mann in Edenford als Drew Morgan." So etwas hatte noch keiner über ihn gesagt.

Nell lehnte sich gegen die niedrige Mauer der alten Sachsenburg. Hinter ihr konnte man Edenford in der Sonne des Sonntagnachmittags erkennen. Die Exe schlängelte sich wie ein blaues Band am Ort vorbei, und die Sonnenstrahlen glitzerten auf ihr wie Diamanten. Drew saß auf dem Boden, lehnte sich gegen einen Stein und beobachtete sie, wie sie ein Blatt wie eine Ziehharmonika faltete. Als sie zum Ende des Blattes kam, faltete sie es auseinander, strich es wieder glatt und begann erneut. Drew konnte sich nicht daran erinnern, daß sie ihre Hände jemals stillhielt. Sie bearbeiteten immer irgend etwas. Am Ruhetag mußten die Hände daher ein Blatt bearbeiten.

Sie saßen unter den Bäumen, die sie wie ein Baldachin beschützten. Das durch die Baumkronen hindurchscheinende Licht war weich und ruhig. Das sonnenbeschienene Dorf sah aus wie ein Landschaftsgemälde mit breiten grünen, gelben und blauen Strichen.

Nell hatte vorgeschlagen, zur Burgruine zu gehen. Sie redeten über das Leben in Edenford, den Mangel an Lebensmitteln und Geld, und wie die Leute versuchten, damit fertig zu werden. Nell sprach Drews gesundheitliche Besserung an. Seine Haut war nur noch leicht bläulich, und er konnte seinen rechten Arm und linken Fuß wieder benutzen. Sie fragte ihn nach den Fortschritten in der Ausbildung durch ihren Vater, und er antwortete, daß er viel über die Wollindustrie lernen würde. Als ihnen kein neues Thema einfiel, schwiegen sie. Nell ging zur Mauer und faltete ihr Blatt, während Drew sich gegen den Stein lehnte und sie beobachtete.

„James Cooper hat mir einen Heiratsantrag gemacht."
„Ach ja?"
Nell teilte ihm diese Neuigkeit in kühlem Tonfall mit und wandte sich ab. Drew versuchte, seine Stimme zu beherrschen. Er hoffte, daß er nicht so aufgeregt und erschreckt wirkte, wie er war.

Nell schüttelte ihren Kopf. „In der Nacht, als du mit meinem Vater zum Treffen gingst, kam er zu uns, um mit mir zu sprechen. Wir gingen durch den Ort, und er bat mich, seine Frau zu werden."

„Dann muß ich dir wohl gratulieren?"
Nell wirbelte herum. In ihren Augen standen Ärger und Enttäuschung. „Mir gratulieren, ist das alles, was du zu sagen hast?"

Drew versuchte, sich zu erheben. „Was erwartest du sonst von mir?"

Tränen schossen ihr in die Augen, als sie ihn ungläubig ansah. „Ich kann James nicht heiraten!"

„Warum nicht?"
„Ach!" rief Nell und drehte sich verärgert um. Sie zog ein Taschentuch hervor und tupfte sich die Tränen aus den Augen. „Zum einen ist er dumm und schmutzig. Außerdem hat er ein wildes Temperament. Ich werde kein unreifes Kind heiraten, nur weil er der Sohn des Freundes meines Vaters ist!"

„Glaubst du wirklich, daß dein Vater das von dir erwartet?"

„Das ist ein weiterer Grund! Wer kümmert sich dann um Papa? Jenny ist im heiratsfähigen Alter. Sie flirtet mit den Jungen und wird bald heiraten. Papa würde dann ganz allein sein!"

Drew nickte. Er konnte nicht gerade das Gegenteil behaupten.

„Dann gibt es natürlich noch den Hauptgrund."

„Den Hauptgrund?"

Nell drehte sich zu ihm um und schaute ihn verwundert an. „Du bist unglaublich, du weißt es wirklich nicht?" rief sie.

Drew machte ein fragendes Gesicht.

„Du bist wirklich albern. Wie kann ich James heiraten, wenn ich dich liebe?"

Drew bewegte sich nicht. Er schaute sie an, um festzustellen, ob sie mit ihm spielte, konnte aber kein Anzeichen davon erkennen. Ihre Wangen waren naß von Tränen und ihre braunen Augen luden ihn dazu ein, zu ihr zu kommen. Er machte einen zögernden Schritt nach vorn. Sie flog in seine Arme und küßte ihn immer wieder.

Ihre Küsse waren warm und mit Tränen vermischt, als er sie an sich zog. Er umarmte sie mit einer Intensität, die ihm fremd war. Er hatte noch nie eine Gefühlsaufwallung wie diese gehabt. Es war, als ob sich ihre Seelen übereinander legten und sie nun zueinander gehörten. Er wollte sie nicht wieder loslassen. Nichts im Himmel oder auf der Erde konnte ihn dazu bringen, sie wieder loszulassen, nichts, ausgenommen Nell.

„Das gehört sich nicht", rief sie und stieß ihn von sich.

Er ließ sie schweren Herzens los. „Was meinst du?"

Sie atmete tief ein. „Es wäre das beste, wenn du jetzt einfach gehen würdest." Sie trat zur Seite, um ihm den Weg zum Ort freizumachen.

Drew senkte den Kopf und ging auf den Weg zu.

„Du würdest einfach weggehen, ja?"

Drew blieb stehen.

„Ist es nicht genug, daß du nett, hilfsbereit und anständig bist? Mußt du auch noch ein Gentleman sein? Komm her, Liebling!" Sie streckte ihre Arme nach ihm aus.

Drew Morgan und Nell Matthews küßten sich, bis sie erschöpft waren. Drew strich Nell mit seinem blauen Daumen die Tränen vom Gesicht. Er küßte dann zuerst die eine Wange und dann die andere, gefolgt von der Nase, bevor er wieder ihre Lippen suchte.

Nach einer Weile setzten sie sich auf die Mauer und schauten auf das abendliche Edenford. Nell lehnte ihren Kopf an Drews Schulter.

„Was machen wir nun?" fragte Drew.

„Was meinst du?"

„Ich meine, was machen wir mit James? Mit deinem Vater? Was wird aus uns?"

Nell richtete sich auf und ging langsam von ihm fort. „Wir machen nichts."

„Du sagtest, daß du mich liebst!"

„Ich liebe dich, aber es wird nichts dabei herauskommen."

„Wie kannst du so etwas sagen?" In Drews Ton lag mehr als Ärger.

„Es kann nichts dabei herauskommen, weil wir zu unterschiedlich sind. Wir haben eine unterschiedliche Herkunft und eine unterschiedliche Zukunft." Drew versuchte, sie zu unterbrechen, aber sie ließ es nicht zu. „Ich weiß, was du sagen willst, aber du würdest in Edenford nie glücklich werden. Du kannst mir nichts vormachen mit deinem Spiel, die Edenforder Wollindustrie zu erlernen. Du brauchst Herausforderungen, Abenteuer und Spannung. Die einzige Spannung, die Edenford jemals erlebt hat, begann, als du hierher kamst. Falls du hier bleibst, wirst du unglücklich sein, und ich könnte Edenford niemals verlassen. Schau mich nicht so an. Weißt du nicht, daß es mir das Herz bricht, das zu sagen? Dieser Augenblick hatte eine große Bedeutung für mich. Du kannst dir nicht vorstellen, wie sehr ich mich danach gesehnt habe, dich in meinen Armen zu spüren. Bis ich sterbe, werde ich mich an den Ort erinnern, an dem du mich in den Armen hieltest und an dem wir uns küßten. Aber es wird nichts dabei herauskommen."

In der Nacht lag Drew auf seinem Bett und dachte über jeden Moment, jeden Vorfall des Nachmittags mit Nell nach. Er würde einen Weg finden, um gemeinsam mit Nell Edenford zu verlassen. Falls er es nicht schaffen sollte, würde er bleiben. Für sie konnte er es auf sich nehmen. Für sie konnte er ein Bauer oder Schäfer werden, solange er nur mit Nell zusammen war. Sie lehnte alle seine Versicherungen und Beteuerungen ab, daß sie sich irrte. Er mußte es ihr beweisen.

Er konnte nicht schlafen, aber es machte ihm nichts aus. Er wollte seine Gedanken nicht gegen unbekannte Träume tauschen, nicht, wenn die bewußten Träume schöner waren als das Land der unbekannten Träume.

Er beschloß, einen ersten Schritt zu unternehmen, um Nell seine Liebe zu beweisen. Es mußte zwar noch ein Geheimnis bleiben, aber er hoffte, daß er es ihr später einmal erklären konnte. Er nahm seine Bibel und suchte die notwendigen Texte heraus, um Bischof Laud eine Botschaft schicken zu können. Nachdem er einige Minuten gesucht hatte, schrieb er den folgenden Code auf ein Blatt Papier: (10/17/3/11-15) (42/24/6/1-4) (41/3/18/2).

„Der Mann, den du suchst, ist nicht hier. Andrew."

Drew suchte nach Möglichkeiten, um mit Nell allein zu sein, aber es gab leider sehr wenige Gelegenheiten, die noch dazu zeitlich weit auseinanderlagen. Einmal fragte er sie, ob sie mit ihm nach dem Essen spazieren gehen wolle. Jenny und ihr Vater erklärten, das wäre ein guter Gedanke, und alle drei gingen über die Südbrücke, während Nell im Haus blieb und das Geschirr abwusch. An einem anderen Tag ging Jenny mit einer Schüssel Suppe zu Frau Evelyn, einer Witwe, die unter dem Wetter litt. Der alten Dame ging es aber wieder besser, und Jennys Hilfe wurde nicht mehr benötigt.

Während dieser Zeit verhielt sich Nell distanziert und kühl und zeigte ihm keine Zuneigung, wenn andere Leute anwesend waren. In unbeobachteten Augenblicken fing Drew manchmal einen Blick von ihr auf. Sobald sie feststellte, daß er sie bemerkte, wandte sie sich von ihm ab. Der Sonntag nach ihrem Treffen war schwer für Drew. Es war Nells Sonntag, um den Kindern den Katechismus vorzulesen. Drew versuchte, Jenny davon zu überzeugen, mit Nell zu tauschen, aber Nell bestand darauf, ihren Dienst auszuführen. Er verbrachte einen quälend langsam vergehenden Sonntag mit Jenny und dachte an Nell.

Eine weitere Woche verging, bevor Jenny ihrem Vater beim Katechismusunterricht helfen mußte und Drew mit Nell allein war. Nach dem Mittagessen saßen sie unter einem Baum auf dem Dorfanger und Drew schlug vor, zur Burgruine zu gehen. Sie antwortete aber, daß es besser wäre, wenn sie auf dem Dorfanger blieben, da sie dort nicht zu Handlungen hingerissen würden, bei denen nichts Gutes herauskommen könnte.

„Ich möchte mich mit dir unterhalten!" drängte Drew.

„Wir können uns hier unterhalten."

„Du weißt, was ich meine."

„Ich weiß genau, was Sie meinen, Master Morgan. Ich glaube daher, daß es besser ist, wenn wir hier bleiben."

„Nell, falls du mich liebst ..."

Sie warf ihm einen warnenden Blick zu, um ihm klarzumachen, daß sie diese Art von Unterhaltung nicht führen wollte. Er versuchte es auf einem anderen Weg.

„Ich möchte einfach an einen Ort gehen, an dem wir uns ungestört unterhalten können. Das ist alles. Du hast mein Wort, daß ich nichts tun werde, was du nicht möchtest."

Nells ernstes Gesicht wurde weich als sie die Augen senkte. „Das ist genau, was ich fürchte. Ich habe keine Angst davor, daß du die Situation ausnutzt. Ich habe Angst davor, daß ich mich nicht beherrschen kann, wenn ich mit dir allein bin. Ich bin nicht sicher, ob du weißt, wie sehr ich dich liebe."

Drew errötete. Nur der Gedanke daran, daß ihn eine Frau wie Nell so liebte, war mehr, als er ertragen konnte.

Er stand auf und reichte ihr seine Hand. „Ich werde dich vor dir selbst beschützen."

Nell lächelte verschmitzt. „Das ist, als ob man den Fuchs damit beauftragt, das Hühnerhaus zu bewachen." Aber sie nahm seine Hand und sie gingen auf die Hügel zu.

„Warum möchtest du nicht mit mir aus Edenford weggehen?"

Drew hielt Nells Hand, als sie auf der Mauer unter den Bäumen saßen. Sie lehnte sich mit geschlossenen Augen gegen seine Schulter. Er hatte seinen Arm um ihre Hüfte gelegt, und ihre Hände lagen auf den seinen. Sie schaukelten langsam vor und zurück.

Ihre Leidenschaft entflammte in dem Augenblick, als sie die Burgruine erreichten. Sie küßten sich leidenschaftlich und umarmten sich so stark, als würden sie sich nie wiedersehen und erklärten sich unter Tränen ihre Liebe.

„Ich kann Edenford nicht mit dir verlassen. Es wäre ungerecht, Papa allein zu lassen."

„Hat er dir das gesagt?"

„Nein. Papa würde mir nie so etwas sagen. Er würde mir sagen, daß ich gehen soll. Er will mich glücklich machen, das ist alles, was er möchte, und ich habe das Gefühl, daß auch er sehr glücklich wäre, wenn ich dich heirate."

„Dann sollten wir deinen Vater glücklich machen."

Nell lachte. „Du verstehst mich nicht. Es gibt einige Dinge, die du nicht weißt."

„Ich weiß mehr als du denkst."

Sie warf ihren Kopf zurück und schaute ihn an. „Ach, du weißt es?"

Drew nickte.

Sie drehte sich um und kuschelte sich an Drew. „Du weißt nur, was wir dich wissen lassen möchten."

Lautes Getöse aus dem Ort überrollte den Hügel. Rufe. Pferde, Wagen.

„Was ist dort unten los?" Nell löste sich von Drew und lief zu einem Platz, von dem sie den Ort überblicken konnte. Drew blieb auf der Mauer sitzen und beobachtete sie. Wie sehr er es liebte, ihre Bewegungen zu betrachten; die Art und Weise, wie sie durchs Zimmer ging, oder die Arme und Hände beim Sprechen benutzte, und besonders, wenn ihre schlanken Finger die feine Spitze klöppelten.

„Drew, komm her! Irgend etwas stimmt nicht!"

Drew sprang auf und lief zu ihr hin. Unter ihnen liefen in Edenford alle durcheinander. Berittene Soldaten waren überall. Frauen schrien und Kinder rannten ängstlich vor den Pferden davon. Wohin sie auch sahen, Menschen und Pferde verstopften die nahen Straßen. Im Mittelpunkt des Tumults stand die Kirche.

„Papa!" schrie Nell und hielt sich beide Hände vor den Mund.

Sie konnten erkennen, wie Christopher Matthews von

zwei kräftigen Soldaten aus der Kirche gezerrt wurde. Die Hände waren ihm auf den Rücken gefesselt. Zwei Reihen Soldaten hielten die Edenforder in Schach, als sie versuchten, ihrem Kuraten zu helfen, während er auf einen Holzkarren gestoßen wurde.

„Komm mit!"

Drew ergriff Nells Arm und zog sie durch das Steintor den Hügel hinunter. Sie stolperte mehrmals, und er mußte auf sie warten.

„Lauf! Bitte rette ihn!" schrie sie und schob ihn vorwärts.

Widerstrebend ließ er sie zurück und rannte den stark zerklüfteten Weg hinunter. Er bahnte sich seinen Weg durch die Menschen auf der High Street, als der Wagen mit dem gefesselten Kuraten an ihm vorbeifuhr.

Vier Wächter umringten Matthews auf dem hinteren Teil des Wagens, und zwei lenkten die Pferde. Soldaten versperrten die Straße und hielten die aufgebrachten Leute zurück. Als Drew die erste Reihe erreichte, durchbrach ein Junge die Absperrung und rannte auf die Straße. Der Soldat vor Drew verließ seinen Platz, um den Jungen einzufangen.

Drew rannte durch die Öffnung und sprang auf den Wagen. Doch die Wächter erwarteten ihn schon. Als Drews Füße auf dem Wagen landeten, trat ihn ein Soldat in den Bauch. Drew landete auf der Straße.

Er schlug hart auf dem Boden auf. Bevor er sich wieder aufrichten konnte, um einen zweiten Versuch zu starten, stürzten sich mehrere Soldaten auf ihn und hielten ihn fest. Sie zogen ihn hinter die Absperrung und warfen ihn vor Nells Füße.

Es gab nichts, was er tun konnte.

„Wo bringen sie ihn hin?" rief Drew.

Cyrus Furman stand rechts von ihm. Tränen liefen sein zerfurchtes Gesicht hinunter. „Er wurde verhaftet."

„Von wem? Wie lautet die Anklage?"

„Wegen Aufruhrs gegen die Krone."

„Wer hat seine Verhaftung angeordnet?" Drew mußte wissen, wer dafür verantwortlich war.

„Bischof Laud", antwortete der alte Wachmann.

Drew hielt Nell Matthews in seinen Armen, als sie den Abtransport des Kuraten von Edenford, Christopher Matthews, verfolgten. Der Wagen fuhr über die Nordbrücke in Richtung London.

Kapitel 18

Als die letzten berittenen Soldaten die Brücke verließen, versammelten sich die Edenforder in ihrem Rathaus. Der Raum füllte sich schnell mit aufgeregten und durcheinander schreienden Menschen, die umherliefen wie Schafe ohne ihren Hirten. Mehrere Männer forderten den widerwilligen Cooper auf, die Versammlung zu eröffnen. Drew stand am Eingang und lehnte sich gegen die Wand. Nell und Jenny waren neben ihm.

Der kräftige Schuster stand auf einer Holzkiste, hielt sich mit seinem rechten Arm an einem Balken fest und rief die Leute zur Ruhe.

„Ihr wißt alle, was passiert ist", stellte er fest. „Was können wir dagegen machen?"

Alle begannen sofort, durcheinanderzuschreien. Der Schuster erhob seinen schwarzbehaarten Arm und rief: „Nur jeweils einer! Nur jeweils einer!"

„Wir holen ihn zurück!" rief jemand.

„Wie denn? Sollen wir den Soldaten auflauern?" fragte der Schuster. „Was können wir tun? Sollen wir gegen die englische Armee kämpfen?"

„Wir können nicht zulassen, daß sie ihn einfach mitnehmen", schrie eine Frau.

Aus dem Raum rief ein Mann: „Wir sollten zuerst den

dafür verantwortlichen Spion aufhängen! Hängt Drew Morgan!"

Der Raum explodierte in Schreien und Flüchen. Wütende Stimmen verlangten Drew Morgans Tod.

Die ihm am nächsten stehenden Männer ergriffen ihn und zogen ihn von den schreienden Töchtern des Kuraten fort. Sie drehten seine Arme auf den Rücken. Eine große Pranke griff in sein Haar und zog Drews Kopf nach hinten. Drew sah in das Gesicht des roten Riesen. Seine Unschuldsbeteuerungen gingen im Geschrei der wütenden Menge unter, die seinen Tod forderte.

„Halt! Halt!" brüllte David Cooper von seiner Holzkiste. Niemand hörte ihn.

Der Schuster warf sich in die Menge und arbeitete sich mit den Ellbogen durch zu Drew. „Laßt ihn los! Laßt ihn sofort los!" Als er Drew erreichte, ergriff er den Arm seines Sohnes, der eng um Drews Hals gelegt war und zog ihn zur Seite. Es kostete seine ganze Kraft. „Laß ihn los, James!" Die beiden starrten einander an. „Ich sagte, ihr sollt ihn loslassen!" schrie der Schuster.

James gehorchte seinem Vater widerwillig.

„Hört mir zu!" rief er und versuchte, sich Gehör zu verschaffen. „Würde Drew Morgan hier sein, wenn er für Christopher Matthews Verhaftung verantwortlich wäre? Würde er das?"

Der Schuster versuchte, die Leute wieder zu Verstand zu bringen, aber sie wollten davon nichts wissen. Sie wollten ihren Verstand nicht benutzen. Sie wollten Rache. Sie wollten Taten sehen. Sie wollten ihren Kuraten wieder zurückhaben.

„Ich werde selbst nach London fahren!" rief der Schuster. „Ich nehme Drew Morgan mit. Wenn er ist, was er behauptet, weiß er auch, wohin sie Christopher Matthews gebracht haben. Ich verspreche euch, wir werden den Kuraten zurückbringen! Wenn ich herausfinde, daß Drew Morgan für die Verhaftung des Kuraten verantwortlich ist, werde ich ihn selbst töten!"

Die Leute wollten mehr, wußten aber nicht, was sie tun sollten. Sie einigten sich darauf, eine Delegation zu Lord Chesterfield zu schicken. Sie wollten ihn darum bitten, nach London zu fahren, um die Freilassung des Kuraten zu erwirken.

Als die Leute sich heiser gebrüllt hatten, verließen sie mit hängenden Köpfen das Rathaus und sprachen sich gegenseitig Mut zu.

Nachdem die kurzen Vorbereitungen abgeschlossen waren, reisten David Cooper und Drew Morgan drei Tage später nach London. Außer seiner Kleidung und der Bibel packte Drew das Entermesser seines Großvaters ein, um sich vor Wegelagerern zu schützen. Falls sich die Dinge nicht gut entwickeln sollten, würde er das Entermesser benötigen, um sich gegen einen bestimmten wütenden Schuster zu verteidigen.

In London angekommen, erfuhren sie, daß Christopher Matthews im Tower lag, was eigentlich eine Ehre für einen einfachen Kuraten war. Während Cooper versuchte, eine Besuchserlaubnis zu erhalten, ging Drew zum London House, um beim Bischof die Freilassung des Kuraten zu erwirken.

Der dicke Koch begrüßte ihn überschwenglich und brachte ihn in die Bibliothek, obwohl der Bischof gerade eine Besprechung hatte. Als Drew den Raum betrat, saß Bischof Laud auf einem Stuhl mit hoher Lehne und hatte seinen Kopf in die Hände gestützt. Der Gast des Bischofs saß mit dem Rücken zu Drew. Als der Bischof Drew in der Tür sah, sprang er auf, rannte, ohne sich bei seinem Gast zu entschuldigen, auf Drew zu, umarmte ihn, und klopfte ihm auf den Rücken.

„Andrew, mein Junge, wie schön dich zu sehen!" rief der Bischof, trat einen Schritt zurück und sah ihn von oben bis unten an. „Du bist immer noch ein wenig blau. O ja, ich habe davon gehört. Du warst recht mutig. Du bist wirklich dünn geworden! Wir müssen etwas dagegen tun, nicht wahr, Koch?"

„Sofort, Euer Gnaden!" Der dicke Koch lief in die Küche.

„Komm herein! Komm herein! Ich möchte alles über dein Abenteuer in Edenford hören!"

Drew ging auf den Besucher zu, der während der Wiedervereinigung zwischen Bischof Laud und seinem liebsten Spitzel sitzengeblieben war. „Ich kann später wiederkommen, wenn es angebrachter ist."

„Unsinn. Unser Gast kennt deine Arbeit in Edenford. Es war ein großes Glück, daß ich euch beide zur gleichen Zeit in Edenford hatte."

Der Bischof legte seinen Arm um Drews Schulter und führte ihn in die Bibliothek.

„Ich brauche euch wohl nicht vorzustellen", meinte Bischof Laud überschwenglich. Eine große dürre Gestalt erhob sich aus dem Sessel. Sie war so dünn, daß sie wie eine Vogelscheuche aussah.

„Willkommen in London, Master Morgan", sagte Ambrose Dudley.

„Eine gute Arbeit! Ausgezeichnet ausgeführt!" lobte Bischof Laud seine beiden Spitzel.

Die drei Männer saßen im Kreis und schauten sich an. Ambrose Dudley machte ein zufriedenes Gesicht. Der Bischof freute sich mit ihnen über den Erfolg.

„Ambrose und ich sind alte Studienkollegen aus Cambridge", erklärte der Bischof. „Bevor er einer meiner besten Spione wurde, war er Professor für Geschichte. Das hier war seine erste Mission. In Cambridge entwarfen wir den Plan. Wir schickten Spione in die fraglichen Orte, wußten aber, daß sie Jahre brauchen würden, um das Vertrauen der Einwohner zu gewinnen und angesehene Mitglieder der Gemeinden zu werden."

„Sie haben Ihre Spione auch in anderen Orten etabliert?" fragte Drew.

„In vier anderen Orten", antwortete der Bischof.

„In fünf Orten", verbesserte ihn Dudley.

Der Bischof schaute zur Decke und zählte sie an den Fingern ab.

„Stimmt. Es sind fünf."

„Wenn Sie bereits einen Spion in Edenford hatten, warum haben Sie mich dann hingesandt?"

Der Bischof lehnte sich vor. „Das war meine Idee, und sie hat funktioniert, nicht wahr, Ambrose?" Der Bischof lehnte sich noch weiter vor und tätschelte Ambroses Knie. Das Grinsen seines Freundes wurde breiter. „Ich dachte, es wäre besser, wenn wir etwas Bewegung in die Angelegenheit brächten, wenn wir etwas Feuer machen würden, um die Dinge zu beschleunigen. Es klappte! Ich wollte eigentlich Eliot nach Edenford schicken, aber du hast es gut gemacht, vielleicht sogar noch besser!"

„Warum haben Sie mich nicht über Dudleys Rolle in Edenford unterrichtet?" fragte Drew.

„Ein unnötiges Risiko", antwortete Dudley. „Ich habe zu lange und zu hart an meiner Tarnung gearbeitet, um sie aufs Spiel zu setzen. Bei einem Mißerfolg deinerseits wäre ich noch immer dagewesen, und wir hätten weiterhin einen Spion in Edenford gehabt."

Dudley lehnte sich nach vorn und tätschelte jetzt seinerseits das Knie des Bischofs. „Ich habe dem Jungen Schwierigkeiten gemacht", kicherte er.

Drew fand das nicht lustig. „Sie gaben sich die größte Mühe, mich fertig zu machen."

„Das stimmt", antwortete Dudley, „und ich hatte gute Gründe dafür. Ich versuchte, dich in Mißkredit zu bringen, und stand wie ein Verfechter des puritanischen Glaubens da. Die Leute vertrauten mir dadurch noch mehr. Du hast dich aber gut gehalten. Wir konnten daher die Mission erfolgreich abschließen."

Die beiden Universitätskollegen feierten den Erfolg länger als eine Stunde, bevor sich Ambrose Dudley verabschiedete. Er wollte nun den Luxus des Stadtlebens genießen.

Als er sich entfernt hatte, brachte der Bischof seine Freude darüber zum Ausdruck, daß Drew während des Unfalls in der Färberei nicht schlimmer verletzt wurde. „Es gibt aber etwas, das mich beunruhigt."

Der Bischof ging zu seinem Schreibtisch, öffnete die Schublade und nahm ein Blatt Papier heraus. Er legte es vor Drew auf den Tisch. Drew erkannte seine handschriftlichen Zahlen und die Übersetzung des Bischofs: (10/17/3/11-15) (42/24/6/1-4) (41/3/18/2): *„Der Mann, den du suchst, ist nicht hier. Andrew."*

„Ich habe Ambrose nichts von deiner letzten Nachricht gesagt", erklärte der Bischof in ernstem Ton. „Würdest du sie mir bitte erklären?"

Drew ging zu dem Stuhl, auf dem er bereits gesessen hatte, und dachte über die richtige Antwort nach. Er hatte gewußt, daß dieser Moment kommen würde, und bereits über seine Antwort nachgedacht. Jetzt war ihm aber klar, daß alle Antworten hohl klingen mußten. Der Bischof folgte ihm zu den Stühlen, setzte sich mit verschränkten Händen hin und wartete auf Drews Antwort.

„Christopher Matthews ist kein böser Mann", begann Drew. „Ich lernte ihn während meines Aufenthalts kennen, arbeitete mit ihm, aß mit ihm und lebte in seinem Haus. Er ist ein guter Mann mit einer guten Familie. Die Einwohner in Edenford lieben ihn. Sie respektieren ihn und brauchen ihn, besonders in diesen schweren wirtschaftlichen Zeiten."

Drew wartete einen Augenblick, aber der Bischof ließ sich auf keine Diskussion ein.

„Ich weiß, daß Sie glauben, daß er gefährliche Ideen verbreitet, aber er ist ein guter Mann, den ich respektiere."

Der Bischof sah auf den Boden und fragte, nachdem Drew ausgesprochen hatte: „Matthews hat zwei Töchter, nicht wahr?"

„Ja."

„Hübsche Töchter, soviel ich weiß."

„Ja. Sie sind hübsch."

„Hast du dich in eine von ihnen verliebt?"

Drew antwortete nicht sofort, aber der Bischof wartete geduldig.

„Ja, stimmt."

Bischof Laud holte tief Luft, hob seinen Kopf und schaute Drew in die Augen. „Andrew, diese Gefahr besteht immer, wohin ich dich auch schicken mag. Erinnerst du dich an Bedford? Du hattest dich auch dort in die Pfarrerstochter verliebt. Ich glaube, ihr Name war Abigail, stimmt's?"

Drew antwortete nicht.

„In Colchester freundetest du dich mit dem später verurteilten jungen Drucker und seiner Freundin an. Das war der Grund, warum ich dich widerwillig nach Edenford schickte. Die Mission war länger und diese Gefahr daher größer. Mein Junge, verstehst du nicht, daß alles nach demselben Muster abläuft? Wie du die anderen Leute vergessen hast, wirst du die Menschen von Edenford vergessen."

Drew war nicht davon überzeugt.

„Andrew, hör mir genau zu. Ich weiß, wovon ich spreche. Das Böse tritt in vielen Formen auf und gefällt uns manchmal gut. Warum wurde davon berichtet, daß Luzifer in Engelsgestalt auftritt? Laß uns also nicht weiter darüber reden. Ich habe es schon vergessen. Es ist vorbei."

Er klopfte Drew auf die Knie und stand auf.

„Komm! Der Koch hat für uns eine köstliche Mahlzeit vorbereitet. Laß uns den Sieg feiern!"

Das Verfahren gegen Christopher Matthews war ein makaberer Zirkus der kirchlichen Macht, und Bischof William Laud diente als Meister der Manege. Es fand in der berüchtigten Star Chamber des Westminster Palace statt. Die Star Chamber war der königliche Gerichtshof, was bedeutete, daß sich ihre Autorität auf souveräner Macht und Privilegien gründete. Sie war nicht an die allgemeinen Gesetze gebunden und setzte weder für die Anklage noch für den Urteilsspruch Geschworene ein. Das gab dem König und seinem Obersten Berater, Bischof William Laud, die Möglichkeit, ihre Feinde nach eigenem Gutdünken zu verurteilen.

Der Gerichtshof bestand aus dem Geheimen Rat, zwei Obersten Richtern, mehreren Bischöfen, die Laud treu ergeben waren, und, nach eigenem Ermessen, dem König von England. Als König James noch lebte, kam er regelmäßig zu den Gerichtsverhandlungen. Er liebte die Debatte und besonders sein königliches Recht, das Urteil und die Strafe verkünden zu dürfen. Sein Sohn, König Charles, teilte nicht die Vorliebe seines Vaters, sich in juristische Angelegenheiten einzumischen, und erschien daher selten in der Star Chamber. Als das Gerücht umging, daß der König am Verfahren gegen den berüchtigten Justin teilnehmen würde, stellten sich die Leute um drei Uhr morgens an, um einen Stehplatz für dieses Ereignis zu erhalten.

Als Drew die überfüllte Star Chamber betrat, wurde er daran erinnert, woher sie ihren Namen hatte. Die Decke war mit den unterschiedlichsten Sternen übersät. Die Sitzreihen waren u-förmig um einen Platz angeordnet, der wenig größer als ein normaler Flur war. Am offenen Ende des Gerichtssaals befanden sich mehrere Tische, an denen die Richter saßen. Oberhalb der Tische befand sich seitlich der Sessel des Königs.

Drew und Ambrose Dudley wurden in den Saal geleitet und mußten den Richtern gegenüber neben dem Sheriff Platz nehmen. In Übereinstimmung mit den Verhandlungsbestimmungen der Star Chamber hatte der Bischof eine Anklageschrift gegen Matthews einschließlich der beeidigten Zeugenaussage von Drew eingebracht. Der Bischof war verstimmt, da sich sein favorisierter Spion als wenig kooperativer Zeuge herausgestellt hatte. Drews Anwesenheit während der Verhandlung war unnötig, aber Bischof Laud hatte darauf bestanden. Der Bischof wollte nicht nur das Gericht von der Schuld des Kuraten überzeugen, sondern auch Drew. Dieser wiederum hoffte, ein gutes Wort für Christopher Matthews einlegen zu können.

Von seinem Sitz aus konnte Drew das Profil des Kuraten erkennen, der auf der untersten Ebene auf dem Stuhl des Angeklagten saß, aber Matthews schaute ihn nicht an. Als Drew die Zuschauer betrachtete, konnte er den schwarzen Lockenkopf des Schusters von Edenford an der hinteren Wand ausmachen. Obwohl er ein großer Mann war, mußte er sich auf die Zehenspitzen stellen, um erkennen zu können, was im Gerichtssaal vor sich ging. *Er muß die halbe Nacht gewartet haben, um eingelassen zu werden,* dachte Drew.

Genau um neun Uhr betraten die Richter den Gerichtssaal und setzten sich hinter die Tische. Nach ihnen strebte Bischof Laud siegesgewiß in die Mitte. In schweigender Erwartung schauten die Zuhörer auf den Stuhl des Königs. Ihre Erwartungen wurden erfüllt, als König Charles den Gerichtssaal betrat.

Nach einigen einführenden Worten wandte Bischof Laud sich an die Richter. Er sprach zu ihnen in der gleichen Art und Weise, wie er bei einem Jahrestreffen alter Universitätskollegen sprechen würde und begann mit einem beliebten Gedicht, das gegenwärtig in den Gängen Whitehalls zu hören war.

„Ein Puritaner ist ein schändlich Ding,
Liebt Demokratie und haßt den King."

Der Bischof gab den Zuhörern genug Zeit, um angemessen zu lachen.

„Ein Puritaner ist korrupt verbogen,
Gegen den König und verlogen."

Bischof Laud machte erneut eine Pause, damit die Zuhörer lachen konnten. Ganz offensichtlich gefiel ihm seine Rolle als Ankläger, und besonders in diesem Verfahren.

„Wo er die Rolle spielt als Bürger,
Ist er für unser Land ein Würger,
Mit Lug und Trug und ganzer Kraft
Verleugnet er des Königs Herrschaft."

„Eure Hoheit, ehrenwerte Lords und Kollegen, vor uns steht heute einer dieser schändlichen Puritaner, Christopher Matthews, der Kurat von Edenford in Devonshire." Laud zeigte auf den Angeklagten. „Ich behaupte, daß er der Schlimmste dieses Haufens ist. Ich sage das wegen seiner feigen Handlungen. Dieser Mann wird der Anstiftung zum Aufruhr in Edenford angeklagt. Er benutzte seine Vertrauensstellung als Kurat, um die Einwohner dieses Ortes aufzuwiegeln. Ausgestattet mit der Autorität der Kirche von England, hat er die Gesinnung seiner treuen Gemeindemitglieder vergiftet! Durch seine Schriften hat er aber seine aufwieglerischen Ideen auch in ganz England verbreitet, während er sich hinter dem Deckmantel der Anonymität versteckte."

Nach der Ansprache Bischof Lauds wurde die Anklage gegen Matthews verlesen:

„Erstens: Christopher Matthews mißachtete vorsätzlich die Gesetze der Kirche von England und brachte keine Balustrade vor dem Altar an. Zeugenaussagen belegen, daß der Altar für allgemeine Zwecke mißbraucht wurde, einschließlich als Richtertisch, wobei der Befehlshaber mehrmals auf den Altar schlug.

Zweitens: Christopher Matthews mißachtete vorsätzlich den Befehl der Kirche von England, während des Gottesdienstes ein Chorgewand zu tragen.

Drittens: Christopher Matthews mißachtete vorsätzlich die Bestimmung für unausgebildete Pfarrer, die eine Auslegung der Schriften untersagen. Er benutzte nicht die vordem für diese Pfarrer entworfenen Predigten, sondern improvisierte seine eigenen Reden und verbreitete zweimal jeden Sonntag seine aufrührerischen Lügen.

Viertens: Christopher Matthews schrieb, veröffentlichte und verteilte vorsätzlich und unter dem Namen Justin illegale und aufrührerische Literatur. In seinen Schriften ermutigte er seine englischen Leser dazu, seinem Beispiel zu folgen und sich gegen die Kirche von England, ihre Führer und die Monarchie aufzulehnen. Dieser Verrat ist das schlimmste aller Verbrechen."

An dieser Stelle fragte der vorsitzende Richter Christopher Matthews, ob er auf diese Anschuldigungen etwas zu erwidern hätte.

Matthews stand absichtlich langsam auf. Er schaute Laud und die Richter an und sagte: „Der liebe Doktor", er wies mit seinem Kopf auf Laud, als er die Richter ansprach, „begann die Verhandlung mit einem Gedicht. Ich möchte mit einem Gebet darauf antworten:

> O Herr, erlöse uns von der Plage,
> von Pest und Hungersnot,
> von Bischöfen, Priestern und Diakonen."

Von der Galerie ertönten Rufe und Gelächter. Das Gesicht des Bischofs lief rot an, bis es puterrot war. Der vorsitzende Richter klopfte auf den Richtertisch, um wieder Ruhe herzustellen.

Mehrere Anklagevertreter lasen über eine Stunde lang Zeugenaussagen vor oder riefen Zeugen in den Zeugenstand, um den Angeklagten zu diskreditieren. Während seine Feinde ihn umschwärmten, manchmal einzeln oder in Paaren, stand Matthews aufrecht und mit erhobenem Haupt da. Zunächst wurde der einsame Kurat von einem Ankläger angegriffen, dann von einem anderen, und wenn dieser müde war, nahm ein weiterer Ankläger dessen Platz ein. Sie schrien ihn an, verleumdeten, beschuldigten und bestürmten ihn und erhoben ihre Anklagen.

Drew erinnerte die Verhandlung an die Bärenhatz, die er mit Eliot erlebt hatte. Christopher Matthews glich dem Bären, den man aus seinem Haus zerrte und in eine Arena stieß. Danach wurden die Hunde auf ihn gehetzt, um das Volk zu belustigen. Wie der Bär stand Matthews stolz in der Arena und versuchte, die knurrenden und zähnefletschenden Mastiffs abzuwehren, die sich in ihn verbissen hatten. Und wie die Mastiffs bei der Bärenhatz würden seine Angreifer nicht loslassen, bis der Bär tot auf dem Boden lag.

Der Kurat von Edenford war sichtlich müde, als der oberste Ankläger sich erhob. Christopher Matthews' Augen waren rot unterlaufen und sein Mund war ausgetrocknet, als der ausgeruhte Bischof Laud auf ihn zutrat.

„Welchen Universitätsabschluß haben Sie?" fragte der Bischof.

„Ich habe nie eine Universität besucht", antwortete Matthews.

„Keinen Abschluß irgendeiner Art?"

„Nein."

„Haben Sie jemals eine Universität besucht?"

„Nein."

„Nicht ein einziges Semester?"

„Nein."

„Sie haben keinen Abschluß, haben niemals eine Universität besucht, nicht einmal ein einziges Semester. Dann erklären Sie mir bitte einmal, wer Ihnen das Recht gibt, zu predigen und das zu lehren, was Sie verbreiten? Wer gibt Ihnen das Recht, die Lehren gebildeter Menschen abzulehnen – von Menschen, die ihr Leben dem Studium an den besten Universitäten Englands gewidmet haben – und sie durch Ihre eigene, hinterweltliche Theologie zu ersetzen?"

„Nur durch Gottes Gnade bin ich in der Lage, als Pfarrer zu dienen, Sir."

Der Bischof bekam einen Wutanfall. „Sie schwatzender Narr! Glauben Sie, daß Sie sich mit dieser Erklärung über alle gottesfürchtigen Männer Englands stellen können? Glauben Sie, daß alles Wissen nur in Ihrem Hirn zustandegekommen ist? Daß unsere Universitäten nutzlos sind? Daß die besten Pfarrer die Ungebildeten sind? Daß Gott nicht in Englands Universitäten zu finden ist? Was für eine Arroganz! Was für eine Blasphemie!"

Der Bischof ließ Matthews keine Zeit zur Antwort und stellte ihm eine weitere Frage.

„Wie lange waren Sie der Kurat von Edenford?"

„Etwa zwölf Jahre."

„Wer hat Sie in dieser Zeit bezahlt?"

„Lord Chesterfield war so freundlich, meinen Lebensunterhalt zu finanzieren."

„Ist das die Art, wie Sie seine Freundlichkeit belohnen? Indem Sie die Grundlagen seines geliebten Landes zerstören? Indem Sie die Einwohner gegen ihn aufhetzen?"

„Es war nur meine Absicht, die geistlichen Bedürfnisse der armen Bewohner Edenfords zu stillen."

„Arme Bewohner? Sie haben sie zu einem aufrührerischen streitsüchtigen Tollhaus gemacht. Und Sie schwafeln über arme Leute? Organisierten und finanzierten sie Ihre landesweiten Publikationen, die geheimen Druckereien und die Verbreitung der antimonarchistischen Literatur?"

„Die Bewohner von Edenford sind gute Menschen..."

„Sparen Sie sich Ihren Atem, Sie faselnder Stutzer! Ich werde in meiner Kirche keine Leute dulden, die unschuldige Menschen ins Verderben führen, nur, um ihre eigennützigen Ziele verfolgen zu können!"

Bischof William Laud lief zwei Stunden schimpfend vor dem Angeklagten entlang. Seine Stimme war schrill und hart. Das Temperament ging manchmal mit ihm durch und führte zu leidenschaftlichen Drohungen. Es war, als würde Blut aus seinem Gesicht spritzen; er schüttelte sich, als würde er von innerem Gift gequält.

Als Bischof Lauds Schimpfkanonade langsam abebbte, starrte Drew den Angeklagten bewundernd an. Christopher

Matthews war müde, aber ungebrochen. Das verärgerte seinen Ankläger noch mehr.

„Mag Gott der Allmächtige England vor solchen Teufeln wie Sie beschützen", rief der Bischof zum Schluß. „Und er wird es tun. Ganz sicher, er wird es tun. Denn in England gibt es noch Männer, die Ruhm und Ehre für ihr Vaterland wünschen, und nicht dessen Zerstörung. In der Tradition Englands wagen sie ihr Leben, um sicherzustellen, daß das Land nicht in die Hände solcher Verbrecher fällt, wie Sie einer sind."

Drew wußte, was kommen mußte. *Nein,* betete er, *bitte nicht.*

„Wenn Sie Ihre gerechte Strafe erhalten haben, ist es nicht genug, daß Männer und Frauen mit ihren Fingern auf Sie zeigen, um ihre Kinder vor einem verruchten Leben zu warnen."

Nein, nein, nein! Drew bäumte sich innerlich auf.

„Sie brauchen jemand, auf den sie hinweisen und von dem sie sagen können: ‚Meine Kinder, das ist ein mutiger Mann, ein Mann, der Gott und sein Land liebt. Folgt seinem Beispiel!'"

Nein!

„Sie werden in die Menge deuten, auf die Männer, die England vor den aufrührerischen Lügen des verbrecherischen Kuraten von Edenford retteten. Sie werden sagen: ‚Sohn, ich will einmal stolz auf dich sein können. Werde wie sie!'" Die kurzen dicken Finger von Bischof Laud deuteten auf seine beiden Edenforder Spione. „Werdet wie Ambrose Dudley! Werdet wie Drew Morgan! Kreuzritter der Wahrheit und Gerechtigkeit, die England vor den ärgsten Feinden retteten."

Alle Personen in der Star Chamber starrten Dudley und Drew an. Es gab aber ein Augenpaar, das Drew interessierte.

Der Kurat von Edenford drehte ihm sein Gesicht zu. Ihre Augen trafen sich. Für Christopher Matthews war es der letzte Schlag. Seine Beine gaben nach, und er fiel auf seinen Stuhl. Er ließ den Kopf hängen wie ein geschlagener Krieger. Der ehrenhafte Kurat konnte nicht mehr. Es gab zu viele knurrende, schnappende und beißende Angreifer, er konnte sie nicht alle bekämpfen. Er war müde und erschöpft. Das Spektakel war vorbei. Er hatte keine Kraft mehr, um weiterzukämpfen.

Bischof Laud, der Anstifter und Dirigent der Puritanerhatz, lächelte siegesgewiß mit rotem schweißgetränktem Gesicht, als im Gerichtssaal ein Begeisterungssturm losbrach, um den mutigen Männern zu huldigen, die diesen wilden und gefährlichen Feind Englands zur Strecke gebracht hatten.

„Wir haben einen Präzedenzfall, Herr Vorsitzender", erklärte der Bischof.

Christopher Matthews' Schuld war nachgewiesen. Die Richter hatten ihr Urteil gefällt. Der Urteilsspruch, normalerweise von dem vorsitzenden Richter verlesen, wurde von König Charles ausgesprochen. Der Bischof erörterte nun das Strafmaß. Die Strafe war nicht festgelegt und hing von der Schwere der Straftat ab. Das Gericht der Star Chamber hatte aber noch nie jemand zum Tode verurteilt. Der Bischof wollte mit Christopher Matthews eine erste Ausnahme machen.

„Die Veröffentlichung von unerlaubten Schriften wurde schon immer als schwere Straftat angesehen", sagte er. „Sie muß eine gleich schwere Strafe nach sich ziehen. Königin Elisabeth ließ beispielsweise die Separatisten Greenwood, Barrowe und Penry wegen der Verbreitung von geheimen Schriften hinrichten. Können wir eine geringere Strafe aussprechen und trotzdem das Recht Englands bewahren?"

Es wurde schnell klar, daß seine Versuche auf taube Ohren trafen. Zu Drews Erleichterung wollten weder der König noch die Richter eine neue Höchststrafe in der Star Chamber einführen. Die normalen Gerichte waren bereits über die Verletzung ihres Territoriums durch die Alleingänge der Star Chamber verärgert. Das Urteil war deshalb ein politisches Urteil. Der König wollte die abgesetzten Parlamentsmitglieder nicht noch mehr verärgern.

Die Strafe gegen Christopher Matthews wurde daher vom König festgesetzt und verlesen. Für seine kriminellen Aktivitäten sollte Matthews 10 000 Pfund bezahlen. Es war eine unsinnige Summe, die er niemals im Leben beibringen konnte.

Die Strafe sollte daher vom Dorf und von seinen Erben abgezahlt werden. Außerdem sollte er an den Pranger gestellt und mit einem Ohr daran genagelt werden. Das Ohr wurde danach abgeschnitten. Schließlich sollte er gebrandmarkt und seine Nase aufgeschlitzt werden. Auf diese Weise würde er eine lebendige Abschreckung für alle Leute sein, die seinem Beispiel folgen wollten.

Drew beobachtete den Kuraten und den Bischof, als die Strafe verkündet wurde. Der Kurat saß immer noch mit gebeugtem Kopf da. Er hatte sich kaum bewegt, nachdem er Drew angesehen hatte. Die Reaktion des Bischofs beunruhigte Drew aber noch mehr als die des Kuraten. Der rundliche Geistliche saß während der Verlesung des Urteils ruhig auf seinem Stuhl. Es paßte nicht zu ihm, so ausgeglichen dazusitzen.

Als das Gericht sich zurückziehen wollte, rannte ein Bote in den Gerichtssaal, übergab dem Bischof ein in Stoff gewickeltes Bündel und flüsterte ihm etwas ins Ohr. Der Bischof schaute in das Bündel, um den Inhalt zu überprüfen, griff sich ans Herz und fiel in seinen Stuhl zurück.

„Doktor Laud, was ist los? Sind Sie gesund?" fragte der Vorsitzende.

„Einen Augenblick bitte, Herr Vorsitzender", rief der Bischof atemlos.

Im Gerichtssaal herrschte Totenstille, als jeder darauf wartete, was der Bischof zu sagen hatte. Seine Füße zitterten, als er langsam aufstand. „Das ist sehr beunruhigend", sagte er. „Das ist schrecklich."

„Ist es etwas, das das Gericht wissen sollte?" fragte der Vorsitzende.

„Nicht direkt, Herr Vorsitzender. Es hat aber etwas mit Christopher Matthews zu tun."

„Wir würden es gern hören."

„Es ist eine zivile Angelegenheit."

„Es würde trotzdem nicht schaden, wenn wir erfahren, was Sie zu sagen haben."

„Ich habe in Erfahrung gebracht", der Bischof sprach in einem Ton, daß die Zuhörer sich nach vorn beugen mußten, um ihn zu verstehen, „daß dieser Mann nicht nur das Verbrechen des Aufruhrs begangen, sondern auch den Sohn Lord Chesterfields ermordet hat."

Die Worte gingen wie Schockwellen durch den Gerichtssaal.

„Es ist die Wahrheit! Wir haben Augenzeugen! Und ... das Mordinstrument!" rief der Bischof und wickelte das Bündel aus. Er hielt den Pfeil hoch, den Drew aus dem Kopf von Lord Chesterfields Sohn gezogen hatte. „Es war ein mißglückter Entführungsversuch. Matthews und seine Kumpane versuchten, den reichen Vater zu erpressen. Als der Junge zu schwierig für sie wurde, schoß der Aufrührer, Christopher Matthews, dem Jungen mit diesem Pfeil durchs Auge. Die Leiche des Jungen war in einem flachen Grab unter einem Busch zwischen zwei Eichen verscharrt. Mein Informant kann dem Sheriff zeigen, wo er die Leiche des armen Jungen finden kann!"

Drew sprang auf. Das Wort „Lügner" war auf seinen Lippen, aber er konnte es nicht aussprechen. Als er es gerade hinausschreien wollte, explodierte etwas auf seinem Hinterkopf. Er sah Sterne, verspürte einen Schmerz und versank in Dunkelheit.

Kapitel 19

Ein helles Licht schien ihm ins Gesicht. Sein Kopf schmerzte und drohte, auseinanderzuplatzen. Er drehte sich erst zur einen und dann zur anderen Seite, konnte dem Licht aber nicht ausweichen. Er hob eine Hand, um die Augen zu schützen. Das brachte zwar Linderung, aber die Schmerzen waren immer noch da.

Er benötigte mehrere Minuten, um festzustellen, wo er war, nicht, weil ihm der Ort unbekannt war, sondern weil es ihm weh tat, die Augen länger als einige Sekunden zu öffnen. Er lag auf seinem Bett im London House. Das Morgenlicht schien ihm ins Gesicht.

Mit einem Stöhnen richtete er sich auf. Er wußte nicht, ob er wachbleiben würde, weil sein Kopf so sehr schmerzte und er sich schwindelig und schlecht fühlte. Er bekämpfte den Schmerz, so gut er konnte, um seine Sinne zu klären. Das Sonnenlicht beschien nun seinen Rücken, und er verspürte die größten Schmerzen am Hinterkopf. Er betastete ihn mit der Hand.

„Au!" schrie er auf. Das war ein Fehler. Der Schmerz nahm zu.

Als er die Hand wieder herunternahm, sah er aus den Augenwinkeln etwas Goldenes blitzen.

Im gleichen Augenblick verspürte er ein ungewohntes

Gewicht an seinem Finger. Es war ein riesiger Goldring mit einem Rubin.

Unter seinem Schlafzimmerfenster konnte er das Klappern der Gartenschere im Garten des Bischofs vernehmen. Er stellte sich auf seine wackeligen Beine und ging in den Garten, um einige Antworten zu erhalten.

„Ich bin von dir enttäuscht, Andrew", rief ihm der Bischof entgegen. Er hatte aufgehört, einen Rosenbusch zu beschneiden, kniete nun auf der Erde und fütterte seine Lieblingsschildkröte mit einem Grashalm.

Drew blinzelte ihn an und versuchte, mit seinen Augen alles zu erfassen.

„Es tut mir leid, daß wir dir einen Schlag versetzen mußten."

„Waren Sie das?"

Der Bischof riß einen anderen Grashalm aus und führte ihn zum lippenlosen Mund der Schildkröte. Das Haustier kaute mit Vergnügen auf dem Grashalm herum. „Einer meiner Männer versetzte dir den Schlag. Er saß hinter dir und schlug dich nieder, weil es das Beste für dich war. Wir mußten dich vor dir selbst schützen."

„Das war kein sehr vorsichtiger Zug. Fanden die Leute das nicht verdächtig?"

„Nein, überhaupt nicht. Er wurde verhaftet, weil er dich niederschlug. Als er aus dem Gerichtssaal gezerrt wurde, schrie er, daß er ein Anhänger des Kuraten wäre und daß es noch viele Leute gäbe, die ihr Leben freiwillig für ihren Führer opfern würden, et cetera, et cetera. In Wahrheit war er ein gewöhnlicher Wegelagerer, dem ich manchmal einige Aufgaben zukommen lasse. Er wurde zum Gefängnis in der Fleet Street gebracht und umgehend entlassen. Es sah gut aus und erfüllte seinen Zweck. Die Leute waren noch mehr davon überzeugt, daß Christopher Matthews eine wirkliche

Gefahr für England darstellt. Du siehst also, mein Junge, dein unglücklicher Anfall von Wahrheitsliebe tat dem Kuraten nicht gut."

„Was sollte mich nun davon abhalten, die Wahrheit zu sagen?"

Der Bischof war nun wirklich verletzt. „Andrew", sagte er ruhig, „ich bin, neben dem König, der mächtigste Mann Englands. Gott bestimmte, daß Charles der König von England sein sollte und ich sein geistlicher Berater. *Gemeinsam sind wir England.* Was wir auch tun, es ist rechtens, denn wir tun es zum Wohl Englands und im Namen Gottes." Er fütterte seine Schildkröte weiter und fuhr fort: „Falls du nun mitteilsam werden solltest, würdest du dir nur selbst Schaden zufügen. Als du ohnmächtig wurdest, machten dich die Leute zum größten Helden Englands."

Drew schaute den Bischof verwirrt an.

Bischof Laud stand auf und klopfte sich das Gras von den Knien. „Hast du deinen neuen Ring schon betrachtet?"

Drew hob seine Hand empor und schaute den Rubinring an.

„Es ist die erste Belohnung von König Charles für deine Dienste. Er sieht gut aus, nicht wahr? Der König hat das Gefühl, daß England einen neuen Volkshelden braucht. Jemand, der die Leute davon ablenkt, daß sich der König weigert, das Parlament ordnungsgemäß einzuberufen oder von der Tatsache, daß er die Schiffssteuer und vieles andere einführte. Verstehst du? Du bist genau der Richtige! Du bist jung, siehst gut aus und hast dein Leben der Krone und dem Land verschrieben. Du kamst gerade von einer gefährlichen Mission zurück, in der du fast dein Leben verlorst. Dann wurdest du beinah getötet, als du in der Star Chamber gegen den Angeklagten aussagtest! Der König ist von dir beeindruckt."

Der Bischof stand nun direkt vor ihm, hielt Drews Hand an den Fingerspitzen fest und hob den Ring an Drews Augen.

„Das ist ein Geschenk! König Charles wird zu deinen Ehren in einer Woche einen Empfang geben. Er möchte dich öffentlich als einen Freund der Krone vorstellen. Andrew, das ist alles, was du dir erträumt hast! Du bist nun Lancelot, und König Arthus möchte seinen besten Ritter ehren!"

Die Woche verging ohne Zwischenfälle. Drew sah den Bischof selten, weil dieser mit Staatsgeschäften zu tun hatte. Er war allein im London House und zermarterte sich den Kopf, um mit der Situation fertig zu werden. Zu seiner Enttäuschung ließen die Erinnerungen an Edenford jeden Tag nach. Da er nun wieder in einer luxuriösen Umgebung mit weichen Betten und guter Speise war, stellte er fest, wieviel er bei seiner Anwesenheit in Edenford aufgegeben hatte.

Christopher Matthews aber konnte er nicht vergessen. Was konnte er tun? Der Kurat hatte sich der Veröffentlichung illegaler Schriften schuldig gemacht. Daran gab es keinen Zweifel. Im Sinne des Gesetzes war er schuldig. Wie konnte sich Drew schuldig fühlen, wenn das Recht des Landes auf seiner Seite war?

Außerdem gab der König von England zu seinen Ehren einen Empfang! Wie für seinen Großvater! Der Admiral hatte Königin Elisabeth; er hatte König Charles!

Drews Hände waren vor Aufregung feucht, als er sich für den Empfang ankleidete. Er zwang sich dazu, nicht an Christopher Matthews, an Edenford und an Nell zu denken.

Der Ballsaal in Whitehall strahlte im Licht der neusten Mode und vor Fröhlichkeit. Die vornehmsten Bewohner Londons waren anwesend – die Reichen, die Mächtigen, die

Adeligen –, alle auf besondere Einladung des Königs, um Drew Morgan zu ehren, Englands jungen Helden.

Sie erhoben sich und applaudierten, als er den Raum in feinster Kleidung betrat. Durch eine besondere Genehmigung des Königs trug er das Entermesser seines berühmten Großvaters dazu.

Sie nahmen eine ehrfurchtsvolle Haltung an, als ihm der König einen Orden für Tapferkeit und besondere Verdienste verlieh. Sie lachten, als sie hörten, wie er blau gefärbt wurde, als er versuchte, das Leben eines Jungen zu retten. Anschließend stellten sie sich in einer Reihe auf, um ihm die Hand zu schütteln. Die jungen Männer schauten zu ihm auf als wäre er ein Gott.

Seine Eltern, Lord und Lady Morgan, reisten nach London, um der Londoner Elite bei der Ehrung ihres Sohnes beizuwohnen, und brachten den eifersüchtigen Philip mit. Lord Morgan war in eine neue Kombination gekleidet und Lady Morgan trug ein atemberaubendes Diamanthalsband, das sie für diesen Empfang gekauft hatte. Seine Eltern begrüßten ihn freudestrahlend und erzählten allen Anwesenden, daß sie schon immer gewußt hatten, daß ihr Sohn ein bedeutender Mann werden würde. Als Drew sie ansah, bemerkte er Angst in ihren Augen, eine stille Bitte, nicht die Illusion des glücklichen Elternhauses zu zerstören, die sie gerade aufzubauen versuchten. Sein Erfolg war ihr Erfolg, und Drew kannte seine Eltern gut genug, um zu wissen, daß sie das Beste daraus machen würden.

Während des gesamten Empfangs stand Bischof William Laud neben ihm und verhielt sich wie ein stolzer Vater.

Drew war den meisten Leuten, die ihm die Hand schüttelten, noch nie vorher begegnet. Es gab aber einen Mann, den er kannte. Er hatte eine lange Reise auf sich genommen, um am Empfang teilzunehmen. Lord Chesterfield reichte ihm seine Hand, lächelte ihn aber nicht an.

„Ich habe gemischte Gefühle, wenn ich Ihnen gratuliere, junger Mann", sagte er. „Englands Glück ist mein Nachteil. Sie haben den Mörder meines Sohnes entlarvt und mir meinen besten Verwalter genommen. Ich kann den einen nicht ersetzen und es wird auch schwierig sein, den anderen zu ersetzen. Sind Sie an der Aufgabe interessiert?"

Der wirkliche Mörder von Lord Chesterfields Sohn trat schnell einen Schritt vor, um zu verhindern, daß Drew etwas Dummes sagte. Er ergriff den Arm des Lords und führte ihn abseits. „Ich fürchte, Sie müssen sich nach einem anderen Verwalter umsehen", sagte der Bischof mit einem hölzernen Lächeln. „Andrew ist für den König und mich zu wertvoll. Wir würden es ihm nie erlauben."

Lord Chesterfield lächelte in gleicher Weise zurück. „Mein lieber Bischof, Sie brauchen Ihren Protegé nicht zu beschützen. Mein Angebot war nur ein Scherz."

Der Bischof mußte auch keine Furcht haben. Der Gedanke, Lord Chesterfield die Wahrheit zu sagen, war Drew noch nicht gekommen. Seine Gedanken waren woanders, in einem Dorf im Westen Englands, vier Tagereisen entfernt. Es war nicht Lord Chesterfield, der ihn dorthin zog, es war die Kleidung, die er trug. Der Spitzenkragen. Die Spitzenmanschetten und die spitzenbesetzte Kleidung. Die von Spezialisten geklöppelte Spitze Edenfords. Die Spitze, die von den schlanken Händen junger Frauen geklöppelt wurde, die in der High Street wohnten. Von Frauen, die in diesem Augenblick in einem spärlich eingerichteten Wohnzimmer arbeiteten und die Abwesenheit ihres Vaters beklagten, der im Tower von London auf seine Strafe wartete.

Der Gedanke an Edenford, an Jenny und Nell, an ihre Schönheit, ihr Lachen, ihr Frühstück mit Christopher Matthews, war unerträglich, ebenso wie an die morgendlichen Bibelstunden, in denen er für seine Töchter betete, und an die Frage, die er jeden Tag erneut stellte: „Was können wir heute für Gott tun?" Drew dachte an die fröhlichen Stunden, als der Kurat mit David Cooper auf dem Dorfanger Bowling spielte, an ihre netten Späße, an die leidenschaftlichen Diskussionen während der geheimen Versammlung, an die Liebe, die dem Kuraten von den Edenfordern entgegengebracht wurde, und an die selbstlosen Handlungen von Christopher Matthews.

Als er Lord Chesterfields Spitze sah, wurde er von diesen Gedanken überflutet wie von einer warmen Quelle. Im Vergleich zum einfachen Lebensstil der Edenforder waren die Lichter Whitehalls, die Juwelen, der Reichtum, die Ehre und die Gaukeleien der Londoner Oberschicht eine leere Hülle.

In London gab es nichts mehr, was Drew interessierte. Der König konnte ihm nichts bieten, das den Reichtum der Gefühle aufwiegen konnte, die er am Sonntagnachmittag allein mit Nell Matthews erlebt hatte.

Er wußte, was er zu tun hatte. Drew Morgan würde ein einsamer Kreuzritter werden. Ein Mann mit einer Mission.

Drew zitterte in der Dunkelheit und Kälte am Ufer des Flusses, berührte die Scheide seines Entermessers und wartete auf den Kahn mit den Gefangenen. Der Mordprozeß gegen den Kuraten wurde, wie erwartet, eröffnet. Die Leiche von Lord Chesterfields Sohn und die Armbrust waren genau an dem Ort gefunden worden, den der Bischof beschrieben hatte. Die Beweisstücke, die Armbrust und die Leiche des jungen Chesterfield, sowie die Aussage des Augenzeugen Ambrose Dudley – er beschrieb die Sichtweise des ermordeten Shubal Elkins wie sie ihm von dem Bischof berichtet worden war – ließen wenig Zweifel am Ergebnis des Prozesses aufkommen. Die Richter verurteilten den Kuraten zum Tode. Nachdem er seine von der Star Chamber ausgesprochene Strafe verbüßt hatte, sollte er zum Tower Hill gebracht und enthauptet werden. Es war erneut eine unübliche Bestrafung für einen Mann von so niedrigem Stand. Nur die bedeutenden Köpfe Englands wurden normalerweise enthauptet, die anderen Straftäter wurden gehängt. Doch Bischof Lauds leidenschaftliche Argumente vor Gericht gaben dem Fall eine derartige Berühmtheit, daß die Richter meinten, die Umstände verlangten die abschreckendere und grausamere Strafe.

Nach der Urteilsverkündung in Westminster wurden die Gefangenen mit einem Kahn über die Themse zum Tower gebracht. Dieser Weg war sicherer, da die Straßen eng waren und zu viele unübersichtliche Kurven besaßen, in denen ein Überfall stattfinden konnte. Christopher Matthews war bereits vor zwei Nächten sicher über die Themse zum Tower zurückgebracht worden. Drew hatte es aus sicherer Entfernung beobachtet. Er stand im Dunkel der Brücke und schmiedete seinen Befreiungsplan.

Im Schatten der Brückenpfeiler hatte er den Gefängniskahn beobachtet, der eine verhüllte und von zwei Aufsehern bewachte Person, eine Frau, wie Gerüchte sagten, zum Tower zurückbrachte. Drew kletterte am Ufer hinauf und lief so schnell er konnte die Upper Thames Street in Richtung Tower hinunter. Die Straße war leer. Nur einige Betrunkene stützten sich gegenseitig, während er die Straße entlanglief. Sie schrien ihn an, als er an ihnen vorbeilief und fluchten so etwas wie „rücksichtsloses Gerenne". Auf der rechten Seite konnte er den Kahn zwischen den Häusern und Bäumen beobachten, der auf den Tower zufuhr.

Sein Herz klopfte und seine Lungen schmerzten. Er ignorierte die Schmerzen und rannte noch schneller. Bevor die Straße am Kai endete, verließ Drew die Straße und glitt die

Uferböschung hinunter, die von feuchten vermoderten Blättern bedeckt war. Er schlich zum Wasser. Er keuchte vor Atemnot, als er sich dichter herandrängte. Am Wasser war es dunkler, und der leichte Nebel behinderte seine Sicht. Er hörte die Ruder im Wasser, bevor der Kahn aus dem Nebel erschien, und erkannte die Silhouetten der drei Personen.

Drew zog seine Schuhe aus, warf sie zur Seite und steckte das Entermesser hinten in den Hemdkragen, so daß es unter dem Hemd auf seinem Rücken zu liegen kam. So leise wie möglich watete er in den Fluß und schwamm in die Flußströmung. Er war weit von dem Kahn entfernt.

Er schwamm zur Mauer an der Ecke des Kais, hielt sich in deren Schatten, um nicht von oben gesehen zu werden und schwamm langsam unter den vier Kanonen hindurch, die die ankommenden Schiffe begrüßten. Direkt dahinter hielt er an. An dieser Stelle gab es einen kleinen Einschnitt, an dem die Queen's Stair vom Kai zum Wasser führte. Er tauchte, bis er die Steinstufen umrundet hatte, und wartete, bis er den Gefängniskahn sah. Er befand sich genau an der Stelle, an der er sein sollte. Er hatte genug Zeit zur Verfügung.

Mehrere Meter von ihm entfernt bog die Mauer scharf zum Tower ab. Drew folgte ihr bis zu einer Ecke, von der aus die Mauer wieder parallel zum Fluß verlief und verlor hier für kurze Zeit den Kahn aus den Augen. Wenn die Wachleute den gleichen Weg nähmen wie mit Christopher Matthews, würden sie sich solange wie möglich vom Kai fern halten, um dann in einem steilen Winkel auf das Wassertor des Towers zuzufahren. Das würde ihm die nötige Zeit geben. Während er wartete, atmete er in tiefen Zügen.

Das Geräusch seines Atems hallte von der Mauer wider. Als er sich das Wasser aus den Augen wischte, starrte er auf die Flußmitte. Nichts. *Ich sollte sie eigentlich sehen,* dachte

Drew. Er wartete, konnte den Kahn aber nicht entdecken. Er überdachte die Möglichkeiten: *Irgend jemand oder irgend etwas hat sie auf mich aufmerksam gemacht. Irgend jemand hat ihnen Nachricht gegeben und sie zur Umkehr aufgefordert. Sie haben eine andere Route gewählt – aber aus welchem Grund?*

Plötzlich hörte er die Ruder, und der Bug kam wenige Meter von ihm entfernt um die Ecke. Er kam so nah vorbei, daß er den grauen Schnurrbart des Aufsehers erkennen konnte.

Er geriet fast in Panik, lehnte sich soweit zurück in den Schatten, wie er konnte, und überdachte, was zu tun war. Sein Plan war, den Kahn zu verfolgen, wenn dieser sich dem Wassertor näherte, das unter dem Kai durch das Traitor's Gate zur Mauer des Towers führte. Kurz bevor der Kahn das Tor erreichte, wollte er unter ihm tauchen und sich von ihm hineinziehen lassen. Der veränderte Kurs des Kahns brachte ihn gefährlich nah heran, obwohl er noch einige Meter vom Tor entfernt war. Drew hatte nur die Möglichkeit, sofort unter den Kahn zu tauchen, doch die Entfernung war zu groß; er konnte seinen Atem nicht so lange anhalten.

Drews Entschlossenheit war stärker als seine Vernunft. Er atmete tief ein, tauchte und schwamm auf den Kahn zu. Das Wasser war dunkel und schlammig. Er konnte nur wenige Zentimeter weit sehen und nahm an, daß er weit genug getaucht war, konnte den Kahn aber nicht entdecken und schwamm an die Wasseroberfläche.

Platsch! Ein Ruder zerteilte das Wasser neben seinem Kopf. Drew duckte sich, als es neben ihm vorbeizischte. Mit einem kräftigen Stoß schwamm er unter den Kahn und ließ sich zum Wassertor des Towers von London ziehen.

Der Kahn fuhr in das Tor hinein. Drew erkannte es, weil es noch dunkler wurde; er konnte überhaupt nichts mehr sehen, als der Kahn an der Kaimauer vorbeifuhr. Der Kahn hielt an. Drew hatte das Gefühl, daß seine Lungen jeden Moment platzen müßten, wagte aber nicht, aufzutauchen. Der leiseste Laut im Tunnel würde ihn verraten. Er hörte den verschwommenen Befehl des Wachmanns. Es wurde Zeit. Er schwamm zum hinteren Teil des Kahns. Seine Lungen schrien nach Luft. Er fragte sich, was geschehen würde, wenn er an Stelle von Luft Wasser einatmete. Schließlich hörte er das Geräusch, auf das er gewartet hatte. Traitor's Gate öffnete sich knirschend. Er konnte den Sog fühlen, als sich das Tor öffnete. Er tauchte auf und hoffte, daß das Geräusch des sich öffnenden Tors das Plätschern seines Auftauchens überdecken würde. Als er auftauchte, war sein Gesicht nur wenige Zentimeter vom Ruder des Aufsehers entfernt. Er wartete und hoffte, daß ihn der Aufseher nicht bemerkt hatte. Zu seiner Erleichterung fuhr der Kahn weiter.

Der Gefängniskahn fuhr in eine Schleuse innerhalb der Mauern des St. Thomas Towers. Drew war wieder untergetaucht und hörte verschwommen die Befehle. Das Ruder hing im spitzen Winkel im Wasser, und der Kahn bewegte sich zur Seite. Es gab einen Schlag, als er an die unterste Stufe der Treppe stieß. Drew wartete auf die Gelegenheit, auftauchen zu können. Der Kahn bewegte sich mehrmals vor und zurück. Er mußte noch einen Augenblick warten. Der Kahn neigte sich nach vorn. Die Gefangene verließ den Kahn. Jetzt! Drew tauchte auf der gegenüberliegenden Seite auf. „Passen Sie auf, wohin Sie treten, Lady", hörte er den Aufseher sagen. Drew tauchte wieder, bis er die unterste Steinstufe fühlen konnte. Er folgte den Stufen bis zur Ecke und umrundete sie, bis er zu einer Wand kam. Er schwamm an der Wand entlang bis zur Ecke der Schleuse. Er tauchte vorsichtig auf, atmete tief ein und schaute auf die Stufen.

Die Aufseher waren beschäftigt. Einer führte die verschleierte Gefangene die Stufen hinauf. Der andere drückte den Kahn von den Stufen und ruderte ihn aus dem Tower hinaus. Traitor's Gate wurde hinter ihm geschlossen. Drew war es gelungen, in den Tower von London einzudringen.

Einige Minuten versteckte er sich im Schatten der Ecke und lauschte, ob sich etwas bewegte. Schließlich hörte er nur noch, wie die Wellen sanft gegen die Steinstufen schlugen. Er schwamm zu den Stufen, stieg sie empor, zog das Entermesser aus dem Hemd und danach aus der Scheide. Er stand barfuß und naß auf den Stufen. Bisher hatte er nicht daran gedacht, daß ihn die Spuren seiner nassen Kleidung verraten könnten. Er legte das Messer zu Boden, entledigte sich von Hemd und Hose, wrang sie aus und wischte sich das Wasser, so gut es ging, vom zitternden Körper. Nachdem er sich wieder angezogen hatte, schlurfte er die Treppe hinauf, um seine Fußsohlen zu trocknen. Er tropfte nur noch leicht.

Als er ins Freie des St. Thomas Towers gelangte, hielt er eindringlich nach Wachen Ausschau. Eine offene Fläche, Water Lane genannt, trennte den St. Thomas Tower an der Außenmauer von den anderen Gebäuden des Towers. Falls sich jemand auf dem Hall Tower, Bloody Tower oder dem Gang auf der Mauer befand, würde er Drew entdecken. Drew schlich vorsichtig an der Wand entlang zu dem rechteckigen Turm, östlich des St. Thomas Towers, um zu der Stelle zu kommen, wo der Turm in den Hof hineinragte. Gegenüber dem runden Hall Tower war der Hof am schmalsten. Ein Wächter marschierte den Gang auf der Mauer in entgegengesetzter Richtung entlang. Drew rannte mit gezogenem Entermesser über den Hof. Er umrundete den Hall Tower und kroch unter dem Tor des Bloody Towers hindurch.

Christopher Matthews war im Bloody Tower eingesperrt. „Im gleichen Raum wie Sir Walter Raleigh", hatte der Bischof gesagt, als ob es eine Ehre wäre. Drew hatte die Absicht, den gegenwärtigen Bewohner nicht dem gleichen Schicksal auszuliefern. König James hatte Sir Walter Raleigh enthaupten lassen.

Eine enge Wendeltreppe führte nach oben. Sie sah aus, als ob sie aus Stein gehauen war und konnte nur von einer Person betreten werden. Drew ging schnell die Wendeltreppe hinauf und hielt das Entermesser bereit.

Am Ende der Treppe öffnete sich ein Flur mit mehreren schweren Holztüren. *Befindet sich der Kurat hinter einer dieser Türen? Wie kann ich es herausfinden?* Es schien ihm kein guter Gedanke zu sein, an die Türen zu klopfen. Hinter einer Tür mußten die Wächter mit den Schlüsseln sitzen. Deshalb hatte er sein Entermesser mitgebracht.

Als er den Flur hinuntergehen wollte, hörte er hinter sich Schritte, aber nicht nur Schritte, sondern auch das Klirren von Schlüsseln. Drew rannte zum Treppenabsatz. Da erschien ein kräftiger Wärter mit schwarzem Vollbart und ging langsam den Flur hinunter. Er hielt den Kopf gebeugt, sortierte seine Schlüssel und schien den richtigen gefunden zu haben. Als er aufschaute, schlug ihm Drew den Knauf seines Entermessers ins Gesicht. Die Wucht des Schlages schleuderte den Mann mit dem Kopf gegen die Wand. Er fiel mit stark blutender Wunde auf der Stirn zu Boden und rührte sich nicht mehr.

Drew ergriff die Schlüssel, hatte aber keine Ahnung, welche Tür er aufschließen sollte. Er rannte zur ersten Tür und versuchte mehrere Schlüssel, bevor er den passenden fand. Eine Frau stand mit weit aufgerissenen Augen vor ihm und hielt sich ein Laken vor. War es die Frau aus dem Gefängniskahn? Drew wußte es nicht.

„Tut mir leid, wenn ich Sie störte, Ma'am", sagte Drew mit verlegenem Grinsen.

Er versuchte, die nächste Tür zu öffnen. Der letzte Schlüssel öffnete die Tür. Der Raum war dunkel. Er rief mehrmals den Namen des Kuraten, erhielt aber keine Antwort.

Es muß einen besseren und schnelleren Weg geben, sagte Drew zu sich selbst. Er schaute den Flur entlang und betrachtete den unbeweglich daliegenden Wächter. Drew ging zur nächsten Tür.

Als er die Tür aufgeschlossen hatte, sah er den Kuraten auf einem hochlehnigen Stuhl am Tisch sitzen. Vor ihm lag eine geöffnete Bibel. Drew trat in den Raum und schloß die Tür hinter sich.

„Drew!" rief der Kurat und sprang auf. Er starrte den nassen Drew Morgan an, der mit Entermesser und Schlüsseln in der Hand in seinen Raum stürzte. „O nein."

„Schnell!" rief Drew und winkte dem Kuraten, ihm zu folgen.

Matthews setzte sich. „Drew, was hast du vor?"

„Sie zu retten! Folgen Sie mir, wir müssen uns beeilen!"

Der Kurat bewegte sich nicht. Er schaute in die knisternden Flammen der Feuerstelle neben seinem Tisch. „Nein, ich komme nicht mit."

Drew verschlug es die Sprache.

„Drew, geh schnell wieder zurück. Rette dich!"

„Sie wollen Sie töten!"

Der Kurat gab keine Antwort und schwieg.

„Ich kann Sie retten, wenn Sie mir folgen!"

Drew konnte den Kuraten in diesem Moment nicht verstehen. Erst als er viel älter war und über die Begegnung nachdachte, verstand er, daß dieser eine Satz die Entscheidung des Kuraten herbeiführte. Matthews war zu weise, um einem jungen eigensinnigen Mann seine Rettung anzuvertrauen.

„Drew, hast du mich an Bischof Laud verraten und mich ihm ausgeliefert?"

Die Worte verletzten Drew wie ein Schlag. Er wußte, daß der Kurat ihm einmal diese Frage stellen würde, aber in diesem Augenblick versuchte er, ihn zu retten, und die Frage brachte ihn aus dem Gleichgewicht.

„Wir haben im Moment keine Zeit für Diskussionen", rief er. „Lassen Sie uns gehen!"

Christopher Matthews stand auf und ging auf Drew zu, aber nicht in den schnellen Schritten eines Mannes, der vorhat, aus dem berüchtigsten Gefängnis Englands, dem Tower, auszubrechen, sondern in langsamen Schritten. Er legte seine beiden Hände auf Drews Schultern. „Das ist alles, wofür wir noch Zeit haben. Du hast mich nicht an Bischof Laud verraten, oder?"

Er konnte die Antwort nicht länger hinauszögern. „Es war meine Mission. Ich schlich mich in Ihr Arbeitszimmer und verglich Ihre Handschrift mit der auf Justins Manuskript. Ich wußte es natürlich auch nach dem Treffen in Master Coopers Laden. Aber ich brachte es nicht fertig. Ich teilte dem Bischof mit, daß Sie nicht Justin sind."

Die Augen des Kuraten füllten sich mit Tränen. „Bei dem Prozeß in der Star Chamber war ich völlig niedergeschlagen, als du als der Hauptzeuge der Anklage aufgerufen wurdest. Als der Mann dich niederschlug, wußte ich aber Bescheid. Ich mußte dich trotzdem fragen, um es genau zu wissen."

Der Kurat wandte sich von Drew ab. „Du hattest recht, als du dem Bischof mitteiltest, daß ich nicht Justin bin."

„*Nicht* Justin? Sie sind *nicht* Justin?"

Matthews schaute Drew an und schüttelte seinen Kopf. „Ich bin nicht Justin."

„Dann wer ... warum?"

In diesem Augenblick schien es, als ob ein Licht Christopher Matthews' Gesicht erstrahlen ließ. Er hob sein Gesicht himmelwärts und sagte: „Natürlich! Ich danke dir, Herr!" Er ergriff eine Schulter des erstarrten Drew, zog ihn auf einen Stuhl und setzte sich seinem Befreier gegenüber. „Hör mir genau zu, wir mögen nicht mehr viel Zeit haben, aber alles ergibt nun einen Sinn." Er hob erneut sein Gesicht empor und sagte mit leiser Stimme: „Danke, Herr." Ein anhaltender Tränenstrom lief dem Kuraten jetzt über das Gesicht als er fortfuhr: „Drew, ich sage dir jetzt etwas, das nur drei Menschen wissen. Die vierte Person wirst du sein. Nell ist Justin."

„Aber Ihre Handschrift ... ich verglich Ihre Handschrift", widersprach Drew.

„Ja, es war meine Handschrift. Es war eine Vorsichtsmaßnahme, falls etwas geschieht. Um sie zu schützen, schrieb ich Nells Manuskripte ab, bevor sie weitergeleitet wurden. Nur Nell, Jenny, ich, und jetzt natürlich auch du, wissen davon."

„Nicht einmal David Cooper?"

„David glaubt, daß ich Justin bin."

Drew begann zu verstehen. Christopher Matthews wollte sein Leben für seine Tochter opfern.

„Aber Sie können noch entkommen!" rief Drew aufgebracht. „Sie können in einen anderen Ort gehen und eine neue Identität annehmen. Nell und Jenny können später zu Ihnen ziehen. Das Geheimnis könnte gewahrt bleiben."

Der Kurat lächelte ihn an. Es war ein eigenartiges Lächeln und paßte eigentlich nicht in diese Situation. Es war ein ruhiges, sogar zufriedenes Lächeln. Die Art, wie ein stolzer Vater seinen Sohn anlächelt, wenn keine andere Person zusieht. Das Lächeln regte Drew auf. Er riskierte sein Leben, um Matthews zu retten, und Matthews benahm sich wie ein Mann, der nach dem Essen eine Unterhaltung im Wohnzimmer führt.

„Ich weiß nun, warum dich Gott nach Edenford schickte", sagte Matthews.

„Laud schickte mich, nicht Gott!" rief Drew.

„Gott schickte dich", beharrte der Kurat in ruhigem, aber bestimmtem Tonfall. „Ich bin mir jetzt sicherer, als je zuvor. Aber du hast recht, du bist in Gefahr und mußt gehen, bevor sie dich gefangennehmen."

„Ich nehme Sie mit!"

„Ich komme nicht mit. Ich bin sicher, daß es der Wille Gottes für mein Leben ist. Jetzt, Drew Morgan, ist die Zeit gekommen, daß du Gottes Willen für dein Leben erkennst; nicht deine Wünsche oder Hoffnungen, nicht die selbstsüchtigen Dinge, von denen du dein ganzes Leben geträumt hast, nur Gottes Willen, Gottes Plan für dein Leben."

Matthews zog Drew vom Stuhl und drängte ihn zur Tür.

„Sie werden Sie töten!" rief Drew.

„Ich weiß, daß sie das tun werden. ‚Du sollst aber nicht die fürchten, die deinen Leib töten, aber deine Seele nicht töten können, sondern fürchte dich vor denen, die in der Hölle deinen Leib und deine Seele töten.'"

„Steht das in der Bibel?"

„Du mußt selbst nachlesen. Drew, hör mir jetzt genau zu, du bist der Schlüssel zu allem. Gott wußte, daß das geschehen würde. Er hat dich aus diesem Grund nach Edenford geschickt. Du mußt Nell und Jenny beschützen, wenn ich tot bin. Meine Sorge galt immer nur ihnen, und wer auf sie achtet, wenn ich tot bin. Nun weiß ich es! Du bist es! Ich lege sie in deine Hände."

„Wie kann ich sie beschützen? Die Leute werden mich umbringen, wenn ich nach Edenford zurückkehre!"

„Verstehst du nicht, Drew? Es paßt alles zusammen! Edenford muß in die Wüste fliehen. Sie sind in England nicht mehr sicher. Sie können nach der in der Star Chamber gegen mich ausgesprochenen Strafe nicht in England überleben. Sie können nicht in einem Land leben, das den Glauben an Gott durch äußerliche Konformität ersetzt. Edenford muß in die Wüste fliehen und dort eine neue Gemeinde aufbauen, einen Ort, an dem sie Gott in Freiheit anbeten können. Mein Tod ist das Beste, was Edenford geschehen konnte. Es zwingt die Bewohner, zu fliehen, und du wirst mit ihnen gehen. Drew, ich vertraue dir das Leben und die Zukunft meiner Töchter an. Paß gut auf sie auf! Richte ihnen aus, daß ihr Vater sie liebt."

Auf der anderen Seite der Tür waren Geräusche zu vernehmen.

„Du mußt nun gehen!" flüsterte der Kurat. Es war das erste Mal, daß Drew in seiner Stimme ein wenig Panik hörte.

Widerwillig ergriff Drew den Türknauf. Er mußte gehen. Wie sollte er jemand retten, der sich weigerte, gerettet zu werden?

Christopher Matthews legte eine Hand auf Drews Schulter. „Gott sei mit dir, mein Sohn."

Drew öffnete die Tür einen Spalt und schaute hinaus. Er konnte den Teil des Flurs einsehen, der zur Treppe führte. Der ohnmächtige Wärter war nicht mehr da. *In Ordnung,* sagte sich Drew, *die Wärter wissen, daß etwas nicht stimmt, wissen aber nicht, wo ich bin ... ich könnte in jedem Teil des Towers sein. Doch kann ich die andere Hälfte des Flurs nicht erkennen. Es gibt nur einen Weg, das Richtige herauszufinden.*

Er riß die Tür weit auf und sprang mit gezogenem Entermesser in den Flur. Er war leer! Er schlich auf Zehenspitzen zur Treppe und fühlte etwas Nasses ... Blut. Es war das Blut des Wärters. Er streckte sich vor und versuchte, die Wendeltreppe hinunterzusehen. Er konnte keine Bewegungen oder Geräusche vernehmen. Er hätte sich wohler gefühlt, wenn er irgendwelche Laute gehört hätte.

Mit dem Rücken zur Wand schlich er die Treppe hinunter.

KLING! Die Spitze einer Hellebarde schlug wenige Zentimeter neben Drews Kopf gegen die Wand. „Halt!" schrie der Wärter.

Drew sprang rückwärts die Treppe hinauf und schützte sich mit seinem Schwert. Die Treppe war zu eng, um damit anzugreifen. Auf dem obersten Treppenabsatz stolperte er und schlug zu Boden. Er war auf dem Blut des Wärters ausgerutscht.

KLING! Die Hellebarde traf erneut die Wand. Er wurde nur durch die Wendeltreppe geschützt; die Hellebarde konnte nicht um die Ecken schlagen. Drew kam blitzschnell ein Gedanke. Anstatt aufzustehen, rutschte er die ersten Stufen so schnell er konnte hinunter. Der Wärter sah ihn kommen und hob die Hellebarde. Bevor er zuschlagen konnte, stieß Drew ihn mit dem Bein in den Bauch, und der Wärter flog die Treppe hinunter.

Drew rannte die Treppe hinauf und sprang über die Blutlache. Zwei weitere Aufseher warteten im Flur auf ihn. Sie hatten ihre Hellebarden im Anschlag. Drew drehte sich um und wollte die Treppe hinunterlaufen, aber der andere Wärter hatte sich von seinem Sturz erholt, kam die Treppe hinauf und hielt seine Hellebarde im Anschlag. Drew sprang zur gegenüberliegenden Seite der Treppe, um der Hellebarde auszuweichen. Mit einem einzigen Schwerthieb schlug er dem Wärter die Hellebarde aus der Hand, ein weiterer Hieb richtete sich gegen seinen Angreifer. Er schlug daneben. Sein Schwert – das Entermesser, das ihm sein Großvater gegeben hatte, das Entermesser, das den Seemann vor unzähligen Spaniern gerettet hatte – schlug gegen die Steinwand und zerbrach. Drew stand hilflos mit dem Griff eines zerbrochenen Entermessers in der Hand auf der Treppe, als die Hellebarden der drei Wärter auf ihn gerichtet wurden.

Bischof Laud war wütend. Als die Wärter herausbekamen, daß Drew im London House wohnte, benachrichtigten sie Bischof Laud. Eine Stunde später saß Drew mit rotem Gesicht in der Bibliothek des Bischofs. Der wütende Bischof brüllte ihn an.

„Ich habe dir alles gegeben!" schrie er. „Was hattest du, als du zu mir kamst?"

„Nichts."

„Nichts!" wiederholte der Bischof. „Ich gab dir ein Heim. Ich ernährte dich. Ich kleidete dich." In leiser, aber eindringlicher Stimme fügte er hinzu: „Ich gab dir meine Liebe. Was hat dich verhext? Was brachte dich dazu, mir so etwas anzutun?"

Drew antwortete nicht.

„Antworte mir!"

Drew antwortete immer noch nicht.

Der Bischof wurde noch wütender. „Ich habe dich gemacht, und ich kann dich zerstören!" schrie er. „Was hast du dir gedacht? Was brachte dich dazu, dich so sehr um einen Ketzer zu kümmern, daß du in den Tower von London einbrichst und einen Wärter verletzt?"

„Er ist nicht tot?"

„Wer?"

„Der Wärter."

„Nein. Er hat nur eine Wunde an der Stirn."
„Gott sei Dank."
Die Worte standen zwischen ihnen. Sie beunruhigten den Bischof genauso wie Drew. Es war das erste Mal, daß sie beide hörten, daß Drew Gott für etwas dankte.
„Was hat der Kurat mit dir gemacht?"

Bischof Laud schickte Drew nicht in den Tower zurück. Er schickte ihn auch nicht sofort davon. Drews Strafe war, daß er der Hinrichtung von Christopher Matthews beiwohnen mußte. Danach konnte er gehen, wohin er wollte. Der Bischof stellte ihn vor die Wahl: Er konnte innerhalb von drei Tagen reumütig ins London House zurückkehren oder ein Feind der Krone und des Landes werden. Falls Drew nicht innerhalb von drei Tagen zu ihm zurückkäme, würde Bischof Laud ihn suchen lassen und wegen des Befreiungsversuchs von Christopher Matthews anklagen. Es war ziemlich einfach: Drew konnte als Flüchtling leben oder nach Hause zurückkehren. Der Bischof erklärte aber klar und deutlich, daß er, wenn er in der Umgebung von Edenford aufgegriffen würde, das gleiche Schicksal wie Christopher Matthews zu erleiden hatte.

Der Himmel war schwarz und sein Gefährte, ein steifer Nordwind, ließ jeden vor Kälte zittern. Trotzdem waren am Tag von Christopher Matthews' Hinrichtung viele Schaulustige gekommen.

Der Tower Hill war überfüllt, und Drew schien es, als wären alle Einwohner Englands erschienen. Die Leute standen dichtgedrängt auf den Plattformen, die für dieses Ereignis angefertigt worden waren. Für Engländer waren Hinrichtungen eine kostenlose Unterhaltung. Es war nicht so interessant wie die Bären- oder Stierhatz, aber dafür hatte man auch keinen Eintritt zu zahlen.

Drew wurde von zwei mächtigen Fleischbergen zum Schafott gebracht. Er hatte noch immer nicht den Gedanken aufgegeben, den Kuraten zu retten. In der Nacht vor der Hinrichtung gingen ihm mehrere Pläne durch den Kopf. Da es viele Zuschauer gab, brauchte er Unterstützung. Er hoffte, daß David Cooper einen Befreiungsversuch unternähme. Drew würde ihn dabei unterstützen. Eine andere Idee hatte zum Inhalt, sich seiner Wächter zu entledigen, auf das Schafott zu springen, den Scharfrichter zu überwältigen, dessen Axt zu ergreifen, um damit den Sheriff und seine Wächter niederzuschlagen, Matthews zu befreien, und zu flüchten. Die Flucht würde schwierig sein. Er besaß kein Pferd, und es war schwer, in der Menschenmenge zu entkommen. Er mußte sich einfach auf seinen Verstand verlassen, wenn es soweit war.

Er suchte die Zuschauer nach bekannten Gesichtern ab, konnte aber keines entdecken. Er sah nur Fremde, die gespannt auf die Hinrichtung warteten. Sie konnten es nicht abwarten, bis der Scharfrichter den abgeschlagenen Kopf des Gefangenen hochhielt.

Die Menge jubelte, als der Gefangene zum Schafott gebracht wurde. In einer stillen Prozession erschienen der Scharfrichter, der Vollstrecker mit seiner Axt und der gefesselte Gefangene, von einem Geistlichen und dem Sheriff begleitet. Bischof William Laud hatte die Rolle des Geistlichen selbst übernommen. Als die Prozession in Sicht kam, ergriffen zwei kräftige Hände Drews Arme. Die beiden Menschenberge hatten offensichtlich von Bischof Laud den Auftrag erhalten, dafür zu sorgen, daß Drew die Hinrichtung mit ansah. Er versuchte sich loszureißen, konnte sich aber nicht bewegen. Er konnte seine Wärter nicht einmal aus dem Gleichgewicht bringen.

Der Scharfrichter und der Vollstrecker hatten das Schafott betreten. Als sie zur Seite traten, konnte man Christopher Matthews erkennen, rechts hinter ihm den Sheriff. Drew schloß seine Augen, schüttelte sich und versuchte, seine Tränen und seine Wut zu bekämpfen. Seit dem Abend des mißlungenen Rettungsversuchs hatte man die in der Star Chamber verhängte Strafe vollstreckt. An der Stelle seines linken Ohrs war nur noch ein blutiger Stumpf zu sehen. Seine Nase war aufgeschlitzt und in die Wangen hatte man die Buchstaben S und L gebrannt: „Aufrührerischer Landesverräter".

Bischof Laud war die letzte Person, die das Schafott betrat. Jeder stellte sich auf seinen vorgeschriebenen Platz, und die Zuschauer wurden still. Es war Zeit, daß die Festivitäten begannen.

Der Sheriff verlas die Anklage und das Urteil. Dem Gefangenen wurde dann gestattet, die letzten Worte seines Lebens zu sprechen. In manchen Fällen hatten Pfarrer, die vor Matthews auf dem Schafott standen, die Gelegenheit wahrgenommen, um eine lange Predigt zu halten und somit ihr Leben um einige Stunden verlängert. Der Kurat von Edenford hatte sich entschieden, ihrem Beispiel nicht zu folgen.

Als Matthews auf dem Schafott nach vorn trat, hatte er offensichtlich Schmerzen. Er begann zu sprechen, stöhnte dann aber auf. Die verbrannten Wangen und die aufgeschlitzte Nase verursachten ein qualvolles Feuer.

Drew trat seinen rechten Wächter vor das Schienbein und warf sich gleichzeitig gegen den linken. Seine Bemühungen waren vergeblich. Der Griff an seinem rechten Arm verstärkte sich, und er wurde in die Luft gehoben. Seine Wächter starrten ihn an, sagten aber keinen Ton. Sie stellten ihn wieder auf den Boden und hielten ihn fest.

Matthews streckte sich, erhob sein Haupt und sprach mit lauter Stimme: „Gott ist mein Zeuge", seine Stimme besaß einen atemlosen, nasalen Tonfall, der durch die aufgeschlitzte Nase hervorgerufen wurde, „ich habe in meinem ganzen Leben nach den Geboten der Heiligen Schrift gelebt. Ich stehe heute hier, weil ich es vorzog, Gott statt den Menschen zu gehorchen."

Der Bischof antwortete auf den verbalen Angriff und sagte laut genug, um es jeden hören zu lassen: „Die Stimme der heiligen Kirche von England ist die Stimme Gottes!"

Matthews beachtete ihn nicht. „Der Thron von England und seine Kirche verurteilen mich, aber ich werde in wenigen Minuten vor dem Thron Gottes stehen. Und ich bin sicher: Vor seinem Thron bin ich ohne Fehler. Ich danke Gott durch Jesus Christus, meinen Herrn."

Ein Raunen ging durch die Menge. Dann gab es plötzlich eine Unruhe auf der Plattform. Rufe ertönten. *Der Befreiungsversuch!* dachte Drew.

Er sah seine beiden Wächter an, dann die Plattform und suchte den schnellsten Weg, um auf das Schafott zu gelangen. Die Störung legte sich schnell wieder, als zwei Männer abgeführt wurden. Es war kein Befreiungsversuch, sondern lediglich ein normaler Straßenkampf.

Der Sheriff flüsterte etwas in Matthews Ohr. Der Kurat fuhr fort: „Mit großem Bedauern muß ich feststellen, daß die Mächtigen in England gottesfürchtigen Männern nicht mehr gestatten, ihre Meinung zu äußern. Diesen Händlern von Haß, die eine Form göttlichen Wesens haben, aber seine Kraft verleugnen, prophezeie ich, daß sie kurzfristige Siege erringen können, aber am Ende die Verlierer sein werden. Ein großer Exodus beginnt. Für die Gottesfürchtigen und Treuen wird Gott ein Land der Verheißung bereiten. Und wie bei dem Israel vergangener Zeiten wird sich eine gottesfürchtige Nation aus einer Wüste erheben."

In diesem Augenblick erblickte der Kurat Drew. In Matthews' Gesicht konnte man Mitgefühl und Erbarmen erkennen; sein Gesicht war naß vor Tränen. Seine letzten Worte waren direkt an Drew gerichtet. „Diese neue Nation wird sich nicht auf die Weisheit von Menschen gründen oder auf ihre Kraft; die Größe dieser Nation wird darin bestehen, daß ihre Grundlage das Wort Gottes ist. ‚Nicht durch Heer oder Kraft, sondern durch meinen Geist, spricht der Herr der Heerscharen!'"

Christopher Matthews wurde zum Block geführt.

Drew versuchte erneut, sich von seinen Wächtern loszureißen.

Matthews lehnte die ihm angebotene Augenbinde ab und legte seinen Kopf auf den Block.

Bischof Laud trat zu dem Verurteilten und fragte: „Meinst du nicht, daß du im Angesicht des Herrn nicht lügen solltest? Dein Kopf liegt auf dem Block gen Osten, und du siehst in die Richtung, von der aus der Herr erscheinen wird."

„Wenn das Herz rein ist", antwortete Matthews, „spielt es keine Rolle, in welche Richtung man schaut."

Drew Morgan trat und schrie und versuchte sich mit aller Gewalt loszureißen. Es gelang ihm nicht.

Der Vollstrecker erhob seine Axt.

„Nein!" schrie Drew.

KNACK!

Die Zuschauer jauchzten vor Begeisterung.

Der erste Axthieb hatte den Kopf des Kuraten nicht voll abgetrennt, und der Vollstrecker erhob erneut die Axt.

KNACK!

Die Zuschauer jubelten.

Der Scharfrichter wies darauf hin, daß der Kopf immer noch von etwas Haut am Körper festgehalten wurde.

KNACK!

Der Scharfrichter sprang auf seine Füße und hielt den Kopf von Christopher Matthews empor, damit ihn jeder sehen konnte. Die Zuschauer waren begeistert.

Drew hing in den Armen seiner Wächter.

Bischof Laud trat langsam zum Körper des toten Kuraten und sprach ein Gebet. Als er an den Rand des Schafotts trat, sah er Drew an.

„Drei Tage", sagte er. Und zu den Wärtern: „Gebt ihm seine Sachen, und laßt ihn gehen."

Kapitel 20

Er rannte. Er rannte so schnell er konnte durch die sadistische Menschenmenge. Die Wut hatte ihn blind gemacht und es war ihm egal, wohin er lief, solange er sich nur schnell vom Schafott entfernte.

Er rannte durch die Stadt und sah die Obdachlosen auf den Stufen von St. Pauls Cathedral. Er rannte die Fleet Street hinunter, vorbei an dem Graben, nach dem das Gefängnis benannt war. Er rannte The Strand hinunter und achtete nicht auf die Leute, die ihren täglichen Geschäften nachgingen. *Ein guter Mann ... ein gottesfürchtiger Mann ... starb heute!* Interessierte das denn überhaupt niemand? Er rannte an Charing Cross vorbei, fort von Whitehall, dem König und dem Bischof. Er rannte über die Knight's Bridge. Er rannte, bis seine Lungen zu platzen schienen und er nichts mehr durch seine Tränen sehen konnte. Und als er nicht mehr laufen konnte, fiel er in einen Graben, vergrub sein Gesicht in der Erde und weinte.

Er blieb dort mehrere Stunden liegen. Pferde und Reiter kamen an ihm vorbei. Kutschen fuhren vorüber. Reisende zu Fuß passierten ihn und unterhielten sich über die langen Arbeitsstunden, die unangenehmen Vorgesetzten und die geizigen Arbeitgeber. Alle gingen oder fuhren an ihm vorbei. Keiner fragte ihn, ob er sich verletzt hatte.

Es wurde Nacht, bevor er sich erhob. Ein dunkler Tag hatte sich in eine dunkle Nacht verwandelt. Der Wind war zu einem Sturm geworden, und die Regentropfen trafen ihn wie Steine. Drews Kopf schmerzte so stark, daß er fast wieder hinschlug. Er stolperte auf die Straße. Seine Beine waren taub und sein Gesicht ausdruckslos. Die Arme hingen ihm schlaff an der Seite. Er merkte kaum, daß ihn seine müden Beine über die Knight's Bridge zurück nach London hineintrugen.

Ziellos lief er durch die Straßen. Die Kutscher brüllten ihn an, um ihn von der Straße zu scheuchen. Er stolperte und fiel in einen Abwasserkanal in der Straßenmitte. Prostituierte riefen aus den Fenstern nach ihm. Er beachtete sie alle nicht. Wußten sie es denn nicht? Konnten sie nicht erkennen, daß er tot war?

Nach einer Weile stellte er fest, daß er sich gegenüber dem London House befand. In der Bibliothek des Bischofs brannte Licht, und zwei weitere Fenster waren im ersten Stock erleuchtet. Eine riesige Silhouette ging am oberen Fenster vorbei. Sie war so groß, daß es nur der Koch sein konnte. Drew zeichnete in Gedanken den Grundriß des Hauses auf. Sein Zimmer, das Schlafzimmer des Bischofs, in dem sie oft lange wachgelegen und sich über die Ritter und die Kreuzzüge unterhalten hatten, die Bibliothek, in der er unzählige Stunden mit Lesen verbracht hatte und in der seine Gedanken weit umherschweiften. Der Bischof saß wahrscheinlich an seinem Schreibtisch in der Bibliothek und schrieb einen Brief, aber diesmal unverschlüsselt. Nur der Bischof und Drew kannten den Code.

Ohne eine Miene zu verziehen, ließ Drew das London House hinter sich.

Als er die Mile End Road hinunterstolperte, fing es stärker an zu regnen. Der Wind trieb den Regen so stark, daß die Tropfen fast waagerecht herunterkamen. Drew schützte sein Gesicht vor den schmerzenden Tropfen und floh in eine ihm bekannt vorkommende Taverne.

„Schließ die Tür!" rief jemand, als er eintrat.

Er lehnte sich gegen die Innenseite der Tür, bis er hörte, daß der Riegel zugefallen war. Dann ging er zu einem leeren Tisch und ließ sich auf einen Stuhl fallen.

„Bier?" knurrte der Gastwirt. Der Mann hatte hellrote Haare und eine breite Nase.

Drew starrte ihn verständnislos an.

„Bist du taub?" rief der Gastwirt.

Drew antwortete nicht.

Der Gastwirt war kein Mann, der eine Gelegenheit auslassen würde, seine Stammgäste zu amüsieren, stellte seine nächste Frage noch lauter und machte eine Pause nach jedem Wort. „Möchtest ... du ... ein ... Bier?" fragte er und sonnte sich im Lachen der Gäste.

Drew griff irgendwie in seine Jackentasche und murmelte: „Ich weiß nicht, ob ich Geld bei mir habe."

Der Gastwirt fluchte. „Wirf ihn raus!" rief er einem kräftigen Mann in der Ecke zu. Der Muskelprotz grunzte sein Einverständnis, stand auf und kam auf Drew zu.

„Warte!" rief ein Mann mit Schnurrbart und einem Krug in der Hand. Er ging zu Drew und fragte: „Bist du nicht Drew Morgan?"

Drew starrte ihn an, wußte aber nicht, wer der andere war. Er konnte sich nicht daran erinnern, wo er diesen Schnurrbart schon einmal gesehen hatte.

„Bestimmt, er ist es!" rief er den anderen Gästen zu. „Das ist Drew Morgan!"

„Bist du sicher?" fragte ihn der Gastwirt.

„Ganz sicher!" antwortete der Schnurrbärtige. „Ich lieferte Fleisch an den Palast, als ich ihn während des königlichen Empfangs sah. Ich war in der Küche, als alle begannen, zu klatschen, zu rufen, und ihm zu gratulieren. Ich steckte meinen Kopf nach draußen, um zu sehen, was los war. Er ist es!" Der schnurrbärtige Mann klopfte Drew gegen die Brust und nickte mehrfach mit dem Kopf. „Er ist es! Es ist Drew Morgan, der Spion!"

„Sieht mir mehr wie ein Trunkenbold aus."

„Es ist der Spion. Ich sage euch, er ist es! Stimmt es nicht, Junge?" Das Gesicht des Schnurrbarts war nur noch wenige Zentimeter von Drews Gesicht entfernt.

Drew nickte.

Fast ein Dutzend Stühle scharrten, als die Gäste aufstanden, um Drew anzusehen.

„Gebt dem Mann ein Bier!" rief der Gastwirt und sagte zu Drew: „Es ist auf Kosten des Hauses, Master Morgan. Wir haben nicht jeden Tag einen Helden hier. Trinken Sie soviel Bier, wie Sie wollen."

„Ich bewundere dich wirklich, Junge", erklärte der Schnurrbärtige. „Wie ist es, wenn man ein Spion ist? Ist es spannend? Gab es Augenblicke, in denen du dachtest, daß du erwischt wirst?"

Ein Bier wurde vor Drew auf den Tisch gestellt. Er nahm einen kleinen Schluck und nickte dem Schnurrbärtigen zu.

Alle waren begeistert.

„Welche Ausbildung hast du erhalten, um verdeckt zu arbeiten?"

„Verdeckt?" rief eine Frau mit halboffener Bluse und trat in den Kreis der Zuhörer. „Falls ihr über verdeckte Arbeit unter der Decke sprecht, bin ich ein Spezialist", rief sie.

Rufe und Lachen bestätigten ihre Behauptung.

Die Frau bahnte sich ihren Weg und setzte sich auf Drews Schoß.

„Rosemary ist die Beste in diesem Teil Londons", meinte der grinsende Gastwirt und kniff ein Auge zu.

Drew sah der Frau auf seinem Schoß ins Gesicht.

„Augenblick! Einen Augenblick! Ich kenne dich! Du kamst vor einiger Zeit mit Eliot Venner hierher, richtig?" Sie schaute die um den Tisch stehenden Männer an. „Der Venner ist ein wirklich eigenartiger Charakter, wirklich eigenartig!" Sie machte vulgäre, küssende Geräusche.

Drew wußte nicht, was sie meinte, aber ihre Äußerung über Eliot führte zu lautem Lachen.

„Und für dich", Rosemary schenkte Drew wieder ihre Aufmerksamkeit, „und für dich war ich das Geburtstagsgeschenk, stimmt's?"

Drew wurde rot. „So etwas Ähnliches", gab er zur Antwort.

„Stimmt! Ich erinnere mich, du warst noch Jungfrau!" Sie riß Augen und Mund auf und rief: „Jungs, was meint ihr? Ein jungfräulicher Held ging mit mir ins Bett!"

„Laß ihn in Ruhe, Rosemary!" rief der rothaarige Gastwirt. „Du machst ihn verlegen. Kannst du nicht sehen, daß er einen schlimmen Tag hatte?"

„Ich verstehe nicht, warum", antwortete der Schnurrbart. „Er sollte eigentlich einen guten Tag gehabt haben. Der Mann, den er bespitzelte, wurde heute enthauptet!"

„Das stimmt!" rief der Gastwirt.

„Junger Mann, sind Sie nicht zum Tower Hill gegangen?" fragte der Schnurrbart. „Die ganze Stadt muß dagewesen sein."

„Es war die beste Hinrichtung, die ich je sah", stellte ein Mann fest.

„Du erzählst Unsinn", rief ein anderer dazwischen, „der Scharfrichter mußte dreimal zuschlagen, um den Kopf abzutrennen. Es war eine schlechte Arbeit."

„Vielleicht war die Klinge stumpf", warf der Schnurrbart ein.

„Das war es, was mir gefiel!" rief der erste Mann und schlug mit seiner Handkante auf den Tisch. „Drei Axthiebe. Knack! Knack! Knack! Ein sauberer Axthieb macht keinen Spaß, alles ist dann so schnell vorbei!"

„Ich mag es, wenn adelige Köpfe rollen", rief Rosemary.

„Ich mag einen Hieb. Ich mag Präzision. Eine scharfe Klinge. Ein Schlag. Knack!"

„Du bist verrückt! Je mehr Hiebe, desto größer der Spaß. Knack! Knack! Knack!"

Drew schob seinen Stuhl vom Tisch. Rosemary fiel mit einem dumpfen Knall zu Boden. Drew öffnete die Tür und lief in den Sturm hinaus. Wind und Regen schlugen ihm ins Gesicht. Er stapfte die Straße entlang zur Stadtmitte.

Nachdem er eine halbe Meile gegangen war, glaubte er auf der linken Seite einen Mann gesehen zu haben, der sich hinter einem Baum versteckte. Drew ging langsamer und überquerte die Straße. Plötzlich hörte er hinter sich platschende Laufgeräusche. Als er sich umdrehte, bekam er eine Faust ins Gesicht und fiel auf die Knie. Hinter sich konnte er weitere Schritte vernehmen. Jemand ergriff seine Haare und riß seinen Kopf zurück. Durch die tränenden Augen konnte er den vor ihm stehenden Mann erkennen. Er hatte sein Gesicht in der Taverne gesehen. Ein weiterer Faustschlag traf sein Gesicht. Bumm! Und noch einer. Bumm! Der Mann, der seine Haare festhielt, ließ los, und Drew fiel in den Schlamm.

Beinah ohnmächtig konnte er spüren, daß er umgedreht wurde. Jemand durchwühlte seine Taschen und klopfte sein Hemd ab.

„Er sagte, daß er kein Geld bei sich hätte", schimpfte eine Stimme.

„Woher sollte ich das wissen?" antwortete eine andere krächzend. „Er ist ein Held, und Helden sind reich!"

Da er nichts Brauchbares gefunden hatte, trat ihm der mit der krächzenden Stimme in die Rippen.

„Laß ihn in Ruhe", forderte sein Partner.

„Er verdient es", rief die krächzende Stimme, „Helden müssen reich sein."

Drew lag stöhnend im Schlamm. Der Regen prasselte auf ihn nieder. Innerhalb weniger Minuten füllte sich eine kleine Kuhle neben seinem Gesicht, und das überlaufende Wasser lief ihm in Mund und Nase. Spuckend und hustend rollte er sich auf den Rücken, rieb sich den Nacken, richtete sich auf und rutschte mehrmals auf dem glatten Weg aus.

Drew ging zuerst nach Aldgate und dann in Richtung Themse. Er kam zum Tower Hill und stand vor dem Schafott, am selben Platz, von dem aus er den Kuraten von Edenford hatte sterben sehen.

Unter dem Schafott sah er sein Bündel liegen. Lauds Wächter mußten es dort hingelegt haben, als er davonlief. Ihm fiel sofort auf, daß etwas fehlte. Das zerbrochene Entermesser. Immer, wenn er auf seinen Reisen Rast machte, lehnte er das Entermesser gegen sein Bündel, aber nun war es fort. Es hatte seinem Großvater gut gedient, ihn aber enttäuscht. Genauso wie er Christopher Matthews enttäuscht hatte.

Er kniete nieder und untersuchte sein Bündel. Zwischen der Kleidung fand er einen Geldsack. Der Bischof mußte ihn in sein Bündel gelegt haben. Er zählte das Geld. Es war eine große Summe. „Helden müssen reich sein", lachte er bitter. Auf dem Boden des Bündels fand er seine Bibel ... die Bibel, die ihm der Bischof gegeben hatte ... die Bibel, die von den Puritanern gehaßt wurde ... die Bibel, aus der er Nell und Jenny beim Klöppeln der Spitze vorgelesen hatte, als sie am Fenster saßen und auf die High Street schauten.

Er weinte.

Der erschöpfte Drew Morgan kletterte die Stufen zum Schafott hinauf und ging zum Block. Der harte Regen fiel auf sein Gesicht und seine Hände. Der kalte Wind, der durch die Kleidung pfiff und sein Herz erreichte, ließ ihn erschauern. Er wehrte sich nicht dagegen. Er wollte, daß der Wind sein Herz und sein Gedächtnis zum Einfrieren brachte, so daß er nicht mehr denken mußte und auch nichts mehr fühlte.

Er schaute die leeren Bänke an. Keiner jubelte ihm zu, keiner klatschte und lobte seinen Mut. Nicht einer lobte seinen Mut, den Tod eines Mannes herbeigeführt zu haben, der nichts anderes wollte, als seine Familie zu lieben und seinem Gott zu dienen.

Drew fiel auf Hände und Knie. Er sah Blutflecken auf dem Holz. Christopher Matthews' Blut ... unschuldiges Blut ... vergossenes Blut. Es hatte sich tief ins Holz gefressen. Der Regen konnte es nicht auswaschen. Drew rieb mit seinen Fingern, aber er konnte das Blut nicht wegwischen. Er zog sein Hemd aus und schrubbte damit wild das Holz. Christopher Matthews' Blut war immer noch da, ein immerwährendes Zeugnis von Drews Schuld. Es gab keine Möglichkeit, es wegzuwischen. Er mußte damit leben.

Was stimmte mit ihm nicht? Alles, wonach er sich im Leben gesehnt hatte, war nur wenige Meilen von ihm entfernt. Alles, was er tun mußte, war, ins London House zu gehen und sein Erbe anzutreten, den Bischof zu umarmen, den Applaus entgegenzunehmen, die Belohnung zu empfangen und der englische Volksheld zu sein, zu dem ihn der König und der Bischof gemacht hatten. Der Gedanke daran faszinierte ihn plötzlich nicht mehr, als wäre der Bann gebrochen und hätte sich das Gold seiner Träume in Asche verwandelt.

Christopher Matthews hatte den Bann gebrochen. Er besaß nichts davon, und doch war er der reichste Mann, den Drew jemals kennengelernt hatte. Drew Morgans Gold hatte sich in Asche verwandelt, und er besaß nichts mehr. Nichts als spöttische Erinnerungen an etwas, das er nie haben würde, böse Erinnerungen an Fehler, die er nie wieder gutmachen konnte, lachende Erinnerungen an einen Jungen, der einmal ein großer Mann werden wollte:

> Erinnerungen an Nell, die kokett
> zwischen den Burgruinen lächelte ...
> An den kleinen Thomas, der ihn
> mit seinem blauen Gesicht anlächelte ...
> An Matthews, der ihn
> gegen Dudleys Anklagen verteidigte ...
> An den alten Cyrus Furman, der seine tote Frau
> in den Armen hielt ...
> An Eliot, der halbnackt am Fluß tanzte ...
> An Laud, der sein Opfer unbarmherzig
> in der Star Chamber anklagte ...
> An die Leiche von Lord Chesterfields Sohn ...
> An Christopher Matthews, der im Tower
> seinen Kopf gen Himmel hob
> und sagte: „Ich danke dir, Herr."

„Ich verstehe es nicht!" schrie Drew zum Himmel. „Wie konnte er das tun? Wie konnte er dankbar sein, als seine Feinde über ihn triumphierten? Wie konnte er glücklich sein, wenn sein Tod auf dem Schafott bevorstand?"

Drew weinte und schlug das Schafott mit den Fäusten. Dann erinnerte er sich an die Worte – an die Worte des Kuraten: *„Edenford muß in die Wüste fliehen. Paß gut auf meine Töchter auf! Richte ihnen aus, daß ihr Vater sie liebt!"*

Drew schüttelte den Kopf und schrie: „Ich kann es nicht!"

„*Flieh in die Wüste. Paß gut auf meine Töchter auf!*"

„Sie werden mir nicht zuhören!"

„*Flieh in die Wüste.*"

„Sie werden mich töten, wenn ich zurückkehre!"

„*Nicht durch Heer oder Kraft, sondern durch meinen Geist, spricht der Herr der Heerscharen!*"

„Nein! Es ist unmöglich!"

„*Nicht durch Heer oder Kraft, sondern durch meinen Geist, spricht der Herr der Heerscharen!*"

„Nein", weinte Drew.

„*Fürchte nicht die, die deinen Leib töten, aber deine Seele nicht töten können, sondern fürchte dich vor denen, die in der Hölle deinen Leib und deine Seele töten.*"

„O Gott, hilf mir!" rief Drew. „Vergib mir, was ich getan habe."

Drew fiel auf dem Schafott auf sein Angesicht. Der schwere Regen pochte auf die hölzernen Planken.

„*Nicht durch Heer.*"

„Herr, lehre mich zu lieben."

„*Oder Kraft.*"

„Herr gib mir Kraft."

„*Sondern durch meinen Geist.*"

„Herr, befreie mich von meiner Selbstsucht."

An diesem Tag starben zwei Menschen. Auf dem Schafott des Tower Hill starb Christopher Matthews und ging ein in die ewige Herrlichkeit. Drew Morgan starb sich selbst.

Kapitel 21

Ein einfallender Eroberer hätte Edenford nicht mehr ausplündern können als das Urteil der Star Chamber. Der Führer des Ortes war tot, und die Wirtschaft lag am Boden. Es brach ihren Lebensmut. Edenfords Anteil an der Strafe von Christopher Matthews war der Entzug der Kontrolle über die Angelegenheiten ihres Ortes für alle Einwohner.

Die Wirtschaft wurde nun vom König kontrolliert. Geschäfte, Anlagen, Maschinen und alles andere wurde vom König konfisziert und würde im Besitz des Königs bleiben, bis der Ort die gegen Christopher Matthews ausgesprochene Strafe in Höhe von 10 000 Pfund bezahlt hätte. Die vom König beschlagnahmten Geschäfte beinhalteten die Schusterei der Coopers, Nells und Jennys Klöppelwerkzeuge und Materialien zur Spitzenherstellung, und Lord Chesterfields Wollindustrie – alles, einschließlich der Schafe und der bereits hergestellten Serge. Die Mieten wurden erhöht, Herstellungsquoten erstellt und Strafen verhängt, falls die geforderten Raten nicht bezahlt wurden. Die Grundlage der Bezahlung war einfach: Der König erhielt sein Geld als erster – die Schiffssteuer und die zu bezahlenden Raten für Christopher Matthews Strafe. Danach erhielt Lord Chesterfield den Rest der Miete und die verringerten Gewinne. – Chesterfield hatte leidenschaftlich, aber erfolglos für einen höheren Gewinnanteil gekämpft. Ihm wurde aber erklärt, daß es seine Strafe dafür sei, daß er einen Puritaner zum Kuraten ernannt hatte. Darüber hinaus wollte der König sein Geld so schnell wie möglich haben. – Der dritte und kleinste Teil des Einkommens gehörte den Einwohnern.

Um sicherzustellen, daß seine Interessen gewahrt wurden, hatte der König den dicken Befehlshaber David Hoffman zu seinem örtlichen Stellvertreter ernannt. Es war eine logische Handlung, da Hoffman auch für die örtliche Rechtsprechung verantwortlich war und seit Jahren für die Sicherheit und den Frieden im Ort sorgte.

Ein anglikanischer Bischof übernahm die geistliche Betreuung und die daraus resultierenden Pfründe. Er betreute drei Orte, einschließlich Halberton und Tiverton. Der neue Bischof stellte den Altar umgehend an die Ostseite der Kirche und versah ihn mit einer Balustrade. Die Gottesdienste wurden strikt nach den im Allgemeinen Gebetbuch festgelegten Richtlinien gehalten, nicht weniger und erst recht nicht mehr. Dazu gehörte, daß es keine Predigten gab und keine Abendgottesdienste stattfanden. Die Leute wurden statt dessen ermutigt, am Sonntagnachmittag die in König James' *Buch des Sports* angeführten Sportarten zu betreiben.

Edenford war nicht mehr der gleiche Ort, den Drew Morgan vor beinah einem Jahr betreten hatte. Er stand in der Burgruine und konnte den Unterschied sofort feststellen. Er saß im Schatten der sächsischen Burg und beobachtete die Leute bei ihrem Tagewerk. Sie liefen mit hängenden Schultern umher und grüßten sich zwar freundlich, aber ohne jede Wärme. Der Ort hatte seine Freude, seine Hoffnung und seinen Lebenswillen verloren.

Er schrieb viel von der depressiven Stimmung der Einwohner der Anwesenheit des neuesten Edenforder Gemeindemitglieds zu, dem umherwatschelnden Befehlshaber, der sich wie der König fühlte und von bewaffneten Wächtern begleitet wurde. Außerdem befanden sich an allen wichtigen Stellen des Ortes bewaffnete Wächter und man hatte den Eindruck, daß eine ausländische Armee den Ort besetzt hielt. Drew erkannte einen weiteren neuen Einwohner, Eliot Venner. Er hatte keine Schwierigkeiten, ihn zu erkennen. Sein wildes Haar und seine auffallende Kleidung standen im krassen Gegensatz zur konservativen Kleidung der verzweifelten Edenforder. *Zumindest trägt er mehr als einen Lendenschurz,* dachte Drew.

Eliots Anwesenheit warf eine beunruhigende Frage auf. Wieviel wußte er über Drews gegenwärtige Situation? Hatte ihm der Bischof nach der Gerichtsverhandlung eine Botschaft geschickt? Eliot war schwer einzuschätzen. Er konnte während der ganzen Zeit auf einer Mission gewesen sein oder sich im Wald versteckt gehalten haben. Er konnte aber auch die Aufgabe haben, Drew zu finden.

Christopher Matthews' Hinrichtung und die Nacht, in der Drew auf dem Schafott sein Leben in Gottes Hand legte, war nun drei Monate her. In dieser Zeit war Drew von London nach Edenford gereist, nicht auf direktem Weg, sondern auf den kleinen Seitenstraßen Englands. Drew wanderte und betete. Wenn er rastete, las er in der Bibel, überwiegend die Evangelien. Er dachte während der Wanderung über die Texte nach und betete. In diesen drei Monaten ging Drew in die Schule der Jünger. Jesus war sein Lehrer. Alles, was Jesus jemals zu seinen zwölf Jüngern gesagt hatte, nahm Drew sich zu Herzen. Ihre Belehrungen wurden seine Belehrungen, ihre Aufgaben seine Aufgaben. Als er die Beschreibung der Kreuzigung Jesu las, weinte er und dachte an einen anderen Jünger Jesu, an Christopher Matthews. Bei der Auferstehung erinnerte er sich an Matthews' Auftrag.

„Edenford muß in die Wüste fliehen. Paß gut auf meine Töchter auf."

Drew Morgan war nach Edenford gekommen, um seinen Auftrag auszuführen.

Er versteckte sich hinter dem Haus am Ende der High Street, dessen Außenwand an das Kornfeld grenzte, in dem Christopher Matthews einmal gebetet hatte. Er steckte seinen Kopf um die Ecke und schaute die Straße hinunter. Jenny trug zwei volle Wassereimer ins Haus. An den vergangenen vier Abenden hatte sie ihre Aufgabe immer zur gleichen Zeit ausgeführt. Danach stellte sie die Eimer auf den Boden, öffnete die Haustür, nahm die Eimer und ging ins Haus. Drew ging schnell um die Ecke, folgte ihr ins Haus und schloß die Tür.

„Oh!" Jenny ließ die Eimer fallen. Ihre Kleidung und der Fußboden waren naß. „Du hast ..." rief sie und drehte sich um. „Drew!"

Nell kam die Treppe herunter, blieb wie angewurzelt stehen und legte eine Hand auf das Geländer. Ihr Gesicht war ausdruckslos, und sie starrte ihn mit kalten Augen an.

Jenny wich zurück, stolperte über einen Eimer und fiel hin.

In diesem Augenblick erschien James Cooper. Er hatte sich ebenfalls im ersten Stock aufgehalten. Er war noch größer und rothaariger, als Drew ihn in Erinnerung hatte. „Du!" schrie er und zeigte mit seinem dicken Finger auf Drew.

Nell hielt sich mit beiden Händen am Geländer fest, als er an ihr vorbeilief.

Drew streckte seine Hände empor. „Bitte, ich bin nicht gekommen, um Ärger zu machen. Ich muß nur mit euch sprechen."

„Du hast hier nichts zu sagen", rief der rote Riese und stürmte auf Drew los.

„Gebt mir eine Minute, das ist alles ..."

Drews Bitte wurde durch einen Schlag gegen das Kinn verneint. Er flog mit dem Kopf gegen die Tür. James zerrte Drew aus dem Haus, warf ihn ins Feld und schlug auf ihn ein.

Drew glaubte eine weibliche Stimme zu hören. Zwischen James' Schlägen konnte er aber nicht unterscheiden, ob es Nell oder Jenny war, die James anschrie und ihm befahl, aufzuhören, bevor er Drew umbrachte. Danach versank er in einer Ohnmacht.

Als er seine Augen öffnete, sah er kreisende Bewegungen, die, zusammen mit seinen Kopfschmerzen, dazu führten, daß er sich elend und krank fühlte. Er befand sich am Ende der Südbrücke, und die kreisende Bewegung war das Wasserrad der Textilmühle. Drew kroch zum Ufer und übergab sich.

Er versteckte sich während des Tages unter der Brücke und ging am Abend zur Burgruine.

Drew schlug sein Nachtlager in der entferntesten Ecke der Burgruine auf, in dem Teil, den sich der Wald zurückgeholt hatte. Er hatte dort genug Schutz, um nicht vom Dorf aus gesehen zu werden. Es gab nur eine andere Person, die wußte, daß er jemals zur Burgruine gegangen war – Nell. Er wünschte, daß sie nun bei ihm wäre. Wenn er eine Gelegenheit fände, mit ihr zu sprechen, konnte er ihr alles erklären.

In seinen Gedanken sah er sie auf der Treppe stehen, James war hinter ihr und kam gerade aus ihrem Schlafzimmer. Nein, das war nicht sicher. Er hatte sich aber im ersten Stock aufgehalten. Was machte er dort? Warum war er im Haus? Drew versuchte, seine Eifersucht zu bekämpfen. Er war so verärgert, daß er fluchte. Allein der Gedanke, daß sich James in Nells Nähe aufhielt, machte ihn wütend. Es tat ihm mehr weh als die Schläge der letzten Nacht.

„Herr, bitte gib mir Geduld", betete er.

Was ist, wenn mir Nell nicht vergibt?

Diese Möglichkeit hatte er bisher noch nicht überdacht. Er war immer davon ausgegangen, daß ihm Nell vergeben würde, nachdem er ihr alles erklärt hatte. *Was ist, wenn mir Nell niemals vergibt?*

„Ich liebe sie noch immer", sagte er laut. „Ich werde sie immer lieben."

Sogar, wenn sie James heiratet? Oder hat sie ihn bereits geheiratet?

Der Gedanke schmerzte ihn. Der Dolch war unsichtbar, aber der Schmerz war Wirklichkeit. „Sie mag niemals meine Frau werden, aber nichts kann mich davon abhalten, sie zu lieben", sagte er.

Diese Worte heilten seine inneren Wunden. Sie nahmen nicht den Schmerz fort, aber sie machten ihn erträglicher. Der Gedanke beruhigte Drew Morgan, daß James Cooper, was auch immer er tun würde, Drews Liebe für Nell nicht zerstören konnte. Keiner konnte das. Nicht einmal Nell.

Es war für ihn eine aufregende Erkenntnis. *Was Nell auch immer sagt oder tut, sie kann mich nicht davon abbringen, sie zu lieben. Sie kann mich verletzen. Sie kann mich verlassen. Aber sie kann mich nicht daran hindern, daß ich sie liebe.*

Drew legte sich zurück und sonnte sich in dieser Nacht in der Wärme der Liebe von Nell Matthews.

„Ich brauche einen Barnabas."

Drew lehnte sich gegen eine Mauerseite. Er hatte seine Bibel auf dem Schoß und las das neunte Kapitel der Apostelgeschichte. Er las erneut die Verse: „Nachdem Saulus in Jerusalem angekommen war, versuchte er, sich dort der Gemeinde anzuschließen. Aber sie hatten Angst vor ihm, weil sie nicht glauben konnten, daß er wirklich ein Christ geworden war. Endlich nahm sich Barnabas seiner an und brachte ihn zu den Aposteln."

„Sie hatten Angst vor ihm ... weil sie nicht glauben konnten, daß er wirklich ein Christ geworden war. Herr, ich brauche einen Barnabas", wiederholte er.

„Jenny!" Erst war es ein Flüstern, dann ein Rufen.

Ihr braunes Haar wirbelte herum, als sie sich umdrehte. Sie stand vor ihrer Haustür, setzte gerade die Wassereimer ab und griff nach dem Türknauf. Ihr Gesicht war verstört, und sie wollte schnell im Haus verschwinden.

„Jenny, bitte! Ich will dir nichts tun!"

Sie wartete einen Augenblick, hatte aber immer noch ihre Hand auf dem Türknauf.

„Warte auf mich am Fluß, neben der Mühle."

Sie schüttelte ihren Kopf.

„Jenny, bitte vertrau mir!"

Sie stimmte seinem Vorschlag nicht zu, schüttelte aber nicht mehr den Kopf. Sie hatte ihre Hand immer noch auf dem Türknauf, sah zu Boden und überdachte seine Bitte.

„Bitte!" bettelte er. „Komm, so schnell du kannst. Ich warte dort auf dich."

Er wartete nicht auf eine Antwort. Als er sich entfernte, stand sie regungslos an der Tür. Drew ging zum Fluß und wartete. Während er wartete, betete er.

Als die Sonne hinter den westlichen Bergen unterging, hinterließ sie die hügeligen Wiesen im Zwielicht des Abends. Er traute sich nicht, über die Hügelkuppe zu schauen. Er könnte vom Ort aus erkannt werden und mußte daher immer die Hügelkuppe im Auge behalten. Jenny konnte jeden Augenblick auftauchen. Das Zwielicht wurde dunkler, als die Nacht immer mehr hereinbrach.

Jenny Matthews trat wie ein Geist auf die Lichtung und blieb bei der Hügelkuppe stehen. Drew lächelte und trat auf sie zu. Sie wich einen Schritt zurück.

„Vielen Dank, daß du gekommen bist", sagte Drew.

„Alle wissen, daß du hier bist."

Drews Lächeln verschwand von seinem Gesicht, als er sich umsah.

„Nein, ich meine, alle Einwohner von Edenford. Zumindest wissen sie, daß du gestern hier warst. James hat es ihnen erzählt."

„Ich kann es ihm nicht verübeln", antwortete Drew.

„Warum?" fragte Jenny. „Warum bist du zurückgekommen?" Ihre Augen füllten sich mit Tränen. Drew bedauerte, daß er ihr Kummer bereitet hatte. Sie war die schönste Frau, die er je gesehen hatte, und ihre Unschuld erhöhte nur ihren Charme.

„Dein Vater schickte mich."

„Vater?" fragte sie mit erwartungsvoller Stimme.

„Ich sprach in London mit ihm. Er bat mich, euch mitzuteilen, daß er euch liebt."

Jenny strich sich mit einer Hand die Tränen von den Wangen.

„Hast du meinen Vater im Gefängnis gesehen?"

„Nicht direkt. Ich versuchte, ihn zu befreien."

„Zu befreien?"

Er nickte.

„Ich verstehe das nicht. Was ist passiert?"

„Er weigerte sich zu fliehen. Er sagte, daß er euch nur in Gefahr bringen würde, dich, Nell und die Einwohner von Edenford. Er bat mich, auf euch aufzupassen."

„Das hört sich nach Papa an", schniefte Jenny und versuchte, ihre Tränen zurückzuhalten. „Wie bist du wieder aus dem Gefängnis entkommen?"

„Ich bin nicht entkommen. Ich wurde erwischt."

Sie sah ihn verwirrt an. Es war fast dunkel.

„Das spielt nun keine Rolle", sagte Drew. „Ich benötige deine Hilfe. Du mußt mein Barnabas sein."

Sie verstand ihn nicht sofort. Sie erkannte den Hinweis nicht.

„Laß es mich erklären. Barnabas vertraute dem Apostel Paulus, nachdem dieser ein Christ geworden war. Kein anderer vertraute ihm. Jenny, ich brauche dich. Ich brauche dein Vertrauen."

„Du sprichst wie Papa. Er erklärte auch immer alles mit biblischen Beispielen", sagte sie lächend.

Er freute sich an ihrem Lächeln und fragte: „Wirst du mir dein Vertrauen schenken?"

Ihr Lächeln verschwand und sie sah nach unten. „Was soll ich tun?"

„Ich möchte, daß du ein Treffen mit den Einwohnern Edenfords arrangierst."

„Warum brauchst du dafür meine Unterstützung?"

„Nach dem gestrigen Empfang in eurem Haus glaube ich nicht, daß es eine gute Idee wäre, wenn ich mich auf dem Marktplatz sehen ließe."

„Ich glaube, du hast recht." Sie schwieg einen Augenblick. „Wen möchtest du sprechen? Master Cooper?"

„Und Nell."

„Nell möchte nicht mit dir reden."

Es tat ihm weh, aber er verstand es. „Kannst du sie trotzdem darum bitten?"

„Ich muß jetzt gehen." Jenny drehte sich um und ging den Hügel hinauf. „Ich werde darüber nachdenken", rief sie.

„Bete, daß du die richtige Entscheidung triffst!"

Sie blieb stehen und schaute ihn mit abschätzenden Augen an.

„In Ordnung, ich werde den Herrn darum bitten, mir den richtigen Weg zu zeigen."

Drew lehnte an der Mauer und las über Paulus' und Barnabas' Aufenthalt auf Zypern.

Paulus hatte gerade den Zauberer Elymas mit Blindheit geschlagen, als Drew einen Zweig knacken hörte. Jemand hatte die Burgruine betreten! Drew legte sich auf den Bauch und kroch hinter die nächstgelegene Mauer. Er schaute nach hinten, konnte aber keine Bewegung erkennen. Nichts, nur Wald. Er richtete sich vorsichtig auf und schaute über die Mauer.

Nell Matthews stand im Sonnenschein, der durch das offene Tor der Burgruine fiel. Ihr sorgloser Gang wies darauf hin, daß sie allein war und auf niemand wartete. Tief in Gedanken ging sie über den Burghof. Ihr braunes Haar fiel auf ihre weiße Musselinbluse und eine Schere hing an einem Band an ihrem schwarzen Rock. Drew erinnerte sich daran, wie er ihr beim Klöppeln der Spitze zusah. Die Schere war wie eine Verlängerung ihrer rechten Hand. Sie konnte in einer fließenden Bewegung die Schere greifen, einen Faden durchschneiden und die Spitze klöppeln.

Drew war über seine sehnsüchtigen Blicke erstaunt. Er fürchtete sich zu sprechen. Er wollte sie nicht vertreiben und betrachtete sie mehrere Minuten, um seine Sehnsucht zu stillen.

Nell begab sich in die Mitte der Burgruine und setzte sich auf die gleiche Mauer, auf der sich Drew und Nell umarmt hatten. Er konnte nun ihr Gesicht betrachten; es war ernst. Ihre Augen waren matt. Sie hatte nicht mehr den selbstbewußten Zug im Gesicht, der Drew bei ihrem ersten Treffen eingeschüchtert und irritiert hatte.

Er stand leise auf und kletterte über die Mauer. Fast hatte er sie erreicht, als sie ihn aus den Augenwinkeln wahrnahm. Sie sprang von der Mauer und lief zum Tor. Drew mußte über eine weitere Mauer klettern, bevor er hinter ihr herlaufen konnte. Er ergriff ihren Arm, als sie das Tor erreichte, drehte sie zu sich um und hielt sie an den Schultern fest.

„Laß mich los oder ich schreie!" warnte sie.

Drew drehte sich instinktiv um und erwartete, daß der große rote Riese über den Hügel gerannt kam.

„Nell! Ich muß mit dir reden!"

„Was machst du hier?" rief sie und versuchte sich loszureißen.

„Dein Vater schickt mich."

Sie blieb ruhig stehen. „Erwartest du, daß ich das glaube?" Ein Feuer lag in ihren Augen, ein loderndes ängstliches Feuer. Mit einer schnellen Bewegung ergriff sie ihre Schere und richtete sie gegen Drews Brust. „Laß mich gehen!"

Drew ließ ihre Schultern los. Sie stolperte einige Schritte zurück, drehte sich um und lief den Hügel hinunter.

„Warum sollte ich sonst zurückgekommen sein?" rief er hinter ihr her.

Er sah ihr nach, wie sie hinter dem Haus mit den Webstühlen verschwand. Er seufzte, ging zurück zur Burgruine und setzte sich auf einen großen Stein. Er konnte sie verstehen. Sie hatte Angst. Wer würde in ihrer Situation keine Angst haben? Wie konnte er aber sein Versprechen gegenüber Gott und dem Kuraten ausführen, wenn keiner mit ihm sprechen wollte?

„Warum bist du zurückgekommen?"

Drew fuhr erschrocken herum. Nell stand wieder im Tor. Er wollte aufstehen.

„Bleib, wo du bist!" befahl ihm Nell. „Antworte mir!"
„Bist du deshalb zurückgekommen?"

„Es macht keinen Sinn. Es gibt hier nichts mehr für dich – nichts mehr, das du uns wegnehmen kannst. Es macht also keinen Sinn, daß du wieder zurückgekommen bist."

„Oder dich hier aufhältst, nach dem gestrigen Empfang durch James", fügte Drew hinzu. Er konnte sich die etwas selbstgefällige Antwort nicht verkneifen. Sie war überrascht, und es störte sie.

„James hatte kein Recht, dich so zuzurichten."

„Ich hatte kein Recht, dir soviel Leid zuzufügen."

Nell kämpfte vergeblich mit den Tränen. „Du hast immer noch nicht meine Frage beantwortet."

„Doch. Dein Vater schickte mich."

„Ich nehme an, daß er dir während der Verhandlung in der Star Chamber den Auftrag erteilte? Oder war es während der Mordanklage? Du und Dudley, ihr habt wirklich ein eindrucksvolles kleines Schauspiel veranstaltet."

Drew wartete, bis sie sich wieder gefaßt hatte.

„Wie konntest du so etwas tun? Er hat dich geliebt!" schrie sie.

Nun mußte Drew mit den Tränen kämpfen.

„Ich weiß", entgegnete er traurig.

Sie schwiegen lange Zeit.

„Nun?" fragte Nell.

„Ich kann nur sagen, daß ich nie beabsichtigt oder erwartet habe, daß sich die Dinge so entwickeln würden." Der abfällige Zug in Nells Gesicht zeigte ihm, daß sie nicht davon überzeugt war. Er fuhr aber trotzdem fort: „Ich sprach mit deinem Vater im Gefängnis. Er bat mich, dir zu sagen, daß er dich liebt. Er bat mich aber auch, mich um dich und Jenny zu kümmern."

Er verlor sie. „Ich kann selbst für mich sorgen, vielen Dank.

Also, Master Morgan, nachdem Sie Ihre Verpflichtung gegenüber meinem Vater ausgeführt haben, können Sie gehen."

„Nell, ich weiß, daß du mir nicht glaubst, aber ich habe mich geändert. Ich habe Jesus darum gebeten, mein Retter zu sein."

„Wir haben das schon einmal gehört, stimmt's", erwiderte Nell sarkastisch.

„Was kann ich tun, um dich zu überzeugen?"

„Es gibt nichts, mit dem Sie mich überzeugen können, Master Morgan. Sie haben uns angelogen. Sie haben uns vorsätzlich betrogen. Sie haben meinen Vater getötet und mein Dorf zerstört. Ich glaube nicht, daß Sie nach der Gefangennahme meines Vaters mit ihm gesprochen haben. Ich glaube nicht, daß Sie den Mut hatten, ihm ins Gesicht zu sehen. Ich glaube, Sie sind nur hergekommen, um Ihr schlechtes Gewissen zu beruhigen. Aber das ist nicht so leicht. Damit müssen Sie leben. Ich mag ein Christ sein, aber ich bin deshalb kein Narr."

„Nicht dein Vater war Justin. Du bist es."

Er schleuderte es unbedacht heraus. Er verlor zu schnell an Boden. Es war die einzige Sache, die ihn retten konnte. Als er ihre Reaktion sah, wußte er, daß er einen Fehler gemacht hatte. Er hatte schon einmal diesen angsterfüllten Blick gesehen, als er sie im Arbeitszimmer ihres Vaters ertappte. Es war der Abend, als er vom Treffen mit Eliot zurückkam. Jetzt erinnerte er sich auch an den nächtlichen Schrei, und an Jennys beruhigende Worte. Sie kannte den Preis, den sie zu zahlen hatte, wenn herauskam, daß sie Justin war, und es ängstigte sie zu Tode.

„Es gab nur drei Menschen, die dieses Geheimnis kannten", sagte Drew. „Dein Vater, Jenny und du. In der Nacht, als mir dein Vater vergab und mich bat, mich um euch zu kümmern, erzählte er mir die Wahrheit. Er starb, um dich zu schützen."

Nell rannte den Hügel hinunter und konnte ihre Tränen nicht mehr kontrollieren. Drew beobachtete sie und fragte sich, ob er das Richtige getan hatte.

„Pssst!"

Jenny stand wieder vor der Haustür und hatte die Eimer abgesetzt. Ihr braunes Haar wirbelte herum, als sie sich umdrehte. „Geh weg!" zischte sie.

„Jenny! Bitte!"

Sie stürmte Drew entgegen. „Was hast du mit meiner Schwester gemacht?"

„Ich kann es dir erklären, aber nicht hier. Komm zum Fluß."

Jenny lief zu ihren Wassereimern und warf ihm einen weiteren wütenden Blick zu.

„Ich kann es dir erklären", wiederholte er.

Die Hände in die Hüften gestemmt stand sie ihm Auge in Auge am Fluß gegenüber. Sie war weitaus weniger freundlich als bei ihrem ersten Treffen. „Was hat dir Nell erzählt?" fragte er.

„Nichts", antwortete Jenny. „Sie rannte nur nach oben und schloß ihre Schlafzimmertür. Seitdem hat sie nicht mehr mit mir gesprochen."

„Woher weißt du dann, daß es meine Schuld ist?"

Jenny betrachtete ihn, als wäre er die dümmste Person auf der Welt. „Du bist der einzige Mensch, der sie dazu bringen kann."

„Ich habe ihr gesagt, daß ich weiß, sie ist Justin."

Jennys Gesicht spiegelte ihren Schock und ihre Furcht wider.

„Es tut mir leid, aber es war die einzige Möglichkeit, sie

davon zu überzeugen, daß ich mit eurem Vater gesprochen habe. Warum sollte er mir etwas anvertraut haben, das nicht der Wahrheit entspricht?"

„Du sagst wirklich die Wahrheit?"

Drew nickte.

„Über alles?"

„Jenny, ich wollte deinem Vater nie etwas zuleide tun. Ich würde gern mein Leben geben, wenn ich ihn wieder lebendig machen könnte."

„Ach, Drew!" Jenny schlang ihre Arme um ihn und weinte.

„Dann glaubst du mir also?"

Sie antwortete ihm mit einem Lächeln.

Er schloß seine Augen und hob sein Gesicht zum Himmel. „Ich danke dir, Herr!"

Trotz Jennys leidenschaftlicher Bitte weigerte sich David Cooper, mit Drew zu sprechen. Er warnte Jenny und befahl ihr, Drew nicht mehr zu treffen und davonzulaufen, wenn sie ihn nochmals sehen sollte.

Drew ließ sich durch die Nachricht nicht entmutigen. Er wollte nicht aufgeben. Er war sicher, daß er eine Lösung finden würde, er mußte nur die richtige Antwort entdecken. Er befragte Jenny und bat sie, ihm die Reaktion der Einwohner Edenfords auf die neue Lebensordnung zu schildern. Sie berichtete, daß sie sich wie in einem Gefängnis fühlten. Überall standen bewaffnete Wächter. Sie waren empört und angewidert vom Gottesdienst und sehnten sich nach einer richtigen Predigt. Einige Leute gingen nicht mehr zur Kirche und alle zusammen hatten das Gefühl, daß Gott sie verlassen hatte. Es gab natürlich keine weiteren Gemeindeversammlungen mehr, da alles für sie entschieden war.

„Versammlungen!" rief Drew. „Gibt es gar keine Versammlungen mehr?"

Jenny zögerte. Es war das erste Zögern, nachdem sie gesagt hatte, daß sie ihm vertraute.

„Es gab früher heimliche Treffen. Über Justins Druckschriften und Angelegenheiten", sagte Drew. „Gibt es geheime Treffen? Willst du mir deshalb nichts darüber erzählen?"

Jenny nickte. „Ich sollte eigentlich nichts darüber wissen, aber James Cooper hat einen zu großen Mund."

Ein Schlag traf Drew bei der Nennung dieses Namens. Es war noch nicht klar, warum er James Cooper in Matthews Haus angetroffen hatte. Doch war jetzt nicht der richtige Zeitpunkt dafür. Er ließ den Gedanken fallen.

„Es ist deine Entscheidung", meinte Drew.

Eine kleine und ausgesuchte Gruppe traf sich regelmäßig im Haus des alten Cyrus Furman. Dazu gehörten die Teilnehmer der früheren Treffen, einschließlich David Cooper, Charles Manley und, in jüngster Zeit, James Cooper. Seit der Verhaftung des Kuraten und der Übernahme der Schusterei durch den König konnten sie sich nicht mehr in David Coopers Hinterzimmer versammeln. Jenny kannte die Themen der Treffen nicht, wußte aber, daß nur überzeugte Puritaner eingeladen wurden. Es waren die verbleibenden Gläubigen von Edenford. Die Fenster waren verdunkelt, als sich zehn Männer mit leisen Stimmen um eine Kerze scharten.

Es klopfte leise an die Tür. Alle erstarrten.

„Bleibt ruhig. Bewaffnete Wächter klopfen nicht, sie schlagen die Tür ein", sagte der alte Cooper. Und dem alten Hausherrn befahl er: „Cyrus, sieh nach, wer da ist."

Der alte Mann humpelte zur Tür. „Fräulein Jenny, was bringt Sie so spät am Abend hierher?"

Er öffnete die Tür. Sie wurde weiter aufgemacht, als er wollte, weil zwei Personen den Raum betraten.

„Du schon wieder?" James sprang mit geballten Fäusten auf und war bereit, sich auf Drew zu stürzen.

Jenny stellte sich vor Drew.

„James! Ich kümmere mich um diese Angelegenheit!" rief sein Vater.

„Ich schlug ihn bereits zusammen, als er auftauchte und kann es noch einmal machen."

Der alte Cooper faßte seinen Sohn an den Hüften und hielt ihn fest. „Du hast ihn verprügelt? Das hast du mir nicht gesagt. Du sagtest nur, daß du ihn gesehen hast." Der Schuster sah Drew an. Er konnte sogar im schwachen Licht der Kerze die Schrammen und Beulen erkennen. „Was willst du von uns?" fragte er.

„Ich habe eine Botschaft für euch."

„Von wem?"

„Von Christopher Matthews."

„Ich glaube, es ist besser, wenn du gehst", sagte der Schuster. Er hielt jetzt zwei Personen zurück, seinen Sohn und sich selbst.

„Hört ihm zu! Er sagt die Wahrheit!" rief Jenny.

„Was hast du dem Mädchen erzählt?" schäumte der Schuster.

„Master Cooper!" schrie Jenny. „Ich gestatte Ihnen nicht, mich wie einen hirnlosen Esel zu behandeln! Zuerst habe ich Drew auch nicht geglaubt. Er sagte mir aber etwas, das er nur von meinem Vater erfahren konnte. Ich glaube, er sagt die Wahrheit."

„Er hat es vielleicht erfahren, als er den Kuraten gefoltert hat!" rief James. „Ich habe von den Streckbetten und der eisernen Jungfrau gehört. Sie binden die Hände, Füße und den Hals eines Mannes an ein Stück Eisen, bis er wie ein Ball aussieht und sich nicht mehr aufrichten kann!"

„James, das reicht jetzt!"

„Jenny, bist du sicher, daß er die Wahrheit sagt?" fragte der Schuster.

Jenny schaute Drew an. „Ja, ich bin sicher."

„Welche Botschaft sollst du uns von Christopher Matthews bestellen?" fragte Cooper.

„,Flieht in die Wüste.'"

Drew schilderte den Männern über eine Stunde sein Treffen mit dem Kuraten sowie seinen mißglückten Rettungsversuch aus dem Tower von London. Er berichtete ihnen auch über das längst abgelaufene Ultimatum des Bischofs.

„Das ist nur ein neuer Trick! Wir sind schon einmal auf ihn 'reingefallen. Das wird uns nicht noch mal passieren", rief James Cooper.

Es gab offensichtlich keinen anderen Weg, um sie zu überzeugen. Drew mußte es riskieren. „Überlegt doch einmal", sagte er, „welche Vorteile ich davon habe, hier zu sein. Kann ich euch noch mehr Leid zufügen? Es ergibt keinen Sinn." Die Art der Argumentation hatte Nell überzeugt und er hoffte, daß diese Männer genauso logisch denken konnten. Er wagte es. „Von uns allen hier habe ich am meisten zu verlieren."

Er hatte nicht erwartet, daß sie ihm sofort glauben würden, und sie taten es auch nicht.

„Ihr habt im Moment einen weiteren Spion von Bischof Laud im Ort."

Das machte sie aufmerksam.

„Sein Name ist Eliot Venner."

„In Edenford hält sich keiner mit diesem Namen auf", warf Cyrus Furman ein.

Drew beschrieb seinen ehemaligen Lehrer, sein wildes Haar und seine eigenartigen Augen.

„Mitchell!" rief Cyrus und die anderen Männer stimmten ihm zu.

„Thomas Mitchell", sagte Cyrus.

„Sein richtiger Name ist Eliot Venner", korrigierte Drew, „und er sucht mich. Falls er mich findet, wird er mich töten, wie er Shubal Elkins getötet hat."

„Woher wissen wir, daß du diese Geschichte nicht nur erfunden hast?" fragte James.

„Ich mach mich selbst angreifbar, weil ich hoffe, daß ihr mir glaubt. Jeder in diesem Raum kann mich zu jeder Zeit töten lassen. Ihr braucht nur Eliot zu sagen, daß ich hier bin."

„Das scheint mir ein guter Gedanke zu sein!" lachte James.

Doch niemand lachte mit.

„James, halt den Mund", befahl sein Vater und sagte zu Drew: „Ich werde deine Geschichte überprüfen, um festzustellen, ob du die Wahrheit sagst. Falls es nicht der Fall ist, mußt du mir Rede und Antwort stehen."

Drew nickte.

Drew versteckte sich zwei weitere Tage in der Burgruine. Er erklärte sich bereit, mit niemand in Edenford zu sprechen, solange das Geheimkomitee seine Angaben überprüfte. Drew nutzte die Zeit, um in der Bibel zu lesen, zu beten und an Nell zu denken. In der zweiten Nacht schlich er sich in den Ort und zu dem Haus von Cyrus Furman. Er wußte nicht, was ihn erwartete.

Nachdem er angeklopft hatte, wurde er hereingebeten. Dieselben Männer waren im Raum. James machte keine freundlichere Miene, und die anderen Männer hatten ausdruckslose Gesichter. Den ersten Hinweis auf ihre Erkundigungen erhielt er durch David Coopers Worte.

„Setz dich hin, mein Junge", sagte er.

„Mein Junge" hörte sich beruhigend an. Ein Mann benutzt nicht solche Worte, wenn er sein Gegenüber töten will.

Der Schuster beschrieb Drew, wie er Mitchell – oder Eliot – erzählt hatte, daß er glaubte, Drew am Fuß der Nordbrücke gesehen zu haben. „Ihr hättet sehen sollen, wie er die Augen aufriß", lachte der Schuster.

„Er reißt die Augen immer auf diese seltsame Art und Weise auf!" unterbrach ihn Cyrus.

„An diesem Tage riß er aber seine Augen sehr weit auf", lachte der Schuster erneut. „Er rief zwei Wächter und rannte mit ihnen zum Fluß wie der Hund nach dem Hasen."

Nachdem feststand, daß sich Drew in Gefahr begeben hatte, indem er nach Edenford zurückgekehrt war, erzählten sie ihm den Grund ihrer geheimen Versammlungen. Sie sprachen genau darüber, wozu Drew sie ermutigt hatte. Sie planten, in die Neue Welt zu fliehen. Der Schuster berichtete, daß er Lord Chesterfield bereits ihren Wunsch mitgeteilt hatte, daß sie an John Winthrops Expedition teilnehmen wollten. Chesterfield hatte den Wunsch verärgert abgelehnt und den Befehlshaber angewiesen, mehr Wachen aufzustellen, um sicher zu gehen, daß sie im Ort blieben. Es wurde ihnen mitgeteilt, daß sie erst dann den Ort verlassen könnten, wenn sie die Schiffssteuer und die Strafe bezahlt hätten.

„Es ist nur eine Ausrede", erklärte der alte Cooper. „Der König möchte ohne das Parlament regieren und muß nun andere Wege finden, um Geld aufzutreiben. Falls es sich nicht um die Schiffssteuer oder eine Geldstrafe handelt, ist es etwas anderes. Wir können unter diesen Umständen nicht leben. Und wir verkümmern im geistlichen Bereich. Matthews gab uns die Vision, in einem Land zu leben, in dem wir unserem Glauben ungestört nachgehen können, ohne Unterdrückung durch Steuern und anglikanische Regeln. Wir sind zehn Familien. Mit Gottes Hilfe werden wir irgendwie die Neue Welt erreichen."

Sie berichteten, was sie bisher geplant hatten. John Winthrop hatte eine Flotte von elf Schiffen. Vier von ihnen würden im März aus Southampton auslaufen. Die anderen sieben Schiffe einen Monat danach England verlassen. Die zweite Flotte würde von Southampton nach Plymouth segeln, um die Kolonisten aus Devonshire und dem Westen Englands aufzunehmen.

„Weiß Lord Chesterfield, wann die Flotte sich in Gang setzt?" fragte Drew.

„Unglücklicherweise, ja."

„Das bedeutet, daß er im April die Wachen verstärken wird."

„Daran haben wir auch gedacht", sagte der Schuster.

„Ich glaube, ich weiß, wie wir in die Neue Welt kommen", erklärte Drew.

„Das ist ein Trick", warnte James.

„Laß uns deinen Plan hören, Junge", sagte der Schuster und ignorierte den Einwand.

„Wie viele Pferde und Wagen wollt ihr benutzen, um nach Plymouth zu kommen?"

„Keine. Wir sind keine reichen Leute, Drew."

„Könnt ihr euch zwei Pferde und Wagen leihen? Wir brauchen unruhige Pferde, Pferde, die leicht ausschlagen."

„Vielleicht kann ich welche von Lord Chesterfield leihen. Wir könnten ihm erzählen, daß wir eine Ladung Wollserge nach Exeter bringen müssen."

„Gut. Ich kenne einen besonderen Code, den wir nun

gut benutzen können. Und ich brauche die Hilfe von James, um etwas Gefährliches durchzuführen."

„Wirst du es auch tun?" fragte James.

„Ja."

„Wenn du es tun kannst, kann ich es auch."

„Ich hatte mit deiner Hilfe gerechnet."

Drew erklärte den Männern seinen Plan. Sie wußten, daß es für eine Handvoll Wollarbeiter sehr gefährlich war, stimmten aber darin überein, daß es ihre einzige Hoffnung war.

Sie verließen Cyrus Furmans Haus jeweils einzeln in bestimmten Zeitfolgen. Zum Schluß waren nur noch Drew und David Cooper im Haus.

„Ich möchte, daß Sie wissen, daß ich meinen Teil am Tod von Christopher Matthews sehr bedauere", sagte Drew. „Ich weiß, wie sehr er Sie geliebt hat. Ich kann nur hoffen, daß Sie mir eines Tages vergeben werden."

Der kräftige schwarzbehaarte Schuster klopfte Drew auf den Rücken.

„Noch eine andere Sache. Ich wollte sie nicht in Gegenwart aller anderen erwähnen, aber der Kurat bat mich noch um etwas anderes."

„Um was handelt es sich?"

„Er bat mich, auf Nell und Jenny aufzupassen."

Cooper legte einen Arm um Drews Schultern. „Darum brauchst du dich nicht mehr zu kümmern, Junge. Sie sind nicht mehr in Edenford. Aus Sicherheitsgründen habe ich sie bereits fortgeschickt."

„Wohin?"

Der Schuster schüttelte seinen Kopf. „Es ist besser, wenn du es nicht weißt. Sie sind jetzt in Sicherheit."

„Was ist das?"

Der übergroße Befehlshaber hielt ein zerknülltes Stück

Papier mit vielen Zahlen in der Hand. Eliot Venner stand auf der anderen Seite des Schreibtischs.

„Der dumme Sohn des Schusters wollte es vor mir verstecken. Als ich den Laden betrat, erwischte ich ihn dabei, wie er versuchte, den Code zu entschlüsseln."

Der Befehlshaber hatte seine Hände auf den Bauch gelegt, das Stück Papier lag ausgebreitet zwischen ihnen. Sein Magen knurrte. Er mußte noch zwei Stunden bis zum Mittagessen warten. Er würde das niemals überstehen.

Die Botschaft auf dem Papier lautete: (13/9/22/10/ 12/18/17/5) (2/24/15/9/6/2/15) (17/5/24/11) (16/26/5/2/ 1/18/9/2/1) (2/24/15/9/22) (24/13/15/6/9) (10/12/15/2) (9/24/17/2/15).

In der linken Ecke stand eine große, mit einem Kreis versehene 3 und unter der ersten Zahl des Codes ein P.

„Das ist James' Handschrift." Eliot lehnte sich über den Schreibtisch und zeigte auf die umrandete 3 und den ersten Buchstaben. „Es gibt noch einen weiteren Punkt. Drew Morgan hat etwas damit zu tun."

„Drew Morgan? Er wäre verrückt, wenn er nach Edenford zurückkäme."

Eliot zuckte die Schultern. „Ich erkenne den Code. Der Bischof und er haben sich in diesem Code geschrieben."

„Dann kannst du ihn entschlüsseln?"

Eliot schüttelte den Kopf. „Der Bischof hat ihn mir nicht verraten. Soviel ich weiß, kennen nur er und Drew den Code."

Der Befehlshaber rieb sich das Doppelkinn. Es schien ein interessanter Morgen zu werden. Er hatte etwas gefunden, das ihn bis zum Mittagessen beschäftigen würde. „Die Zahlen stehen für Buchstaben und die Zahl 13 ist ein P", meinte er. Er setzte sich aufrecht. „Ich weiß es! Nummer eins ist A, zwei ist B und so weiter."

Er hob seine fetten Finger, zählte das Alphabet bis P durch und lehnte sich enttäuscht in seinen Stuhl zurück. „Nein, das stimmt nicht. P ist der sechzehnte Buchstabe und nicht der dreizehnte."

„Wie ich schon sagte, James Cooper ist ein Dummkopf", meinte Eliot. „Vielleicht hat er es falsch gemacht."

Das Argument schien dem Befehlshaber zu gefallen. Er hob wieder die Finger und begann, den Code zu entschlüsseln.

„Was haben Sie herausgefunden?" fragte Eliot, als Hoffman mit dem ersten Wort fertig war.

„M-I-V-J-L-R-Q-E", antwortete dieser und lehnte sich erneut zurück. „Was bedeutet die umrandete 3 in der Ecke?"

„Es könnte James' Codenummer sein. Drew ist die Nummer 1, eine andere Person 2 und James 3 ...", schlug Eliot vor.

„Nein, James hat die Zahl geschrieben, wie du weißt."

„Es muß etwas sein, das leicht zu merken ist. James ist ziemlich dumm."

„Das ist es!" Der Befehlshaber setzte sich kerzengerade hin. „Er schrieb die Zahl auf, weil er ein Tölpel ist. Es ist eine Hilfe zum Entschlüsseln!"

Eliot konnte nicht folgen.

„P ist die Nummer 13 auf dem Papier, verstehst du?"

Eliot nickte.

„Als wir das Alphabet abzählten, war P die Nummer 16 im Alphabet."

Eliot nickte erneut.

„Verstehst du nicht?" Der Befehlshaber genoß es, daß er das Geheimnis vor Eliot gelöst hatte, aber es erstaunte ihn nicht. Was er an seiner neuen Aufgabe haßte, war, daß er sich mit Personen beschäftigen mußte, die ihm geistig und kulturell unterlegen waren. „Ich werde es dir langsam erklären", sagte er. „Was ist der Unterschied zwischen 13 und 16?"

„Drei."

„Genau!" Ein dicker kurzer Finger zeigte mehrmals auf die umrandete 3 in der oberen Ecke.

Eliot zog die Augenbrauen hoch. Jetzt verstand er.

Der Befehlshaber entschlüsselte erneut das erste Wort, indem er zu jeder Zahl drei ergänzte, bevor er das Alphabet mit den Fingern abzählte. Nach dem ersten Wort grinste er siegessicher. Als er fertig war, las er laut vor: „Plymouth. Früher als erwartet. Anfang April. Mehr später."

„Sie wollen abhauen!" rief Eliot.

„Nicht, solange ich hier der Oberste Befehlshaber bin. Schick den Befehlshaber der Wache zu mir. Anfang April werden wir die Wachen verstärken und in Edenford mehr Wächter als Einwohner haben."

Kapitel 22

Am Freitag, dem 19. März 1630, um zehn Uhr abends, rollten zwei Wagen langsam die High Street zwischen den Häusern und dem Kornfeld hinunter. Drew Morgan ging neben dem ersten Zugpferd und hielt die Zügel fest, James Cooper führte den zweiten Wagen. Große Planen bedeckten die Ladungen. Unter der Plane von Drews Wagen schaute der haarlose, vernarbte Kopf von Thomas Cooper heraus. Sein Vater David saß auf dem hinteren Teil von James' Wagen. Drew und James versuchten, ihre unruhigen Pferde zu bändigen. Es war noch zu früh, um Lärm zu machen.

Drew klopfte auf seine mit Steinen gefüllten Jackentaschen. Bisher verlief alles nach Plan. Eliot und der Befehlshaber hatten erfolgreich die Botschaft entschlüsselt und erwarteten nichts vor Anfang April. Das war aus drei Gründen wichtig, um den Plan erfolgreich durchzuführen: Erstens würde die Anzahl der Wächter, bis Verstärkung eintraf, gering sein. Zweitens würde der Zeitablauf sie überraschen. Und drittens würde der Ausreisehafen für sie ebenfalls eine Überraschung sein. Der Befehlshaber und Eliot erwarteten, daß der Fluchtversuch im April stattfinden würde; nicht im März. Sie dachten, daß sie von Plymouth ausreisen würden. Es war aber Southampton.

Drew führte sein Pferd an den Häusern vorbei zur Kreuzung an der Market Street. Die Verbindungsstraße nach Edenford lag vor ihm. Links führte sie in den Ort, zum Dorfanger und zur Kirche, rechts über die Südbrücke und aus dem Ort hinaus. Drew sah zum letzten Mal auf den Ort, mit dem er so viele Erinnerungen verband. Dann drehte er sich zur Südbrücke. James folgte ihm mit dem zweiten Wagen.

Drews Pferd wieherte. Er versuchte diesmal nicht, es zu beruhigen. Langsam fuhren sie auf die Südbrücke zu. Drew drehte sich zum Ort um. *Wo ist er? Sie waren fast auf der Brücke. Das kann nicht sein! Wir können nicht unbemerkt den Ort verlassen!*

In diesem Augenblick wankte Eliot mit einer Flasche in der Hand aus einem Haus am Ende der Market Street. Er schimpfte wütend mit den Bewohnern und warf die Tür zu. *Der Hahnenkampf am Freitagabend. Eliot war pünktlich.*

Eliot mochte pünktlich gewesen sein, ging aber in die falsche Richtung und bemerkte sie nicht.

Wo geht er hin? Sein Haus liegt in dieser Richtung! Drew hustete, so laut er konnte. Er trat aus dem Schatten des Pferdes, damit Eliot ihn gut erkennen konnte.

Eliot drehte sich um und sah in Drews Richtung.

„Er hat uns erkannt!" rief Drew.

Während Eliot sie anstarrte, zählte David Cooper bis drei und versteckte sich unter der Plane des Wagens. Der kleine Thomas zählte ebenfalls bis drei und verschwand dann unter seiner Plane.

„Wache! Wache!" brüllte Eliot und rannte mit unsicheren Schritten auf die Wagen zu. „Drew Morgan! Komm zurück!"

„Haltet euch fest", rief Drew, „es wird eine wilde Fahrt!"

Drew und James sprangen auf die Wagen und trieben

ihre Pferde an. Die Wagen verschwanden in einer Staubwolke in Richtung der Straße nach Exeter und Plymouth.

Sie fuhren eine halbe Meile, bevor Drew seinen Wagen anhielt. Der kleine Thomas und sein Vater sprangen ab.

Drew ging zu ihnen. „Sie müssen kurz hinter uns sein!" sagte er und zu Thomas gewandt: „Danke, mein Freund, wir hätten es ohne deine Hilfe nicht geschafft."

Thomas strahlte. Durch die Verbrennungen war er glatzköpfig und vernarbt. Seine Gelenke waren immer noch steif, und er würde sie wahrscheinlich nie wieder so gut wie vor dem Unfall bewegen können. Heute nacht war er aber hellwach. Er umarmte Drew.

„Er bestand darauf, uns zu helfen und wollte in deinem Wagen fahren", erklärte sein Vater.

Drew drückte Thomas fest an sich.

„Gott beschütze dich, Drew", rief David Cooper und umarmte Drew ebenfalls. An James gewandt sagte der Schuster: „Ich treffe dich in Honiton. Sei pünktlich."

„Ich werde dort sein", antwortete James.

Drew sprang wieder auf seinen Wagen. Er brauchte zwei Anläufe, da ihn die Steine in seinen Taschen behinderten. Als er sich umdrehte, sah er, daß David Cooper und Thomas im Schatten des Waldes verschwanden. Nachdem Eliot und die Wächter vorbeigeritten waren, würden sie nach Edenford zurückkehren und die anderen Flüchtlinge am Ende der Nordbrücke treffen. David Cooper würde die fliehenden Puritaner ins nördlich gelegene Tiverton führen, dann nach Halberton und schließlich nach Southampton. Es war keine einfache Reise. Sie mußten sich beeilen, um John Winthrop und die *Arbella* vor dem 29. März zu erreichen.

Drew rief James zu: „Denk daran, wir wollen uns nicht sehen lassen. Halte deinen Kopf runter!"

„Ich weiß, was ich zu machen habe", höhnte James. „Laß deinen Wagen rollen, und komm mir nicht in die Quere."

„Heeejah!" Drew trieb sein Pferd an. James war direkt hinter ihm. Die beiden Gespanne jagten die Straße nach Exeter hinunter.

Der Staub wirbelte in großen Wogen durch die Nachtluft, so daß sich die beiden Gespanne manchmal aus den Augen verloren. Auf einem Hügel drehte sich Drew kurz um. Die Verfolger hätten nun zu sehen sein müssen, waren es aber noch nicht. War irgend etwas falsch gelaufen? Waren David und Thomas erwischt worden? Drew sah James an, der sich auch gerade umdrehte. Der rote Riese hockte mit verbissenem Gesicht auf dem Wagen.

Die Wagen wurden von den Schlaglöchern durchgeschüttelt und manchmal von der Straße oder aus den Kurven geschleudert. Es war schwierig, die Pferde zu lenken und sich gleichzeitig zu ducken. Drew spreizte die Beine, um besseren Halt zu bekommen. Er drehte sich erneut um, konnte aber immer noch keine Verfolger entdecken.

Gerade als er seinen Wagen anhalten wollte, sah er sie über die Hügelkuppe kommen. Gut. James hatte sie auch entdeckt und trieb sein Pferd zu noch größerer Eile an.

Die Verfolger waren schneller. Drew hatte das erwartet. Eliot und die Wächter würden sie langsam einholen. Drew schätzte, daß es etwa zehn Verfolger waren. Er konnte sie auf dem schlingernden Wagen nicht genau zählen. Er duckte sich und trieb sein Pferd an. Sie mußten die Verfolger weiter von Edenford weglocken. Eliot durfte nicht zu früh feststellen, daß die Wagen nur mit Wollserge beladen waren.

Die Frauen Edenfords hatten viele Abende damit verbracht, die Serge in passende Bündel zu verpacken, um sicher zu sein, daß sie die richtige Form besaßen. Jedes Bündel mußte wie ein Mensch aussehen. Nach einiger Zeit machte ihnen die Täuschung Spaß. Sie gaben jedem Bündel den Namen eines Flüchtlings. Einige Bündel waren mit körperlichen Eigenschaften bestimmter Menschen versehen worden, andere hatten Spitznamen oder Kosenamen. Eine Frau setzte ihr Bündel, das ihren Mann darstellen sollte, auf einen Stuhl und sagte ihm alles das, was sie ihm schon seit Jahren sagen wollte.

In der Nacht der Flucht wurden die Bündel aufrecht auf die Wagen geladen und mit einer Plane zugedeckt. Anfangs standen sie noch aufrecht, aber während der wilden Fahrt waren sie umgefallen. Es machte nichts. Wären es tatsächlich Menschen gewesen, würden sie jetzt hinten im Wagen übereinanderliegen.

„Heeejah!!!" rief Drew und feuerte sein Pferd an.

Die Straße wurde nun gerade. Noch eine Meile, dann würden sie nach Osten abbiegen und die Exe verlassen. Nach einer weiteren Meile würde die Straße nach Süden verlaufen, leicht ansteigen und sich weiter von der Exe entfernen. Am Culm würden sie dann scharf nach Süden abbiegen, um dann vor Exeter wieder auf die Exe zu treffen. Drew Morgan und James Cooper planten aber nicht, so weit zu fahren.

Drew drehte sich wieder um. Eliot und seine Wächter holten schnell auf. Er konnte die Männer bereits erkennen.

Der Hauptteil des Plans bestand darin, bis zur östlichen Biegung zu kommen. Es war außerordentlich wichtig, daß sie an dieser Biegung einen guten Vorsprung besaßen. Denn wenn Eliot und seine Wächter diese Biegung umritten hatten, konnten sie die Gespanne im Auge behalten, bis sie schließlich von ihnen erreicht wurden. Darum mußten Drew und James sich ducken. Sie wollten nicht mehr auf den Wagen sein, wenn die Verfolger sie einholten. Wenn sie sich auf die Wagen duckten, würden die Verfolger länger benötigen, um festzustellen, daß die Wagenführer nicht mehr da waren, was James und Drew eine bessere Chance zur Flucht gab.

Das war entscheidend, denn sie hatten nicht die Absicht, erwischt zu werden. Sie waren keine Opferlämmer, die einen Wagen führten, sie waren zwei Männer, die für etwas zu leben hatten – in Wirklichkeit für die gleiche Sache. Um genauer zu sein, für die gleiche Person, für Nell Matthews.

Drew drehte sich um und sah James an. Auch er hatte die Biegung erkannt. Drew trieb sein Pferd in die Linkskurve. Sein Wagen fuhr durch ein Schlagloch. Er flog durch die Luft und warf Drew beinah vom Sitz. Während er in die Kurve fuhr, landeten die beiden rechten Räder wieder auf der Straße. Drew sah nach hinten. Als einige Bäume James und die Verfolger verdeckten, zog er die Zügel an und verlangsamte den Wagen.

James schleuderte mit seinem Wagen um die Kurve. Nachdem er sie durchfahren hatte, zügelte auch er seinen Wagen.

Drew sprang vom rollenden Wagen und schlug dem Pferd aufs Hinterteil. „Heeejah! Schneller! Heeejah!" James folgte seinem Beispiel. Die Pferde liefen widerstrebend weiter. Sie wußten, daß die Fahrer abgesprungen waren. Drew faßte in seine Tasche und nahm die Steine heraus. Immer noch anfeuernd, warf er mit den Steinen nach den Pferden, traf sie aber nicht. Er versuchte es erneut, verfehlte sie aber wieder. Wenn er die Pferde nicht hart genug traf, würden sie in einiger Entfernung stehenbleiben. Er warf noch einmal, traf aber wieder nicht. James stand neben ihm und versuchte ebenfalls die Pferde zu treffen.

„Ich kann nicht so weit werfen!" stieß Drew hervor.

James zog die Lippen zusammen. Für Drew war es ein ungewohnter Gesichtsausdruck, um Steine zu werfen, aber es wirkte. Ein Stein traf Drews Pferd auf den Rücken. Das verängstigte Tier preschte los. Nach drei weiteren Versuchen traf James sein Pferd hinter dem Ohr. Das zweite Pferd jagte hinter dem ersten her.

Drew und James liefen über ein großes Feld zum Ufer, an dem genug Schilfrohr stand, um sie zu verbergen. Sie mußten im Schilf sein, bevor Eliot und die Wächter um die Kurve kamen.

Der kleinere und leichtere Drew rannte dem behäbigeren James davon. Während Drew lief, drehte er sich zur Straße um. Eine Staubwolke deutete darauf hin, daß ihre Pferde immer noch davonpreschten. Er sah in die andere Richtung. Bis jetzt war niemand zu sehen.

Drew erreichte das Ufer und stolperte über die ersten Schilfhalme. Er fiel hin und kletterte das kurze Stück wieder die Uferböschung hinauf. In der Ferne konnte er ihre Pferde laufen sehen, und es schien, als hätten sie den kurzen Zwischenaufenthalt wieder ausgeglichen, als sie anhielten. James keuchte laut, während er auf das Ufer zulief. Seine Arme wirbelten und seine Füße stampften den weichen Boden.

Hinter ihm kamen Eliot und die Wächter um die Kurve.

„Beeil dich!" schrie Drew.

Der rote Riese atmete noch lauter und Drew hörte nur noch das laute Bumm, Bumm, Bumm seiner Füße. Er wurde langsamer.

Drew sah an James vorbei. Eliot zeigte auf die Wagen und brüllte irgend etwas.

James rannte mit bebenden Knien auf das Ufer zu. Seine Brust hob und senkte sich gewaltig. Er war immer noch einige Meter vom Ufer entfernt, als Eliot sich umdrehte und den Wächtern hinter ihm etwas zurief.

James fiel über die Uferböschung und dann ins Schilf.

Er rollte halb das Ufer hinunter und blieb mit dem Gesicht nach oben liegen. Sein riesiger Brustkasten bebte, und er rang nach Luft.

Hatte Eliot James gesehen? Drew hielt den Atem an, als er seine Verfolger beobachtete. Nein, keiner hielt an. Keiner ritt auf das Feld. Drew und James hatten es geschafft!

„Komm, steh auf! Wir haben jetzt keine Zeit zum Ausruhen!" Drew beugte sich mit einem Lächeln über seinen Begleiter. Er sagte es halb scherzend. Es war wichtig, daß sie hier so schnell wie möglich verschwanden, doch Eliot und die anderen Verfolger jagten die Wagen, und sie hatten daher genug Zeit. James mußte erst wieder zu Atem kommen. Zu Drews Überraschung holte James nur noch einmal tief Luft und stand auf.

Die beiden Männer schritten zum Wald, in dem sie vorher ihre Bündel versteckt hatten. James' Bündel war leicht, er hatte die meisten Sachen seiner Familie mitgegeben. In Drews Bündel befand sich sein ganzes Eigentum, seine Kleidung, seine Bibel und eine ihm heilige Erinnerung, die er nach seiner ersten Bekehrung an sich genommen hatte. Zwischen seinen Kleidern befand sich das aus feiner Spitze geklöppelte Kreuz aus Nells Tagebuch.

Drew reichte James zum Abschied die Hand. Sie würden sich hier trennen. James wollte durch den Wald gehen, dann in Richtung Westen, um die fliehenden Puritaner außerhalb Honitons zu treffen. Drew wußte nicht, wohin er gehen sollte. Er hatte seine Mission, so gut er konnte, erfüllt. Nell und Jenny waren in Sicherheit, zumindest hatte das der Schuster behauptet, und Drew hatte keinen Grund, an seinen Worten zu zweifeln. Die Bewohner von Edenford waren auf ihrem Weg in die Neue Welt und würden Bischof Laud und dem geldgierigen König entkommen. Alles, worum Christopher Matthews ihn gebeten hatte, war ausgeführt. Drew mußte nun versuchen, Laud zu entkommen und herausfinden, was Gott für ihn geplant hatte.

James schüttelte ihm fast widerwillig die Hand. „Wohin gehst du?"

Drew zuckte die Schultern. „Ich weiß es nicht."

Sie ließen sich los. Es entstand ein betretenes Schweigen zwischen ihnen.

Drew klopfte James auf die Schulter. „Gott sei mit dir. Grüß deinen Vater und Thomas von mir."

James nickte, wandte sich nach Norden und ging in den Wald. Drew überquerte den Fluß und ging nach Westen.

Drew verbrachte den Samstag allein. Er wanderte die Straßen von Devonshire in Richtung Exeter entlang und vermied Dartmoor, das große Granitplateau mit felsigen Hügeln, feuchten Tälern, dünnem Boden und hartem Gras. Er zog das weite Land vor. Es war fruchtbar, mit großen Getreidefeldern, Gras und Wäldern, mit anderen Worten, es ähnelte Edenford.

Während des Wanderns betete er und in den Pausen las er in der Bibel. Es war alles, was er nun hatte – Gott und die Bibel. Er versuchte sich einzureden, daß es genug sei. Vielleicht sollte seine Zukunft wie die des Apostels Paulus aussehen, der von Ort zu Ort zog, um das Wort Gottes zu lehren, sich aber nie irgendwo niederließ. Er hatte Freunde, aber keine Familie. Keine Frau. Manchmal dachte er, daß ihm ein solches Leben gefallen würde, aber meistens wollte er mehr. Er wollte ein Leben, wie es Christopher Matthews in Edenford geführt hatte, eine Familie, gute Freunde und die Gemeinschaft von Gläubigen ... ein Leben, das der Kurat geführt hatte, bis Drew Morgan nach Edenford kam.

Drew folgte dem Flußlauf, bis er einen kleinen Ort namens Crediton erreichte. Es war ein Sonntagmorgen, und er begab sich zur Kirche. Da es sich um eine puritanische Gemeinde handelte, war der Altar nicht mit einer Balustrade versehen, und der ausgezeichnet predigende junge Pfarrer trug nicht das vorgeschriebene Chorgewand. Er hatte seine Predigt selbst formuliert. Während des Gottesdienstes wanderten Drews Gedanken umher. Die Ähnlichkeit zwischen Edenford und Crediton verblüffte ihn. Beide Orte waren klein und lagen an einem Fluß. Die Einwohner gehörten der puritanischen Glaubensrichtung an. Der Pfarrer predigte in den vertrauten Worten. Es schien, als ob sich die Gemeinde im Wohnzimmer des Pfarrers versammelt hätte. Der bedeutendste Unterschied zwischen beiden Orten war die Art und Weise, mit der sich die Einwohner ihren Lebensunterhalt verdienten. Edenford produzierte Wolle, und die Einwohner von Crediton waren Bauern.

Nach dem Gottesdienst machte ihn der Pfarrer mit Richard Tottel, einem Bauern bekannt, der drei Töchter und einen Sohn hatte. Tottel lud ihn zum Sonntagsmahl ein.

Die Tottels waren, verglichen mit den Einwohnern von Edenford, einfache Leute; sie waren arme Getreidebauern. Richard war ein ernster, kräftiger Mann. Er ging langsam und bedacht, war weise und nüchtern. Er besaß auch allen Grund dazu. Unter dem grauen Himmel und dem Regen Creditons hatten er und seine Väter die Bachläufe gesäubert, die Grenzwälle aufgerichtet, neue Steine in die Ställe und die Wohnhäuser eingereiht, und mit mittelmäßigem Erfolg ihr Land bestellt. Die Generationen hatten durch Verzicht und harte Arbeit ein Feld nach dem anderen gekauft und eine angesehene Stellung unter ihren Nachbarn gewonnen.

Die drei Töchter von Tottels, zwei von ihnen waren im heiratsfähigen Alter, umschwirrten Drew wie Bienen den Honig. Sie sahen recht gut aus, hatten schwarze Augen, einen scharfen Verstand und machten einen gepflegten Eindruck. Ihr Vater scheuchte sie alle paar Minuten davon, aber sie kamen unweigerlich zurück.

Frau Tottel war Richards dritte Ehefrau. Seine ersten beiden Frauen starben bei der Geburt seiner Kinder und mehrere andere Kinder waren an Fieber oder Schüttelkrampf gestorben. Drew wurde aber schnell klar, daß sich diese Leute nicht selbst bemitleideten und auch nicht ihre Situation beklagten. Sie machten ihre Arbeit so gut sie konnten. Das tägliche Leben hatte ihnen eine Stärke gegeben, die nicht so bald gebrochen werden konnte.

Während ihn die Töchter Tottels anstarrten, kostete Drew zum ersten Mal die Apfeltorte Westenglands, einen Apfelstrudel mit Vanillesoße und, da ein Besucher ein besonderes Ereignis war, gab es auch noch Sahne, geschlagene Sahne mit Milch und ein wenig Zucker. Das Essen war köstlich, und Drew ertappte sich bei dem Gedanken, einige Tage in Crediton zu bleiben. Er konnte sich nicht vorstellen, Bauer zu werden, aber er wußte nicht, was Gott mit ihm vorhatte. Das waren seine Gedanken während er aß. Nach dem Essen änderte sich alles.

Die Familie versammelte sich nach dem Essen vor dem Kamin, um zu rauchen und sich zu unterhalten. Drew fand heraus, was die sonntägliche Hauptbeschäftigung in diesem Teil des Landes war.

Tottel, seine Frau und Töchter und sogar die Kleinkinder zündeten ihre Pfeifen an und rauchten den ganzen Nachmittag. Die Tottels waren beleidigt, als er die ihm angebotene Pfeife ablehnte. Er verließ sie kurze Zeit später und ging die Straße hinunter.

In dieser Nacht schlief er unter freiem Himmel, beobachtete die Sterne, dachte nach und betete. Vielleicht hätte er den Tottels gegenüber nicht so intolerant sein sollen. Er hatte sich ungerecht gegen sie verhalten. Er suchte ein anderes Edenford, eine andere Matthews-Familie, eine andere Jenny und eine andere Nell. Crediton war aber nicht Edenford, und die Tottels waren nicht die Matthews.

Er hatte erneut Paulus' Reisen in der Apostelgeschichte nachgelesen und kam zu der Stelle, wo Paulus und Barnabas auf ihre erste Missionsreise nach Antiochien geschickt wurden. Er erfreute sich wieder an den nautischen Beschreibungen, als sie mit dem Schiff zuerst nach Zypern fuhren, dann nach Perge und Pamphylien. Bevor er einschlief, beschloß er, zur Küste zu gehen.

Er vermied Exeter und Plymouth und ging in Richtung Osten, bis er den Englischen Kanal bei Lyme Bay erreichte. Am Ostersonntag erreichte er Charmouth. Da er keine puritanische Gemeinde finden konnte, besuchte er einen Gottesdienst der Kirche von England, verließ ihn aber, bevor er endete. Aus irgendeinem Grund erinnerte ihn der Bischof von Charmouth an Lauds Gottesdienst in St. Michaels in London.

Der folgende Tag war der 29. März, der Tag, an dem John Winthrops erste Schiffe in die Neue Welt segeln würden. Falls alles geklappt hatte, mußten David Coopers Familie und die anderen Edenforder an Bord sein. Waren Jenny und Nell bei ihnen? Er wünschte, er wüßte es. Der Schuster hatte ihm nur gesagt, daß sie in Sicherheit waren. Wo waren sie sicher? Wollte Cooper diese Umschreibung benutzen, um die harte Arbeit an den felsigen Ufern – einer Neuen Welt – zu beschreiben? Wahrscheinlich nicht. Möglicherweise hielten sie sich auf dem Besitztum eines reichen Puritaners auf, der vom heldenhaften Tod ihres Vaters gehört hatte.

Am Nachmittag ging Drew zum Strand und beobachtete das Meer. Er erwartete nicht wirklich, daß er ihre Segel sehen würde, suchte aber trotzdem den Horizont ab. Außer den kleinen Segeln der flämischen Boote konnte er keine Schiffe erkennen.

Am Dienstag und Mittwoch suchte er wieder das Meer ab und dachte, daß er sie vielleicht bei Nacht übersehen hätte. Die Schiffe würden, unabhängig von der Tageszeit, mit dem Wind segeln. Drew versuchte, nicht enttäuscht zu sein, und wanderte die Küste entlang.

In Christchurch fuhr er mit einem kleinen Boot zur Isle of Wight. Es gab keinen besonderen Grund dafür, er wollte nur auf dem Wasser sein. Paulus und Barnabas waren nach Zypern gefahren, er fuhr zur Isle of Wight und übernachtete in Yarmouth.

Drew hatte den Bericht von Paulus' und Barnabas' erster Missionsreise zu Ende gelesen und begann mit der zweiten Reise. Er bedauerte die Auseinandersetzung der beiden, die dazu führte, daß jeder seine eigenen Wege ging. Er bedauerte es so sehr, daß ihm die Brust schmerzte. Sie waren Freunde, Brüder in Jesus Christus. Wie kam es, daß eine Auseinandersetzung die beiden Freunde trennen konnte? Der Schmerz in Drews Brust nahm zu.

Er bekämpfte seine aufkommenden Emotionen. *Ich leide einfach unter der Einsamkeit,* sagte er sich. *Vielen Menschen geht es genauso.* Um sich von der schmerzlichen Trennung der beiden Freunde abzulenken, las er im sechzehnten Kapitel über Paulus' Aufenthalt in Troas. Der Apostel hatte eine Vision, daß ihn ein Mann vom gegenüberliegenden Ufer des Meeres um Hilfe anrief und ihn bat, herüberzukommen.

Als Drew am Montag aufwachte, dachte er an die Reise in die Neue Welt. Sie waren vor einer Woche losgefahren und hatten ein Viertel der Reise in ihre neue Heimat zurückgelegt. Er kleidete sich an und ging zum Kai.

Als er die Straße zum Kai hinunterging, hörte er zwischen zwei hohen Gebäuden ängstliche Schreie. Er schaute zum Kai hinunter und erkannte eine außer Kontrolle geratene Kutsche, die ihm entgegenkam. Der Fahrer hing vom Kutschbock und rührte sich nicht. Der einzige Passagier, ein sehr alter Mann, saß hilflos auf dem Sitz und flog von einer Seite zur andern. Ein halbes Dutzend Männer liefen schreiend hinter der Kutsche her, um das Pferd anzuhalten.

Das Tier war verängstigt und hatte die Augen weit aufgerissen. Drew trat dem Pferd in den Weg und hob die Arme. Das Pferd galoppierte auf ihn zu. Er prüfte, ob er zur Seite springen konnte. Auf beiden Seiten war nichts, hinter dem er Deckung fand. Falls er nicht weit genug ausweichen konnte, würde ihn die Kutsche überrollen. Plötzlich hatte er einen wilden Gedanken. Er mußte die Aufmerksamkeit des Pferdes ablenken.

Er zog seinen Mantel aus und lief schreiend und mit ausgebreitetem Mantel auf das Pferd zu. Als das Pferd näher kam, riß er den Mantel hoch. Das Pferd stellte sich auf die Hinterbeine, kam herunter und stellte sich erneut auf die Hinterbeine. Drew ließ seinen Mantel fallen, hob die Hände empor und versuchte, das verängstigte Tier zu beruhigen. Es sprang erneut auf die Hinterbeine. In der Zwischenzeit hatten ihn mehrere von den Männern erreicht, die hinter der Kutsche hergelaufen waren. Sie umringten das Pferd, und einer von ihnen konnte die Zügel fassen. Das Tier beruhigte sich.

Der alte Mann rief den Männern zu, sich um den Kutscher zu kümmern, aber es war zu spät; der Mann war tot. Er war offensichtlich an einem Herzschlag gestorben. Allerdings war unklar, wodurch das Pferd erschreckt wurde.

Der alte Mann kam auf Drew zu, um sich zu bedanken. Er stellte sich als Kapitän Burleigh vor, Kapitän von Yarmouth Castle. Er war ein ernster, aber stattlicher Gentleman, und sehr alt.

Drew stellte sich ebenfalls vor.

„Morgan?" fragte der alte Mann. „Bist du mit Admiral Amos Morgan verwandt?"

„Mein Großvater." Drew lächelte, als er sich an ihn erinnerte. Er hatte zu lange nicht an ihn gedacht.

„Natürlich, man sieht es!" rief der Kapitän und ergriff Drews Schultern, um ihm besser ins Gesicht sehen zu können. „Sehr viel Ähnlichkeit. Wie geht es dem alten Bussard?" fragte er.

„Es tut mir leid, er starb letztes Jahr. Wir standen uns sehr nah."

„Mein Beileid", sagte der Kapitän. „Dein Großvater und ich haben viele Abenteuer miteinander erlebt."

Kapitän Burleigh lud Drew nach Yarmouth Castle ein. Drew lenkte die Kutsche. Sie holten zunächst seine Sachen aus dem Gasthof und begaben sich dann zum Schloß.

Während einer üppigen Mahlzeit aus Kalb- und Rindfleisch erzählte ihm Kapitän Burleigh die Abenteuer, die er mit Drews Großvater erlebt hatte. Einige kannte Drew schon, andere waren ihm neu. Burleigh berichtete, daß ihn die Spanier auf seinem Schiff gefangennahmen und er drei Jahre in spanischer Gefangenschaft verbrachte. Im Jahre 1610 begleitete er mit seinen drei Söhnen Sir Thomas Roe auf dessen Expedition nach Guayana.

Ohne auf weitere Einzelheiten einzugehen, erzählte ihm Drew, daß er nicht wie sein Vater sein Leben als Landedelmann verbringen wolle. Gegenwärtig suche er danach, wie es mit seinem Leben weitergehen sollte. Entweder hatte Kapitän Burleigh nichts von Drews jüngstem Empfang beim König gehört oder wollte nicht darüber sprechen. Jedenfalls war Drew ihm dafür dankbar.

„Falls du deinem Großvater ähnelst, wirst du dein Leben auf dem Meer verbringen", sagte der Kapitän. „Wenn ich noch einmal jung wäre, würde ich genau das tun. Auf dem Meer gibt es genug Abenteuer. Zum Beispiel die Dünkirchener. Verdammte Piraten! Erst überfallen sie unsere Handelsschiffe, und dann verstecken sie sich in diesem flämischen Hafen. Wenn es nach mir ginge, würde ich mit einer Flotte hinüberfahren und den verdammten Spaniern die Stadt abjagen. Durch die ewigen Überfälle im Kanal haben wir das Recht dazu. Aber wer hört schon auf einen alten Seebären wie mich? Falls du kein Kämpferherz hast, kannst du immer noch auf einem Handelsschiff anheuern. Handel in der Karibik, Sklavenhandel in Afrika, oder die Leute in die neuen Kolonien nach Amerika bringen ... Da fällt mir etwas ein! Ich bin morgen zum Frühstück auf Kapitän Milbournes Schiff eingeladen. Peter Milbourne ist ein wackerer Mann. Er war in Guayana unter meinem Kommando. Junge, du solltest mich begleiten! Wenn du willst, kann ich ein Wort für dich einlegen, und du kannst bei ihm anheuern! Falls nicht, was hast du zu verlieren? Zumindest bekommst du ein Frühstück."

Das Gespräch mit Kapitän Burleigh hatte in Drew tausend wundervolle Erinnerungen an seinen Großvater sowie an dessen Abenteuerlust geweckt. Er nahm die Einladung an, den Kapitän zum Frühstück zu begleiten.

Eine dichte Nebelbank deckte die Bucht wie eine Decke zu, als das Beiboot Kapitän Burleigh und Drew zum Schiff brachte. Die Luft war schwer und salzig. Kapitän Burleigh saß, wie es sich für einen Mann in seiner Position gehörte, aufrecht und steif wie ein Brett auf dem Boot. Sein Gesicht war ausdruckslos, aber Drew wußte, daß er sich darüber freute, wieder auf den Planken eines Schiffes zu stehen, selbst wenn es im Hafen lag.

Kapitän Peter Milbourne war ein kleiner Mann mit einem braunen Vollbart. Er machte ein ernstes Gesicht, bis er seinen ehemaligen Kapitän zu Gesicht bekam. Als er ihn begrüßte, lächelte er freundlich. Die beiden Kapitäne gaben sich die Hand, und Kapitän Burleigh stellte Drew als den Enkel von Admiral Amos Morgan vor. Kapitän Milbourne war beeindruckt und begrüßte Drew an Bord.

Er führte seine Gäste über Deck zur großen Kajüte, in der sie das Frühstück einnehmen sollten. Drew wandte sich nach hinten, um seinem Gastgeber zu folgen, als jemand die Treppe vom Unterdeck heraufkam. Es war Nell Matthews.

Kapitel 23

An Kapitän Milbournes Frühstückstisch saßen Drew, Kapitän Burleigh, Lady Arbella und ihr Ehemann, Mister Johnson sowie John Winthrop. Drew war überrascht. Er war an Bord der *Arbella,* das Schiff, das nach Lady Arbella, der Tochter des Grafen von Lincoln, benannt wurde, die gleichzeitig der wichtigste Passagier an Bord war. Das Schiff war am 29. März ausgelaufen, aber ungünstige Winde hielten es in Yarmouth fest.

Die Unterhaltung war im allgemeinen ausgelassen und interessant und drehte sich um die ungünstigen Windverhältnisse, den Kauf zusätzlicher Vorräte, hervorgerufen durch den langen Aufenthalt im Hafen, sowie die gemeinsamen Seeabenteuer der Kapitäne Burleigh und Milbourne. Die Frühstücksgesellschaft schaute Drew an, als Kapitän Burleigh erzählte, wie der junge Mann ihn auf dem Kai gerettet hatte. Danach bot Kapitän Burleigh Drews Dienste für Kapitän Milbourne an.

„So, du möchtest also Seemann werden?" fragte der Kapitän des Schiffes.

„Das Meer hat mich schon immer angezogen, aber ich glaube, daß Gott mich in die Neue Welt schicken möchte."

Kapitän Burleigh schien erstaunt zu sein. „Letzte Nacht

wußtest du noch nicht, wohin du gehen solltest. Was hat dich davon überzeugt, ein Kolonist zu werden?"

Die Unterhaltung erregte Winthrops Interesse. Drew war sicher, daß ihn Winthrop als ein Mitglied des geheimen Treffens in Edenford erkannt hatte, aber der zukünftige Gouverneur der Kolonie der Massachusetts Bay sagte nichts darüber. Als sich die Unterhaltung mit den Kolonien beschäftigte, zeigte er größeres Interesse.

Drew konnte den Anwesenden nicht erklären, daß er seine Entscheidung gefällt hatte, als er Nell Matthews auf Deck sah. Und in Wirklichkeit war sie nur ein Teil seiner Entscheidung – wenn auch der größte Teil. Ein weiterer Teil wurde durch einen biblischen Text beeinflußt. Es war der Bericht von Paulus' Aufenthalt in Troas. Der Apostel hatte in einer Vision gesehen, daß ihn ein Mann vom gegenüberliegenden Meeresufer aufforderte, herüberzukommen, um das Evangelium den Mazedoniern zu bringen. Diese Vision hatte Drew immer mehr beeindruckt. Es war, als hätte Gott diese Bibelstelle benutzt, um ihn über das Meer nach Amerika zu rufen. Es schien seine Mission zu sein, in der Wildnis eine Stadt aufzubauen, die auf dem Evangelium von Christus beruhen würde. Die Anwesenheit von Nell Matthews auf der *Arbella* bestätigte ihn nur in dieser Annahme.

Drew erzählte der Frühstücksrunde von seiner Vision.

„Wir haben bereits eine volle Crew, zweiundfünfzig Seeleute, um genau zu sein", meinte Kapitän Milbourne. „Da du aber Amos Morgans Enkel bist, werde ich dich deine Überfahrt abarbeiten lassen. Was deinen zukünftigen Aufenthalt in Amerika betrifft, mußt du mit Winthrop sprechen." Der Kapitän deutete mit seinem Messer auf den Gouverneur. „Nachdem ihr gelandet seid, ist er verantwortlich."

„Ich freue mich darauf, die Angelegenheit zu besprechen", sagte Winthrop in freundlichem, aber absolut unverbindlichem Ton.

Nach dem Frühstück stand Drew neben den beiden Kapitänen, die sich Lebwohl sagten. Die anderen Gäste hatten das Schiff bereits verlassen.

„Fast hätte ich es vergessen!" Der ältere Kapitän klopfte sich mit zwei Fingern gegen die Stirn. „Ich wurde damit beauftragt, euch eine Botschaft der Flotte auszurichten. Schlechte Nachrichten. Die Dünkirchener wurden im Englischen Kanal beobachtet. Wahrscheinlich wollen sie wieder englische Schiffe aufbringen. Vor vierzehn Tagen kaperten sie die *Warwick*. Sie kam allein aus den Dawns und wurde danach nicht mehr gesehen. War ein schönes Schiff, achtzig Tonnen, aber nur zehn Kanonen. Mason war ihr Kapitän." Der ältere Kapitän ging zur Tür. „Beobachtet den Horizont und bleibt zusammen", riet er.

Drew fuhr mit Kapitän Burleigh nach Yarmouth Castle zurück, um seine Sachen zu holen. Als sie das Schiff verließen, befahl Kapitän Milbourne, viermal einen Ehrensalut vom Vorschiff für den alten Kapitän abzufeuern. Drew kam wenige Stunden später zum Schiff zurück und begab sich direkt in Kapitän Milbournes Kajüte. Der Kapitän begrüßte ihn nicht sehr freundlich.

Während Drews Abwesenheit hatte ihn Winthrop über dessen Aktivitäten unterrichtet, die schließlich zur Hinrichtung von Christopher Matthews führten. Winthrop erzählte ihm auch von einer jungen Frau, die sich energisch dagegen wehrte, Drew an Bord zu nehmen.

„Morgan, ich frage einen Seemann nie nach seiner Vergangenheit", sagte der Kapitän. „Der größte Teil meiner Besatzung hat eine Vergangenheit, die man am besten vergißt. Ich kümmere mich auch nicht um Politik und Religion und

Puritaner und Kavaliere. Alles, worum ich mich kümmere, ist dieses Schiff."

Er starrte Drew so genau an, als würde er eine Seekarte lesen und nicht wissen, ob es sein Einsatz wert war, in diese unruhigen Gewässer zu segeln.

Schließlich sagte er: „Aus Respekt vor deinem Großvater, und wenn Winthrop dich in Massachusetts bleiben läßt, werde ich dich für die Überfahrt einschreiben. Geh jetzt in seine Kajüte und sprich mit ihm. Dann komm zurück und teil mir seine Entscheidung mit."

Winthrop schrieb an seinem Tagebuch, als Drew anklopfte. Er hörte genau zu, als ihm Drew die Ereignisse in Edenford schilderte, die zu Christopher Matthews' Tod und seiner eigenen Bekehrung führten.

„David Cooper erzählte mir, wie du ihre Flucht ermöglicht hast", ergänzte Winthrop.

„Ist seine Familie auch an Bord der *Arbella?*"

Winthrop schüttelte den Kopf. „Nein, sie sind an Bord der *Talbot*. Als die Entscheidung gefällt wurde, aus Edenford zu fliehen, fürchtete Cooper mit Recht um die Sicherheit der Matthews-Töchter. Er schickte sie zu mir und seitdem sind sie bei mir. Sie sind die einzigen Edenforder an Bord dieses Schiffes."

Drews Herz schlug bei dem Gedanken höher, wieder in der Nähe von Nell und Jenny sein zu dürfen. „Was kann ich tun, um Sie davon zu überzeugen, daß mein Wunsch, an Ihrer Expedition teilzunehmen, aufrichtig ist?" fragte Drew.

Winthrop strich sich mit seinen schlanken Fingern über die Nase, während er nachdachte. „Am Frühstückstisch sprachst du über Paulus' mazedonische Vision und sagtest, daß du der Meinung bist, daß Gott dir damit einen Hinweis geben wollte. Glaubst du das wirklich?"

Drew nickte. „Je mehr ich darüber nachdenke, desto sicherer bin ich. Eine der letzten Predigten, die Christopher Matthews in Edenford hielt, behandelte den Bibeltext, in dem Mose die Israeliten bis zur Grenze des Gelobten Landes führte. Danach lud er Sie ein, um vor der geheimen Versammlung zu sprechen. Ich glaube, er hätte die Edenforder in die Neue Welt geführt, wenn er noch lebte. Er ist nun nicht mehr in der Lage dazu, und ich betrachte es als meine Aufgabe, seine Mission zu erfüllen. Es ist das wenigste, das ich für den Mann tun kann, dem ich so viel verdanke."

„Als ich ein Junge war", sagte Winthrop und lehnte sich mit gedankenverlorenen Augen in seinem Stuhl zurück, „interessierte mich Religion nur wenig. Ich war voller Bosheit. Im Alter von zwölf Jahren las ich einige religiöse Bücher und dachte über meine Schandtaten nach. Danach war ich nicht mehr so durchtrieben wie vorher, aber immer noch nicht viel besser. In den mittleren Jahren besuchte ich die Universität von Cambridge und wurde dort sehr krank. Da ich weit von zu Hause entfernt und von jedermann isoliert war, wandte ich mich Gott zu. Meine Gottesfürchtigkeit dauerte aber nur so lange, bis es mir wieder besser ging. Im Alter von achtzehn Jahren, nicht lange nach meiner Heirat, kam ich unter den Einfluß von Reverend Ezekiel Culverwell. Er war ein wirklicher Mann Gottes und einer der großen puritanischen Prediger. Er wurde suspendiert, weil er sich weigerte, das vorgeschriebene Chorgewand zu tragen. Schließlich rüttelten mich die Schriften von William Perkins auf. Er überzeugte mich davon, daß Halunken genauso viel für Gott tun konnten wie ich. In seinen Schriften war zu lesen, daß ich überhaupt keinen Grund hätte, anzunehmen, daß ich gerettet würde. Lange Zeit hielt ich mich für sehr fromm, fühlte mich aber immer noch ungemütlich und unbequem mit meinem Glauben."

Winthrop schloß seine Augen, als ihm Einzelheiten der Vergangenheit durch den Kopf gingen. Er schien zu überlegen, was er Drew davon als nächstes beschreiben sollte.

Er fuhr fort: „Schließlich, im Alter von dreißig Jahren, hatte ich ein größeres Verständnis darüber, daß ich selbst vollkommen unwürdig war. Meine Ausbildung, der Reichtum meiner Familie und meine Beziehungen waren wertlos und unbedeutend. Ich wurde in die Tiefen der Verzweiflung hinabgestürzt. Und aus dieser Tiefe wurde ich emporgehoben. Und jede Verheißung, über die ich nachdachte, stellte mir Christus vor Augen, der sagte: ‚Ich bin deine Erlösung.' In diesem Augenblick regte sich ein neuer Mensch in mir."

Drew wartete darauf, daß Winthrop weitersprechen würde. Es war ein besonderer Augenblick, und er wollte die Erinnerungen nicht unterbrechen.

„Ich hatte Ezekiel Culverwell. Du hattest Christopher Matthews. Es ist Gottes Gnade, daß der Dienst dieser beiden Männer uns zusammenbringt. Wer bin ich, daß ich einem Mann im Wege stehe, der den Willen Gottes für sein Leben sucht?"

Drew kehrte zu Kapitän Milbournes Kajüte zurück und berichtete ihm die Entscheidung des Gouverneurs. Der Kapitän hörte sich die Nachricht mit ausdruckslosem Gesicht an. „Es ist eine lange Reise. Wenn wir uns gut vertragen, wird es eine angenehme Überfahrt, wenn nicht, kann es eine schwimmende Hölle werden. Deine Aufgabe ist einfach: Gehorche den Befehlen und mach deine Arbeit. Das ist alles, was ich dir zu sagen habe. Geh nun ins Quartier der Seeleute und melde dich bei Mister Prudden."

Am folgenden Tag kam Reverend John Cotton, ein Freund Winthrops, an Bord der *Arbella* und predigte zu den Kolonisten. Seine Predigt „Gottes Versprechen für seine Pflanzung" gründete sich auf das zweite Buch Samuel, Kapitel sieben, Vers zehn. „Und ich will meinem Volk Israel eine Stätte geben und will es pflanzen, daß es dort wohne und sich nicht mehr ängstigen müsse und die Kinder der Bosheit es nicht mehr bedrängen."

Cotton unterstrich die Parallele zwischen den Puritanern und Gottes auserwähltem Volk und betonte, daß es Gottes Wille sei, daß sie die Neue Welt in Besitz nehmen sollten. Danach stellte er die Frage: „Woher soll ich aber wissen, ob mir Gott ein solches Land gezeigt hat?"

Er beantwortete seine eigene Frage, indem er sagte: „Wenn es Böses zu vermeiden gilt, das ein Entfliehen berechtigt, dann erstens, wenn ein Land von schweren Sünden geplagt wird, die es zu verwüsten drohen. Zweitens, wenn Menschen von Schulden und Leid geplagt werden. Und drittens, wenn sie verfolgt werden.

Das führt uns zum Vergleich zwischen unserem bisherigen und unserem zukünftigen Land. Stellt sicher, daß ihr euch jeden Ort anschaut, der euch bestimmt ist, durch die Hand Gottes ... aber wir müssen feststellen, wie Gott uns diesen Platz bestimmt hat. Es wird nur wenig Trost an einem Ort sein, von dem ihr nicht sagen könnt: ‚Dieser Platz ist mir von Gott bestimmt.' Könnt ihr sagen, daß Gott für euch das Land ausgesucht und euch dort gegen alle Hindernisse angesiedelt hat? Findet ihr, daß Gott euch Raum geschaffen hat, entweder durch rechtmäßige Übertragung oder durch Kauf, durch Schenkung oder anderes euch zustehendes Recht? Dann und nur dann, ist es der Ort, den Gott für euch bestimmt hat. Es ist der Ort, an dem er für euch Raum geschaffen hat."

Drew gefiel die Predigt und die Redegewandtheit des Sprechers. Was ihm aber am meisten gefiel, war, daß er die auf der anderen Seite des Decks stehenden Töchter Christopher Matthews beobachten konnte. Jenny sah ihn gelegentlich an, aber Nell würdigte ihn mit keinem Blick. Während der ganzen Predigt sah Nell aus, als würde sie sich nicht wohl fühlen.

Nach dem Gottesdienst ging Drew zu der Stelle, an der Nell und Jenny gesessen hatten, konnte aber nur sehen, wie zwei Frauen Nell stützten und sie zum Unterdeck brachten. Als Jenny Drew auf sich zukommen sah, blieb sie auf dem Deck stehen und warf ihre Arme um seinen Hals.

„O Drew, Gott sei Dank, daß du in Sicherheit bist!" rief sie. „Ich wünschte, ich hätte einen Weg gefunden, dir mitzuteilen, daß wir Edenford verlassen würden. Aber Nell und Mister Cooper haben es mir erst im letzten Augenblick gesagt. Wäre es nach mir gegangen, hätte ich Edenford nie verlassen, ohne dir ‚Auf Wiedersehen' zu sagen."

Drew drückte sie noch einmal an sich. Es war ein gutes Gefühl, sie nah bei sich zu haben. „Ich weiß, du warst die einzige Person, die mir glaubte. Ich werde es nie vergessen", antwortete er.

„Ich glaube immer noch an dich", sagte sie und schlug ihre Augen nieder.

Die beiden jungen Leute stellten fest, daß sie die Blicke zu vieler Personen auf sich zogen. Sie ließen sich widerwillig los. Nachdem sie in angemessenem Abstand voneinander standen, fragte Drew: „Ist Nell krank?"

„Seitdem wir Edenford verließen", antwortete Jenny. „Zuerst dachten wir, daß es die Aufregung oder der Mangel an Schlaf wäre, aber noch wissen wir es nicht genau. Sie ist sehr schwach und liegt meistens im Bett."

„Ich werde für sie beten."

Jenny strahlte ihn an.

„Was ist los?"

„Es ist einfach schön, dich solche Dinge sagen zu hören.

Du hast dich stark verändert, seitdem ich dich das erste Mal traf. Du scheinst selbstsicherer und erwachsener zu sein. Es steht dir gut."

Am 8. April um sechs Uhr morgens blies der Wind von Nordost. Die rauhe Stimme des Bootsmanns rief: „Aaaaalle Maaann an Deck! Ahoi, lichtet den Anker!" Die ganze Mannschaft setzte sich in Bewegung. Die Segel wurden heruntergelassen, die Taue befestigt und der Anker aus der Tiefe des Hafens gelichtet. Der Kapitän stapfte über Deck und rief seine Befehle. Drew verstand die meisten davon nicht; andere, die er verstand, war er nicht in der Lage, auszuführen. Nicht so die anderen Seeleute. Sie führten die Befehle ihres Kapitäns in großer Eile mit eigenartigen Rufen und noch eigenartigeren Handlungen aus. Die *Arbella* verließ wenige Minuten später den Hafen. Drew konnte das Rauschen des Wassers hören, als sich das Schiff unter der morgendlichen Brise auf die Seite legte und auf den schmalen Teil des Kanals zufuhr, der „Das Nadelöhr" genannt wurde.

Da der Wind so schwach war, konnten nicht alle Schiffe den Hafen bis zum Eintreten der Ebbe verlassen. Die *Arbella* verließ den Hafen kurz vor zehn Uhr. Der Wind flaute wieder ab, und das Schiff blieb wenige Meilen vom „Nadelöhr" entfernt liegen und warf Anker. Um zehn Uhr abends kam ein starker Nordwind auf. Der Anker wurde wieder gelichtet, und das Schiff fuhr durch die Nacht. Am Morgen waren sie vor Portland.

„Aaaaalle Maaann an Deck! Macht euch fertig zum Kampf!"

Drew konnte am Heck des Schiffes acht Segel erkennen. Weil der Kapitän annahm, daß es sich um die Dünkirchener handelte, befahl er, das Deck zu räumen und in Kampfbereitschaft zu gehen. Alle Hängematten wurden eingerollt, die Kanonen geladen und die Pulverfässer bereitgestellt. Da letzteres in den Kajüten der Landbewohner geschah, gingen diese mit den Seeleuten zusammen hinein. Fünfundzwanzig Leute, einschließlich Drew, wurden den Musketen zugeteilt.

Der Wind blies weiterhin von Norden und die acht Schiffe kamen auf die *Arbella* zu. Sie hatten bessere Windbedingungen und schlossen auf. Der Kapitän war nun davon überzeugt, daß es sich um die Dünkirchener handelte.

Als Versuch ließ er einen Ball von griechischem Feuer, der an einem Pfeil befestigt war, von einer Armbrust abschießen. Er flog ins Wasser und brannte dort noch für eine Weile. Falls die Schiffe angriffen, würde das griechische Feuer eine gute Waffe darstellen.

Die Frauen und Kinder wurden aus Sicherheitsgründen auf das Unterdeck gebracht. Nachdem alles vorbereitet war, knieten die Männer zum Gebet nieder. Es war ermutigend zu sehen, wie das Gebet die Leute beruhigte; nicht ein Kind oder eine Frau zeigte Furcht, obwohl sie die Gefahr kannten. Acht gegnerische Schiffe standen Winthrops vier Schiffen gegenüber und das wenigste, was berichtet wurde, war, daß die Dünkirchener dreißig Bronzegeschütze an Bord haben sollten. Die Männer der *Arbella* vertrauten aber auf den Herrn der Heerscharen. Das, und der kühle Mut des Kapitäns, verlieh den Kolonisten Frieden und Ruhe.

Um etwa ein Uhr mittags waren die Schiffe auf eine Seemeile an die *Arbella* herangekommen. Um ihnen zu zeigen, daß er vor ihnen keine Angst hatte, ließ Kapitän Milbourne beidrehen, damit er sie entsprechend empfangen konnte. Sollten sie angreifen, wäre es besser, den Kampf auszufechten, bevor die Nacht hereinbrach.

Drew und die anderen Männer stellten sich an der Seite des Schiffes auf und bereiteten ihre Musketen vor.

Als die acht Schiffe näher herankamen, zeigte es sich,

daß sie Freunde und keine Dünkirchener waren. Ein Schiff kam aus Holland, ein anderes aus Frankreich und drei aus England. Alle acht waren auf dem Weg nach Kanada und Neufundland. Als sie sich Bord an Bord passierten, grüßten sie sich gegenseitig, und die Angst und Gefahr verwandelte sich in freundliche Zurufe.

Nachdem die Gefahr vorüber war, sah man zwei Fischerboote im Kanal bei ihrer Arbeit. Sie versorgten Winthrops Schiffe mit ausgezeichnetem Fisch.

Am nächsten Tag segelten sie an Plymouth vorbei und einen Tag darauf an den Isles of Scilly. Sie hatten das offene Meer erreicht.

Drew begab sich in die Unterkünfte der Seeleute. Nachdem sie den Kanal verlassen hatten, nahm das Seemannsleben andere Formen an, und er lernte die weniger angenehmen Seiten kennen. Er war erschöpft. Er mußte früh aufstehen, und der Tag begann mit einem steifen Nordwestwind. Die schwere See hämmerte gegen das Schiff wie der Hammer eines Schmieds. Die Wellen flogen über Deck und Drew wurde durchnäßt, wie die anderen Seemänner. Die Topsegelfalle wurden losgemacht, und die großen Segel blähten sich unter dem Wind; der Wind pfiff durch die Takelage, und lose Taue peitschten durch die Luft; Männer brüllten Befehle und Antworten, als die *Arbella* ihren Weg durch die Wellen in die Neue Welt pflügte. Hinter ihnen folgten die *Talbot,* die *Ambrose* und die *Jewel.* Drew erkannte, daß das Seemannsleben bei weitem nicht so romantisch war, wie er es sich aus den Erzählungen seines Großvaters ausgemalt hatte.

Seine Beine waren immer noch wackelig und ein Seemann erklärte ihm, daß er mindestens drei Tage benötigen würde, bis er richtige Seemannsbeine hätte. Drew enterte zum Zwischendeck, wo er seinen Schlafplatz hatte. Überall lagen Rollen mit Takelage, Ersatzsegel, Gerümpel und Ersatzteile herum, die nicht verstaut worden waren. Durch das Rollen des Schiffes war alles durcheinandergeraten. Drews Kleidung, die Bibel und seine anderen Habseligkeiten waren irgendwo, vielleicht unter allen anderen Sachen. Drew dachte an das alte Seemannssprichwort: „Alles an Deck und nichts vorhanden."

Im Raum gab es keine Koje und keine Fenster. Das einzige Licht kam durch die Eingangstür. Er konnte vier Stunden schlafen, bevor er die erste Wache antreten mußte. Drew warf sich auf ein Segel und schloß die Augen. Da er erschöpft war, dachte er, daß er sofort einschlafen würde, konnte es aber nicht, da er von den Anfangssymptomen der Seekrankheit übermannt wurde. Vier Stunden kämpfte er beim Hoch und Runter der wechselnden Wellen mit seiner Übelkeit. Das Schiff rollte von einer Seite zur anderen, und der Geruch des unbeständigen Bilgewassers erfüllte das Zwischendeck. Er lief zweimal an Deck, lehnte sich über Lee und übergab sich.

Es war ein durchnäßter, frierender und erschöpfter Seemann, der gern seine erste Wache auf Deck übernahm. Wenigstens hatte er frische Luft, aber die Krämpfe in seinem Magen schienen schlimmer zu sein als die Wellen.

Er litt aber nicht allein. Die Seekrankheit hatte alle Personen an Bord befallen. An diesem Sonntag fand daher kein Gottesdienst statt.

Am nächsten Tag hatte sich das Wetter etwas beruhigt. Die Leute, die am Vortag krank und stöhnend in ihren Kojen gelegen hatten, wurden an Deck gebracht. Vom Zwischendeck bis zum Hauptmast wurde ein Tau gespannt, an dem sie sich festhalten konnten. Die warme Sonne und die frische Luft führten dazu, daß sich die meisten Passagiere schnell wieder wohlfühlten und fröhlich waren.

Drew hatte den Befehl erhalten, den Hauptmast zu streichen. Mit einem Eimer in der Hand kletterte er den Mast hinauf, während er von dem rollenden Schiff vor- und zurückgeworfen wurde. Von diesem Aussichtpunkt konnte er beobachten, wie Jenny Nell auf Deck brachte und zum Seil führte. Sie ging langsam und hatte ihren Arm um Nells Hüfte gelegt. Nell stützte sich auf Jennys Schulter und war zu schwach, um sich am Seil festzuhalten. Jenny legte Nells Hand auf das Seil, aber die Hand fiel immer wieder herunter. Während die anderen Passagiere sich anlächelten und gegenseitig mitteilten, daß es ihnen nun viel besser ging, brachte Jenny Nell in die Frauenkajüte zurück.

Nachdem Drew seine Arbeit beendet hatte, betete er für Nells Gesundheit.

„Nein!" brüllte Kapitän Milbourne, nachdem ihn Drew das dritte Mal darum gebeten hatte, Nell besuchen zu dürfen. „Das gibt Ärger, und ich werde ihn nicht auf meinem Schiff dulden! Du liebe Zeit, Mann, sie hatte etwas dagegen, daß du an Bord kommst!"

„Ich weiß", antwortete Drew. „Trotzdem ist es wichtig, daß ich sie sehe. Ich möchte nur mit ihr beten."

„Gott hört deine Gebete auch im Zwischendeck", rief der Kapitän. Als er Drews enttäuschtes Gesicht sah, sagte er: „Junger Mann, es gibt genug andere Frauen an Bord. In den Kolonien gibt es noch mehr. Warum zerbrichst du dir deinen Kopf über eine Frau, die dich nicht haben möchte? Laß sie in Ruhe. Du wirst eine andere finden."

Sie konnten hören, daß auf Deck zur Wachablösung gerufen wurde.

„Das ist meine Wache", meinte Drew. „Ich danke für Ihren Ratschlag, Sir."

Drew ging an Deck. Das Meer war ruhig, und die leichte

Brise bewegte das Schiff kaum vorwärts. Sie waren an diesem Tag nur wenige Meilen gesegelt. Es war elf Uhr in der Nacht, und drei Seeleute hielten auf dem Hauptdeck Wache. Einer stand am Bug, zwei am Heck. Drew ging nach Steuerbord und schaute Richtung Norden. Der Himmel war dunkel und klar, die Sterne glitzerten und der Mond schien kleiner zu sein als in England. Der Wind war frisch wie während der ganzen Reise, und alle hatten sich ihre Winterkleidung angezogen.

„Guten Abend, Sir."

Die Stimme erschreckte Drew. Er drehte sich nach der weichen Stimme um. Es war Jenny.

Sie kicherte und freute sich darüber, daß sie ihn erschreckt hatte.

„Jenny! Was machst du hier?"

Sie zog ihren Schal enger um die Schultern. „Ich wollte dir eigentlich sagen, daß ich nicht schlafen konnte, es ist aber nicht die Wahrheit."

Drew schaute sie fragend an.

„In Wahrheit habe ich einen der Seeleute gefragt, wann du auf Wache bist. Es war die einzige Möglichkeit, dich allein zu treffen."

Drew schaute ihre weichen Gesichtszüge an, die vom Mond beschienen wurden. Die Sterne spiegelten sich in ihren Augen wider. Sie hatte die Mundwinkel nach oben gezogen und zwei Grübchen auf den Wangen. Vielleicht war es seine Einsamkeit. Vielleicht war es der Umstand, daß sie ihm glaubte, während andere an ihm zweifelten. Vor ihm stand eine junge Frau, die ihn nicht ablehnte, eine Frau, die sich darüber freute, mit ihm zusammenzusein. Was auch immer der Grund gewesen sein mochte, Drew wollte sie in seine Arme nehmen und ihr die Liebe schenken, die er seit Monaten für die Frau zurückgehalten hatte, die nichts mit ihm zu tun haben wollte. Er mußte sich mit aller Gewalt zurückhalten.

Er schaute auf seine Füße, um sie nicht anzusehen. Falls er es weiter tat, würde er sich nicht mehr kontrollieren können. „Ich freue mich, daß du gekommen bist", sagte er. „Wie geht es deiner Schwester?"

Die Frage enttäuschte sie. Sie machte ein schmollendes Gesicht, streckte die Unterlippe vor, drehte sich zum Meer und lehnte sich gegen die Reling. Wenn sich die beiden unterhielten, schienen sie immer über Nell, die Einwohner von Edenford oder ihren Vater zu sprechen. Sie unterhielten sich immer über irgend jemand oder irgend etwas anderes, nie über sich selbst. Trotzdem teilte sie seine Besorgnis.

„Ihr geht es jeden Tag schlechter", sagte Jenny. „Ich mach mir große Sorgen." Sie versuchte, die Tränen zurückzuhalten, und schaute über die mondbeschienenen Wellen. „Als meine Mutter starb, war ich dreizehn Jahre alt. Papa nannte es Schwindsucht. Nell hat die gleichen Anzeichen wie Mama vor ihrem Tod. Sie wird immer dünner und schwächer, hat keine Kraft mehr, atmet flach und erkennt mich manchmal nicht. Drew, ich habe Angst um sie."

Drew legte seinen Arm um ihre Schultern. Sie drehte sich zu ihm und sie umarmten sich. Jenny legte ihren Kopf an seine Brust und weinte leise. Er schaute zu den Wachleuten am Heck. Sie unterhielten sich angeregt und sahen nicht, daß Drew während seiner Wache eine junge Frau umarmte. Trotzdem führte Drew Jenny an einen Ort, an dem sie ungestört waren.

Sie hob ihren Kopf und sah ihn an. Er wischte ihr mit dem Daumen die Tränen aus den Augen. Sie legte ihre Hände auf seine Unterarme und neigte sich leicht vor. Indem sie ihren Kopf zur Seite legte, gab sie ihm einen leichten Kuß, nahm dann ihren Kopf zurück und gab ihm einen weiteren Kuß. Drew hielt ihren Kopf fest, streichelte ihr langes braunes Haar und zog sie an sich. Ihre Lippen waren weich und warm vor Tränen. Jenny legte ihre Arme um ihn, während sie auf ihren Zehenspitzen stand und sich gegen ihn lehnte.

„Ich liebe dich", flüsterte sie unter Küssen. „Als ich dich zum ersten Mal sah, wußte ich, daß ich dich immer lieben würde."

Eine innere Stimme sagte ihm, daß er damit aufhören mußte, bevor es zu spät war. Die innere Stimme war aber Vernunft, und Vernunft hatte sehr wenig mit dem zu tun, was er gegenwärtig fühlte. Er begehrte Jenny. Sie war warm, voller Leben und sie liebte ihn. Sie liebte ihn!

Ich könnte mich dazu bringen, sie zu lieben, oder nicht? Falls ich mich dazu bringen könnte, würde es mein Leben viel einfacher machen. Warum muß ich eine Frau lieben, die mich nicht liebt? Warum kann ich nicht einfach der Wahrheit ins Auge sehen? Nell wird mich nie lieben. Jenny aber liebt mich.

Aber er liebte Jenny nicht. Nicht so sehr, wie er Nell liebte.

Drew löste sich vorsichtig von Jenny. Ihre Augen waren immer noch geschlossen und ihr Kopf war nach oben gerichtet. Sie wartete auf weitere Küsse.

„Ich habe Wache. An Deck stehen andere Wachen. Wenn sie uns sehen, bekomme ich Ärger", sagte er.

Sie öffnete ihre Augen. Die Realität hatte den Bann gebrochen.

Drew hielt ihre Hände fest. Sie war so schön. Er war wirklich ein Narr.

„Ich habe den Kapitän gefragt, ob ich nach unten gehen darf, um mit Nell zu sprechen. Er hat es abgelehnt. Ich weiß auch nicht, ob es ihr helfen würde. Aber vielleicht würde meine Gegenwart sie so wütend machen, daß ihr Blut zu kochen anfängt und die Krankheitskeime abtötet."

Jenny lachte.

„Ich könnte dich jetzt nach unten bringen. Alle schlafen."

Drew schüttelte den Kopf. „Nein, es ist zu riskant. Falls ich dabei erwischt werde, daß ich meinen Posten verlasse, könnte ich hingerichtet werden."

„Wann ist deine Wache vorbei?"

„Um vier Uhr morgens."

„Komm zur Frauenkajüte. Ich werde dort auf dich warten."

„Nein, du brauchst deinen Schlaf."

Jenny lächelte verliebt. „Glaub mir, ich werde heute nacht sowieso keinen Schlaf finden."

„Ich werde kurz nach vier dort sein."

Drew wurde genau um vier Uhr abgelöst. Er streckte sich und stieg durch die Luke, aber statt weiter zum Zwischendeck zu gehen, schlich er zur Frauenkajüte. Er zuckte zusammen, als er leicht an die Tür stieß. Sie wurde umgehend geöffnet. Jenny hatte auf ihn gewartet. Sie nahm seine Hand, zog ihn in die Kajüte und schloß die Tür hinter ihm. Als er sich nach vorn beugte, um seine Augen an die Dunkelheit zu gewöhnen, stellte sie sich auf ihre Zehenspitzen und gab ihm einen Kuß.

Mit einem spielerischen Stoß und leisem Kichern zog sie ihn an der Hand durch den Raum. Nells Koje befand sich in einer Ecke. Sie bewegten sich vorsichtig vorwärts. Die Kajüte war mit Frauen und Kindern überfüllt, die teilweise auf dem Boden schliefen.

Jenny und Drew knieten sich neben Nells Koje. Nells Wangen waren eingefallen, und auf ihrer Stirn glitzerte der

Schweiß. Sie lag still und er konnte kaum sehen, wie sich ihre Brust beim Atmen hob und senkte. Es schmerzte ihn, sie so zu sehen. Sie lag so still da und schien so verletzlich zu sein. Er konnte ihr nicht helfen und fühlte sich trotzdem für ihren Zustand verantwortlich. Wenn er nicht nach Edenford gekommen wäre, würde sie immer noch am Fenster sitzen, über die High Street blicken und Spitze für den unersättlichen Lord Chesterfield klöppeln, oder ihren scharfen Verstand und ihre Einsicht zu Papier bringen, in der Hoffnung, ihre Welt zu verändern. Statt dessen lag sie sterbend vor ihm.

„Was machst du hier?" fragte eine Frau aus einer Koje in der gleichen Ecke und stützte sich auf einen Ellbogen. Mit der freien Hand zog sie ihre Decke ans Kinn. Drew erkannte die Frau vom Frühstückstisch an seinem ersten Tag auf dem Schiff. „Ich rufe jetzt den Käpt'n", sagte sie.

„Bitte nicht, Lady Arbella!" bettelte Jenny. „Er will nichts Böses. Er ist ein Freund. Ich brachte ihn hierher, damit er für meine Schwester betet."

Lady Arbella schaute Drew an. Sie schien nun zu bemerken, daß er vor der Koje kniete.

„Wenn Sie es wünschen, können Sie den Kapitän rufen, aber Jenny sagt die Wahrheit. Ich kam, um für Nell zu beten", erklärte Drew.

Lady Arbella ließ sich erweichen. „Also gut. Bete."

Drew faltete seine Hände und legte seine Arme auf die Bettkante. „Lieber Gott, ich habe keine große Erfahrung im Beten, bitte dich aber, meine Unerfahrenheit zu entschuldigen. Ich brauche deine Hilfe. Ich weiß, daß ich kein Recht dazu habe, dich um einen Gefallen zu bitten, besonders, wenn es sich um Nell handelt. Ich bitte dich aber trotzdem, denn ich weiß nicht, was ich sonst tun könnte. Lieber Herr, ich bitte dich, heile sie. Sie liegt hier, weil ich gesündigt habe, und nicht sie. In ihrem ganzen Leben hat sie dir gedient. Sie hat den Kindern von dir erzählt. Sie hat die Bibel gelesen, gebetet und ein gottesfürchtiges Leben geführt. Sie hat ihr Leben aufs Spiel gesetzt, um ihr Land wieder auf deinen Weg zurückzubringen. Sie verdient es nicht zu sterben. Ich verdiene es. Falls jemand sterben muß, gib mir die Krankheit. Ich würde gern mein Leben für sie opfern. Bitte laß sie leben. Bitte. Amen."

Drew verweilte einen Augenblick, bevor er seinen Kopf hob.

„Lieber Vater im Himmel", betete Lady Arbella, „bitte erhöre das Gebet dieses jungen Mannes und heile Nell Matthews."

Drew sah sie an. „Ich danke Ihnen", sagte er.

Er schaute Nell noch einmal an, bevor er sich erhob und vorsichtig zur Tür ging. Er sah die kleine Hand nicht, die halb unter einer Decke lag. Als er auf sie trat, begann das Kind zu schreien. Drew erstarrte. Alle Frauen in der Kajüte sahen ihn an.

Der Kapitän verurteilte ihn zu zwanzig Hieben. Er wurde öffentlich ausgepeitscht, während der Nacht angekettet und erhielt nur Brot und Wasser. Lady Arbella hatte seine Verteidigung übernommen, aber der Kapitän blieb hart. Es spielte keine Rolle, warum er in der Frauenkajüte war. Drew Morgan hatte vorsätzlich den Befehl des Kapitäns mißachtet, und dafür mußte er bestraft werden.

Drew hatte noch nie vorher so starke Schmerzen verspürt; sein Rücken war eine blutige Masse von rohem Fleisch. Was aber am meisten schmerzte, war, daß sich Nells Zustand nicht gebessert hatte. Ihre wachen Augenblicke nahmen von Tag zu Tag ab. Es schien, als hätte Gott Drews Gebet verworfen.

Am Dienstag, dem 24. Mai, steuerte der Kapitän das Schiff aus dem Wind. Die Segel erschlafften, und die Besans konnten nachgespannt werden. Die *Jewel* und die *Ambrose* steuerten sie an und fragten, ob etwas nicht in Ordnung sei. Sie waren zufrieden, als sie feststellten, daß es keinen Grund zur Beunruhigung gab. Die Ankunft der beiden anderen Schiffe wurde zum Informationsaustausch genutzt. Die Besatzung der *Jewel* war in guter Verfassung, aber auf der *Ambrose* waren zwei Passagiere gestorben. Sie wiesen die gleichen Symptome auf wie Nell Matthews.

Die erste Lotung fand am 31. Mai statt. An Bord der *Arbella* gab es zwei schlechtgelaunte Männer, Kapitän Peter Milbourne und Drew Morgan. Der Kapitän war irritiert darüber, daß die Lotung keinen Grund anzeigte. Ein anderer Umstand irritierte ihn aber noch mehr. Während des Sturms am 21. April hatten sie die *Talbot* aus den Augen verloren und trotz vieler Versuche nicht mehr entdeckt. Die drei restlichen Schiffe waren auf Kurs, aber Kapitän Milbourne hatte England mit vier Schiffen verlassen und wollte mit vier Schiffen ankommen. Drew teilte seine Befürchtungen, allerdings aus anderen Gründen. Auf der *Talbot* befanden sich die Coopers sowie die meisten Edenforder. Warum sollte Gott ihnen helfen, aus Edenford zu entkommen, um sie dann in ein nasses Grab zu führen? War das die Art und Weise, in der Gott seine Gläubigen belohnte, die so treu zu ihm waren?

Was war mit Nell? Die Krankheit machte sie immer schwächer. Nach Jennys Berichten zu urteilen, war sie nichts weiter als Haut und Knochen. Drew hörte nicht auf, für sie zu beten, aber seine Gebete wurden wütend und bestanden aus Drohungen, falls Nell oder den Coopers etwas zustoßen sollte.

Am Mittwoch, dem 2. Juni, wechselte der Kapitän die Segel. Er war sicher, daß sie sich in Nähe der Nordküste befanden. Da er wußte, daß der Südküste zahlreiche Untiefen und Riffe vorgelagert waren, ließ er das große kräftige Doppelsegel am Hauptmast aufziehen. Er wollte nicht das Risiko eingehen, daß die alten Segel rissen, wenn er die Felsenküste erreichte.

Am Donnerstagmorgen, dem 3. Juni, befahl der Kapitän eine weitere Lotung. Kein Grund. Dichter Nebel und schwerer Regen hüllten das Schiff ein. Um zwei Uhr nachmittags befahl er eine weitere Lotung. Sie zeigte achtzig Fäden. Es war feiner grauer Sand. Der Kapitän änderte den Kurs und ließ die Kanonen abfeuern, um die anderen Schiffe auf die neue Position aufmerksam zu machen.

Freitag, 4. Juni. Um etwa vier Uhr morgens änderte die *Arbella* wieder den Kurs. Der Nebel war so dicht, daß sie nur einen Steinwurf weit sehen konnten. Der Kapitän befahl, alle zwei Stunden eine Lotung vorzunehmen, sie fanden aber keinen Grund.

Samstag, 5. Juni. Der Nebel löste sich auf und wurde durch eine frische Nordostbrise ersetzt, die Regen mit sich brachte. Der Kapitän befahl, in halben Wachabschnitten Lotungen vorzunehmen, aber sie fanden wieder keinen Grund.

Sonntag, 6. Juni. Die Gebete der Kolonisten wurden erhört. Obwohl es immer noch neblig und kalt war, wurde am Nachmittag um zwei Uhr eine Lotung vorgenommen. Sie zeigte Grund bei acht Fäden. Der Nebel löste sich auf, und sie erkannten die Küste im Norden in einer Entfernung von etwa sechs Seemeilen. Der Kapitän nahm an, daß es sich um Kap Sable handelte.

Montag, 7. Juni. Die Lotung um vier Uhr zeigte dreißig Fäden. Da es ein ruhiger Tag war, regte der Kapitän an, von Bord aus zu fischen. In weniger als zwei Stunden fingen sie siebenundsechzig Kabeljau, die meisten über eineinhalb Meter lang und mit einem Umfang von einem Meter. Es war ein Fang zur rechten Zeit, da die Vorräte an Salzfischen aufgebraucht waren. Die hungrigen Kolonisten hielten ein Festmahl.

Dienstag, 8. Juni. Es war immer noch kalt. Um drei Uhr am Nachmittag wurde wieder Land gesichtet. Es war der Berg Mansell. Ein angenehmer wohlriechender Luftzug kam vom Ufer. Der frische Wind roch wie ein guter Garten. Wie bei Noahs Arche sandte Gott den Kolonisten ein Zeichen seiner Gunst in Form einer Wildtaube, die sich auf dem Mast niederließ.

Mittwoch, 9. Juni. Das Festland glitt den ganzen Tag an Steuerbord vorbei. Es war sehr hügelig.

Donnerstag, 10. Juni. Das Schiff verlor das Land, sichtete es später und verlor es erneut. Um etwa vier Uhr nachmittags war erneut an Steuerbord Land in Sicht. Es war eine Kette aus drei Bergen, genannt die „Three Turk's Heads". Gegen Abend konnte man klar und deutlich Bäume erkennen.

Freitag, 11. Juni. Kap Ann wurde gesichtet. Ein Schiff warf vor den Isles of Shoals Anker. Fünf oder sechs Schaluppen segelten vor der Küste.

Samstag, 12. Juni. Um vier Uhr morgens näherte sich die *Arbella* dem Hafen. Der Kapitän befahl, zwei Kanonen abzufeuern, um ihre Ankunft anzukündigen. Sie durchfuhren die schmale Straße zwischen Bakers Isle und Little Isle und warfen Anker. Um zwei Uhr nachmittags kamen John Endecott, der Gouverneur von Salem, Mister Skelton, der Pastor, und Kapitän Levett an Bord, um die Kolonisten in der Massachusetts Bay zu begrüßen.

Kapitel 24

Zu sagen, daß die neu angekommenen Kolonisten enttäuscht waren, als sie Salem sahen, wäre ebenso eine Untertreibung gewesen, als hätte man gesagt, daß Bischof Laud sich nicht um die Puritaner scherte.

Drew dachte am Anfang, daß die traurige Ansammlung von Hütten und Überdachungen der Rest eines ehemaligen Camps wäre. Die eigentliche Kolonie mußte sich irgendwo zwischen den Bäumen befinden. Nach ihrer Landung stellten sie aber die traurige Wahrheit fest. Das war Salem. Er versuchte, sich genau daran zu erinnern, was er über die Neue Welt gehört hatte. Vielleicht erwartete er zuviel. Nachdem er die Gesichter der anderen Kolonisten betrachtet hatte, stellte er aber fest, daß die Neuankömmlinge genauso schockiert waren wie er.

Gouverneur Endecott ging mit seinem Nachfolger, John Winthrop, an Drew vorbei. Sie waren in eine angeregte Diskussion vertieft. Endecott besaß ein rundes Gesicht, runde Augen und buschige Augenbrauen. Er trug einen weißen Schnurrbart mit feuerroten Enden sowie einen zweifingerbreiten Bart, hatte ein ernstes Gesicht und sprach in einem Tonfall, der ein aufbrausendes Temperament vermuten ließ.

Drew hörte nur einen Teil der Erklärung, die er Winthrop gab, entnahm aber daraus, daß die Niederlassung kurz vor dem wirtschaftlichen Zusammenbruch stand. Von den zweihundert Siedlern, die im vergangenen Jahr nach Amerika ausgewandert waren, befanden sich nur noch fünfundachtzig in Salem. Über achtzig Kolonisten waren gestorben, und der Rest war nach England zurückgekehrt. Im Winter war eine Epidemie ausgebrochen und hatte, wie in Jamestown und Plymouth, viele Opfer gefordert. Die Epidemie hatte Salem zerstört. Sie war so schwer, daß Endecott die dogmatischen Unterschiede zu den Separatisten außer acht gelassen und einen Boten zu Samuel Fuller nach Plymouth gesandt hatte. Doktor Fuller hatte reiche Erfahrungen mit Skorbut, Fieber und anderen Krankheiten gesammelt, die normalerweise nach einer langen Schiffsreise auftauchten. Hätte der Arzt nicht soviel Erfahrung gehabt, wären alle Einwohner des Ortes der Epidemie zum Opfer gefallen.

Während sich die beiden Gouverneure entfernten, sah Drew, daß sich Jennys Schaluppe dem Ufer näherte. Er ging, um sie zu begrüßen und führte sie zur Seite, da er verhindern wollte, daß sie das Gespräch der beiden Gouverneure mit anhörte.

Jenny, Drew und viele andere Neuankömmlinge schauten sich die Niederlassung an. Strohgedeckte Hütten unterschiedlicher Größe standen am Strand und waren nur durch Lehmwände voneinander getrennt. Die wenigen Kinder, die Drew und Jenny sahen, waren verschmutzt und in Lumpen gekleidet. Sie waren traurig und still und zeigten keinerlei Aufregung, wie man es erwartet hätte, wenn neue Schiffe ankommen. Die Einwohner Salems begrüßten die Neuankömmlinge mit herzlicher Freundlichkeit. Auf ihren Lippen war Freude, aber nicht in ihren Augen. Die eingefallenen und dunklen Augen der Salemer zeugten von verletzten Seelen. Die harte Arbeit hatte sie erschöpft, sie waren hungrig und hatten zu viele ihrer Freunde zu Grabe getragen. Die Einwohner Salems waren niedergeschlagen und entmutigt, und eine Schiffsladung neuer Gesichter würde daran nichts ändern. Im letzten Jahr kam auch eine ähnliche Schiffsladung neuer Kolonisten; die meisten von ihnen lagen nun in ihren Gräbern unter den Bäumen.

Jennys normalerweise fröhliches und unschuldiges Gesicht war weiß und schockiert. Sie machte ein Gesicht, als beträte sie einen Friedhof und würde den Grabstein mit ihrem Namen suchen. Drew versuchte sie aufzumuntern, hatte aber wenig Erfolg.

Die einzig positive Abwechslung dieses Tages war, daß sie Erdbeerpflanzen in voller Reife fanden. Die Früchte waren groß, rot und saftig. Nachdem sie sich viele Wochen von gepökeltem Fleisch ernährt hatten, war das Pflücken und Essen der Beeren ein Fest an einem sonst enttäuschenden Tag. Um sie von der Situation in Salem abzulenken, schlug Drew Jenny vor, daß sie Beeren pflücken sollten, um sie zu Nell aufs Schiff zu bringen.

Die erste Nacht nach ihrem Eintreffen schliefen die Neuankömmlinge auf dem Schiff, einschließlich von Gouverneur Winthrop und einem Eingeborenen als Gast. Der Indianerhäuptling war ein Freund Endecotts und von dem großen Segelschiff begeistert. Er fragte daher, ob er auf der *Arbella* schlafen dürfe. Es wurde ihm gestattet, und der Indianer schlief an Deck. Während seiner letzten Nachtwache als Mannschaftsmitglied beobachtete Drew den Eingeborenen. Es war nicht nur Neugier, denn Kapitän Milbourne hatte angeordnet, ihn im Auge zu behalten, weil er in der Nacht keine ungebetenen Gäste auf seinem Schiff haben wollte. Der Indianer war dunkelhäutig und muskulös. Seine Kleidung aus Häuten und Muscheln wies darauf hin, in welcher Umgebung er lebte. Als er auf das Schiff kam, machte er große Augen und lächelte. Nachdem man ihm das Schiff gezeigt hatte, legte er sich an Deck nieder und schlief tief und fest. Warum sollte er auch nicht schlafen? Er hatte ja nicht die Zivilisation verlassen, um in der Wildnis zu leben.

Drew hatte bereits gehört, daß einige Kolonisten mit dem Schiff wieder nach England zurückkehren wollten. Das hier war nicht Neu-Jerusalem, es war der Hades – das Reich der Toten. Drew stimmte ihnen zu. Wäre er allein gekommen, würde er nicht lange überlegen. Aber er war für zwei junge Frauen verantwortlich und hatte sein Wort gegeben, sich um Jenny und Nell zu kümmern. Er wußte, daß Christopher Matthews nie beabsichtigt hatte, daß seine Töchter in dieser ... dieser ... das Wort kam ihm in den Sinn und er wollte es nicht aussprechen ... in dieser Wüste leben sollten. Das hier war eine Wüste. Er wollte das Wort nicht benutzen, weil es sich gegen ihn aussprach. War es nicht genau das Wort, das der Kurat benutzt hatte? „Es ist Zeit für das Volk Gottes, in die Wüste zu fliehen."

Sein Instinkt sagte ihm, daß er Nell und Jenny aus Sicherheitsgründen wieder nach England zurückschicken sollte. Er konnte aber die Worte des Kuraten nicht vergessen. Glaubte Christopher Matthews wirklich, daß das Volk Gottes hierher gehörte?

John Winthrop, der neue Gouverneur der Massachusetts Bay, lud am nächsten Tag eine Stunde vor Mittag alle gesunden Männer und Frauen zu einer Besprechung ein. Nur wer zur Pflege der Kranken gebraucht wurde, war entschuldigt. Drew benutzte diese Entschuldigung, um Jenny von der Sitzung fernzuhalten und ließ sie auf dem Schiff. Es war besser, wenn sie nicht hörte, was dort besprochen wurde.

Winthrop kam in alten Stiefeln, Bundhosen und einem verschmutzten und zerknitterten Hemd. Er sah mehr aus wie ein Diener als ein reicher, gut ausgebildeter Gentleman.

Er stellte sich an einen schlammigen Platz in die Mitte des Ortes, um den sich die Hütten geschart hatten, und sprach zu den Leuten.

„Ich muß euch nicht sagen, daß dies nicht die Art und Weise ist, wie ich mir das Leben in der Neuen Welt vorgestellt habe."

Einige Zuhörer lachten nervös, aber keiner widersprach ihm.

„Im Herbst wird jeder von euch ein ordentliches Haus haben, und im Sommer nächsten Jahres werden wir diese Wüste in einen ordentlichen Ort verwandeln. Ich möchte euch keine falschen Hoffnungen machen. Wir haben keine Reserven und keine Lebensmittel. Sie sind viel geringer, als ich erwartet hatte. Wir müssen umgehend Getreide pflanzen und beten, daß wir im Frühling eine ausreichende Ernte haben. Außerdem werden wir so schnell wie möglich ein Schiff nach England schicken, um Nachschub zu beschaffen."

„Und ich werde mit ihm zurückkehren!" rief ein Mann mit weißem Hemd und einem gut getrimmten, modischen Bart. Drew kannte ihn nicht, wußte aber, daß er seine Frau und seine drei Söhne mitgebracht hatte und Worthington hieß.

„Peter, ich bete darum, daß du es dir noch einmal überlegst", sagte Winthrop.

„Ich werde nicht wie ein Schwein in diesem Schlamm leben", antwortete Worthington. „Und ich habe meine Familie nicht aus England hierher gebracht, um sie im Wald zu begraben!"

Mehrere andere Männer nickten zustimmend.

Winthrop erhob seine beiden Arme, um wieder Ruhe herzustellen und fuhr erst fort, nachdem sich seine Zuhörer beruhigt hatten. Endecott stand neben ihm. Der neue Gouverneur streckte seine Hand aus und nahm mehrere Schriftstücke aus Endecotts Hand entgegen.

„Während wir nach Amerika segelten, fragte ich mich selbst, wer wir sind, und was wir in der Neuen Welt aufbauen wollen. Ich habe meine Gedanken zusammengefaßt und in diesen Dokumenten niedergelegt. Letzte Nacht dachte ich genauso wie ihr darüber nach, ob ich einen Fehler gemacht habe, als ich England verließ. Danach las ich, was ich niederschrieb und kam zu dem Schluß, daß Gott mit uns etwas vorhat. Es ist Gottes Wille, daß wir hierbleiben und nicht nach England zurückkehren. Ich möchte euch nun meine Gedanken vorlesen und hoffe, daß sie euch genauso überzeugen, wie sie mich überzeugten."

Winthrop legte die Schriftstücke zurecht und begann vorzulesen. Drew betrachtete die anderen Kolonisten, sah gefaltete Arme, vorgeschobene Kinne und zusammengepreßte Lippen und wußte, daß der Gouverneur auf verlorenem Posten stand. Trotzdem las er vor: „Ich habe meinen Gedanken die Überschrift ‚Ein Modell der Christlichen Nächstenliebe' gegeben."

Nach einer langen Diskussion über die biblische Grundlage der christlichen Liebe und wie sie in der neuen Gemeinde angewandt werden sollte, fuhr Winthrop mit der Anwendung der Prinzipien fort.

„Ich möchte euch nun einige Anwendungen der Prinzipien der neuen Gemeinde durch den Aufbau erklären, auf denen sich meine Gedanken gründen. Ich habe sie in vier Gruppen aufgeteilt: erstens die Personen, zweitens die Aufgabe, drittens das Ziel und viertens die Möglichkeiten.

Erstens. Die Personen. Wir sind eine Gemeinschaft von Menschen, die selbst bekunden, Nachfolger Christi zu sein ... Wir sollten durch diesen Bund der Liebe zusammengehalten werden und ihn im täglichen Leben anwenden, wenn wir durch unser Leben in Christus Trost empfangen wollen ...

Zweitens. Die Aufgabe, die es auszuführen gilt. Wegen einer gemeinsamen Übereinkunft, wegen einer besonderen, nicht hoch genug zu schätzenden Vorsehung und einer mehr als ungewöhnlich zu bezeichnenden Bestätigung der Gemeinden Christi, suchen wir einen Ort der Gemeinschaft und Partnerschaft, an dem wir in angemessenen weltlichen und religiösen Bedingungen zusammenleben können ...

Drittens. Es ist das Ziel, unsere Lebensumstände zu verbessern, um dem Herrn besser dienen zu können; die Förderung und das Wachstum des Leibes Christi, von dem wir ein Teil sind; daß wir selbst und unsere Nachwelt besser vor der üblichen Korruption dieser bösen Welt geschützt werden ...

Viertens. Die Möglichkeiten. Die sich uns bietenden Möglichkeiten sind vielfältig und außergewöhnlich. Wir dürfen daher keine gewöhnlichen Maßnahmen anwenden. Was wir auch immer in England getan haben oder zu tun gedachten, müssen wir auch hier tun, und mehr als das, wohin wir auch immer gehen werden ...

Falls wir aber die Erkenntnisse dieser vier Punkte vernachlässigen und uns von unserem Gott lösen, um die hiesige Welt zu umarmen und unseren fleischlichen Begierden nachzugeben, um große Dinge für uns und unsere Nachkommen aufzubauen, wird sich der Zorn des Herrn gegen uns erheben und der Herr uns mit Sicherheit bestrafen. Er wird uns den Preis für diese Vergehen zahlen lassen.

Der einzige Weg, um diesem Scheitern zu entgehen und unser Leben erfolgreich aufzubauen, besteht darin, dem Rat Michas zu folgen und gerecht zu handeln, die Barmherzigkeit zu lieben und demütig mit Gott zu leben. Um das zu erreichen, müssen wir wie ein Mann zusammenstehen. Wir müssen uns brüderlich verhalten und bereit sein, unsere eigenen Bedürfnisse zum Wohl der Allgemeinheit zurückzustellen. Wir müssen uns wie eine große Familie verhalten und sanftmütig, freundlich, geduldig und großzügig sein. Wir müssen aneinander Gefallen finden, die Sorgen unserer Nachbarn zu unseren Sorgen machen, uns zusammen freuen, zusammen trauern, zusammen arbeiten und zusammen leiden und dabei immer unseren Auftrag und die Gemeinschaft in dem Werk vor Augen haben, unsere Gemeinschaft als Mitglieder desselben Leibes.

So werden wir die Einheit des Geistes im Band des Friedens erhalten. Der Herr wird unser Gott sein und Gefallen daran haben, unter uns, als sein eigenes Volk, zu wohnen und ein Segen auf all unseren Wegen für uns sein, so daß wir noch mehr von seiner Weisheit, seiner Macht, seiner Güte und Wahrheit erkennen werden, als wir bisher kennengelernt haben. Wir werden feststellen, daß der Gott Israels unter uns ist, wenn zehn von uns tausend Feinden widerstehen können, wenn er uns zu einem Lob und zur Herrlichkeit macht, so daß die Menschen von wachsenden Pflanzungen sagen werden: ‚Der Herr führe es wie in Neu-England.' Denn wir müssen bedenken, daß wir wie eine Stadt auf dem Berge sein sollen. Die Augen aller Menschen sind auf uns gerichtet."

Winthrop legte sein Manuskript zusammen und fuhr fort: „Unsere Aufgabe ist nicht leicht. Der Winter ist nahe, und falls die Plymouth-Pflanzung und der letzte Winter in Salem ein Maßstab für das Leben in der Neuen Welt sein sollten, werden einige von uns nicht überleben. Aber für einen Traum zu sterben, ist nicht umsonst. Das Opfer, das wir bringen – ob durch unser Leben oder unseren Tod –, ist die Grundlage einer neuen Gemeinschaft. Eine Gemeinschaft, die für unsere Kinder und Kindeskinder für Jahre ein Segen sein wird. Jede Familie muß sich selbst entscheiden. Was mich betrifft, habe ich mich entschlossen, hier zu bleiben. Ich habe mich entschlossen, hier zu leben und werde meine Frau und Kinder so schnell wie möglich hierher kommen lassen. England bietet mir nichts anderes als Verfolgung und das Schwert. Ich kämpfe lieber mit den Elementen der Wildnis als mit den Bischöfen von England. Die Herrlichkeit des alten England ist vergangen, sie wird in Neu-England wieder aufgebaut."

Einige waren wenig beeindruckt; sie entschieden sich dafür, nach England zurückzukehren. John Winthrop hatte aber durch seine Rede viele davon überzeugt, in der Neuen Welt zu bleiben. Einer von ihnen war Drew Morgan.

Zuerst mußte ein neuer Platz für die Besiedelung gefunden werden. In Salem war nicht genug Raum, um die Neuankömmlinge zu beherbergen. Auf der Suche nach anderen möglichen Standorten wurden die Flüsse Charles und Mystic ausgekundschaftet. Die Berichte entzweiten die Kolonisten. Sie konnten sich nicht entscheiden, welches Land besser geeignet wäre, hatten aber nicht genug Zeit, um die Angelegenheit hin und her zu überlegen. Das Land mußte bestellt und Häuser mußten gebaut werden. Entgegen John Winthrops Appell wurden daher mehrere Ansiedlungen gegründet.

Sir Richard Saltonstall gründete vier Meilen flußaufwärts des Charles Rivers Watertown, William Pynchon gründete Roxbury und Mattapan wurde besiedelt und in Dorchester umgetauft. Der stellvertretende Gouverneur, Dudley, gründete Newtown, Increase Nowell beaufsichtigte das Basislager in Charleston und John Winthrop gründete Boston.

Da Überleben das Wichtigste war, wurde jeder Person eine Aufgabe übertragen. Einige wurden dazu bestimmt, die Gemeinschaft mit Fisch zu versorgen. Die Fischer wurden in Gruppen aufgeteilt, um sicherzustellen, daß immer zwei Schaluppen auf dem Wasser waren, die miteinander um die besten Fänge wetteiferten. Die Gemeinschaft benötigte große Mengen an gesalzenem Fisch, um den Winter zu überleben.

Andere Teams bauten Unterkünfte. Nichts Besonderes oder gar Kunstvolles für dieses erste Jahr, nur ausreichend, um durch den Winter zu kommen. Die Unterkünfte wurden englische Wigwams genannt und ähnelten den Häusern der Pequot-Indianer. Auf einem rechteckigen Grundstück wurden drei Pfosten in den Boden getrieben. Die Spitzen der Pfosten wurden dann mit dem Mittelpfosten des Hauses zusammengebunden. Horizontale Balken verbanden die vertikalen Pfosten, um ihnen mehr Stabilität zu verleihen. Jedes dieser Häuser besaß an einem Ende eine Tür und am anderen Ende eine Feuerstelle. Danach wurden die Häuser mit Stroh oder Baumrinde verkleidet. Die Möbel bestanden aus einem vierbeinigen Tisch und einer Bank aus Baumstämmen.

Einige Frauen arbeiteten morgens auf dem Feld und während der Ebbe in den Muschelbänken. Die anderen Frauen kümmerten sich unter der Anweisung von Mister Skelton, dem Geistlichen, der auch für die Vorräte verantwortlich war, um die Betreuung der Kranken, Gebrechlichen und Kinder. Darüber hinaus sorgte Reverend Skelton auch für die tägliche Verteilung der Lebensmittel.

Mister Higginson, ein anderer Geistlicher der Kolonie, wurde damit beauftragt, zu beten und die Sonntagspredigten vorzubereiten, um die Kolonisten darin zu unterweisen, was es hieß, Gott und einander zu dienen.

Die Kolonisten trafen sich jeden Morgen, um ihre täglichen Aufgaben entgegenzunehmen, machten um zwölf Uhr eine gemeinsame Mittagspause und arbeiteten am Nachmittag weitere vier Stunden. Den Rest des Tages kümmerten sie sich um die Bedürfnisse ihrer Familien.

Die Arbeiten waren gut fortgeschritten, als die *Talbot* am 2. Juli eintraf, zwanzig Tage nach der *Arbella*. Die ersten Schiffe der zweiten Welle von Einwanderern, die *Mayflower* und die *Whale,* waren am 1. Juli eingetroffen, und am 6. Juli waren alle Schiffe sicher angekommen.

Es dauerte nicht lange, bis sich John Winthrops Prophezeiung, daß einige Kolonisten bald sterben würden, erfüllte. Am Ankunftstag der *Talbot* ertrank Winthrops zweitältester Sohn während eines Unfalls beim Fischen. Im August wurde Lady Arbella krank und starb kurze Zeit später. Ihr Mann, Isaac Johnson, verstarb einen Monat danach. Ihr Tod hatte einen starken Einfluß auf die Kolonie.

Nell schien sich andererseits langsam zu erholen. Man hatte sie vom Schiff geholt und in einem der neugebauten englischen Wigwams in Boston untergebracht, die als Krankenhäuser dienten. Sie war länger wach und ihr graues Gesicht nahm rosige Töne an. An dem Tag, als die *Talbot* anlegte, waren Jenny und Drew an ihrem Bett. Die Tür flog auf, und James und David Cooper betraten den Wigwam. Sie hatten gehört, daß Nell sterbenskrank war, wußten aber nicht, daß Drew Morgan nach Neu-England gekommen war. Der Schuster war sprachlos; James war außer sich.

Drew ging mit den beiden Coopers vor den Wigwam und erklärte ihnen die Umstände, die ihn in die Neue Welt brachten. Als James Drew aufforderte, mit der *Lyon* nach England zurückzukehren, wenn sie zurücksegelte, um neue Vorräte zu besorgen, beruhigte ihn sein Vater und sagte, daß Gott es offensichtlich geplant hätte, Drew nach Massachusetts zu bringen. Drew entnahm dem Ton des Schusters, daß auch er nicht sehr von Drews Anwesenheit in der Kolonie angetan war, aber nichts dagegen machen konnte. James war immer noch nicht überzeugt.

Zwei andere Neuankömmlinge freuten sich ebenfalls nicht über Drews Anwesenheit. Es waren Marshall und Mary Ramsden. Sie hatten in der Zwischenzeit geheiratet. Drew kannte sie als Mary Sedgewick und ihn als einen idealistischen Puritaner, der in Colchester illegale Druckschriften herstellte. Sie hatten noch immer die Brandzeichen auf ihren Wangen. Marshall hatte sein Haar wachsen lassen, um sein abgeschnittenes linkes Ohr zu verdecken. Als sie Drew von fern erkannten, war ihr Verhalten zwar nicht feindlich, aber auch nicht gerade freundlich. Sie drehten sich um und gingen in die entgegengesetzte Richtung davon.

Drew war nun weniger zornig auf Gott. Es war, als hätte Gott seine Gebete erhört. Nells Gesundheit besserte sich, und die *Talbot* hatte die Edenforder sicher an den Ufern Massachusetts abgesetzt. Obwohl die Unterkünfte weitaus schlechter waren, als er angenommen hatte, verbesserten sie sich täglich, und je mehr Menschen zusammen arbeiteten, desto einiger wurden die meisten von ihnen im Geist.

Drew war einer der eifrigsten Arbeiter der Kolonie. Er bewältigte jeden Tag die ihm auferlegte Arbeit, und nach vier Uhr nachmittags, wenn sich die anderen Männer um ihre Familien kümmerten oder sich unterhielten, baute er für Nell und Jenny einen Wigwam, weil er nicht darauf warten wollte, bis die Baumannschaft Zeit finden würde, um das Winterquartier der Schwestern fertigzustellen. Sein Arbeitseifer fiel den anderen Männern auf, und einige Pequot-Indianer amüsierten sich darüber.

Drei von ihnen erschienen regelmäßig und beobachteten die Arbeit der Kolonisten. Sie standen am Rand des Waldes, zeigten mit den Fingern auf sie und lachten. Da Drew immer bis spät am Abend arbeitete, war er oft ihre einzige Unterhaltung. Er versuchte, sich nicht daran zu stören, daß er von den Kolonisten und den Eingeborenen beobachtet wurde. Er war sich bewußt, was die Kolonisten über ihn dachten – sein Ruf war ihm mit der *Talbot* gefolgt, aber er wunderte sich, warum sich die Indianer über ihn amüsierten. Lachten sie über ihn oder seine Arbeit? Machte er etwas falsch?

Er baute das Gerüst des Hauses, trieb drei Pfosten in den Boden und band sie an der Spitze zusammen. Danach setzte er den Türrahmen ein und hatte die Feuerstelle fast fertiggestellt. Den Kamin hatte er aus Steinen und den Abzug aus Hölzern errichtet. Die Indianer lachten und zeigten mit den Fingern auf seine Arbeit. Mit ausgestreckten Händen, die Handflächen nach unten, machten sie kreisende Bewegungen nach oben.

Drew hatte genug. Er nahm einen Stock und ging auf sie zu. Als er sie fast erreicht hatte, hörten sie auf zu lachen. Er hatte jetzt auch die Aufmerksamkeit der Männer, die sich an diesem Tag unter dem Versammlungsbaum zusammengefunden hatten. Einer von ihnen war Winthrop, der sich mit den Männern unterhielt, um die Stimmung der Siedler auszuloten. Während die Männer ihn beobachteten, legte Drew den Stock auf seine geöffnete Handfläche und winkte die Indianer mit der anderen Hand zu sich.

„Kommt her! Falls ich etwas falsch mache, sagt mir, was es ist", rief er.

Die Indianer sahen ihn mißtrauisch an.

Drew winkte sie erneut heran. „Zeigt mir, wie es geht."

Sie bewegten sich nicht.

Drew ging einen weiteren Schritt auf sie zu, aber die Indianer wichen zurück und wollten im Wald verschwinden.

„Wartet!" rief Drew und hielt ihnen seine offene Hand entgegen. Er balancierte den Stock auf seiner Handfläche und zeigte mit der anderen Hand auf die Indianer.

„Helft mir. Zeigt mir, wie es geht."

Drew ging langsam weiter auf die Indianer zu. Einer von den Männern unter dem Versammlungsbaum sagte laut genug, damit Drew es hören konnte: „Dummkopf! Er bringt sich selbst um!" Alle Männer waren jetzt auf den Beinen.

Als Drew die Indianer erreichte, zogen sich zwei von ihnen weiter in den Wald zurück. Einer blieb aber stehen und Drew gab ihm den Stock. Drew lächelte, nickte, zeigte auf seinen Wigwam und sagte: „Zeig mir, wie."

Der Indianer schaute nach seinen Gefährten. Sie starrten ihn an und warteten, was er tun würde.

Drew ging mehrere Schritte auf seinen Wigwam zu und winkte dem Indianer, ihm zu folgen. Dieser betrachtete zuerst den Stock, dann Drew, dann folgte er ihm.

Als sie den Wigwam erreichten, zeigte Drew auf den Stock, auf den Kamin und machte dann mit der Hand die gleiche kreisende Bewegung, die die Indianer so amüsiert hatte. Der Indianer nickte und kicherte. Er zeigte auf den Abzug, wiederholte die kreisende Bewegung und kicherte erneut.

Mit den Handflächen nach oben, zuckte Drew die Schultern und fragte: „Was soll ich tun?"

Der Indianer antwortete nicht.

Drew zeigte auf den Stock, danach auf den Indianer, nahm ihn am Unterarm und führte ihn zum Kamin. Der Indianer ging mehrere Minuten um den Kamin herum und untersuchte ihn. Er überprüfte die horizontalen Balken und schüttelte sie. Danach ging er zu einem anderen Balken und überprüfte den Rahmen des Hauses. Einige von Drews Befestigungen lösten sich. Der Indianer verknotete sie auf andere Art und Weise. Diesmal hielten sie der Überprüfung stand. Danach kniete er sich nieder, steckte seinen Kopf in den Kamin und schaute in den Abzug. Er lächelte, zog seinen Kopf aus dem Kamin und wiederholte mit seiner Hand die kreisende Bewegung.

„Feuer", meinte Drew, „der Abzug wird Feuer fangen."

Diesmal nahm der Indianer Drew beim Arm und zog ihn zum Ufer. Er grub etwas Ton aus und zeigte Drew, wie man einen Kamin damit auskleidet. Die Kolonisten kannten diese Technik, wandten sie aber nicht immer an, besonders nicht so sorgfältig wie der Indianer. Dieser half Drew nicht nur, den Kamin zu verkleiden, sondern auch den Abzug und die Innenseiten der Wände.

Am nächsten Tag kehrte der Indianer zurück und half Drew dabei, die restlichen Wände mit Ton zu verkleiden. Am darauffolgenden Tag deckten beide das Dach. Drew war nun nicht mehr der Alleinunterhalter der Männer unter dem Baum und der Indianer am Waldrand. Es war nun ein Duo, Drew und Sassacus.

Drews indianischer Freund interessierte sich besonders

für die Türkonstruktion der englischen Wigwams. Obwohl die Kolonisten die Konstruktion des Wigwams von den Indianern gelernt hatten, besaßen die europäischen Wigwams zwei zusätzliche Eigenschaften. Den Abzug am Kamin und die Tür mit Holzscharnieren. Die indianischen Wigwams besaßen in der Decke ein Loch, durch das der Rauch entweichen konnte und eine Türöffnung, die mit einem Fell verschlossen wurde. Sassacus schien sehr stolz darauf zu sein, daß er Drew dabei half, einen Kamin zu bauen, der die Hütte nicht niederbrennen würde und sah genau zu, wie Drew die Tür einhängte.

Nells und Jennys Wigwam hatte eine weitere Einrichtung, die sie von den anderen Hütten unterschied. An einem Abend zeigte Sassacus auf den Kamin, machte mit seiner Hand eine flatternde Bewegung, klopfte auf das Strohdach und machte die bekannte kreisende Bewegung. Drew verstand. Der Funkenflug des Kamins würde das Strohdach entzünden. Es war ein Problem, das die indianischen Wigwams genauso betraf wie die der Kolonisten. Drew fand an einem Abend die Lösung.

Er ging zu der immer noch im Hafen liegenden *Arbella* und kaufte Kapitän Milbourne die auf der Reise zerrissenen Segel ab. Danach bedeckte er das Strohdach mit dem Segeltuch. Sassacus war von dem Material beeindruckt.

Da er Sassacus eine Freude machen wollte, ging er zum Schiff zurück und kaufte so viel weiteres Segeltuch, daß es für sein eigenes und Sassacus' Wigwam reichte. Der Indianer brachte Drew in das Dorf der Pequot-Indianer, und sie unterhielten für zwei Abende eine weitere Zuschauermenge.

Die Ramsdens sahen Drew nicht kommen. Die Arbeitsstunden waren vorbei, aber die Bauarbeiter hatten gerade das Wigwam fertiggestellt, und die Ramsdens wollten einziehen.

Das neue Heim war kein Schloß, aber besser als das Zelt, das sie sich mit mehreren anderen Familien teilen mußten. Darüber hinaus war es eine neue Heimat und ein neuer Anfang. Sie dachten im Augenblick nicht an die Schmerzen und den Haß, den sie in England verspürt hatten ... bis ihr neuer Gast eintraf. Seine Ankunft erinnerte sie an alles, was sie vergessen wollten.

Marshall und Mary Ramsden hatten gerade einen Arm voll Habseligkeiten in den Wigwam gebracht und wollten weitere Sachen holen, als Drew Morgan die Tür öffnete und im Rahmen stand.

„Willkommen in Neu-England", sagte Drew.

Marshall zögerte und blockierte den Eingang. Mary lief beinah gegen ihn und fragte: „Marshall, wer ist es?"

Marshall sagte zuerst kein Wort. Sein Gesicht verdunkelte sich, und die Brandnarben röteten sich auf seinen Wangen.

„Marshall? Stimmt irgend etwas nicht?" fragte Mary erneut.

Marshall verließ den Wigwam, und Mary erkannte den unerwarteten Gast.

„Oh!" Sie hatte Drew offensichtlich nicht erwartet. Eine Hand hielt die Türklinke, die andere legte sich auf ihre Brust. Ihr anfänglich schockierter Gesichtsausdruck wandelte sich in Besorgnis, als sie erst Drew, dann ihren Mann ansah.

„Was willst du hier?" fragte Marshall. Es war keine freundliche Frage, mehr ein Trennstrich, der in den Staub gezeichnet wurde und den Drew nicht überschreiten durfte.

„Es gibt keinen Grund, daß ihr mir glaubt, was ich euch sagen möchte", begann Drew.

„Zumindest sind wir uns darüber einig. Nun kannst du wieder gehen." Die Worte trafen Drew wie ein Peitschenhieb.

Er ertrug den Schlag. Er hatte es verdient. Er sah Mary an, um festzustellen, ob sie die Gefühle ihres Mannes teilte. Sie machte ein ängstliches Gesicht, weil sie nicht wußte, wie ihr verärgerter Mann reagieren würde.

„Ich bin gekommen, um euch zu bitten, mir zu vergeben."

Er erhielt keine Antwort, und die Gesichter wurden auch nicht weicher.

„Ich habe viele Fehler gemacht und vielen Menschen Leid zugefügt. Und das Schlimmste daran war, daß ich nicht einmal daran glaubte, was ich tat. Um es einfach auszudrücken, ich suchte Reichtum und Anerkennung und arbeitete daher für Leute, die mir diese Dinge geben konnten."

Drew wartete auf eine Antwort, aber es antwortete ihm niemand. Marshall hatte seine Arme fest vor der Brust verschränkt. Sein angespanntes Gesicht zeugte davon, daß er versuchte, sich zu beherrschen. Mary schaute ihren Mann ängstlich an.

„Wie ich schon sagte, es gibt keinen Grund, warum ihr mir glauben solltet. Aber seitdem wir uns das letzte Mal trafen, bin ich ein Nachfolger Jesu Christi geworden und ..."

„Wir haben diese Geschichte schon einmal gehört", unterbrach ihn Marshall. „Unser Vertrauen hat uns diesen Gesichtsschmuck auf den Wangen eingebracht."

Es war sinnlos, die Unterhaltung fortzusetzen. Jedenfalls im Moment.

„Es tut mir leid", sagte Drew. Mit einem letzten Blick zu Mary wollte er sich entfernen.

„Drew." Es war Mary.

„Laß ihn gehen!" brüllte Marshall.

„Marshall Ramsden, schrei mich nicht an!" Sie hatte schon immer ein aufbrausendes Temperament gehabt. Danach sagte sie zu Drew: „Du hast uns mehr verletzt, als du dir vorstellen kannst."

Drew drehte sich um.

„Das war nichts", sie legte eine Hand auf das Brandzeichen, „im Verhältnis zu dem Schmerz, als du Justin zum Schweigen brachtest."

Drew verspürte in sich einen brennenden Schmerz, als er an die Hinrichtung von Christopher Matthews dachte.

„Wir kannten die Gefahren, als wir die Druckschriften erstellten, wußten aber, daß sie nach unserer Gefangennahme von einem anderen Drucker weiter gedruckt würden. Wir waren nur die Verteiler. Du hast die Stimme zum Schweigen gebracht. Während Christopher Matthews' Verfahren haben wir Gott inständig gebeten, daß er ein Wunder geschehen läßt. Am Tower Hill haben wir Gott angefleht, jemand zu senden, der ihn rettet." In ihren Augen standen Tränen. „Wir hörten von dem Empfang, den der König für dich gab. Es ist schwer zu verstehen, warum Gott einen gottesfürchtigen Mann wie Christopher Matthews sterben und jemand wie dich leben läßt."

Drew hatte jetzt ebenfalls Tränen in den Augen. „Das habe ich mich auch gefragt. Ich kann meine Taten nicht entschuldigen. Ich verdiene Gottes Gnade nicht. Alles, was ich sagen kann, ist, daß mir durch Gottes Gnade vergeben wurde."

„Eine billige Gnade, wenn du mich fragst." Marshalls Zorn war noch nicht verraucht.

„Nicht nur Gott vergab mir, sondern auch Christopher Matthews hat mir vergeben."

„Findest du es einfach, Worte in den Mund eines toten Mannes zu legen?"

„Ich habe mich von meinen alten Wünschen und Zielen abgewandt. Mein einziger Wunsch besteht jetzt darin, das Werk des Mannes fortzuführen, dessen Tod ich verschuldet habe. Deshalb bin ich hier. Warum sollte ich sonst hier sein? Hier kann man keine Reichtümer anhäufen, keinen Ruhm ernten. Hier gibt es nur Wildnis, Gefahren, harte Arbeit und die Chance, eine Gemeinschaft aufzubauen, die sich dem Wort des Herrn unterwirft. Gott ist mein Zeuge, ich habe geschworen, mein Leben diesem Bestreben zu widmen."

Drew konnte nichts weiter tun. Mary hatte die Schwelle verlassen und sich neben ihren Mann begeben. Sie würden ihm heute nicht vergeben können.

Als er sie verließ, drehte er sich noch zweimal um. Sie standen an gleicher Stelle. Marshall hatte immer noch seine Arme vor der Brust verschränkt, und Mary stand neben ihm.

Drew kehrte nach wenigen Minuten zum Wigwam der Ramsdens zurück. Sie waren nicht im Haus. Sie holten offensichtlich ihre Sachen aus dem Zelt. Drew begann trotzdem zu arbeiten.

„Was machst du an meinem Haus?" rief Marshall, ließ seine Sachen fallen und lief zu Drew.

Drew spannte den Rest seines Segeltuchs über das Strohdach. „Das schützt das Stroh vor Funkenflug aus dem Kamin", sagte er, während er weiter arbeitete. „Morgen werde ich euren Kamin fertigstellen. Die Bauarbeiter schützen ihn normalerweise nicht ganz mit Ton bis zum Abzug. Das kann gefährlich werden."

„Verlaß sofort mein Haus!" rief Marshall. Mary ergriff den Arm ihres Mannes. „Marshall, es macht Sinn, was er sagt!"

„Kein anderes Haus hat ein mit Segeltuch bespanntes Dach!" brüllte Marshall.

„Das Dach von Nell und Jenny Matthews' Haus ist mit Segeltuch bespannt."

„Matthews?" fragte Mary.

„Christopher Matthews' Töchter. Sie kamen mit der *Arbella* an."

Am nächsten Tag verkleidete Drew den Kamin der Ramsdens mit Ton.

Nell begab sich ohne Hilfe von der Krankenhütte in ihr fertiggestelltes Haus. Sie ging anfangs schleppend und nach kurzer Zeit schlich sie nur noch dahin, aber angesichts der Tatsache, daß keiner ihr Überleben erwartet hatte, war es ein erstaunlicher Fortschritt.

„Drew hat es gebaut!" Jenny hielt ihrer älteren Schwester die Tür auf. Drew folgte Nell, um sie auffangen zu können, falls ihre Kraft nachließ.

Nell hielt sich am Türrahmen fest, bevor sie sich auf die rauhe Bank am ebenso rauhen Tisch setzte. Jenny und Drew warteten geduldig, bis Nell wieder zu Atem gekommen war. Sie betrachtete die Konstruktion des Hauses, die rauhen Balken und den Kamin. Der Fußboden war mit Stroh bedeckt. Sie fuhr mit ihrer Hand über den rauhen Tisch und sagte: „Es sieht gut aus." Kurz danach brach sie in Tränen aus.

Drew hatte keine Lobeshymnen erwartet. Ein schlichter Dank hätte ihm genügt. Er hatte aber auch nicht mit einem Tränenausbruch gerechnet. „Es ist natürlich nur euer Winterquartier", sagte er. „Im kommenden Frühling baue ich euch ein schönes zweistöckiges Haus. Ihr braucht mir nur zu sagen, wo es stehen soll, und ich werde es bauen."

Nell kämpfte ihre Tränen zurück. Sie tupfte sich mit dem Taschentuch die Augen und putzte sich die Nase. „Vielen Dank, wir können es aber nicht annehmen. Ich danke Ihnen für Ihre Unterstützung, Master Morgan, besonders während meiner Krankheit. Aber meine Kraft kommt nun langsam zurück, und Jenny und ich werden dann für uns selbst sorgen."

„Nell! Warum bist du so unhöflich zu Drew?" Jenny stellte sich neben Drew.

„Drew?" fragte Nell. „Seit wann bist du so vertraut mit Master Morgan? Was habt ihr beide während meiner Krankheit miteinander getrieben?"

„Das ist unfair", entgegnete Drew. „Jenny hat sich aufopfernd um dich gekümmert. Sie war immer an deiner Seite. Ich kann deine Bitterkeit nicht verstehen."

„Bitterkeit? Warum sollte ich nicht verbittert sein? Sieh dich um! Du bist daran schuld, daß wir in diesem gottverlassenen Land leben müssen. Schau dir diesen Stall an. Während der Überfahrt wäre ich beinah gestorben. Wer weiß, ob ich den Winter überlebe? Viel gesündere Menschen als ich haben ihn letztes Jahr nicht überlebt. Du hast den einzigen Mann unserer Familie umgebracht."

„Nell, es ist genug", Jenny ging zu ihrer Schwester. „Du bist müde. Du wirst dich besser fühlen, wenn du dich ausgeruht hast."

„Bevormunde mich nicht! Ich mag mich gegenwärtig schwach fühlen, aber mein Geist ist nicht schwach. Master Morgan sagte, daß er mein Benehmen nicht versteht. Natürlich versteht er mich nicht! Es war ja auch nicht sein Vater, der betrogen und ermordet wurde! Es war nicht seine Familie, die auseinandergerissen wurde! Sein Leben wurde nicht ruiniert!"

„Nell!"

Drew unterbrach sie. „Laß sie aussprechen. Sie wollte das schon seit langer Zeit sagen."

„Wovon sollen wir leben?" Nell fing wieder an zu weinen. „Wie viele Leute Neu-Englands brauchen Spitze? Es gibt nicht einmal Webstühle, um Stoff herzustellen! Wie sollen wir hier überleben?"

„Ich werde für euch sorgen. Ich habe es eurem Vater versprochen", antwortete Drew.

„Ach, hast du? Hast du es ihm versprochen, als er gebrandmarkt wurde, oder als man sein Ohr abschnitt?"

Jetzt wurde Drew ärgerlich. „Nell, jetzt ist es aber wirklich genug! Ich habe versucht, Bischof Laud von deinem Vater abzulenken. Ich habe versucht, ihn nach seiner Verhaftung zu befreien. Ich habe alles verworfen, wonach ich mich in meinem Leben gesehnt habe, in der Hoffnung, einmal so zu werden wie dein Vater. Was das Haus betrifft", Drew deutete auf die Hütte, „stimme ich dir zu, daß es nichts Besonderes ist. Es ist aber nur eine vorübergehende Behausung. Ich sagte, daß ich nächstes Jahr ein schönes Haus bauen werde, und ich meine, was ich sagte."

„Was weißt du schon von schönen Häusern?" fragte Nell. „Du hast diese Hütte gebaut."

„Ich kann dir sagen, was ich von schönen Häusern weiß", erwiderte Drew mit zusammengebissenen Zähnen. „Im Verhältnis zu Morgan Hall war euer Haus in Edenford ein Wigwam wie dieser!"

Es klopfte so laut an der Tür, daß die gesamte Hütte bebte.

„Nell? Nell? Bist du in Ordnung da drinnen?" Es war James Cooper.

Die Tür flog auf, bevor Nell antworten konnte.

„Du schon wieder? Was machst du hier?"

„Das ist die gleiche Frage, die ich dir in Edenford stellen wollte, als du mit Nell die Treppe herunterkamst", entgegnete Drew.

Der rote Riese ergriff Drew beim Hemd und erhob seine Faust.

„James Abel Cooper, laß ihn los!" rief Nell mit ihrer letzten Kraft. James anzubrüllen erschöpfte sie.

„Ich werde mich an deiner Stelle um ihn kümmern, Nell." James begann damit, Drew aus dem Wigwam zu zerren.

„Nein!" Nells Stimme war nicht laut, aber James kannte den Tonfall. Er ließ Drew widerwillig los. „Nun hört mir beide genau zu. Verlaßt das Haus und laßt euch hier nie wieder blicken!"

„Nell, Liebling", jammerte James.

„Falls es sein muß, steh ich auf und werf euch beide hinaus!" rief Nell.

„Nell Matthews, ich habe lange genug auf dich gewartet", erwiderte James. „Dein Vater ist tot und du brauchst einen Mann, wenn du hier überleben willst. Ich kam hierher, um dir zu sagen, daß es Zeit wird, daß wir heiraten."

„Nicht jetzt, James. Geh jetzt."

James Cooper zeigte mit seinem riesigen Finger auf Nell. „Nell, ich meine es ernst. Ich habe genug davon, auf dich zu warten. Entweder wir heiraten bald oder du kannst mich vergessen. Wenn ich durch diese Tür gehe, ist alles vorbei."

„Das ist alles, was ich von dir möchte. Ich möchte, daß es vorbei ist. Laß mich in Ruhe", antwortete Nell müde.

James schaute sie verblüfft an. Als er sah, daß sie es ernst meinte, schlug er mit der Hand gegen die Tür. Sie flog auf, schlug gegen die Wand und ein Holzscharnier brach ab. Er ging davon.

„Du auch", forderte Nell Drew auf.

„Das kann nicht dein Ernst sein", weinte Jenny. „Ich verstehe, daß du James hier nicht haben willst, aber doch nicht Drew."

„Ich meine, was ich sagte."

„Das ist auch mein Haus! Drew kann kommen, wann immer er möchte!"

„Nicht solange ich lebe." Wie sie aussah, würde das nicht mehr lange der Fall sein. Sie war blaß, zitterte und legte ihren Kopf auf den Tisch.

Jenny schaute Drew an. „Warte draußen auf mich. Ich werde eine Decke ausbreiten, auf der sie sich ausruhen kann."

Sein Ärger war verflogen. Der Anblick, wie sie am Tisch saß und zitterte, hatte den Ärger vertrieben. Sie hatte einiges gesagt, das ihn schmerzte, aber sie war müde, krank und verängstigt. Er hätte daran denken sollen, bevor er ihr im Zorn antwortete.

Drew verließ die Hütte und versuchte, die defekte Tür zu schließen.

„Es tut mir leid", sagte Jenny und nahm Drew am Arm. „Nell meinte es nicht so."

„O doch, sie meinte es so. Sie ist krank und verängstigt, hat aber recht."

Jenny schmiegte sich an ihn an. „Laß uns in den Wald gehen."

Es war Anfang Oktober, und die Blätter nahmen langsam die Herbstfarben an. Die Sonne ging am Horizont unter, ließ aber noch einmal die Farben des Waldes erstrahlen. Außer den Routinearbeiten, wie Wasser vom Fluß holen, Kohlen vom Nachbarn borgen, da die eigenen versehentlich ausgegangen waren, oder kleinere Reparaturen am Wigwam ausführen, war der Ort ruhig. Nach mehreren Monaten an täglicher Routine hatten die Kolonisten ein gewisses Maß an Sicherheit gefunden. Unter dem Versammlungsbaum saßen mehrere Männer und beobachteten, wie Jenny und Drew Arm in Arm in den Wald gingen. Da es wenig Neuigkeiten gab, konnten die Leute über nichts anderes reden.

„Du hast den Wigwam gut gebaut", meinte Jenny.

„Er ist wirklich nichts Besonderes. Es ist irgendwie eigenartig. Ich habe immer meinen Großvater bewundert und wollte ihm nacheifern. Er hat Morgan Hall gebaut und ich einen Wigwam. Auf den Vergleich kann ich wirklich nicht sehr stolz sein."

„Drew Morgan, hör auf, so zu reden! Mußte dein Großvater um sein Leben fürchten, als er Morgan Hall baute? Baute er es für jemand anders, während er selbst in einem alten Zelt schlief?"

„Nein."

„Falls du die Mittel gehabt hättest, würdest du ein Haus gebaut haben, das schöner ist als Morgan Hall und hätte dein Großvater die Mittel gehabt, die du hast, hätte er kein besseres Haus als deinen Wigwam bauen können!"

„Das ist nett von dir. Danke."

Sie betraten gerade dichten Wald, als Jenny Drew hinter einen Baum zog. „Nein, Master Morgan. Ich danke *dir!*" Sie schlang ihre Arme um seinen Hals und küßte ihn leidenschaftlich.

Drew wußte nicht, was er machen sollte. Er liebte Jenny, aber er liebte Nell noch mehr. Er hätte mit Jenny nicht in den Wald gehen sollen. Er hätte sich sofort von ihr lösen sollen, aber es fühlte sich so gut an, wie sie sich gegen ihn drückte. Sie war warm und sehnte sich nach seiner Umarmung. Sie rang nach Atem.

„Drew, Liebling, ich wollte dir seit Tagen in dieser Art und Weise danken, hatte aber nicht genug Zeit, um zu dir zu kommen."

Sie drückte sich wieder an ihn.

„Jenny." Drew versuchte, sich von ihr zu lösen.

Sie ergriff seinen Kopf und zog ihn mit aller Kraft herunter. Obwohl er sich dagegen wehrte, berührte er mit seinem Mund ihre Zähne.

„Jenny, nein!" rief er, als sich ihre Lippen berührten, aber sie hörte ihm nicht zu. Er faßte mit den Händen hinter seinen Kopf, ergriff ihre Hände und befreite sich. „Nein! Es ist nicht richtig!"

Um seine eigenen Gefühle zu bremsen, hatte er ein wenig zu hart gesprochen, und Jenny schaute ihn gekränkt an.

„Was meinst du mit ‚nein'?" verlangte sie zu wissen.

„Es ist nicht richtig. Wir sollten es nicht tun."

Ein spielerisches Lächeln glitt über ihr Gesicht. „Also gut, Master Morgan", schnurrte sie, „Sie sind ein wenig schüchtern?" Sie fing an, mit dem Kragen seines Hemdes zu spielen. „Du überraschst mich. Ich wußte nicht, daß du so sittsam und züchtig bist."

Drew nahm ihre Hände. „Das ist es nicht."

„Schön!" Ihre Augen strahlten, als sie sich wieder gegen ihn lehnte.

„Jenny! Hör mir zu! Bitte!" Er hielt sie etwas auf Distanz.

Sie machte sich von ihm frei und streckte wieder schmollend die Unterlippe vor. Ein verärgerter Zug erschien auf ihrem Gesicht.

„Es darf so nicht sein. Wir dürfen so nicht sein", erklärte er.

Er merkte, daß sie ihn verstand, weil sie von ihm Abstand nahm. Tränen stiegen ihr in die Augen und ihre Unterlippe begann zu zittern.

„Jenny, ich möchte dich nicht verletzen. Du bist der einzige Freund, den ich auf der Welt habe."

„Freund?" rief sie empört.

Drew nickte. „Du bist mein bester Freund. Du hast mir dein Vertrauen entgegengebracht, als mir alle anderen Menschen mißtrauten. Ich werde es nie vergessen. Ich liebe dich, wie ich einen Freund liebe, und ich werde dich immer so lieben. Aber mein Herz gehört Nell."

Ihre Tränen verwandelten sich in lautes Schluchzen.

„Jenny..." Drew wollte sie trösten.
„Faß mich nicht an!" Sie schlug seine Hand zur Seite.
„Jenny, bitte versteh mich!"
Sie wich so heftig von ihm zurück, wie vor einem wilden Bär, stieß gegen einen Baum und stöhnte. Sie weinte nun hemmungslos, ihre Beine gaben nach, und sie rutschte am Baumstamm hinunter.
„Jenny, ich wollte dich nicht verletzen. Ich weiß nicht, was ich sonst sagen soll." Er machte einen Schritt auf sie zu.
Sie riß ihre Augen weit auf und streckte ihre Hand wie eine Kralle vor. Schritt für Schritt entfernte sie sich vom Baum. „Ich weiß genau, was du sagen könntest."
Drew wartete darauf, daß sie weitersprach.
„Du kannst deinem letzten Freund auf der Welt ‚Lebwohl' sagen!" Sie stürmte aus dem Wald. Drew konnte ihr Weinen noch eine ganze Weile hören. Da das Türscharnier zerbrochen war, benötigte sie mehrere Anläufe, um die Tür zu öffnen und mehrere Augenblicke, um sie wieder zu schließen. Danach konnte er ihr Weinen nicht mehr hören.

Kapitel 25

Die Versammlungen und Gottesdienste der Boston-Kolonie wurden unter einem Baum abgehalten, da es kein Gebäude gab, in dem alle Einwohner Platz fanden. Drew begab sich normalerweise früh dorthin, wie er es sich in Edenford angewöhnt hatte, und begrüßte die Leute. Sie antworteten ihm höflich, aber reserviert. Während des Gottesdienstes saß Drew immer allein. Nell und Jenny machten es sich zur Gewohnheit, spät zu erscheinen. Auf diese Weise hatte Drew bereits seinen Platz eingenommen und sie konnten ihren Platz auf der gegenüberliegenden Seite finden. Obwohl David Cooper ihn freundlich behandelte, setzte er sich mit seiner Familie nie neben Drew. Das schien auch in Ordnung zu sein. Drew wußte nicht, ob er der Predigt hätte folgen können, wenn James Cooper neben ihm saß. Er fand es schwierig, am Gottesdienst teilzunehmen, wenn jemand neben ihm saß, der ihn zusammenschlagen wollte. Zwangsläufig gab es also eine freie Zone um Drew Morgan, wenn der Gottesdienst begann.

Reverend Higginson hielt gute Predigten. Sie waren gut aufgebaut, biblisch und aussagekräftig, besaßen jedoch nicht die gleiche Eindringlichkeit wie die Predigten von Christopher Matthews. Sie waren nicht leidenschaftlich genug.

Nach dem Gottesdienst ging jeder seiner Wege. Die

Menschen schüttelten Drew die Hand, lächelten ihn mit ihrem Sonntagsmorgenlächeln an und gingen davon. Der Sonntag war der einsamste Tag der Woche für Drew. An den anderen Tagen mußten die Männer mit ihm zusammenarbeiten.

Am letzten Sonntag im Oktober brachte Drew Morgan einen Freund mit in die Kirche – Sassacus, den Pequot-Indianer. Die Gegenwart des dunklen, halbnackten Gastes brachte die Gemeinde in Aufruhr. Die Bostoner wußten nicht, was sie von den Indianern halten sollten. Die meisten waren sich darüber einig, daß die Indianer die Botschaft von Jesus Christus hören sollten, aber das war Aufgabe der Missionare. Den Indianern das Evangelium zu bringen, war eine Sache, sie in die Kirche mitzubringen, war etwas ganz anderes.

Die Angelegenheit wurde durch John Winthrop geklärt, als er Sassacus in der Gemeinde Gottes unter dem Baum begrüßte und ihn und Drew dazu einlud, sich neben ihn zu setzen. Drew teilte sich seine Bibel mit dem Pequot-Indianer und zeigte ihm die Worte, obwohl dieser nicht Englisch lesen konnte. Der Indianer nahm Nells Spitzenkreuz aus Drews Bibel in seine Hand. Drew drückte es liebevoll gegen seine Brust, um dem Indianer zu zeigen, daß es eines seiner wertvollsten Schätze war. Wenn gebetet wurde, zeigte Drew Sassacus, daß er den Kopf senken mußte und blinzelte zu dem Indianer hinüber, um festzustellen, ob er seine Augen schloß. Die Augen waren nicht geschlossen. Sassacus stieß ihn freundschaftlich in die Seite, als er feststellte, daß er während des Gebets beobachtet wurde.

Der Pequot-Indianer wurde Drews regelmäßiger Sonntagsgast. Zuerst gingen beide zum Gottesdienst und danach verbrachten sie zusammen den Nachmittag. Drew tat sein Bestes, um ihm das Evangelium zu erklären, aber der Indianer verstand nur wenig Englisch. In dieser Zeit lernte Drew einige Worte und Ausdrücke des Algonkin.

„Master Morgan, darf ich einen Augenblick Ihre Zeit in Anspruch nehmen?"

Die Arbeitszeit war vorbei und Drew deckte das Dach seines Wigwams mit Stroh. Es war eines der letzten Wigwams, die vor dem Winter gebaut wurden. Er schaute den Mann an. Es war John Winthrop.

„Natürlich, Herr Gouverneur. Was kann ich für Sie tun?"

Der Gouverneur der Kolonie machte ein ernstes Gesicht. Dies würde keine ungezwungene Unterhaltung werden. Drew fragte sich, was der Gouverneur mit ihm besprechen wollte. Hatte es etwas mit Nell und Jenny zu tun, oder durfte er Sassacus nicht mehr zum Gottesdienst mitbringen?

„Wir haben nicht mehr genug Lebensmittel", sagte der Gouverneur. Drew atmete auf. Es war eine ernste, aber keine persönliche Angelegenheit. „Mit unseren Vorräten werden wir den Winter nicht überstehen." Es war eine Klarstellung der Umstände. Keine Einschätzung, sondern eine Erklärung. Die Leute würden aufgrund der Lebensmittelknappheit in diesem Winter verhungern.

„Wie kann ich helfen?" fragte Drew.

„Ich brauche jemand, der mit den Pequots spricht, jemand, der sie darum bittet, uns mehr Getreide zu verkaufen. Sie haben uns bereits Lebensmittel verkauft, wir benötigen aber mehr, viel mehr", erklärte Winthrop und lehnte sich weiter vor. „Du hast dich mit Sassacus angefreundet. Denkst du, daß er uns dabei helfen wird, seinen Stamm davon zu überzeugen, uns mehr Getreide zu verkaufen?"

„Er ist ein guter Freund. Ich werde ihn um Hilfe bitten", sagte Drew.

Sassacus erklärte sich zur Hilfe bereit. Er, Drew und Winthrop verhandelten mit den Pequot-Häuptlingen, aber sie hatten selbst gerade genug, um über den Winter zu kommen. Die Kolonisten hatten immer noch nicht, was sie dringend benötigten.

Der Gouverneur schickte Drew daher mit einem Schiff zu den Narragansetts, um zusätzliche Vorräte zu kaufen. Drew lud Sassacus ein, ihn zu begleiten. Er dachte, daß es vorteilhaft wäre, da beide Stämme Algonkin sprachen. Sassacus wich zurück, als Drew die Narragansetts erwähnte, und Drew forschte nicht weiter nach. Die Kolonisten jubelten, als Drew mit hundert Getreidesäcken zurückkam. Sie hatten nun genug Lebensmittel, um den Winter zu überstehen, sofern die *Lyon* pünktlich mit Nachschub zurückkehrte.

„Kann ich dir helfen?"

Marshall Ramsden stand mit den Händen in den Hüften vor ihm, als Drew versuchte, die Tür seines Wigwams einzuhängen. Mary stand hinter ihrem Mann und lächelte.

„Ich kann deine Hilfe gebrauchen!"

Die beiden Männer hängten die Tür in die hölzernen Scharniere.

„Hast du den Kamin schon mit Ton verkleidet?" fragte Marshall.

„Ich habe ihn gestern fertiggestellt."

„Was ist mit dem Segeltuch? Wie ich sehe, hast du dein Dach noch nicht mit Segeltuch verkleidet."

„Es ist keins mehr da."

„Hast du nicht genug für dich selbst behalten?"

„Ich habe dir mein Segeltuch gegeben."

Marshall stand Drew gegenüber und schaute ihn lange an. Ein halbes Lächeln glitt über sein Gesicht, als er seinen

Kopf schüttelte und sich über das Kinn strich. Drew war durcheinander und wußte nicht, was er sagen sollte. „Ich habe mich in dir getäuscht", sagte Marshall.

„Du hast mich schon richtig eingeschätzt. Ich spielte den Narren und habe vielen guten Menschen Schaden zugefügt und sie verletzt. Wie dir und Mary. Es ist etwas, das mir immer leid tun wird."

„Aber du hast dich geändert."

„Durch die Gnade Gottes."

„Eigentlich schade. Irgendwie mochte ich den alten Drew Morgan", sagte Marshall. Drew machte ein verwirrtes Gesicht. Er wußte nicht, worauf Marshall hinauswollte. „Doch ich habe den neuen Drew Morgan bewundern und respektieren gelernt und möchte sein Freund werden."

„Ich auch", schloß Mary sich an.

Die drei umarmten sich vor der Tür von Drews neuem Wigwam. Es war das erste Haus, das Drew jemals besessen hatte. An diesem Abend aßen sie zusammen und erzählten sich die Erlebnisse, die seit dem Vorfall in Colchester geschehen waren.

Drew hörte, daß die Brandzeichen Marshall und Mary viele Türen geöffnet hatten. Obwohl die meisten Engländer Lauds Brandmarkung als Schande betrachteten, gab es einige wohlhabende Puritaner, die die Brandzeichen als Ehrenzeichen ansahen. Einer dieser vermögenden Puritaner lebte in Oxford und überzeugte sie davon, daß es besser wäre, wenn sie in die Neue Welt auswanderten. Er war ein alter Mann und konnte daher die Überfahrt nicht selbst antreten, wollte aber seinen Teil dazu beitragen, eine Gemeinschaft zu gründen, in der Gott der Herr war. Er konnte sich keinen besseren Weg dafür denken, als ein junges Ehepaar zu unterstützen. Er würde für Geld und Ausrüstung sorgen, wenn sie die Arbeit machen würden und für Babys sorgten.

„Sagte er wirklich, daß ihr für Babys sorgen solltet?" fragte Drew lachend.

Marshall nickte mit breitem Lächeln und Mary errötete.

„Er war außerordentlich großzügig. Er versprach uns, eine Druckerpresse zu senden, sobald wir sie hier in Boston benötigten."

„Deine eigene Druckerpresse?"

Ein jungenhaftes Lachen auf Marshalls Gesicht zeigte seine Freude.

„Bis dahin", erklärte Mary, „soll er ihm die hiesigen Lebensumstände schildern. Er wird sie dann veröffentlichen und in ganz England verteilen und andere ermutigen, in die Kolonien zu kommen."

„Ich habe ihm meine Berichte gesandt, sie sind aber nicht sehr gut. Ich bin Drucker und nicht Schriftsteller. Ich habe das Gefühl, daß ich den alten Mann enttäuschen werde", meinte Marshall.

Drew hob sein Gesicht empor. „Danke, Herr."

Mary und Marshall schauten ihn erstaunt an. „Du dankst Gott, daß Marshall kein Schriftsteller ist?"

Drew nickte. „Ja, ich weiß nämlich genau, wo sich ein Schriftsteller aufhält."

„Bist du ein Schriftsteller? Sag bitte ja, wir suchen nämlich schon ganz verzweifelt", meinte Mary.

„Nein, ich bin kein Schriftsteller. Aber ich weiß, wo ein Schriftsteller zu finden ist. Direkt hier in der Kolonie."

Der erste Schnee fiel erst spät im November, aber als es soweit war, überschüttete er die Kolonie. Es war wesentlich mehr Schnee, als die Kolonisten jemals zuvor in England erlebt hatten. Das kalte Wetter brachte Krankheit und Tod mit sich. Die Vorräte gingen zur Neige und wurden rationiert. Die *Lyon* wurde nicht vor Dezember erwartet. Drew wußte, daß Gouverneur Winthrop das Schiff mit einer langen Liste von lebenswichtigen Vorräten zurückgesandt hatte. Er hatte sich aber nie Gedanken darüber gemacht, wer sie bezahlen würde. In einem vertraulichen Gespräch erfuhr er, daß Winthrop die Kolonie aus seiner eigenen Tasche finanzierte. Er hatte nie gehört, daß sich der Gouverneur darüber beschwert hätte, sogar dann nicht, als die Kolonisten murrten, er würde nicht genug unternehmen, um sie vor Hunger und Krankheit zu schützen.

Nells Gesundheit hielt dem kalten Wetter stand. Obwohl sie sich nie wieder gänzlich erholt hatte, war Drew erleichtert, daß sich ihr Gesundheitszustand nicht verschlechterte. Jetzt war es Jenny, um die er sich Sorgen machte. Nachdem sie aus dem Wald von ihm davongelaufen war, hatte sie sich verändert. Sie machte immer ein ernstes Gesicht und hatte ihre frühere Fröhlichkeit verloren. Sie lächelte kaum noch und lachte fast nie.

„Was hast du meiner Schwester angetan?" flüsterte Nell. Sie hatte sich einen dicken Schal um die Schultern geworfen und stand vor dem arbeitenden Drew.

Drew hatte aufgehört, die Außenseite ihres Wigwams zu reparieren. Das Segeltuch hatte sich an einigen Stellen gelöst. Es war später Nachmittag, und Jenny hatte sich hingelegt.

„Es ist nicht gut für dich, hier im Schnee zu stehen. Geh wieder ins Haus", antwortete Drew.

„Ich gehe erst wieder ins Haus, wenn du mir sagst, was du mit ihr angestellt hast!"

Und du bist stur genug, um auch hier draußen zu bleiben, dachte Drew.

„Sie schleicht den ganzen Tag trübselig umher und will mir nicht sagen, was geschehen ist! Drew, sie ist alles, was ich habe! Was hast du ihr angetan?"

„Ich habe ihr gesagt, daß ich sie nicht liebe."

„Das war mehr als rücksichtslos! Sie ist doch noch ein Kind! Warum hast du ihr so etwas gesagt?"

Drew zog kräftig an dem Seil, welches das Segeltuch hielt. Der Wigwam bebte.

Nell verschränkte ihre Arme und starrte ihn an. Sie würde erst wieder gehen, wenn sie eine Antwort erhalten hatte.

Er schaute sie geradewegs an. „Jenny hoffte, daß sich zwischen uns mehr entwickeln könnte. Ich habe sie sehr gern und sagte es ihr auch. Ich habe aber keine romantischen Gefühle für Jenny."

„Du hast einer leicht beeinflußbaren jungen Frau gesagt, daß du sie sehr gern hast und danach, daß du sie nicht liebst?"

„Stehe ich hier vor Gericht?"

„Ich kann nur nicht verstehen, wie du in einem Augenblick so intelligent und im nächsten so gefühllos bist!"

„Du meinst also, ich bin intelligent?"

„Nein, ich denke, daß du gefühllos bist."

„Nell, ich wollte sie nicht verletzen."

„Für jemand, der keine Leute verletzen möchte, machst du es aber ziemlich gut."

Drew schluckte den aufkommenden Ärger hinunter. Die Unterhaltung gehörte nicht zu den erfreulichsten, aber Nell sprach zumindest mit ihm. Außerdem wurden sie nicht gestört.

Drews Worte waren wohlüberlegt. „Wie ich schon sagte, ich wollte sie nicht verletzen. Vielleicht kannst du mir sagen, wie ein Mann einer Frau zu verstehen geben soll, daß er sie nicht liebt, ohne sie zu verletzen?"

Nell hatte keine Antwort darauf.

„Das ist aber nur die eine Hälfte des Problems", erklärte er.

„Ja? Was ist die andere Hälfte?"

„Sie ist nicht nur verärgert darüber, daß ich ihr sagte, daß ich sie nicht liebe, sondern auch darüber, daß ich dich liebe."

Nell verdrehte die Augen. „Warum solltest du ihr so etwas sagen?"

„Weil es die Wahrheit ist."

„Alles, was zwischen uns einmal gewesen sein mag, ist vorbei. Es starb mit meinem Vater."

„Es kann durch unseren Herrn wieder aufleben."

Nell stand mit offenem Mund da. „Drew Morgan! Sie haben vielleicht Nerven! Gibt es nichts, vor dem Sie Achtung haben? Müssen Sie den Namen Gottes verwenden, um mich zu beeinflussen?"

„Natürlich nicht! Ich bete jede Nacht für dich und Jenny und habe nicht vor, dich zu beeinflussen! Meine Gebete und Wünsche sind ernst gemeint."

„Es wäre vielleicht besser, wenn Sie Ihre Gebete für sich behalten und für sich selbst beten würden."

„Ich habe auch dafür genug Zeit."

„Da wir uns gerade über die unerwünschte Einmischung in unser Leben unterhalten ..."

„Ich dachte, wir unterhielten uns gerade darüber, daß ich dich liebe."

Nell ging nicht auf den Einwand ein. „... möchte ich Ihnen mitteilen, daß wir Ihre Hilfe nicht länger in Anspruch nehmen möchten. Wir können uns ganz und gar selbst versorgen."

„Ihr könnt was?"

„Ich erhielt gerade den Auftrag, einen Bericht über Erfahrungen in der Kolonie zu schreiben, damit er in England veröffentlicht werden kann. Master Ramsden und seine Frau Mary wohnen am Waldrand, auf der anderen Seite des Versammlungsbaums. Er hat mir den Auftrag erteilt, das Leben in der Kolonie zu beschreiben. Ich werde dafür bezahlt. Recht gut sogar, sollte ich hinzufügen. Es sieht also so aus, als hätte Gott einen Weg gefunden, für uns arme hilflose Matthews-Töchter zu sorgen, ohne die Hilfe von Drew Morgan in Anspruch nehmen zu müssen."

„Gratuliere, Nell! Keiner freut sich darüber mehr als ich."

Die *Lyon* kam nicht wie erwartet im Dezember. Sie kam auch nicht im Januar. Die Getreidevorräte waren verbraucht, und die Muschelbänke leer. Man konnte auch keine Nüsse mehr sammeln. Die Kolonisten der Massachusetts Bay beteten zu Gott, daß er ihre Mahlzeiten und das Öl verlängern möge, wie er es bei der armen Witwe im Alten Testament tat. Sie besaßen aber keinen Propheten wie Elia, sondern lediglich einen Gouverneur, der befürchtete, daß die *Lyon* einer Katastrophe zum Opfer gefallen war. Gouverneur Winthrop zog die beiden Ortspfarrer, John Endecott und die anderen Führer der Kolonie zu Rate, einschließlich Drew Morgan. Einige schlugen vor, eine Expedition zur Plymouth-Kolonie zu senden, um von dort Nahrungsmittel zu holen. Andere schlugen vor, die Indianer erneut um Lebensmittel zu bitten, und ihnen, falls sie nicht bereit waren, mit ihnen zu verhandeln, die Nahrungsmittel mit Waffengewalt abzunehmen. Winthrop hörte sich alle Vorschläge genau an und wägte sie vorsichtig gegeneinander ab. Dann erklärte er den 6. Februar zum Fastentag. An diesem Tag würden sie sich mehr als je zuvor auf die Gnade Gottes verlassen.

Am 4. Februar verteilte der Gouverneur die letzte Handvoll Lebensmittel aus dem Gemeinschaftslager an einen armen, halb verhungerten Mann. Eltern gaben ihren Kindern die letzte Mahlzeit und legten sich hungrig zu Bett. Durch den Mangel an Lebensmitteln schien es, daß der Fastentag früher stattfinden würde.

Der 5. Februar begann kalt und ereignislos. Als sich die Kolonisten auf das Schlimmste vorbereiteten, legte die vollbeladene *Lyon* im Hafen an! Auf ihrer Reise nach England war sie einem Schiff begegnet, dessen Masten gebrochen waren und hatte es in einen Hafen geschleppt, was die verspätete Rückreise und Ankunft in der Kolonie erklärte. Die *Lyon* brachte eine Schiffsladung voll Weizen, Mehl, Bohnen, Hafermehl, Rindfleisch, Schweinefleisch, Käse, Butter, Talg sowie Zitronensaft, um den Skorbut zu bekämpfen. Der Gouverneur strich den Fastentag und befahl einen Dankgottesdienst. Es war ein göttliches Zeichen! Er hatte die Gebete seiner Kinder erhört und sie mit dem Notwendigsten versorgt, wie die Israeliten in der Wüste.

An diesem Tag wurde getanzt, die Kolonisten waren fröhlich, umarmten sich und dankten Gott für seine Hilfe. Noch Generationen später saßen die Familien vor dem Kamin und erzählten ihren Kindern von der Güte Gottes und wie er die Kolonie in der Massachusetts Bay mit seinem Segen überschüttet hatte. Sechsundzwanzig neue Kolonisten kamen mit der *Lyon* aus England an und nahmen am Fest teil. Zwischen ihnen befand sich ein hochgeschätzter Pfarrer namens Roger Williams.

Drew feierte genauso fröhlich wie der Rest der Kolonie, lachte und freute sich, bis etwas geschah, das das Fest für ihn beendete. Während alle Leute in seiner Umgebung tanzten und sangen, sah Drew etwas, das sein Herz gefrieren ließ. In der Boston Bay sah er eine Schaluppe, die gegen die Wellen kämpfte und versuchte, das Ufer zu erreichen. Es war eines von vielen Booten, die an diesem Tag das Ufer anliefen. Alle anderen brachten Lebensmittel von der *Lyon*, um das Leben der Kolonisten zu sichern. Diese Schaluppe schien aber aus einem anderen Grund anzulegen. An Bord des Bootes befand sich die unverwechselbare Gestalt des Todes. Drew beobachtete mit zunehmender Besorgnis, wie sich das Boot mit Eliot Venner näherte.

Kapitel 26

Die festliche Stimmung in der Kolonie dauerte bis in den Frühling und die frühen Sommermonate an. Als die Tage wärmer wurden und der Boden trocknete, durchdrang die Kolonie eine neue Entschiedenheit und ernste Entschlossenheit. Die Fertigstellung neuer Gebäude steigerte die Erwartungshaltung noch. Jeder fertige Rohbau bestätigte den Einwohnern, daß in der Wildnis eine Stadt erbaut wurde. Die Familien würden in richtigen Häusern und nicht mehr in Hütten wohnen. Geschäfte wurden eröffnet, und die Inhaber konnten ihren erlernten Berufen nachgehen. Seit der Ankunft hatten sich alle als Arbeiter eingebracht und nur ein Ziel verfolgt – überleben. Schuster konnten nun als Schuster arbeiten, und Schmiede als Schmiede. Bisher war keine Zeit für die Kolonisten, darüber nachzudenken, wie sehr sie ihre Berufe vermißt hatten.

Nell Matthews war sich dessen genauso wie alle anderen Facharbeiter bewußt. Sie blühte auf, als sie die Berichte der Kolonie für die Ramsdens verfaßte. Sie schrieb jeden Morgen, hielt die wichtigen Daten, Ereignisse sowie die Eindrücke und Gefühle der Einwohner fest. An den Nachmittagen ging sie von Haus zu Haus und von Geschäft zu Geschäft und befragte die Leute. Sie wollte die Gedanken aller Personen vom Tag ihrer Abreise aus England bis zur

Gegenwart ergründen. Am Abend bereitete sie ihre Unterlagen für den folgenden Tag vor.

Sie befragte alle Einwohner, und manche sogar zweimal, alle, ausgenommen Drew Morgan. Sie versuchte sogar, etwas von Sassacus zu erfahren, statt mit Drew Morgan zu sprechen.

Drew konnte warten. Er wußte, daß es nur eine Frage der Zeit war, bis sie zu ihm kommen würde. Ja, sie war dickköpfig, aber auch sorgfältig. Sie würde schwer mit sich zu kämpfen haben, aber niemals einen unvollständigen Bericht über die Ereignisse in der Kolonie abgeben. Sie mußte einfach zu ihm kommen.

In der Zwischenzeit baute Drew ein zweistöckiges Haus. Er hatte einem Zimmermann mit sieben Kindern beim Bau seines Hauses geholfen. Im Gegenzug zeigte ihm der Zimmermann alle Feinheiten des Bauens. Er war ein ehrlicher Mann, der Drews Bereitschaft respektierte, Arbeit gegen Kenntnisse zu tauschen. Das stand im krassen Gegensatz zu einigen anderen Handwerkern. Nachdem die Hungersnot vorbei war, verlangten viele von ihnen unverschämte Preise, die zum Teil so hoch waren, daß sie nur zwei Tage in der Woche arbeiten mußten, um angenehm zu leben.

Das von Drew geplante Haus war groß genug für eine Familie. Der Eingang führte zu einem Raum mit einem großen, aus Ziegelsteinen gemauerten Kamin. Der Raum sollte als Wohnzimmer und Küche benutzt werden. Auf der rechten Seite befand sich die Treppe zum ersten Stock in dem sich zwei Schlafzimmer befanden. Drew hatte Nell und Jenny versprochen, ihnen ein Haus zu bauen. Er würde selbst in seinem Wigwam bleiben, bis er sich ein eigenes Haus bauen konnte. Als es fertiggestellt war, bot er es den Matthews-Töchtern an, sie lehnten es aber ab, einzuziehen. David Cooper hatte ihnen angeboten, sein bereits überfülltes Haus mit ihnen zu teilen. Nell wollte nicht mit James unter dem gleichen Dach wohnen, obwohl er sie nicht mehr belästigt oder anzusprechen versucht hatte, seitdem sie ihn aus dem Wigwam wies. Die Ramsdens boten Nell und Jenny an, in ihrem Haus zu wohnen, bis ein anderes Haus fertiggestellt war, aber die Bauarbeiter waren beschäftigt, und die Monate vergingen schnell. Der Winter war nahe und würde die Bautätigkeit unterbinden. Darüber hinaus wollte Nell den Ramsdens nicht den ganzen Winter über zur Last fallen.

Gouverneur Winthrop überredete Nell und Jenny, einzuziehen. Er meinte, daß es sich nur um einen Winter handelte. Im Frühling würde er selbst Hand anlegen, um ihnen ein eigenes Haus zu bauen. Er war für alle Kolonisten verantwortlich, und es wäre unklug gewesen, sie im Wigwam zu lassen, wenn ein Haus für sie bereitstand. Da sie nichts gegen Winthrops Argumente einwenden konnten, zog Nell mit Jenny in das Haus, das Drew für sie gebaut hatte.

An diesem Samstagnachmittag fand Drew eine Nachricht an seinem Wigwam. Die Arbeit wurde, wie immer, um drei Uhr nachmittags eingestellt, um die Vorbereitungen für den Sonntag zu treffen. Drew kam gerade vom Strand zurück. Er trug seine Muskete. Es war die erste Muskete, die er jemals besaß. Er hatte sie dem ersten Offizier der *Hopewell* abgekauft. Obwohl es manchmal Gerüchte von Indianerüberfällen gab, hatte Drew niemals die Notwendigkeit gesehen, eine Feuerwaffe zu tragen ... bis Eliot Venner erschien.

Die Nachricht war von Nell. Nach allem Erleben war er erstaunt, wie sehr seine Gefühle von Nells Handschrift aufgewühlt wurden, besonders durch die Weise, wie sie seinen Namen schrieb. Es war eine Einladung zum Mittagessen am Sonntag. Sie wollte ihn für ihren Bericht befragen.

Drew ging am Sonntagnachmittag zu dem von ihm erbauten Haus. Es stand auf einem kleinen Hügel und man konnte von dort die Bucht überblicken, deren Wasser sich wie ein unruhiger Teppich vor ihm ausstreckte. Es war Spätsommer, und die Blätter raschelten in der frischen Brise, als er an die Haustür klopfte.

„Master Morgan." Nell war förmlich und höflich, als sie die Tür öffnete.

„Wo ist Jenny?" fragte er.

„Sie ist bei Freunden. Sie wird nicht mit uns essen", antwortete Nell. Um nicht den Eindruck zu erwecken, daß sie es so geplant hatte, fügte sie schnell hinzu: „Nach dem Gottesdienst wurde sie von jemand eingeladen, in der Bucht spazieren zu gehen. Ich freue mich für sie. Wie Sie wissen, hat sie sich schon zu lange von der Außenwelt abgeschirmt. Seitdem wir hier eingezogen sind, ist es das erste Mal, daß sie mit Freunden ausgeht. Ich war wirklich erstaunt, daß sie die Einladung annahm. Vielleicht tat sie es, weil sie wußte, daß Sie kommen würden."

Nell schnitt in der Küche das Brot auf und wartete auf Drews Reaktion, aber er gab keine Antwort. Er saß am Tisch und fuhr mit der Hand über die Maserung des Holztischs. Falls ihn die Bemerkung irritierte, so zeigte er es nicht.

„Wie dem auch sei", meinte sie, „wir können die Berichte ungestört fertigstellen und Sie können um so schneller das Haus verlassen."

„Ich habe es nicht eilig."

„Es ist nicht gut, wenn wir beide hier allein sind. Es könnte den Leuten einen falschen Eindruck vermitteln. Sie wissen, wie die Leute reden. Wenn ich gewußt hätte, daß Jenny ausgeht, hätte ich die Ramsdens eingeladen." Nell war nervös. Sie redete sonst nicht so viel.

Jetzt stellte sie das kalte Wildfleisch und Brot auf den

Tisch. Danach beteten sie und aßen, ohne sich zu unterhalten.

Während sich Drew ein zweites Mal bediente, befragte ihn Nell über seine Eindrücke seit der Ankunft. Er beantwortete ihre Fragen und beschrieb seine anfängliche Enttäuschung, als er ankam und den Zustand der Kolonie sah, seine Reaktion, als er in einem Wigwam leben mußte, nachdem er in Morgan Hall aufgewachsen war, seine unerwartete Freundschaft mit Sassacus und die offiziellen Reisen zu den Pequots und Narragansetts, um Vorräte zu kaufen.

Er versuchte, sie während des Essens und der Befragung nicht anzublicken, hatte aber Schwierigkeiten damit. Es war die erste vernünftige Unterhaltung mit Nell seit dem Tod ihres Vaters. Er konnte sich später nicht daran erinnern, was er gegessen hatte, weil er zu stark mit ihr beschäftigt war. Er wurde immer noch durch ihre Intelligenz und Selbstsicherheit eingeschüchtert – das hatte sich seit ihrer ersten Begegnung nicht geändert –, und sie zog ihn immer noch an. Sein Herz schlug höher und sein Puls raste.

Um anzudeuten, daß die Befragung zu Ende war, legte Nell die Schreibfeder zur Seite. Es ging zu schnell. Drew überlegte, ob er sie um eine weitere Portion bitten sollte, damit sich die Unterhaltung hinauszögerte.

Nell lehnte sich vor, stellte ihre Ellbogen auf den Tisch, stützte ihr Kinn mit den Händen auf und sagte: „Das ist ein schönes Haus. Ich habe Ihnen noch nicht dafür gedankt, daß Sie uns hier wohnen lassen. Danke."

„Ich habe dir versprochen, daß ich für euch ein Haus bauen werde."

Sie schüttelte den Kopf. „Nein, das ist Ihr Haus. Wir ziehen im Frühling wieder aus."

Drew wollte sich nicht mit ihr streiten und den schönen Nachmittag verderben.

„Wie es aussieht, muß ich mich bei Ihnen auch für etwas anderes bedanken. Ich sprach mit Mary Ramsden."

Als Nell Marys Namen nannte, wurde ihm unwohl. Wieviel hatte Mary ihr erzählt? Er wollte nicht, daß sie sich über seine Vergangenheit und die damit zusammenhängenden Ereignisse unterhielten. „Die Ramsdens sind nette Leute", antwortete er, „ich mag sie."

„Wie ich erfahren habe, kennen Sie die Ramsdens aus Colchester."

„Was haben sie dir erzählt?"

„Nicht viel, nur, daß Sie die beiden in Colchester kennengelernt haben."

„Was hat das damit zu tun, daß du dich bei mir für etwas anderes bedanken möchtest?"

Nell lächelte in ihrer Art, die Drew einschüchterte. „Haben sie etwas mit Ihrer mysteriösen oder sollte ich besser sagen dunklen Vergangenheit zu tun?"

„Du würdest mich nur noch mehr hassen, wenn ich es dir erzählen würde."

Nell verzog ihr Gesicht. „Es tut mir leid, ich wollte mich wirklich nur bei Ihnen bedanken." Sie setzte sich aufrecht hin und legte ihre gefalteten Hände auf das Schreibpapier. „Mary sagte mir, daß Sie mich für diese Arbeit vorgeschlagen hätten."

Drew zuckte die Schultern. „Marshall suchte einen Schriftsteller, und ich kannte einen guten."

„Wissen sie, daß ich Justin bin?" Ihre Stimme bebte bei dieser Frage.

„Natürlich nicht! Ich würde ihnen das nie erzählen."

„Ich weiß. Ich mußte aber trotzdem fragen."

Sie schwiegen einige Zeit. Drew überlegte, wie er die Unterhaltung ausdehnen konnte. Er wollte nicht, daß der Nachmittag schon zu Ende war. „Ich bedanke mich für die Einladung und das Essen. Es war ausgezeichnet."

Sie erwiderte, es gern getan zu haben.

„Und für das Interview. Es freut mich, daß du mich in die Chronik aufgenommen hast."

„Bitte. Gern geschehen."

Eine neue Gesprächspause folgte.

„Ich vermisse diese Zeiten", sagte er.

„Welche Zeiten?"

„Die Sonntagnachmittage, die Nachmittage, die wir zusammen in der sächsischen Ruine verbrachten, von der man Edenford überblicken konnte."

Das war ein Fehler. Er war zu weit gegangen. Nells beleidigter Gesichtsausdruck zeugte davon, daß er sich auf dünnem Eis bewegte. Da er sich schon so weit vorgewagt hatte, konnte er das Gespräch auch weiterführen.

„Nell! Was muß ich tun, damit du mir vergibst?"

„Es ist keine Frage des Vergebens. Ich habe Ihnen verziehen. Ich kann Sie aber nicht lieben. Nicht nach dem, was Sie getan haben."

„Ich glaube dir nicht."

„Es kümmert mich nicht, was Sie glauben."

„Ich habe viel von deinem Vater gelernt, und das Wichtigste, was er mir beibrachte, war, daß Liebe nie aufgibt."

„Sie sehen ja, was es ihm einbrachte."

„Das glaubst du doch selbst nicht."

Nell zog ein Taschentuch hervor und putzte sich die Nase. „Wollen Sie mir vorschreiben, was ich zu glauben habe?"

„Du ähnelst deinem Vater. Du wurdest aber verletzt und fürchtest dich davor, noch einmal durch Liebe verletzt zu werden."

„Ich glaube, daß es besser ist, wenn Sie jetzt gehen, Master Morgan."

„Ich glaube, daß Sie recht haben, Fräulein Matthews." Drew versuchte, die Unterhaltung in einer angemessenen Form zu beenden. „Haben Sie mir gegenüber noch Fragen?"

Nell schaute mit tränenden Augen auf ihr Papier. „Ja, ich habe noch eine letzte Frage, die ich auch allen anderen stellte. Am 5. Februar, als die *Lyon* in den Hafen fuhr, was haben Sie da gedacht?" Nell wartete mit der Schreibfeder in der Hand.

Als er nicht antwortete, sah sie auf.

„Ist irgend etwas nicht in Ordnung?" fragte sie.

„Erinnerst du dich ... einen Augenblick", sagte Drew, schloß die Augen und dachte darüber nach, welchen Namen Eliot in Edenford benutzt hatte. „Thomas Mitchell! Erinnerst du dich an den Mann, der nach Edenford kam, nachdem ich es verlassen hatte, mit dem Namen Thomas Mitchell?"

Nell schüttelte den Kopf. „Ich kenne niemand mit diesem Namen."

„Wildes Haar, hervorstehende Augen, pockennarbiges Gesicht."

Sie schüttelte erneut den Kopf.

„Er ist einer von Lauds Männern. Er hat mich ausgebildet."

Als er den Namen von Bischof Laud nannte, machte Nell ein erschrockenes Gesicht. „Drew, was willst du mir damit sagen?"

„Er ist in der Kolonie. Ich sah ihn, als er die *Lyon* verließ."

„Was macht er hier?" Panik lag jetzt in ihrer Stimme.

„Er kam hierher, um sich in Roxbury niederzulassen. Er sagte, daß er nichts mehr mit Laud zu tun haben möchte."

„Glaubst du, daß er die Wahrheit sagt?"

„Nein."

„Was macht er dann hier?" Nell begann zu weinen. Die Gefahr, von der sie glaubte, sie in England zurückgelassen zu haben, hatte sie eingeholt.

„Ich weiß es nicht. Ich habe ihn seit seiner Ankunft nicht mehr gesehen", antwortete Drew.

Nell zitterte, und Drew wünschte sich, daß er es ihr nicht erzählt hätte.

„Wie war sein Name? Mitchell?"

„Das war der Name, den er in Edenford benutzte. In Wirklichkeit heißt er Eliot, Eliot Venner."

Nell schnappte nach Luft. „Das ist der Mann, mit dem Jenny ausgegangen ist! Sie sagte, daß sie mit den Billingtons und einem jungen Mann namens Eliot Venner ausgehen würde!"

„Mit den Billingtons?"

„Eine Familie, die wir in der Kirche kennengelernt haben. Er ist Fischer. Sie haben eine Tochter in Jennys Alter."

Drew lief zur Tür hinaus und suchte die Bucht ab.

„Guten Tag, Master Morgan", sagte eine Stimme von der rechten Seite. Jenny kam den Hügel herauf. Sie war allein.

„Ist alles in Ordnung?" rief er.

„Warum sollte etwas nicht in Ordnung sein?" Sie sprach in einem Tonfall, der erkennen ließ, daß er ihr gleichgültig war.

„Jenny!" rief Nell und lief zur Tür.

„Was ist los?" fragte Jenny.

„Wir haben uns Sorgen um dich gemacht", antwortete Nell, „ist alles in Ordnung?"

„Natürlich, ich hatte einen wundervollen Nachmittag."

„Mit Eliot Venner?" fragte Drew.

„Dein Lehrmeister!" antwortete Jenny.

„Hat er dir das erzählt?"

„Er hat mir viele Dinge erzählt. Wir waren den ganzen Nachmittag zusammen. Er ist wirklich ein liebenswerter Mann."

Drew wies mit dem Finger auf Jenny. „Laß diesen Mann in Ruhe, Jenny. Er ist gefährlich!"

„Seit wann kümmerst du dich um meine Angelegenheiten?" schoß Jenny zurück. Sie stürmte ins Haus und lief die Treppe hinauf.

„Ich werde mit ihr sprechen", sagte Nell und schloß die Tür.

Alles, was Drew erfahren konnte, war, daß sich Eliot seit seiner Ankunft wie ein guter Kolonist verhalten hatte.

Er fand heraus, wo die Billingtons wohnten, und besuchte sie. Es waren einfache Leute mit zwei Söhnen und einer Tochter. Eliot hatte sie vor einigen Monaten kennengelernt. Da sich Eliot für Jenny interessierte, hatten sie ihm Jenny vorgestellt und Jenny an einem Nachmittag eingeladen. Den Billingtons nach hatte sich Eliot immer wie ein Gentleman verhalten.

Drew informierte David Cooper über Eliots Anwesenheit. Der Schuster hatte Eliot kurz nach dem Fest im Februar aus der Ferne gesehen, schien aber nicht besorgt zu sein. „Er hat uns natürlich verfolgt. Es war seine Aufgabe. Meinst du, der Befehlshaber hätte das gekonnt?" Cooper blies seine Backen auf und streckte die Arme vor, um den Befehlshaber zu beschreiben. „Was kann uns Eliot hier schon anhaben? Will er uns alle zur Star Chamber nach England zurückbringen?"

Auch Gouverneur Winthrop war nicht besorgt. Er redete gerade mit Reverend Roger Williams, als Drew den Gouverneur darauf ansprach. Williams lobte Eliot sehr. Er hatte ihn auf der Überfahrt kennengelernt. Der Geistliche verglich ihn mit Johannes den Täufer, der zwar die soziale Komponente nicht betonte, aber sehr geistlich war.

„Menschen ändern sich. Du solltest das von allen am besten wissen", meinte der Gouverneur.

Drew war nicht davon überzeugt, daß sich Eliot geändert hatte. Er kannte Eliot und dessen Methoden. Er mußte herausfinden, was Eliot in der Kolonie wollte, um ihn davon abzuhalten, was er vorhatte.

„Eliot!"

Drew sah, daß Eliot einen Wigwam unten in der Bucht betreten wollte. Er hatte seine Kleidung und verschiedene Dinge für das Haus im Arm. Er war allein.

„Drew!" rief Eliot zurück. „Ich komm gleich wieder." Er verschwand in der Hütte und kam kurz darauf wieder heraus.

„Drew! Ich freue mich, dich zu sehen!" Er reichte ihm die Hand.

Drew verschränkte die Arme und fragte: „Was machst du hier?"

„Mir gefiel Roxbury nicht, und ich gefiel den Leuten nicht. Boston gefällt mir besser." Er zeigte auf den Wigwam und sagte: „Da die Billingtons nun in ein Haus gezogen sind, haben sie mir ihre Hütte überlassen."

Irgend etwas war anders mit Eliot. Es war nicht der gleiche Eliot, der ihn zur Bärenhatz einlud oder der vor ihm in der Bibliothek des Bischofs gesessen hatte. Und es war erst recht nicht der Eliot, der Drew am Ufer in Edenford attackierte. Er schien ruhiger, erwachsener und selbstsicherer zu sein. Seine Ausdrucksweise schien sich ebenfalls verbessert zu haben. Hatte Eliot sich doch verändert, oder spielte er allen etwas vor? Sogar sein Haar war besser gekämmt.

„Was machst du in der Kolonie der Massachusetts Bay?" brachte Drew die Sache wieder auf den Punkt.

„Wir haben uns gerade darüber unterhalten, oder nicht?"

„Laß uns noch einmal darüber reden. Warum bist du hier?"

Eliot verschränkte die Arme ebenfalls, um sich Drew anzupassen. Er grinste breit. Es war kein böses oder teuflisches Grinsen, aber zusammen mit Eliots eigenartigen Augen sah es beunruhigend aus. „Warum nimmst du mich nicht, wie ich bin?"

„Weil ich dich kenne."

„Und du kennst meine Arbeitsweise, meine Technik und meine Rolle, die ich spiele."

„Genau."

„Und es gibt in deinem großen christlichen Herzen keinen Platz für die Möglichkeit, daß Gott mich gerettet haben könnte?"

„Ist es das, was du mich glauben machen willst? Daß du gerettet worden bist?"

„Das ist, was alle Leute von dir glauben sollen, stimmt's?"

„Erzähl mir etwas über deine Bekehrung."

„In Ordnung." Eliot rollte mit den vorstehenden Augen, schaute zum Himmel und erklärte mit monotoner Stimme: „Kurz nachdem Christopher Matthews hingerichtet wurde, begann ich an Bischof Lauds Methoden und Zielen zu zweifeln. Wie konnte der Bischof einen solch guten Mann hinrichten lassen? Falls jemand den Tod verdiente, dann ich. Ich war der Sünder, nicht Matthews. Mein Leben war miserabel. Ich konnte keine Ruhe finden. Als ich nicht mehr wußte, was ich machen sollte, wandte ich mich an den, der mich erlösen konnte, an Jesus Christus. Ich bat Jesus, mich von meiner Sünde zu reinigen und in mein Herz zu kommen. Er kam in mein Herz und seit diesem Tag hat er wunderbar an mir gehandelt. Das war's. Zufrieden?"

„Willst du mich verspotten?"

„Natürlich. Hast du das auch schon gemerkt?"

Drew wurde wütend. Er merkte, wie er vor Wut errötete.

Eliot lachte. „Dein Zeugnis, mein Zeugnis, wo ist der Unterschied? Sie sind genau gleich."

„Eliot, was willst du hier? Bist du wegen mir gekommen?"

„Ich habe mich noch nicht entschieden."

„Was heißt das?"

„Der Bischof will nicht, daß ich dich direkt verletze", schnarrte Eliot. „Dieser Narr. Ich habe nie verstanden, was er an dir findet. Er möchte aber, daß ich die Kolonie zerstöre."

„Wie? Will er, daß wir die Gründung rückgängig machen und die Charta widerrufen?"

„Drew, ich kann dir nicht alle meine Geheimnisse erzählen. Ich habe mich wirklich noch nicht entschieden. Du bist ein noch größerer Narr als der Bischof, Morgan. Warum bist du nicht einfach mit ihm ins Bett gegangen und hast alles Gold und allen Ruhm genommen, den er dir geben wollte? Morgan, du bist ein Idiot! Was hast du hier?"

„Ich habe hier mehr, als mir Bischof Laud jemals hätte geben können."

Eliot schnaubte verächtlich. „Du wirst sehen, was du davon hast. Der Bischof will dir schaden, indem er den Leuten schadet, die du ihm vorgezogen hast. Er überließ mir die Einzelheiten."

Jenny! Deshalb ist Eliot an Jenny interessiert! Drew ballte die Faust. „Laß Jenny Matthews in Ruhe!"

„Sie ist ein hübsches kleines Mädchen, nicht wahr?" grinste Eliot jetzt bösartig.

„Eliot, ich warne dich, laß sie in Ruhe!"

„Und wenn nicht? Willst du mich verprügeln? Du würdest deinen Bruder in Christus schlagen? Und wie willst du das deinen netten christlichen Nachbarn erklären? Sie glauben, daß ich ein wundervoller Mensch bin."

Drew ging langsam zurück. „Ich werde einen Weg finden, dich unschädlich zu machen."

„Du kannst mich nicht aufhalten", lachte Eliot. „Und du weißt es. Die Christen glauben an das Gute im Menschen. Sie wollen glauben, daß ihr großer Gott einen Menschen wie mich retten kann! Du weißt, wie der Plan funktioniert. Das ist das Schöne daran! Er klappt jedesmal, und du kannst nichts dagegen machen!"

„Ich werde eine Möglichkeit finden!" rief Drew. „Laß Nell und Jenny in Ruhe. Ich meine, was ich sage, Eliot. Laß sie in Ruhe!"

„Und der Herr sei mit dir, mein Bruder in Christus!" rief Eliot ihm hinterher.

Drew lag die ganze Nacht wach. Er mußte einen Weg finden, um Eliot Venner zu entlarven. Er rief sich alles ins Gedächtnis, was ihm Eliot über die Infiltration der puritanischen Gemeinden beigebracht hatte. Er mußte seinen Lehrmeister in seinem eigenen Spiel schlagen. Das Problem war, daß die Kolonisten Eliot nicht so gut kannten wie er. Sie würden Eliot glauben, bis es zu spät war. *Wie kann ich sie warnen? Wie kann ich Menschen davon abbringen, an etwas zu glauben, das sie glauben wollen?*

Drew betete um Weisheit. Er betete um Nells und Jennys Sicherheit. Er betete am längsten für Eliot. Drew kam zu dem Schluß, daß es nur zwei sichere Wege gab, um Eliot von seinem Vorhaben abzuhalten: Gott mußte ihn verändern oder Drew mußte ihn töten.

Reverend Higginson hielt am folgenden Sonntagmorgen eine gute Predigt über Gottes unendliche Liebe. Der Text war dem Propheten Hosea entnommen. Obwohl Hoseas Frau sich wie eine Prostituierte verhielt und untreu war, rettete er sie vor dem Verderben. Higginson schloß daraus, daß Hosea seine Frau genauso liebte, wie Gott seine Gemeinde liebt.

Drew hörte kaum zu. Er stand hinten in der Versammlung und beobachtete Eliot, der in einer der vordersten Reihen saß. Drew bat Gott, daß er Eliot anrühren möge, aber es schien sehr unwahrscheinlich. Er sah, wie sich Eliot mehrmals umdrehte und Jenny Matthews anstarrte. Als sich ihre Augen trafen, lächelte er und winkte. Jenny machte die Nase kraus und lächelte zurück. Drew wurde wütend. Er erinnerte sich daran, daß Jenny ihn manchmal so angeschaut hatte. Eliot gab ihm keine andere Möglichkeit, als das zu tun, was er eigentlich nicht tun wollte.

Drew war zum Gottesdienst gekommen, um Eliot als Mörder von Shubal Elkins zu überführen. Er hätte zu Winthrop gehen und ihn anzeigen können, aber Eliot hätte es natürlich abgestritten. Außerdem hätte es einen sechsmonatigen Briefwechsel mit England nach sich gezogen, der nur durch eine Reise nach England und zurück möglich wurde, bevor Drews Anschuldigungen bestätigt worden wären. In der Zwischenzeit hätte Eliot genug Zeit, um seinen teuflischen Plan auszuführen. Drew durfte ihm nicht soviel Zeit lassen. Falls er ihn aber öffentlich anklagte, wären alle gewarnt, obwohl man Eliot das Recht zur Verteidigung einräumen würde. Die Kolonisten würden dann vorsichtiger im Umgang mit ihm sein.

Reverend Higginson beendete gerade seinen Gottesdienst. Es war der richtige Zeitpunkt für Drew, um seinen ehemaligen Lehrmeister zu entlarven.

„Reverend, darf ich etwas sagen?" Eliot kam ihm zuvor. Er strich sich sein Haar glatt und trat vor die Gemeinde.

„Ist es etwas, das alle Anwesenden betrifft?" fragte der Pastor.

„Ich muß etwas bekennen", antwortete Eliot. „Es gibt etwas, das ihr über mich, der ich unter euch lebe, wissen solltet."

„Was ist es?"

„Ich bin ein Mörder", sagte Eliot.

Der Versammlung stockte der Atem. Es spielte sich genauso ab, wie Eliot es Drew beim Unterricht erklärt hatte. Beeindrucke sie, indem du das Schlimmste bekennst, das du dir vorstellen kannst.

„Im letzten Jahr habe ich an der Straße von Tiverton nach Edenford einen Mann getötet. Ich wollte ihn nicht umbringen. Er griff mich an, und ich mußte mich verteidigen. Keiner weiß, daß ich ihn umgebracht habe", sagte Eliot und begann zu weinen. Richtige Tränen!

„Ich möchte etwas dazu sagen!" rief David Cooper und stand auf. „Ich stamme aus Edenford und kannte den Toten. Es war ein brutaler, sadistischer Mord und keinesfalls Notwehr."

Eliot schaute ihn erschrocken an. Seine hervorstehenden Augen hatten sich vor Angst geweitet. Es sah aus, als würde er seine Fassung verlieren. „Davon weiß ich nichts! Wirklich nicht!" rief er und begann, laut zu weinen. „Er griff mich mit einem Dolch an und warf mich auf den Boden. Als er mich erstechen wollte, schlug ich ihm einen Stein gegen den Kopf. Wir waren allein! Ich ließ ihn dann auf der Straße liegen. Ihr müßt mir glauben!"

John Winthrop war aufgestanden und vor die Gemeinde getreten. Er fragte David Cooper: „Hätte jemand anders den Körper verstümmeln können?"

Cooper schüttelte den Kopf. „Ich weiß es nicht. Elkins war einige Tage tot, bevor wir ihn fanden."

„Gibt es Beweise, die die Aussage dieses Mannes widerlegen würden? War Elkins ein Wegelagerer?"

„Er war der Aufseher von Lord Chesterfield."

„Fanden Sie, daß der Tote ein guter Mensch war?" fragte Winthrop.

„Nein. Er war ein grober, verrufener Mann."

„Wenn keiner von dem Mord weiß, warum haben Sie uns dann davon erzählt?" fragte Winthrop Eliot Venner.

Eliot schnaufte mehrere Augenblicke, schneuzte sich die Nase und sagte: „Die Tat hat mich in meinen Träumen verfolgt."

Reverend Higginson griff in das Frage- und Antwortspiel ein. „Haben Sie die Tat Gott bekannt?"

„O ja. Falls es an diesem Tag irgend etwas Gutes gab, war es meine Errettung." An diesem Punkt schaute Eliot die Gemeinde und besonders Drew an. „Er hat mich inspiriert", rief Eliot und zeigte mit dem Finger auf ihn.

Alle Augen richteten sich auf Drew Morgan.

„Sie müssen wissen, wir haben beide für Bischof Laud gearbeitet. Ich sah, wie die Hinrichtung Christopher Matthews Drew veränderte. Er hatte alles, was der König und der Bischof ihm anbieten konnten, zu Füßen liegen, aber er nahm es nicht an! Ich konnte es damals nicht verstehen! Nachdem ich sah, wie sich Drew Morgans Leben veränderte, wollte ich ihm nacheifern. Ich bat Jesus Christus, auch mein Erlöser zu sein und verließ den Bischof. Der Bischof sucht mich, und wenn er mich findet, wird er mich töten lassen. Ich suche nun einen Ort, an dem ich in Ruhe leben und dem Herrn dienen kann. Ich habe einen Menschen getötet und verdiene es nicht, unter euch zu leben. Ich kehre mit dem nächsten Schiff nach England zurück und hoffe, daß mich der Herr vor Bischof Laud beschützt."

Drew war aufgebracht. Es lief genauso ab, wie Eliot es geplant hatte. Leg vor ihnen ein Bekenntnis ab und erkläre, daß du nicht gut genug bist, um unter ihnen zu leben und daß du sie verlassen willst. Sie werden dich darum bitten, zu bleiben. Und genau das würde jetzt geschehen. Drew konnte es in den Augen der Gemeindemitglieder erkennen.

„Er lügt!" rief Drew. „Er hat Shubal Elkins vorsätzlich ermordet. Er arbeitet immer noch für Bischof Laud und kam hierher, um die Kolonie zu zerstören!"

Kaum waren die Worte ausgesprochen, wußte er, daß er einen Fehler begangen hatte. Er hatte sich in Eliots Plan einspannen lassen. *„Nachdem du dein Bekenntnis abgelegt hast, werden sie dich verteidigen"*, hatte ihm Eliot erklärt. *„Sie werden dich mit ihrem Leben verteidigen."*

„Können Sie das beweisen, Master Morgan?" fragte Winthrop.

„Eliot sagte mir gestern, daß Bischof Laud ihm den Auftrag gab, die Kolonie zu zerstören", antwortete Drew.

„Drew", warf Eliot dazwischen, „warum behauptest du so etwas? Warum sollte ich dir eine solche Lüge erzählen? Ich dachte, wir wären Freunde. Durch deinen Einfluß bin ich Christ geworden!"

„Hat noch jemand die Unterhaltung gehört?" fragte Winthrop.

„Nein", mußte Drew zugeben.

„Gott ist mein Zeuge. Ich weiß nicht, warum Drew versucht, mir eine solche Sache unterzuschieben. Drew, habe ich dich in irgendeiner Form verletzt? Hat es mit Jenny Matthews zu tun? Stört es dich, daß ich sie besuche? Wenn das der Fall ist, werde ich es unterlassen."

„Die Frage stellt sich, was wir mit Master Venner machen, bis seine Unschuld bewiesen ist", stellte der Gouverneur fest.

Roger Williams war aufgesprungen. „Ich sagte es Ihnen bereits im Vertrauen und werde es nun vor allen hier wiederholen. Ich kann bestätigen, daß Eliot Venner ein gottesfürchtiger Mann ist. Ich reiste mit ihm auf der *Lyon* in die Neue Welt und habe ihn als einen anständigen Menschen kennengelernt, der sich stark für geistliche Dinge interessiert. Nach meiner Ansicht wäre es ein Fehler, ihn einzusperren, bis sich der Fall aufgeklärt hat, es sei denn, man kann ihm eine Straftat nachweisen, die er in der Kolonie begangen hat. Selbst wenn wir das Schlimmste feststellen müssen, was sollen wir dann tun? Schaut euch den reumütigen Mann an!"

Die Gemeinde betrachtete den reumütigen Eliot Venner, der gebrochen vor ihr stand.

„Es wäre nicht das erste Mal, daß sich Gott eines Verbrechers annahm und ihn zu einem gottesfürchtigen Mann machte. Haben wir vergessen, was in der Bibel steht? Mose war ein Mörder, und Gott benutzte ihn trotzdem, um die Israeliten ins Gelobte Land zu führen. König David war nicht nur ein Mörder, sondern auch ein Ehebrecher, und trotzdem stammen die schönsten Psalmen aus seiner Feder und er wurde ein Mann nach dem Herzen Gottes genannt! Wir sollten den Mann der Gnade Gottes überlassen. Wenn wir die Antwort aus England erhalten, können wir immer noch die juristische Seite behandeln."

Die Gemeinde folgte Williams' Empfehlung. Da Eliot von keinem angeklagt wurde, konnte er sich frei bewegen. Nach der Verhandlung gingen die Gemeindemitglieder auf ihn zu, schüttelten ihm die Hand und erklärten, daß sie seinen Mut bewunderten. Sie baten ihn, in Boston zu bleiben und teilten ihm mit, daß sie Gott bitten würden, Drew die

Eifersucht zu verzeihen. Jenny Matthews stand neben Eliot und hielt seine Hand.

Einige Gemeindemitglieder unterhielten sich über Drew. Es waren die Männer, die täglich unter dem Versammlungsbaum saßen und sich daran erinnerten, daß Drew und Jenny Arm in Arm in den Wald gingen. Sie erinnerten sich auch daran, daß Jenny seit ihrer Ankunft an seinem Arm hing. Außerdem hatte er Jenny und ihrer Schwester ein Haus gebaut. Es war also kein Wunder, daß er Eliot haßte, nachdem sich das Mädchen Eliot zugewandt hatte.

Drew stand allein. Die Leute, die sich um Eliot versammelt hatten, gingen ihm aus dem Weg. Als Drew sich zum Gehen wandte, rief jemand seinen Namen.

Eliot Venner kam mit ausgebreiteten Armen auf ihn zu und umarmte ihn. „Ich vergebe dir, Bruder. Ich bete darum, daß wir gute Freunde werden." Dann flüsterte er ihm ins Ohr: „Du kannst mich nicht aufhalten."

Jemand kam hinter ihm her. Drew schaute auf und sah, daß David Cooper ihm folgte.

„Die Geschichte kommt mir irgendwie bekannt vor, ich habe einen solchen Vorfall vor kurzem in Edenford miterlebt."

„Genau, wie er es mir beigebracht hat. Sie glauben ihm also nicht?" fragte Drew und sah den Schuster an.

„Laß es mich so ausdrücken, ich habe gelernt, dir zu vertrauen."

Drew blieb stehen. „Ich danke Ihnen. Das bedeutet mir sehr viel."

„Und Eliot hat dir gesagt, daß er den Auftrag hat, die Kolonie zu zerstören?"

„Er hat es mir gestern erzählt, als ich ihm sagte, daß er Jenny in Ruhe lassen soll."

„Kennst du seinen Plan?"
„Nein."
Der Schuster stieß einen tiefen Seufzer aus. „Dann haben wir ein großes Problem."
„Es gibt eine Sache, auf die ich baue", erklärte Drew.
„Und die ist?"
„Eliot ist ein wilder Mann. Er kann sich nicht lange wie ein guter Christ verhalten. Es wird der Punkt kommen, wo er sich betrinkt und wild um sich schlägt. Er macht sich an Frauen ran ..." Drew machte eine Pause, „... und er tötet. Es gefällt ihm, etwas zu töten."
„Wie Shubal Elkins", meinte der Schuster.
Drew nickte. „Wie Shubal Elkins."

Wie Drew es erwartet hatte, war Jenny wütend auf ihn.
„Wie konntest du da stehen und so etwas über ihn behaupten?" schrie sie.
Es war der Nachmittag nach Eliots „Bekenntnis". Die Auseinandersetzung war unumgänglich. Deshalb hatte sich Drew zu Nells und Jennys Haus begeben. Er mußte versuchen, Jenny irgendwie davon zu überzeugen, daß sie sich nicht mehr mit Eliot traf.
„Du kennst ihn nicht so gut wie ich!" beharrte Drew. Er stand am Kamin und schaute der wütenden und weinenden Jenny ins Gesicht. Nell saß mit dem Rücken zum Tisch und beobachtete sie.
„Du kennst den alten Eliot! Er hat sich geändert!"
„Jenny, bitte glaub mir. Eliot hat mir erklärt, daß er dich verletzen will, um mir weh zu tun. Das ist sein Auftrag. Deshalb kam er in die Kolonie. Sein ‚Bekenntnis', sein Verhalten und sein Auftreten sind nichts anderes als ein Mittel zum Zweck! Er ist ein gefährlicher Mann!"
Jenny fing wieder an zu weinen. Dann entgegnete sie in

weichem Tonfall: „Er ist ein guter, liebenswürdiger Mensch! Er wurde sein ganzes Leben lang schlecht behandelt, weil er arm ist und nicht besonders gut aussieht. Das spielt aber nun keine Rolle mehr. Das Alte ist vergangen. Es ist ein neuer Eliot!"

„Nichts hat sich geändert! Er spielt dir nur etwas vor!" rief Drew.

„Genau das haben die Bewohner in Edenford auch von dir gesagt!" rief Jenny zurück. „Ich war die einzige, die dir vertraut hat! Genauso vertraue ich Eliot. Du irrst dich, und ich werde es dir beweisen!"

Drew saß in der Klemme. Wie konnte er ihr die Wahrheit nur beibringen? Wenn sie ihm nicht vertraut hätte, würde er niemals das Vertrauen der Puritaner von Edenford erworben haben. In Eliot irrte sie sich aber, und das war mehr als gefährlich.

Erinnerungen an Jenny und Edenford kamen ihm in den Sinn. Als er sie das erste Mal traf, stürmte sie die Treppe hinunter, warf sich in die Arme ihres Vaters und schaute Drew über dessen Schultern schelmisch an. Er erinnerte sich daran, wie sie kicherte und sich kaum noch halten konnte, als er aus dem Hohen Lied Salomos vorlas, an die leidenschaftlichen Küsse unter ihrem Baldachin aus Haaren, und an ihren selbstlosen Einsatz, als Nell auf dem Schiff krank wurde. Sie war so voller Leben und bemühte sich, anderen zu helfen. Sie verdiente es, glücklich zu werden. Drew sehnte sich nach ihr. Es mußte einen Weg geben, um sie vor ihrer eigenen Unkenntnis zu retten.

„Ich stimme Drew zu", sagte Nell und stand auf, die Hände immer noch verschränkt. Ihr Ton war weich und mütterlich. „Es wäre gut, wenn du Eliot für einige Zeit nicht siehst. Falls Drews Angaben der Wahrheit entsprechen, werden wir es schnell genug herausfinden."

Jenny machte einen Schritt nach hinten. Ihr Kinn bebte und sie begann zu weinen. „Behandele mich nicht wie ein Kind! In all den Jahren", weinte sie, „in all den Jahren habe ich dich geliebt, dir gehorcht und dich unterstützt. Als alle von dir erwarteten, James zu heiraten, war ich für dich da! Als Papa verhaftet wurde und du jede Nacht Alpträume hattest, habe ich dich getröstet!" Sie ließ ihren Tränen nun freien Lauf und fuhr mit gebrochener Stimme fort: „Von allen Menschen, die ich kenne, habe ich von dir ... von dir ... am wenigsten erwartet, daß du nicht weißt ... daß du nicht weißt, was es bedeutet ... was es bedeutet, von niemand verstanden zu werden."

Nell weinte nun auch. „Jenny, ich möchte nur das Beste für dich. Ich möchte vermeiden, daß du verletzt wirst!"

„Du möchtest nur vermeiden, daß ich glücklich werde!" schrie Jenny.

„Das ist nicht wahr!"

„Es ist wahr! Du wirst Drew immer haben. Und wen habe ich?"

Drew konnte nicht anders, aber Jennys Äußerung gefiel ihm, wenn auch nur kurz. *Du wirst Drew immer haben.* Sie konnte nur Drews Liebe für Nell meinen. Vielleicht hatte sie in diesem Augenblick aber auch etwas ausgesprochen, über das sich die Schwestern vertraulich unterhalten hatten. *Weiß Jenny etwas, von dem ich keine Ahnung habe?*

„Jenny, Liebes, wir haben doch uns. Und es wird immer so bleiben!"

Jenny lachte verächtlich. „Das ist schön für dich! Du hast mich und du hast Drew und was soll ich machen? Dabei stehen, und darauf warten, daß ihr euch schließlich die Liebe erklärt, heiratet und Kinder habt? Das reicht mir nicht! Ich möchte auch einen Ehemann und eine Familie haben! Falls euch der Mann, den ich heirate, nicht gefällt, kann ich es nicht ändern! Ich entscheide über mein Leben, nicht ihr!"

Jenny rannte aus dem Haus. Nell schaute Drew hoffnungslos an und rannte in ihr Zimmer. Drew fand sich allein im Wohnzimmer wieder. Er wartete lange, in der Hoffnung, daß Nell wieder herunterkommen würde. Als es nicht geschah, verließ er das Haus und ging heim.

Er konnte Eliots Bemerkung nicht vergessen: *„Du kannst mich nicht aufhalten!"*

Am nächsten Tag versuchte Drew, Eliots Aktivitäten zu überwachen. Am darauffolgenden Tag verlor er Eliot aus den Augen. Eliot war verschwunden.

Zwei Wochen lang wurde Eliot Venner von niemand in Boston gesehen. Als er zurückkehrte, brachte er viele Felle und Pelze mit und erklärte, auf Jagd gewesen zu sein. Er verkaufte seine Pelze und verschwand wieder. Er brachte gute Pelze zurück und hatte schnell den Ruf, der beste Trapper der Kolonie zu sein. Die Pelzhändler mochten ihn natürlich – er wurde einer ihrer regelmäßigen Zulieferer. Die Händler und Eliot wurden gemeinsam reich.

Eines Tages saßen Sassacus und Drew in Drews Wigwam. Viele Einwohner der Kolonie waren immer noch über Drew verärgert, weil es ihnen mißfiel, wie er Eliot behandelt hatte. Für Drew war es daher einfacher, abends mit einem Freund im Wigwam zu sitzen. Sassacus hatte Muscheln mitgebracht, und Drew hatte sie gekocht.

Nach dem Essen erzählte ihm Sassacus, daß es Meinungsverschiedenheiten unter den Pequots gäbe. Einige Indianer waren nicht glücklich über die britischen Kolonisten – jedes Jahr kamen mehr Menschen, die neues Land benötigten. Die Pequots waren jetzt schon zwischen der

Narragansett Bay und dem Connecticut eingezwängt. Jetzt bedrängten die Kolonisten sie von Osten. Außerdem gab es Streitigkeiten zwischen den Pequots und den Mohegans. Beide Stämme hatten sich über Jahre dem gleichen Häuptlingsrat unterworfen, aber viele Mohegans wollten nun selbständig entscheiden.

„Es sind unruhige Zeiten", schloß er seinen Bericht.

„Für uns auch", ergänzte Drew.

„Und für die Tiere im Wald. Sie werden von einem Dämon gejagt. Unsere Krieger haben an Bäume genagelte Hasen und Waschbären gefunden. Ihre Bäuche waren aufgeschlitzt und die Augen ausgestochen."

„Was hast du sonst noch gesehen oder gehört?"

„Ich habe nur die Tiere gesehen, aber einige unserer Krieger haben mit den holländischen und französischen Händlern gesprochen. Jemand ermordet ihre Trapper und stiehlt ihre Pelze und Felle. Sie beschuldigen uns, aber wir sind es nicht."

Eliot. Seine Mordlust bricht wieder durch. Er tobt wieder wie ein Verrückter umher. Er liebt es zu töten.

Sassacus' Bericht erklärte Eliots Abwesenheit, und warum ein Londoner Stadtjunge in so kurzer Zeit ein erfolgreicher Trapper werden konnte. Drew atmete tief durch. Er freute sich nicht darüber, daß er recht hatte, als niemand auf ihn hören wollte. Eliot war losgelassen. Das Töten hatte begonnen.

Kapitel 27

Eliot Venner und Jenny Matthews heirateten in der zweiten Novemberwoche, zwei Wochen, bevor der erste Schnee des Winters fiel.

Die Hochzeit wurde unter dem Versammlungsbaum durchgeführt. Die Braut und der Bräutigam strahlten, als sie das Ehegelöbnis ablegten. Sie wechselten jedoch keine Ringe. Es war ein päpstliches Symbol, und sie lebten nicht mehr unter der unsichtbaren Hand der katholischen Kirche.

Nell stand neben ihrer jüngeren Schwester. Während der Hochzeitszeremonie schauten sie sich oft an, lächelten und freuten sich über die Feier. Es war, wie es sein sollte. Beide waren zusammen. Sie hatten unzählige Stunden vor dem Fenster, aus dem sie die High Street übersehen konnten, gesessen und Spitze geklöppelt, sich ausgetauscht, miteinander gesprochen und gebetet. Sie waren eine eng verbundene Familie, in der sich einer um den anderen kümmerte. Es wäre nicht richtig gewesen, wenn Jenny geheiratet hätte, ohne von ihrer Schwester begleitet zu werden. Und Nell tat ihr Bestes, um Jennys Hochzeitstag so schön wie möglich zu gestalten. Es gab aber unbemerkte Momente – Momente, die Jenny niemals sah –, in denen auf Nells Gesicht ein ängstlicher Zug erschien. Es war, als hätte Nell eine Vorahnung.

Für die Boston-Kolonie war die Hochzeit ein Grund zum Feiern, zur Dankbarkeit und zum Blick in die Zukunft. Eliots und Jennys Kinder würden die ersten einer neuen Generation sein, die in der Kolonie geboren war.

Drew konnte ihre Freude nicht teilen. Er fühlte sich wie an dem Tag, als er vor dem Schafott am Tower Hill in London stand. Damals waren es Bischof Laud und Christopher Matthews, der Sieger und der Besiegte, hier waren es Eliot Venner und Jenny Matthews, die Bestie und das Opfer. *Und ich bin schuld daran. Es war mein Stolz, meine Sucht nach Ruhm, meine verfluchte Eitelkeit, die die Raubtiere in das Haus der Matthews brachten.*

Für einen Moment wünschte sich Drew, kein Christ zu sein. Die Lösung wäre dann sehr einfach. Er könnte Eliot töten, und die Hochzeit hätte nie stattgefunden! Er knirschte mit den Zähnen, ballte die Hände zu Fäusten und wünschte sich zu fluchen. *Nur eine Minute, Herr,* betete er, *laß mich nach ihren Regeln handeln dürfen. Ich kann es in Ordnung bringen! Der einzige Grund, warum Eliot damit durchkommt, ist, daß er weiß, daß ich ein Christ bin und ihn nicht umbringen werde! Herr, befreie mich nur eine Minute von meiner Verpflichtung zu dir. Das ist alles, um was ich dich bitte!*

Gottes Antwort auf sein Gebet formte sich in Drews Gedanken zu einer ihm bekannten Bibelstelle: „*Nicht durch Heer oder Kraft, sondern durch meinen Geist, spricht der Herr der Heerscharen!*" Es war die Bibelstelle, die Jennys Vater zitiert hatte, als die Edenforder mit Waffengewalt gegen Bischof Laud vorgehen wollten. Matthews zitierte die gleiche Bibelstelle, als er auf dem Schafott stand. *Christopher Matthews lebte und starb im Glauben an diesen Vers. Ich muß auch daran glauben.* Drew öffnete seine Hände.

Nach der Hochzeitsfeier verließ Jenny die Hochzeitsgäste

und ging zu Drew, der etwas abseits stand. Ihr langes braunes Haar wippte von einer Seite zur anderen und ihre Augen strahlten, als sie auf ihn zukam. Sie hatte wieder das spitzbübische Lächeln auf den Lippen, das Drew so viele Monate vermißt hatte.

„Drew, ich freue mich, daß du zur Hochzeit gekommen bist!" Sie umarmte ihn und drückte ihn an sich.

Ihr Haar roch frisch und die Wärme, mit der sie ihm begegnete, war mehr, als Drew ertragen konnte. Er lehnte seine Wange gegen ihre Stirn und drückte sie fest an sich. „Eliot und ich werden sehr glücklich sein! Du wirst es sehen, Drew, Eliot ist ein guter Mann. Wir möchten dich und Nell zum Mittagessen einladen."

Jenny trat einen Schritt zurück, um ihn anzuschauen. „Sie liebt dich wirklich, Drew."

„Jenny, ich wollte dich nie verletzen", antwortete Drew.

„Jetzt weiß ich es", sagte sie und strahlte ihn mit feuchten Augen an. „Es hat sich alles zum Besten gewendet. Du hast Nell, und ich habe Eliot."

Drew zog sie zu sich heran. *Er darf sie nicht haben. Er darf sie nicht haben.* Er sagte es sich immer wieder. *Wenn ich sie nicht gehen lasse ...*

„Jenny!" Es war Eliot. „Kannst du einen Moment herkommen? Ich möchte dir etwas zeigen."

Jenny Venner löste sich von Drew, um zu ihrem Ehemann zu gehen.

„Gott sei mit dir, Jenny", sagte Drew.

Drew ging zum zweiten Mal nach vielen Monaten den Hügel zu dem Haus hinauf, das er für Nell und Jenny gebaut hatte, und in dem nun nur noch Nell wohnte. Es war ein Sonntagnachmittag, und Nell hatte ihn zum Essen eingeladen. Er hatte auf eine Einladung gewartet, weil er wußte, daß sie die Chronik der Kolonie fertigstellen mußte. Diese Einladung jedoch überraschte ihn.

Die Bucht lag ruhig zu seinen Füßen, als er den Hügel hinaufging. Es war Ende Oktober. Drew hoffte, daß der Nachmittag keine neuen Komplikationen mit sich bringen würde; eine unsinnige Hoffnung, wenn er an die Vergangenheit ihres Verhältnisses dachte. Es war ein selbstsüchtiger Wunsch. Er konnte im Augenblick keine weiteren Probleme gebrauchen.

Er und David Cooper hatten Winthrop aufgesucht und ihm ihre Befürchtungen über Sassacus' „Dämon" berichtet, und der Schuster hatte die schrecklichen Einzelheiten des Mordes in Edenford geschildert. Als Drew die von Sassacus geschilderten Informationen weitergab, wünschte er sich, daß er Sassacus mitgebracht hätte. Es war besser, die Dinge aus erster Hand zu hören. Es stellte sich aber heraus, daß der Gouverneur bereits von den bizarren Verstümmelungen gehört hatte. Andere Trapper und Indianer hatten es ihm erzählt. Winthrop gab zu, daß sich die Vorfälle ähnelten und fand es eigenartig, daß sie sich ereigneten, nachdem Eliot die Kolonie betreten hatte. Es lagen aber keine Beweise vor und er konnte daher auch nichts unternehmen. Als Drew darauf bestand, daß etwas zu geschehen hätte, entgegnete der Gouverneur, daß sich Drew zum Zeitpunkt der Morde ebenfalls in der Umgebung aufgehalten hätte. Er hätte die Morde ebenso begehen können. Ein weiterer Versuch, Eliot außer Gefecht zu setzen, war gescheitert.

Bitte Herr, betete er, als er sich Nells Haus näherte, *alles, worum ich dich bitte, ist ein ruhiger und angenehmer Nachmittag.*

Während er den Hügel hinaufging, öffnete sich die Haustür, und ein roter Riese trat aus dem Haus. James Cooper. Nell ging hinter ihm her. Beide sahen ihn nicht kommen. James drehte sich zur Verabschiedung um, und Nell umarmte ihn. Der Riese legte seine riesigen Arme um sie. Für Drews Geschmack war die Umarmung zu dicht und zu fest.

„Ich danke dir. Das war sehr nett", sagte Nell und lächelte ihn an.

James erkannte Drew erst, als er sich umdrehte und an ihm vorbeiging. Er grinste dümmlich und zog seine Augenbrauen hoch.

„Master Morgan, treten Sie ein!" Nell lächelte süßlich.

„Was wollte er hier?" verlangte Drew zu wissen.

Ihre Augen sprühten vor Zorn. „Seit wann muß ich Sie um Erlaubnis fragen, wen ich empfangen darf?"

Das war kein guter Anfang, dachte Drew. Danach sagte er zu Nell: „Du hast recht. Es tut mir leid. Entschuldige bitte, aber ich werde nervös . . ." Er vollendete den Satz nicht laut, sagte aber im Stillen, *besonders wenn es dich betrifft.*

„Ist schon gut. Ich nehme deine Entschuldigung an", sagte sie. Die Worte waren freundlich, aber die Stimme war eisig.

Als er das Wohnzimmer betrat, fragte er: „Wer wird mit uns essen?"

„Keiner, nur wir beide."

Er dachte daran, was sie bei seinem letzten Besuch in diesem Raum geäußert hatte, als sie allein waren, Sätze wie: *„Es ist nicht gut, wenn die Nachbarn sehen, daß wir beide allein im Haus sind"* und *„Ich hätte die Ramsdens eingeladen, wenn ich gewußt hätte, daß Jenny nicht hier sein würde."* Drew sagte aber nichts und hoffte, einen angenehmen Nachmittag zu verbringen.

Das Essen war schmackhaft und bestand aus gebackenem Kabeljau, Brot und Maiskolben. Nell war zu ihm freundlich und zuvorkommend. Drew war erstaunt, freute sich aber darüber.

„Möchtest du mich wieder für die Chronik befragen?"
Sie räumte gerade das Geschirr vom Tisch. Er hielt nach etwas Ausschau, womit sich seine Hände beschäftigen konnten.
„Nein", sagte sie.
„Ach", erwiderte er und klopfte mit einem Teelöffel nervös auf den Tisch. Sie nahm ihm den Teelöffel aus der Hand und legte ihn zum Rest des Geschirrs. Sie wandten sich die Rücken zu; sie beschäftigte sich mit dem Geschirr, und er saß am Tisch.
„Ich denke daran, nach England zurückzukehren."
„Das ist nicht dein Ernst!" Drew sprang auf seine Füße. Nell drehte sich nicht um. „Deshalb war James hier. Er kehrt im Frühling nach England zurück. Er mag Amerika nicht, und ich könnte ihn begleiten."
„Aber du sagtest mir, daß du ihn nicht liebst!"
„Ich liebe ihn auch nicht!" Nell drehte sich um und sah Drew an, als wäre er ein Dummkopf. „Ich kehre nicht nach England zurück, um mit James zusammenzuleben. Wir kehren nur als Freunde zurück."
„Ich verstehe nicht, warum du nach England zurückkehren willst! Was ist mit Bischof Laud?"
„Was kann er mir antun, das mir nicht auch an diesem erbärmlichen Ort passieren kann?" Je länger sie sprach, desto mehr verlor sie die Kontrolle. „Wenn es stimmt, was du über Eliot sagtest, wo liegt der Unterschied, ob ich hier oder in England bin? Er kann mich hier oder in England töten! Falls er mich nicht umbringt, werden es vielleicht die Indianer tun oder ich verhungere oder ich sterbe an einer Krankheit!" Sie weinte unkontrolliert. „Es gibt hier nichts, was mich hält! Nichts als Schmerzen und Leid und Tod. Ich habe keine Familie ... Ich habe Jenny verloren ... Eliot wird ihr Schaden zufügen, Drew! Ich weiß es – ich kann es

fühlen. Ich kann nicht hierbleiben und zusehen, wie es geschieht ... Es würde mich umbringen, wenn ich zusehen müßte, wie sie verletzt wird ... Es würde mich töten!"

Sie fiel weinend in seine Arme.

Er hielt sie fest, und der einzige Laut im Raum war ihr Schluchzen.

„Wenn du nach England zurückkehrst, werde ich mitkommen", sagte er mit weicher, warmer Stimme.

Sie trat einen Schritt zurück und schaute ihm in die Augen. Ihr Gesicht war feucht vom Weinen. Sie sagte kein Wort, sie schaute ihn nur an, immer wieder.

„Ich habe oft an Edenford gedacht", sagte sie, suchte ein Taschentuch und setzte sich an den Tisch.

Drew setzte sich neben sie. Er kicherte.

„Was ist los?"

„Ich erinnerte mich gerade daran, wie du mich aufgefordert hast, Gott zu beschreiben."

„Ich bat dich, mir zu sagen, an was du glaubst", korrigierte sie ihn und amüsierte sich. „Du sagtest, daß Gott in den Bäumen wohnen würde."

„Ich zeigte auf zum Himmel", protestierte Drew.

Beide lachten.

„Ich werde nie deinen Gesichtsausdruck vergessen, als du anfingst, Jenny und mir aus dem Hohelied Salomos vorzulesen."

„Du hast mich reingelegt!"

„Nur, weil du darauf bestanden hast, aus der ekelhaften King James Bibel vorzulesen!"

Beide starrten schweigend auf den Tisch. Beide dachten an Edenford.

„Mir fällt gerade ein, daß du mir einmal erklärt hast, Edenford niemals zu verlassen", sagte Drew.

„Ich wollte es auch nie verlassen."

Es entstand ein beklommenes Schweigen. Nell klopfte die Fingernägel gegeneinander, und Drew schob einen Krümel auf dem Tisch umher.

„Drew, ich habe Angst, hier zu leben."

„Ich weiß."

„Würdest du wirklich mit mir nach England zurückkehren?"

„Wenn du die Kolonie verläßt, gibt es nichts, was mich hier halten würde."

„Ich kann aber nach England zurückkehren und dort sicher sein. Keiner weiß, daß ich Justin bin. Wenn du zurückkehrst, wird Laud mit Sicherheit versuchen, dich zu töten!"

„Ich weiß."

„Und du würdest trotzdem zurückkehren?"

Drew nickte.

Nell starrte auf ihre Nägel, während sie sprach. „Ich kann mich an deinen Gesichtsausdruck erinnern, als James mich bat, ihn zu heiraten."

„Ich war erschüttert", sagte Drew.

„Wenn ich mich recht erinnere, hast du mir gratuliert!"

„Was hätte ich sonst machen sollen?"

„Du hättest mir verbieten können, ihn zu heiraten."

Drew lachte. „Hättest du mir denn gehorcht?"

„Nein." Nell lachte ebenfalls.

Drew schoß den Brotkrümel vom Tisch. „Ich erinnere mich daran, als du mir sagtest, daß du mich liebst."

Nell schaute lange auf ihre Finger. Sie begann leise zu weinen. Sie hob ihren Kopf, wischte eine Träne aus dem Gesicht und flüsterte leise: „Ich liebe dich noch immer."

Drew traute seinen Ohren nicht. Er saß wie betäubt da.

Nell lachte und hielt sich eine Hand vor den Mund. „Sie sollten Ihr Gesicht sehen, Master Morgan!"

„Du liebst mich?"

„Ja, Drew. Mein lieber Drew."

Er nahm sie in seine Arme und küßte sie fieberhaft. Er hielt sie mit aller Kraft fest, weil er fürchtete, daß irgend etwas oder irgendwer sie wieder trennen könnte. Er wollte sie nie wieder loslassen.

„Drew, mein lieber Drew, kannst du mir jemals verzeihen?" weinte Nell zwischen den einzelnen Küssen.

„Schhh. Es ist alles in Ordnung!"

„Ich haßte dich, als Vater starb. Ich gab dir die Schuld."

Drew strich über ihr Haar. „Das spielt jetzt keine Rolle mehr."

„Ich wollte dir nicht vergeben, aber ich habe dich immer geliebt."

„Nichts", schwor er, „nichts wird uns jemals wieder auseinanderbringen."

Es war spät, als Drew Nells Haus verließ und den Hügel hinab zu seiner Hütte bummelte. Er wollte schreien, singen, irgend jemand erzählen, daß Nell Matthews ihn liebte. Dann begann er zu lachen. Als er den halben Hügel hinuntergegangen war, stemmte er seine Arme in die Hüften, sah auf zum Himmel und rief: „Du bist unglaublich! Alles, worum ich dich gebeten habe, war ein ruhiger Nachmittag!"

Am darauffolgenden Sonntag begleitete Sassacus Drew und Nell zum Gottesdienst. Nell lud beide zum Mittagessen ein. Der Indianer hatte ernsthaftes Interesse an dem Gott der britischen Siedler. Er besuchte regelmäßig den Gottesdienst und wußte nun, wann er aufstehen oder sich hinsetzen mußte, und versuchte immer mehr, die Kirchenlieder mitzusingen. Er hörte aufmerksam den Bibellesungen und Predigten zu, obwohl er immer noch weniger als die Hälfte davon verstand und schloß beim Gebet die Augen – Drew überprüfte es bald nicht mehr.

An diesem Sonntag war Sassacus besonders unruhig. Als der Gottesdienst begann, war noch alles in Ordnung. Reverend Higginson hatte das Eingangsgebet gesprochen und der Gesang des ersten Lieds war verklungen. Eliot und Jenny waren noch nicht aufgetaucht, sie kamen aber üblicherweise später. Nach dem ersten Lied erschienen Eliot und Jenny mit einem anderen Indianer.

Freundliche Blicke wanderten durch die Versammlung zu Drew und Nell und zu ihrem indianischen Freund und zu Eliot und Jenny und ihrer indianischen Begleitung. Die Gemeinde hatte allen Grund, auf Eliot stolz zu sein. Er konnte von seinem Einkommen als Trapper ausgezeichnet leben, hatte einer reichen Familie, die nach England zurückgekehrt war, das Haus abgekauft, eine der angesehenen Matthews-Töchter geheiratet, besuchte regelmäßig die Gottesdienste und Gemeinschaftsabende und folgte nun Drews Beispiel, sich mit den Indianern anzufreunden. Die Bewohner von Boston konnten nicht verstehen, warum Drew nicht so stolz auf Eliot war wie sie.

In ihrem Stolz am Sonntagmorgen übersahen sie Sassacus' Reaktion, als das Trio eintraf. Drews Freund richtete sich kerzengerade empor, als er den anderen Indianer erkannte und war während des restlichen Gottesdienstes außerordentlich nervös. Drew lehnte sich zu seinem Freund hinüber und fragte ihn, was los sei. „Später", antwortete Sassacus, war aber weiter äußerst unruhig, so daß Drew daran zweifelte, ob er der Predigt zuhörte. Der Indianer bemerkte nicht einmal, daß der Gottesdienst zu Ende ging und die Menschen sich erhoben.

„Drew! Nell!" Eliot winkte und rief sie zu sich. Jenny hing an seinem Arm, aber es sah nicht so aus, als wäre sie leidenschaftlich in ihn verliebt. Sie hatte den Kopf gesenkt, blinzelte mit den Augen und ihr Kinn zitterte.

Der neue Indianer war von Gemeindemitgliedern umgeben, die ihn begrüßten und ihm die Hand drücken wollten.

Sassacus hatte sich etwas abgesondert. Als Drew ihn einlud, sie zu begleiten, lehnte er ab und hielt steif und wachsam Abstand.

„Ich möchte euch jemand vorstellen", sagte Eliot, als Nell und Drew auf ihn zugingen.

Drew haßte die Situation. Eliot imitierte ihn. Wie ein grinsender Geier nahm er jede Möglichkeit wahr, um sich über ihn lustig zu machen. In der Öffentlichkeit war er immer freundlich und warmherzig und hatte Jenny immer an seiner Seite. Drew vergaß aber nicht Eliots verborgene Botschaft: *„Du kannst mich nicht aufhalten!"*

„Ich möchte dir einen Freund vorstellen", schwärmte Eliot. „Drew Morgan, das ist Uncas. Uncas ist ein Mohegan."

Drew streckte seine Hand aus. Der Indianer machte ein unbewegliches Gesicht und drückte Drews Hand, bis sie schmerzte. Nell gab ihm nicht die Hand. Die kalten Augen des Mohegans blickten zu ihr hinüber. Der Indianer starrte sie in einer Art und Weise an, die ihr unangenehm war.

„Vielleicht sollten wir beide die Indianer missionieren!" Eliot sprach laut genug, daß alle es hören konnten.

Während Eliot auf eine positive Antwort der Gemeinde wartete, sahen sich Uncas und Sassacus an. Die Augen des Mohegans waren hart wie Granit.

Drew wandte sich an Jenny. „Wie geht es dir?"

„Wir könnten nicht glücklicher sein." Eliot antwortete an ihrer Stelle und legte seine Hand auf ihren Arm. „Sie ist eine wundervolle Frau!"

Jenny sagte nichts. Als sie ihren Kopf hob, erkannte

Drew ein blutunterlaufenes Auge bei ihr. Drew mußte sich beherrschen, um Eliot nicht die Faust ins Gesicht zu schlagen.

Wie sich herausstellte, war es kein guter Tag, um zum Mittagessen einen Gast zu haben. Drew und Nell wollten sich umgehend über Jenny unterhalten. Das unausgesprochene Problem überschattete das Mittagessen. Sassacus war auch sehr still und in sich zurückgezogen. Drew kannte ihn als nachdenklichen Mann, der lieber zuhörte und beobachtete, als selbst zu reden. Heute sagte er aber so gut wie nichts, nachdem sie das Haus betreten hatten.

„Du magst Uncas nicht, stimmt's?" fragte ihn Drew während des Essens.

„Ist kein guter Mann."

„Denkst du, daß er daran interessiert ist, etwas über Gott zu erfahren?"

„Uncas ist nur an Uncas interessiert."

„Warum kam er dann zur Kirche?" fragte Nell.

Sassacus starrte auf seinen Teller. „Weiß nicht", sagte er.

Beim weiteren Essen versuchten sie ohne Erfolg, eine angenehmere Unterhaltung in Gang zu bringen. Sie sprachen darüber, wann der erste Schnee fallen würde, da der Winter im letzten Jahr spät begonnen hatte. Sassacus freute sich, daß die Vorräte der Kolonie weitaus besser aussahen als im vergangenen Jahr. Die Kolonie würde keine Schwierigkeiten haben, den Winter zu überstehen. Drew und Nell lachten, als ihnen Sassacus erzählte, daß er sich für ein bestimmtes Indianermädchen interessierte. Er erwartete, sie im nächsten Winter in seinen Wigwam aufnehmen zu können.

Zwischen den mißlungenen Versuchen, eine angenehme Unterhaltung zu führen, berichtete Sassacus, daß Uncas ein Mitglied des Häuptlingsrates sei und der Führer der Mohegans, die die Allianz mit den Pequots auflösen wollten. Es gab Gerüchte über einen bewaffneten Aufstand. Sassacus nahm die Gerüchte ernst, weil er Uncas' Ruf kannte. Er war als eiskalter Krieger bekannt, gefühllos, unbarmherzig und vor allem ehrgeizig. Uncas wollte der Oberhäuptling der Mohegans werden.

Sassacus blieb nach dem Essen nicht mehr lange da. Er bedankte sich überschwenglich bei seinen Gastgebern und verschwand im Wald.

„Drew, ich habe Angst! Was sollen wir tun?" fragte Nell.

Sie saßen vor dem Kamin, und Drew hatte seinen Kopf in Nells Haaren vergraben.

„Ich auch", antwortete er. „Wir können es nur in Gottes Hand legen und auf eine gute Gelegenheit warten."

„Er hat sie verprügelt!"

„Ich weiß", sagte er sanft. „Ich weiß."

„Können wir denn nichts dagegen tun?"

„Viele Männer schlagen ihre Frauen. Es ist kein Verbrechen", antwortete Drew.

Das Holz knackte im Kamin und vertrieb die Kälte. Im Haus, vor dem Kamin und in den Armen des anderen fühlten sie sich sicher. An diesem Platz beschlossen sie, in der Kolonie zu bleiben. Sie waren nirgendwo sicher, nicht hier, und nicht in England. Sie konnten genausogut hierbleiben. Zumindest hatten sie sich; darüber waren sie sich völlig einig.

„Glaubst du, daß er sie umbringen wird?" fragte Nell.

„Es ist sein Wesen und seine Gesinnung, anderen Leuten Schmerzen zuzufügen."

„Du hast meine Frage nicht beantwortet."

Vielleicht war es nur Wunschdenken, aber Drew glaubte nicht, daß Eliot Jenny töten würde. Sein Plan war größer. Jenny spielte darin eine untergeordnete Rolle. „Nein, ich glaube nicht, daß er das tun wird. Wir müssen aber einen Weg finden, auf dem uns Jenny erreichen kann, wenn sie Hilfe braucht."

Nell drehte sich zu ihm, um ihn anzusehen. Sie wollte mehr unternehmen, als nur hilflos dazusitzen.

„Wir müssen sofort einen Weg finden", erklärte Drew. „Bevor Eliot Jenny alle Wege verbaut, um uns zu benachrichtigen."

„Warum sollte er das tun?"

„Sie befindet sich in seinem Haus und erkennt seinen wahren Charakter. Das ist für ihn gefährlich. Er kann nicht zulassen, daß sie mit jemand spricht."

Nell nickte. Sie verstand, was Drew sagen wollte.

Drew erklärte Nell den Bibelcode, den ihm der Bischof beigebracht hatte.

„Das geht nicht", stellte Nell sofort fest.

„Warum nicht?"

„Wir haben nicht die gleichen Bibelübersetzungen. Jenny und ich haben die Genfer Bibel. Du hast die *andere* Übersetzung."

Drew ignorierte die Anspielung auf seine Bibel. „Dann muß sie eben nur dich benachrichtigen oder ganze Verse oder so ähnlich senden. Es muß einen Weg geben. Wir kennen das Problem und müssen es lösen."

Er erklärte Nell, wie eine Botschaft mit Hilfe des Codes aussah.

„Das war also das eigenartige Stück Papier in deiner Bibel!"

Drew sah sie an. „Hast du in meiner Bibel eine verschlüsselte Botschaft gefunden?"

Sie nickte. „Als Papa deine Bibel im Arbeitszimmer ließ, habe ich sie gefunden. Ich wußte nicht, was es war, und es war mir auch egal."

Drew antwortete in übertrieben lustigem Tonfall: „Du hast im Arbeitszimmer deines Vaters die berüchtigte, verbotene und skandalöse King James Bibel gelesen?"

„Ich war neugierig!" verteidigte sie sich.

Sie unterbrachen ihre Planung und tauschten einige Küsse aus.

Drew wies auf die Gefahren des Plans hin. Eliot würde Verdacht schöpfen, wenn Jenny Nell oder Drew eine Nachricht zustecken würde. Sie benötigten einen neutralen Boten. Die Coopers konnten sie nicht benutzen, da Eliot sie aus Edenford kannte. Sie benötigten jemand, dem sie vertrauen konnten, und der nicht aus Edenford stammte. Die Ramsdens. Ausgezeichnet. Soweit sie wußten, kannte Eliot nicht die Verbindung zwischen ihnen und den Ramsdens.

„Eliot darf den Code nicht sehen!" warnte Drew. „Obwohl er ihn nicht entschlüsseln kann, hat er den Code bereits gesehen. Er wüßte sofort, daß ich etwas damit zu tun habe!"

„Wir müssen beten, daß ihn Gott mit Blindheit schlägt!" sagte Nell.

Die Luft war eisig, als Drew den Hügel hinunterging, um zu seiner Hütte zurückzukehren. Der Schnee würde bald fallen. Der Himmel war klar, und der Halbmond beleuchtete die Kolonie. Drew wunderte sich immer noch, wie klein der Mond in Boston aussah. In England schien er viel größer zu sein.

Irgend etwas stimmte nicht an seinem Wigwam. Stand dort jemand und wartete auf ihn? Er konnte die Person nicht genau erkennen. Er ging schneller und hielt seine Hütte genau im Auge. Dann rannte er los. Es war ein Mensch. Er stand aber nicht vor der Hütte, sondern lehnte sich dagegen, rückwärts dagegen. Drew rannte noch schneller.

„O Herr, bitte nicht!" schrie er.

Jemand hatte Sassacus mit ausgebreiteten Armen und Beinen an Drews Wigwam gebunden. Er bewegte sich nicht mehr.

Als Drew näherkam, sah er das grausame Bild. Man hatte ihn völlig entkleidet und sein Körper war überall zerschnitten. Die normalerweise unter der Haut liegenden Muskeln schauten hervor. Aus unzähligen Wunden floß Blut. Seine schwachen Atemzüge ließen seine aufgeschlitzten Wangen erbeben. Drew konnte durch die Wangen die Zähne erkennen, und Sassacus sah aus wie ein Fisch, der ans Ufer gespült war und versuchte, durch die Kiemen zu atmen.

Sassacus hatte so viele Wunden und gab so wenig Lebenszeichen von sich, daß Drew nicht wußte, wo er anfangen sollte. Er versuchte, eine Hand seines Freundes loszubinden.

„Sassacus! Halte durch! Ich hole Hilfe!"

Sassacus öffnete die Augen. Sein Rücken krümmte sich gegen die Hütte; er schaute die Sterne an.

„Unnn ... nnksss."

Drew konnte ihn kaum verstehen. „Ich habe dich gleich von deinen Fesseln befreit." Aber er sagte nicht die Wahrheit. Der Zustand seines Freunde hatte ihn völlig entnervt. Drew versuchte, die Lederschnüre zu lösen, schaffte es aber nicht.

„Unn ... nnkss", stöhnte Sassacus erneut.

„Uncas? Hat dir Uncas das angetan?"

Der Indianer nickte.

„War jemand bei ihm?"

Ein weiteres Nicken.

„Sassacus, hat dich Eliot Venner so zugerichtet?"

Der Indianer nickte erneut.

„Bee ... fff ... mich."

„Sassacus, halte noch einen Augenblick durch!" schrie Drew und kämpfte mit einem Knoten.

„Beee ... fü ... mich."

„Soll ich für dich beten?"

Sassacus nickte. Sein Kopf fiel zur Seite. Drews Freund war tot.

Außer sich vor Wut rannte Drew durch die Kolonie zu Eliots Haus. Er hämmerte an die Eingangstür, rief Eliots Namen und forderte ihn auf, herauszukommen, aber niemand antwortete ihm. Er rannte um das Haus herum und hämmerte gegen die Fensterläden. Keine Antwort. Drew riß einen Ast vom Baum, benutzte ihn als Rammbock und sprengte damit die Tür auf. Das Haus war vollkommen dunkel. Er schrie Eliots Namen und rannte von Zimmer zu Zimmer.

Die Venners waren nicht zu Hause.

Kapitel 28

Als Eliot eine Woche später in die Kolonie zurückkehrte, war er mit Pelzen beladen. Er behauptete, daß er die Wälder durchstreift hatte, um Fallen zu stellen und seine Frau mitgenommen hätte, um ihr seine Arbeit zu zeigen. Einen Teil der Zeit blieb sie bei den Pequots. Als ihm vom Tod Sassacus' erzählt wurde, spielte er ausgezeichnet und glaubwürdig die Rolle des ergriffenen und schockierten Freundes. Zumindest spielte er die Rolle glaubwürdig genug, um die meisten Kolonisten davon zu überzeugen. Er erklärte, daß er über den Mord durch Uncas nicht überrascht sei und sich von ihm getrennt hätte. Nach Eliots Angaben war der Indianer verrückt und gefährlich.

Trotz der Einwände von Drew fand Gouverneur Winthrop keinen Grund, um Eliot wegen des Mordes an Sassacus anzuklagen. Drew hatte ausgesagt, daß Sassacus vor seinem Tod Eliots Namen nicht ausgesprochen hatte. Das Nicken eines tödlich verletzten und halb ohnmächtigen Indianers war nicht ausreichend, um einen Mann des Mordes anzuklagen.

Unter dem Vorwand, Jenny Nähmaterial zu bringen, damit sie davon Muster anfertigen konnte, besuchte Nell das Haus der Venners. Eliot wollte nicht, daß Nell das Haus betrat und sagte, daß er es ihr geben würde, aber Nell bestand darauf, ihre Schwester zu sprechen. Als sie schließlich doch ins Haus gelangte, ließ Eliot die beiden Schwestern keinen Augenblick aus den Augen. Nell ließ sich Zeit und erklärte Jenny die neue Nähmethode. Eliot langweilte sich, blieb aber im Wohnzimmer. Er unterbrach die beiden einmal und befahl Jenny, ihm ein Bier zu holen. Jenny sprang mitten im Satz auf und lief in die Küche, um den Befehl ihres Mannes auszuführen. Eliot trank sein Bier, während sich die Schwestern unterhielten. Nell schlug Jenny vor, ihrem Mann ein weiteres Bier zu holen, und danach noch eins.

Als Eliot nach draußen ging, um sich zu erleichtern, erklärte Nell Jenny den Code.

„Wie sah sie aus?" fragte Drew.

Nells Hände zitterten und sie versuchte, ihre Tränen zurückzuhalten. „Drew, sie fürchtet sich sehr vor ihm. Du würdest sie kaum wiedererkennen. Sie zuckte jedesmal zusammen, wenn er in ihre Nähe kam, lächelte nicht mehr, und ihre Augen sind stumpf. Sie sagte mir, daß Eliot sie schlagen wird, weil ich sie besucht habe." Nell konnte ihre Tränen nicht länger zurückhalten. „Ich bin froh, daß Papa das nicht mehr erleben muß!"

Im Jahre 1631 gab es einen schlimmen Winter. Im Januar und Februar fiel sehr viel Schnee. Die Frauen gingen kaum aus dem Haus. Sie hatten genug damit zu tun, die Kranken zu pflegen und zu kochen. Da es kaum Zusammenkünfte gab, fiel es nicht auf, daß Jenny Venner nicht zu sehen war.

Drew und Nell sahen Jenny erst während des Gottesdienstes im März wieder. Sie und Eliot kamen, wie immer, etwas später. Nell hätte sie nicht wiedererkannt, wenn sie nicht mit Eliot gekommen wäre. Sie sah bleich und abgemagert aus, hatte eingefallene Wangen und dunkle Schatten unter ihren tief zurückliegenden Augen. Ihr rechter Arm lag in einer Schlinge. Ein Unfall, erklärte Eliot; sie sei die Treppe heruntergefallen und hätte sich ihren Arm gebrochen, als sie versuchte sich abzustützen. Während des ganzen Gottesdienstes hob Jenny nie den Kopf oder lächelte.

Im Frühling ging Eliot wieder auf Pelzfang, blieb aber nicht, wie gewohnt, zwei oder drei Wochen fort. In diesem Frühling kam er nach einem oder höchstens zwei Tagen zurück.

Nell beobachtete ihn eines Tages, wie er in den Wald ging, wartete eine Stunde und begab sich dann zu Jenny. Die Haustür war von außen mit einem Schloß versperrt und die Klinke mit Ledergurten festgebunden. Die Fensterläden waren von außen zugenagelt. Nell klopfte an die Tür und rief ihre Schwester, bis diese mit weinerlicher Stimme antwortete. Es hörte sich an, als wäre sie krank. Ihre Stimme war heiser, sie schnaufte laut und konnte keinen Satz vollenden, ohne laut zu husten. Der Husten verursachte laute rasselnde Geräusche in ihrer Brust. Als Nell versuchte, die Tür zu öffnen, wurde Jenny hysterisch und bat ihre Schwester, davonzugehen. Weil Nell sich weigerte, geriet Jenny so außer sich, daß sie nicht mehr richtig sprechen konnte. Sie erklärte ihrer Schwester, daß Eliot Nell und Drew töten würde, wenn er erfuhr, daß Nell versucht hätte, das Haus zu betreten. Sie bat Nell, sich so schnell wie möglich zu entfernen. Nell konnte ihre Schwester nur beruhigen, indem sie ihr zu gehen versprach.

Nell ging nach Hause und war so wütend, daß sie den ganzen Tag weinte. Drew versuchte ebenfalls, Jenny zu sehen, bekam aber die gleiche Antwort.

Mary Ramsden hatte schließlich Erfolg. Sie überzeugte Jenny davon, daß ein Fensterladen geöffnet werden mußte, um Lebensmittel und Medikamente ins Haus zu bringen. Als Eliot zurückkam und feststellte, daß ein Fensterladen geöffnet worden war, verprügelte er seine Frau.

Niemand in der Kolonie sah Jenny in den nächsten sechs Wochen. Wenn sie wußte, daß Eliot im Wald war, begab sich Nell zu Jennys Haus, schaute durch die Schlitze der Fensterläden und schob ein Stück Papier hindurch, auf dem Bibelverse standen. Sie wollte Jenny daran erinnern, daß sie von ihr und von Gott geliebt wurde. Die meisten Texte waren den Psalmen entnommen und beinhalteten Texte wie: „Und ob ich schon wanderte im finstern Tal, fürchte ich kein Unglück; denn bist bei mir, dein Stecken und Stab trösten mich." Nell hoffte, daß ihre Schwester daran denken würde, die Nachrichten zu vernichten, bevor Eliot zurückkam.

Als sie eines Tages eine weitere Botschaft durch den Schlitz steckte, hörte sie von der anderen Seite eine matte Stimme.

„Nell?"

„O Jenny! Es ist so schön, deine Stimme zu hören! Wie geht es dir?"

„Nell, letzte Nacht sah ich Papa."

„Papa?"

„Er hat zu mir gesprochen. Er sagte, daß alles gut wird, Nell. Papa hat gesagt, alles wird wieder gut!"

„Ja, Jenny, alles wird wieder gut."

„Nell?"

„Ja, Jenny?"

„Er sagte mir, daß er mich liebt."

„Ja, Jenny. Papa liebt dich. Und ich liebe dich auch."

Die Boston-Kolonie boomte. Überall wurde gebaut und alle versuchten, den wachsenden Ort zu verschönern. Die Tage wurden länger und die Kolonisten begannen damit, ihre Winterkleidung abzulegen. Die Stadt blühte. Die Kolonisten der Massachusetts Bay erfüllten ihren Traum, die Wüste in eine Stadt Gottes zu verwandeln.

Als Drew in der Abenddämmerung hungrig seine Hütte verließ, streckte er seine schmerzenden Muskeln. Es war ein guter und interessanter Tag gewesen. Seine Muskeln schmerzten, weil er für David Coopers neue Schusterei Holz abgeladen hatte. Der kräftige dunkelhaarige Schuster wartete ungeduldig darauf, seine eigene Schusterwerkstatt zu eröffnen.

Drew hatte ihm seine Erfahrungen angeboten, weil der Schuster nicht in der Lage war, die hohen Kosten eines Handwerkers zu zahlen. Im Laufe des Tages erschienen John Winthrop und Alex Hutchinson, ein Mitglied des Kolonialrats, und erklärten Drew, daß die Bostoner von seiner Hilfe beeindruckt wären. Die beiden Männer schlugen ihm vor, ein Mitglied des Kolonialrats zu werden. Drew konnte es kaum erwarten, Nell beim Abendbrot die Neuigkeit zu erzählen.

„Drew! Drew!" Mary Ramsden lief ihm mit einem Bilderrahmen oder etwas Ähnlichem in der Hand entgegen. Sie war atemlos und konnte kaum sprechen.

„Jenny ..." rief sie.

Drew ergriff Marys Schultern. „Was ist mit Jenny?"

Mary versuchte Luft zu holen.

„... gab mir das hier." Sie zeigte Drew eine Stickerei mit einem sonnenbeschienenen Haus und einigen Wolken.

Mary keuchte und erklärte: „Als ich an ihrem Haus vorbeikam ... rief sie mich vom Fenster aus ... und gab es mir. Als Eliot hinter ihr auftauchte ... bekam sie Angst ... Sie hatte so furchtbare Angst." Mary holte tief Luft. „Sie sagte, es wäre ein Geschenk für mich. Sie wolle sich dafür bedanken, daß ich ihr geholfen habe, als sie krank war." Ein weiterer tiefer Atemzug folgte. „Ich glaube, daß sie darin eine verschlüsselte Nachricht versteckt hat."

„Warum nimmst du das an?"

„Sie sagte, daß sie den Rand besonders gut findet. Sie erwähnte es zweimal. Drew, sie hatte Angst, wirklich entsetzliche Angst."

Drew untersuchte den Rand. Er sah nur viele braune und gelbe Kreuzstiche und einen Faden in Orange. Es schien ein normales Muster zu sein. Am oberen Teil des Bildes konnte er nichts Ungewöhnliches erkennen. Im unteren Teil, an der rechten Seite, am Boden ... da! Am Boden befanden sich drei Zahlen: 40, 21, 35.

Drew gab Mary den Rahmen zurück. „Warte hier!" Er lief in seine Hütte und kam wenige Augenblicke später mit seiner Bibel zurück.

„Was war die erste Zahl?"

Mary betrachtete die Stickerei. „Vierzig."

Drew sah im Inhaltsverzeichnis nach. „Vierzig! Matthäus. Nächste Zahl."

„Einundzwanzig."

Drew schlug das Matthäusevangelium auf und suchte das einundzwanzigste Kapitel. „Nächste Zahl!"

„Fünfunddreißig."

Er fand Matthäus 21, Vers 35, und las vor: „Die Weingärtner nahmen seine Knechte, einen schlugen sie, einen anderen töteten sie, einen anderen steinigten sie."

„Gott steh uns bei!" rief Mary.

„Mary, geh bitte zu Marshall. Sag ihm, daß er sich zu Nells Haus begeben soll. Und bestell ihm, sein Gewehr nicht zu vergessen." Mary nickte zustimmend und lief nach Hause.

Drew lud seine Muskete. Seine Hände zitterten, als er

Pulver auf die Pfanne gab und die Kugel in den Lauf stopfte. Danach rannte er zum Haus der Coopers.

Der kleine Thomas spielte mit Freunden auf einem Feld in der Nähe des Hauses. Es war fast dunkel, aber Drew konnte ihn ohne Schwierigkeiten inmitten der anderen Jungen erkennen, weil Thomas sich immer noch mit steifen Gliedern bewegte. Es war zweifelhaft, daß Thomas sich jemals von dem Unfall erholen würde.

„Thomas! Komm schnell her!"

„Master Morgan!" Thomas rannte zu Drew, um ihn zu begrüßen.

„Hör mir zu, Thomas. Hör mir genau zu." Drews Tonfall war ernst, und der Junge hörte ihm aufmerksam zu. „Geh nach Hause und hol deinen Vater und James ..."

„Aber James fährt morgen nach England zurück", unterbrach ihn Thomas.

„Es ist mehr als wichtig. Sag ihnen, daß sie zu Nells Haus kommen sollen. Bestell ihnen, daß sie ihre Gewehre mitbringen müssen. Sag ihnen, daß Nell ihre Hilfe braucht. Beeil dich!"

Thomas rannte mit seinen steifen Beinen, so schnell er konnte, davon.

Jennys Botschaft sagte nur, daß Gefahr im Verzug sei; sie erklärte nicht wann oder woher. Für Drew spielte es aber keine Rolle mehr, wann Eliot etwas plante, heute nacht, morgen nacht oder nächsten Monat. Die Angelegenheit mußte und würde heute nacht geklärt werden.

Sein erster Gedanke war, Nell zu schützen. Marshall und die Coopers würden das tun. Er wollte sich zu Eliots Haus begeben. Jenny sollte keine weitere Nacht mehr mit diesem Mann verbringen.

Als Drew beim Haus der Venners ankam, war alles dunkel. Er umkreiste das Haus in einiger Entfernung, um festzustellen, ob Licht brannte. Er konnte nichts entdecken und schlich sich in die Deckung eines Baums vor der Haustür. Die Muskete lag in seinen verschwitzten Händen.

Danach schlich er vorsichtig zur Eingangstür und drückte dagegen. Sie war entriegelt und sprang mit einem lauten Knall auf.

Krach!

Nachdem er die Tür mit seiner Schulter weit aufgestoßen hatte, ging er an der Treppe vorbei, bis er ins Wohnzimmer gelangte. Es war so dunkel, daß er kaum etwas erkennen konnte. Er wartete auf eine Bewegung, konnte aber nichts entdecken. Es war niemand da.

Seine Brust hob und senkte sich vor Anstrengung. Drew wartete, bis sich seine Augen an die Dunkelheit gewöhnt hatten und versuchte, seine Lippen anzufeuchten, aber sein Mund war ausgetrocknet. Es war ein unheimliches Gefühl, in der Dunkelheit eines Hauses zu stehen, das einem anderen gehörte. Das Gefühl wurde noch durch den Umstand verstärkt, daß es sich um Eliot Venners Haus handelte.

Als sich seine Augen an die Dunkelheit gewöhnt hatten, erkannte er die Einzelheiten des Raums. Was er sah, ließ ihn das Blut gefrieren. Überall lagen tote Tiere umher ... auf dem Tisch, auf dem Boden, überall. Waschbären, Hasen, die Eingeweide hingen aus ihren Bäuchen. Eichhörnchen waren an die Wand genagelt. Sie sahen aus, als wären sie gekreuzigt worden.

„Eliot!" schrie er.

Drew versuchte, seine aufkommende Übelkeit zu unterdrücken und lief die Treppe hinauf. Die oberen Räume ähnelten dem Wohnzimmer. Die Schränke waren umgekippt, und Kleidung lag verstreut am Boden. Die Schubladen waren aus den Kommoden gezogen und sahen wie Zungen aus, die aus einem Mund heraushingen, um ihn zu verspotten. Verstümmelte Tiere waren überall, einige hatten Jennys Kleider an.

Drew mußte sich gegen die Wand stützen, bevor er nach unten rannte und aus dem Haus floh. Die frische Luft konnte ihn nicht beruhigen. Er war noch nie in seinem Leben so froh gewesen, ein Haus zu verlassen. Jetzt konnte er nur noch zu Nell laufen, um sich dort mit den anderen Männern zu treffen. Er mußte sich mit ihnen beraten, was als nächstes unternommen werden sollte.

Um zu Nells Haus zu gelangen, mußte er an seiner Hütte vorbei, damit er die Straße erreichte, die am Waldrand entlang zum Hügel führte. In Boston war alles ruhig. Als wäre alles in Ordnung. Es schien nur ein weiterer friedlicher Abend in der Neuen Welt zu sein. Da hörte er einen Schrei aus dem Wald. Jenny!

„Drew, lauf weg! Er will dich töten!" Jennys Stimme kam vom Waldrand. Sie konnte sich nicht ohne Hilfe auf den Füßen halten und stützte sich daher mit einer Hand gegen einen Baum.

Drew rannte auf sie zu.

„Nein!" schrie sie, „lauf weg, Drew, schnell!"

Wenige Sekunden später kam eine schwere Hand hinter dem Baum hervor und schlug sie zu Boden. Jenny stieß ein Wimmern aus, als sie zu Boden fiel.

Drew mußte ein kleines Feld überqueren, um sie zu erreichen.

Eliot Venner trat hinter einem Baum hervor. Drew konnte sogar aus der Entfernung Eliots hervorstehenden und weit aufgerissenen Augen erkennen. Er hatte nur einen Lendenschurz an. Brust, Arme und Beine waren mit Farbe bemalt. Er griff in Jennys Haare und zog sie auf die Füße. Sein hyänenhaftes Lachen ertönte, als er sie in den Wald zerrte.

„Eliot!" brüllte Drew und rannte in den Wald. Er suchte Bäume und Büsche ab und lauschte, ob er ihre Fußtritte hören konnte, um festzustellen, wo sie waren. Dort! Eliot zerrte Jenny durch das Unterholz und hielt ihr mit einer Hand den Mund zu. Drew konnte ihre erstickten Schreie hören.
Jenny, verteidige dich gegen ihn, ich komme.
Drei weitere Schritte. Drew stolperte über eine Schlingpflanze und fiel hin. Seine Muskete rutschte ihm aus der Hand. Augenblicklich traten hinter den Bäumen Indianer hervor. Fünf. Zehn.
Bumm! Bumm!
Sie schlugen mit ihren Keulen auf ihn ein. Immer wieder.
Bumm! Bumm! Bumm!
Ein vernichtender Schlag traf ihn am Hinterkopf; er schwebte zwischen Bewußtsein und einer Ohnmacht. Er wußte, daß er mit dem Gesicht auf der Erde lag, alles andere war verschwommen. Neben sich hörte er einige raschelnde Geräusche, dann Laute. Und Stimmen.
Jenny? Schrie Jenny?
Er konnte die Worte nicht verstehen. Sie klangen anders. Männerstimmen.
„Nein!"
Noch mehr Rascheln.
„Zuerst die Frau in dem Haus."
Danach wurde alles schwarz um ihn.

Alles schmeckte nach Erde. Er hatte Reste von Blättern und Erde in seinem ausgetrockneten Mund. Sein Hinterkopf fühlte sich an, als ob er aufgeplatzt war, und sein Kopf schmerzte. Der Wald. Er lag immer noch im Wald. Aber wie lange? Es war dunkel und feucht. Gewehrschüsse. Hatten ihn die Schüsse wieder aufgeweckt?

Peng!
Schüsse! Jenny! Nein, Nell! Die Frau in dem Haus!
Drew stützte sich auf Hände und Knie. Er fühlte sich, als hätte er einen Stein um den Hals. Er zwang sich, die Schmerzen zu vergessen, und kämpfte gegen die Ohnmacht, die ihn erneut überkommen wollte. Er kroch zu einem Baum und kam auf die Füße. Erschöpft lehnte er sich dagegen.

Seine Gedanken rasten und befahlen seinem Körper, sich zu bewegen. *Nell braucht mich. Ich habe versprochen, auf sie zu achten. Sie braucht mich nun nötiger als jemals zuvor.*

Seine Muskete. Er suchte den Boden ab. Sie war nicht mehr da. Die Muskete war nicht mehr da!

Drew stieß sich vom Baum ab und stolperte auf die Kolonie zu. Er versuchte, über das Feld auf die verstreuten englischen Wigwams zuzurennen. Er sah, wie dünner Rauch aus den Schornsteinen in den klaren Nachthimmel aufstieg. Einige Wigwams waren dunkel; die Leute schliefen. Sie hatten die Schüsse offensichtlich nicht gehört. Andere Kolonisten standen aufgeregt vor ihren Wigwams und hielten ihre Frauen fest. Alle starrten in die Richtung von Nells Haus. Sie hörten die Geräusche, konnten aber nichts sehen, da Bäume ihnen die Sicht versperrten.

Als Drew vorbeirannte, schauten ihn die Leute erschrocken an. Sie wollten wissen, was geschehen war, aber Drew antwortete nicht.

Er erreichte die Straße. Sie führte zum Hügel und zu Nells Haus. Er rannte schneller. Er mußte sich beeilen. Seine Lungen brannten, und sein Kopf schmerzte. Er versuchte, noch schneller zu rennen. Er hatte nur einen Gedanken: *Rette Nell. Ich muß Nell retten.*

Als der Wald hinter ihm lag, konnte er Nells Haus erkennen. Es war dunkel. Die Fensterläden waren geschlossen.

Durch die Ritzen in den Fensterläden konnte er Licht erkennen. Drew hielt an. Es sah so aus, als wäre alles ruhig und friedlich.

Er lief weiter auf das Haus zu. Seine Augen suchten die Umgebung ab, ob sich etwas bewegte, ob Gefahren lauerten. Als er den Hügel emporlief, breitete sich die im Mondschein liegende Bucht vor ihm aus. Das Haus lag noch ein gutes Stück entfernt und wurde vom Wald durch ein großes Feld abgetrennt. Nichts bewegte sich.

Als er näher herankam, sah er auf dem Feld dunkle Umrisse. Er lief darauf zu und erkannte, daß es Menschen waren. Sie waren tot und lagen mit dem Gesicht nach unten. Eins, zwei, drei. Drei tote Indianer.

Ein wilder, unmenschlicher Schrei durchschnitt die Stille. Ein stürmisches Pferd mit einem Reiter galoppierte aus dem Wald, gefolgt von Dutzenden Indianern. Eliot! Seine wilde rote Mähne wurde vom Wind zerzaust, als er auf Drew zuritt.

„Lauf, Junge! Lauf!"

David Cooper stand in der Haustür von Nells Haus, hatte eine Muskete in der Hand und winkte Drew mit der freien Hand zu.

Eliots Augen, unheilvoll weiß umrandet, starrten Drew wütend an. Sein Gesicht war von einem irren Lachen verzerrt. Sein Schrei ertönte wie von einem verwundeten Tier.

Drew lief mit schmerzenden Beinen auf die offene Tür zu; sein Kopf dröhnte bei jedem Schritt. Das Haus war zu weit entfernt. Eliot war zu schnell für ihn. Er würde es nicht schaffen. Drews Brust und Lunge brannten wie Feuer. Die Indianer waren direkt hinter Eliot. Alle rannten mit erhobenen Waffen hinter ihm her. Sie stießen wilde Schreie aus, und ihre haßverzerrten Gesichter starrten ihn an. Er hatte erst den halben Weg zum Haus zurückgelegt. Der Abstand wurde immer kürzer. Er würde das Haus nicht rechtzeitig erreichen.

Die Fensterläden des Hauses flogen auf.

Peng! Peng!

Die Musketen spuckten Feuer und Rauch.

Die Erde vor Eliots Pferd wurde durch Einschläge aufgewühlt. Ein Indianer fiel zu Boden und überschlug sich.

Peng! Peng! Peng!

Eliots Pferd brach unter ihm zusammen. Er flog durch die Luft. Ein weiterer Indianer wurde getroffen.

Fffft! Ein Pfeil zischte vor Drew in den Boden und traf einen grasbewachsenen Haufen vor seinen Füßen. Er stolperte. Ein anderer Pfeil zischte an seinem Kopf vorbei. Drew zog den Kopf ein und rannte den steilen Abhang zum Vordach hinauf.

Fffft!

Ein anderer Pfeil verfehlte ihn, als er am Schuster vorbei ins Haus stürmte. Die Eingangstür flog zu, gefolgt von den Fensterläden. Er war in Sicherheit! Er hatte es geschafft!

Nell warf sich in seine Arme. „Drew, Gott sei Dank, du bist in Sicherheit!"

Er rang nach Atem. Nell erdrückte ihn fast mit ihrer Umarmung. Lachende Gesichter umgaben ihn; der Schuster, Marshall Ramsden und sogar James.

„Junge, ich dachte, sie würden dich erwischen", stieß der Schuster hervor.

Die Freude hielt nicht lange an.

Marshall sah durch einen Spalt im Fensterladen. „Sie ziehen sich in den Wald zurück."

Während Nell Drews Kopf verband, berichteten sie ihm von dem ersten Angriff. Eliot und die Indianer hatten sich vom Wald her angeschlichen und waren überrascht, bewaffneten Widerstand vorzufinden. Drew erzählte ihnen von dem Hinterhalt, bei dem Jenny als Lockvogel benutzt worden war.

„Hat jemand sie gesehen?" fragte Drew.

Niemand hatte sie gesehen.

„Warum macht Eliot das?" fragte Marshall.

„Eliot hat den Befehl, allen Schaden zuzufügen, die ich liebe", antwortete er.

„Befehl?" fragte der Schuster.

„Laud. Er hat es nicht verwunden, daß ich ihm Nell und Jenny vorzog."

Der fromme Schuster verfluchte den Bischof.

„Drew Morgan!" Der Ruf ertönte vom Wald.

„Es ist Eliot! Er hat Jenny", rief Marshall, während er durch den Schlitz der Fensterläden schaute.

Drew rannte zum Fenster. Marshall öffnete den Fensterladen, damit Drew Eliot sehen konnte. Dieser stand am Waldrand, hielt Jenny wie ein Schutzschild vor sich und drückte ein Messer an ihren Hals.

„Ich schneide ihr die Kehle durch, wenn du nicht herauskommst!" schrie Eliot.

Drew schloß den Fensterladen.

„Was hast du vor?" fragte der Schuster.

„Ich muß hinausgehen."

„Nein!" schrie Nell. „Nein, Drew, bitte. Ich möchte dich nicht auch noch verlieren."

„Sie hat recht. Wenn du hinausgehst, wird er dich und Jenny töten", sagte der Schuster.

„Ich muß es versuchen. Ich versprach ihrem Vater, daß ich sie beschützen werde. Ich muß es versuchen!"

Drew schaute Nell an. Sie brauchte nichts zu sagen; er hatte sie lange genug beobachtet – manchmal unbewußt, manchmal bewußt. Er wußte, was sie dachte. Ihr entschlossener Gesichtsausdruck, der stählerne Blick in ihren braunen Augen und die zusammengekniffenen Lippen wiesen darauf hin, daß sie seiner Entscheidung zustimmte. Er zog sie an sich und hielt sie für einen Augenblick fest in seinen Armen. Es hatte so lange gedauert, bis sie endlich zusammen waren. Es konnte jetzt nicht alles vorbei sein. *Bitte, Herr, laß jetzt nicht alles vorbei sein.*

Drew ließ Nell los und hastete zur Tür.

„Nimm wenigstens eine Waffe mit!" rief Marshall.

Drew schüttelte den Kopf. „Sie werden mich nicht an Jenny heranlassen, wenn ich eine Waffe trage."

„Hier. Nimm das." James legte ihm eine Pistole in die Hand.

Drew lehnte sie ab.

„Du kannst sie auf dem Rücken verstecken", sagte der Schuster, nahm die Pistole und steckte sie Drew hinten in den Gürtel.

Das Holz des Pistolenknaufs war unförmig und zog den Gürtel so eng, daß er nicht richtig gehen konnte. Er wußte nicht, wie er die Waffe ziehen sollte, besonders, wenn es schnell gehen mußte.

„David hatte fünf Steine, als er zu Goliath ging. Du hast nur eine Kugel. Setz sie gut ein", sagte der Schuster.

„Wenn ich mich recht erinnere, benötigte David nur einen Stein", antwortete Drew, öffnete die Tür und verließ das Haus. Das letzte, was Drew sah, bevor er die Tür schloß, war Nell, die weinend auf ihren Knien lag und betete.

„Drew, wir beten für dich!" Die Stimme erschreckte Drew. Er wirbelte herum und sah am Rand der Straße eine Reihe von bewaffneten Kolonisten, die alles beobachteten.

„Wir haben die Schüsse gehört", erklärte Winthrop. Neben dem Gouverneur standen die beiden Geistlichen, Higginson und Williams.

Drew dankte ihnen, daß sie gekommen waren und für ihn beteten.

Die Augen aller Kolonisten waren auf Drew gerichtet, als er das Feld überquerte. Während er sich Eliot näherte, überdachte er die Situation. Eliot stand noch immer am Waldrand und hielt der vor ihm stehenden Jenny das Messer an die Kehle. Zwischen den Bäumen und hinter den Büschen standen unzählige Indianer.

Drew ging bis zur Mitte des Feldes und blieb stehen. Sein Herz setzte beinah aus, als er Jennys Zustand sah. Ihr Gesicht und ihre Arme waren von Blut und Dreck verschmiert. Ihr Kleid war zerrissen, und ihr schönes Haar war verschmutzt und voller Zweige und Blätter. Eliot hielt sie an den Haaren fest und hatte einen Arm um ihren Hals gelegt. Er sah wie ein Seemann aus, der seinen Arm um ein Tau geschlungen hat. Mit der rechten Hand hielt er ihr ein Messer an die Kehle. Sie hatte mehrere Schnittwunden am Hals und starrte ihren Peiniger angstvoll aus den Augenwinkeln an.

Drew konnte einige Indianer jetzt besser ausmachen. Einen von ihnen kannte er. Uncas.

„Komm näher!" rief Eliot.

„Nein!" schrie Jenny. „Drew, renn weg!"

Eliot riß ihren Kopf zurück. „Halt den Mund!"

Instinktiv lief Drew auf Jenny zu. Die hinter Eliot stehenden Indianer spannten ihren Bogen. Drew blieb wieder stehen. „Eliot, laß Jenny gehen!"

„Komm her, oder ich schneide ihr die Kehle durch!"

Eliots Augen standen noch weiter hervor. Seine Wangen bebten bei jedem Atemzug. Schweiß tropfte von seinem Kinn.

„Du willst doch nicht sie. Du willst mich!" rief Drew.

Uncas sagte etwas, aber Drew konnte es nicht verstehen.

Dafür verstand es Eliot um so besser. Er drehte seinen Kopf zu Uncas und verletzte dabei Jennys Hals.

„Das ist meine Jagd!" brüllte er den Indianer an.

Jenny wimmerte und ihre Beine gaben nach. Eliot riß sie nach oben und befahl ihr, stehenzubleiben. Irgendwie fand sie genug Kraft, um ihm zu gehorchen.

Drew fühlte sich hilflos. Er mußte irgend etwas tun, um die Angelegenheit zu beenden. „Eliot! Es ist jetzt eine Sache zwischen dir und mir!" brüllte Drew. „Aber du mußt herkommen, wenn du mich haben willst!"

„In Ordnung, du Träumer", zischte Eliot.

Drew hatte diesen Blick schon einmal gesehen. Eliot benutzte ihn, um sich einen Vorteil zu verschaffen, um Menschen einzuschüchtern oder ihnen Angst einzujagen. Er riß seine hervorstehenden Augen so weit wie möglich auf und in seinem Gesicht erschien ein böses Grinsen. Er sah wie ein von Dämonen besessenes Tier aus. Mit vorsichtigen Schritten schob Eliot Jenny in Richtung Drew, bis er wenige Schritte vor seinem ehemaligen Schüler stand.

„Drew, es tut mir leid", wimmerte Jenny mit tränenerstickter Stimme.

Eliot machte ihre Stimme nach. „Ja, Drew, es tut uns so leid. Sooo leid!"

„Eliot! Es ist vorbei! Laß sie gehen!" schrie Drew.

„Vorbei?" gurrte Eliot. „Es ist nicht vorbei; der Spaß fängt gerade erst an!" Er riß Jennys Kopf zurück. Ihr lauter Schrei ging in ein Wimmern über, das Eliot ganz offensichtlich gefiel.

„Eliot, du irrst dich. Es ist vorbei! Sieh mal da rüber!" Drew zeigte auf die bewaffneten Kolonisten. „Du kannst ihnen nicht mehr schaden. Sie wissen jetzt, wer du bist und was du willst!"

„Aber ihr kann ich schaden!" Eliot drückte sein Messer

gegen Jennys Hals. Eine weitere rote Linie wurde sichtbar. Ein Tropfen Blut lief die Messerklinge entlang. Eliot verfolgte einen Augenblick fasziniert seinen Lauf.

„Du hattest genug Zeit, um sie zu töten, aber du hast es nicht getan!" schrie Drew.

Eliot starrte ihn an.

„Du hast sie nicht umgebracht, weil du mich haben wolltest!"

Eliot grinste. Es war ein grauenhaftes, scheußliches Grinsen. Seine hervorstehenden Augen sprangen ihm fast aus dem Gesicht, als er in singendem Tonfall antwortete: „Ich würde sie gern gehen lassen, geht aber nicht. Habe Uncas versprochen, daß er sie haben kann, wenn ich dich getötet habe. Das hört sich doch vernünftig an, oder? Ich gab dir Rosemary und gebe ihm Jenny."

Er grinste noch breiter. „Ich hatte doch recht mit Rosemary, stimmt's?"

Drew begann ihn von rechts zu umkreisen. „Eliot, entweder Jenny oder ich. Du kannst uns nicht beide töten. Wenn du mich haben willst, mußt du sie gehen lassen."

Eliot drehte sich zur Seite, um Drews Bewegung entgegenzuwirken. Er zückte die Klinge. Ein weiteres rotes Rinnsal erschien.

Drew blieb stehen. Zu seiner Linken waren das Haus und die bewaffneten Kolonisten. Auf der rechten Seite die Indianer und der Wald. Falls er Eliot dazu überreden konnte, Jenny loszulassen, könnten die Kolonisten sie mit ihren Musketen schützen, bis sie im Haus war.

„Eliot, du hast verloren! Du hättest die Kolonie zerstören können. Aber jetzt ist es zu spät. Du hättest Jenny und Nell töten können. Aber jetzt ist es zu spät!" Drew lachte ihn aus. „Denk nach, Eliot – die von dir verschwendete Zeit, die Zeit, als du versuchtest, dich wie ein normaler Mensch zu benehmen, die Zeit, als du dich unter Kontrolle halten mußtest. Die vergeudeten Monate, als du versuchtest, das Vertrauen der Leute zu gewinnen. Was hast du nun davon? Nichts! Du hast es nicht geschafft! Bischof Lauds berühmter Spion konnte nicht lange genug den guten Menschen spielen, um seine Mission zu erfüllen! Du hast nichts, weil ich dich reingelegt habe! Armer Eliot Venner, der schlaue Fuchs von Londons Straßen – reingelegt vom Sohn eines reichen Edelmanns!"

Eliot knurrte wie ein Hund.

Drew lachte erneut. „Du bist noch dümmer als der fette Bischof, der dich von der Straße aufsammelte! Laud denkt, daß er Justin getötet hat. Aber er liegt falsch! Justin ist entkommen. Er lebt da drüben in dem Haus!"

Eliot warf einen kurzen Blick auf das Haus hinter Drew.

„Der arme dumme Bischof und sein unfähiger Spitzel! Ihr habt die falsche Person hingerichtet! Christopher Matthews war nicht Justin! Es ist Nell!"

Eliot stieß einen unmenschlichen Schrei aus und schleuderte Jenny gegen Drew.

Der Aufprall ließ Drew rückwärts zu Boden taumeln. Eliot stürzte sich mit seinem Messer auf ihn. Die Pistole bohrte sich in Drews Rücken, als er hart auf dem Boden aufschlug. Jennys Gewicht drückte ihn zu Boden, als Eliots Gesicht mit weit aufgerissenen Augen über ihnen auftauchte. Drew nahm seine Kraft zusammen, rollte Jenny zur Seite und konnte gerade noch der Messerklinge ausweichen, die neben ihm in den Boden fuhr. Der kehlige Schrei eines Jägers, der es haßt, wenn er seine Beute verfehlt, drang an Drews Ohr. Eliot zog das Messer aus dem Boden und griff erneut an, aber Drew konnte ihn mit seinem Ellbogen an der Schläfe treffen. Eliot flog zur Seite.

Jenny. Bring Jenny zum Haus. Ich muß Jenny ins Haus bringen.

Drew richtete sich im gleichen Augenblick auf wie sein Angreifer und stellte sich zwischen ihn und Jenny. Sie lag immer noch auf dem Boden, war halb benommen und bewegte sich nur langsam. Eliot entblößte seine gelben Zähne, grinste und bewegte das Messer hin und her, während Drew Jenny auf die Füße half, ohne Eliot aus den Augen zu lassen. Sie war schwach, zu schwach, ohne jede Kraft. Sie stützte sich auf Drew, hielt sich an seiner Kleidung fest, lehnte sich gegen ihn und hätte ihn beinah zu Boden geworfen. Drew wollte sich umdrehen, um ihr zu helfen, konnte es aber nicht; er mußte Eliot im Auge behalten. Er mußte seinen Angreifer so lange aufhalten, bis Jenny auf ihren Füßen war und ins Haus laufen konnte. Sie stand nun aufrecht, stützte sich mit einer Hand gegen Drews Rücken und fühlte die Pistole in seinem Gürtel.

„Nein!" brüllte er. „Lauf! Lauf ins Haus!"

Jenny hörte ihn nicht; sie faßte den Griff der Pistole. Drew schlug ihre Hand zur Seite. Die Waffe fiel zu Boden.

„Lauf ins Haus!" schrie er. Sie bewegte sich nicht, und er schrie sie erneut an.

Ffft! Drews rechtes Bein gab nach, und er fiel auf die Knie. Ein Pfeil hatte sich in seinen Oberschenkel gebohrt. Der Schmerz durchzuckte sein Bein bis zu den Hüften. Er versuchte sich hochzukämpfen, versuchte, sich gerade zu halten, um nicht nach vorn zu fallen. *Wenn ich jetzt nach vorn falle, bin ich tot. Ich muß Jenny retten, Nell retten, Eliot aufhalten.*

Ffft! Ein Schrei. Entfernt. Nell. Das war Nells Schrei. Drew wußte, daß er seinen Kopf nicht bewegen durfte. Eliot würde ihn sofort angreifen. Aber Nell schrie! Warum? Drew schaute kurz zum Haus. Nell schrie etwas von Jenny. Jenny lag auf dem Gesicht. Aus ihrem Rücken ragte ein Pfeil.

„Nein!" Es war ein durchdringender Schrei, der aus dem tiefsten Innern von Drew kam.

Peng! Peng! Peng! Peng!

Die Kugeln flogen an ihm vorbei. Die Kolonisten nahmen die Indianer unter Feuer. Baumrinde, Äste und Holzsplitter flogen durch die Luft und drängten die Indianer tiefer in den Wald. Zwei von ihnen stürzten zu Boden, die anderen flohen und verschwanden in den Wäldern und der sicheren Dunkelheit.

Als Drew sich umdrehte, griff ihn Eliot mit seinem Messer an. Drew lehnte sich zurück und konnte der Klinge ausweichen. Einmal, zweimal. Eliot stürzte sich auf Drew, warf ihn zurück und begrub ihn unter sich. Mit dem bemalten verschwitzten Oberkörper drückte er Drews Kopf gegen die Stoppeln und Steine des Feldbodens. Drew versuchte, Eliot von sich abzuschütteln, konnte aber seinen glatten verschwitzten Körper nicht greifen. Zum Glück war Eliot zu nah; er konnte in dieser Position nicht mit seinem Messer ausholen, dafür benötigte er mehr Spielraum. Drew konnte ihn nicht länger abwehren – sein verwundetes Bein schrie vor Schmerzen, und Eliot war zu schwer und zu stark für ihn. Drew dachte an Nell und Jenny und an Christopher Matthews, daß er sie verraten, ihnen Leid zugefügt hatte. Er versuchte, sich noch einmal zu wehren, aber sein Bein schmerzte zu sehr, es war zu schlimm, er hatte nicht mehr genug Zeit, sich zu wehren, er spürte nur noch Schmerzen, die Zeit reichte nicht und jetzt war es vorbei.

Eliot Venners Oberkörper hob sich, als er zum entscheidenden Stoß ausholen und die Klinge in seinen Feind rammen wollte. Drew blockte seinen Arm ab, aber Eliot war zu stark. Er konnte die Klinge nicht länger abwehren; sie würde ihr Ziel finden. Drew dachte aus irgendeinem Grund an seinen Großvater. Er hatte immer geglaubt, wie sein Großvater zu sterben, als alter Mann, und nicht auf diese Weise. Eliot brachte sich in die richtige Position und nutzte sein Gewicht und seine Kraft, um den entscheidenden Stoß auszuführen. Er drückte dabei den Pfeil tiefer in Drews Oberschenkel. Drew schrie vor Schmerz. Das Geräusch gefiel Eliot, und er drückte den Pfeil noch tiefer. Der Pfeil drehte sich wie glühendes Eisen in Drews Bein. Er schrie gellend auf. Eliot lachte wie eine Hyäne. Drew fühlte, daß er langsam ohnmächtig wurde, ein dunkler Nebel legte sich auf seine Augen. Seine Arme gaben nach. Der lachende Londoner Wilde drückte den Pfeil erneut tiefer.

Peng!

Es war ein lauter Knall, laut genug, um Drews schwindende Sinne aufzuschrecken, der Knall einer Waffe in der Nähe. Drews Angreifer richtete sich auf, seine Arme fielen nach unten, das Messer klirrte zu Boden. Eliot Venners wilde Augen starrten ausdruckslos nach oben. Die rechte Seite seines Kopfes schwarzgefärbt von Schießpulver, fiel er über sein Opfer.

Drew kämpfte den Schmerz zurück, versuchte, sich vom schlaffen Körper seines Angreifers zu befreien. Er schob Eliot zur Seite. Er richtete seinen Oberkörper auf, um zu sehen, wer geschossen hatte, wer sein Leben gerettet hatte.

Als er sich auf den Ellbogen stützte, sah er die rauchende Pistole aus ihrer Hand fallen. Ihre Augen trafen sich eine kurze Sekunde. Aber in dieser Sekunde sagten Drew die sterbenden Augen von Jenny Matthews, daß sie ihn immer lieben würde.

EPILOG

Nell legte liebevoll beide Arme von hinten um seinen Hals und fragte: „Geht es dir besser?"

Drew nickte.

„Sie warten auf uns", sagte sie.

„Einen Augenblick noch, bitte."

Drew Morgan saß am Tisch im Wohnzimmer seines Hauses und schaute auf die Bay von Boston. Vor ihm lagen zwei Bücher, die Bibel, die er aus England mitgebracht hatte, und sein Tagebuch. Zweiundzwanzig Jahre waren vergangen, seit er seine erste Eintragung gemacht hatte:

16. Mai 1632. Wir haben heute Jenny begraben. Sie ist nun mit ihrem Vater vereint. Ich bete, daß er mir verzeihen kann. Ich habe mein Versprechen nicht einhalten können, sie zu bewahren. Es ist mein einziger Trost, daß sie nun an einem Ort ist, an dem ihr keiner mehr ein Leid zufügen kann.

Nell saß neben ihrem Mann und streichelte seinen Arm. „Ich bin froh, daß wir nicht nach England zurückgekehrt sind. Gott hat es hier gut mit uns gemeint."

Drew nickte zustimmend und blätterte durch die Seiten seines Tagebuchs. Zwischen zwei Seiten stecke ein Briefumschlag.

26. Februar 1645. Wir haben heute Neuigkeiten aus England erhalten. Bischof William Laud, Erzbischof von Canterbury, wurde am 10. Januar dieses Jahres hingerichtet. Während seines Verfahrens wurde er im Tower von London festgehalten und dann enthauptet.

Der Bericht über seine Hinrichtung beinhaltete zwei Bemerkungen.

Nehemiah Wallington äußerte freudig: „Ein wenig Gnade, daß dem unbeugsamen Feind Gottes nur der Kopf abgehackt wurde."

John Dod schrieb: „Das Kleine Feuerwerk von Canterbury wurde auf dem Tower Hill ausgelöscht."

Ich habe gemischte Gefühle. Bischof Laud war ein niederträchtiger und von Haß geleiteter Mann. Doch zu mir war er immer gut.

„Habe ich dir schon jemals gesagt, daß dein Vater ein Prophet war?" fragte Drew.

Nell lächelte. „Was meinst du?"

„Als er in Edenford auf mich aufpaßte, nahm er mich mit, als er mit David Cooper Bowling spielen wollte. Nach dem Spiel setzten wir uns ans Flußufer, und dein Vater erzählte uns die Geschichte eines armen Mannes, der versuchte, einen Dieb auszurauben. Der Dieb entkam dem Anschlag und erklärte dem armen Mann, daß er alles falsch gemacht habe. Danach brachte er ihm bei, wie sich ein Wegelagerer verhalten sollte. Der arme Mann nahm sich die Lehre zu Herzen und raubte den Dieb danach richtig aus."

Nell lachte. „Das hört sich eher wie eine der Geschichten meines Vaters an."

„Jedenfalls, nachdem er die Geschichte erzählt hatte, verglich er den Dieb mit Bischof Laud und stellte fest, daß der Bischof England beibringen würde, wie man haßt und tötet, und daß sich der Haß einmal gegen ihn selbst richten würde. In den Berichten über Lauds Verfahren las ich, daß sein hartnäckiger Ankläger einer von Lauds Opfern in der Star Chamber war. Bischof Lauds Ankläger hatte Brandzeichen auf den Wangen und keine Ohren."

Nell deutete auf den Briefumschlag. „Warum hast du ihn aufbewahrt?"

„Ich weiß nicht. Stört es dich, daß ich ihn behalten habe?"

„Ein wenig."

Es war ein Brief, den Erzbischof Laud ihm einige Tage vor seiner Hinrichtung aus dem Tower in London geschickt hatte. Drew erhielt ihn lange nach Lauds Hinrichtung. In dem Brief stand, daß er nie von einem Menschen so stark verletzt worden war wie von Drew. Er schrieb auch, daß ihm seine Handlungen nicht leid täten und erwähnte Eliot mit keinem Wort. Die letzte Zeile des Briefes lautete: (6/1/17/20-23) (40/5/14/13) (5/1/7/5-6) (22/5/4/1-2). „*Gott sei mit dir auf deiner Reise, mein Geliebter.*"

Es war die gleiche Botschaft, die Laud benutzt hatte, als er ihm den Code erklärte.

Nell beugte sich vor und schloß das Tagebuch. „Ich möchte heute nicht an Erzbischof Laud denken. Es ist ein besonderer Tag, und ich möchte ihn nicht durch Gedanken an Laud verderben."

„Ob es dir gefällt oder nicht, wir hätten uns nie getroffen, wenn es ihn nicht gegeben hätte."

„Ich möchte trotzdem heute nicht an ihn denken." Sie zeigte auf die Bibel. „Und ich mag auch diese Übersetzung der Bibel nicht." Sie drückte liebevoll seinen Arm und gab ihm einen Kuß. „Komm jetzt, es ist Zeit. Wir müssen gehen."

Drew und Nell Morgan gingen den Hügel hinunter zu dem alten Versammlungsbaum. Unter dem Baum wurden keine Versammlungen oder Gottesdienste mehr abgehalten, nachdem eine Kirche gebaut worden war.

Ihre Familie wartete auf sie. Christopher, der älteste Sohn, war nun zwanzig Jahre alt. Lucy, neunzehn Jahre alt, stand neben ihrem Freund William Sinclair, einem Lehrer, und der sechzehnjährige Roger war seinem Vater aus dem Gesicht geschnitten.

Drew stand aufrecht vor ihnen, ein stolzer Vater.

Christopher unterstützte Reverend John Eliot, den ehemaligen Pfarrer von Roxbury, bei der Missionierung der Indianer. Mit seinem Lehrmeister lernte er die indianischen Dialekte und unterstützte die Missionsarbeit in dreizehn neugegründeten Kolonien der „Betenden Indianer", die über eintausend Mitglieder zählten.

Lucy war eine energische junge Frau, die sich immer auf die Seite der Schwachen, Mißhandelten und Ausgestoßenen stellte. Ihre Offenheit hatte sie häufig in Schwierigkeiten gebracht. Sie war aber von sich überzeugt, und obwohl ihr Vater nicht immer mit ihren Anschauungen einverstanden war, bewunderte er ihre Einsatzfreudigkeit und Willensstärke.

Über Roger konnte man noch nicht viel sagen. Er verbrachte seine Tage, indem er von Pionieren und dem Westen Amerikas träumte. Drew hatte wenig Zweifel daran, daß der Junge einmal ein Abenteurer würde.

„Heute beginnt die Familie Morgan mit einer neuen Tradition." Drew sprach zu seiner Familie mit väterlicher Autorität. „Eine Tradition, die von einer Generation zur nächsten weitergereicht werden soll, bis zum Tag der Wiederkunft unseres Erlösers Jesus Christus."

Er schaute jedem seiner Kinder in die Augen. Christopher hatte die braunen Augen seiner Mutter, Lucy ähnelte mit ihrem schönen Haar ihrer Tante Jenny, die sie nie kennengelernt hatte, und Roger war zappelig und unruhig.

„Mit der heute beginnenden Tradition wird das geistliche Erbe unserer Familie an die nächste Generation weitergereicht." Drew hielt seine Bibel hoch. „Das ist das Symbol unseres Erbes, die Bibel, die ich aus England mitbrachte. In ihr befindet sich ...", Drew öffnete die Bibel und nahm das Kreuz aus Spitze heraus, „... ein Kreuz aus Spitze. Das ist der Beitrag eurer Mutter zum Familienerbe."

Er legte das Kreuz wieder in die Bibel und schlug sie zu. „Derjenige, dem diese Bibel anvertraut wird, hat zwei Verpflichtungen. Erstens hat er die Verantwortung, sicherzustellen, daß das geistliche Erbe der Morgans an die nächste Generation weitergegeben wird. Zweitens muß er eine Person der ihm nachfolgenden Generation auswählen, die die Tradition weiterführt. Er soll in einer Familienfeier wie dieser die Bibel, das Kreuz und die Ermahnung an den Kandidaten weitergeben, daß er Gott die Treue hält und Gottes Wort beachtet."

Nell schaute Roger verärgert an. Er malte mit seinem Fuß etwas auf den Boden und hörte nicht zu. Der Junge fing den Blick seiner Mutter auf, seufzte und schaute seinen Vater an.

„Auf der ersten Seite der Bibel", Drew öffnete die Bibel, „wird jede Person eingetragen, der das geistliche Familienerbe der Morgans anvertraut wurde. Die Liste beginnt mit meinem Namen. Er las laut vor:

,Drew Morgan, 1630, Sacharja 4:6'

Darunter habe ich geschrieben:

,Christopher Morgan, 1654, Matthäus 28:19.'"

Christopher lächelte. Ihm gefiel der von seinem Vater ausgesuchte Bibeltext.

„Der Bibeltext hinter meinem Namen wurde mir von meinem geistlichen Vater, eurem Goßvater, Christopher Matthews, gegeben. Er wurde der Bibelvers für mein Leben.

Als Christophers Vater wählte ich für ihn den folgenden Bibeltext als Leitwort für sein Leben: ‚Darum gehet hin und machet zu Jüngern alle Völker. Taufet sie auf den Namen des Vaters und des Sohnes und des Heiligen Geistes.'"

Drew Morgan übergab seinem ältesten Sohn die Bibel. „Als das Oberhaupt der Morgan-Familie ist es mir eine Ehre, die Verpflichtung an dich weiterzugeben, den christlichen Gauben unserer Familie zu bewahren. Ich bete dafür, daß dir Gott einen Sohn schenkt, auf den du genauso stolz bist, wie ich auf dich, und dem du eines Tages diese Bibel mit der gleichen Verpflichtung überreichen kannst."

Drew umarmte seinen Sohn, und Nell küßte ihn auf die Wangen.

„Im Angesicht des Herrn verspreche ich, mein Bestes zu tun, damit du stolz auf mich sein kannst", sagte Christopher.

„Wir sind bereits stolz auf dich, mein Sohn."

Für den weiteren Verlauf des Nachmittags saßen die Morgans und William Sinclair unter dem alten Versammlungsbaum, erinnerten sich an die Anfänge der Boston-Kolonie und erzählten unzählige Familiengeschichten, von denen einige unglaublich klangen. Der Höhepunkt des Nachmittags kam, als Drew Morgan seiner Familie die Anfänge des Familienglaubens schilderte.

„Die Geschichte beginnt in Windsor Castle", sagte er, „der Tag, an dem ich Bischof Laud traf. Es war der Tag, an dem mein Leben seinen Weg nach unten nahm."

Nachwort

Das Leben der englischen Männer und Frauen des siebzehnten Jahrhunderts ist historisch belegt. Ich benutzte diese Erkenntnisse als Grundlage, um die physischen, gefühlsmäßigen und geistlichen Voraussetzungen für dieses Buch zu schaffen. Nachdem ich die großen Konflikte und Interessen dieser Zeit erkannt hatte, suchte ich mir die Personen aus, die die gegensätzlichen Seiten darstellen sollten. Einige von ihnen sind historisch, andere erfunden.

Als historische Personen wählte ich Bischof William Laud, König Charles I. und John Winthrop, um die gegensätzlichen Interessen beider Seiten darzustellen. Andere historische Personen spielten eine untergeordnete Rolle. Dazu gehören Reverend John Cotton, Roger Williams, Reverend Francis Higginson, Reverend Skelton und Gouverneur Endecott. Die Familien Morgan, Matthews, Cooper und Chesterfield sind genauso fiktiv wie Eliot Venner und Marshall und Mary Ramsden. Als fiktive Hauptfigur wählte ich Drew Morgan, um mit seinen Augen die Wünsche der englischen Kirche und Krone, das Erwachen des evangelischen Glaubens der Puritaner, die Leere und den großen Reichtum des Landadels, und den Reichtum des christlichen Lebens durch Jesus Christus in einer Zeit zu beschreiben, in der Verfolgung und Armut herrschten.

Die Orte, Windsor Castle, London, der Tower von London, Winchester, Cambridge und die Kolonie in der Massachusetts Bay wurden im Einklang mit historischen Dokumenten beschrieben. Der Lebensstil der damals lebenden Menschen wurde Landkarten, Gemälden, Lebensläufen, Chroniken und Erzählungen entnommen.

Der Konflikt zwischen Bischof Laud und den Puritanern gründet sich auf Fakten. Laud verfolgte die Puritaner, um die historische Autorität der Kirche zu sichern. Sein Haß gegen die Puritaner, deren Verfolgung, und die Bestrafung von puritanischen Geistlichen und Autoren basiert ebenso auf Fakten, wie seine Anordnung, daß der Altar durch eine Balustrade von der Gemeinde abzutrennen sei und daß Geistliche Chorgewänder tragen mußten. Außerdem besaß er eine Abneigung gegen das Predigen.

Seine eigene Persönlichkeit wurde im Einklang mit seinen persönlichen Schriften und Erzählungen über seine Person beschrieben. Ich nahm in diesem Bereich zwei Änderungen vor. Ich gab ihm Humor und den Wunsch, einen engen Vertrauten zu haben. In den Beschreibungen wird Laud normalerweise als humorloser Mann ohne jegliche Freunde dargestellt. Er mochte keine Frauen, verbot ihnen, seine Londoner Residenz zu betreten und zog männliche Begleitung vor. Sein Tagebuch weist darauf hin, daß er mit homosexuellen Neigungen zu kämpfen hatte. Außerdem war er von dem Gedanken besessen, das Königreich unter die Herrschaft der Kirche von England zu bringen, unterschätzte aber den Widerstand in England und Schottland. Es ist historisch bewiesen, daß er schließlich angeklagt und enthauptet wurde.

Die Seeschlacht des Jahres 1588, die zur Vernichtung der spanischen Armada führte, sowie die Schlacht vor San Juan de Ulua, sind geschichtlich belegt. John Hawkins, Sir Francis Drake, die *Minion* und die *Judith* sind ebenso historisch belegt, wie Hawkins' Umgestaltung der englischen Flotte. Amos Morgans Anteil daran ist fiktiv.

Morgan Hall ist ein Landhaus aus dem sechzehnten bis siebzehnten Jahrhundert. Die Beschreibung des King Alfred Inns gründet sich auf zeitgenössische Beschreibungen von Gasthäusern. Die Beschreibung des Hauses der Matthews entspricht den Häusern in Devonshire.

Die Darstellung des Autors Justin ist zum größten Teil fiktiv. An einigen Stellen griff ich auf Berichte über den Autor Peter Ramus sowie auf Beschreibungen von Thomas Cartwright zurück. Ich ließ die giftigen persönlichen Angriffe der Autoren, besonders die von William Prynne, gegen Bischof Laud aus. Die Predigten Christopher Matthews sind ein Produkt meiner Feder.

Die Bärenhatz war im siebzehnten Jahrhundert eine beliebte Unterhaltung, wurde aber nicht nur für die Allgemeinheit veranstaltet, sondern auch für König James I. Der König liebte es, in der Menagerie des Towers von London Hunde auf wilde Tiere zu hetzen. Die Menschen dieser Zeit waren brutal und blutrünstig und liebten daher diese grausame Art der Unterhaltung. Öffentliche Hinrichtungen wurden in der Mitte der Woche durchgeführt und wie ein Feiertag gehalten.

Lord Chesterfields Jagd wurde der Beschreibung der königlichen Jagd in Tuberviles *Booke of Hunting* entnommen. Das Buch erschien im Jahre 1576.

Der Unfall, der zum Tod von Lord Chesterfields Sohn führte und schließlich dazu benutzt wurde, um Christopher Matthews des Mordes anzuklagen, ist fiktiv. In der Beschreibung des Verfahrens versuchte ich, Bischof Lauds machiavellistische Arbeitsweise darzustellen. Er war ein Mann, dem alle Mittel recht waren, um seine Ziele zu erreichen. Ich möchte aber auch etwas zu seiner Verteidigung sagen: Trotz seiner rücksichtslosen Methoden bin ich davon überzeugt, daß er glaubte, das Beste für England, die Kirche und Gott zu tun.

Die Benutzung der Bibel als Codebuch ist meine Erfindung.

Edenford ist ebenfalls fiktiv. Wenn Sie heute durch Devonshire fahren, werden Sie es nicht am Westufer der Exe südlich von Tiverton finden. Als ich Edenford erfand, benutzte ich aber Beschreibungen der damaligen Lebensumstände in Devonshire. Eine besonders hilfreiche Quelle war in diesem Zusammenhang *Early Tours in Devon and Cornwall* von R. Pearse Chope (Hrsg.), Newton Abbot (Devon), 1967. Der Reisebericht beschreibt die Lebensumstände in Devonshire in den Jahren von 1540 bis 1695.

Drews Empfang in Edenford und seine Gefangennahme gründen sich auf eine wahre Begebenheit dieser Zeit, festgehalten in dem Buch *History of the Life of Thomas Ellwood* (1661). Christopher Matthews Parabel über Bischof Lauds Untergang ist historisch belegt und in „Abraham de la Prymes *Tagebuch*" verzeichnet. Beide Berichte beschreiben die Gefahren, mit denen ein Reisender in dieser Zeit zu rechnen hatte.

König James' *Book of Sports* gestattete nicht nur sonntägliche Sportveranstaltungen, sondern ermunterte die Leute dazu, sich sportlich zu betätigen. König James I. und sein Sohn Charles I. befahlen den Puritanern, das Buch von der Kanzel zu verlesen.

Die Puritaner zogen die Genfer Bibel der King James Bibel vor. Eigentlich benutzten sie zwei Bibeln, die Genfer Bibel und die Bischofs-Bibel. Der König ließ daraufhin seine eigene Bibelversion drucken und empfahl seinen Untertanen, sie als die Englische Bibel anzuerkennen. Die von Nell und Christopher Matthews zitierten Bibelstellen stammen überwiegend aus der Genfer Bibel. Ich paßte die Texte der heutigen Schreibweise an, um sie verständlicher zu machen.

Meine Beschreibungen der Wollindustrie und der Methoden der Sergeherstellung basieren genauso auf historischen Fakten wie die Beschreibung der beliebten *punto a groppo,* der Klöppelspitze.

Daß Bischof Laud die Star Chamber dazu benutzte, seine persönlichen Ziele durchzusetzen, ist geschichtlich belegt. Nach dem Tod des Duke of Buckingham war Laud zweifelsohne der zweitmächtigste Mann Englands und König Charles' engster Berater. Die in diesem Buch beschriebenen Strafen der Star Chamber können den alten Gerichtsakten entnommen werden. Die Star Chamber verkündete keine Todesurteile. Sie konnte nur von normalen Gerichten verhängt werden.

Die Namen der nach Amerika ausgelaufenen Segelschiffe und die meisten Höhepunkte der Überfahrt wurden John Winthrops Tagebuch entnommen. Die verspätete Abfahrt, das Frühstück mit dem im Castle of Yarmouth lebenden Kapitän Burleigh an Bord der *Arbella,* Winthrops persönliche Ansichten, die Gegenwart von Lady Arbella, die gefürchteten Angriffe der Dünkirchener, die Ankunftsdaten der Schiffe, die Lotungen vor der Ankunft, die ersten Eindrücke der neuen Kolonisten und die anfänglichen Orte stammen aus Winthrops Tagebuch.

Reverend John Cottons Predigt für die Auswanderer ist eine Zusammenfassung und eine Mischung aus Zitaten, um die Predigt abzukürzen. Für die Szene, in der Winthrop zu den enttäuschten, neu angekommenen Kolonisten spricht und aus seinem während der Reise über den Atlantik geschriebenen Tagebuch zitiert, entnahm ich einige Texte seinem Werk „Ein Modell der christlichen Nächstenliebe". Winthrop teilte in Wirklichkeit seine Gedanken den Auswanderern bereits während der Überfahrt mit. Ich konnte mir vorstellen, daß er die gleichen Gedanken hatte, als er versuchte, die Kolonisten davon zu überzeugen, in der

Neuen Welt zu bleiben, und verschob daher die historisch belegte Verlesung bis zum im Buch beschriebenen Zeitpunkt.

Die anfänglichen Schwierigkeiten mit den Pequot-Indianern sind belegt. Die Pequots waren über das schnelle Wachstum der Kolonie und das Eindringen der Kolonisten in ihr Stammesgebiet besorgt. Die Probleme eskalierten, als ein Bostoner Händler im Jahre 1636 angeblich von einem Pequot-Indianer ermordet wurde. Die Einsiedler brachen zu einer Strafexpedition auf, um den Mord zu sühnen, und zerstörten die Wohnorte der Pequots. Zwischen 500 und 600 Indianer wurden getötet oder verbrannten, nachdem die Orte angezündet wurden. Der gesamte Stamm wurde dabei ausgerottet. Es war einer der ersten größeren Auseinandersetzungen zwischen den Siedlern und den Eingeborenen Amerikas.

Jack Cavanaugh
San Diego, Kalifornien

Weitere Titel in dieser Reihe

Ilse Ammann-Gebhardt
Jesus von Nazareth – Messias oder Rebell?
Best.-Nr. 2001, 312 Seiten, Pb.

Thom Lemmons
Jeremia – der Mann, der weinte
Best.-Nr. 2002, 340 Seiten, Pb.

Evelyn Minshull
Eva – die Männin
Best.-Nr. 2003, 192 Seiten, Pb.

Margaret Phillips
Rebekka – die Ausgewählte
Best.-Nr. 2004, ca. 280 Seiten, Pb.

Gloria Howe Bremkamp
Martha und Maria von Bethanien
Best.-Nr. 2005, ca. 224 Seiten, Pb.

**ONE WAY VERLAG
WUPPERTAL UND WITTENBERG**

Weitere Titel in dieser Reihe

David Aikman
Und dann blüht der Mandelbaum
Best.-Nr. 2801, 462 Seiten, Hc.

Sigmund Brouwer
Doppelhelix
Best.-Nr. 2802, ca. 400 Seiten, Hc.

IN VORBEREITUNG:

Jack Cavanaugh
Die Kolonisten
Amerika Chronik, Buch 2

Best.-Nr. 2508, ca. 560 Seiten, Pb.

**ONE WAY VERLAG
WUPPERTAL UND WITTENBERG**